从敦煌学到域外汉文献研究

王小盾　著

商務印書館
创于1897　The Commercial Press

2013年·北京

图书在版编目(CIP)数据

从敦煌学到域外汉文献研究/王小盾著．—北京：商务印书馆，2013

ISBN 978-7-100-09217-3

Ⅰ．①从…　Ⅱ．①王…　Ⅲ．①敦煌学—研究②汉学—研究—国外　Ⅳ．①K870.6②K207.8

中国版本图书馆 CIP 数据核字(2012)第 118358 号

从敦煌学到域外汉文献研究

王小盾　著

商　务　印　书　馆　出　版

(北京王府井大街36号　邮政编码 100710)

商　务　印　书　馆　发　行

北京瑞古冠中印刷厂印刷

ISBN 978-7-100-09217-3

2013 年 8 月第 1 版　　　　开本 880×1230　1/32

2013 年 8 月北京第 1 次印刷　　印张 20⅞

定价：57.00 元

目　　录

前　言

本书是18篇专题论文的合集，写作于1986年至2011年间。按其主题，可分三个部分：一是敦煌文学研究，二是域外汉文献研究，三是敦煌文献与域外汉文献的比较研究。为便读者阅读，今将其内容简介如下：

第一组论文，关于敦煌文学研究，7篇。

1.《敦煌文学与唐代讲唱艺术》：

敦煌文学研究长期建立在以作家文学为本体的观念之上，在20世纪80年代以前的五十年间，研究者一直将其划分为三个部分——属于诗学领域的敦煌诗歌，属于词学领域的曲子辞，属于俗文学领域的变文——而未充分重视它同说唱艺术相联系的特性。有鉴于此，本文在明确敦煌文学的性质（主体上是对口头文学的记录）的基础上，提出以讲经文、变文、话本、词文、俗赋、论议、曲子辞、诗歌为体裁样式的敦煌文学分类体系。在此基础上以历史上的中西文化交流为背景，论述敦煌文学各品种的文化渊源和敦煌文学资料对于中国文学研究的意义。本文认为，唐代讲唱艺术是西方文化和中国本土文化相融合的果实；敦煌作品不仅向研究者提供了新的资料，而且提供了新的视野和思维。

2.《敦煌〈高兴歌〉及其文化意蕴》：

本文从写作年代、伎艺性质、文化成分等方面，对敦煌文献中的

《高兴歌》进行考察，着重讨论它作为俗文学作品所特有的缺少艺术个性和体裁不确定的特点。本文认为：这篇作品产生于中唐前期；见于不同写本的不同名称，反映了它以歌辞（《高兴歌》）、说唱作品（《高兴歌·酒赋一本》）、韵诵作品（《酒赋》）等身份而流传的经过，证明俗文学作品往往具有多种艺术功能。作为作家诗歌、群众曲艺、民间歌唱等多种因素的组合，它显示了表层文化（士大夫文化）在基层文化（庶民文化）中的积淀。

3.《敦煌论议考》：

本文是一篇六万多字的长文。它对敦煌论议及其来龙去脉进行考察，重点讨论唐代论议的制度（包括论议的表演形式、表演场所、表演程序）、唐代论议的文本（特别是敦煌写本中的论议底本），进而讨论论议的起源、论议的伎艺化过程、论议与其它伎艺的关系等问题。其主要结论是：

（1）论议是一种由至少两人参演，以论难双方围绕若干命题相互诘难、辩驳为形式特征的伎艺。它主要有两个来源：其一，来源于春秋战国时期携徒属而演道术、穷事理而致诘难的风尚，经由汉代的儒生会讲和俳谐嘲答，产生论难文体。其二，来源于汉以后传入的佛教论议，经由魏晋的清谈和俗讲，在南北朝时期成为一种广场表演艺术。

（2）由于帝王的宠顾、知识阶层的关注和群众的偏爱，论议在唐代进入黄金时代，获得很多记录。这些记录反映了论议的多种存在方式。例如《启颜录》记录了它作为广场艺术的存在，《集古今佛道论衡实录》等文献记录了它作为宫廷节庆节目的存在，关于李隆基等人以论议消磨闲暇的故事记录了它作为优伶艺术的存在，关于李可及表演《三教论衡》的资料记录了它作为戏剧新品种的存在。其中主体方式是儒、佛讲经的仪式，其中影响最大的是"三教论衡"活动。

(3)论议的艺术化过程，表现为把讲学仪式逐步转变为表演艺术的程序。比如击论鼓、升论座、竖义、诘难、下座等论议仪式项目，均在论议伎艺节目中得到体现。除此之外，唐代人还把讲学论议活动所固有的对机智捷辩的讲求，发展成为特殊的娱乐形式；把讲学论议的常用主题(三教圣人及其经典)，转变为嘲谑戏弄的对象。因此，论议伎艺的文本具有以下特征：A. 以诘难为主体；B. 采用具有角色分工色彩的对话问答体；C. 运用嘲诮手法；D. 杂用赋体骈句。敦煌写本所载《茶酒论》、《晏子赋》、《孔子项托相问书》、五言体《燕子赋》等作品，符合以上特征，可以判为论议伎艺的文本。

(4)对敦煌论议加以研究，其具体目的是确定以上几种作品的体裁归宿，其间接意义则是阐明论议诸历史形态的文化条件，以及论议同嘲诮、俗赋、戏弄等民间伎艺的关系。它揭示了以下两个事实：其一，论议既是伎艺和文体，也是表达和交际的手段。其间关系说明，文体的区分源于应用方式或表达方式的区分。其二，论议所采用的两人配合、具有对抗色彩的表达方式，在唐代有多种表现，例如表现为"款头"这种以相互对答为特征的表演艺术，表现为诗歌、曲子辞、说唱作品中的问答体。类似的问答形式还可以追溯到周诗和六朝乐府民歌。由于敦煌论议在许多方面——例如韵诵方法、先秦传说题材、汉代问难格式、嘲谑风格等——都表现了对古老传统的继承，它启发我们：未来的文学史研究，应该拨开作家作品的表面堆积，去认识中国文学艺术的深厚底层。

4.《从敦煌本共住修道故事看唐代佛教诗歌文体的来源》：

敦煌写本中有一些特殊的俗文学体式，例如省略体、纲要体、插入体、故事贯穿体。它们都是联系于口头文学的书面文学文体。本文选择故事贯穿体的一个标本——伯 3409 号等写本所载的共住修道故事——进行研究，阐释它的结构及其中诸文体的来源。本文认为，故事贯穿体包含了一个以韵文为中心的结构过程，是对佛经文本形成史的反映。它说明唐代俗文学文体在来源上有两重性：既来源于佛教经典，又来源于当代和前代的通俗文学。它同时说明：纸质文本只代表一个完整的文学活动的侧面、片断或梗概；在其背后，另外存在一个具有本原意义的真文体。有鉴于此，研究中国文学史上的文体，既要注意它们的单元形式，又要注意各单元之间的联系方式，以便透视其本原。由于说唱文体与书面文体的关联在佛教文学中占有较高比重，所以，我们还应该通过佛教文学之文体，去认识书面文体的本来形态。

5.《从莫高窟 61 窟〈维摩诘经变〉看经变画和讲经文的体制》：

《维摩诘经变》以《维摩诘经》及其讲经文为素材来源，莫高窟第 61 窟是敦煌洞窟中文献价值最高的一个洞窟。本文以莫高窟第 61 窟《维摩诘经变》及其 59 条榜题为主要考察对象，通过对《维摩诘经》、《维摩诘经讲经文》、《维摩诘经变》榜题的比较研究，得出以下结论：

(1)敦煌维摩诘经变在发展过程中表现了把维摩经通俗化、故事化的趋向。在绘画形式上，这一趋向既表现为通过增加榜题而明确故事内容，又表现为通过增加长卷连环式附图而强调故事。其实质则是由从属于《维摩诘经》转而从属于《维摩诘经讲经文》。

(2)以上情况意味着，敦煌经变是和敦煌讲经文相对应的；讲经文和变文一样，可用于配图讲唱。据研究，莫高窟第 61 窟《维摩诘经变》的所有榜题原来都有相配合的讲经文。在大部分情况下，每条榜题的内容相当于一次俗讲的内容。因此，与第 61 窟《维摩诘经变》相对应的全本讲经文，其篇幅应当在五十卷上下。

(3)《维摩诘经讲经文》的文本单元，乃对应于俗讲的单元。讲经文之所以用品名或故事名（例如“文殊问疾”、“持世菩萨”等）作标题，之所以采用“维摩碎金一卷”的方式，乃因为所谓“卷”，实即一个故事单位，对应于一个俗讲单元。所以，讲唱全本《维摩诘经讲经文》大约需要举行五十次法事。

(4)尽管敦煌洞窟并不具备说唱的条件，未必是俗讲的场所，但它却逼真地反映了俗讲所面对的艺术环境。考虑到莫高窟诸窟布局有明显规则，即符合律寺制度；考虑到敦煌存有大量榜题抄本和经变粉本，显示石窟经变画另有来源：可以判断，石窟经变画是对寺院经变画及其布局的摹仿，石窟是对俗讲环境的全息仿真。因此，石窟经变画可以作为研究配图讲唱活动的资料。

6.《潘重规先生“变文外衣”理论疏说》：

本文对“变文外衣”理论加以深入讨论，认为：在变文与讲经文之间，存在相互转化的关系；其原因在于，这两者曾经同存于俗讲场所，因而往往在表现手段上相互借用。尽管如此，它们仍然是性质不同的文体。讲经文依经说法，在内容和形式上都反映了佛经和佛经唱诵仪式的影响，故其文本特征是：文中有经文记录或关于经文的提示，有关于唱经题、称佛名等讲经仪轨的遗迹，说解韵文往往标以“平”、“侧”、“断”等转读音曲符号。与之相区别，变文是配合画卷讲唱小品故事的文体，因而以“时”、“处”、“若为陈说”等指示套语为文本特征。唐五代人对这两种文体有较明确的认识，故变文往往以“变”为名，讲经文则以佛经名及其章节名为标题。若从图像角度看，则可以说：讲经文是仪式性的宣讲，其图画来源于佛教造像传统；变文是小品式的说唱，其图画来源于民间讲唱艺术。

本文认为，尽管"变文外衣"理论未能辨明变文和讲经文的不同本质，但它指出了一种文体有不同的表达这个普遍存在的"外衣"现象。类似的表现有"诗歌外衣"，即诗歌配入曲子演唱，转变为曲子辞；有"曲子辞外衣"，即曲子辞在用于说唱故事之时转变为词文；有"话本外衣"，即话本通过配图讲唱而具有变文的特征；与此类似，还有文体"游移"的现象。这些现象提醒我们：文体的本质是作品艺术手法的组合方式。因此，要依据具体的表演，而非纸面上的篇章体制，来进行文体确认。

7.《论变文、讲经文的联系与区别——关于梅维恒教授〈唐代变文〉的几个问题》：

本文为三万字长文。它以商榷讨论的方式，对敦煌说唱文学的分类理论作了总结。其中重点讨论了《唐代变文》一书所提出的五个问题——僧人和图相说书人的关系、变文和俗讲的关系、变文和讲经文的关系、变文文本和实际口头演述的关系、变文和因缘的关系等问题，根据相关文献资料和绘画资料，提出以下认识：

(1)变文和讲经文都是在俗讲活动中产生的说唱文本，二者有共生的关系。

(2)佛寺是变文说唱的首要地点；出于奉献供养、练习说唱、配合观想等目的，僧人抄写了很多变文。

(3)现存变文作品是传播过程中的文本，大多是以记录本为基础改制而成的说唱脚本。

(4)讲经文和变文的区分，本质上是两种佛教说唱的区分：讲经文是讲唱大经的产物，变文是讲唱小品故事的产物；后者以佛教因缘类故事说唱为其渊源。两者都可以配图演唱。讲经文所配图为大型经变，主要是向心式壁画；变文则配合画卷，以及连续构图式壁画。

本文并且提出：敦煌洞窟的经变画和窟外寺院的经变画，构图相同，但功能不同。一般来说，寺院经变用于实际讲唱，洞窟经变则用于观想。正是通过观想实践，唐五代人把佛经、经变和与之相配的讲经文、变文视为性质相近的事物。

第二组论文，关于域外汉文献研究，7篇。

8.《越南访书札记》：

在编纂《越南汉喃文献目录提要》的过程中，本文作者曾多次前往越南考察汉喃文古籍，对它们作了广泛阅读。本文即根据考察所得，概括论述越南古籍的内容特点和形式特点，重点讨论以下九个问题：

(1)从关于越南古籍的两类目录，看越南汉文古籍的资源；

(2)从越南经书，看越南儒学的特点；

(3)从仪制、公牍、乡约、田丁簿、交词、嘱书、谱牒、玉谱(村社神祇志)等史部书籍和大量存在的碑铭，看越南史料的社会史品质；

(4)历史上的中越交流，同这种交流相关联的两类古籍：燕行记和北使诗文；

(5)古代越南人编译、改制外来典籍的主要方法：演音、演义、演歌和演字；

(6)古代越南小说的范围、类别及其特点，对《越南汉文小说丛刊》的评价；

(7)一个同中国文化有特殊关联的音乐品种：歌筹(陶娘歌)；

(8)越南各民族的喃文图书，既包括京喃的图书，也包括侬喃、土喃、山喃、芒喃、岱侬喃的图书；

(9)为说明越南汉喃文献的学术价值，在敦煌学和汉喃学之间进行的类比。

9.《论越南古籍的历史、形态和文献学意义》:

本文以刘玉珺所撰博士学位论文《越南汉喃古籍的文献学研究》为基础,对越南汉喃古籍的历史发展、形态特征和文献学意义作了概括论述。首先,它分析越南古籍所表现的文化多样性的特点、不重学术而重应用的特点以及通俗化的特点,认为这代表了不完全汉化的古籍状态。其次,它考察文化雅俗之分在越南古籍中的表现,即"北书"(中国书)和"南书"(越南书)之分,以及汉文书和喃文书之分,认为后者(南书和喃文书)是在模仿前者(北书和汉文书)的过程之中产生的,代表了口传文献对书面文献的补充。再次,它讨论汉、喃两种文献的不同功能,认为汉诗文是作为雅言、作为外交技术、作为联系中越两国之纽带而在越南政治中发生作用的,喃文书则较深刻地代表了人们的现实生活,接近人们的真实感情,在形式上以六八体为标志。

本文提出:越南古籍通过对中国典籍著述范式的沿袭和改进,造就了一种特殊的文献学的规范。这种文献学面对一批"未具完全形态的书籍",即无固定结构体系,不按一定的体例编辑,往往缺漏书名、目录、序跋、卷次等书籍要素,甚至不署书名和书手名的书籍。这种文献学同样包含目录、版本、校勘等分支。但其校勘学将放弃"定本"意识,而把每一种写本看作对传播过程中一定的口头文本的记录。其目录学将改变传统的书名观念和作者观念,既充分尊重诸文本的署名,把"同作异名"理解为同样内容的作品在流传过程中发生了功能变异;也充分尊重创作过程中的每一人——特别是传述者、表演者——的著作权,尊重托名的方式。其辨伪学将重点进行文本的历史比较研究,即对一部作品中的不同年代成分作逐层剥离,因为经过一段时间的口头流传然后结集,是古代著述的常态。其编纂学则将尊重底本的自然状态，以抄写单位为单元，而不依现代人的观念割裂作品与文本的联系。这种文献学可以称作"俗文本文献学"。

10.《〈越南汉文小说丛刊〉和与之相关的文献学问题》：

《越南汉文小说丛刊》是一部关于越南汉文小说的集大成的著作，也是系统整理越南古籍的首创之举。但由于未作全面的资料普查，未建立整体观念，它存在分类理论自相矛盾、选文遗漏等问题。为此，本文在全面考察越南古籍资料的基础上，提出对越南古代小说作"笔记小说"、"传奇小说"、"事迹传"、"章回小说"四分的建议，并追溯了这些文体的历史文化渊源。本文认为：以上四种小说在小说发展史上的位置，大致对应于中国汉以来的笔记小说、六朝以来的传奇小说、宋以来的市人小说、明清时代的章回小说。从本质上说，"小说"作品都是对口头叙事的记录，因此，以上四种小说都表现了书面化、口语化两分的倾向。中国小说中的文言与白话的二分，在越南已经让位于汉文与喃文的二分。这意味着，即使以汉文小说为整理、研究的对象，也不能忽视喃文小说的存在。

11.《越南古代诗学述略》：

越南古代诗学是在俗文学和应用文学环绕的情况下发展起来的，但其表达方式却沿袭中国诗学，主要有序跋、书札、笔记三种体裁。本文对这三种体裁中的越南诗学理论加以分析，概括其特点为：(1)往往对中国文论的观点和命题加以引申；(2)接受中国诗论尤其是经学诗论的影响，重视"诗言志"、"兴观群怨"、"温柔敦厚"、诗尊词卑等较富伦理学色彩的诗歌理论；(3)基于本民族的文学实践，主张多种风格兼收并蓄，在明清以来的种种诗学流派中偏爱重视自然情感的性灵理论；(4)同中国诗学流派化的局面相比较，有一种调和的性质。

本文认为,在中国诗论的影响下,越南诗学仍然形成了一个简明的系统。对于诗歌起源、诗歌功用、诗歌创作规律等重要问题,它都提出了初步的回答。在讨论诗的作用之时,涉及到政治的、认识的、心理的诸种因素;在讨论创作的条件之时,或强调学问,或强调天分,或强调经历,切入的角度丰富多样。因此,可以把越南诗学看作汉诗学的重要组成部分,把越南诗学看作中国诗学和越南诗歌创作的背影,借此理解中国诗学的影响,理解越南诗歌的历史,也理解理论与创作的一般关系。

12.《从日藏越南文学古籍看汉文学的域外传播》:

日本所藏越南古籍的数量仅次于越南和法国。东洋文库、庆应义塾大学图书馆和国立国会图书馆共存有越南汉喃文古籍 278 种,除照相本外,抄本、印本共 151 种。其中有文学书 67 种,包括总集 16 种、别集 31 种、俗文学书 20 种。本文以表格方式介绍日本所藏越南文学古籍的书名、编者、版本、内容、年记、藏地和著录情况,并从“未见其它著录”、“代表特殊版本”、“拥有特殊注解”等三方面,论述这批书籍的史料价值。

本文认为,日本所藏越南文学古籍反映了汉文学在域外传播的若干特点:其一,它们是以语文为条件的传播。那些缺少语言基础的文学形式,则在传播过程中受到淘汰。其二,教育制度是促进汉文学传播的主要因素。各地区对汉文学品种的选择,其实是当地科举的选择。其三,在传播中,汉文学主要用为贵族社会的交际手段,而不是娱情的手段。其四,汉文学传播具有由上而下的趋势,主要是作为精英文化而传播的,因而以知识分子为承载者。其五,作为较高水平艺术的代表,它势必与当地语言相结合,促进一些新的文学体裁的产生。因此,在域外汉文化区,文学的新变和语言的新变具有同步的特点；中国文学中的雅俗之别，往往表现为来自中国的文学体裁与当地新产生的体裁的分别。

13.《从〈高丽史〉的编印看朝鲜初期的史学》：

《高丽史》是朝鲜半岛历史上最重要的官修史书。它的编纂和刊印，经历非常复杂。在长达60年的编纂过程中，它经过五次大的改制，其中四次发生在世宗朝，至1451年世宗离世之后它才得以成书。其编纂之时，正是朝鲜半岛印刷技术臻于成熟之时，但几次刊印几次收回，直到1455年，《高丽史》才通过刊印而广布。本文以三万字篇幅，对上述过程作了细致考察，由此得出以下认识：

(1)朝鲜半岛的史籍编纂是在中国文化的影响下发展的，很早就建立了重视名分书法、重视君主政治的传统。

(2)朝鲜初期史学以论证建国的正当性为中心。《高丽史》难产的一个原因，是为了掩盖高丽末年李氏篡国的政治污点。

(3)它具有强烈的实用色彩，这一方面表现为史学的政治化，亦即以史学为政治权力；另一方面表现为随政治局面变化而不断修改史学原则。

(4)它具有作为政治哲学的作用，因此，围绕史学，屡屡出现君权与臣权的争夺，以至多次发生“史祸”，成批屠杀史官。

(5)在残酷的斗争中，很多朝鲜史学家坚守了以儒家名分为核心的史学立场。在他们看来，儒家伦理不仅是国家富足、民生安定的保证，而且是自己赖以安身立命的文化资源。这种信念不同于“事大”主义。

(6)与之相对，世宗所代表的君主史学观有两个要点：一是重视性理，即强调社会等级；二是王室中心，即把史学当作美化王业的手段。《高丽史》编纂过程中的纪传体、编年体之争，其实是两种史学观之争。

(7)“性理”和“事大”是朝鲜史学观的主题。“事大”的实际涵义是尊崇中国文化,这是发展朝鲜教育和朝鲜史学的必要条件。因此,朝鲜史学家把“性理”和“事大”统一起来,对内讲君臣名分,对外讲宗藩名分,由此维护了史学主体。但对于朝鲜国王则不然,他们表面上讲性理,实际上讲政治主体,于是造成一种虚伪的性理史学。很多史学争论来源于此。比如“改书”(把高丽王的帝王身份改为诸侯身份),虽然遵从了性理名分,但却触犯了国王权威,所以不被世宗接受。

(8)在朝鲜时代,史学一直没有取得相对于政治的主体性,史学家也未曾摆脱被政治吞没的命运。这正是纪传体《高丽史》成为绝响的原因。

14.《域外汉籍研究中的古文书和古记录》:

古文书和古记录是域外汉籍的重要组成部分。作为原始形态的典籍或“未形成”的典籍,它们是通常的域外汉文典籍的产生背景。本文对日本、韩国、越南保存的古文书和古记录,以及日本、韩国的古文书学加以全面考察,重点讨论其中的外交文书和文学文书,阐述它们对于中国学术的意义。

第三组论文,关于敦煌文献与域外汉文献的比较研究,4篇。

15.《从越南俗文学文献看敦煌文学研究和文体研究的前景》:

越南所存六千种左右的汉喃文古籍,是有待中国学术界去认识和利用的宝贵文献。本文着重介绍其中俗文学古籍及其在内容、性格上与敦煌文献的同一性,进而讨论敦煌文学研究和中国文学文体理论的发展前景。本文认为,越南俗文学作品所具备的多种艺术手段交互为用的特点,折射了中国古代俗文学的生存方式。其中普遍存在的杂抄现象、兼类现象和文体游移，说明俗文学文体的存在是超越书面文本的存在。文学史上的文体包括三个层面：一是本原的文体，二是转述的文体，三是记录的文体。前者对后者的决定作用，造成了丰富多样的文体相关，造成了从转述者角度命名文体的习惯，也造成了这样一种现象——作为表现手段的文体派生作为篇章体制的文体。本文主张依讲唱手段或传播方式来区分文体；通过对作品艺术手法组合方式的系统考察，来解决文体确认问题。

16.《越南本〈孔子项橐问答书〉谫论》：

《孔子项橐问答书》有三个越南写本。本文用比较的方法研究它们与现存敦煌本、明代本的关联，认为各本之间有明显的源流关系，越南本具有参校价值。从各本文字、结构的差异看，孔子项橐故事在唐五代已经定型，其时已有北方、南方两个同源异流的传播系统。其中敦煌本可视为北方系统的代表；越南本、藏文本、明代《小儿论》则有更为密切的血缘关系，同属南方系统。各本多有附载，其内容差异反映了《孔子项橐问答书》的不同功能：敦煌本具备讲唱功能，越南本具备蒙学功能。越南本《孔子项橐问答书》为研究俗文学作品在不同文化区的传播提供了绝好例证。

17.《从朝鲜半岛上梁文看敦煌儿郎伟》：

本文通过对唐宋上梁文和朝鲜半岛所存三百多篇上梁文的比较研究，确定了上梁文的文体特征、上梁文同工匠之歌“儿郎伟”的关联，以及它在发展中的阶段性面貌。本文认为：上梁文包括书写的上梁文和表演的上梁歌（“儿郎伟”）。后者（“儿郎伟”）采用两种方式：一是“致语”（朗诵骈文）的方式，二是举重号子歌的方式。“儿郎伟”一名在上梁文中的出现，表明古代上梁时的相和而歌、呼应而歌，已经有了较稳定的歌调。这种歌调是在驱傩仪式上形成的，所以敦煌

"儿郎伟"以驱傩"儿郎伟"为主体，朝鲜半岛上梁文亦保留了驱傩仪式的影响。从"儿郎伟"到上梁文的发展大致经历了五个阶段：一是"儿郎伟"作为号呼之声的阶段，其事可以追溯到北朝；二是"儿郎伟"用为驱傩之歌的阶段，其事可推至唐代；三是进而用于障车、上梁仪式的阶段，在六言韵文、三七言韵文之外，兼用四六言骈文，作品见于敦煌；四是形成上梁文之正体的阶段，其现存最早的作品是唐末李琪《长芦崇福禅寺僧堂上梁文》；五是在宋代初期传播到朝鲜半岛，转变为一种高丽汉文学文体的阶段。上梁文在朝鲜半岛的传播，反映了汉文学的特殊功能和特殊质量。

18.《东干文学和越南古代文学的启示——关于新资料对文学研究的未来影响》：

本文是学术会议上的发言稿。它利用新发现的东干文学、越南古代文学资料，讨论文学研究在新世纪的学术生长点问题；具体从文献和民间遗存所反映的文学传播、文化交流对新文体的影响、"飞地"文学作为文学史研究参照系的意义、文字对书面文学的支持和制约等十个方面，提出关于文学研究之前景的思考。本文认为，在知识全球化背景下推进文学研究，必须加强对新资料特别是弱势文化资料的重视，提倡通过历史研究、个案研究来解决一般的理论问题。

敦煌文学与唐代讲唱艺术

20世纪初，一座封闭八百余年的藏经洞在敦煌莫高窟打开了，导致了一个国际性的综合学科——敦煌学——的建立。各国学者在敦煌遗书研究、敦煌石窟研究、敦煌史地研究三方面所取得的成果，整体地展示了特定时代中国社会和文化的面貌，大大修改了各相关学科的传统描写。秉有本土文化优势的中国学者，则在敦煌文学资料的整理和研究方面作出了较为卓著的贡献。这批资料全面地反映了唐五代文学的状况，为重新认识文学的性质、传播方式及其演进规律等问题，提供了新的基点。它表明：在古代中国，文学主要是依靠口头方式传播的，一直密切地联系于各种讲唱艺术；书面文体的变革乃通过讲唱艺术的不断革新而发生，以民间创造为其渊薮；文学不仅具有娱乐功能，而且具有宗教功能、政治功能、知识功能和交际功能，本质上是社会群体的共同活动。值敦煌文学研究跨入第八个十年之际，本文拟从上述认识出发，对这批资料及其所提出的基本理论问题作一总结。

一、敦煌文学作品及其所联系的讲唱艺术

科学工作始于分类。敦煌文学研究的第一步是资料整理①，所面

① 主要整理本有：《敦煌零拾》，1924年石印；《敦煌曲子词集》，商务印书馆1950年初

临的理论问题，首先是作品归类的问题。对于大量出现的那些非作家的作品，经过相当长时间的研究，学者们寻找到"通俗诗"、"通俗小说"(王国维，1920 年)、"佛曲"(罗振玉，1924 年)、"变文"(郑振铎，1929 年)等名称来命名。[①]自 20 世纪 30 年代至 20 世纪 80 年代的五十年间，学者们一直把"变文"一名视为敦煌全部俗文学作品的总称。从 20 世纪 80 年代起，始有词文、故事赋、话本、变文、讲经文之五分[②]，缘起、押座文、讲经文、变文、"其他"之五分[③]，后又有变文、讲经文、因缘、词文、诗话、话本、赋之七分[④]。这几种分类理论逐步引入了表演因素，对敦煌作品的整理工作起过积极的指导作用；但由于它们以诗学、词学、俗文学三分的传统文体观念为前提，故并未找到合理的分类标准——或在同一种表演艺术中分出几种文体，或遗漏了包括论议在内的一些重要的表演艺术品种。事实上，敦煌作品的文本特征乃是其伎艺特征的表现；我们完全可以把文本归类的实质，确定为表演形式的分类。就此而言，除少量书面应用文以外，敦煌文学作品应按其在表演艺术上的类属，分别归入讲经文、变文、

版；《敦煌曲校录》，上海文艺联合出版社 1954 年版；《敦煌变文汇录》，上海出版公司 1955 年版；《敦煌变文集》，人民文学出版社 1957 年版；《敦煌韵文集》，台湾高雄文化服务处 1965 年刊印；《敦煌曲》，法国国立科学研究中心 1971 年版；《敦煌变文论文录》，上海古籍出版社 1982 年版；《敦煌唐人诗集残卷考释》，宁夏人民出版社 1982 年版；《补全唐诗》，中华书局 1982 年刊入《全唐诗补编》；《王梵志诗校辑》，中华书局 1983 年版；《敦煌变文集新书》，台湾中国文化大学敦煌学研究会 1984 年印行；《敦煌歌辞总编》，上海古籍出版社 1987 年版；《敦煌变文集补编》，北京大学出版社 1989 年版；《王梵志诗校注》，上海古籍出版社 1991 年版。

① 参见王国维：《敦煌发现唐朝之通俗诗及通俗小说》，《东方杂志》17 卷 8 号，1920 年；罗振玉：《佛曲三种跋》，《敦煌零拾》；郑振铎：《唐代的俗文学》，《小说月报》20 卷 3 号，1929 年；《变文的出现》，插图本《中国文学史》第三十三章，北平朴社 1932 年；《敦煌变文集》。

② 张鸿勋：《敦煌讲唱文学的体制及其类型初探》，《敦煌学辑刊》2 辑，1981 年。

③ 李骞：《唐变文的形成及其与俗讲的关系》，《敦煌学辑刊》1985 年第 2 期。

④ 周绍良：《唐代变文及其它》，《敦煌文学作品选》，中华书局 1987 年版。

话本、词文、俗赋、论议文、曲子辞、诗歌八种体裁。除部分诗歌以外，其他作品都是表演艺术的底本。

(一)讲经文

在敦煌文学诸品种中，讲经文的伎艺特征最为明确。它用于佛教俗讲，以佛教经典为基本素材，一般包括经文、散文说解、韵文说解、押座文四部分。前三部分反复联缀，构成作品主体；押座文用于俗讲开场前和终场时的吟唱，往往置于全文的首尾两端。《长兴四年中兴殿应圣节讲经文》[1]是敦煌遗书中唯一一篇保留了“讲经文”名称的作品。它在正文中明确提示了讲经文的体制：首段“开赞”，唱释经题；次段“序分”，说明此经缘起及法会主题；第三“正宗”，继缘起之后开说法门，逐段讲唱经文；末段“流通”，将法门付嘱听众，以歌赞总结全篇。这种四科段体制乃来源于佛经，表明讲经文是在内容和形式上都附丽于佛经的文体。在敦煌遗书中，这种讲经文有包括《双恩记》、《维摩碎金》在内的 20 篇作品。

关于讲经文的伎艺形式，前人论俗讲时已作详细阐述。[2] 其主要项目有七：礼佛登座、赞呗、说押座、开题、正说、回向发愿、解座。通常由法师说押座、开题、解说经文，由都讲唱经并与法师论议，由维那或梵呗赞呗、作梵。《说三归五戒讲经文》仍然反映了俗讲仪节的次序；但现存讲经文大多对经文作了省略，说解部分时或只列出纲

---

① 《敦煌变文集》卷五，第 411—425 页。又见黄征、张涌泉：《敦煌变文校注》，中华书局 1997 年版，第 617 页。

② 参见王文才：《俗讲仪式考》，《敦煌学论集》，甘肃人民出版社 1985 年版；又参见向达：《唐代俗讲考》、孙楷第：《唐代俗讲轨范与其本之体裁》、傅芸子：《俗讲新考》、周一良：《读唐代俗讲考》等，皆见《敦煌变文论文录》。

要，歌赞部分则常常出现颂扬都讲的语句。因此，可以将其判为法师、维那或梵呗使用的文本。押座文在俗讲中的作用类似于唐代伎乐中的“定场”；尽管它也可移用于其他表演项目而单独成篇，但它并不是一种独立的伎艺。

(二)变文

变文是脱胎于讲经文的讲唱文学品种。它同讲经文的联系表现在：使用押座文，例如伯(希和)2187号写本所载的《降魔变押座文》和斯(坦因)3491号写本所载的《破魔变》；有些变文又名“缘”、“因缘”和“缘起”，以关于佛本生、本行、因缘果报故事为题材；在《破魔变》等作品中，还有“经题名字唱将来”一类讲经文的唱辞痕迹；相当数量的变文作品用于俗讲场合，由僧侣讲唱。但它毕竟是一个独立的艺术品种。在解说小品故事、解说连续构图式壁画或画卷(而非解说佛教正经和大型壁画)这一点上，变文明显有别于讲经文。据考察，其配图迹象包括：与图画并行；题中有“并图一卷”、“变一铺”等配图说明；文中有“上卷立铺毕，此入下卷”、“从此一铺，便是变初”等配图说明；文中有“时”、“处”、“而为转说”等按图讲唱的用语。[①]

变文所联系的讲唱艺术是“转变”，略称为“变”。其名源自对佛经的改变，例如描绘佛教变相的图画——所谓“经变相”和“经变”。[②]经变的计量词亦为“铺”，例如任华《西方变画赞》：“敬画妙法莲华变一铺。”这一术语意味着：“变文”、“转变”之得名，经过了“经变相”这

---

① 参见周绍良：《谈唐代民间文学》，《敦煌变文论文录》；又见本书《论变文、讲经文的联系与区别——关于梅维恒教授〈唐代变文〉的几个问题》。

② 参见《历代名画记》、《酉阳杂俎·寺塔记》和《全唐文》卷三七六任华《西方变画赞》。

一环节。[①] 变文作品与敦煌等地经变画像共用的题材及其与经变榜题共用的“时”、“已”、“处”、“而为”等提示词[②]，同样证明了这一关系。但“铺”作为计量单位，初乃用于佛教造像。[③] 可见“变相”是相对佛像之不变而言的：“像”是对佛、菩萨的造型，“变”是对佛经故事的造型；由于佛经故事的情节是变动的，其图画又转变了佛、菩萨的一般面貌而展现其过去、未来的变现之像，所以称“变”。据此，我们可以纠正过去的分类法，把原题“缘”、“缘起”、“因缘”的讲唱作品也判为变文。事实上，《目连缘起》又称《目连变》，《频婆娑罗王后宫彩女功德意供养塔生天因缘变》已用“因缘变”为名，《八相变》、《太子成道经》和《悉达太子修道因缘》的内容与语句是重复的[④]，《丑女缘起》篇末则有“上来所说丑变”[⑤]一语：由此可知，唐代人曾把“因缘”、“缘

---

① 具体说来，从佛经到变文有三变：其一是从佛经变为佛画，亦即用图像方式说经，被称为“变”或“经变”；其二是从佛教图像变为看图说唱，亦即说唱短篇故事，配合画卷或连续构图式壁画，被称为“转变”；其三是把看图说唱活动变成文本记录，亦即从说唱之图变为说唱之本，被称为“变文”。所以“变文”是个有独立意义的名称，可以简称为“变”，但不可以等同于“变”。《频婆娑罗王后宫彩女功德意供养塔生天因缘变》、《丑变》、《降魔变文》、《大目乾连冥间救母变文》、《舜子至孝变文》等名称，反映唐五代人对于变文的特殊性的强调。

② 参见李正宇：《报恩经和莫高窟壁画中的报恩经变相》，《敦煌研究文集》，甘肃人民出版社 1982 年版；贺世哲：《敦煌莫高窟壁画中的维摩诘经变》、《敦煌莫高窟的涅槃经变》，《敦煌研究》1983 年第 2 期、1986 年第 1 期；樊锦诗等：《莫高窟北朝洞窟本生、因缘故事画考》，《敦煌研究》1986 年第 1 期；施萍亭：《敦煌随笔之二》，《敦煌研究》1987 年第 1 期；罗华庆：《敦煌艺术中的观音普门品和观音经变》，《敦煌研究》1987 年第 3 期；白化文：《变文和榜题》，《敦煌语言文学研究》，北京大学出版社 1988 年版；胡文和：《四川摩崖造像中的大方广华严十恶品经变》，《敦煌研究》1990 年第 2 期。

③ 例如张说《郧国长公主神道碑铭》：“躬绣彩线佛像二铺。”朱宝积《弥勒尊佛碑》：“发心敬造弥勒像一铺。”苏颋《绣阿弥陀佛像赞》：“绣阿弥陀像一铺。”李承嗣《造像记》：“造阿弥陀像一铺。”分别载《全唐文》卷二二〇、二三四、二五六、二六〇，中华书局 1983 年版，第 2330、2369、2594、2640 页。

④ 参见梁粱：《太子成道经随笔数则》，《敦煌研究》1986 年第 3 期。

⑤ 《丑女缘起》，《敦煌变文集》卷六，第 800 页。又见《敦煌变文校注》卷六，第 1108 页。

起”和“变”看作具有同一性的体裁。

变文既然是配合变相之文，是变现、变化之文，那么，转变艺术用来表现世俗生活，便是它题中本有之义。敦煌写本今存21种变文作品，相当数量采用世俗题材，其内容涉及王陵、舜、李陵、王昭君等历史人物和张义潮、张淮深等现实人物。通过吉师老《看蜀女转昭君变》、李贺《许公子郑姬歌》、王建《观蛮妓》诗及《谭宾录》[①]、《酉阳杂俎》(前集卷五)等记载可以知道：在唐代的转变艺术中，最流行的是王昭君故事等世俗题材的作品；它们在“要路”和“变场”这种专门场所中表演，表演者不仅有僧人而且有女性艺人；它们说唱结合，拥有“清声委曲怨于歌”、“转角含商破碧云”等艺术化的唱诵手段。这种表现手法的丰富性导致了文本特点的丰富性。敦煌变文往往把韵文用作对话，在《悉达太子成道因缘》、《太子成道经》等佛教题材的作品中大量援用了诸如梦双陆不胜(故事原型见《唐国史补》)、接生妇“抱腰”、结彩楼择婚、问三从之道试妇等风俗传说的细节，《刘家太子变》还用五个对话体故事连缀成组。这种世俗化的表现手法，代表了变文区别于讲经文的另一特征。

(三)话本

话本在隋唐五代又称“话”，是以散说为主的讲唱文学品种。同讲经文、变文相区别，它的文本特点是：韵文较少见，且用于故事发展的必要处；口语化、故事化程度更强，具有更鲜明的通俗化色彩。这样的敦煌话本有九种，即《叶净能诗》、《庐山远公话》、《唐太宗入冥记》、《伍子胥》、《秋胡》、《韩擒虎话本》、《黄仕强传》、《祇园因由记》和

---

① 《太平广记》卷二六九，中华书局1961年版，第2109页。

《搜神记》。其中《韩擒虎话本》原无题，仅于篇末记有“画本既终，并无抄略”的识语。“话本”讹为“画本”，除同音相代的原因外，我认为，它说明唐宋话本曾配合图画用于讲唱。[①] 这一点，可以解释何以在《伍子胥》中会出现“楚王出敕，遂捉子胥处若为？敕曰”[②]这种配图讲唱的口吻。

话本所联系的讲唱艺术品种是“说话”。其较早的一个记载见于隋代侯白的《启颜录》，云：“侯秀才，可与玄感说一个好话。”[③]据《北史·李文博传》和道宣《续高僧传》卷二，侯白是个“好学有捷才”、“性滑稽”、“好为俳谐杂说”、“所在处观者如市”[④]的机智人物，曾奉敕撰《旌异传》二十卷，“多叙感应，即事亟涉歌演释门者”。如果把“观者如市”理解为侯白以街头闹市为“说话”的场所，如果把叙感应、演释门也看作侯白“说话”的内容，如果说《启颜录》的特色是“上取子史之旧文，近记一己之言行”[⑤]，那么，隋代“说话”的特点是：已成为市井文艺，使用文本篇制较小，但有历史传说、民间笑话故事、佛教感应故

---

① 在唐五代话本中尚缺关于配图情况的直接证据，但我们可用宋代话本作为旁证。《宋元小说家话本集》载《郑节使立功神臂弓》，述郑信与日霞仙子分别，有诗一首云：“青云藏宝殿，薄雾隐回廊，静听不闻消息之声，回视已失峰峦之势，日霞宫想归海上，神仙女料返蓬莱。多应看罢僧繇画，卷起丹青一幅图。”其中末句在《新编红蜘蛛小说》残页中作“多应看罢僧繇画，卷起丹青十幅图”。《宋元小说家话本集》又载《陈巡检梅岭失妻记》，其中有诗云：“雨里烟村雾里都，不分南北路程途。多疑看罢僧繇画，收起丹青一轴图。”诗中“多疑”、“多应”两句是小说艺人解说图画的套语，说明部分宋代话本小说乃用配图方式表演。程毅中辑注：《宋元小说家话本集》，齐鲁书社 2000 年版，第 19 页、第 432 页。一说《韩擒虎话本》产生于宋初，韩建瓴：《敦煌写本韩擒虎画本初探》，《敦煌学辑刊》1986 年第 1 期。

② 《敦煌变文校注》卷一《伍子胥变文》，第 3 页。

③ 《启颜录》，上海古籍出版社 1990 年辑注本，第 52 页。

④ 《北史》卷八四，中华书局 1974 年版，第 2807 页。《续高僧传》，《高僧传合集》，上海古籍出版社 1991 年版，第 116 页中。

⑤ 鲁迅《中国小说史略》语。《鲁迅全集》第 9 卷，人民文学出版社 1973 年版，第 208 页。

事等多方面的题材。通过《酉阳杂俎》(续集卷四)、《唐会要》(卷四)、元稹《酬翰林白学士代书一百韵》诗注、李商隐《杂纂》、陈翰《汧国夫人传》[①]等文献,我们又可以了解唐代"说话"的基本面貌:它被称为"市人小说",由职业艺人表演,表演场所包括"杂戏"戏场、"斋会"和私家府第。它的篇制已达相当规模。例如白行简《李娃传》原来只有三千六百字,但在艺人复本口中,却敷衍成长达六七个小时(寅时至巳时)的《一枝花话》节目。

从隋代开始,话本就大量使用了佛教题材。唐代的《庐山远公话》、《唐太宗入冥记》、《黄仕强传》、《祇园因由记》亦是佛教题材的作品。《黄仕强传》在七个写本中皆抄写于《普贤菩萨说证明经》之前,文中且有仿写《证明经》可获长生的细节。可见话本也曾用于俗讲,并因此而吸收讲经文、变文兼说兼唱的伎艺手法,并非像过去所说的那样是"纯散说"的"无韵""散句"[②]。实际上,《庐山远公话》是说白中夹杂吟偈的,《叶净能诗》中有很长的一段韵文,《伍子胥》的对话常用歌体,且有好几段韵文标明了"歌"和"悲歌而叹"。另外,根据《李娃传》和《一枝花话》的关系,我们还可以把唐代文人小说作为话本的说唱结合形式的佐证。初唐张鷟的《游仙窟》,韵散相间,杂用方言隐语,第一人称称谓不一,本身就是"说话"的底本。其他小说,也多与诗歌(本质上是歌辞)配合流行。[③] 无论是其中歌、传并行的方式还是传文中穿插诗歌的方式,都反映了唐代话本兼说兼唱的面貌。总

---

① 南京图书馆藏明抄本《类说》第二六卷载陈翰《汧国夫人传》:"姬封国夫人,旧名'一枝花'。元稹《酬白居易代书一百韵》云:'翰墨题名尽,光阴听话移。'注云:'乐天从游,常题名于壁。复本说《一枝花》,自寅及巳。'"文中原有六字讹缺,据他本校补。

② 张鸿勋:《敦煌讲唱文学的体制及类型初探——兼谈几部文学史的有关提法》,《文学遗产》1982 年第 2 期。

③ 参见王运熙、杨明:《唐代诗歌与小说的关系》,《文学遗产》1983 年第 1 期。

之，话本同讲经文、变文的区别，在于讲经文、变文中的韵文复述散文部分的内容，而话本中的韵文则是故事发展的必要部分，即直接推动情节的部分；话本同词文的区别，在于词文以韵唱为主体，通过韵文表现情节，而话本则以散说为主，通过散文来表现情节。

（四）词文

在伯3697、伯3386等10种敦煌写本中，载有一篇《季布骂阵词文》，又名《大汉三年楚将季布骂阵汉王羞耻群臣拔马收军词文》。全篇640句，七言体，一韵到底，是词文的代表作品。其篇末云："若论骂阵身登贵，万古千秋只一人，具说《汉书》修制了，莫道词人唱不真。"可见词文联系于唱词艺术，由职业艺人（"词人"）表演，是一种独立的讲唱文学品种。由于词文已同佛经解说和图画解说分离，其歌辞不再是对经文或其他说解散文的复述，故具有以韵唱为主的特点。许多过去被视为变文的敦煌作品，例如《董永》、《季布诗咏》、《秋吟》、《百鸟名》、《十吉祥》、《苏武李陵执别词》、《下女夫词》等，都是这样的词文。后两篇篇名中的"词"，正是它们的体裁标志。

根据现有资料，词文是在唐开元年间兴盛起来的。它以"词"的名义，采用俗曲曲调，演唱于"歌场"；《孝经》、《千字文》、《金刚经》等儒佛两家的典籍是其主要素材。伯2721等敦煌写本所载的《开元皇帝赞金刚经》、《新合孝经皇帝感》和斯289等敦煌写本所载的《新合千文皇帝感》，是这一时期词文的代表。前两篇的开篇词说："皆谈新歌是旧曲，听唱《金刚般若词》，开元皇帝亲自注，至心顶礼莫生疑。""新歌旧曲遍城乡，未闻典籍入歌场，新合孝经皇帝感，聊谈圣德奉贤良。"并在一本中接写叙述张骞寻找河源神话故事的《听唱张骞一新歌》九首。[1] 这样就昭示了词文在其初创时期的特点：它产生于歌场的曲子演唱，以《皇帝感》等教坊曲调为音乐素材，用于教化，杂有片断的圣贤故事说讲；嗣后，当它在同一场合用同一曲调连续歌唱《听唱张骞一新歌》等娱乐性质的词文的时候，词文便走上了故事化和题材多样化、艺术手法多样化的道路。

今存的敦煌词文使用了四种音乐文学体裁：其一是曲子辞体。除上述几种《皇帝感》词以外，有两种《孟姜女》[2]，用《捣练子》体；有《维摩五更转十二时》、《十二时普劝四众依教修行》、《十二时行孝文》等[3]，用《十二时》、《五更转》体。其二是乐府民歌体。如《季布骂阵词文》、《董永》、《季布诗咏》、《百鸟名》采用以七言为主体的民歌调，《王昭君安雅词》采用以五言为主体的乐府旧曲。其三是偈赞体。如《十吉祥》、《赞僧功德经》[4]用七言体偈赞调；《三冬雪》、《千门化》[5]用"三三七七七"体偈赞调，并与七言四句体的"平吟"、"侧吟"结合演唱；《太子赞》[6]用"五五七五"体，有和声辞。其四是骈文赋体。如《秋吟》、《下女夫词》、《苏武李陵执别词》。据《秋吟》的文本形式（以"芭词"、"赞叹"、"偈子"相间的形式）可以知道，赋体词文是用韵诵、歌唱相结合的方式表演的。这种体裁多样化的情况，反映了敦煌词文在来源上的多重性，说明词文是歌场俚曲、佛教呗赞、民间韵诵同故事表演方式相结合的产物。词文作品的共同特点在于兼说兼唱，

---

① 参见任半塘：《敦煌歌辞总编》卷三，上海古籍出版社 1987 年版，第 627 页、第 628 页。

② 一种载于伯 2809、伯 3911、伯 3319 等敦煌写本，另一种载于伯 3718 号敦煌写本，参见《敦煌歌辞总编》卷三，第 563 页、第 564 页。

③ 参见《敦煌歌辞总编》卷五、卷六，第 1301 页、第 1581 页。

④ 参见周绍良、白化文、李鼎霞：《敦煌变文集补编》，北京大学出版社 1989 年版。

⑤ 据《敦煌歌辞总编》卷四拟名。

⑥ 参见《敦煌歌辞总编》卷三，第 800—802 页。

有对话，篇幅较长，往往是数十首的长篇联章。[①] 作为讲唱艺术，它正因为这些特点而同单纯的曲子辞、民间谣歌、佛教呗赞、俗赋有了明显的区别。

（五）俗赋

敦煌写本中的赋体作品，除采自《文选》的《西京赋》、《吴都赋》、《啸赋》和《登楼赋》外，有二十余种隋唐五代的篇章。[②] 其中有诗歌体（多是七言歌行）的《龙门赋》、《死马赋》、《子灵赋》、《月赋》、《酒赋》，有四六言韵文体的《游北山赋》、《元正赋》、《三月三日赋》、《天地阴阳交欢大乐赋》、《驾幸温汤赋》、《贰师泉赋》、《齖魺书》，有散文体的《燕子赋》、《晏子赋》、《韩朋赋》、《丑妇赋》、《秦将赋》、《渔父歌沧浪赋》、《去三害赋》。散文类的大部分作品和韵文类的《丑妇赋》都具有相似的俗文学特点：使用口语、重视情节、以对话展开故事、用诙谐语作夸张描写、句式散漫、叶韵宽泛，习惯上称之为"俗赋"。"赋"的本来涵义是"不歌而诵"[③]。刘谧之《庞郎赋》云："坐上诸君子，各各明君耳，听我作文章，说此河南事。"[④]史籍中则有关于皮日休、归融以《夹蛇龟赋》、《皮靸鞋赋》"递相谤诮"的记载。[⑤] 据此可知：俗赋的上述特点，乃缘于它用韵诵的方式在歌场表演。《去三害赋》写本首题

---

① 《敦煌歌辞总编》卷三论《太子赞》："内容演悉达太子本生出家成佛故事，与卷五《五更转》'太子入山修道赞'相同。但此二十七首中每有前后不相衔接处；有四首又属代言体，文气更觉有隔。料当时之原本必有白语，以穿插联系；全本必甚长，乃用于歌场之讲唱辞也。"第 803 页。

② 参见张锡厚：《敦煌赋集校理》，《敦煌研究》1987 年第 4 期、1989 年第 4 期。

③ 《汉书》卷三〇《艺文志·诗赋略》，中华书局 1962 年版，第 1755 页。

④ 徐坚：《初学记》卷一九《丑人第三》，中华书局 1962 年版，第 459 页。

⑤ 孙光宪：《北梦琐言》卷七《李浣行文卷（皮日休庄布附）》，中华书局 2002 年版，第 156 页。

中的“王□韵”字样，即可看作用于韵诵的表现；而《齖齘书》的三种写本都在附录中抄写了一段七言诗、一首以劝学为主题的《十二时》和一首关于入舍女婿的咒文，证明它和这些作品曾在同一场合连续表演。

关于敦煌赋的韵诵方式及其讲唱特性，有一篇讨论《燕子赋》的文章曾作详细论证。[①] 事实上，几乎敦煌写本中的每篇赋体作品，都显现了作为表演艺术之底本的特点。例如《子灵赋》由内容、形式均不相同的两部分组成，前段五言诗体，采用常见于敦煌曲子辞的闺怨题材；后段七言诗体，采用常见于敦煌词文的圣贤劝世的题材；全篇并无与篇名“子灵”相关的内容，明显是用于某一说唱节目开篇和终场时的诵辞或唱辞。又如《韩朋赋》用大量人物对话组成一个情节生动的故事，《晏子赋》的内容全是梁王与晏子之间的相互辩诘，前者表现了话本的影响，后者则直接联系于论议伎艺。类似的情况也见于敦煌的文人赋。例如《驾幸温汤赋》中的“青一队兮黄一队，熊踏胸兮豹拏背”等语又见于《八相押座文》[②]；《龙门赋》以“忽谓行乐长若斯，盛衰恰似河边草”的讲唱套话结尾；《渔父歌沧浪赋》为对话体；《天地阴阳交欢大乐赋》采用了许多俚言俗语；抄写《死马赋》的伯 3619 号写本按民间文学常用的“首章标其目”的方式，将刘希夷《洛川怀古》改为《北邙篇》。这些作品，或表现了被讲唱艺人改纂的痕迹，或表现了对民间表演艺术的适合。由此看来，如果把“俗赋”看作保存了古老的韵诵传统的讲唱艺术体裁，那么，敦煌赋体作品都是可以按其表

① 参见简涛：《敦煌本燕子赋体制考辨》，《敦煌学辑刊》1986 年第 2 期。

② 参见《唐戏弄·伎艺·剧本》及其据斯 2440.2 号敦煌写本、《大正新修大藏经》卷八五等所校之文。任半塘先生说：“此乃玄宗时刘朝霞所献《驾幸温汤赋》语，揣想在讲经中，宜由讲唱人对原赋文全诵或节诵；或由大王于白说后接诵若干句，以壮声色。”《唐戏弄》，上海古籍出版社 1984 年版，第 875—877 页、第 885 页、第 886 页。

演形式而称为“俗赋”的。

有必要说明的是：敦煌文学作品的伎艺性质并不是恒定的——讲经文可以改编为变文，诗歌可以配入曲子演唱，押座文既见于讲经文也见于变文，曲子辞用于说唱故事便成为词文——随着伎艺性质的转变，其文本形式也会发生变化。同样，歌辞和论议文用于韵诵即是俗赋。这样的例子有《酒赋》、《晏子赋》和五言体的《燕子赋》。例如《酒赋》见于七种写本，在敦煌流传甚广。它有三个名称：《高兴歌》、《高兴歌·酒赋一本》和《酒赋》。若对写本时代作一考证，那么，可以发现上述三名是顺序产生的。若称为“歌”，它在写本中便会同《胡笳十八拍》等诗体作品抄在一起；若称为“赋”，它便同《秦将赋》、《龙门赋》、《齖魺书》等俗赋作品抄在一起。① 这就意味着：它是采摭歌辞而用为俗赋的作品；“歌”和“赋”分别代表了一种表演艺术的体裁，其间区别是歌唱和韵诵的区别。

（六）论议

论议又称“论难”和“问难”。指一种由表演双方围绕特定命题往

---

① 见本书《敦煌高兴歌及其文化意蕴》。存见篇名的《酒赋》各写本内容如下（按抄写年代的先后排列）：

伯2555：《王昭君》等诗55首，孔璋《代李邕死表》，咏物诗16首，敦煌落蕃人诗59首，刘商《胡笳十八拍》等，《高兴歌》，闺怨诗8首等，《月赋》等，《冀国夫人歌词》7首，马云奇诗等14首；

伯3812：高适、殷济、武涉等人诗，《高兴歌》，刘商《胡笳十八拍》；

伯2488：《贰师泉赋》，《渔父歌沧浪赋》，《秦将赋》，《高兴歌·酒赋一本》；

伯2633：《齖魺新妇文》，“正月孟春犹寒”辞，《酒赋》，《崔氏夫人要女文》，杨蒲山《咏孝经》十八章；

伯2049：《洛阳篇》（即刘希夷《白头吟》），《汉家篇》（即高适《燕歌行》），王翰《饮马长城窟行》（原无作者与篇题），李白《将进酒》（原无作者与篇题），……《酒赋》，《锦衣篇》，《老人相问叹》诗，《藏钩》诗，《龙门赋》，《北邙篇》；

伯2544：《酒赋》，《锦衣篇》，《汉家诗》，《老人篇》，《将进酒》，《老人相间叹诗》，《藏钩》，《龙门赋》，《北邙篇》，《兰亭序》。

复诘难、以问答形式进行的伎艺及其文学记录。唐郭湜《高力士外传》所谓“讲经、论议、转变、说话，虽不近文律，终冀悦圣情”，[①]说明论议是讲求文律的伎艺项目，唐代人认为其性质同讲经、转变、说话相近。关于论议的描写见于隋唐时代的众多典籍。例如《启颜录》辟有《论难》专篇；《入唐求法巡礼行记》卷二说论议是讲经之前的节目，卷三说武宗常在节日斋会上使僧、道或儒、道论议；《刘宾客嘉话录》和《唐摭言》卷九说德宗、懿宗好在降诞日使三教论议；《庐山远公话》把俗讲中的论议安排为故事的重要情节。而《隋书》、《旧唐书》、《续高僧传》所记的“博辨”、善论议的隋唐人，则有苏夔、何妥、辛彦之、徐文远、朱子奢、李玄旨、马光、刘焯、褚辉、司马樟、马嘉运、李世民、韦渠牟、杜佑、许孟客、白居易等士人，释玄奘、慧布、法安、法论、保恭、吉藏、善胄、义褒、僧达等僧侣。据诸书所记，论议是一种流行甚广的娱乐活动，常在宫廷宴飨、寺院讲经、广场聚会时举行，其表演场所又称“论场”。表演之时，一般有击论议鼓、升论座、竖义（或称发题）、论难等程序。

论议伎艺讲求捷辩，其底本仅得到少量保存，但可从隋侯白《启颜录》和唐道宣《集古今佛道论衡实录》的记录中见其大概。《启颜录》所记包括斋会论议、儒生会讲和博士论难，《实录》所记则基本上是御前论议。其体制大略有二：一是用于俗讲场合，由开讲者登座立题，众人即题论难，相互盘诘；二是单独表演，就皇帝所设之题或论议人所开之题，论主登论座竖义，另一方驳难，循环往复，直至一方辞穷。值得注意的是：在这两种情况下，嘲诮都是论议的重要内容。例如《实录·大慈恩寺沙门灵辩与道士对论第三十二》所记龙朔二年

① 丁如明辑校：《开元天宝遗事十种》，上海古籍出版社1985年版，第120页。

(662年)十二月论议:

> 初十四日,道士方惠长开老经题,灵辩问曰:"向陈道德唯上,老教亦在儒宗?"答:"道经独有,儒教所无。"……难曰:"道为物祖,不思前言?老易同归,若为遣难?"惠长不能答,因嘲之曰:"昔列子才遇季咸,怳然心醉;黄冠暂逢缁服,不觉魂迷。"上大笑,令更难。灵辩奏曰:"向者才申短略,黄巾以(已)成瓦解;今若更凭神算,赤舌将必冰消。"上又笑。……惠长又无答,辩奏曰:"灵辩忝预玄门,实怀慈忍,虽逢死雀,不愿重弹。"上大笑称善。[①]

这一记载反映了论议的一般风格,即道宣所谓"嘲戏间发,滑稽有余,频解圣颐"的风格。它与《启颜录》所记相同,说明论议是同嘲谑相联系的一种伎艺。论议的伎艺形式和娱乐功能决定了其文本的特征,即采用问答体、多以骈句韵语作嘲的特征。根据这一特征可以判断,敦煌写本中的《茶酒论》、《孔子项托相问书》、《晏子赋》和五言体的《燕子赋》,也是论议类的文学作品。

上述四种作品都有6至16种敦煌写本(包括藏文写本),深为当时民众喜爱。《茶酒论》以四六骈句的形式描写茶酒争功的过程,篇末由水来判功;《燕子赋》以五言诗体描写燕雀争巢故事,其中亦有凤凰出面"处分":显然是二教论衡、皇帝裁决这种景况的写照。[②]《晏

① 《集古今佛道论衡》卷四,《大正藏》,台北新文丰出版有限公司1983年刊行,第52册,第393页中、第393页下。

② 凤凰为鸟中天子的观念见《下女夫词》,云:"凤凰故来至此,合得百鸟参迎。"亦流传于中国少数民族之中。如西夏文《文海》说"凤,此者凤凰也,犬鸟禽天子之谓","凤凰,此者鸟天子凤凰之谓也"。史金波等:《文海研究》肆《文海汉文译本》,平声第四韵和第三十二韵,中国社会科学出版社1983年版,第407页上、第461页下。

子赋》和《孔子项托相问书》则取材于先秦故事，在民间有长期的流传；二篇中同有“天地相去几千万里”一类汉代方式的问难，有叙述体（而非问答体）的同题材作品并存：[①]显然是在唐代按论议形式加以改作的。这些作品的语言风格以及排比夸饰、广征博引、以骈句加强文气的论辩风格都和现存的论议记录文接近，其中的角色对话亦构成作品主体。鉴于论议常有事先准备文本的情况，[②]可以判断，这四种作品是在民间歌场或戏场之中，用来表演论议的文本。《茶酒论》以“论”为名，这也反映了它作为论议作品的性质。

（七）曲子辞

曲子辞的简单定义是按隋唐燕乐曲调谱写的歌辞。同谣歌辞相区别，它是具有一定的章曲形式、有调名、能入乐的作品；同大曲辞相区别，它不纳入乐、歌、舞的组合体制，是最小的、有完整音乐结构的、独立的音乐文学体裁；同词文相区别，它用于单纯的歌唱或表演唱，是音乐艺术而非曲艺艺术。[③] 在敦煌写本中，这样的曲子辞作品大约有近一千首的规模。《敦煌歌辞总编》所载的作品，绝大部分是曲子辞。《云谣集杂曲子》中的30首作品，代表了敦煌曲子辞的一种典型形态，即作为歌妓艺术的形态。[④]

---

① 张鸿勋：《孔子项托相问书故事传承研究》，《敦煌学辑刊》1986年第1期。

② 儒生讲经设“录议”一官，《隋书》、《旧唐书》的《经籍志》著录了许多以“义”、“难”、“答问”、“问难”等为名的作品，可见儒生论议是有记录本的。《晋书》卷九一《范宣传》说范宣常以讲诵为业，“著《礼》《易》论难皆行于世”。中华书局1974年版，第2360页。类似的记载又见于卷四四《卢钦传》：“所著诗赋论难数十篇。”第1255页。又卷四四《华峤传》“峤所著论议难驳诗赋之属数十万言”，第1263页；卷五一《皇甫谧传》：“谧所著诗赋诔颂论难甚多”，第1418页。《旧唐书·经籍志》著录《周易论》的作者为“暨长成难、暨仲容答”。说明论议作品亦作为范本及教本而得到保存。

③ 参见王昆吾：《隋唐五代燕乐杂言歌辞集·后记》，巴蜀书社1990年版。

④ 参见王昆吾：《唐代酒令艺术：关于敦煌舞谱、早期文人词及其文化背景的研究》第八章，上海知识出版社1993年版。

关于曲子辞作品范围问题的争议，要点在如何看待敦煌所出的宗教性歌曲作品。有一种看法是："衡以严格曲子辞标准，梵门之制，不宜阑入。"例如"《五更转》之'南宗赞'，形式虽作长短句，而分明题曰'赞'，其非词曲可知。"①这种看法有其合理性，即指出了源于佛教呗赞和源于隋唐燕乐的两种歌曲的区别；但它把内容的分类同体裁形式的分类相混，却是有问题的。曲子辞的本质特征是因声度词。相当多的曲子产生于民间的重沓复唱，故它又有多首联章的特征。因此，那些采用《十二时》、《五更转》等曲调而创作的作品，无论它用什么题材，都可以看作曲子辞。"赞"是关于作品内容的概念，"曲子"是关于作品的音乐形式的概念，两者之间并不构成逻辑分类上的对立。例如《五更转》"南宗赞"，从内容上看，它是"赞"；从形式上看，它却是"《五更转》曲子"。因此，具有固定辞式的敦煌联章辞，除因说唱特点而归入词文者外，都应视为曲子辞——尽管是不同于歌妓艺术形态的曲子辞。事实上，我们可以从《十恩德》、《太子入山修道赞》、《十二因缘六字歌词》、《咏月婆罗门曲子》、《隐去来》和几十组《十二时》、《五更转》、《百岁篇》作品中，归纳出唐代曲子辞的另一种形态，即作为歌场艺术和艺僧艺术的联章辞形态。通过"新歌旧曲遍城乡，未闻典籍入歌场"这句话，比较一下敦煌词文与上述曲子辞在形式上的相似性，可以知道词文正是从歌场形态的曲子辞演变而来的。

曲子辞的第三种形态是风俗歌的形态。例如从民间踏歌中产生过《竹枝》、《缭踏歌》、《队踏子》、《踏春阳》、《踏金莲》、《踏鹧鸪》、《纥那曲》、《踏歌辞》等曲，②从民间祈禳歌中产生了《迷神子》、《河渎神》、《大郎神》、《二郎神》、《羊头神》、《拜新月》、《七夕子》等曲，③其

---

① 饶宗颐：《敦煌曲》，法国国家科研中心 1971 年版。

② 参见《唐声诗》下编各调杂考，上海古籍出版社 1982 年版。

③ 任半塘：《教坊记笺订》，中华书局 1962 年版。

共同特征是富于节奏、多首成组。这一类型的敦煌曲子辞，既包括《曲子喜秋天》，也包括伯2552、3270、3302、3468、3552、3702、3856、4011、4055、4976和斯2055、6207等十几种写本所载的《儿郎伟》。《儿郎伟》用于腊月驱傩、新房上梁、婚娶障车等仪式，具有较固定的格式：除朗诵文字和"儿郎伟"三字和声外，其"音声"部分一般以六言为骨干，一韵到底。[①] 尽管我们无法确定儿郎伟所使用的曲名，但从它格式稳定的特征看，从"音声"的伎乐性质[②]看，它乃是按固定曲调创作的。

当然，严格说来，敦煌歌辞包括三个音乐文学品种：曲子辞、谣歌辞、呗赞转读辞。谣歌即徒歌和无章曲之歌，无一定谱式，结构不稳定；呗赞曲是传自西域的歌调，以类似后世的吟诗调歌唱，强调声法的变化。[③] 它们都是有别于曲子歌唱的。但就现存敦煌歌辞而言，谣歌辞由于其即兴歌唱的特点而很少得到记录，呗赞曲则往往配合其他音乐品种而用于讲唱，只留下《山僧歌》(它抄写在许多佛偈之间)等极少数独立的作品。因此，我们仍然可以把"敦煌歌辞"和"敦煌曲子辞"看作内容相近的两个名词，并同意《敦煌歌辞总编》为失调名作品代拟调名的做法：这些作品所具有的依调作辞的特点，证明了它们的曲子辞身份。

(八)诗歌

存见于敦煌遗书之中的诗歌，除录自《诗经》、《文选》、《玉台新

---

① 参见本书《从朝鲜半岛上梁文看敦煌儿郎伟》。又参见周绍良：《敦煌文学"儿郎伟"并跋》，《出土文献研究》，文物出版社1985年版；高国藩：《敦煌民俗学》第二十七章，上海文艺出版社1989年版；李正宇：《敦煌傩散论》，《敦煌研究》1993年第2期。

② 参见姜伯勤：《敦煌音声人略论》，《敦煌研究》1988年第4期。

③ 参见王昆吾：《汉唐佛教音乐述略》，《中国早期艺术与宗教》，东方出版中心1998年版，第359页。

咏》者外，约有三千首隋唐五代人的作品。其中部分诗歌写卷具有总集性质，如《珠英学士集》、《心海集》、“唐人选唐诗”、“敦煌唐人陷蕃诗”和三种《王梵志诗》。另有部分写卷具有别集性质，如《东皋子集》、《李峤杂咏注》、《高适诗集》、《白香山诗集》、《甘棠集》、《涉道诗》等。① 一般来说，这些诗歌是用于阅读的作品；但也有不尽然处，因为敦煌诗歌有许多区别于通行唐诗的鲜明特点，这些特点反映了敦煌诗歌的特殊功能。

敦煌诗歌的特点大略有四：一是富有地方性，如“敦煌唐人陷蕃诗”是河陇地区纪行诗，《白雀歌》、《龙泉神剑歌》是边陲王国金山国诗，《敦煌廿咏》是敦煌地区的风物诗。二是拥有一个特殊的作者群，僧侣篇什和民间诗歌占有很大比重。三是用白话写作，例如王梵志诗。四是体裁多样，使用歌诀体、偈赞体、九相观诗体、重句联章、定格联章等体裁。至少后面三个特点是同敦煌诗歌以口头方式传播的特性相联系的。——僧侣的作品，往往用于吟唱。例如丹遐和尚《玩珠吟》、香岩和尚《嗟世三伤吟》、融禅师《定后吟》和洞山和尚《神剑歌》，均明确以“吟”与“歌”为题；《和菩萨戒文》十首有“佛子”的和声辞。民间的作品，或为“歌谣”，或有讲唱迹象。例如伯 2005、2695 写本中的颂世作品自称为“歌谣”，伯 3500 写本中的颂张淮深歌自称为“童谣”，斯 414 写本中的劝世诗和斯 4129 写本中的《崔氏夫人训女文》用第二人称口吻，伯 2129 写本中的《少年老翁相问叹诗》为对话体作品。至于伯 2973 写本的《咏月诗》六首和悟真《百岁诗》十首，分别用“一团白玉海东升”（句首）和“一生身”（句末）作重句联章；伯

① 参见张锡厚：《敦煌诗歌考论》，《敦煌学辑刊》1989 年第 2 期。又徐俊：《敦煌诗集残卷辑考》，中华书局 2000 年版。

3361、斯 1588 等写本的两种《叹百岁诗》，为类似于《百岁篇》的定格联章辞[①]；斯 6631、伯 3892、伯 3022 等写本的三种《九相观诗》，皆以较固定的格式描写从人的尸相而得出的九种观想；斯 5558 写本的《池台楼观非吾宅诗》，搀杂“君不见阎浮流转暂时间”的讲唱用语：均可判为在讲唱活动中用于韵诵或歌唱的作品。

即使敦煌诗歌中的文人之作，事实上也有超出案头欣赏的功能。不必说那些用于宫廷燕飨或使筵的谀辞（例如张文彻的《龙泉神剑歌》、张永进的《白雀歌》和佚名的《白鹰诗》），也不必说那些具有蒙书性质的组诗（例如《古贤集》、《读史编年诗》和《咏二十四气诗》）；即如韦庄的《秦妇吟》和几种写本总集，也表现了对民间讲唱的适合。《秦妇吟》载见于 10 种敦煌写本，这情形恰好同过去“世无传本”的反常现象成为对照；诗用一个飘泊女子的自述口吻写成长篇叙事体，亦恰好和民间讲唱的要求相符合：可见它是通过表演艺术而获得广泛流传的。写本总集则在两方面表现了说唱功能：（一）往往按内容编组。例如伯 2555 写本除录有《胡笳十八拍》、《王昭君安雅词》和 59 首落蕃人诗外，又有 47 首七言诗使用了同类题材；此外《木杖》等 16 首诗按其咏物特征编组，《娥眉怨》等 8 首诗按其闺怨题材编组，俨然成为联章说唱辞。（二）往往对原作作了改篡。例如斯 2049 写本将刘希夷《白头吟》、高适《燕歌行》等按作品首句分别改题为《汉家篇》和《洛阳篇》，并将其与一批不著作者及篇题的诗歌以及《酒赋》、《龙门赋》等韵诵作品抄在一起。这种情况，只有从用于表演的角度才能得到合理解释。——在《乐府诗集·近代曲辞》中，我们正好看到了这种杂抄文人诗作、不题作者及篇名、按曲调和内容编组的情形。

---

① 《敦煌歌辞总编》卷五录为歌辞，拟调名为《百岁篇》。第 1324 页、第 1325 页。

二、唐代讲唱艺术的渊源

敦煌文学研究的第二个基本理论问题是这些特殊文体的来源问题。考虑到敦煌遗书不仅是关于中国文学的一批珍贵资料，而且是关于中国曲艺的一批珍贵资料；考虑到作为中西文化交流的地理枢纽，敦煌敏感地反映了来自东西两方面的文化的影响：我们故可从讲唱艺术的角度，来追溯这些文体的文化渊源。

（一）唐代讲唱艺术的西方渊源

中国文学艺术历来是汉民族与周边人民的共同创造。早在《竹书纪年》中，就有关于夏朝后相、少康、后芬、后发时“诸夷入舞”的记载。据《周礼》、《礼记》等典籍，周朝已有专门官员“掌四夷之乐及其声歌”。秦汉以来，中华民族的统一国家基本形成，賨人的巴渝乐舞、西戎的狄鞮乐，遂成为华夏音乐的组成部分。张骞入西域，传《摩诃兜勒》曲，编入汉代的鼓角横吹乐，早已成为佳话。此外，掸国乐、重译乐、西域幻术、白狼夷歌等音乐伎艺的输入，自汉以来也不绝于书。在佛教传入以后，由于发达的商业贸易、频繁的战争及其所造成的人群迁徙，西方文化之东渐呈现空前规模。[①] 唐代的曲子歌唱以及俗讲、转变、说话、唱词文等讲唱艺术，都是通过这种文化交流而产生出来的。

文化交流首先为中国的文学艺术提供了一批新的音乐手段和音乐素材。根据隋唐时期的十部伎资料，中国旧有的俗乐器——清乐系统的乐器，主要是管弦类乐器，而在代表新俗乐的燕乐系统中，大

---

① 参见《隋唐五代燕乐杂言歌辞研究》第二章，中华书局 1996 年版。

量新的节奏乐器得到了使用。十部伎所用的新胡乐器和新俗乐器共30种，鼓和铁板占其半数——达17种。[①] 节奏乐器的输入和大量应用造成了新的节奏观念。在唐代人的音乐描写中，遂有大量关于“拍”和“拍板”的描写。与之相伴随的是乐谱的普及。中国旧有的记谱法是一种“声曲折”，现在可知的隋前乐谱只有三种；而现存的隋唐五代乐谱却至少有九种之多，言及乐谱（又称“胡书”）的唐人诗文则无法计数。[②] 正是由于这些技术手段的保证，曲子和依调作词之法才得以流行，以至出现“自周隋以来，管弦杂曲将数百曲，多用西凉

---

① 据《隋书》、两《唐书》音乐志，在十部伎使用的乐器中，代表宫廷传统祭祀音乐的雅乐器有8种：钟、磬、琴、瑟、筑、节鼓、篪、埙；代表六朝清商音乐的旧俗乐器有6种：筝、笙、笛、箫、阮咸、卧箜篌；代表北朝以前外来音乐的旧胡乐器有3种：琵琶、竖箜篌、筚篥；代表北朝以后外来音乐的新胡乐器有17种：五弦琵琶、凤首箜篌、腰鼓、羯鼓、鸡娄鼓、答腊鼓、都昙鼓、毛员鼓、正鼓、和鼓、铜鼓、贝、双筚篥、桃皮筚篥、义觜笛、铜角、铜钹；代表隋唐燕乐新特色的新俗乐器有13种：击琴、筝、弹筝、齐鼓、担鼓、连鼓、鞉鼓、浮鼓、方响、尺八、吹叶、拍板、歌。参见岸边成雄：《唐代乐器の国际性》，《唐代の乐器》，日本音乐之友社1983年版。

② 同以前的音乐相较，隋唐燕乐的特点是普遍使用乐谱。关于相和歌、清商曲的记载，总是包括对声辞记载。可知相和歌、清商曲并无正规的乐谱：它们是用歌辞本身来记音的。《汉书·艺文志》著录了《周谣歌诗声曲折》、《河南周歌声曲折》等中国旧有的记音书。直到宋代的《玉音法事》，在记录清乐系统的歌曲（产于南朝的道曲）时，它仍然使用了声曲折的方式。除声曲折外，现在可知的隋前乐谱只有3种：梁丘明所传的《碣石调幽兰》谱、北魏崔九龙的筚篥谱和《隋书·经籍志》所载的戴氏琴谱（另一种无名氏《乐谱》，姚振宗《隋书经籍志考证》考为隋人万宝常作）。而现存的隋唐五代乐谱，却至少有9种之多，例如两种敦煌琵琶谱和日本所传的天平琵琶谱、开成琵琶谱、南宫琵琶谱。见诸历代书目的隋唐五代琴谱专书，据周庆云《琴书存目》卷二统计，则达30种。唐人诗文亦屡屡言及乐谱。如李坨诗：“梵乐奏胡书。”（《全唐诗》卷九二，中华书局1960年版，第1000页。）白居易诗：“一纸展看非旧谱。”（《白居易集》，中华书局1979年版，第721页。）张祜诗：“无奈李谟偷曲谱。”（《张祜诗集校注》，巴蜀书社2007年版，第163页。）王建诗：“旋翻曲谱声初起。”（《王建诗集校注》，中州古籍出版社2006年版，第437页。）方干诗：“尽是书中寄曲来。”（《全唐诗》卷六五三，第7501页。）王仁裕诗：“谱从陶金偷将妙。”（《全唐诗》卷七三六，第8401页。）周繇诗：“请君看曲谱。”（《全唐诗》卷六三五，第7293页。）花蕊诗：“尽将筚篥来抄谱。”（《全唐诗》卷七九八，第8972页。）至于唐代典籍所记“制谱”、“缀谱”之事，则无法数计。

乐;鼓舞曲多用龟兹乐。其曲度皆时俗所知”[①]的盛况。从宗教音乐方面看,中国中古时代的佛教音乐包括三个品种:呗赞音乐、唱导音乐、佛曲。其中呗赞音乐及其声法源于印度的“梵声”,唱导音乐杂用梵呗和中国本土的民间说唱音乐,佛曲则是西域的寺会风俗歌舞之曲:大体上来自西方。[②] 如果说这几种佛教音乐是唐代俗讲、转变的主要音乐素材,如果说敦煌讲经文和变文还用“平”、“侧”、“断”、“偈”、“古吟”、“上下吟”等音曲符号反映了早期呗赞曲及其声法在唐五代的应用,[③]那么,唐代的俗讲和转变、曲子和词文,都可判为西乐东渐的产物。

文化交流其次为中国的文学艺术提供了新的组织形式。其中最重要的是艺人组织和歌场风俗。当南朝艺人依附于豪门大户而生存的时候,当他们只是在固定市邑“歌谣舞蹈”的时候,[④]北朝却出现了一批以西域贾胡及其后裔为主体的流动艺人。他们或“恃其音技估炫公王之间”,或“逞伎寺内”,[⑤]到唐代,并组成散乐队伍沿村表演[⑥]。

---

① 《通典》卷一四六《清乐》,中华书局1988年点校本,第3718页。

② 参见《汉唐佛教音乐述略》,《中国早期艺术与宗教》,第359页。

③ 参见《佛教呗赞音乐与敦煌讲唱辞中“平”、“侧”、“断”诸音曲符号》,《中国早期艺术与宗教》,第402页。

④ 唐以前,南方的艺术家队伍主要是私妓。例如《华阳国志·蜀志》所记载的“卓王孙家僮千数,程、郑各八百人”(《华阳国志校注》卷三,巴蜀书社1984年版,第225页);如《太平御览》卷五六九引《宋略》所说的“王侯将相,歌妓填室,鸿商富贾,舞女成群”(中华书局1960年影印本第2574页上)。在关于南朝清商曲的本事记载中,可以看到一系列妓妾作歌的故事。尽管《南史·循吏列传》说到过“凡百户之乡,有市之邑,歌谣舞蹈,触处成群”的情况,亦即“歌场”歌舞风俗及其同商业的关系,但关于流动艺人的记载甚为稀见。见《南史》卷七〇《循吏传》,中华书局1975年版,第1696页。

⑤ 《隋唐五代燕乐杂言歌辞研究》第二章,第26页。

⑥ 唐代有多次禁断散乐巡村之举。如王溥《唐会要》卷三四记开元二年:“敕散乐巡村,特宜禁断,如有犯者,……其散乐人仍递送本贯,入重役。”“递送本贯”一语说明散乐人是流动的。《唐会要》,中华书局1955年版,第629页。

在他们聚集之处，遂出现了以“歌场”、“戏场”、“变场”为名的种种专门表演场所。[①] 例如据《通典》卷一四六记载，隋炀帝即位次年，为夸饰于突厥染干，曾设戏场，“总追四方散乐，大集东都，于华林苑积翠池侧，帝令宫女观之”。[②] 这种歌场、戏场的风俗也可以追溯到古印度和西域。隋僧阇那崛多所译《佛本行集经》卷一三说：“戏场……或试音声，或试歌舞，或试相嘲，或试漫话、谑戏、言谈。”[③]唐僧玄奘所译《阿毗达磨顺正理论》卷五四说：“耽话，乐诗，爱歌，著舞。”[④]《洛阳伽蓝记》说：北魏时，在洛阳的景乐寺、长秋寺、宗圣寺、景明寺，每逢斋会，便要上演众多的来自西域的音乐百戏节目。[⑤] 隋唐时代的类似风俗，无疑是同西方文化或佛教文化的传入相关联的。比如“说话”、“谑戏”、“相嘲”等伎艺形式，以隋为界呈现出具有明显区别的两种形态：古老的以“叙述杂事”、“记录异闻”、“缀辑琐语”[⑥]为特色的讲故事传统，演变成讲唱间用、充满现实描写的长篇说话；《启颜录》的“嘲诮”、“论难”专篇和《太平广记》的五卷“嘲诮”，一方面反映了嘲作为一种文学体裁在隋代的成熟和在唐代的发展[⑦]，另一方面也反映了论议作为一种民间伎艺的正式形成。事实上，我们所看到的关

---

① “歌场”即表演歌舞的场所，见前引敦煌词文《新合孝经皇帝感》及段安节《乐府杂录》；“戏场”即表演散乐杂戏的场所，见钱易《南部新书》；“变场”指表演转变的场所，见段成式《酉阳杂俎》前集卷五。三者内容相近（“歌场”亦演杂戏，“戏场”亦开俗讲，“变场”诸伎杂陈，又称“广场”或“场屋”），只是因时代不同、流行的艺术样式不同而有名称上的区别。《敦煌歌辞总编》，第734页；钱易：《南部新书》戊集，中华书局2002年版，第67页；段成式《酉阳杂俎》：前集卷五，中华书局1981年版，第55页。

② 《通典》卷一四六《乐六·散乐》，第3728页。

③ 《佛本行集经》卷一三，《大正藏》第13册，第711页下。

④ 《阿毘达磨顺正理论》卷五四，《大正藏》第29册，第644页下。

⑤ 《洛阳伽蓝记校注》，上海古籍出版社1978年版，第43、52、79、132—133页。

⑥ 《四库全书总目》卷一四〇子部小说家类序语，中华书局1965年版，第1182页上。

⑦ 《唐代酒令艺术》第四章，第85页。

于“说话”的最早记载，乃见于《佛本行经》；我们所看到的最早的以“话”为名的作品，是佛教题材的《庐山远公话》；我们所看到的最早的论议专集，也就是《启颜录·论难》。

此外，文化交流还为中国的文学艺术提供了许多新形式和新手法。其中最重要的一种是俗讲。从组织形式的角度追溯，关于俗讲的最早事迹见于北魏正始年间（6 世纪初）：《续高僧传·菩提流支传》记载了僧宝意讲《法华经》，“都讲、香火、维那、梵呗，咸亦须之”[①]之事。从表演形式的角度追溯，俗讲的前身是创始于前秦僧道安的“唱导”。据《高僧传·道安传》和道安《比丘尼戒本序》，公元 370 年前后，道安曾仿效西域僧竺佛图澄，制定讲经、课诵、道场忏悔等法，凡上经上讲布萨之时皆唱梵呗，“天下寺舍，遂则而从之”。此时的六时行道已有唱导之事[②]；至其弟子慧远更广而推行，“宣唱法理，开导众心”，俗讲遂成为专门伎艺。[③] 而若从讲经文体制的角度追溯，盛行于唐代的这一讲唱艺术则亦可推始于道安。良贲《仁王经疏》曾说：道安法师“科判诸经以为三分：序分、正宗、流通分”。[④] 如果把这种三分法看作对汉译佛经体制的总结，那么，讲经文以开赞、序分、正宗、流通为骨干的结构规则便可以说是对西方佛经文体的仿效。

另一种重要形式是转变。在东晋僧法显的《佛国记》（《法显传》）中，记有师子国（今斯里兰卡）三月迎佛齿的风俗：“使一辩说人，著王衣服，骑象上，击鼓唱言（菩萨苦行故事）。……夹道两边，作菩萨五

---

① 道宣：《续高僧传》卷一《元魏南台洛下永宁寺天竺沙门菩提流支传第四》，《高僧传合集》，第 109 页上。

② 参见汤用彤：《汉魏两晋南北朝佛教史》，中华书局 1983 年版，第 153 页。《庐山远公话》也用文学方式对道安的唱导做了反映。

③ 《高僧传》卷一三《唱导篇》，中华书局 1992 年版，第 521 页。

④ 《仁王护国般若波罗蜜多经疏》卷上一，《大正藏》，第 33 册，第 435 页中。

百身已来种种变现。或作须大拏，或作睒变，或作象王，或作鹿、马。如是形像，皆彩画庄校，状如生人。”又记有于阗国和摩竭提国巴连弗邑（今印度比哈尔邦）四月和岁首月行佛像的风俗：“彩画作诸天形像”，“境内道俗皆集，作倡伎乐，华香供养”。[①] 在北凉昙无谶所译《大方等大集经》卷三一和唐义净所译《根本说一切有部毗奈耶》卷一七，则记有印度佛教的婆罗门像、毗食像、畜生像、饿鬼像、地狱像和遍画于寺中的“本生事”、“地狱变”、“大神通变”等。在这类造像、行变现相、彩画诸天形像、唱因缘故事、作倡伎乐、画经变的风俗中，我们可以看到唐代经变画和转变伎艺的来源。至于唐代讲唱艺术所使用的佛教题材以及吟、唱、诵、说间行的艺术手法，则也是可以在西方文化中找到其渊源的。

（二）唐代讲唱艺术的本土渊源

本文把曲子、词文、讲经文、变文、话本、相嘲及其所联系的表演艺术归结为西方文化东渐的产物，是就其基本形式而言的。准确的说法应当是：它们是西方文化与中国本土文化相融合的产物。事实上，每一个外来的艺术品种都经历了华化的过程，在这一过程中实现了同相应的中国艺术品种的结合。例如曲子采用了大量南方音乐和清商音乐的旋律素材[②]；呗赞曲及其转读法在同汉语结合后才得到应用，并在齐、梁之际经过多次改制；[③]南朝至隋代的唱导多用吴声，具有明显的民间化倾向；[④]隋译《佛本行集经》中的意译词语“漫话”

---

① 《法显传校注》，上海古籍出版社 1985 年版，第 154 页、第 103 页。

② 参见王小盾：《南乐北渐和中国音乐风格的形成》，《中国社会科学》1990 年第 5 期。

③ 参见《高僧传·释僧辩传》、《释慧忍传》、《读诵传》、《出三藏记集·齐竟陵文宣王法集目录》、《南齐书·竟陵文宣王子良传》等。

④ 参见《汉唐佛教音乐述略》，《中国早期艺术与宗教》，第 359 页。

等，意味着在汉地原有相近的艺术形式；而参考王维《给事中窦绍为亡弟故驸马都尉于孝义寺浮图画西方阿弥陀变赞序》以《周易》“游魂为变”来解释“经变”之“变”的做法，我们也可以把“转变”一名看作佛教同汉民族原有思想文化资料的结合。[①] 至于论议和俗赋，则就其主要成分而言，是植根于本土文化传统之上的艺术样式。

论议起源于春秋战国时期民间聚徒讲学的风气和纵横家的论辩之风。其名早见于《史记·平原君传》：“毛遂比至楚，与十九人论议，十九人皆服。”[②]当时诸子的著作往往用对话问答的形式写成，富有论辩色彩；就《晏子赋》的传承关系（其题材源自《晏子春秋》）看，不妨视为后世论议文的渊薮。史籍记载了汉代东方朔与博士诸先生相论议、朱云与五鹿充宗相论议、薛广德与萧望之相论议的故事，其事多发生在讲论儒经之时，已有登堂讲诵的仪式。[③] 谢承《后汉书》曾记其规模，说董春立精舍讲学，“诸生每升讲堂，鸣鼓三通。横经捧手请问者百人，追随上堂难问者百余人”。[④] 其后论议发展为讲说儒经的一项专门仪式，遂有经师与都讲的分工。例如《后汉书·侯霸传》载

---

① 王维此序的原文是：“《易》曰：‘游魂为变。’《传》曰：‘魂气则无不之，固知神明更生矣。’辅之以道，则变为妙身，之于乐土。”这里用的是孔颖达《周易正义》中的意思：“游魂为变者，物既积聚，极则分散。将散之时，浮游精魂，去离物形，而为改变。则生变为死，成变为败；或未死之间，变为异类也。”王维是把“变”当作中国哲学固有的术语看待的，认为“变”包含生与死、成与败、正身与异类等事物转换的含义。对“变”的这一理解，同佛教术语中的“生变”、“缘变”、“第二能变”等是相契合的，用来解释佛经故事的图画也是恰当的。考虑到佛教传入初期有一个玄学化的过程，我们遂可以把“变文”、“变相”、“转变”中的“变”，看作因佛教思想采用中国哲学术语而产生的一种表达方式。以上引文采自陈铁民：《王维集校注》，中华书局1997年版，第989页；《周易正义·系辞上》，《十三经注疏》，中华书局1980年版，第77页下。

② 《史记》卷七六，中华书局1959年版，第2367页。

③ 见《史记·滑稽列传》和《汉书·朱云传》、《薛广德传》、《孔光传》。

④ 《太平御览》卷六一五引，第2765页上。

侯霸师事治《穀梁春秋》的九江太守房玄，为其都讲。至三国吴黄龙二年，则有“诏立都讲祭酒以教学诸子”的举措。[①] 据孙楷第考证，当时都讲多以生徒充任，其职一在诵读，二在设难。[②]《世说新语》记载了数十条论议事迹，说明论议设难之风亦缘于汉晋间的清谈品评。例如其《文学第四》记载：“支道林、许掾诸人共在会稽王斋头。支为法师，许为都讲。支通一义，四坐莫不厌心；许送一难，众人莫不抃舞。但共嗟咏二家之美，不辩其理之所在。”[③]这种“不辩其理”的纯形式欣赏，造就了论议的艺术化和游戏化。《梁书》记中宗于敬贤殿讲《老子》，“谈折挺辩，间以嘲谑，在座者相顾解颐”[④]；《陈书·戚衮传》记梁简文帝宴集玄儒之士相论难，徐摛“驰骋大义，间以剧谈”[⑤]；《北齐书·许惇传》记许惇不解剧谈，“深为胜流所轻”[⑥]：都反映了中国论议向伎艺化方向的发展。

但在上述进程中，论议伎艺也接受了外来影响。论议也是印度的风俗活动。晋《法显传》曾记述中天竺拘萨罗国舍卫城所见：“出祇洹东门，北行七十步，道西，佛昔共九十六种外道论议，国王、大臣、居士、人民皆云集而听。”[⑦]《法苑珠林·机辩》篇也记录了“南天竺有一婆罗门，大论议师，字提舍……遥至鼓边，打论议鼓”[⑧]的故事。自佛

① 《三国志》卷四七《孙权传》，第1136页。

② 孙楷第：《唐代俗讲轨范与其本之体裁》，《敦煌变文论文录》，上海古籍出版社1982年版，第71页。

③ 余嘉锡《世说新语笺疏》，中华书局1983年版，第227页。

④ 《太平御览》卷六一五引，第2765页。

⑤ 《陈书》卷三三，中华书局1972年版，第440页。

⑥ 《北齐书》卷四三，中华书局1972年版，第575页。

⑦ 《法显传校注》，第73页。

⑧ 道世：《法苑珠林》卷五三《机辩篇第五十八·罗汉部》，上海古籍出版社1991年版，第385页中、第385页下。

教东传，论议迅速成为中国僧侣讲经活动中的重要项目。上文所说的支道林，即是善讲《维摩经》的僧侣。唱导大师晋释慧远，亦曾在俗讲中以实相义、庄子义与听众论难。[①]《高僧传》所记的晋宋时期的论议僧，有鸠摩罗什、佛驮跋陀罗、昙无谶、道融、竺道生、慧叡、道盛、弘充等名僧。佛教对于论议伎艺的贡献，是把论议纳入僧讲和俗讲，使之得到广泛传播。故《启颜录》所记论难，半数篇章是佛教的论难，发生在斋会讲经场合。

和论议一样，俗赋的起源也可以追溯到先秦。"赋"字从"贝"，原义是收敛和敷布。[②] 周代大师掌管音乐制度，其中包括风、赋、比、兴、雅、颂"六诗"。参考《周礼·大师》的注解和《左传》关于赋诗的记录，可以知道"赋"是一种同音乐有关的诗歌方式：把乐歌改用吟诵的方式表达出来。例如《左传·文公四年》说赋是"肄业"[③]（习歌之人）所长，《左传·襄公十四年》及杜预注说卫乐师师曹受命以歌款待孙蒯，师曹"恐孙蒯不解"词意，"遂诵之"[④]。这些记载说明，赋是类同于歌的一种伎艺，有明白易解的特殊功用。《国语·周语》记有"公卿至于列士献诗，瞽献曲，史献书，师箴，瞍赋，矇诵，百工谏"[⑤]的制度，按韦昭的解释，这里的"赋"指"赋公卿列士所献诗"；也就是说："瞍赋"和"矇诵"的区别，在于赋是改歌诗为韵诵，而诵是单纯的诵读。由此可知，刘向释赋为"不歌而诵"[⑥]，乃符合"赋"作为文学术语的本

① 《高僧传》卷六《义解三·晋庐山释慧远》，第 521 页。

② 《说文解字注·贝部》，上海古籍出版社 1981 年版，第 282 页上。

③ 杨伯峻：《春秋左传注》，中华书局 1981 年版，第 535 页。

④ 《春秋左传注》，第 1011 页。

⑤ 《国语》，上海古籍出版社 1978 年版，第 9 页、第 10 页。

⑥ 《汉书》卷三〇《艺文志·诗赋略》，第 1755 页。范文澜：《文心雕龙注》卷二《诠赋》，人民文学出版社 1958 年版，第 134 页。

来含义；班固关于赋是“古诗之流”，因“聘问歌咏不行于列国”而成为专门文学体裁[①]的说法，其根据也在于赋是韵诵作品，由乐歌作品演变而来。

虽然赋从汉代起成为文人摛藻之一体，但韵诵却一直是民间赋的表演方式。《礼记·曲礼》说“邻有丧，舂不相；里有殡，不巷歌”，郑玄注“相，谓送杵声”：[②]可见《汉书·艺文志》杂赋中的《成相杂辞》是劳役时的讴谣。《汉书·王褒传》说宣帝征求能为《楚辞》之人，九江被公被“召见诵读”：[③]可见民间的赋作仍讲求按歌辞之音（例如楚音）诵读。《汉志》在屈赋类著录“赵幽王赋一篇”[④]，考诸《汉书·高五王传》，此赋是赵王刘友“饿乃歌”[⑤]之辞，楚辞体：可见当时仍有称韵诵（或谣歌）为“赋”的习惯。《汉志》又著录“上所自造赋二篇”[⑥]，其中一为载于《汉书·外戚传》的《伤悼李夫人辞》，一为载于《文选》的《秋风辞》，皆楚辞体；《外戚传》说武帝相思悲感，为作诗，“令乐府诸音家弦歌之，上又自为作赋，以伤悼夫人，其辞曰”云云：[⑦]可见“赋”指的是不入乐府弦歌的辞。总之，如果说《汉志》关于诗赋之别的资料反映了一种文学分类的传统，那么，它可以为解决中国文学史上的诗赋关系问题提供三方面启示：其一，它进一步证实诗赋之别原是表演形式的区别：诗为乐歌，赋为把曲折的乐歌移植为平直的讽诵。其二，由于歌和诵的区别，遂有了文学体裁和创作方法的区别。

---

① 《文选》卷一《两都赋序》，中华书局1977年版，第1页。《汉书·艺文志》，第1756页。

② 《礼记集解》卷四《曲礼》，中华书局1989年版，第80页。

③ 《汉书》卷六四下，第2821页。

④ 《汉书·艺文志·诗赋略》，第1747页。

⑤ 《汉书》卷三八，第1989页。

⑥ 《汉书·艺文志·诗赋略》，第1748页。

⑦ 《汉书》卷九七上《外戚传》，第3952页。

较少受乐曲限制、更适于诵读的屈赋体或楚辞体，成为赋的重要体裁。当体裁的特性在创作风格上表现出来的时候，就有了“诗人之赋丽以则，辞人之赋丽以淫”的现象。其三，诗和赋的分流，实际上是音乐文学与韵诵文学的分流。由于体裁的宽容性，赋既可用诗的形式，也可用讲唱文学的形式，因此容纳了对话、问答、谐隐、辩难、调笑、夸张、叙事、写物等多种艺术手法。例如宋玉《大言赋》、《小言赋》的问答形式和《高唐赋》、《神女赋》的故事形式，汉扬雄《解嘲》的谐谑风格和魏曹植《鹞雀赋》的民歌节奏，都被赋所容纳。

敦煌赋正是在上述三方面体现了对传统的继承的。作为改演唱为韵诵的作品，敦煌赋中有源自歌辞的《酒赋》、有源自论议文的《燕子赋》和《晏子赋》。它大量采用较宜于韵诵的楚辞体及其变体，因而有《齖魺书》、《贰师泉赋》等骈体作品；它广泛吸收各种讲唱伎艺的艺术手法，具有寓庄于谐、善用夸张和渲染、以问答和辩说构成作品主体、富于故事性的特点。此外，全部敦煌文学作品可以分为两大系统：属于讲唱文学（含音乐文学）的讲经文、变文、话本、词文、论议、曲子辞，属于韵诵文学的俗赋、诗歌。它们正好与歌、赋二分的古老传统相符。据此，敦煌赋大量使用七言歌行体的现象，以及往往与诗歌作品同卷抄写的现象，便可以理解为：这些诗歌和诗体作品其实是本来意义上的“赋”①；同时我们也得以知道：敦煌赋同中古作家赋的区别，实际上反映了中国文学本源同其流变的区别。

---

① 关于敦煌写本中诗赋合抄的现象，有这样一种富于见地的推测：“敦煌当时不存在所谓诗赋集，而之所以会出现一些诗赋经常合抄的现象，完全是因为这些作品在当地某个时期为人们广泛传诵，逐渐约定俗成，形成习惯，一遇有事，便按部就班，逐篇吟诵。”韩建瓴：《敦煌写本古贤集研究》，《敦煌语言文学研究》，北京大学出版社 1988 年版。

三、敦煌作品对于中国文学研究的意义

从第一部敦煌文学总集——《敦煌零拾》问世之日算起，敦煌文学研究正好走过了七十年的历程。这段时间不长，但它为中国文学研究揭开了划时代的一页。它为中国的作家文学提供了一批可作比对的资料，以此促进了诸如词的起源研究、《胡笳十八拍》作者及时代研究[①]、《全唐诗》的辑佚和补编、中国诗歌总集的整理和研究[②]等学术工作。它丰富了学者们关于中国表演艺术的认识，使后世话本、唱赚、崖词、词话、宝卷、道情、鼓子词等等都成为有源可寻的事物，中国曲艺文学于是拥有了线索完整的历史。它以丰富的体裁类型、多样的艺术手法、鲜明的人物形象、广阔的题材视野和富有特色的民间语汇充实了中国文学的宝库，由此刷新了中国文学史的种种记录。

但敦煌作品资料的意义并不止于对传统的文学研究加以补充，不妨说，它已经导致了一种新的文学观的建立。例如，当我们综合全部敦煌文学作品来作体裁划分的时候，我们不得不抛弃传统的文学分类标准，而试图在表演形式中寻找文体之分的本质和缘由。这就意味着：文学在历史上的存在，并不是我们过去所设想的那种存在——作为书面文学的存在。尽管中国的造纸术产生在西汉以前[③]，印刷术产

---

① 王小盾：《琴曲歌辞胡笳十八拍新考》，《复旦学报》1987 年第 4 期。

② 苏莹辉：《敦煌卷子对近五十年来中国文学史家之贡献》，载《敦煌论集续编》，中国台湾学生书局 1983 年印行。

③ 黄文弼《罗布淖尔考古记》，北平研究院史学研究所 1948 年印行，第 168 页；田野：《陕西省灞桥发现西汉的纸》，《文物参考资料》1957 年第 7 期；劳干：From Wooden Slip to Paper, CCPL, 1967. 8；潘吉星：《世界上最早的植物纤维纸》、《关于造纸术的起源》、《喜看中颜村西汉窖藏出土的麻纸》，《文物》1964 年第 1 期、1973 年第 9 期、1979 年第 9 期；《居延汉代遗址的发掘和新出土的简册文物》，《文物》1978 年第 1 期。

生在唐代以前[①]，但现代意义上的书籍一直是极少数人的奢侈之物。因此，笔和纸只是记录和传播文学作品的一种很次要的手段，第一位的手段乃是人体本身。文学之所以曾在人们生活中发生那么重要的作用，是因为它代表了人类进行言语表达的一切艺术化的形式。古老的文学格言“诗言志，歌永言”，即表述了言语是记忆、记录、抒发怀抱的手段[②]，而文学和音乐则是言语的不同形式的延伸这一含义。到唐代，出现了因表演方式而区分的讲经文、说话、曲子、词文、论议、变文、赋等名。这种情况，事实上揭示了一切文学体裁之区别的本质：作为表达方式的区别。《汉书·艺文志》中的诗赋之别即是一个很好的例证。《汉志》“歌诗”类中著录有《河南周歌声曲折》等包括曲谱符号的篇章，“赋”类中则杂见《诡诗》和《隐书》。这说明古人所谓诗赋之别，其实就是两种表达方式——乐歌和韵诵的区别。《汉志》并且以屈原赋、陆贾赋、荀卿赋、客主赋（杂赋）代表赋的四种渊源。从其列举的篇目看，这四种赋体之分，实乃近于歌的抒怀作品、近于辩的说辞作品、近于书记的写物作品、近于箴言的杂记作品的分别，而其依据，则可能是古人所谓“列士献诗”、“百工谏”、“史献书”、“师箴”的伎艺分别。参考古人关于“风”（方音诵）、“赋”（雅言诵）、“比”（叠唱）、“兴”（和唱）、“雅”（乐歌）、“颂”（舞歌）的诗歌分类方法[③]，以及“诵诗”、“弦诗”、“歌诗”、“舞诗”[④]的提法，我们完全有理由立足于文学的本来形态，从其传播方式和社会功能的角度，认

① 张厥伟：《中国雕版印刷术的起源》，《四川图书馆学报》1981年第4期。

② 参见闻一多：《歌与诗》，《闻一多全集》第一卷，生活·读书·新知三联书店1982年版。

③ 六诗之分参见《诗六义原始》，《中国早期艺术与宗教》；相和歌一说参见《论宋书乐志所载十五大曲》，《中国文化》第三辑。

④ 孙诒让：《墨子间诂》卷一二《公孟》，上海书店1986年版，第275页。

识每一种文体的发生原理和真实进程，同时也明确一切书面文学都是口头文学的局部反映这一事实。

其次，本文在追溯敦煌讲唱艺术的渊源及其变迁的时候，放弃了传统的审美思潮描写的方式，而去考察了它们赖以生存的文化基础。这也是由资料的本性决定的。因为无论是从内容还是从形式方面看，敦煌文学都向我们展示了令人耳目一新的画面。在这一画面中，作家的形象改变了，他不再是案头吟咏的人，而是热心投入争辩、谑戏、讲唱、歌舞等社会文化活动的人；作家的队伍改变了，除儒生之外，还有僧侣、道士、歌妓、乐工、“学仕郎”和商贾；作家的作用改变了，引导他的创作并引导文学风尚之变迁的，其实是包括市民、贩卒、田夫、乡姑在内的普通人；甚至作家这一概念也已改变，比如“王梵志”，当我们面对在其名义下出现的无数白话诗人的作品的时候，我们不禁要重新思考中国文学家名册的真实性。此外，从《秦妇吟》的失而复得中，我们还可以领会一种讽刺意味，因为这篇作品提醒人们注意到了文学家的失职，以及那些名不见经传的艺人们的不朽贡献。而这一点又联系于以下事实：敦煌作品资料表明，古老的文学传统（例如韵诵传统，兴、观、群、怨、事君、事父、多识于鸟兽草木之名的文学功能传统）在民间有顽强的生命力，对文学传统的改革又总是首先发生在民间。因此，我们应当这样来理解古人关于“乐府备诸体”、“礼失求诸野”的论述：文学的存在，首先是作为文化现象的存在；文学的历史，首先是作为群众精神及其文化活动方式之变迁的历史；文学的传播和艺术新样式、新题材、新风格的产生，总是联系于不同民族和不同社会阶层之间的文化交流。——因为文学的创造者和保存者，首先是作为社会主体的一般群众。

总之，敦煌作品不仅向研究者提供了一批新的资料，而且提供了一种新的视野和新的思维。对于中国文学研究来说，它提出了在更广阔的文化背景中努力揭示事物的本质及其与一切相关事物的内在联系的要求，亦即转变成为科学学科的要求。近几年来，敦煌文学的研究者们曾从酒令游戏的角度，从妓女身份和音乐成分变化的角度，论述了曲子由民间辞、乐工辞、饮妓辞而至文人辞的次第演进过程，阐明了“词”这一经典诗体的形成原理；① 曾通过对《酒赋》、《燕子赋》、《古贤集》、《孔子项托相问书》、《读史编年诗》、《叶净能诗》、王梵志诗和李白诗的考察，讨论了包括托署作家名、袭用当代作家诗句、移植文人诗歌和典籍故事而为民间讲唱节目等现象在内的作家文学与俗文学之间的双向交流，亦即表层文化与基层文化之间的双向交流；② 并已在文献、文物（例如洞窟壁画和摩崖石刻）、民间遗存的比较研究方面，以及汉文学与少数民族文学的比较研究方面，作出了卓有新意的尝试。③ 如果说这一切都得益于敦煌资料所要求的新的视

---

① 参见王昆吾：《唐代酒令艺术》。

② 例如《敦煌高兴歌及其文化意蕴》、《敦煌本燕子赋体制考辨》、《敦煌写本古贤集研究》、《孔子项托相问书故事传承研究》、《王梵志诗校注》。又刘修业：《敦煌本读史编年诗与明代小类书大千年鉴》，《敦煌语言文学研究》，北京大学出版社；张鸿勋：《敦煌话本叶净能诗考辨》，《敦煌学论集》，甘肃人民出版社 1985 年版；杨雄：《敦煌写本李白诗刍议》，《敦煌研究》1986 年第 1 期。

③ 例如朗吉：《敦煌汉文卷子茶酒论与藏文茶酒仙女的比较研究》，《敦煌学辑刊》1986 年第 1 期；冯蒸：《敦煌藏文本孔丘项托相问书考》，《青海民族学院学报》1981 年第 2 期。又李正宇：《报恩经和莫高窟壁画中的报恩经变相》，《敦煌研究文集》，甘肃人民出版社 1982 年版；贺世哲：《敦煌莫高窟壁画中的维摩诘经变》、《敦煌莫高窟的涅槃经变》，《敦煌研究》1983 年第 1 期、1986 年第 1 期；樊锦诗等：《莫高窟北朝洞窟本生、因缘故事画考》，《敦煌研究》1986 年第 1 期；施萍亭：《敦煌随笔之二》，《敦煌研究》1987 年第 1 期；罗华庆：《敦煌艺术中的观音普门品和观音经变》，《敦煌研究》1987 年第 3 期；白化文：《变文和榜题》，《敦煌语言文学研究》，北京大学出版社 1988 年版；胡文和：《四川摩崖造像中的大方广华严十恶品经变》，《敦煌研究》1990 年第 2 期。

野和视角，那么，随着这项研究的深入及其向其他领域的扩展，一部真正的中国文学史便将如喷薄的太阳，出现在我们面前。

（原载《中国社会科学》1994年第3期，今有增改）

敦煌《高兴歌》及其文化意蕴

王公特达越今古，六尺堂堂善文武。
但令朝夕醉如泥，不惜钱财用如土。(1)

远近咸知用度惯，轻弃隋珠赵玉环。
渌酒长令能涨海，黄金不用积如山。(2)

嵇叔夜，阮仲容，冰玉琢，成千钟。
为与刘伶千日酒，醉卧南山百尺松。(3)

一言道合即知音，酒如泉水肉如林。
有胆浑沦天许大，泰山团作小于心。(4)

瘿木杯，犀酒角，长餔抵唇声瀺灂。
白日林里访山涛，夜向瓮前寻毕卓。(5)

珊瑚杓，金叵罗，倾酒淙淙如龙涡。
酒若悬流注不歇，口如沧海吸黄河。(6)

鹅儿黄，鸭头绿，桑落蒲桃看不足。

相令唯忧日势斜，吟欢只怕时光促。(7)

挑金灯，爇玉烛，绿珠姮娥送歌曲。
遮莫酒如黑黯湫，终须欲入崂巉谷。(8)

点清酒，如竹叶，沾着唇，甜入颊。
尊中湛湛旁人怯。酒熏花色赤翩翩，
面上紫光凝歙歙。(9)

凤凰杯，玛瑙盏，左旋右旋大虫眼。
千车鹿脯作资财，百只枪筹是家产。(10)

无劳四字犯章程，不明不快酒满盛。
银碗浑擎张口泻，君听且作瀺灂声。(11)

筝笛相和声沸天，更将新曲入繁弦。
为听十拍《黄花酒》，打折一条白玉鞭。(12)

新开九酝气氛氲，嫌何昔日孟尝君。
壶觞百杯徒浪饮，章程不许李稍云。(13)

彻晓天明坐不起，酕醄酩酊芳筵里。
回头吐出莲花杯，浮萍草盖泛香水。(14)

暖淳淳，本无骨，咽入喉中声嗢嗢。(15)

纳面酒，勃咄跳，拨醅尝却三五瓢。
心头旧酒逢新酒，半似含消半未消。(16)

今年九月寒应早，高幡百度尊前倒。
人醉何愁不得归，马识酒家来去道。(17)

入凝冬，香满室，红地炉，相厌膝。
银铛乱点野驼酥，罍罍酒消鱼眼出。
户外多应冻慄寒，筵中不若三春日。(18)

孔夫子，并颜渊，古今高哲称大贤。
辩士甲乙鲁仲连，何晏马融老郑玄。
桃花园里看无地，走入壶中却有天。(19)

璨然可观辞赋客，兴治文章光惮赫。
人生一代不荣华，彭祖徒劳年七百。(20)

醉眠更有何所忧，衣冠身外复何求。
但得清尊消日月，莫愁红粉老春秋。(21)

这篇作品题为《高兴歌》或《酒赋》，经整理，得以上 21 首。它载见于 7 种敦煌写本，即巴黎国家图书馆所藏 6 种，伯希和编号为 2488、2544、2555、2633、3812、4993；伦敦大英博物院所藏 1 种，斯坦因编号为 2049。从文学角度看，它谈不上杰出，而无非用一些粗俗的语言，抒发了及时行乐的思想感情而已。但它居然在敦煌一地，便传写7本，这就使人不得不正视它的历史存在。另外，它把作者名题为“以诗驰声上元、宝应间”[①]的文豪刘长卿；它的篇名时而作《高兴歌》，时而作《酒赋》；若说它是“赋”，它的诗体形式却又与唐代所有雅俗之赋不同。这些奇异之处，不免启人疑窦。为了探明其中蕴藏的文化信息，今不惜篇幅，对它作专门讨论。

一、作者和写本的年代

《高兴歌》的写本多半残缺不全，校理起来非常费事。但有一点却是明白无误的：在有题款的6本中，5本皆题作者名为“江州刺史刘长卿”。不过，这件事却是值得推敲的：一，根据各种文献，刘长卿并未就任江州刺史；二，把《高兴歌》同现存的刘长卿诗比较，二者的风格、题材均不相同；三，《高兴歌》所写的北方景物，不符合刘长卿的游历范围；四，辞中对唐代文人诗句颇多袭用，这种做法也不符合刘长卿的身份和为人。从种种现象中只能引出这样一个结论：《高兴歌》不是刘长卿的作品，“江州刺史”云云乃嫁名。

但这5个题款，却给了我们探求《高兴歌》创作年代的线索。它至少可以说明：这个年代的上限在刘长卿时代。

按刘长卿是个由盛唐入中唐的诗人。据傅璇琮《唐代诗人丛考》，他是略晚于天宝六年的进士，曾当过长洲（今苏州）尉、南巴（今属广东）尉、淮西鄂岳转运留后、睦州（今属浙江）司马。大约在大历末（779年）迁升随州刺史。安史之乱以后，他才进入创作盛期并享盛名。这一时间正与所谓“江州”相合。据《旧唐书·地理志》，唐代

① 《唐诗纪事校笺》卷二六，巴蜀书社1989年版，第695页。

前期曾有两次江州之置，一次在武德四年(621年)，一次在乾元元年(758年)。自天宝元年(742年)到乾元初，江州称浔阳郡。《高兴歌》既然有“江州刺史刘长卿”的题款，那么，它就应当创作在再置江州(乾元元年)以后。

除刘长卿外，《高兴歌》第13首还提到一个唐代人物李稍云。

李稍云的身份乃属民间机智人物一类，其主要历史贡献在于酒令创制。李肇《国史补》卷下论酒令说：“国朝麟德中，壁州刺史邓宏庆始创‘平’‘索’‘看’‘精’四字。令至李稍云而大备，自上及下，以为宜然。大抵有律令，有头盘，有抛打。盖工于举场，而盛于使幕。”[①] 对这段话可以有两种理解：一，“四字令”至李稍云而大备；二，律令、头盘、抛打三大酒令型式至李稍云而大备。根据《高兴歌》所说“无劳四字犯章程”云云，本文作前一理解。元稹诗《寄吴士矩端公五十韵》有云：“予时最年少，专务酒中职。……曲庇《桃根》盏，横讲‘捎云’式”[②]。所谓“横讲”，应即《高兴歌》所说的“章程”，盖二者均出自李稍云。李稍云的名望大约在民间更盛。故敦煌写本伯3093所载的《佛说观弥勒菩萨上生兜率天经讲经文》特别提到他，说“京罗缦里合今时，丽句高吟抛古调，诗赋却嫌刘禹锡，令章争笑李稍云”[③]。至于《太平广记》卷二七九引《广异记》，则记载了这样一个关于李稍云的故事：

陇西李捎云，范阳卢若虚女婿也。性诞率轻肆，好纵酒聚

① 《唐国史补》，上海古籍出版社1979年版，第61页。

② 《元稹集》卷六，中华书局1982年版，第61页。

③ 《敦煌变文集》卷五，人民文学出版社1957年版，第653页。

饮。……明年上巳，与李蒙、裴士南、梁褒等十余人，泛舟曲江中，盛选长安名倡，大纵歌妓。酒正酣，舟覆，尽皆溺死。[①]

这里涉及四个人名。其中卢若虚是武后长安年间左拾遗卢藏用(所谓“终南捷径”即与他有关)之弟，裴士南是开元末年郎官裴士淹之弟；据《登科记考》卷五，李蒙于开元五年博学宏词科及第；据《全唐文》卷三六一，李蒙又是开元五年进士。[②]《太平广记》引《独异志》所记与《全唐文》相同，并记此年有及第进士 30 人，泛舟曲江，与声妓篙工尽皆溺死。按据《登科记考》卷五的按语，尽皆溺死之说并不可靠；进士 30 人之数也与《通考·选举考》所云“二十五人”[③]不合。但上述记载却肯定了两个事实：

一、李稍云是开元时人；

二、李稍云这个酒令人物，曾活跃于举场与妓女群中。

明确这两点很重要，因为它意味着：《高兴歌》创作在李稍云的酒令章程仍具有很大影响的年代，亦即肃、代、德三朝。另外，《高兴歌》的创作，同“举场”间接有关。

至于《高兴歌》的写本年代，有以下几种大致可考：

(一)伯 4993。此本所载第 8 首中，“姮”写“恒”，且缺末笔，乃回避穆宗李恒讳，应写于长庆年间(821—824)。

---

① 《太平广记》，中华书局 1961 年版，第 2218 页、第 2219 页。

② 徐松：《登科记考》，中华书局 1984 年版，第 188 页；《全唐文》，中华书局 1983 年版，第 3664 页。

③ 《文献通考》卷二九，中华书局 1986 年影印本，第 277 页。

(二)伯2633。此本中有题记一行,云:"辛巳年正月五日记。"敦煌文献中这种只记干支不用年号的情况,通常发生在张义潮率土归汉之前或稍后。其时敦煌人慑于吐蕃兵威,未敢明用中朝历法。《张淮深变文》说:"叹念敦煌虽百年阻汉,没落西戎,尚敬本朝。"[①]这说明不记年号的原因是"没落西戎"。又《张义潮变文》记大中年间事说:"诸川吐蕃兵马还来劫掠沙州"。[②] 这说明敦煌归汉以后,战场仍呈犬牙交错之势。据姜亮夫《莫高窟年表》[③]考证,张义潮收复沙州在大中四年(850年)。此前一辛巳为贞元十七年(801年),此后一辛巳为咸通二年(861年)。按斯6342曾载张义潮咸通二年收复凉州贺表,由此可知,伯2633不会在咸通二年仍省年号。也就是说,它应该写于贞元十七年。

(三)伯2555和伯2488。此二本讹别字较少,相反,在伯2633中倒有转误的痕迹。例如此二本中之"嵇叔夜",伯2633写为"嵇叔也";伯2555中的"冰玉琢",伯2633写为"永王椓";伯2555中的"兴治文章",伯2633写为"兴剑仗将";伯2488中的"访山涛",伯2633写为"放山桃"。据此推测,伯2555、伯2488二本的抄写时代应不晚于伯2633,即写于德宗年间或稍前。

(四)斯2049和伯2544。此二本的讹别字大体相同,伯2544中且有许多误从斯2049的迹象,可判二本同一源流,时代相距不远。但从误字规律看,二本似较晚出。例如此二本写"挑金灯"为"燃金灯",乃因伯2633已误写为"兆金灯",二本再误。又此二本写"嵇叔夜"为"奚淑也",乃因伯2633已误写为"嵇叔也",二本再误。另外,"刘伶"二字在伯2555、2488、2633中分别作"刘灵"或"刘零",斯

① 《敦煌变文集》卷一,第124页。

② 《敦煌变文集》卷一,第114页。

③ 《莫高窟年表》,《姜亮夫全集》,云南人民出版社2002年版,第11册,第380页。

2049和伯2544则写作俗体字"刘虚"。据此推测,斯2049、伯2544二本应写于伯2633之后。

大致考定《高兴歌》的抄写年代也是很重要的,因为可以据此判断《高兴歌》创作年代的下限,此即唐德宗贞元十七年(801年)或唐穆宗长庆年间(821—824)。同时,我们可以据此判断《高兴歌》的篇名演变过程。按抄写年代较早的伯2555,原题"高兴歌";抄写年代稍后的伯2488,原题"高兴歌·酒赋一本";抄写年代最后的伯2633、斯2049、伯2544三本,则皆题作"酒赋"。由此可知:这篇作品最早是称作"高兴歌"的,后来二名兼用,再往后便以"酒赋"的名义行世。下面还要谈到:篇名演变过程,实际上反映了这篇作品从歌辞到说唱辞再到俗赋诵辞的性质变化过程。

二、文学性质与伎艺性质

尽管《高兴歌》曾托作者名为刘长卿,但我们却不能果真把它视为作家文学的作品。因为它的内容和它的抄写情况,均表明了它的俗文学身份。

在抄写中,它是同以下一些作品类聚在一起的:

伯2555:《王昭君》等诗55首,孔璋《代李邕死表》,咏物诗16首,敦煌落蕃人诗59首,刘商《胡笳十八拍》等,《高兴歌》,闺怨诗8首等,《月赋》等,《冀国夫人歌词》7首,马云奇诗等14首。

伯3812:高适、殷济、武涉等人诗,《高兴歌》,刘商《胡笳十八拍》。

伯2488:《贰师泉赋》(乡贡进士张侠撰),《渔父歌沧浪赋》(前进士何蠲撰),《秦将赋》,《高兴歌·酒赋一本》。

伯 2633:《齖魺新妇文》,“正月孟春犹寒”辞,《酒赋》,《崔氏夫人要女文》,杨蒲山《咏孝经》18 章。

斯 2049:《洛阳篇》(即刘希夷《白头吟》),《汉家篇》(即高适《燕歌行》),王翰《饮马长城窟行》(无作者及篇题),李白《将进酒》(无作者及篇题)……《酒赋》,《锦衣篇》,《老人相问叹》诗,《藏钩》诗,河南县尉庐某《龙门赋》,《北邙篇》。

伯 2544:《酒赋》,《锦衣篇》,《汉家篇》,《老人篇》,《将进酒》,《老人相问叹诗》,《藏钩》,《龙门赋》(河南县尉庐某撰),《北邙篇》,《兰亭序》。

书手们抄什么或不抄什么,看起来是很偶然的;但由此可以窥见其中的原因。就此而言,上述写本说明了这样一些问题:

(一)在不同的写本中,《高兴歌》具有以下三种不同的身份:

1. 韵诵。本书前文《敦煌文学与唐代讲唱艺术》说过,敦煌俗赋是用传统的韵诵方式表演的;按先秦两汉人的理解,所谓“赋”,即“不歌而诵”。在伯 2544 和斯 2049 这两种较晚出的诗歌专集中,《高兴歌》正是用于韵诵的读物——如其篇名“酒赋”所示,是俗赋作品。这一点在它的著录情况中也得到了证明:这两种写卷所录作品,大都是歌行体诗,艺术风格相近,应曾用于连续的表演或欣赏;其中作家诗歌或失去篇题,或被改换了篇题,故此二种写本应是艺人的读本而非诗人的读本。

2. 说唱辞。在伯 2488 和伯 2633 两卷中,《高兴歌》的身份是用于说唱的韵诵之辞。这一方面因为伯 2488 题作“《酒赋》一本”,正类同敦煌说唱作品所谓“《王陵变》一铺”、“《季布骂阵词文》一卷”、“《悉达太子赞》一本”;另一方面,此二卷中的《贰师泉赋》(说李广故事)、《秦将赋》(说秦赵之战)、《齖魺新妇文》(又名《齖魺书》)、《崔氏夫人要女文》等是叙事之赋，“正月孟春犹寒”辞、《咏孝经》18 章等是词文。

3. 歌辞。在伯 2555、伯 3812 两卷中，《高兴歌》的风格与其他作品迥异，仅接近《胡笳十八拍》后的《十九拍》。如果我们考虑到以下几点：

《胡笳十八拍》是琴曲歌辞；

《高兴歌》紧随此琴曲歌辞之前后，以“歌”为名，且用“三三七七七”民歌体；

伯 2555 卷中颇多歌辞作品，例如《王昭君》副题为“安雅词”，《明堂诗》用《行路难》的和声调，末二句作乐工惯有的颂圣之腔，此后又有《冀国夫人歌词》七首和《陆州歌》(《清夜怨》)等。

那么可以判断，《高兴歌》在此二卷中，身份乃是歌辞。

(二)若按前文所判定的写本年代来排列，则《高兴歌》的身份变化有一条很清晰的线索。即在流传早期，它以《高兴歌》为名，用作歌辞；嗣后以《高兴歌·酒赋一本》为名，用作说唱、韵诵兼用之辞；尔后抄入歌行诗集，用为单纯的诵辞，此时篇名固定为《酒赋》。

(三)伯 2555 是一个内容十分丰富的写卷。它的特点是：二百多篇诗文，五分之四以边客征妇的遭际与感慨为主题；诗作多按体裁类集，例如一处以七绝 47 首成组，另一处又以五律 8 首为组；在按体裁编集的诗作中，颇多失作者名氏及篇题的作品(其实乃张谓、岑参、高适、冷朝光、薛维翰、郑遂初、上官昭容、颜舒、李元纮、王諲等诗人之作)；即使无作者名氏可考的作品，亦属作家作品，有较高的艺术性。但《高兴歌》却与此不同。它只言饮酒作乐，而绝无大漠悲沙的感激；它技巧粗糙，却一反不注重作者姓名的常例，特别冠上“江州刺史刘长卿”的托名；在写卷所录全部作品中，它格调最低，且辞式最俗。在这种情况下，我们只能把《高兴歌》解释为伯 2555 写卷编辑者自己的作品。也就是说，它同其他作品的艺术差距，实即此人的创作能力同欣赏范围的差距。托名一举，乃是作者的自我掩饰。作者应同歌伎有某种关系，故《冀国夫人》、《明堂》、《王昭君》等歌辞得以进入集中；《蛾眉怨》等 8 首皆以“怨”为题，皆五律，皆征妇题材（此适与《云谣集杂曲子》中多数作品相同），应当也是妓歌之辞；至于七绝 47 首成组、七绝咏物诗 13 首成组，亦同筵歌有关。另外，《胡笳十八拍》后面有篇“落蕃人毛押牙遂加一拍因为十九拍”的歌辞作品，明显是唱诵或抄写《胡笳十八拍》时的即兴创作；《高兴歌》紧随其后，风格其之接近，应当也是唱辞人或抄辞者的作品。

综上所述，我们可以给《高兴歌》的文学性质和伎艺性质作一个初步判断：它曾经是歌辞，曾经用于说唱，亦曾作为韵诵的底本流传。但不管它用途如何，它的俗文学性质却未改变。这不光因为它有过口耳相传的历史，也不光因为它实际上是无名氏之作，而且因为它的内容同作家文学截然有别。它的语言，如“渌酒长令能涨海”、“口如沧海吸黄河”等等，明显不是作家文学的语言；它的情趣，如“远近咸知用度惯”、“不明不快酒满盛”等等，明显来自市民或村民阶层；它的比喻，如“左旋右旋大虫眼”、“罍罍酒消鱼眼出”等等，则关联于山野乡村的常见景物。另外，它实际上缺少艺术个性。它对及时行乐的处世态度的强调，它着重说理而非抒情的艺术特色，它对文人诗句的拼凑，它的杂乱的形象和隐约可见的说教气，实际上，正好反映了唐代俗文学的普遍特点。

三、作家诗歌、民间说唱及其他

但是，作为一篇俗文学作品，《高兴歌》却具有鲜明的文化个性。

这正好是通过它的艺术无个性表现出来的；或者说，它的个性表现为：广泛接受了各种文学艺术品种的影响。

以下是它同几个主要的文艺品种的关系：

（一）作家诗歌。除掉有意题名为“江州刺史刘长卿”一点外，《高兴歌》附庸风雅的习气在许多方面都有表现。例如在使用对仗上，“但令”和“不惜”，“千日酒”和“百尺松”一类手法，多到很勉强的地步，这表现了同近体诗的关联。又如它喜欢用典，“隋珠”、“玉环”、“绿珠”、“姮娥”等故事，嵇叔夜、阮仲容、山涛、毕卓等人物，均是作家诗歌的常见典故。至于“珊瑚杓”、“金叵罗”等酒器名，“酒如泉水肉如林”、“口如沧海吸黄河”等比喻，亦可能取自作家诗文，因为这些事物均非敦煌乡民所易见。另外，《高兴歌》还有很多文字直接抄自作家作品：

第7首：“鹅儿黄，鸭头绿，桑落蒲桃看不足。”——杜甫《舟前小鹅儿》：“鹅儿黄似酒，对酒爱新鹅。”李白《襄阳歌》：“遥看汉水鸭头绿，恰似葡萄初酦醅。”①

第8首：“挑金灯，爇玉烛，绿珠姮娥送歌曲。”——顾况《李供奉弹箜篌歌》：“爇玉烛，点银灯，光照手，实可憎，只照箜篌弦上手，不照箜篌声里能。”②

第18首：“入凝冬，香满室，红地炉，相厌膝，银铛乱点野驼酥，罍罍酒消鱼眼出。”——岑参《玉门关盖将军歌》：“暖屋绣帘红地炉，织成壁衣花氍毹，灯前侍婢泻玉壶，金铛乱点野驼酥。”③

---

① 《杜诗详注》卷一二，中华书局1979年版，第1009页。《李太白全集》卷七，中华书局1977年版，第369页。

② 《全唐诗》卷二六五，中华书局1960年版，第2947页。

③ 《岑参集校注》卷二，上海古籍出版社1981年版，第165页。

第19首："走入壶中却有天"。——李白《下途归石门旧居》："壶中别有日月天"。[1]

上述模拟或抄袭可分两种情况：一种是对前代作家文学因素的吸收，典故、名物的模拟属此类。这种模拟其实是非自觉的。或者说，这里的作家文学因素，其实不是作为模拟的对象，而是作为表层文化在深层文化中的沉积，进入《高兴歌》的。《高兴歌》所提到的孔子、山涛、马融、刘伶、阮咸、颜回、郑玄、彭祖、"千日酒"、"九酝酒"等等，虽然已经见诸载籍，但并不妨碍它们同时作为下层群众的口头故事的题材流传。这些名物均在包罗"野史传记小说诸家"[2]的《太平广记》中列有专目，便是一证。另一种情况是对当代作家文学的模仿或抄袭，上列模拟李白、杜甫、岑参、顾况等人诗句的情况属于此类。今按李、杜、岑、顾四人年齿相近。李白最早，生于武后长安元年(701年)，卒于代宗宝应元年(762年)；顾况最晚，约生于玄宗开元中期(726—736)，卒于宪宗元和初年(806年前后)。倘若《高兴歌》的作者与刘长卿同时，那么，李、杜、岑、顾都可说是略早于他的同代人。这种情况，既表现了盛唐作家诗歌对于敦煌俗文学的影响，又说明俗文学作品必定要对当代作家文学有所吸收。这两条，都是具有规律意义的。

值得注意的是：作家诗歌对于俗文学的影响，主要体现在语汇、典故、修辞手法等表现手段方面。在其他方面，《高兴歌》接受的是另外一些艺术种类的影响。

(二)民间故事说唱。唐代说唱艺术可依其表演特性区分为6

---

① 《李太白全集》卷二二，第1010页。

② 鲁迅：《中国小说史略》，上海古籍出版社1998年版，第63页。

类:宣讲佛经的故事说唱称"俗讲",以图画为道具的小品故事说唱称"转变",以韵唱为主而间插说白的表演称"唱词文",以散说为主的故事说唱称"说话",使用韵诵方式的故事和诙谐描写称"俗赋",以问答形式进行的两方诘难称"论议"。敦煌文学作品,除曲子辞和部分作家诗歌外,均可归属上述6类。例如《叶净能诗》、《庐山远公话》、《唐太宗入冥记》、《伍子胥》、《秋胡话本》、《韩擒虎话本》、《黄仕强传》等,说故事,用第三人称,有角色及对话,语言谐谑,实即说话的底本。而伯2488所载的《贰师泉赋》、《渔父歌沧浪赋》、《秦将赋》,伯2633所载的《齖䶗新妇文》、《崔氏夫人要女文》等,则属"俗赋"。可以说,民间故事说唱构成了《高兴歌》的主要氛围。

《高兴歌》的素材往往取自说唱艺术。前文所述《太平广记》11条专目的故事又见于《高兴歌》,即是一证。另外一条证据是:《高兴歌》对历史人物的理解,与正史所载并不相同,也与作家典故的用法不同。例如郑玄、马融,均以治经学闻世,《高兴歌》却说:"何晏、马融、老郑玄……走入壶中却有天。"此类说法盖本诸小说野谈。按《殷芸小说》说:袁绍宴郑玄,"会者三百人,皆使离席行觞,自旦及暮,计玄可饮三百余杯,而温克之容,终日无怠"[①]。《殷芸小说》作于南朝齐梁之交,其所述郑玄饮酒一事,其实本自魏晋时候的传说——已先见于《世说新语·文学》注引的《郑玄别传》[②]。何晏、马融善酒之说,应当也有所本。至于《高兴歌》将孔子列为善酒人物,则可溯源于《论衡·语增》。《论衡》说:"传语曰:'文王饮酒千钟,孔子百觚。'欲言圣人德盛,能以德将酒也。"[③]所谓"传语",即故事传说。这明白无误地

① 周楞伽辑注:《殷芸小说》卷三,上海古籍出版社1984年版,第8页。

② 余嘉锡:《世说新语笺疏》,中华书局1983年版,第223—224页。

③ 黄晖:《论衡校释》卷七,中华书局1990年版,第346页。

表明:《高兴歌》的素材是同故事传说有关的。

《高兴歌》在使用说唱辞的素材的时候,也使用了它们的观念。《佛说观弥勒菩萨上生兜率天经讲经文》有云:"诗赋却嫌刘禹锡,令章争笑李稍云"。[①]据此,"章程不许李稍云"便可能是在敦煌广泛流行的一句成语;而其产生基础,则是市民与文人攀比的普遍心理。《高兴歌》中的孔子形象,也和《孔子项托相问书》、《搜神记》中的孔子形象有某种类似——在这些敦煌说唱作品中,孔子都是庶民主角的陪衬。在唐代,市民嘲弄文人的风气是很流行的,例如旧题李义山的《杂纂》即曾把"穷措大唤妓女"、"老鸦似措大饥寒则吟"、"措大解音声——解则废业"、"仆人学措大体段"[②]等列为讥讽对象。《高兴歌》所表现的正是同样的观念。总之,《高兴歌》在内容(题材、思想观念等)方面,明显接受了来自其他说唱作品的影响。这是由它们服务于同一社会阶层的功能决定的。

(三)民歌。《高兴歌》所使用的以"三三七七七"为主体的歌辞形式,早见于汉以前的舂歌(《成相歌》),而在北朝以至唐代的民歌中特别发展。《高兴歌》的曲调和歌唱方式,均源于此类民歌。

唐五代的"三三七七七"体歌辞有两种类型。一是单曲曲子辞,李白《桂殿秋》、刘禹锡《潇湘神》、韩翃《章台柳》、和凝《解红》、李煜《捣练子》、欧阳炯《赤枣子》等属此类;另一类是联章曲子辞,平仄韵兼用,四百余首《五更转》、《十二时》是其代表。这两类作品的文学性和格律特征很不一样,但却有一点共同——它们基本上都有民歌渊源可考。例如:

---

① 《敦煌变文集》卷五,第653页。

② 曲彦斌校注:《杂纂七种》,上海古籍出版社1988年版,第1、9、11、23页。

《赤枣子》——教坊曲名。欧阳炯用于歌咏闺情。梁代《咄唶歌》:"枣下何纂纂,荣华各有时,枣却初赤时,人从四边来。"张祜《读曲歌》:"郎去摘黄瓜,郎来收赤枣。"《苏小小歌》:"中擘庭前枣,教郎见赤心。"[1]均说明民间以赤枣入歌,由来已久。这反映了《赤枣子》的来历。

《桂殿秋》——一名《桂华曲》。白居易《醉后听唱桂华曲》诗注:"此曲韵怨切,听辄感人。"毛奇龄《西河词话》卷二论"善歌者以曲为主",评曰"白乐天《桂华曲》原不必佳"。[2] 其《西河诗话》卷二又指白诗"月宫幸有闲田地,何不中央种两株"句云:"甚俚鄙。"[3]可见《桂华曲》是一首讲究曲调不讲究文辞的作品,犹存民歌特色。此曲曲名不见于各种乐书,应表明它一直在民间流传。

《解红》——据陈旸《乐书》卷一八四《儿童解红》条及和凝《解红歌》[4],它是儿童舞曲,常舞于百戏之后。

《潇湘神》——《乐府诗集》编入"近代曲辞"。[5]据刘禹锡《浪淘沙》所云"令人忽忆潇湘渚,回唱迎神三两声"[6]云云,此曲是潇湘渚的迎神之曲。故白居易有诗题云《夜闻筝中弹〈潇湘送神曲〉感旧》。一说曲属"《竹枝》之流"。白居易曾论《竹枝》唱法云:"前声曳断后声迟","前声断咽后声迟"[7]——亦正好和《潇湘神》首句断为"三三"的句式相合。民歌《竹枝》本出三巴,流在湖湘,刘禹锡娴习此曲。刘氏

① 《全唐诗》卷二一、卷二九,第 267 页、第 423 页。

② 《白居易集》卷三四,中华书局 1979 年版,第 772 页。唐圭璋编:《词话丛编》,中华书局 1985 年版,第 583—584 页。

③ 《昭代丛书》,道光本丙集第六帙。

④ 《全唐诗》卷七三五,第 8400 页。

⑤ 《乐府诗集》卷八二,中华书局 1979 年版,第 1151 页。

⑥ 瞿蜕园:《刘禹锡集笺证》卷二七,中华书局 1989 年版,第 864 页。

⑦ 《白居易集》卷三五、卷一八,第 792 页、第 389 页。

所作《潇湘神》，既然（一）咏“斑竹枝”，（二）写沅湘之事，（三）涉及湘神，（四）首句曳断为三言二句，那么，可以判定它源于《竹枝》一类民歌。

《捣练子》——产于民间送征衣主题的歌曲。敦煌曲子辞“孟姜女”二组十首，已作“三三七七七”平韵体，与李煜辞同。李辞二首，一写寒砧声，一写闺思，均表现了同民歌的关联。

《五更转》、《十二时》——二曲均产于南朝，分别见《乐府诗集》卷三三和《高僧传》卷一〇[①]。均在隋代改制为“艳曲”，见王通《文中子·周公》篇和《隋书·音乐志》[②]。至唐代均曾用作太常供奉曲，见《唐会要》卷三三和《乐府杂录》[③]；但主要流传在民间。现存唐五代的《五更转》、《十二时》辞共 420 首，其中三百六十多首出自敦煌石室。

除上述诸调之外，白居易《新乐府》五十首，也是关于“三三七七七”体民间歌辞常体的证据。新乐府的本来性质，按郭茂倩的说法是“辞实乐府，而未常被于声”[④]；按元稹的主张则是“寓意古题，刺美见事”[⑤]。故《乐府诗集》中“新乐府辞”十二卷，率多五、七言诗。但白氏所作新乐府，却自称以讽喻为体而以“播于乐章歌曲”[⑥]为用。既有主声之旨，辞体便特出于众。试看其《杏为梁》：

杏为梁，桂为柱，何人堂室李开府。碧砌红轩色未干，去年身殁今移主。高其墙，大其门。谁家第宅卢将军。素泥朱板光

---

① 《乐府诗集》，第 491 页；释慧皎：《高僧传》，中华书局 1992 年版，第 396 页。

② 王通：《文中子》，《二十二子》，上海古籍出版社 1986 年版，第 1317 页上。《隋书》卷一五，中华书局点校本，1973 年，第 379 页。

③ 王溥：《唐会要》，中华书局 1955 年版，第 614 页；段安节：《乐府杂录》，《中国文学参考资料小丛书》第一辑，古典文学出版社 1957 年版，第 24 页。

④ 《乐府诗集》卷九〇，第 1262 页。

⑤ 《元稹集》卷二三，第 255 页。

⑥ 《白居易集》卷三，第 52 页。

未灭，今岁官收别赐人。……[1]

这种以"三三七"发端的作品，在50首中竟多达21首；若把辞中插有"三三七七七"的作品也计算在内，则达32首。这些作品且都采用"首章标其目"的形式，恰如敦煌写卷之用《汉家篇》命名高适的《燕歌行》、用《洛阳篇》命名刘希夷的《白头吟》。这进一步证明"三三七七七"体确是白居易对民间歌辞常体的模仿。元稹《乐府古题序》曾说不可以句读短长为歌、诗之异[2]，这正好从侧面证实：在唐代，人们一般都是把杂言看作歌辞之特征的。

总之，《高兴歌》是一篇按民歌曲调创作的歌辞作品。它以"三三七七七"与七言四句间用，其中又加以句式的参差，这表明它曾使用民间的谣歌方式。在《五更转》、《十二时》等用于讲唱的作品中，同样可以看到这些特征。《高兴歌》和《五更转》、《十二时》另一个共同特征是：它们都是联章歌辞。民歌产生于山野、集体劳动场合和踏歌歌场，"反复以竞胜"、"新词宛转递相传"[3]是它所特有的歌唱形式。《高兴歌》以21首成组，正好反映了这种反复歌唱的民歌特色。另外，《高兴歌》以酒歌为线索，穿插种种历史典故，并有多种标题并行，这也同民间歌调往往用于说唱的现象一致。

四、小结

《高兴歌》21首，是产于中唐前期的一组俗文学作品。它共有7

---

① 《乐府诗集》卷九九，第1384页。

② 《元稹集》卷二三，第254页、第255页。

③ 《刘禹锡集》卷二六，中华书局1990年版，第345页。

个写本。根据其中5本所记“江州刺史刘长卿”字样，其创作年代的上限可定在肃宗乾元年间(758—759年)；根据其中二本的题记情况和避讳情况，它最晚产于德宗贞元十七年，亦即公元801年。

《高兴歌》的抄写年代是：伯2555、伯2488两本大约写于唐德宗年间或稍前，伯2633约写于德宗贞元十七年，伯4993写于穆宗长庆年间，斯2049和伯2544两本写于唐穆宗以后。它是流传很广的一篇作品。

《高兴歌》的流传经过，证明俗文学作品往往具有多种艺术功能，并因此具有体裁不确定性的特点。最初《高兴歌》是作为一篇依民间歌调而创作的歌辞作品被记录下来的。但最晚在贞元年间，它就作为韵诵作品而被用入说唱，称作“《酒赋》一本”。再往后，它逐渐被人们熟悉和喜爱，当作俗赋作品抄录下来，这时，它才有了《酒赋》这样一个稳定的名称。它具有男性特色，表明当时的敦煌地区活跃着一批男性说唱艺人。

《高兴歌》的内容与形式，都为认识唐代文化提供了极可宝贵的线索。它说明：盛唐诗歌的影响曾波及边陲，远较其他时代的文学影响为大。这种影响造成了俗文学作品中的语汇和修辞手法的变化。但就总体而言，俗文学仍然有其独立的发展。这一发展以说唱艺术或曰曲艺的繁荣为基础。其作品拥有自己的一套观念、典故、成语和表现手段程式。它们既向民间歌辞吸取音乐手段，又在文学素材上互相取资，因而成为唐代文学中的一个大国。

但和作家文学相比较，俗文学作品却无疑是缺少艺术个性的作品。这一方面决定于它的流传形式——它往往是通过口耳来传播的，具有一定的集体创作的性质；另一方面，也决定于它所由产生的文化基础——它接受包括佛教讲唱在内的其他说唱作品的影响，重视社会效果，强调惩恶劝善，因而往往以人生态度作为作品主题。另外，它服务于市民或村民，为适合观众的思维习惯和审美习惯，往往通过流行典故来说明事理；它由粗通文墨的人物创作，使用比较普遍的社会观念，迎合人们的习俗和道德，因而常常描写传统题材和陈旧意识。《高兴歌》就是这样一部作品。在题材、思想、艺术趣味和艺术风格等方面，它和王梵志诗、《渔父歌沧浪赋》、《龙门赋》、《搜神记》、《孝子传》等等作品有很多相同之处。

通过《高兴歌》，我们可以看到表层文化（士大夫文化）如何积淀成为基层文化（庶民文化）的过程，也可以看到每一阶层的文化成品都拥有特定的社会属性的事实。但要把上述事件说清楚，就还要解决《高兴歌》的作者问题，以及《高兴歌》的思想源流问题。限于篇幅，这些问题拟以另文作专门讨论。

（原载《上海师范大学学报》1987 年第 3 期）

敦煌论议考

敦煌藏经洞打开后，在人们所曾见闻的四部典籍之外，还发现了一批俗文学写本。这类文献迥异于传统文学作品，不被人认识，定名问题遂成为敦煌文学研究的第一个重要问题。经过一段时间的研究，学者们逐渐寻找到“通俗诗”、“通俗小说”（王国维，1920 年）、“佛曲”（罗振玉，1924 年）、“变文”（郑振铎，1929 年）等名。由于前三名均属主观定名，故在 20 世纪 30 年代至 80 年代初期的五十年间，敦煌学者约定俗成，把见于部分写本的“变文”视为敦煌全部俗文学作品的总称。在这一时期，敦煌文学资料实际上是依照作家文学的文体观念来划分畛域的，即划为三大块：属传统诗学领域的敦煌诗歌，属传统词学领域的曲子辞，属俗文学研究领域的变文。从 20 世纪 80 年代开始，人们对上述分类的一些细节产生了怀疑，于是在“变文”中分出了词文、故事赋、话本、变文、讲经文、缘起、押座文、诗话等类别，在“曲子辞”中增加了宗教歌辞等作品。但是，人们却忽视了这样一个事实：这种三大块的分法本身就是有偏差的，是传统文学观的产物，并未尊重敦煌文学在主体上作为口头文学的特性。有鉴于此，我遂在发表于《中国社会科学》1994 年第 3 期的《敦煌文学和唐代讲唱艺术》一文中，根据作品的表演性质，重建了敦煌文学的分类体系，即把全部敦煌文学作品分别归入讲经文、变文、话本、词文、俗赋、论议文、曲子辞、诗歌等八种体裁。其中论议一体，是首次提出而未被过去人论及的。

事实上，论议是一项具有重要影响因而得到丰富记载的唐代伎艺。其渊源可以追溯到先秦的论辩风尚，其流变则及于宋以后的许多戏剧曲艺品种。郭湜《高力士外传》记至德年间玄宗李隆基避难西蜀，每日与高力士等亲看扫除庭院、芟薙草木，“或讲经、论议、转变、说话，虽不近文律，终冀悦圣情”[①]——已把论议与讲经、转变、说话等并论，说明它是唐代表演艺术之一，是讲求文律的伎艺项目。考诸史籍，我们还可进一步知道：论议又称“论难”和“问难”，乃指一种由表演双方围绕特定命题往复诘难、以问答形式进行的语言艺术及其文学记录。《启颜录》辟有《论难》专篇；《入唐求法巡礼行记》卷二说论议是讲经之前的节目，卷三说武宗常在节日斋会上使僧、道、儒两两论议；《刘宾客嘉话录》和《唐摭言》卷九说德宗、懿宗好在降诞日使三教论议；敦煌写本《庐山远公话》把俗讲中的论议作为故事的重要情节作了描写。而《隋书》、《旧唐书》、《续高僧传》等典籍所见载的“博辩”善论议的隋唐人，则有苏夔、何妥、辛彦之、徐文远、朱子奢、李玄旨、马光、刘焯、褚辉、司马樟、马嘉运、李世民、韦渠牟、杜佑、许孟客、白居易等文士和玄奘、慧布、法安、法论、保恭、吉藏、善胄、义褒、僧达等僧侣——这都是论议的踪迹所在。由此反观敦煌文学，我们面前便出现了这样两个亟待解决的问题：既然论议是同讲经、转变、说话等一样盛行的民间伎艺，那么，它在敦煌遗物中有哪些文学表现？在中国文学史或曲艺史上，论议伎艺究竟占有何种地位？解决这两个问题，无疑可使敦煌文学研究以及对中国文学艺术的历史描写臻于完整。为此，本文拟对敦煌论议及其来龙去脉加以考述。

---

① 丁如明辑校：《开元天宝遗事十种》，上海古籍出版社 1985 年版，第 120 页。

一、唐代的论议

根据《启颜录》的记载，在隋代以前，论议即是一种为人们喜闻乐见的伎艺活动。它在北齐高祖高欢(532 至 547 年执魏政)时较为盛行，常用为大斋、佛诞等佛教庆典日的俗讲以及儒生会讲中的节目，往往有诙谐捷辩的内容。此书《论难》记东魏事五则、隋事二则。前者为石动筩与大德法师论议、与博士论议等故事，后者为卢嘉言入僧房论议、赵小儿与三藏法师论议等故事。其情节大致相近：石动筩、赵小儿等俗人介入斋会、国学一类仪式场合，与法师、博士之流论议，均以谐谑语取胜。这些记载反映了论议伎艺的一般特点：它脱胎于佛教俗讲和儒家讲经，是一项拥有广大观众的娱乐活动，具广场艺术的性质。其表演方式是两人辩难，其风格特点是在义理中杂用俳谐。至晚在北朝，便出现了石动筩等优伶身份的论议艺人。

论议在隋唐两代流行很广，这一点，集中表现为以下三个事实：一是出现了"论场"这一论议场所的专名。例如唐释道宣《集古今佛道论衡实录》卷丁(以下略称《实录》)记玄奘与道士辩覆事毕，云"后出论场，唱言我胜，未登席者，随言信之"；《宋高僧传》卷五记唐长安青龙寺道氤事，云"奏召天下英髦学兼内外者集于洛京福先寺，大建论场"。[①] 第二个事实是：论议的才能，由于受到社会尊重而在典籍中获得较突出的记载。例如《续高僧传》卷三记有清禅法师立破空义，慧净与其对论之事；卷七记有慧布与思禅师、邈禅师相论义，令

① 《集古今佛道论衡实录》，《大正藏》第 52 册，此据《中华大藏经》，中华书局 1993 年版，第 60 册，第 829 页中。赞宁：《宋高僧传》，中华书局 1987 年版，第 97 页。

“坐中千余人同声叹悦”之事；卷九记有法安每立异义令众难之，“人虽巨众，无能屈者，由是声闻楚越”之事；卷一一则记有吉藏挫败“三国论师”僧粲，由此“芳誉更举”之事。[①] 又如《旧唐书》卷七三记司马才章“论议该洽，学者称之”，马嘉运“专精儒业，尤善论难”。[②]这些记载，表现了唐代论议的风尚，反映了一批专门的论议表演人才的存在。值得注意的还有这样两则记载：《续高僧传》卷一六云僧达“特善论议，知名南北”，《旧唐书·儒学传》云初唐人朱子奢“风流蕴藉，颇滑稽，又辅之以文义，由是数蒙宴遇，或使论难于前”[③]。据“知名南北”、“颇滑稽”云云可知：论议人才有广大的社会影响；知识该洽、词彩铺发、临机设辩、诙谐滑稽等品质，既是论才的必要品质，也是论议艺术的重要属性。故第三个事实是：在唐代，出现了关于论议伎艺的理论总结。例如《续高僧传》卷一五所载道宣语：

> 原夫论义之设，其本四焉：或击扬以明其道，幽旨由斯得开；或影响以扇其风，慧业由斯弘树；或抱疑以谘明决，斯要正是当机；或矜伐以冒时贤，安词以拔愚箭。托缘乃四，通在无嫌，必事相陵，还符畜兽。[④]

可见唐代论议的功能是：通过不同论点的相互冲击而使道理明晰，通过面向群众的表演而扩大影响，通过临机设辩以澄清疑难，通过雅俗

① 《续高僧传》，上海古籍出版社 1991 年版，《高僧传合集》，第 123 页、160 页下、174 页上、194 页中。

② 《旧唐书》，中华书局 1975 年版，第 2603 页。

③ 《续高僧传》，《高僧传合集》，第 233 页上。《旧唐书》卷一八九上，第 4948 页。

④ 《续高僧传》，《高僧传合集》，第 228 页中。

人士的交锋而解决普遍、现实的思想问题。为了实现这些功能，唐代论议已不满足于讨论一般理论，而是“必事相陵”，注重论说具体事物。这三个事实，证明唐代的论议不只是一种宣教讲学活动，而是一种有专门表演场所、受到社会广泛关注的语言艺术或表演伎艺。

唐代论议是作为一种民间伎艺而广泛影响于社会的。但典籍所记，却大多是知识阶层的论议。为论述的便利，兹先将这类论议的主要制度概述如下：

（一）论议的表演形式

唐代论议，就其表演者而言，大致可分为佛徒论议、儒生论议、二教论衡、三教论衡四种形式。前两种是传统论议的主要形式，后两种则是北朝以来新兴的形式。

关于传统方式的论议，今存资料以较多篇幅作了记载。其性质大致仍属宣教讲学。其中佛徒论议的仪式可从《入唐求法巡礼行记》得见一斑。此书记唐文宗开成四年十一月日本僧圆仁往青州文登县（今属山东）赤山院听讲《法华》等佛经，云在讲经法主之外，“更有论义二人：僧顿证、僧常寂”。[①]可见论议节目有专人司掌。又云其仪式顺序是：打讲经钟，大众上堂，讲师登高座，作梵，颂梵呗，佛经开题，维那申说会兴之由，论议，读经，下座。可见论议是当时讲经活动的中心节目。其具体进行方式是：

> 誓愿讫，论义者论端举问。举问之间，讲师举麈尾，闻问者语。举问了，便倾麈尾，即还举之，谢问便答。帖问帖答，与本国

① 圆仁：《入唐求法巡礼行记》卷二，上海古籍出版社1986年版，第72页。

同。但难仪式稍别：侧手三下后，申解白前，卒尔指申难，声如大嗔人，尽音呼诤。讲师蒙难，但答，不返难。论义了，入文读经。[①]

至于儒生论议的仪式，则多见于隋、唐《书》，大都发生在隋至初唐。例如以下二例：

尝因释奠，高祖(杨坚)亲幸国子学，王公以下毕集。(马)光升座讲《礼》，启发章门。已而诸儒生以次论难者十余人，皆当时硕学。光剖析疑滞，虽辞非俊辨，而理义弘赡，论者莫测其浅深，咸共推服，上嘉而劳焉。[②]

武德六年，高祖(李渊)幸国学，观释奠。遣(徐)文远发《春秋》题。诸儒设难蜂起，随方占对，皆莫能屈。封东莞县男。[③]

这两种形式的特点是与宣教讲学活动相结合，一人主讲，“论义”等人设问。盛唐以后，佛教论议用于俗讲，往往在僧俗之间进行(赤山院论议中的“难”已有此内容)；儒生论议亦逐渐脱离其原始性质，在伶人参与下，变为较富娱乐性的二教论衡、三教论衡形式。

二教论衡原指发生在儒、道、佛三教任意两者之间的论议，据典籍所记，多为佛道论议。其例有显庆三年释义褒与道士李荣在宫廷福场中的论议，见《续高僧传》卷一五；有武宗会昌间每年降诞节两街大德及道士的御前论议，见《入唐求法巡礼行记》卷三；有前蜀佑圣国师与道士杨德辉的“问答论难”，见《鉴诫录》卷六。至于三教论衡，则

① 《入唐求法巡礼行记》卷二，第73页。
② 《隋书》卷七五《儒林传》，中华书局1973年版，第1717页。
③ 《旧唐书》卷一八九上《儒学传》，第4944页。

是二教论衡的特殊形式，即数次二教论衡的交杂会演。其典型例证，是大和元年(827年)十月唐文宗圣诞日，在麟德殿内道场举行的“对御三教谈论”。据白居易集《三教论衡》所记，当时列为第一座的三教人物分别是：儒教秘书监白居易，佛教安国寺沙门义林，道教太清宫道士杨弘元。其节次是：先由三教人士分别“赞扬演说，以启谈端”；次为儒佛论衡，有僧问儒答、僧难儒对、儒问僧答、儒难僧对四个回合；然后是儒道论衡，有道问儒答、道难儒对、儒问道答、儒难道对四个回合。[①]显而易见：三教论衡的特点是儒生加入了佛道的二教论衡，其形式仍源于古所谓“对论”。

关于三教论衡的产生时代，过去学者一般定在北魏、北周之间。但据东汉牟子的《理惑论》，由于教义教规的不同，三教自交会之初，便发生了激烈冲突。而在三国时期即有“三教优劣”的命题，《实录》卷一所载《魏时吴王立寺问三教优劣事》即是其例。关于三教论衡活动的较早事迹，见于《资治通鉴》卷一三三：北魏献文帝好黄老浮屠，“每引朝士及沙门，共谈玄理”[②]。这里的献文帝、朝士、沙门，实即道、儒、佛三教的代表。从“共谈玄理”一语中，可以想见其间的发问、诘难与辩驳。到《周书·武帝纪》和《韦敻传》中，关于三教论衡的记述便较为具体了：北周建德二年十二月，“集群臣及沙门、道士等，帝升高座，辨释三教先后，以儒教为先，道教为次，佛教为后”；天和三年，“帝御大德殿，集百僚及沙门、道士等亲讲《礼记》”；“武帝又以佛、道、儒三教不同，诏敻辨其优劣。敻以三教虽殊，同归于善，其迹似有深浅，其致理殆无等级。乃著《三教序》奏之”。[③]至隋唐以后，关于三

① 《白居易集》卷六八，中华书局1979年版，第1434—1440页。

② 《资治通鉴》，中华书局1956年版，第4164页。

③ 《周书》卷五、卷三一，中华书局1971年版，第83、75、545页。

教论衡的记载日益增多，以下几例可以反映其概貌：

《隋书·李士谦传》："客又问三教优劣，士谦曰：'佛，日也；道，月也；儒，五星也。'客亦不能难而止。"

《旧唐书·儒学传》上："后高祖亲临释奠，时徐文远讲《孝经》，沙门惠乘讲《波若经》，道士刘进喜讲《老子》，(陆)德明难此三人，各因宗指，随端立义，众皆为之屈。高祖善之，赐帛五十匹。"

《新唐书·徐岱传》：德宗"以诞日岁岁诏佛、老者大论麟德殿，并召岱及赵需、许孟容、韦渠牟讲说。始三家若矛盾然，卒而同归于善。帝大悦，赉予有差。"(《册府元龟》卷二：德宗贞元"十二年四月庚辰，帝降诞之日。近岁尝以其日会沙门道士于麟德殿讲论。帝每谓二教与儒教所归不殊，但内外迹用有异尔。是日兼召儒官给事中徐岱、兵部郎中赵需、礼部郎中许孟容、四门博士韦渠牟与沙门谈延、道士万参成等数十人，迭升讲坐论三教。初如矛戟森然相向，后类江河同归于海。帝大悦，颁赐有差。")

《册府元龟》卷二：敬宗宝历元年六月九日，又"二年六月降诞日，御三殿，命兵部侍郎丁公著、太尝少卿陆亘、前随州刺史李繁与浮图、道士讲论。内官、翰林学士及诸军使、公主、驸马皆从。既罢，赏赐有差。"①

这些记载提示了三教论衡的以下特点：一、它有多种形式，先是

① 《隋书》卷七七，第1754页。《旧唐书》卷一八九上，第4945页。《新唐书》卷一六一，中华书局1975年版，第4984页。《册府元龟》，凤凰出版社2006年校订本，第20页、第21页。

作为一种政治活动，产生于帝王建立意识形态统治的需要，以及协调三教关系的需要，采用辨三教优劣的形式；隋唐之际作为一种学术活动，采用三教平行讲论的形式；至中唐以后便演化为一种娱乐活动，多在诞圣日等节庆日举行，采用论衡形式。二、初唐以前，三教论衡的表演方式是“一人主论众人难”，中唐以后则为依次对论；前者偏重于辨析义理，后者偏重于发挥论才，即《旧唐书·韦渠牟传》所谓“枝词游说，捷口水注”[①]。三、自北周起，三教论衡的气氛趋于平和，例如韦敻有“三教同归于善”说、李士谦有三教鼎立说。[②]尽管三教人物在此后的论衡中均唇枪舌剑，但往往有“类江河同归于海”、“帝大悦”的结局。可见三教论衡活动的开展，是以三教调和的思潮为背景的。关于这一背景，唐代诗人亦有所咏及，例如：

孟浩然《题终南翠微寺空上人房》：“儒道虽异门，云林颇同调。”

卢纶《送契玄法师赴内道场》：“昏昏醉老夫，灌顶遇醍醐。嫔御呈心镜，君王赐髻珠。降魔须战否，问疾敢行无。深契何相秘，儒宗本不殊。”

白居易《酬梦得以予五月长斋延僧徒绝宾友见戏》：“交游诸长老，师事古先生。禅后心弥寂，斋来体更轻。不唯忘肉味，兼拟灭风情。蒙以声闻待，难将戏论争。虚空若有佛，灵运恐先成。”

广宣《禁中法会应制》：“天上万年枝，人间不可窥。道场三

---

① 《旧唐书》卷一三五，第3728页。

② 《北史·韦敻传》，中华书局1974年版，第2270页。《隋书·李士谦传》，第1754页。

教会，心地百王期。”

韩偓《赠吴颠尊师》：“议论通三教，年颜称五更。”

李洞《赠三惠大师》：“枫猿峤角别多时，二教兼修内学师。……诏落五天开夏讲，两街人竞礼长眉。”

贯休《大兴三教》：“幢幢悬佛日，天俣动云韶。缝掖诸生集，麟洲羽客朝。”①

因此，三教论衡伎艺性质的逐渐加强、三教调和思潮的上升，是两个相互关联的趋势；可以说，后者也是前者的条件。

（二）论议的表演场所和时间

在唐代以前，论议的表演场所较不固定。据史籍所记，士大夫的家宅、各种戏场、宴席甚至人们群集的林荫，都可成为论议的场所。例如《宋书·王惠传》记有谢瞻等人在王惠家宅中的论议，《陈书·戚衮传》记有玄儒之士在简文帝便宴上的论议，同书《张讥传》记有张讥在钟山开善寺松林中“竖义”之事。②同样，这时的论议也不甚拘泥表演时间。御前论议只须遵从帝王的意愿。例如陈后主，好随时诏请论议高手入内表演，见《陈书·张讥传》。在民间，则一次俗讲或一个普通的聚会都能促使论议的发生。例如《高僧传·慧严传》载宋释法智“年二十四往江陵，值雅公讲，便论议数番”。③唐代论议自然也保

① 《孟浩然诗集笺注》卷上，上海古籍出版社 2000 年版，第 38 页。《白居易集》卷三四，第 772 页。《全唐诗》卷二七六，中华书局 1960 年版，第 3134 页；卷六八〇，第 7797 页；卷七二三，第 8295 页；卷八二二，第 9269 页；卷八三四，第 9404 页。

② 《宋书》卷五八，中华书局 1974 年版，第 1589 页。《陈书》卷三三，中华书局 1972 年版，第 440 页、第 444 页。

③ 《高僧传》卷七，中华书局 1992 年版，第 263 页。

留了这种随机进行的论议方式;但随着伎艺性质的加强,其表演场所和表演时间的趋向是日益稳定。

前文所说的"论场",就是论议表演场所相对稳定的表现。此名始见于隋费长房的《历代三宝记》,原是北周释僧琨"采摭先圣后贤所撰诸论"结集而成的一部著作之名,唐代假借为论议表演场所的专称。这一专名的出现,表明论议已成为一种定期举行的伎艺活动。这种论场既可设在寺院与学堂,又可设在内廷与广场,它们分别是不同种类的论议的集中表演之地:在寺院举行佛徒论议,在内廷举行御前论议,在广场举行二教论衡和伶人论议,在学堂举行儒生讲经论议。同时,这一专名也意味着论议表演场所的多样化——既然有论场中的论议,便有非论场的论议。故它反映了唐代论议伎艺的盛行程度。

同随机论议相对而言,唐代一些规模较大的论议总是在特定时间表演的。这中间有四个重要日期:释奠日、诞圣日、佛教大斋日、浴佛节。

释奠是古代立学前或春秋二季祭祀先圣先师的礼俗,据清洪若皋《释奠考》[1],其制度源于《礼记·文王世子》。释奠之日,帝王常常亲临太学,先行祭祀之礼,嗣后讲经论议。其事早已载见汉代史籍,但以隋唐之际为盛。例如上文《隋书·儒林传》、《旧唐书·儒学传》所载的三例。又《唐六典》卷二一"国子监"云:"凡释奠之日,则集诸生执经论议,奏请京文武七品以上清官并与观焉。"[2]在释奠日举行儒生论议或三教论议,并形成制度,对论议技巧的提高是有重大意义的。

---

① 影印《丛书集成续编》本,上海书店出版社 1994 年版。

② 《唐六典》,中华书局 1992 年版,第 558 页。

诞圣日即帝王的生日，又称“降诞日”、“德阳日”、“应圣节”等。唐自代宗起于每年诞圣日置内道场，召名僧入饭，谓之“内斋”[①]。此日举行论议活动以示庆贺，则始于德宗李适。《唐会要》卷二九载德宗贞元十二年“四月庚午，上降诞之日。近岁，常以此时会沙门、道士于麟德殿讲论。至是，兼召儒官，讲论三教。”[②]所记与上文《新唐书》、《册府元龟》相合。据韦绚《刘宾客嘉话录》，唐代著名的论议高手如许孟容、韦渠牟、白居易、监虚、覃延、赵需、郗惟素等，均曾在降诞日被德宗召入内廷，进行三教论衡。[③]德宗以后此风益炽。据《册府元龟·帝王部·诞圣》，宪宗元和九年二月，宪宗元和十五年七月，敬宗宝历元年、二年六月，文宗太和元年、二年、四年、五年十月，都曾在麟德殿举行二教或三教的论衡。[④]另据圆仁《入唐求法巡礼行记》，武宗在会昌前三年六月十一日德阳日，均曾诏命两街供奉的大德及道士入内廷设斋行香，讲经论议。[⑤]诞圣日举行论议表演的风尚一直延续到五代。例如后唐明宗天成元年至长兴二年(926—931年)九月的应圣节，后晋高祖天福二年、三年、六年二月的天和节，皆曾在中兴殿、长春殿或广政殿举行二教论衡的表演。如下文所说，诞圣日的诸教论衡，实际上是唐代论议戏剧化的温床。

举行论议的佛教节日，主要有大斋日(大设斋食，供养僧众之日)和四月初八浴佛节等。例如《启颜录·论难》所记的七次论议活动，一次在大斋日，两次在浴佛节。[⑥]佛教节庆是论议成为广场艺术的重

① 赞宁:《大宋僧史略》卷下《诞辰谈论》,《大正藏》,台北新文丰出版有限公司1983年刊行,第54册,第248页。

② 《唐会要》,中华书局1955年版,第545页。

③ 《刘宾客嘉话录》,《丛书集成初编》本,第2830册,第13页。

④ 《册府元龟》卷二,第20页、第21页。

⑤ 《入唐求法巡礼行记》卷三、卷四,第152页、157页、171页。

⑥ 曹林娣第辑注:《启颜录》,上海古籍出版社1990年版,第1—8页。

要条件。敦煌曲《皇帝感》云“新歌旧曲遍城乡，未闻典籍入歌场”①，张九龄、苏颋诗云“酺开百戏场”、“场开百戏容”②，《唐会要》卷三四开元二年禁断女乐敕文云“广场角抵，长袖从风”③，《幻影传》则记有“变场”(表演转变的场所)一名。可见唐代的广场活动是诸伎杂陈的，它们往往在节庆日的名义下进行。《南部新书》戊集说长安戏场多集于慈恩、青龙、荐福、保寿等寺，④这证明佛教节庆活动曾大大推动了群众性的表演艺术的发展，既使俗讲、转变、论议成为被群众喜闻乐见的伎艺，亦使论议取得三教论衡的形式。又《唐摭言》卷九云：

> 陈磻叟者，父名岵。富有辞学，尤溺于内典，长庆中尝注《维摩经》进上。……自负王佐之才，大言骋辩。虽接对相公，旁若无人。……弱冠度为道士。……咸通中降圣之辰，二教论义，而黄衣屡奔。上小不怿，宣下令后辈新入内道场有能折冲浮图者，许以自荐。磻叟摄衣奉诏。时释门为主论，自误引《涅盘经疏》，磻叟应声叱之曰：“皇帝山呼大庆，阿师口称献寿，而经引《涅盘》，犯大不敬。”……自是连挫数辈，圣颜大悦。⑤

可见诞圣日的道场论议，原滥觞于佛教节庆日的论议，故仍具广场艺术的性质。

资料表明，在唐代，另有一些特殊日期也是论议活动的例行日。

---

① 任半塘：《敦煌歌辞总编》，上海古籍出版社1987年版，第734页。

② 《张九龄集校注》卷一《奉和圣制南郊礼毕酺宴》，中华书局2008年版，第1页。《全唐诗》卷七四《奉和恩赐乐游园宴应制》，第808页。

③ 《唐会要》，第627页。

④ 钱易：《南部新书》，中华书局2002年版，第67页。

⑤ 王定保：《唐摭言》，中华书局1959年版，第102页。

例如《实录》卷四“上以西明寺成召僧道士入内论义事”所说的寺成日、“上以冬雪未降内斋祀召佛道二宗论义事”所说的祈雪日。[①]这种情况反映了一个事实:论议活动在时间、场所方面的规则化或程序化,同它的伎艺化是互为因果的。正是在这种情况下,唐代论议作为娱乐活动广泛流行开来。例如原来以“发明圣旨,启迪生徒”为宗旨的释奠日论议,在唐代便逐渐仪式化,成为用于节日娱兴的表演性节目。

《册府元龟》卷五〇载玄宗天宝元年七月诏令云:

> 或有凡流,矜于小辨,初虽论难,终杂诙谐,出言不经,积习成弊。自今以后,除问难经典之外,不得辄请。宜令本司长官严加禁止。[②]

这条诏令即表明当时释奠论难是极富戏谑特征的。至于那些在正旦朝贺、帝王加朝服、寺院落成、久旱祈雪等名义下举行的论议表演,那些作为戏场节目和诞圣日庆典的论议表演,其娱乐性就更是不言而喻了。因为论议同节庆日的联系,正好反映了论议作为节庆娱乐项目的性质与功能。

(三)论议的表演程序

到唐代,论议逐渐形成了一套表演程序。它包括击论鼓(或“讲钟”)、升论座、竖义(又称“发题”)、诘难、下座等项目。

击钟鼓是论议开始前的一种仪式,旨在制造气氛以吸引和震慑

① 《集古今佛道论衡实录》,《大正藏》,第52册,第387页。

② 《册府元龟》,第533页。

观众。王昌龄《诸官游招隐寺》诗云“回指岩树花，如闻道场鼓”，郑谷《赠下第举公》诗云“苑南慢打讲钟声”，慧净《和琳法师初春法集之作》云“高座登莲叶，麈尾振霜松。尘飞扬雅梵，风度引疏钟”[①]：可见在儒佛讲经论议时有钟鼓之制。这种制度起源甚早。《法苑珠林·机辩》篇载有南天竺某婆罗门来到王舍城，“遥至鼓边，打论议鼓”的故事；《太平御览》卷六一五引谢承《后汉书》载有董春立精舍讲学，“诸生每升讲堂，鸣鼓三通”的故事；《高僧传·鸠摩罗什传》载有温宿国某道士“手击王鼓而自誓言‘论胜我者，斩首谢之’”的故事。[②]在这些例证中，击鼓、击钟是论议开始时用于宣战或用于警众的手段。

升座，指论主登上专门高座。此座又称“论座”。论议和讲经原是一事，故论议升座之制来源于讲经设高座之制。《陈书·岑之敬传》记梁武帝“令之敬升讲座，敕中书舍人朱异执《孝经》，唱《士孝章》，武帝亲自论难”；《隋书·马光传》记高祖因释奠幸国子学，“光升座讲《礼》，启发章门，已而诸儒生以次论难者十余人”；《刘焯传》记刘焯“每升座，论难锋起，皆不能屈”。[③]在这些例证中，讲经法师同时也扮演了论主（论议时负责释答的一方）的角色，讲师的讲座与论主的论座是二位一体的。在唐代，这种情况同见于俗讲升座与论议升座。前者如孙楷第《唐代俗讲轨范与其本之体裁》一文论“唱经与说解非一人”所举诸例；后者如《实录》卷四所记僧道论衡诸例。讲经与论议

① 《王昌龄集编年校注》卷三，巴蜀书社2000年版，第148页。《全唐诗》卷六七五，中华书局1960年版，第7735页；卷八〇八，第9113页。

② 《法苑珠林校注》卷五三，中华书局2003年版，第1585页。《太平御览》，中华书局1960年影印本，第2765页上。《高僧传》卷二，第47页、第48页。

③ 《陈书》卷三四，第461页、第462页。《隋书》卷七五，第1717页、第1718页。

之设座，其作用相同，即孙楷第所云："盖高座之设，非徒以示尊，亦缘都集道俗，听讲者多，升座弘演，则语音易晓也。"[①]但二者之制度亦略有区别：在唐代的大型论议活动中，论辩双方往往是轮流升座的。例如《实录》卷四载显庆三年内廷论议，道士李荣立"道生万物义"后，大慈恩寺僧慧立登论座论难；会隐法师竖"九知断义"后，诸道徒"虽上论座，不知发问之处"。[②]

竖义，指论议开始之前，由登上论座的论主确立命题，以供诘难。例如《续高僧传·保恭传》：保恭被诬与叛者同谋，兵卫奄至时，"正在堂中登座竖义"。[③]儒生论议则称之为"发题"。例如《隋书·元善传》载"因善讲《春秋》，初发题，诸儒毕集"；《旧唐书·儒学传》载武德六年，高祖幸国学，"遣文远发《春秋》题，诸儒设难蜂起"。[④]讲经发题渊源悠久，《隋书·经籍志》著录有梁武帝《毛诗发题序义》、梁蕃《周易开题义》、梁简文帝《春秋发题》，《陈书·王元规传》记王元规撰有《春秋发题辞》，《旧唐书·经籍志》著录有太史叔明所撰《孝经发题》[⑤]：可见发题亦是一种学术著述的体裁。据此，我们可以分出两种发题或竖义的方式：陈述己见的方式和列举题目的方式。后者多以告示方式用于擂台式的论议。例如唐慧立《大慈恩寺三藏法师传》卷四："时复有顺世外道来求论难，乃书四十条义悬于寺门曰：'若有难破一条者，我则斩首相谢。'"[⑥]竖义的功用是确定论议主题。这一程序遂

① 孙楷第：《唐代俗讲轨范与其本之体裁》，《敦煌变文论文录》，上海古籍1982年版。

② 《集古今佛道论衡实录》，《大正藏》，第52册，第387页、第388页。

③ 《续高僧传》卷一一，《高僧传合集》，第193页上。

④ 《隋书》卷七五，第1708页。《旧唐书》卷一八九上，第4944页。

⑤ 《隋书》卷三二，第911页、917页、930页。《陈书》卷三三，第449页。《旧唐书》卷四六，第1980页。

⑥ 慧立、彦悰：《大慈恩寺三藏法师传》，中华书局2000年版，第99页。

导致了“三教”题材在唐代通俗文艺中的流行——由于唐代论议仍以三教经义(如佛教的“实相义”、“破空义”、“大智度义”、“五蕴义”、“九断知义”、“四无畏义”,儒家的“《周易》义”、“《孝经》义”、“三《礼》义”、“《尚书》义”、“《春秋》义”、“《毛诗》义”,道家的“《老子》义”、“《庄子》义”、“道生万物义”、“本际义”、“六洞义”等)为题目,故随着娱乐性和表演性的增强,论议伎艺又集中表现为对三教命题的嘲讽。《启颜录》所载的七则论难故事,即是把孔子、老子、释迦牟尼等三教人物及其经典当作谑笑对象的。据此,唐代论议伎艺的风格特点可以归结为两条:一是把庄严喜剧化,二是用问难嘲弄的方式论说经义。有人认为“论议实际上就是问难嘲弄,而不是什么论说经义”[①],这种看法有道理,但稍嫌简单了些。

诘难,是论议伎艺的核心节目,由反复难、答的形式组成。它是论议伎艺区别于其他伎艺(例如俗赋韵诵)的主要特征。论议的别名“论难”、“问难”等,正是对这一程序的反映。其规模有《续高僧传·善胄传》所云“止得三番,高座无解,低头饮气”的情况,也有《续高僧传·吉藏传》、《道安传》所云“往还四十余番”、“遂连三日,止论一义”的情况。[②]但在唐代的僧道论衡中,诘难部分往往曲折诙谐而可观。道宣《实录》曾把唐代论议的特点概括为“嘲戏间发,滑稽有余”,这特点正是通过层层设伏、机锋交错的诘难而体现出来的。

下座,指一次论难结束,论辩者撤离论座。《续高僧传·义褒传》说义褒雄辩,李荣“忸怩无对,便下座”;《实录》卷四说李荣论败,“褒

① 程毅中:《唐代俗讲文体制补说》,《敦煌语言文学研究》,北京大学出版社 1988 年版,第 64 页。

② 《续高僧传》卷一二、卷一一、卷二四,《高僧传合集》,第 199 页中、194 页中、306 页中。

云:'三吴胜地,本出英贤;横目苟身,旧无人物。'言讫下座"[①]:这是对同一次论议中胜负双方下座情形的记录。白居易《三教论衡》所记诞圣日御前论议的下座则较具仪式性:须作一番"恐烦圣聪,不敢自叙,谨退"[②]云云的礼辞。下座意味着一场表演和娱乐的结束,故唐代论议通常有"卒而同归于善"、"圣颜大悦"、"赏赐有差"的结局。

二、唐代论议的文本

论议是一种讲求捷辩、注重临场发挥的伎艺。《续高僧传》卷九所谓"随揉声相,即势沉浮,注辩若悬泉,起畴如风卷,故王公大人莫不解颐,抚髀讶斯权变",《旧唐书》卷一八九上所谓"设难蜂起,随方占对","各因宗旨,随端立义",[③]说的就是它即兴表演、重视随机应变的特点。不难了解:同其他表演伎艺相比,论议对演出底本的要求是很微弱的;故今天所能看到的唐代论议文本屈指可数。除《启颜录·论难》外,这主要就是道宣《集古今佛道论衡实录》(卷三、卷四)、白居易《三教论衡》两种文献。

上述文献之所以能保存下来,各有一些特殊的缘由。《启颜录·论难》大抵出于诽谐杂说的需要,《三教论衡》大抵出于文人的著述习惯,《实录》则由于作者所处时代的原因——道宣正好是高宗所组织的几次佛道论衡的目击者。故我们可以从不同角度来理解这些文本的性质,例如根据古代的俳优表演传统来理解《启颜录》:《史记》立

① 《续高僧传》卷一五,《高僧传合集》,第227页上。《集古今佛道论衡实录》,《大正藏》,第52册,第390页下。

② 《白居易集》卷六八,第1440页。

③ 《续高僧传》卷九《僧粲传》,《高僧传合集》,第180页下。《旧唐书》卷一八九上《儒林传上》,第4944页、第4945页。

《滑稽列传》、《汉书》以专篇记载“滑稽之雄”东方朔、汉末邯郸淳撰《笑林》、三国人曹植记诵“俳优小说”数千言，这类风尚，都可看作此书的渊源。据考证，此书是唐代开元前无名氏所撰集的[①]；它之所以托名隋侯白所著，乃由于侯白是个“性滑稽”、“好为诽谐杂说”[②]的著名机智人物。书名“启颜”，亦反映了贯穿于全书的谑谐风格。因此，《启颜录·论难》代表了一种诽谐故事化的论议文本，亦即对唐代人口头传诵的论议趣闻的记录。

同《启颜录》相反，《三教论衡》代表的是文辞化的论议文本。关于《三教论衡》的写作方式，白居易在文中曾作交代，云：“略录大端，不可具载。”[③]所谓“大端”，指的是此次活动的仪式和白居易本人关于论难的言辞；所谓“不可具载”，指的是凡僧、道的陈述语均略而不录。因此，《三教论衡》所记，只是当时论议的片断，严格说来，它实际上是一份儒学文献。故其渊源应追溯到古代儒学的论难文体。这种论难文大致有三种体裁：其一，同春秋战国时期的聚徒讲学、论辩之风相联系，有《论语》、《孟子》、《战国策》等语录体作品。其二，同汉以来的经学风尚相联系，有以下一类名为“论难”的著述体裁：

《后汉书·谢该传》：谢该“善明《春秋左氏》，为世名儒，门徒数百千人。建安中，河东人乐详条《左氏》疑滞数十事以问，该皆为通解之，名为《谢氏释》，行于世”。（李贤注引《魏略》：“详，字文载，少好学，闻谢该善《左氏传》，乃从南阳步涉诣许，从该问难诸要。今《左氏问》七十二事，详所撰也。”）

---

① 参见《启颜录·前言》。

② 《隋书》卷五八《陆爽传》，第1421页。

③ 《白居易集》卷六八，第1434页。

《后汉书·张奂传》：张奂“闭门不出，养徒千人，著《尚书记难》三十余万言”。（又《郑玄传》云郑玄著有《答临孝存周礼难》，《贾逵传》云贾逵撰“经传义诂及论难百万余言”。）

《晋书·范宣传》：“虽闲居屡空，常以讲诵为业……著《礼》、《易》论难，皆行于世。”（又《卢钦传》云卢钦“所著诗赋论难数十篇”，《华峤传》云华峤“著论议难驳诗赋之属数十万言”，《皇甫谧传》云皇甫谧“所著诗赋诔颂论难甚多”。）①

这一体裁的性质同白居易文相近，是论议人对自己所进行的辩难活动的追记与提炼。北朝时候，佛教论议推动了儒生论议的仪式化，产生了“录义”制度。同这种制度相联系，遂亦出现了第三种论议文体——作为现场记录的录义文：

《隋书·礼仪志》四：“后齐将讲于天子，先定经于孔父庙，置执经一人、侍讲二人、执读一人、摘句二人、录义六人、奉经二人。”

《北齐书·李绘传》：“魏静帝于显阳殿讲《孝经》、《礼记》，绘与从弟骞、裴伯茂、魏收、卢元明等俱为录议；素长笔札，尤能传受，缉缀词议，简举可观。”②

北齐所设的“执经”、“奉经”、“执读”、“侍讲”诸职早见于汉代；但

① 《后汉书》卷三五《郑玄传》，第1212页；卷三六《贾逵传》，第1240页；卷六五《张奂传》，第2142页；卷七九下《谢该传》，第2584页。《晋书》卷四四《卢钦传》、《华峤传》，第1255页、第1264页；卷五一《皇甫谧传》，第1418页；卷九一《范宣传》，第2360页。

② 《隋书》卷九，第180页。《北齐书》二九，第395页。

“录义”一职属新制，且其人数远多于其他各职：可见随着讲经论议的经常化，录义成了这项活动的必要部分。录义既须有文化素养，又须敏于听写，故任以专人。如《北齐书》所说，这种文体具有“简举可观”的风格特点。

上述三种论难文体都是流传有绪的。汉以来以记录剧谈隽语为主旨的典籍，例如《说苑》、《语林》、《世说新语》等，可以看作语录体的流变；各史《艺文志》、《经籍志》所载的“议奏”，例如《汉书·艺文志·六艺略》著录的《议奏》四十二篇、《议奏》三十八篇、《议奏》三十九篇、《议奏》十八篇、《五经杂议》十八篇等[①]，可以看作录义文的先声；而隋、唐《经籍志》所著录的那些以“义”“难”“问难”“答问”等为篇名的作品，则是论难著述文体的遗存。这三类文献都可以说是论议的记录本，其中特别值得注意的是后者：它不仅对论难内容作了较完整的追记，而且往往用题注的方式标明了论议活动的参与人及录义人。——例如《尚书驳议》题为“吴太尉范顺问，刘毅答”、《周官礼驳难》题为“孙琦问，干宝驳，晋散骑常侍虞喜撰”、《春秋公羊传问答》题为“荀爽问，魏安平太守徐钦答”、《春秋公羊论》题为“晋车骑将军庾翼问，王愆期答”、《周易论》为“暨长成难、暨仲容答”、《周官驳难》为“孙略问，干宝答”、《丧服要难》为“赵成问，仇祈答”等。[②]这表明了儒家论难文同论议活动的直接联系，表明了由这种文体所代表的一种著述传统，因此，也就表明了白居易《三教论衡》的创作缘由及其在文

① 颜师古于其题下均注有“宣帝时石渠论”、“石渠论”等字样，说明它们是汉宣帝甘露三年在石渠阁举行讲论《五经》同异活动的记录。《汉书》卷三〇，第1705页、1710页、1714页、1716页、1718页。

② 《隋书》卷三二《经籍志》，第913页、914页、919页、931页；《旧唐书》卷四六《经籍志》，第1969页、1972页、1973页。

体上的来源。

至于《实录》一书，其性质则同以上诸书有别：它是因为论议进入一个新阶段而产生的，以"佛道论衡"为记录对象，故它所体现的是上述两种传统同史家纪实传统的综合。在前此所有论议文本中，以汉桓宽《盐铁论》的体裁同它最为接近。从成书年代说，它比《启颜录》、《三教论衡》都更早一些。作者道宣生于隋开皇十六年(596年)，卒于唐高宗乾封二年(667年)，其生活年代，正是论艺伎艺趋于成熟的时代。道宣本人亦擅长论议，例如《宋高僧传》卷一四云："处士孙思邈尝隐终南山，与宣相接，结林下之交，每一往来，议论终久。"[①]据《实录》诸本的题款，道宣是在高宗龙朔元年(661年)和麟德元年(664年)分两次完成《实录》一书的，其时也正是论议活动备受帝王喜好的时期。此书卷四，即记载了七则高宗时期的论议。直接推动道宣写作《实录》的是如下一个事件：显庆三年(658年)，高宗敕命道宣担任新建成的京兆西明寺的上座，并以帝王之尊在内殿召集了一次规模盛大的佛道论衡表演，以庆贺此寺落成。作为西明寺主持，道宣目击了这次论议表演。故在《实录》中，我们可以看到对这一事件的无微不至的记述。例如《上以西明寺成，功德圆满，佛僧创入，荣泰所期，又召僧道士入内殿，躬御论场观其义理事》一篇，既描写了庆典的隆重，又缕述了论议的诸种细节——包括"僧在东，道士在西"、"敕云师可一人登座开题"、"帝沉默久之"、"李荣大怒云"、"主人解颐大笑"等场景情态。[②] 其他各篇也同样具备生动细致的特点：论辩双方的戏谑嘲弄之辞，均得到详尽的记录。这种关于论议的纪实方式事

① 《宋高僧传》，第328页。

② 《集古今佛道论衡实录》，《大正藏》，第52册，第388页、第389页。

实上是有别于汉以来的儒学论议文体的，故道宣在《实录》的前言中陈述了“商榷由来，铨衡叙例”的写作宗旨。这一点正是《实录》的最重要的特点：尽管《实录》四卷有较大的时间跨度（系统记录了六百年来佛道论争的各种史实），但它通篇都能给人身临其境的感受。《开元释教录》卷八说道宣三十岁前勤学广游，“外博九流，内精三学”，三十岁后“著述无辍”，撰著数十种。[①]由此可以想见，道宣的记录，皆依据亲身经历或较为原始的论议记录而写成。鉴于《宋高僧传》卷五有这样一段记叙：

> 开元十八年，于花萼楼对御定二教优劣，（道）氤雄论奋发，河倾海注。道士尹谦对答失次，理屈辞殚，论宗乖舛。帝再三叹羡，诏赐绢伍佰匹，用充法施。别集《对御论衡》一本，盛传于代。[②]

可以判断：当时僧侣为论议活动作详实追记的习惯，既是道宣著作《实录》的原因，也是他著作《实录》的条件。总之，作为今存唐代论议文中记录最全面、最真实的一份文献，《实录》对于论议文体研究的价值是特别重要的。

《实录》所记历朝论议共三十三事，其中卷三所载十事发生在唐高祖、太宗年间，卷四所载七事发生在唐高宗年间。高祖、太宗时的论议尚富政治色彩，至高宗时则发生了重大变化，多具娱乐性质。其中除显庆五年义褒讲“大品三论”事和“茅斋中与国学博士范赟谈论”事外，高宗时的另外五次论议[③]概况如下：

---

① 智升：《开元释教录》，《大正藏》，第55册，第562页上。

② 《宋高僧传》，第98页。

③ 《集古今佛道论衡实录》，《大正藏》，第52册，第387—393页。

（一）显庆三年四月，于内殿召僧道各七人论议。

主题：会隐法师竖“五蕴义”，神泰法师立“九断知义”，道士李荣立“道生万物义”，黄寿竖“老子名义”。

论辩特点：重巧辩而不重义理。例如僧慧立以事为譬，说明万物有善恶，通过诘难道“有知”之说而破道生万物义；会隐法师则回避论题，径以唐王室为老君后嗣为据，斥责黄寿立义无礼，而破老子名义。

（二）显庆三年六月十二日，西明寺成，于内殿召僧道各七人论议。

主题：会隐法师竖“四无畏义”，道士李荣开“六洞义”。

论辩特点：抉剔矛盾，用嘲谑法。例如论僧据老子所云“天下大患莫若有身”破六洞义；又以“道士角发不角髭”、“昔平津因于十难，李荣死于一言”云云相嘲。

（三）显庆三年十一月祈雪日，召沙门义褒、道士张惠元等于内殿论议。

主题：道士李荣立“本际义”，义褒立“摩诃般若波若蜜义”。

论辩特点：诡辩，用嘲谑语。例如李荣“既不领难又不解诘，便浪嘲云‘法师唤我为先生，汝则便成弟子’”；“道士当时忸怩无对，麈尾垂顿，声气俱下，褒因调曰‘麈尾已萎，鹿巾将折，语声既恶，义锋亦摧’”；“褒调之曰‘道士年老，今复发狂，答义若此，顿不思量’”；“李荣更无难，乃嘲曰‘僧头似弹力，解义亦团圞。’褒接声曰‘今弹弹黄雀，已射两鸱鸮……’”。

（四）显庆五年八月十八日上幸东都召西京僧道士静泰、李荣等论议。

主题：高宗问“老子化胡经”事。

论辩特点：二教相互攻讦，始用鄙俚语，后索性进入对嘲。例如

“静泰奏言‘李荣体中无物，固是空洞’，李荣自云‘可无粪屎耶？’静泰奏言‘……请上方马剑，今时可拂彼驴头’”；“李荣辞穷，遂嘲云‘静泰语，莫慞慞，我未发，汝剩扬’”；“李荣遂云‘汝头似瓠芦’等语”。后来静泰请作嘲，“圣旨便曰可令连脚嘲”，于是有如下一段：

泰曰：“李荣道士，额前垂发，已比羊头；口上生须，还同鹿尾；才堪案酒，未足论文；更事相嘲，一何孟浪。”泰又奏言：“向承圣旨令连脚嘲何？曰：‘李荣腰长，即畾而述，屡申驼颈，亟蹙蛇腰。举手乍奋驴蹄，动脚时摇鹤膝。’”李荣频被嘲，急，不觉云：“静泰不长不短。”静泰奏云：“静泰加之一分则太长。”李荣云：“向共相嘲。”便颂《洛神》之赋。静泰云：“此关宋玉之语，未涉陈王之词。义屈词穷，周慞述妄。”……李荣又奏云：“静泰所言，荣疑宿构。请共嘲烛，即是临机之能。”……

（五）龙朔二年十二月八日至次年六月十二日，灵辩与道士方惠长等在蓬莱宫碧宇殿多次对论。

主题：十二月八日灵辩开《净名经》题目，十二月十四日道士方惠长开《老经》题，六月十二日李荣开《升玄经》题。

论辩特点：以嘲代论。其例如下：

初十四日，道士方惠长开《老经》题，灵辩问曰：“向陈道德唯上，老教亦在儒宗？”答：“道经独有，儒教所无。”……难曰：“道为物祖，不思前言？老易同归，若为遣难？”惠长不能答，因嘲之曰：“昔列子才遇季咸，恍然心醉；黄冠暂逢缁服，不觉魂迷。”上大笑，令更难。灵辩奏曰：“向者才申短略，黄巾以成瓦解;今若更凭神算,赤舌将必冰消。"上又笑。……惠长又无答,辩奏曰:"灵辩忝预玄门,实怀慈忍,虽逢死雀,不愿重弹。"上大笑称善。……

至六月十二日,于蓬莱宫蓬莱殿论义。灵辩与道士李荣同奉见,上谓荣曰:"襄阳道人有精神,好交言,无令堕其围中。"荣奏曰:"孔子尚畏后生,况荣不如前哲。"灵辩奏曰:"灵辩诚为后生,李荣故当是老。"上大笑曰:"荣已被逼。"荣开《升玄经》题曰"道玄不可以言象诠"……辩曰:"日磾生于塞外,为忠臣于汉朝;道陵长自蜀中,作米贼于魏日。"荣默然不答。又谓之曰:"得嘲急解,何事踟蹰?"荣曰:"既得玄旨,所以杜默。"辩曰:"鱼目不类明珠,结舌何关杜口?"上大笑,令更难……辩嘲之曰:"《老子》两卷,本未研寻;《庄生》七篇,何曾披读?头戴死谷皮,欲似钝啄木。"荣未及对,又嘲曰:"闻君来蜀道,蜀道信为难?何不乘凫游帝里,翻被枷项入长安。"

这次论辩大半为相互嘲弄,以取乐高宗。故《实录》在篇末说:"杂嘲甚多,不能尽记。每嘲,上皆垂恩欣笑。"

以上五事都是御前论议,其间明显表现了逐步戏谑化的趋向,同后来在御前表演的三教论衡是有确凿无疑的渊源关系的:故可当作唐代论议的典型来看待。据此,我们可以概括出唐代论议文的体裁特征:

一、除开题、竖义时的论述外,其主体部分短兵相接,篇幅都不长。亦即因论议伎艺相问诘难的性质决定,采用具有强烈角色分工色彩的对话体和问答体。

二、目的在驰骋辩才,而非讨论义理,故因其表演性质而有通俗化与口语化的语言风格。

三、常用"问曰"、"答曰"、"难曰"、"答曰"等提示词组成一个小循环,再由若干个小循环连缀成篇。由于表演方式是两人论难、帝王裁决,故往往以仲裁者的插话为循环圈的起结。

四、为求"主人解颐大笑",故注重"剧谈""谑论"。即充分运用民间的嘲谑体裁,注重漫画式的形象描写,杂用协韵宽泛的四言、五言、六言骈句,在语辞上讲究铺陈夸饰、广征博引,以加强语气文势。

下面我们将可看到,在敦煌文献中,也存在一批具此体裁特征的作品。

三、敦煌写本中的论议底本

敦煌文献是较富民间特色的一批文献。其中的曲子辞多用对话、问答、第一人称代言、故事叙述等性格化和情节化的手法,富于表演性;其中的诗歌包括歌诀、偈赞、九相观、重句联章、定格联章等多种体裁,具口语化倾向,大都有适于歌唱或韵诵的特征:它们是明显有别于当时文人的同类作品的。作为民间伎艺的文学表现,敦煌论议文也必然会不同于宫廷、太学中的论议。它应当有三个特色:一是像《启颜录·论难》所表现的那样,具有伶人论议的嘲谑特色;二是像当时的其他民间伎艺那样,以历史传奇和民间故事为题材,按民间趣味塑造人物形象,风格较为活泼;其三,既然民间论议拥有较强的伎艺性,流动表演,拥有较多观众,那么,它的节目和表演者就会更加确定,因而会有自己的演出底本。

"底本"是一个与"记录本"不同的概念。记录本是对论议活动的描写,产生在活动的当时或事后;底本则是论议的文学准备,产生在事前。尽管上文所述的论议文本均是记录本，但种种迹象表明，唐代论议是有底本形式的。显庆五年八月十八日佛道论议时，李荣曾说“静泰所言，荣疑宿构”；《旧唐书・白居易传》记白居易与僧、道士对御讲论，说“居易论难锋起，辞辨泉注，上疑宿构”[①]：这反映唐代论议原有作事先准备（“宿构”）的习惯。如此去看德宗时的三教论衡，我们也可以判断：那种“始三家若矛楯然，卒而同归于善”[②]的格式，并不是偶然的；它们应出于为取悦帝王而作的事先策划。《实录》卷四《上在东都令洛邑僧静泰与道士李荣对论》记载说：李荣论败后，“明日，帝令给事王君德责李荣曰：‘汝比共长安僧等论激，连环不绝，何意共僧泰论义，四度无答？’李荣事急报云‘若不如此，恐陛下不乐，由是失厝。’”[③]这番事急之言，便可证实论议之进程往往为取悦观众而作主观控制，先有预谋。如果这种“宿构”发展到需作彩排的程度，那么，详略不同的论议底本便会应运而生。在《武林旧事・官本杂剧段数》、《南村辍耕录・院本名目》中，辑录了《大论谈》、《三教闹著棋》、《擂鼓孝经》、《难古典》、《四论艺》等一批宋代的论议剧目，它们显然是拥有演出底本的。若将其视为唐艺的余绪，那么可以推知：唐代论议，也必定有自己的表演底本。

于是，我们便不能不用一种新的眼光来看待敦煌遗书中的《茶酒论》、《晏子赋》、五言体《燕子赋》、《孔子项托相问书》等作品了。这些作品是一种特殊体裁的代表。它们都采用对话体，具有诘难、论辩的色彩，与现已定名的其他敦煌文体如讲经文、变文、话本、俗赋等存在明显的区别。许多研究者已注意到它们的特殊性：《敦煌变文集》将

① 《旧唐书》卷一六六，第4353页。
② 《新唐书》卷一六一《徐岱传》，第4984页。
③ 《集古今佛道论衡实录》，《大正藏》，第52册，第392页下。

其并列于卷三，定名为“对话体历史故事”；王重民《敦煌变文研究》称之为“对话体变文”[①]；金冈照光《敦煌的文学》以“对话体俗文”命其名，并推断它们是某一表演伎艺的底本；简涛《敦煌写本〈燕子赋〉体制考辨》一文认为它们继承了汉以来用于韵诵表演的“杂赋”传统，乃接受唐代民间讲唱伎艺的影响而形成，“远源是先秦的优语，近源是唐代的弄参军”[②]。比较上文所总结的唐代论议的文本特点，我们完全可以把这四篇作品确认为民间论议伎艺所用的底本。

（一）《茶酒论》

《茶酒论》存见于斯406、斯5774、伯2718、伯2875、伯3910、伯2972等六种敦煌写本。其中伯2718有题款：卷首题“《茶酒论》一卷并序，乡贡进士王敷撰”，末题“开宝三年壬申岁正月十四日知术院弟子阎海真自手书记”。作品为韵文体，主要由四、六骈句组成。它采用对话形式，用通俗的口语描写了茶酒争功的经过。其题材取自民间寓言，情节结构则和藏族的《茶酒仙女》、布依族的《茶和酒》相似。其艺术手法接受了赋的影响，茶酒二家的论辩都有广征博引、排比夸饰的特点。关于它在体裁上的归类，目前新起的看法是归为俳优戏文。

这一看法见于《中国文化》第三期所载《唐代的一个俳优戏脚本——敦煌石窟发现〈茶酒论〉考述》[③]一文。此文有力地证明了《茶酒论》是一种表演艺术的底本，但它关于《茶酒论》属俳优戏的提法却是不够准确的。因为若把“俳优戏”理解为由俳优表演、风

① 王重民：《敦煌变文研究》，《敦煌变文论文录》。

② 简涛：《敦煌写本〈燕子赋〉体制考辨》，《敦煌学辑刊》1986年第2期。

③ 赵逵夫：《唐代的一个俳优戏脚本——敦煌石窟发现〈茶酒论〉考述》，《中国文化》1990年第3期。

格谐谑的戏剧，则这一界定过于宽泛——但凡由优伶上演的参军戏、合生、讹语影带、题目、嘲诮、论议等，皆可据此而冠之以“俳优戏”的名称。事实上，此文所指出的作品诸特点，都应当具体归结为论议文的特点：

一，体裁。除作品尾部“两个正争人我，不知水在旁边”一语外，通篇都是代言体对话。说具体一点：是一番以辩驳、诘难为内容的对话。这是同戏剧中推动故事发展、表现人物个性的对话有区别的。“两个正争人我，不知水在旁边”一语，故应看作论议的结束语，而不宜含混地拟于戏剧科介。

二，各段对话都采用了以“□谓□曰”领起人物对话的格式。如前文所说，这正是论议文所特有的格式。

三，文中有上场套语，例如茶在第一次上场时说“诸人莫闹，听说些些”。这一项目，属登座，是论议程式的必要部分。

四，此篇虽设有三个人物，但其主体是茶和酒，“水”只是到结尾时才出来作收场的。这一点，恰好是对二教相争、皇帝调停之论议仪式的反映。

五，篇名“茶酒论”，含义是“茶同酒的争辩”。准确说来，所谓“争辩”，即“论议”之“论”、“论难”之“论”。

六，诙谐风格、讽刺性和拟人化的手法。这些特征同样见于佛道论衡的各个实例。拟人，实际上是对僧侣、道士的仿真。

七，韵文形式和夸张的辩论语言。这是论议伎艺的主要文学手段。例如《实录》卷四所载的几则论议，恰好都具备以四六韵文作嘲的特点，以及用夸张语辞加强雄辩的特点。

总之，《茶酒论》的体裁形式和语言风格都符合论议文本的基本特征，毫无二致。它的结构，亦因与论议仪轨相契而分成三大部分：

“窃见神农曾尝百草”至“强者先饰一门”为竖义部分，所竖之义即“暂问茶之与酒，两个谁有功勋”；“茶乃出来言曰”至“不知水在旁边”为诘难部分，茶与酒皆以韵文的形式彼此攻讦，自我夸耀，凡九个回合；“水为茶酒曰”至“永世不害茶颠酒风”为结局部分，即由第三者（水）出面调停，宣扬谦虚及协作精神。这种结构也是和御前二教论衡极其相似的：水是皇帝的化身，其作用是提出论题和仲裁胜负；茶与酒则是佛、道两教的化身，其任务是就皇帝所提出的论题进行论辩。据此可知：《茶酒论》是论议伎人模仿御前二教论衡之形式，采择在民间广泛流传的茶酒争功题材而创作的论议伎艺底本。作品使用通俗口语，表明它是面向下层观众的，其作者王敷很可能就是一位活跃于民间的论议伎人。

（二）《晏子赋》

《晏子赋》今存于斯 5752、斯 6332、伯 2564、伯 2647、伯 3460、伯 3716、伯 3821、列 1483（DX925）八种敦煌写本。全篇为散文体，以问答形式描写了晏子与梁王之间的相互辩驳。其题材取自《晏子春秋·内篇杂下》，但作了颇多增饰：例如把晏子使楚改为使梁；就晏子“短小”的传说衍出“极其丑陋，面目青黑，且唇不附齿，发不附耳，腰不附踝，既貌观占，不成人也”的描写；增加了梁王嘲晏子“短小”“黑色”、晏子反驳等情节，并插入梁王难晏子“先祖是谁”、难晏子“天地阴阳君子小人”等细节。经铺陈后，其篇幅较之《晏子春秋》的记载扩大了数倍，辩难的色彩亦大为增强。显而易见，《晏子赋》是隋唐论议伎人取《晏子春秋》中的若干记载，按论议表演的需要改编成的脚本。

《晏子赋》作为论议文的性质，可从以下三点见出：其一是对晏子容貌的夸饰与嘲难，其二是使用四、五、六言骈语。如：

梁王曰："不道卿无智，何以短小？"晏子对王曰："梧桐虽大里空虚，井水虽深里无鱼，五尺大蛇怯蜘蛛，三寸车辖制车轮。得长何益？得短何嫌？"

梁王曰："不道卿短小，何以黑色？"晏子对王曰："黑者天地之性也。黑羊之肉，岂可不食？黑牛驾车，岂可无力？黑狗趁兔，岂可不得？黑鸡长鸣，岂可无则？鸿鹄虽白，长在野田；丧车虽白，恒载死人。漆虽黑向其前，墨挺虽黑在王边，采桑椹黑者先尝：方知此言见白何益！"

这两个特点，在初唐佛道论衡中即已确立。正如《实录》所展现的那样，对对方辩手作容貌嘲讽是一种习用的论议手段，静泰、李荣所使用的"连脚嘲"便是一个明显例证；为加强语气、驰骋辩才，四、五、六言骈语亦是常用的论议修辞格式。其三，在《晏子赋》篇末有这样一段话：

王乃问晏子曰："汝知天地之纲纪，阴阳之本姓，何者为公？何者为母？何者为左？何者为右？何者为夫？何者为妇？何者为表？何者为里？风从何处出？雨从何处来？霜从何处下？露从何处生？天地相去几千万里？何者是君子？何者是小人？"晏子对王曰："九九八十一，天地之纲纪；八九七十二，阴阳之本性。天为公，地为母，日为夫，月为妇，南为表，北为里，东为左，西为右，风出高山，雨出江海，霜出青天，露出百草。天地相去万万九千九百九十九里。富贵是君子，贫者是小人。出语不穷，是名君子也。"

类似的问难亦见于《孔子项托相问书》，因此，是一种论难套式的代表。其渊源故可追溯至两种程序化的传统：一是儒生论议、佛道论议“论理道”的传统，二是形成于汉魏六朝的若干俗语剧谈的格式。后者如《淮南子·天文训》所云“天有九野，九千九百九十九隅”；《汉晋西陲木简汇编》第二编所载“天之高万万九千里，地之广亦与之等”；又《汉书·外戚传》所云“此乃孝武皇帝至思所以万万于众臣”；《论衡·自然》所云“天地安得万万千千手，并为万万千千物乎”；晋木华《海赋》所云“经途瀴溟，万万有余”；阮籍《为郑冲劝晋王笺》所云“擒阖闾之将，斩轻锐之卒，以万万计”。①至于前者，则如上文所说，多用“实相义”、“《周易》义”、“道生万物义”等具有终极意义的主题为论辩内容。如果说论议的伎艺化集中表现为讲学论辩传统同民间艺术的诙谐风格、喜剧手法、机智人物形象及俚俗语汇的结合，那么，上述晏子题材和关于宇宙万物起源的问难，就可以很合理地判为民间论议的典型形式。

(三)《孔子项托相问书》

《孔子项托相问书》，一名《孔子项托相诗》，今存敦煌写本不下十九种。包括斯 395、斯 1392、斯 2941、斯 5529、斯 5530、斯 5674、伯 3255、伯 3754、伯 3826、伯 3833、伯 3882、伯 3883 等十六种汉文写本，S. T. 724、P. T. 992、P. T. 1284 等三种藏文写本。其中斯 395、伯 3833 两本于篇末有题记，云：“天福八年癸卯岁十一月十日净土寺学郎张延保记。”“丙申年二月十九日莲台寺学郎王和通学记。”据张鸿

---

① 何宁：《淮南子集释》卷三，中华书局 1998 年版，第 178 页。《汉书》卷九七下，第 3998 页。黄晖：《论衡校释》卷一八，中华书局 1990 年版，第 780 页。《文选》卷一二，中华书局 1977 年影印本，第 181 页下。陈伯君：《阮籍集校注》卷上，中华书局 1987 年版，第 53 页。

勋、卢善焕等考证，这些抄本大多写于晚唐五代，而原作的创作年代约在初唐[①]。

孔子、项橐的故事渊源久远。其较早的记载见于《战国策·秦策》五。此书记甘罗语云："夫项橐生七岁而为孔子师，今臣生十二岁于兹矣！君其试臣，奚以遽言叱也?"[②]其后，史籍如《史记》、《淮南子》、《新序》、《高士传》等续有所载，并基本上循用了"项橐七岁而为孔子师"这一说法。至于项橐何以能为孔子师以及怎样成为孔子师，则东汉高诱注《淮南子·说林训》"吕望使老者奋，项橐使婴儿矜"一语有涉及，云："项橐年七岁，穷难孔子而为之作师。"[③]关于"穷难"的内容，唐李善《文选·颜延年〈皇太子释奠会作诗〉》注引晋嵇康《高士传》云："孔子问项橐曰：'居何在?'曰：'万流屋是也。'"[④]尽管诸书所记都很简略，但大致可见孔子、项橐故事的流传线索。

比较值得注意的是以下两则资料：一是载于《列子·汤问》篇的"两小儿辩日"的故事。故事的主人公为孔子及两小儿，故事的主要情节是围绕日近日远这一命题相问论辩，其结局则是孔子因辞穷而受到小儿的嘲笑，已基本具备《孔子项托相问书》的各种内容要素。二是载于《吐鲁番出土文书》第五册的《唐写本孔子与子羽对语杂抄》。这篇"对语"抄写于唐高宗龙朔二年(662年)，所记为孔子与子羽(澹台灭明)的对论，其文字、用韵与《孔子项托相问书》奇同，反映了《孔子项托相问书》的早期形态。因此可以说，《孔

---

① 张鸿勋：《孔子项橐相问书故事传承研究》，《敦煌学辑刊》1986年第1期；卢善焕：《敦煌本〈孔子项橐相问书〉》，1988年油印本。

② 《战国策》卷七，上海古籍出版社1985年版，第282页。

③ 《淮南子集释》卷一七，第1195页。

④ 《文选》卷二〇，第290页下。

子项托相问书》在其形成史上是经过若干发展阶段并有过多种文学性质的：在唐以前，它曾作为民间故事流传；在初唐，它基本上定型为一篇论议的文本。

《孔子项托相问书》的伎艺特征通过它的内容和形式得到了表现。这篇作品以散文韵语的形式展示了孔子与少年项橐就博物知识相互论辩的经过，其主体是两名主人公的问答诘难，其篇末有“汝知天高几许？地厚几丈？”“天地相却万万九千九百九十九里”一类问难套式，它使用的是格言俗谚式的精练语言：凡此皆可见出作为论议文的特征。另外，现存的《孔子项托相问书》是两篇作品的拼合：前部即作为论议底本的孔子项橐相问难的故事，后部自“夫子共项托对答，下下不如项托”以下，则是作为词文的《项托诗》。全篇词文均为七言韵文，讲述的是项托辞母游学、被“夫子”追杀而化生为神王的故事，同前一部分实不相属。两相比较，可以知道这是论议表演完毕时的一篇赞词，类同下座词。另外值得注意的是，从作品形成史的角度看，孔子项橐故事的演变始终和论议伎艺的发展保持着密切联系：史籍中出现“穷难为师”说法之时，正是讲经论议开始盛行的时期；孔子与两小儿辩日故事出现之时，正是论议走上伎艺化道路的时期；而《孔子与子羽对语》这一极富诘难论辩色彩的作品，又恰好诞生在论议伎艺风行朝野的初唐。因此，《孔子项托相问书》最终用于论议表演，是完全符合情理的。作品的篇名以及它在后代的演变（例如明代有《小儿论》，民国年间有《新编小儿难孔子》，越南有《孔子项橐问答书》和《昔仲尼师项橐》[①]），皆留有它作为论议底本的遗迹。

---

① 参见本书《越南本〈孔子项橐问答书〉谫论》。

(四)五言体《燕子赋》

在敦煌写本中有两种《燕子赋》,甲种为以四言为骨干的散文体,乙种为五言韵文体。甲种应即所谓"俗赋";乙种则是论议文,是我们要讨论的对象。

乙种《燕子赋》仅存见于伯2653号敦煌写本。它通篇用对话形式表现了燕雀争巢的经过,语言通俗,叶韵宽泛,明显是用于口头表演的作品。研究者曾认为它是用于韵诵表演的民间口头赋[①]。但考诸作品体裁的种种特征,本文认为:只有将其判为论议伎艺的文本,它才有合理的归属。

首先值得提及的是乙本《燕子赋》对其表演方式的暗示,例如见于其篇首的五言开场诗。诗云:"此歌身自合,天下更无过。雀儿和燕子,合作开元歌。"这同刘谧之《庞郎赋》的开场诗是相似的。刘氏开场诗载于《初学记》卷一九,云:"坐上诸君子,各各明君耳。听我作文章,说此河南事。"[②]我们的确可以据此判断:俗赋是作为韵诵作品而用于说唱的。但这一判断却不能引申至乙本《燕子赋》,因为在"雀儿和燕子,合作开元歌"与"听我做文章,说此河南事"之间,有不可忽视的区别:前者既说是雀儿、燕子"合作",表明它由两人联合表演;后者既云"我""说",表明它的说唱者只是一人。事实上,这种区别正是论议伎艺与俗赋韵诵伎艺的区别。

作品的伎艺方式,在全篇的结构安排上也有明显表现。例如在开场诗结束后,紧接着的是一段关于燕子"衔泥来作窠"的描写,以及

① 简涛:《敦煌写本〈燕子赋〉体制考辨》。
② 徐坚等:《初学记》,中华书局2004年版,第459页。

一段关于雀儿"知他窠窟好,乃即横来侵"的描写。这两段即所谓"开题",是论议表演的必要环节。再往下,燕雀的对话便构成了作品主体。这些对话大抵用"燕子语雀儿"、"雀儿语燕子"一类短句开头,其形式即初唐论议文中"问曰"、"答曰"的形式。这番对话尽管用五言诗体,但富有论辩色彩,例如以下一段:

> 雀儿语燕子:"何用苦分疏?因何得永年福?言词总是虚。……""海龙王第三女,发长七刀强,衔来腹底卧,燕岂在称扬?请读《论语》验,问取公冶长,当时在缧绁,缘燕免无常。"

用连续问句相难,以擒杀龙王女自夸,并引证至于《论语》,这都是论议的常见手段。特别值得注意的是:在燕雀双方进行激烈的诘难争辩之后,出现了"雀儿及燕子,皆总立王前,凤凰亲处分,有理当头宣"的情节,燕雀遂重归于好。这种两方相难、王者仲裁的情形,无疑是御前二教论衡的写照。而且雀占燕巢的情节其实就是影射佛教入中土而与道教相争之境况的。文中的燕子自称"渴即饮丹砂"、"本贯属京兆",雀儿则说"凤凰住佛法,不拟煞伤人,忽然责情打,几许愧金身",分明表现了它们作为道与僧的不同身份。

有必要说明:将乙种《燕子赋》视为论议伎艺的底本,并非意味着要否定它与俗赋之间的联系。相反,我们认为,论议伎艺在许多方面,尤其在文辞和语言表达方面是大大得益于俗赋及其韵诵伎艺的。《晏子赋》和《燕子赋》的名称,乙种《燕子赋》贯串全篇的五言韵文,其篇末关于尧王、郑侨、燕王、伍子胥以及"人义重于山"的讲述,都显示了用韵诵方式表演、角色身份与叙述者身份相交错的迹象。根据这些迹象,我们也可以说,唐代民间论议的特点是综合应用各种伎艺的手法(特别是韵诵方式)进行论辩。就此而言,它是有别于作为讲学辅助节目的论议的,故其文本也可以称作“赋”。但是,只要这些文本用于两人或多人表演,表演者进入文中的角色,表演的内容是相互诘难和争辩,那么,它们的性质就是论议底本。

四、论议的起源

在早期典籍中,“论”、“议”是两个含义相近但独立使用的词语。“论”字从“仑”得声,其本义为伦理;“议”字从“义”得声,其本义是裁制事物使之合宜。曹丕《典论·论文》最早对作为文体的“论”“议”作了阐述,云“奏、议宜雅,书、论宜理”①。至《文心雕龙》始立《论说》、《议对》等专篇以确定其文体特质,认为“论”即概括群言而立论的文体,“议”即审度时事而断理的文体:其区别在于“议”偏重辩证实事、“论”偏重辨析玄理。这反映了论、议文早已存在的事实。按《文心雕龙》的看法,庄子《齐物论》、荀子《天论》、《吕氏春秋》“开春”“慎行”等六论、汉贾谊《过秦论》、东方朔《非有先生论》、班固《白虎通德论》、班彪《王命论》、吾丘寿王《驳挟弓议》、韩安国《辨匈奴议》、侯应《罢边备议》等,是先秦两汉论、议的代表作品。

“论”“议”二字连用,指的是事理兼备的议论和辩论。其名最早见于反映春秋战国之史实的典籍。例如《荀子·非相》:“桀、纣长巨姣美,天下之杰也。……后世言恶,则必稽焉。是非容貌之患也,闻见之不众,论议之卑尔。”《史记·平原君传》:“毛遂比至楚,与十九人论议,十九人皆服。”《管子·轻重》丁:“父兄相睹树下,论议玄语,终

---

① 《文选》卷五二,第720页下。

日不归。”[①]自此以后，“论议”一名屡见于史籍，又作“论义”、“论难”、“问难”。例如梁萧子显《御讲金字摩诃般若波罗蜜经序》：“外国诸僧所论义者，不必开所立之义。”慧皎《高僧传·道融传》：“后克日论义，姚兴自出，公卿皆会阙下，关中僧众四远必集。融与婆罗门拟相酬抗，锋辩飞玄，彼所不及。”唐道宣《续高僧传·玄奘传》：“能论义者数千人，各擅雄辩，咸称克敌。”[②]在这里，“义”指的是主题、命题，是“论”的对象。又《汉书·朱云传》：“既论难，连拄五鹿君。”《后汉书·宋均传》：“通《诗》《礼》，善论难。”《高僧传·弘充传》：“大明末过江，初止多宝寺，善能问难。”[③]在这里，“难”意为诘辩、责难，指的是对抗性的论议。故“论议”、“论义”、“论难”、“问难”等名共同反映了论议的基本特征，即围绕若干主题、由事及理展开辩论，以相问诘难为进行方式的特征。

具有这一特征的论议是伴随知识阶层的兴起而产生的。无论是从历史条件的角度看，还是从文体形成的角度看，其起源都可以追溯至春秋战国时期。这是一个“周室衰而王道废”[④]、“道术将为天下裂”[⑤]的时代，社会动荡给知识分子提供了表演的黄金时机，“士”作为一支活跃的政治力量登上社会舞台，论议遂获得稳定的物质基础。士主要包括学士和策士两类人物：从事学术活动，通过著书立说来提出社会方略和政治主张的为学士；从事实际政治活动，辅助统治者制

---

① 王先谦：《荀子集解》卷三，中华书局1988年版，第75页、第76页。《史记》卷七六，中华书局1959年版，第2367页。黎翔凤：《管子校注》卷二四，中华书局2004年版，第1497页。

② 道宣：《广弘明集》卷一九，上海古籍出版社1991年版，第244页中。《高僧传》卷六，第242页。《续高僧传》卷四，《高僧传合集》，第134页上。

③ 《汉书》卷六七，第2913页。《后汉书》卷四一，第1411页。《高僧传》卷八，第308页。

④ 《淮南子集释》卷二《俶真训》，第138页。

⑤ 郭庆藩：《庄子集释》卷一〇下《天下》，中华书局2004年版，第1069页。

定和实施政策的为策士。这一新的社会阶层的出现，使讲学和游说两大论辩活动达到高潮；作为这两大活动之手段的论议，故也具备了一定的仪式和文本形式。

“道术将为天下裂”的直接后果是产生了民间聚徒讲学之风。其风约始于春秋中晚期，郑国的邓析、鲁国的孔子、宋国的墨子均是其倡导人物。战国时代聚徒讲学与从师入仕之风益炽，诸子蜂起，百家争鸣，彼此攻诘，互争雄长，作为百家争鸣产物的诸子著作，遂不可避免地带有明显的论辩色彩。例如《庄子》书载惠施、庄周的反复辩难，有“汪洋恣肆”的美誉；孟子以“好辩”著称，《孟子》卷一四文字几乎都是他与同时代学者（如公孙丑、淳于髡等）或君王（如梁惠王、滕文公等）的辩论实录，全部用对话问答的形式写成；立于齐桓王之时的稷下学宫以“不治而议论”为其专职，荀子曾三次担任它的“祭酒”，故他主张“君子必辩”，其著作中亦有《非十二子》这种富于论辩性的篇章。此外《荀子·儒效》有云：“狂惑戆陋之人，乃始率其群徒，辩其谈说，明其辟称，老身长子不知恶也。”又《汉书·艺文志》有云：“《论语》者，孔子应答弟子、时人及弟子相与言而接闻于夫子之语也。”[①]这些言论，表明论辩是聚徒讲学的常用方法，诸子著作是其最早的文学结晶。

与此同时有游说之风的盛行。游说和从师一样，是士进入仕途的另一门径。国君的礼遇和贵族的养士之风，使以游说为职业的食客成为一支庞大的队伍，并产生了《韩非子·说难》篇、《鬼谷子·揣摩》篇一类关于游说的理论著述。卫鞅、甘茂、范雎、蔡泽、苏秦、李兑、张仪、陈轸、公孙衍、庞暖等人，即是游说之风及由此产生的纵横家的代表；合纵连横策略的外交性质，亦决定了当时游说的善辩特征。《汉书·

① 《荀子集解》卷四，第124页。《汉书》卷三〇，第1717页。

艺文志》载有十二名纵横家的著作一百零七篇，长沙马王堆汉墓出土的《战国策》帛书写本题名为《战国纵横家书》，汉刘向所见的类似著作有《国策》、《国事》、《短长》、《事语》、《长书》、《修书》，这说明游说之风并且刺激了一种新文体的产生。杨宽《战国史》的看法是："所有这些战国权变和游说故事的汇编，原是游说之士的学习资料，或者是练习游说用的脚本。"①

如果说先秦时代的聚徒讲学与游说肇始了论议风尚，那么，两汉时代对儒术的尊崇便使论议具有了较为正规的仪式。这时知识分子的身份和学术趣味均有所改变：稷下学宫发展为博士制度，从游士中分化出"士大夫"和"俳优"两种类型，"设科射策"的选举制度使经学成为利禄之路。故在汉代文献中，大量的论议是御前论议和讲经论议。概括而言，它包括会议论辩、儒生会讲、俳谐嘲答三个类别。

会议论辩是汉代所特有的论议形式。其较著者有西汉昭帝始元六年（前81年）的盐铁会议，宣帝甘露年间关于五经异同的几次会议，以及东汉章帝建初四年（79年）的白虎观会议。这些会议的特点是：一，论题广泛、规模盛大。例如白虎观会议集中了经学各派的名儒，辩及四十三个专题，连月乃罢。二，一般采用诸儒论辩、帝王仲裁的形式。例如据《玉函山房辑佚书》所载《石渠礼论》，甘露三年（前51年）的石渠阁会议用双方对论、宣帝判决的形式；据《后汉书·章帝纪》，白虎观会议采用"使五官中郎将魏应承制问、侍中淳于恭奏、帝亲称制临决"②的形式。三，产生了一批论议文本。例如桓宽的《盐铁论》、班固的《白虎通德论》和《五经杂议》、《书议奏》等一百五十多份石渠阁会议

---

① 杨宽：《战国史》（增订本），上海人民出版社1998年版，第673页。

② 《后汉书》卷三，第138页。

的文件。后者今已不存,仅见于《汉书·艺文志》的著录;但《盐铁论》却完整地保存下来了。其中有四十一篇记录盐铁会议的正式辩论,有十八篇记录会议后的余谈,每篇皆用"文学对曰"、"大夫曰"或"御史进曰"、"文学曰"等领起各段,代表了一种论议文体的规范。

儒生会讲是汉代最常见的论议形式。秦汉确立博士制度后,一部分知识分子成为太常的属官,秩比六百石[①],学在官府的制度得到了恢复。自汉武帝令天下郡国皆立学校官后,学校遍及乡壤,于是又刺激了私家教授事业的兴盛。这时候,无论是作为学术还是作为教育的经学,都强调师法与家法,把论议用为传授方式,因而讲经论议十分普及。由于规模大,故其形式多为儒生会讲;由于频繁举行,故其制度渐趋严密,于是为后世的论议轨范开了先河。这种仪式因素包括:

(一)将论议用为释奠、正旦朝贺等庆典活动的仪式节目。例如《后汉书·桓荣传》:光武帝"车驾幸太学,会诸博士论难于前"。同书《儒林列传》:明帝即位,亲行释奠之礼,"飨射礼毕,帝正坐自讲,诸儒执经问难于前,冠带缙绅之人,圜桥门而观听者盖亿万计。"又同书《戴凭传》:"正旦朝贺,百僚毕会,帝令群臣能说经者更相难诘,义有不通,辄夺其席以益通者,凭遂重坐五十余席。"[②]又《职官分纪》卷六引华峤《汉后书》:"桓荣迁谏议大夫,每大射养老礼毕,帝辄命荣及弟子升堂,执经自为辨说。"[③]又《北堂书钞》卷一三九引司马彪《续汉书·张酺传》:"每朝会,辄讲上前,音动左右,论难问对,常合上意。"[④]

(二)建立经师、都讲合作之制,以都讲专司论难。例如《后汉书·

① 王先谦:《汉书补注》卷一九上,中华书局1983年版,第297页下。

② 《后汉书》卷三七,第1250页;卷七九上,第2545页、第2546页、第2554页。

③ 孙逢吉:《职官分纪》,中华书局1988年版,第152页上。

④ 虞世南编:《北堂书钞》,中国书店1989年影印,第580页下。

侯霸传》:"笃志好学,师事九江太守房元,治《谷梁春秋》,为元都讲。"同书《丁鸿传》:"鸿年十三,从桓荣受《欧阳尚书》,三年而明章句,善论难,为都讲。"又同书《郭丹传》:"既至京师,常为都讲,诸儒咸敬重之。"[①]

(三)形成了包括击鼓、登座、讲经、问难等项目在内的一套制度。例如《初学记》卷二一引谢承《后汉书》:"董春字纪阳。少好学,究极圣旨。后还归,立精舍,远方门徒从者常数百人。诸生每升讲堂,鸣鼓三通,横经捧手请问者百人,追随上堂难问者百余人。"据《初学记》卷一八"鸣鼓"条,董春曾"诣京房授《易》"。[②] 可见在京房时代,即西汉元帝前后,儒生论议就有了成熟的仪轨。

俳谐嘲答是最值得注意的一种论议形式。尽管史籍疏于记载,但其影响却是不可忽视的。其例有《史记·滑稽列传》褚先生补传所载东方朔事,云:"时会聚宫下,博士诸先生与论议,共难之。"[③]论议的文本则载在《文选》卷四五,题《答客难》,其内容是博士诸先生以位卑嘲东方朔,朔以时异事异云云作答。同样具有俳谐嘲答特征的汉代论议文,另有扬雄《解嘲》和班固《答宾戏》等。此三文的内容、形式均相近,故在《文选》中同列为"设论"一体,在《文心雕龙》中同列入《杂文》的"对问"一体。《文心雕龙》论述其源流说:"自《对问》之后,东方朔效而广之,名为《客难》。托古慰志,疏而有辨。扬雄《解嘲》,杂以谐谑,回环自释,颇亦为工。班固《宾戏》,含懿采之华;崔骃《达旨》,吐典言之裁;张衡《应问》,密而兼雅;崔实《客讥》,整而微质;蔡邕《释诲》,体奥而文炳;郭璞《客傲》,情见而采蔚:虽迭相祖述,然属篇之高者也。"[④]这里把

---

① 《后汉书》卷二六,第 901 页;卷三七,第 1263 页;卷二七,第 940 页。

② 《初学记》,第 509 页、第 432 页。

③ 《史记》卷一二六,第 3206 页。

④ 范文澜:《文心雕龙注》卷三,人民文学出版社 1958 年版,第 255 页。

上述诸文归结为对宋玉《对楚王问》一文的仿效，是从文体角度立论的；若追究其现实背景，“迭相祖述”一说便不相宜。因为在事实上，从《答客难》、《解嘲》、《答宾戏》等文的开篇词中，我们可以看到作者的写作动因——曾遭受讥嘲并与之论辩。这说明论议文体只能归结为实际的论议活动的产物，说明当时论议有俳谐嘲答的方式，有超越于经学论争之外的广阔主题，同时也有不止于简单记录的文本体裁。

到东汉末年，中国论议的传统大致上已经形成。这段历程可分为两个阶段：在春秋战国时代，它主要依附于“处士横议”①的风尚而生存；在两汉时代，它主要依附于尊儒读经的风尚而生存。这两个阶段的论议风格是有所区别的，若借用《荀子·尧问》的说法，则春秋战国的论议多是“正身之士”的论议，而汉代的论议多是“仰禄之士”②的论议。故前者题材广阔，意境高远，富于个性；后者则往往局限在经学范围，较无人格内容。这意味着中国论议的传统原是由两个部分组成的：一是具有浪漫倾向的艺术化的论议，一是具有严肃倾向的仪式化的论议。尽管后一类论议曾产生众多的文本（见《汉书·艺文志》和《隋书·经籍志》），但可以肯定，前一类论议必也是不绝如缕地流传着的。因为上述俳谐嘲答的论议实例提供了这样一个启发：既然古代的俳优能因其社会位份的不确定而作“言谈微中”式的自由论议③，那么，那些不须向帝王“仰禄”的民间艺人，或司马迁《报任少卿书》所谓“固主上所戏弄，倡优畜之”的“文史星历”类知识分子，便一定会葆有他们自己的论议方式和特殊文本。事实上，在产于西汉中期的《盐铁论》

---

① 焦循：《孟子正义》卷一三《滕文公下》，中华书局 1987 年版，第 456 页。

② 《荀子集解》卷二〇，第 551 页。

③ 参见余英时：《士与中国文化》第三章《中国知识分子的古代传统：兼论“俳优”与“修身”》，上海人民出版社 1987 年版。

中，我们仍可以看到前一传统的遗留。且不说《散不足》篇对古代理想社会富有感情色彩和形象语言的长篇描绘，但看《大论》的结尾一段：

文学曰："孔子生于乱世，思尧舜之道，东西南北，灼头濡足，庶几世主之悟。悠悠者皆是，君阇、大夫妒，孰合有媒？是以嫫母饰姿而矜夸，西子彷徨而无家。非不知穷厄而不见用，悼痛天下之祸，犹慈母之伏死子也，知其不可如何，然恶已。故适齐，景公欺之；适卫，灵公围，阳虎谤之，桓魋害之。夫欺害圣人者，愚惑也；伤毁圣人者，狂狡也。狡惑之人，非人也。夫何耻之有！孟子曰：'观近臣者以所为主，观远臣者以其所主。'使圣人伪容苟合，不论行择友，则何以为孔子也！"

大夫怃然内惭，四据而不言。

当此之时，顺风承意之士如编，口张而不歙，举舌而不下，阇然而怀重负而见责。

大夫曰："诺，胶车倏逢雨，请与诸生解。"①

我们便知道论议文是应当当作文学来看待的。可以设想，既然在汉代文人中尚有"设客难己"、"托古慰志"、"杂以谐谑"的论议作品，那么，在战国至汉代的民间，那种富有形象性和诙谐、机智风格的论议活动及其文本，必定会始终存在。既然敦煌写本中的论议文本保留了这些特点，并保留了采摭古代民间故事的痕迹，那么，它便不会是无源之水。就此而言，俳谐嘲答方式的论议文可以作为传统论议的一种重要体裁的代表，而视为敦煌论议文的来源。

---

① 王利器：《盐铁论校注》卷一〇，中华书局 1992 年版，第 605 页。

五、论议的伎艺化过程

论议的伎艺化，是通过对艺术和技巧的追求而实现的。它是伴随论议发展之始终的现象。稷下学宫的早期人物淳于髡以“滑稽多辩”而著称，诸子百家的言论因道术辞章兼胜而名世，事实上，已表现了伎艺化的端倪。西汉以还，东方朔式的俳谐嘲答向艺术方向发展，儒生会讲式的论议则以其仪式加强了对技巧的讲求，它们分别结晶出了一种文体，正可谓“智术之子，博雅之人，藻溢于辞，辞盈乎气，苑囿文情，故日新殊致”①。但论议之伎艺化，原不止于辞章的文学化，其要义乃在于由学术活动转变成民众的娱乐活动。唯其如此，才能像唐代论议所表现的那样，即使其仪式亦演化为伎艺程序。毫无疑问，这是由表演对象与表演环境的转变造成的。故论议的伎艺化亦可理解为其历史形态的变化，其过程亦可理解为历史条件的变迁。从现有资料看，导致论议发生巨变的关键因素是佛教论议的加入。或者说，促使论议伎艺最终形成的条件主要有三项：佛教的传播，清谈的兴起，广场艺术的盛行。它们大致是从汉代到唐代次第发生的现象。

（一）佛教论议

从某种意义上说，论议是具有双重起源的事物：除春秋以来的讲学和游说而外，另一个起源是佛教的宣教活动。佛教约创立于公元前6至前5世纪的古印度。当其创立伊始，它就处在与正统教派婆罗门教对立且与所谓“六师外道”并立的位置。这就意味着：佛教必须经过

---

① 《文心雕龙注》卷三《杂文》，第254页。

艰苦不懈的论争，它的教义才能得到推广和弘扬。

中国西行求法的僧侣，曾用富于感情的笔调记录了关于原始佛教之论议的见闻。公元 4 世纪末，当法显来到今印度东北部的拘萨罗国舍卫城的时候，他记下了"出祇洹东门，北行七十步，道西，佛昔共九十六种外道论议，国王、大臣、居士、人民皆云集而听"[①]的文字；此后他又在今属尼泊尔境的迦维罗卫城，注意到佛有四处常定，其第三处是"说法论议伏外道处"。类似的记录又见于唐《大慈恩寺三藏法师传》卷三，例如说室罗伐悉底国（即拘萨罗国）城南有"伽蓝高大，中有佛像东面坐，如来昔共外道论议处"，"次东三四里有窣堵波，是舍利子与外道论议处"。[②]根据各种印度佛教史典籍，释迦牟尼曾经经历比春秋战国时期的中国哲人更为艰辛的建教历程。他曾在拔耆国、摩揭陀国和其他公元前 5 世纪的北印度国家，通过不断的游说以及同外道的反复论难推广他的教义。释迦逝世二百多年后，当佛教终于被统一全印度的孔雀王朝君主定为国教之时，论议传统因也得到确立。《法苑珠林·机辩》篇记载了一个约属公元前 5 世纪的故事：南天竺某婆罗门来到王舍城，"迳至鼓边，打论议鼓。国王闻之，问是何人？众臣答言：南天竺有一婆罗门，名提舍，是大论师，欲求论处，故打论鼓。"[③]《大慈恩寺三藏法师传》又记载了发生在公元 7 世纪的故事：玄奘曾在迦湿弥罗国开讲、论难，在秣底补罗国瞻仰瞿拏钵剌婆、众贤、毘末罗蜜多罗、德光等大论师驻锡的伽蓝（卷二），在钵伐多国同一位把四十条义悬于寺门的顺世外道论难，并曾在一个有五印度十八国

① 章巽：《法显传校注》，中华书局 2008 年版，第 62 页、第 63 页。

② 《大慈恩寺三藏法师传》，第 59 页。

③ 《法苑珠林》卷五三，第 1585 页。

王和六千多僧侣参加的大型法会中坐为论主，将论意“写一本悬会场门外示一切人”（卷四）。这一组跨越一千两百年的记录，表明西域佛教的论议有其深厚的渊源。其中击论鼓、立论师、设论议擂台、以海报方式竖义等形式，使我们为佛教论议的开放性和成熟性而感到惊异。

两汉之交，佛教传入中国。这时它面临的是一个崇信方术的国土，故作为一种新奇的方术而被接纳，并通过“祀浮图老子”[①]一类方式依附于道家名下。为求自立，僧侣们积极地汲取了中国传统的伦理观念，以图兼容于占社会主流的儒家思想，同时，也把他们固有的讲经论议手段用于宣教活动。在《高僧传》、《出三藏记集》、《开元释教录》、《大唐内典录》等佛教典籍中，可以看到这类活动的大量遗迹。《出三藏记集》卷一三载：汉代安世高博综经藏，通习华语，“宣译众经，改胡为汉”；安玄“志宣经典，常与沙门讲论道义”。[②]所谓“宣译佛经”，指的是用“口解”（先陈述一段经文，再讲论其意旨，例如《法镜经》由安玄口译、严佛调笔受，《道行经》由竺朔佛口陈、支谶传译、孟元士笔书等）的方式传译佛经。这种形式不仅开创了后来的佛典注疏体裁，且事实上就是僧徒在中国讲经、论议的最初形式，故称安玄“讲论道义”。至于《高僧传》所载的论议事迹，则更是指不胜屈了。例如其中记有鸠摩罗什与温宿国道士击鼓论议的故事，记有昙无谶与白头禅师“攻难锋起”的故事，记有慧远讲“实相义”而与听众论难的故事，记有支遁讲《小品》而被法威攻难数十番的故事。概括而言，佛教论议的特点是面向平民，用于俗讲及无遮法会，讲求使观听之众

① 《后汉书》卷八八《西域传》，第2922页。
② 释僧佑：《出三藏记集》，中华书局1995年版，第508页、第511页。

“悟悦”，故其性质往往接近民间伎艺。《高僧传·道盛传》说：

> 后(沈)文季故于天保设会，令陆修静与盛议论。盛既理有所长，又词气俊发，嘲谑往还，言无暂扰。静意不获申，恧焉而退。[①]

由此可以知道：初唐时候的佛道论衡形式(陆修静是著名道士)及其嘲谑风格，在南朝宋(沈文季于宋升明二年任丹阳尹)的佛教论议中即已成型；而后来沿用至唐代的击论鼓、立论师、设论议擂台、向公众竖义的形式，原是始于佛教论议的。

(二)佛教论议与清谈风尚的结合

魏晋南北朝时代是佛教昌盛的时代，也是论议实现伎艺化的一个重要时代。这时出现了两种新事物：一是佛教论议与文人清谈风尚的结合，二是佛教论议用为广场艺术。前者意味着先秦论议风尚的复苏，后者则意味着民间论议风尚的勃兴。当人们通过前一活动实现对语言技巧的追求，通过后一活动实现论议仪式向表演程序的转换之时，论议遂也经由不同路线接近了不同社会阶层的美学理想。

清谈风尚是东汉以来征辟察举制度和社会动荡等复杂因素的产物。其最初含义是所谓“雅谈”，即关于具体人物的评论。[②]《后汉书·党锢传序》曾用“匹夫抗愤，处士横议”[③]一语描写汉末的太学清议，令人回想起春秋战国时期的“处士横议”。汉末党锢之祸以后，社会

---

① 《高僧传》，第307页、第308页。

② 参见唐长孺：《清谈与清议》，《魏晋南北朝史论丛》，生活·读书·新知三联书店1955年版。

③ 《后汉书》卷六七，第2185页。

矛盾激化，时局多变，政治严酷。于是经学衰落，诸子百家之学复活，佛、老思想因其与知识阶层全身远祸、追求精神自由的思潮相适合而获昌盛，清议遂转化为清谈——转化为佛教论议与文人清谈的结合。这造成了儒佛道思想的交流，同时也造就了一种新的论议风格。例如《世说新语·文学》所记：

何晏为吏部尚书，有位望，时谈客盈坐，王弼未弱冠往见之。晏闻弼名，因条向者胜理语弼曰："此理仆以为极，可得复难不？"弼便作难，一坐人便以为屈。于是弼自为客主数番，皆一坐所不及。（例一）

谢安年少时，请阮光禄（裕）道《白马论》。为论以示谢。于时谢不即解阮语，重相咨尽。阮乃叹曰："非但能言人不可得，正索解人亦不可得。"（《晋书·阮裕传》："裕虽不博学，论难甚精。"）（例二）

有北来道人好才理，与林公（支道林）相遇于瓦官寺，讲《小品》。于时竺法深、孙兴公悉共听。此道人语屡设疑难，林公辩答清析，辞气俱爽。（例三）

孙安国（盛）往殷中军（浩）许共论，往反精苦，客主无闲。左右进食，冷而复暖者数四。彼我奋掷麈尾，悉脱落，满餐饭中。宾主遂至莫忘食。殷乃语孙曰："卿莫作强口马，我当穿卿鼻。"孙曰："卿不见决鼻牛，人当穿卿颊。"（余嘉锡注：牛鼻乃为人所穿，马不穿鼻也。然穿鼻者常决鼻逃去，穿颊者则莫能遁矣。）（例四）

王逸少（羲之）作会稽，初至，支道林在焉。……王本自有一往隽气，殊自轻之。…… 因论《庄子·逍遥游》，支作数千言，才

藻新奇，花烂映发。王遂披襟解带，留连不能已。（例五）

许掾（询）年少时，人以比王苟子（修），许大不平。时诸人士及于法师并在会稽西寺讲，王亦在焉。许意甚忿，便往西寺与王论理，共决优劣。苦相折挫，王遂大屈。许复执王理，王执许理，更相覆疏；王复屈。许谓支法师（遁）曰："弟子向语何似？"支从容答曰："君语佳则佳矣，何至相苦邪？岂是求理中之谈哉！"（例六）

支道林（遁）、许掾诸人共在会稽王（司马道子）斋头。支为法师，许为都讲。支通一义，四坐莫不厌心；许送一难，众人莫不抃舞。但共嗟咏二家之美，不辩其理之所在。（例七）

殷中军读《小品》，下二百签，皆是精微，世之幽滞。尝欲与支道林辨之，竟不得。（例八）

支道林、许（询）、谢（安）盛德，共集王（濛）家。谢顾谓诸人："今日可谓彦会，时既不可留，此集固亦难常。当共言咏，以写其怀。"许便问主人有《庄子》不？正得《渔父》一篇。谢看题，便各使四坐通。支道林先通，作七百许语，叙致精丽，才藻奇拔，众咸称善。于是四坐各言怀毕。谢问曰："卿等尽不？"皆曰："今日之言，少不自竭。"谢后粗难，因自叙其意，作万余语，才峰秀逸。既自难干，加意气拟托，萧然自得，四坐莫不厌心。[①]（例九）

《世说新语》是被人当作文学作品来看待的，鲁迅《中国小说史略》即曾称之为"志人小说"。此书循《论语·先进》关于"孔门四科"的分类，将《德行》、《言语》、《政事》、《文学》四篇冠于全书之首。这意

① 余嘉锡：《世说新语笺疏》卷上，中华书局 2007 年版，第 231 页、255 页、258 页、259 页、264 页、266 页、268—271 页、281 页。

味着：在作者的看法中，《文学》篇相当于文学家传；而在当时人的看法中，篇中的清谈、论议属文学行为。以上九例，恰可证明魏晋论议的文学特质：

一，魏晋论议采用了一系列富于文学性和技艺性的形式。譬如例九所记的立题、通论、诘难、自难四段式，例一所记的“自为客主”式，例六所记的主客易位“更相覆疏”式，例七所记的法师、都讲对论式。此外，例二和例八还反映了一种将儒家的问难文体和佛家的竖义相结合的方式——用“论”、“签”等文本开题的方式。

二，魏晋论议讲求文学技巧。譬如例三所谓“辩答清析，辞气俱爽”，例五所谓“才藻新奇，花烂映发”，例九所谓“叙致精丽，才藻奇拔”，例四所谓“卿不见决牛鼻”云云。这说明当时人对论议的辞藻、语趣给予了高度重视。

三，魏晋的论议品评有较高的艺术标准，故论主很看重论才及论议的胜负。何晏求王弼论难、许询求王修论难、殷浩求支道林论难，均表现了一种好逞论才的游戏心理。而所谓“自为主客数番”、“苦相折挫”、“更相覆疏”、“至莫忘食”云云，则说明这时的论议已超越学术而具艺术性质。因此，“岂是求理中之谈哉”、“但共嗟咏二家之美，不辩其理之所在”二语是特别值得注意的：它表明，魏晋论议对艺术性和游戏性的追求，已超过对义理的追求。事实上，谢安、王濛、许询、支道林等人的宴会论议，已明显具有娱乐活动的性质。

魏晋论议的总体特点可以归结为形式化。从魏晋开始，那种“不辩其理”的纯形式欣赏与追求，便成了论议发展的新的趋势。《太平御览》卷六一五引《梁书》记中宗（梁元帝）于敬贤殿讲《老子》，“谈折揵辩，间以嘲谑，在座者相顾解颐”；《陈书·戚衮传》记梁简文帝于东宫宴集玄儒之士相论难，云徐摛“驰骋大义，间以剧谈”；《北齐书·许惇传》记朝廷诸官“或谈说经史,或吟咏诗赋,更相嘲戏,欣笑满堂”,“惇不解剧谈”“深为胜流所轻”:[①]都反映了这种审美风尚及其对论议伎艺化的影响。与此相伴见的现象则是儒佛道三家思想逐渐合流。例如许询是治《维摩经》的高手[②];释支遁精通《庄子·渔父》义,“作七百许语,叙通精丽,才藻奇拔”[③];东晋孙绰认为周孔与佛“其旨一也”[④];道士葛洪主张儒道兼修[⑤];晋释慧远“博综六经,尤善《庄》《老》”[⑥];齐僧法瑗喜在讲经论议之隙谈《孝经》、《丧服》,曾就其义而与刺史王景文“问难数番”[⑦]。此外,《梁书·庾承先传》载庾承先奉令开讲《老子》,“远近名僧,咸来赴集,论难锋起,异端竞至”;《北齐书·杜弼传》则说:“魏帝集名僧于显阳殿讲说佛理,……敕弼升师子座,当众敷演。昭玄都僧达及僧道顺并缁林之英,问难锋至,往复数十番,莫有能屈。”[⑧]可见论议的形式化乃联系于学术对宗派分野的超越。或者说,这两类事例包含了这样一个原理:由于“清”代表了魏晋文士对自然风格(清淡)和语言形式(清雅)的欣赏与追求;由于魏晋以来儒、佛、道三家趋于调和与融合,其间论争不像汉代经学宗派之争那样因关于利禄而激烈与严峻:故清谈风尚通过对论议形式的重视,魏晋以来诸学派通过对论议内容的弱化,各自走上了形式化的道路。形式的独立性一旦显现出来,作为学术的论议便自然地走上

① 《太平御览》,第2765页下。《陈书》卷三三,第440页。《北齐书》卷四三,第575页。
② 《高僧传》卷四《支遁传》,第161页。
③ 《世说新语笺疏》卷上,第281页。
④ 僧佑:《弘明集》卷三《孙绰喻道论》,上海古籍出版社1991年版,第17页下。
⑤ 王明:《抱朴子内篇校释》卷八《释滞》,中华书局1985年版,第148—155页。
⑥ 《高僧传》卷六《慧远传》,第211页。
⑦ 《高僧传》卷八《法瑗传》,第313页。
⑧ 《梁书》卷五一,第753页。《北齐书》卷二四,第350页。

了艺术之路。

正因为如此，晋宋论议结晶出了一批文学成果。这就是与通论、下签的论难方式相联系的一种新的文体。例如，当我们把《全上古三代秦汉三国六朝文》中的若干作品联缀而读的时候，便可以看到一种散文的"联章"。隐藏于其后的，则是一个由僧俗多人参预的、有声有色的论议过程。兹举关于"沙门不敬王者"的论议为例：

竖义部分：释慧远《沙门不敬王者论》（开题）；
通论部分：王谧《与释慧远书》（附议）；
桓玄《与王谧书论沙门应致敬王者》（反议）；
王谧《答桓玄书明沙门不应致敬王者》（补议）；
诘难部分：桓玄《难王谧》，王谧《答桓玄难》（第一回合）；
桓玄《重难王谧》，王谧《重答桓玄难》（第二回合）；
桓玄《三难王谧》，王谧《三答桓玄难》（第三回合）。

类似的作品还有很多。在关于"肉刑论"、"养生论"、"沙门袒服论"、"夷夏论"、"神灭论"等命题的论辩中，宋齐人均使用了散文联章式的论难文体。这显示了魏晋南北朝人对论难释答活动的偏爱，也显示了他们的文学创造力。由于这些论辩通常都在僧俗两方面之间进行，而通论、下签的文体则是儒家论难同佛家竖义相结合的产物，因此，佛教论议与儒生论议的交融，本土因素和外来因素的整合，便可以看作论议伎艺化的重要一步。

（三）论议向广场艺术的转变

东晋以后，由于战乱和中亚民众的大规模东迁，从西域输入的佛教有丰富的风俗与文化内容；除僧侣以外，大批商贾和乐工成为其承担者。从向达《唐代长安与西域文明》一书中可以看到，当“五胡乱华”之时，在佛教名义下经丝绸之路传入中土的文明，包括音乐、舞蹈、绘画、戏剧等品种多样的民俗艺术。

这些民俗艺术通常可以归结为广场艺术。例如燃灯歌舞、狮子舞、“歌舞于道”的《胡旋舞》、同冬日泼水乞寒习俗相结合的《苏摩遮舞》，以及各种“散乐”歌舞[①]。这种情况联系于如下一个事实：广场是印度和中亚佛教的重要宣教场所。故在早期佛经中可以看到大量关于印度广场艺术的记述。例如《佛本行集经》卷一三对原始佛教时代的“戏场”作了这样的描写：

> 或于车上示现轻便，或现筋陡，如是种种。或试音声，或试歌舞，或试相嘲，或试漫话、谑戏、言谈，或试染衣，或造珍宝及真珠等，或画草叶和合杂香。博奕、樗蒲、围棋、双六、握槊、投壶、掷绝、跳坑，种种诸伎，皆悉备现。[②]

这同《法显传》关于“佛昔共九十六种外道论议，国王、大臣、居士、人民皆云集而听”[③]的记述，以及《慈恩传》关于在无遮大会上举行论议，并将论意“写一本悬会场门外示一切人”[④]的记述是一致的。由此可知，印度的佛教论议原有作为广场艺术的性质。因此，如果说印度戏场中

---

① 参见王昆吾：《隋唐五代燕乐杂言歌辞研究》第二章《隋唐燕乐》，中华书局 1996 年版。

② 阇那崛多译：《佛本行集经》，《大正藏》，第 3 册，第 711 页下。

③ 《法显传校注》，第 62 页、第 63 页。

④ 《大慈恩寺三藏法师传》卷五，第 108 页。

的"漫话"对应于中土的"说话","相嘲"对应于中土的"嘲诮","谑戏"对应于中土的"俳优戏",那么,所谓"言谈"指的就是论议伎艺。

尽管中国的早期佛教论议原是传教的手段,主要采用当时儒家论议的形式,但由于"化俗"的需要,也由于西域广场艺术曾以幻术、百戏的名义输入汉地[①],故从公元4世纪开始,中国的佛教论议就逐渐向广场艺术转变,并成为富于表演特色的伎艺。以下三件事物,反映了这一转变的早期历程。

其一是俗讲之制。俗讲是面向僧俗大众的一种通俗的佛经讲演,其名虽起于唐代,其制度则早见于两晋。上文所列孙盛(曾任著作郎、浏阳令、秘书监)等人于瓦官寺听支道林讲《小品》之事,王修(曾任著作佐郎、琅琊王文学)等人于会稽西寺开讲之事,以及支道林讲《维摩经》而以隐士许询为都讲之事,便发生在俗讲场合。后二事并且说明:由士庶人等为论主、都讲而进行论议,是俗讲的一个重要方式。事实上,《高僧传》所记的佛教论议,便大多是在俗讲中进行的。例如《慧远传》记慧远"年二十四便就讲说,尝有客听讲,难实相义",慧远乃引《庄子》为譬喻;记慧义至庐山听慧远开讲《法华经》,"每欲难问,辄心悸汗流";《竺道生传》记宋释竺道生归依法门,登座开讲,"虽宿望学僧、当世名士,皆虑挫词穷,莫敢酬抗":[②]均可见晋宋讲经已广延四方僧俗,以难问为重要项目,其内容连类及于儒道典籍。又如《僧苞传》所记的以下故事:

> 后东下京师,正值祇洹寺发讲,法徒云集,士庶骈席。苞既

---

① 参见张衡:《西京赋》,《文选》卷二,第48页上;《汉书》卷九六《西域传下》,第3928页;《后汉书》卷八六《西南夷传》,第2860页。

② 《高僧传》卷六,第212页、第215页;卷七,第255页。

初至，人未有识者，乃乘驴往看。衣服垢弊，貌有风尘，堂内既迮，坐驴鞯于户外。高座出题适竟，苞始欲厝言，法师便问："客僧何名？"答云："名苞。"又问："尽何所？"苞答曰："高座之人，亦可苞耳。"乃致问数番，皆是先达思力所不逮，高座无以抗其辞，遂逊退而止。[①]

则说明当时论议虽以寺殿为中心场所，但其性质却同广场艺术相去不远。因为在前文所述的宋天保寺法会论议，以及敦煌写本《庐山远公话》所描写的慧远、道安故事中，我们可以看到同样的俗讲论议。故《道盛传》关于"词气俊发，嘲谑往还"[②]的细节，《庐山远公话》关于"听众如云，施利若雨，钟声既动即上讲"的细节，以及"都讲举□、维那作梵"[③]、法师升座、唱经题、表赞、论议、论胜者登座开讲的细节，便可以作为俗讲论议之内容的补证——证实晋宋俗讲已有完备的仪式和相当程度的通俗表演成分。

其二是唱导之制。唱导是用于俗讲开场的说唱教导，以杂说因缘譬喻为主要内容。其制度始创于东晋。据《高僧传》，道安（约312—385）曾师法西域僧竺佛图澄，制定讲经、课诵、道场忏悔等制度，将唱导用于六时行道；慧远（334—416）则广而推行，面向平民信徒，"宣唱法理，开导众心"。[④]据吉藏、良贲的两种《仁王经疏》以及《长兴四年中兴殿应圣节讲经文》、《金刚般若波罗蜜经讲经文》、《阿弥陀经讲经文》（伯 2931）等敦煌讲经文，道安曾"科判诸经以为三

① 《高僧传》卷七，第 271 页。
② 《高僧传》卷八，第 308 页。
③ 王重民等编：《敦煌变文集》卷二，人民文学出版社 1957 年版，第 173 页、第 185 页。
④ 《高僧传》卷一三，第 521 页。

分：序分、正宗、流通分”；直至唐五代的讲经文，仍循用了这种“第一序分，第二正宗，第三流通”的体制：可见晋唱导是唐代俗讲伎艺的重要渊源。唱导实际上是俗讲论议的一种艺术形式。《高僧传·唱导》篇说宋释慧璩曾在梁山法会躬行唱导，说宋释昙宗的唱导“辩口适时，应变无穷”，说齐释慧芬“每赴斋会，常为大众说法，梁楚之间，悉奉其化”：[①]可见唱导往往用于大众集会，讲求辩才，有论难内容。《唱导》篇并且把这一伎艺的要点概括为“声”“辩”“才”“博”，亦即“响韵钟鼓，四众惊心”，“辩出不穷，言应无尽”，“指事造形，直谈闻见”，“兼引俗典，绮综成辞”。[②]这表明唱导是讲求语言通俗、形象、绮辞可观的一种说唱伎艺；唱导影响于论议，亦推动了论议向伎艺的转变。《续高僧传·杂科声德》篇总结唐前唱导说：

> 爰始经师为德，本实以声糅文，将使听者神开，因声以从回向。顷世皆捐其旨，郑卫珍流，以哀婉为入神，用腾掷为清举。致使淫音婉娈，娇弄颇繁，世重同迷，鲜宗为得。……学构疏芜，时陈鄙俚。……又有逞衒唇吻，摇鼓无惭，艳饰园庭，润光犬马，斯并学非师授，词假他传。……雕饰文绮，糅以声华，随卷称扬，任契便构，然其声多艳逸，翳覆文词，听者但闻飞哢，竟迷是何筌目。……京辇会坐，有声闻法事者，多以俗人为之。……士女观听，掷钱如雨。[③]

由此可知：当时的唱导已成为广受群众欢迎，语言鄙俚、曲调华丽、以

---

① 《高僧传》卷一三，第512页、第514页。

② 《高僧传》卷一三，第521页。

③ 《续高僧传》卷三一，《高僧传合集》，第380页、第381页上。

世俗生活为题材，多由民间艺人表演的说唱伎艺；它代表了佛教宣传活动向伎艺方向发展的趋势。

其三是集会之制。自佛教西来，一系列集会风俗也传入中土。例如汉末已见浴佛节集会，《三国志·吴书·刘繇传》载：笮融“大起浮图祠”，“每浴佛，多设酒饭，布席于路，经数十里”[①]。例如宋初已见佛诞日行像集会，《法苑珠林·潜遁》篇载：刘宋初年，成都于四月八日行像，僧邵硕“于众中匍匐作师子形”[②]。例如梁初已设无遮大会，《梁书·武帝纪下》记有梁武帝在无遮大会中舍身之事[③]。从《洛阳伽蓝记》可见这些集会的艺术内容：景乐寺大斋日“常设女乐……诸音乐逞伎寺内，奇禽怪兽，舞抃殿庭”；长秋寺行像时“辟邪师子，导引其前，吞刀吐火，腾骧一面，彩幢上索，诡谲不常，奇伎异服，冠于都市”；景明寺设会时“梵乐法音，聒动天地，百戏腾骧，所在骈比”。[④]唐代寺院的“歌场”“变场”“戏场”“市场”之制[⑤]，即源于这种广场艺术会演。值得注意的是：早在东晋，佛教集会就是论议的重要场所。例如《高僧传》记鸠摩罗什十二岁(354年)时在温宿国大集会中与一个“手击王鼓而自誓言‘论胜我者，斩首谢之’”的道士论议，遂至“声满葱左，誉宣河外”；其弟子晋释道融亦曾受命与一师子国婆罗门论议，其日“姚兴自出，公卿皆会阙下，关中僧众四远必集”[⑥]。这说明西域

---

① 《三国志》卷四九，第1185页。

② 《法苑珠林》卷三一，第958页。

③ 《梁书》卷三，第73页。

④ 范祥雍：《洛阳伽蓝记校注》卷一、卷三，上海古籍出版社1978年版，第43页、52页、133页。

⑤ 见本文第一节，又参见段成式：《酉阳杂俎》前集卷五，中华书局1981年版，第55页。张固：《幽闲鼓吹》，《说郛》卷五二，宛委山堂本，上海古籍出版社1988年版，第2402页上。《太平广记》卷八三引《广古今五行记》，第532页。

⑥ 《高僧传》卷二、卷六，第47页、48页、242页。

的广场论议方式亦曾传入中土。事实上，论议击鼓之制，或者说擂台式的论议，就是与广场集会相适应的一种制度。

正是以上三项制度的发展，使论议最终成为一项群众的娱乐活动，亦即成为一种以论辩为主要特征、以答难为表演方式的新兴伎艺。《启颜录》所记论议，一则发生在“大斋会”日，两则发生在“四月八日斋会”，其规模为“朝官及道俗观者数千人”；这些论议均以俗讲的名义进行，有“通俗论难”的内容。它们反映了这样一个事实：论议作为俗讲节目，采用通俗表演的手法，进入广场，这是它得以同其他民间伎艺交流，由此转变为表演艺术新品种的关键一步。

六、论议与其他伎艺的关系

论议一旦成为表演艺术，应当说，和它关系最密切的事物，便是同样作为表演艺术的伎艺。反过来说，一旦确定论议同其它民间伎艺有着不可分割的联系，那么，我们也就证明了它作为表演艺术的存在。事实上，正像唐代人表述过的那样，论议曾经同包括讲经、转变、说话在内的诸多民间伎艺并存，且与之构成两种关系：相互影响的关系（彼此借用艺术手段的关系）和相互结合的关系（因功能、表演形式相近而两位一体的关系）。前文提及的“清谈”与“俗讲”，就是同论议有着结合关系的伎艺。除此之外，论议还以不同方式，较多地联系于嘲诮、讹语影带、戏弄、俗赋韵诵、款头等伎艺。这些伎艺是论议取资的对象，因而是论议伎艺化的条件；是论议的姊妹艺术，因而不啻是一面镜子，深刻地映射出唐代论议的本质。

（一）嘲诮

“嘲”是唐代的一种民间语言艺术，《太平广记》有“嘲诮”五卷，记述其事;“嘲”也是唐代的一种诗歌体裁,《全唐诗》有“谐谑”四卷,载录其辞。嘲诮的特点是应用夸张手法描写对象,以达到漫画或笑话的喜剧效果。它主要是作为一种表现手段而用于论议的。

嘲诮的历史十分久远。《诗经·卫风·淇澳》关于“善戏谑兮,不为虐兮”①的描写,说明俳谐嘲戏是古已有之的风尚。《左传·宣公二年》记有宋国筑城人嘲笑主将华元的歌谣,云:“睅(突凸)其目,皤(高挺)其腹,弃甲而复(兵败而归)。于思于思(状华元多须),弃甲复来。”②这里的诗体形式和形象描写的手法,可视为嘲诮诗的滥觞。而《后汉书·朱穆传》载朱穆“著论、策、奏、教、书、诗、记、嘲,凡二十篇”,《张超传》载张超“著赋、颂、碑文、荐、檄、笺、书、谒文、嘲,凡十九篇”:③表明在汉代人看来,嘲诮是与诗、书、赋、颂等并列的一种文体。关于这种文体的格式,则可见《后汉书·边韶传》所记边韶与其弟子对嘲的故事,故事中的两嘲分别为“边孝先,腹便便,懒读书,但欲眠”和“边为姓,孝为字,腹便便,《五经》笥。但欲眠,思经事。寐与周公通梦,静与孔子同意。师而可嘲,出何典记?”④又可见《三国志·吴书·薛综传》所载吴臣薛综与蜀使张奉相嘲的故事,云:

西使张奉于权前列尚书阚泽姓名以嘲泽,泽不能答。综下行酒,因劝酒曰:“蜀者何也?有犬为独,无犬为蜀,横目苟身,虫入其腹。”奉曰:“不当复列君吴邪?”综应声曰:“无口为天,有口为吴,君临万邦,天子之都。”于是众坐喜笑,而奉无以对。(一本

① 《毛诗正义》,《十三经注疏》本,中华书局1980年版,第321页中。

② 《春秋左传正义》,《十三经注疏》本,第1866页下。

③ 《后汉书》卷四三、卷八〇下,第1473页、第2652页。

④ 《后汉书》卷八〇上,第2623页。

见裴松之注引《江表传》,事属费祎与诸葛恪)[①]

这种格式的特点是:一、首句称题,标举所嘲之物;二、以韵文即兴作嘲,由首句定下韵格;三、采用拆字法;四、常为两人对嘲。它们实际上代表了历代嘲诮最常见的形式。因此,嘲诮文体出现在汉代,意味着嘲诮作为一种伎艺成熟于汉代。所以在《文心雕龙·谐隐》中,嘲体文学便得到了理论总结,即总结为"辞浅会俗"的俳谐风格、"意在微讽"的思想内容、"谲譬以指事"的艺术手法[②]——这三者的结合。

魏晋南北朝是嘲诮发展史上的一个重要时期。《太平御览》、《启颜录》两书"嘲诮"篇记载了汉至五代的许多嘲诮实例,其中相当部分发生在此时。当时善于嘲诮的人物有程季明、诸葛恪、繁钦、陆士龙、刘道真、祖士言、徐之才、王元景、卢元明、邢子才、魏收、石动箭等一批知名人士。其作品从内容上可粗分为人物嘲、事物嘲两大类:前者以人名、生理特征、生理缺陷等为嘲谑对象,后者则以鸟、骆驼、猕猴、酒、竹、屏墙等自然物为嘲谑对象。其形式基本上保持了汉以来的传统,但除拆字格外,新增了谐音、隐语、双关等修辞格式。至隋唐两代,嘲诮空前繁盛。太宗宴集近臣,常以嘲谑为乐[③]。玄宗与善谐谑的崔涤关系"款密"[④]。穆宗自幼爱好谐戏:太傅韦绶在讲书之隙,"颇以嘲诮悦之"[⑤]。皇亲国戚如长孙无忌、长孙玄同、杨国忠等,巨

① 《三国志》卷五三,第1250页、第1251页。
② 《文心雕龙注》卷三,第270页、第271页。
③ 参见刘肃:《大唐新语》卷一三《谐谑》,中华书局1984年版,第188页。
④ 《旧唐书》卷七四《崔涤传》,第2624页。
⑤ 《旧唐书》卷一六二《韦绶传》,第4244页。

宦名臣如高士廉、裴略、狄仁杰、王维、左右台御史等，皆偏爱嘲谑。覃延、万参成、李荣、静泰等僧道人物，亦常因嘲谑臻妙而承奉皇恩。由于嘲谑广泛用于酒筵娱乐，故它还被视为饮妓的必要才能。据《北里志》记载，晚唐长安善于嘲谑的妓女如天水仙哥、郑举举、杨妙儿、王苏苏女昆仲等人，即以"巧谈谐"而得到"为诸朝士所眷"的殊遇。我在《唐代酒令艺术》一书中说过："嘲谑这种伎艺，不仅为酒筵著辞提供了谐谑风格，而且为它提供了种种表现手法，从而影响了著辞格律的形成。首句用短句命题，令答二首同一主题、同一辞式、同依一韵、用同一修辞手段：这些酒筵著辞的规则，都可以在嘲诮伎艺中找到根源。"①从相反一面看，酒令艺术与著辞文学的兴盛亦极大地推动了嘲诮伎艺的发展与传播。

大约在论议初盛的时候，嘲诮就被运用于论议表演了。稷下学宫的早期学士淳于髡，即是一名既善论议又善嘲诮的人物②，故被《史记》列入《滑稽列传》。汉代儒生讲经之时，为加强生动性，亦已在讲说之中插入了"解人颐"的语料。例如《西京杂记》卷二记载：匡衡善讲诗经，其讲学论议常使"闻者皆解颐欢笑"，故当时有"无说《诗》，匡鼎来；匡说《诗》，解人颐"③的谚语。事实上，善于剧谈、释答诙谐历来是论难取胜的重要因素。故汉代儒生惠庄在与朱云论难失败之后，有"吾口不能剧谈，此中多有"④的慨叹；《抱朴子·疾谬》篇亦曾指出汉人有"不闻清谈论道之言，专以丑辞嘲弄为先"⑤的风气。于

---

① 王昆吾：《唐代酒令艺术》，知识出版社 1995 年版，第 99 页。

② 参见张秉楠辑注：《稷下钩沉》，上海古籍出版社 1991 年版。

③ 葛洪：《西京杂记》，《古小说丛刊》，中华书局 1985 年版，第 13 页。

④ 《西京杂记》卷二，第 13 页。

⑤ 杨明照：《抱朴子外篇校笺》卷二五《疾谬》，中华书局 1991 年版，第 601 页。

是，当讲经论议同清谈相结合而向伎艺方向发展之时，嘲诮便作为一种表演手法大规模地运用于论议了。例如《晋书·挚虞传》载："东平太叔广枢机清辩，广谈，虞不能对；虞笔，广不能答；更相嗤笑，纷然于世也。"[①]《世说新语·文学》载：殷浩与孙盛曾用嘲诮语论议，云"卿不见决牛鼻，人当穿卿颊"云云。又此条注引《续晋阳秋》说："孙盛善理义。时中军将军殷浩擅名一时，能与剧谈相抗者，唯盛而已。"[②]可见古人所谓"剧谈"、"更相嗤笑"，指的就是运用嘲诮手段相互调笑。如前文所说，南北朝的论议风尚正是由这种"剧谈"与"嘲谑"所代表的，它们推动了论议的伎艺化过程。

本文把唐代论议看作一种伎艺，其中一个重要理由是：嘲诮已是唐代论议的基本手段，这在民间论议和佛道论衡中表现得尤其明显。《实录》、《启颜录》、《太平广记》三书所载的论议实例，便清晰地显示了嘲诮与唐代论议的关系。例如《启颜录》所载：

> 隋有三藏法师，父本商胡。……尝以四月八日设斋讲说，当时朝官及道俗观者数千余人。大德名僧及官人有捷辩者，前后十余人论议，法师随难即对，义理不穷，无难得者。最后有一小儿，姓赵，年始十三，即于众人中出。……小儿精神自若，即来就座，大声语此僧曰："昔野狐和尚，自有经文，未审狐作阇梨，出何典诰？"僧即语云："此郎君子，声高而身小，何不以声而补身？"小儿即应声报云："法师以弟子声高而身小，何不以声而补身；法师既眼深而鼻长，何不截鼻而补眼？"众皆惊异，起立大笑。当时既

① 《晋书》卷五一，第1427页。

② 《世说新语笺疏》卷上，第259页。

是夏月，法师左手把如意，右手摇扇，既为众人笑声未定，法师又思量答语，即以所摇之扇掩面低头。小儿又大声语云："圆扇团团，形如满月，不藏顾菟，翻掩雄狐。"众又大笑。(《启颜录·论难》)

唐有僧法轨，形容短小，于寺开讲。李荣往共论议，往复数番。僧有旧作诗咏荣，于高座上诵之，云："姓李应须李，言荣又不荣。"此僧未及得道下句，李荣应声接曰："身长二尺半，头毛犹未生。"四座欢喜，伏其辩捷。(《启颜录·嘲诮》)

唐四门助教弘绰与弟子边仁表论议。弘绰义理将屈，乃高声大怒。表遂报曰："先生闻义即怒，岂曰弘?"弘又报曰："我姓既曰弘，是事皆弘。"边又应声曰："先生虽曰弘，义终不绰。"座下大笑。弘竟被屈而归。(《启颜录·嘲诮》)①

在这些例证中，嘲谑无疑是论议实现其娱乐性的重要途径。此外，从前文关于唐代论议文本的论述中，亦可见出佛道论议对以下嘲谑手段的应用：

一、连脚嘲(人体嘲)。例如静泰所云："李荣道士，额前垂发，已比羊头，口上生须，还同鹿尾，才堪案酒，未足论文，更事相嘲，一何孟浪。""李荣腰长，即畾而述。屡申驼项，亟蹙蛇腰。举手乍奋驴蹄，动脚时摇鹤膝。"②

二、赋体嘲。例如方惠长所云："昔列子才遇季咸，悦然心醉；黄冠暂逢缁服，不觉魂迷。"灵辩所云："向者才申短略，黄巾以成瓦解；

① 《启颜录》，第6页、7页、58页、60页。

② 《集古今佛道论衡实录》卷四，《大正藏》，第52册，第387—395页。

今若更凭神算,赤舌将必冰消。”又:“日磾生于塞外,为忠臣于汉朝;道陵长自蜀中,作米贼于魏日。”又:“《老子》两卷,本未研寻,《庄生》七篇,何曾披读?头戴死谷皮,欲似钝啄木。”又:“闻君来蜀道,蜀道信为难?何不乘凫游帝里,翻被枷项入长安。”①

三、对嘲(用顶针续麻、和韵、对论方式)。例如李荣嘲曰:“僧头似弹力,解义亦团圞。”义褒接声曰:“今弹弹黄雀,已射两鸱鸮。弹弹黄雀足,射射鸱鸮腰。”又李荣嘲云:“静泰语,莫憧憧,我未发,汝剩扬。”静泰接云:“李荣鸟黖,何异蛣蜣?先师米贼,汝亦不良。”又灵辩嘲曰:“得嘲急解,何事踟蹰?”李荣对曰:“既得玄旨,所以杜默。”灵辩驳曰:“鱼目不类明珠,结舌何关杜口?”②

四、临机嘲,例如共嘲烛。

从现存的唐代论议的实例来看,论议是由两部分构成的,表现为经义论难和嘲谑论难的结合。由于它脱胎于讲学仪式,故在进行之初往往有较严肃的名目;但一旦进入高潮,谐谑的对嘲便成了决胜的关键。这反映了一种历史积累,说明论议的伎艺化过程可以理解为嘲谑化;同时反映了一种审美倾向,说明经义论难是嘲谑论议的铺垫,论议的审美价值包括严肃与滑稽对比这一内容,两者的结合乃基于它们在表现辩才与机智上的共同性。

以上一点,可以联系唐代的社会风尚来理解。《朝野佥载》卷四载有唐高士廉据嘲诮之才而遴选举子的故事,《启颜录·嘲诮》载有裴略因嘲戏而得官的故事:③这表明唐代人乃把滑稽才能看作权衡学问与智能的标准。《朝野佥载》卷四又载有唐题目艺人张元一与武

① 《集古今佛道论衡实录》卷四,《大正藏》,第52册,第387—395页。

② 《集古今佛道论衡实录》卷四,《大正藏》,第52册,第387—395页。

③ 张鷟:《朝野佥载》卷四,中华书局1979年版,第86页。《启颜录》,第28页。

懿宗在武则天面前相互嘲弄的故事①，其中有武懿宗失风而责怪"元一宿构，不是卒辞"的细节：这表明唐代人对即兴卒辞有特殊的崇尚。论议以其义理部分表现博洽捷辩的才能，又以其嘲诮部分表现诙谐和捷辩的双重才能，相比之下，嘲诮部分明显占有更为重要的地位。李荣在论议辞穷时提出即兴"嘲烛"以决"临机之能"，文献所记"频解圣颐"的情况总是出现在对嘲部分——这两件事实足以说明：嘲谑乃因其滑稽风格和捷辩特色而成了唐代论议的灵魂。

总之，按照道宣《实录》的说法，唐代论议的基本风格可以归结为"嘲戏间发，滑稽有余"。这种风格主要是通过嘲诮手法来实现的。因此可以说，嘲诮与论议的结合是使论议获得娱乐功能的重要因素。鉴于唐代所盛行的游戏风尚②，我们又可以说：这种结合乃是一种历史的选择。

（二）讹语影带

讹语影带是一个唐代词语，又称"讹语俳戏"。《国史补下》说："讹语影带有李直方、独孤申叔，题目人有曹著"。③《旧唐书·李藩传》说："王仲舒、韦成季、吕洞辈为郎官，朋党辉赫，日会聚歌酒，慕藩名，强致同会，藩不得已一至。仲舒辈好讹语俳戏，后召藩，坚不去，曰：'吾与仲舒辈终日，不晓所与言何也。'后果败。"④这是提及"讹语影带"的两条仅存的资料。它提示了如下事实：讹语影带是一种流行于唐代的滑稽形式，其特点是通过对语句的讹读或讹解来制造戏谑

---

① 《朝野佥载》卷四，第 87 页、第 88 页。

② 参见王昆吾：《唐代酒令艺术》。

③ 李肇：《唐国史补》卷下，上海古籍出版社 1979 年版，第 60 页。

④ 《旧唐书》卷一四八，第 3998 页。

效果。故任半塘先生用“以经文入讹语,影带成趣”一语对它作了概括。①

关于讹语影带的一个最著名的事例,见于唐人《阙史》卷下及宋高怿《群居解颐》:

> 咸通中,优人李可及者,滑稽谐戏,独出辈流。虽不能托讽匡正,然智巧敏捷,亦不可多得。尝因延庆节,缁黄讲论毕,次及倡优为戏。可及乃儒服险巾,褒衣博带,摄斋以升崇座,自称“三教论衡”。其隅坐者问曰:“既言博通三教,释迦如来是何人?”对曰:“是妇人。”问者惊曰:“何也?”对曰:“《金刚经》云:‘敷坐而坐。’或非妇人,何烦夫坐,然后儿坐也?”上为之启齿。又问曰:“太上老君何人也?”对曰:“亦妇人也。”问者益所不喻。乃曰:“《道德经》云:‘吾有大患,是吾有身。及吾无身,吾复何患?’倘非妇人,何患乎有娠乎?”上大悦。又曰:“文宣王何人也?”对曰:“妇人也。”问者曰:“何以知之?”对曰:“《论语》云:‘沽之哉!沽之哉!吾待贾者也。’向非妇人,待嫁奚为?”上意极欢,宠赐甚厚。②

这里说的是俳优李可及集三教角色于一身,上演《三教论衡》的故事。他所运用的俳谐手法即是所谓“讹语”,亦即利用汉语一音多字、一字多义的特点,用曲解的方法制造具有滑稽意味的理解。例如将“敷”字讹为“夫”、“而”字讹为“儿”、“身”字的“自我”义项讹为“身孕”义项、“贾”的“公户切”音讹为“古讶切”音等。这样一来,神圣的

---

① 任半塘:《唐戏弄·剧录》,上海古籍出版社1984年版,第744页。

② 高彦休:《阙史》,《丛书集成初编》本,第25页;《群居解颐》,王利器辑录:《历代笑话集》,上海古籍出版社1981年版,第58页。

三教经文便变成了一堆笑料。从文中所云“上为之启齿”、“上大悦”、“上意极欢”来看,他的表演显然收到了良好的效果。

事实上,同李可及的论难表演相类似的事例,早见于唐以前。例如《启颜录·论难》辑录了七次娱乐性极强的论议表演,其中五次是北齐伶人石动筩的表演,五次之中又有四次使用了讹语影带。这种情形表明:石动筩是一名擅长讹语影带的论议伎人,而讹语影带这种滑稽表演手法至晚在北齐时期已经流行。为便于分析,今不惮烦琐,备录四例于下:

北齐高祖尝以大斋日设聚会。时有大德法师开讲。道俗有疑滞者,皆即论难。……石动筩最后论义,谓法师曰:“且问法师一个小义,佛常骑何物?”法师答曰:“或坐千叶莲花,或乘六牙白象。”动筩云:“法师全不读经,不知佛所骑何物。”法师又即问云:“檀越读经,佛骑物何?”动筩答曰:“佛骑牛。”法师曰:“何以知之?”动筩曰:“经云:‘世尊甚奇特’,岂非骑牛?”坐皆大笑。又谓法师曰:“法师既不知佛常骑牛,今更问法师一种小事:比来每经之上,皆云价直百千两金;未知百千两金,总有几斤?”法师遂无以对。一坐更笑。

高祖又尝集儒生会讲,酬难非一。动筩后来,问博士曰:“先生,天有何姓?”博士曰:“天姓高。”动筩曰:“天子姓高,天必姓高,此乃学他蜀臣秦宓,本非新义。正经之上,自有天姓,先生可引正文,不须假托旧事。”博士云:“不知何经之上,得有天姓?”动筩曰:“先生全不读书,《孝经》亦似不见。天本姓‘也’,先生可不见《孝经》云:‘父子之道,天性也。’此岂不是天姓?”高祖大笑。

高祖又尝以四月八日斋会讲说,石动筩时在会中。有大德僧在高座上讲，通俗论难，不能相决。动筩后来，乃问僧曰："今是何日？"僧答云："是佛生日。"动筩即云："日是佛儿。"僧即变云："今日佛生。"动筩又云："佛是日儿。"众皆大笑。

动筩又尝于国学中看博士论难，云："孔子弟子达者有七十二人。"动筩因问曰："达者七十二人，几人已著冠？几人未著冠？"博士曰："经传无文。"动筩曰："先生读书，岂合不解？孔子弟子已著冠有三十人，未著冠者有四十二人。"博士曰："据何文以知之？"动筩曰："《论语》云'冠者五六人'，五六三十也；'童子六七人'，六七四十二也，岂非七十二人？"坐中皆大悦，博士无以应对。①

在前两则记载中，石动筩使用了类同李可及的讹语影带方法：将"奇"字讹作"骑"，将"金"字讹作"斤"，将"性"字讹为"姓"——即"讹字法"。后两例则是通过曲解文句来取得戏谑效果的：将偏正词组"佛生日"讹为主谓宾结构的句子"佛生育日"和"日生育佛"，将"五六人"、"六七人"等约数讹为乘式"五六三十"、"六七四十二"——即"讹句法"。这两种方法也可以分别称为"讹语法"和"影带法"，它们代表了讹语影带的两种主要方式。

就上述实例来看，讹语影带手法多用于曲解三教经典，这和论议的内容范围是大致相符的；讹语影带常常借助"难问"的方式，以把对手引入预设的受嘲境地，这与论议的"诘难"方式是极为相似的；讹语影带的目的是制造戏谑效果，令观众失笑，这又和论议伎艺的娱乐宗旨不谋而合。因此，我们认为：讹语影带是论议伎艺"难问经义"项目

① 《启颜录》，第1—5页。

的产物。也就是说，它原是论议问难的一种戏谑方法，后来作为论议伎艺的项目之一上演于论场，最终因其所具有的特殊娱乐效果而成为独立的表演艺术——故唐人有"讹语俳戏"(讹语影带作为专门一戏)、"讹语影带有李直方、独孤申叔"(李直方等为讹语影带的专门艺人)的提法。值得注意的是：《杜阳杂编》和《旧唐书·曹确传》记载了李可及善"拍弹"的故事，《国史补》和《旧唐书·王武俊传》记载了独孤申叔为歌舞戏《义阳主》作歌词的故事。[①]这说明讹语影带、论议、歌舞戏等都是当时优人所擅长的伎艺；因而意味着：讹语影带的独立和论议的戏剧化(详下文)，可以理解为相关联的现象，即理解为优伶艺术的不同分支。这样一来，讹语影带及其所具有的强烈的谐谑效果，便可以帮助我们进一步确认唐代论议的娱乐化程度，以及"诘难"项目在论议伎艺中的核心地位了。

(三)戏弄

"戏弄"一词早见于汉代，意为游戏和玩弄。例如司马迁《报任少卿书》所云"固主上所戏弄，倡优所畜"，《盐铁论·散不足》所云"戏弄蒲人杂妇，百兽马戏斗虎，唐锑追人，奇虫胡妲"，《后汉书·王符传》所云"作泥车瓦狗诸戏弄之具"。[②] 唐代民间伎艺盛行，游戏的伎艺成分增加，唐人遂多以"戏弄"指表演艺术。故任半塘先生在"戏弄"的名义下，对唐代戏剧作了详尽的考察。根据他的研究，唐代戏剧包括《踏谣娘》等全能戏、《弄婆罗门》等歌舞戏、《弄孔子》等歌演戏、《三

① 苏鹗：《杜阳杂编》，《丛书集成初编》本，第 28 页。《旧唐书》卷一七七，第 4608 页。《唐国史补》卷下，第 56 页。《旧唐书》卷一四二，第 3878 页。

② 《文选》卷四一，第 578 页下。《盐铁论校注》卷六，第 345 页。《后汉书》卷四九，第 1634 页。

教论衡》等参军戏(科白戏)——主要有四种类型。

论议和戏弄的关系问题,说到底,是论议的戏剧化问题。这一问题是客观存在的。因为若依唐代人的"戏弄"观念,则当论议节目频频在节庆日上演之时,当那些"风流蕴藉"而又"颇滑稽"的论议人"数蒙宴遇""论难于前"之时,论议已经行使了戏剧的功能,亦即作为表演艺术的娱乐功能。而若按照现代人的"戏剧"观念,则那些在表演之前预有谋划或备有底本的论议,便可以视为论议剧的早期形态。——戏剧的简单定义是"用角色身份表演事物冲突"。同文学相对待,其特征是"表演",是舞台艺术;同一般歌舞相对待,其特征是有具体情节,是叙事艺术;同曲艺相对待,其特征是用角色身份(而非演员身份)表演,是形象的再现艺术。一旦论议节目预设了情节,经过彩排,那么,这些戏剧因素的加入便是不可避免的了。

唐代的论议节目,曾有两种被判为戏剧。一是上文所云李可及用讹语影带法表演的《三教论衡》。任半塘先生在《唐戏弄》中判断:这是一出嘲弄三教人物的参军戏。其主演是李可及,配角是"隅坐者";"儒服险巾,褒衣博带"是其服装;"崇座"是其道具;"问曰"、"对曰"、"惊曰"、"又问曰"等等是其科白;"上为之启齿"、"上大悦"、"上意极欢"是其表演效果;"宠锡甚厚"、"授环卫之员外职"则是其表演之酬。二是大和元年文宗诞日在麟德殿上演的《三教论衡》。《唐戏弄》"辨体""剧录"两节分析说:这也是一出参军戏。白居易、义休、杨弘元三人,乃其演员;白居易儒服赐紫金鱼袋、义休僧服赐紫、杨弘元道服赐紫,乃其服装;在麟德殿内道场设三高座,乃其场面;僧问儒答、僧难儒对、儒问僧答、儒难僧对、儒问道答、儒难道对、道问儒答、道难儒对、共退,乃其情节与科白。[①]任先生的看法是有十分积极的

① 《唐戏弄》,第356页、第741—744页。

意义的。除掉指出了两种《三教论衡》的伎艺特征之外，它提醒我们注意到这样两个问题：论议是不是有它自己的戏剧形式？论议和参军戏之间，存在怎样的关系？

中国戏剧史专家对唐代参军戏作过很多研究。其依据主要是以下几则资料：

《乐府杂录·俳优》："开元中，黄幡绰、张野狐弄参军。始自后汉馆陶令石耽。耽有赃犯，和帝惜其才，免罪。每宴乐，即令衣白夹衫，命优伶戏弄辱之。经年乃放，后为参军。误也。开元中有李仙鹤善此戏，明皇特授韶州同正参军，以食其禄。是以陆鸿渐撰词云'韶州参军'，盖由此也。武宗朝有曹叔度、刘泉水。咸通以来即有范传康、上官唐卿、吕敬迁等三人。"(《太平御览》卷五六九引《赵书》："石勒参军周延，为馆陶令，断官绢数百疋，下狱，以八议宥之。后每大会，使俳优著介帻，黄绢单衣。优问：'汝为何官，在我辈中？'曰：'我本为馆陶令。'斗数单衣曰：'正坐取是，故入汝辈中。'以为笑。")①

《因话录》卷一："肃宗宴于宫中，女优有弄假官戏，其绿衣秉简者，谓之参军桩。天宝末蕃将阿布思伏法，其妻配掖庭，善为优，因使隶乐工。是日遂为假官之长——所为桩者，上及侍宴者笑乐。"(《新唐书·诸公主列传》："阿布思之妻隶掖庭，帝宴，使衣绿衣为倡。")②

《云溪友议》卷下(一本卷九)："有俳优周季南、季崇及妻刘

---

① 段安节：《乐府杂录》，《中国文学参考资料小丛书》，古典文学出版社 1957 年版，第 28 页、第 29 页。《太平御览》，第 2572 页上。

② 赵璘：《因话录》，上海古籍出版社 1979 年版，第 69 页。《新唐书》卷八三，第 3661 页。

采春，自淮甸而来，善弄陆参军，歌声彻云。"（薛能《吴姬》诗："楼台重叠满天云，殷殷鸣鼍世上闻。此日杨花初似雪，女儿弦管弄参军。"）①

《新五代史·吴世家》："徐氏之专政也，隆演幼懦，不能自持，而知训尤凌侮之。尝饮酒楼上，命优人高贵卿侍酒。知训为参军，隆演鹑衣髽髻为苍鹘。"（《资治通鉴》事属后梁贞明四年，云"自为参军，使王为苍鹘，总角敝衣，执帽以从"；姚宽《西溪丛语》引《吴史》云"尝登楼狎戏，荷衣木简，自号参军，令王髽髻鹑衣，为苍头以从"。）②

这些资料说明，参军戏是一种滑稽戏。其特点是由"参军"与"苍鹘"两个角色用问答调笑的方式表演。它同论议伎艺确有很多相似之处：都是两人表演的节目，表演者均有主次之分（参军桩相当于论议中的论主），皆以问答为主要内容，同样具有戏谑风格。但是，若细加辨析，则在二者之间仍可看到以下区别：

（一）论议是一种以语言为表现手段的伎艺，重在对话；无唱，无乐。而参军戏则是科、白、唱并重的。后者如任先生所说，其"问答不限在说白，歌辞中尤便问答，亦可白问唱答，或唱问白答"。③"殷殷鸣鼍"、"弦管弄参军"云云，则表明参军戏可用器乐伴奏。

（二）论议是宣教名义下的娱乐活动，表现辩才，主题多在三教之

---

① 范摅：《云溪友议》卷下，《中国文学参考资料丛书》，古典文学出版社 1957 年版，第 63 页。《全唐诗》卷五六一，第 6520 页。

② 《新五代史》卷六一，中华书局 1974 年版，第 756 页。《资治通鉴》卷二七〇，第 8827 页。姚宽：《西溪丛语》卷下，中华书局 1993 年版，第 95 页。

③ 《唐戏弄·辨体》，第 355 页。

内；参军戏则是时事剧，强调形象对比，以调笑暗寓规讽。

（三）论议是一种男性的伎艺；而参军戏则不论男女，皆可参演。

（四）论议并无固定的角色，儒道僧俗均可表演并因此成为节目中的人物；参军戏则是一种“假官戏”，其主要角色是固定的。

（五）论议一般不作化妆；但参军戏却有较严格的服饰规定，此即明代于慎行《谷山笔麈》所云“以一人幞头衣绿，谓之参军；以一人鬖角敝衣，如僮仆状，谓之苍鹘”①。

以上区别乃缘于论议、参军戏的不同来源，因此，反映了它们在原始性质上的差异。论议伎艺的前身是三教的宣教活动，其诘难部分以“击扬以明其道”、“影响以扇其风”、“抱疑以谘明决”为宗旨，故注重对话；而参军戏则源于模仿时事人物的表演，除运用调笑语言之外，亦重视滑稽动作：故它们的表现形式有别。论议原是一种学术活动，因事理而致诘难；参军戏则自始便是一种优伶艺术，就人物而设戏语：故它们的内容有别。就此而言，两种《三教论衡》都是不能归结为参军戏的。李可及的《三教论衡》用儒服人物与“隅坐者”的对演再现三教论议的场面，具充分的戏剧因素，故应判为论议剧；而白居易等人的《三教论衡》却不是用角色身份表演的，故仍应判为论议伎艺。

参军戏和论议都是唐代比较盛行的表演伎艺，两者之间发生联系与影响是十分自然的。两种《三教论衡》与参军戏的相似性，可以说是这种影响的表现。因此，即使我们作出上述判断，也同样有助于说明唐代的戏剧风尚。不过，一旦把李可及的《三教论衡》判为论议剧，便揭示了一个戏剧新品种的存在，也揭示了论议伎艺在唐代的一

① 于慎行：《谷山笔麈》卷一四，中华书局 1984 年版，第 159 页。

次重要的提升：由于优伶的创造，它从学术与艺术的结合，转变为伎艺与戏剧的结合。这个转变具有重要的意义。事实上，李可及的《三教论衡》是作为一批论议剧的代表而见诸史籍的，它并不是唐代论议剧的硕果仅存。从现有资料看，至少还有一出戏应判为论议剧，这就是《弄孔子》。

《弄孔子》侥幸地在《旧唐书·文宗纪》中得到了记录。关于它的描写很简单，云："（大和六年二月）己丑，寒食节，上宴群臣于麟德殿。是日，杂戏人弄孔子。帝曰：'孔子，古今之师，安得侮渎！'亟命驱出。"[①]尽管如此，我们仍然可以从文中读到环绕它的诸多外部因素：一、演出时间为大和六年寒食节；二、演出地点为内廷麟德殿；三、演出事由为宴集娱乐；四、演员为"杂戏人"，观众为帝王群臣。根据事物外部结构与内部结构的同一性原理，我们认为，这些因素无疑可以反映"弄孔子"的伎艺性质。何况这些因素恰好和李可及的《三教论衡》相同，并联系于以下事实：

（一）文宗是一位嗜好观看论议表演的君主。凡其生日，均要举行论议表演以示庆贺。仅见诸史籍的文宗诞圣日论议，即有大和元年、二年、四年、五年的论议，其中包括白居易参加的那次三教论衡。

（二）麟德殿是举行御前论议的专门地点。自德宗以后，唐代诸帝均曾在麟德殿观赏论议表演。

（三）戏弄三教圣人是唐代论议的习惯，上文"嘲诮"、"讹语影带"所举诸例即是明证。此风至晚唐益盛。如罗隐有《谒文宣王庙》、《代文宣王答》二诗，用类似于问难的体裁写成。其第二首以孔子口吻作嘲云："三教之中儒最尊，止戈为武武尊文。吾今尚自披蓑笠，尔等何

① 《旧唐书》卷一七下，第544页。

须读典坟。释氏宝楼侵碧汉，道家宫殿拂青云。若教颜闵英灵在，终不羞他李老君。”①

（四）《杨文公谈苑》、《渑水燕谈录》、《爱日斋丛抄》卷二、《宋史·孔道辅传》记载了几则“教坊以夫子为戏”、“教坊伶人以先圣为戏”、“教坊优伶举经语以戏”②的宋代史事，均联系到文宗时的《弄孔子》事作了评论。这说明宋代的孔子戏是以唐代《弄孔子》为渊源的，并说明孔子戏包括“举经语以戏”的内容，即论议的内容。

（五）在唐代，“弄”的一个重要含义是扮演，例如“弄假官”、“弄参军”、“弄狮子”、“弄兰陵王”、“弄婆罗门”等等。故“弄孔子”的含义可确定为“扮演孔子之戏”。

（六）唐代民间伎艺中的孔子题材，乃以孔子与项橐、子羽等人相问的故事流传最广。即便是远离京师的敦煌地区，《孔子项托相问书》的各种抄本亦达16种之多；而孔子与子羽对论的故事，则见于西北边陲。因此，《弄孔子》应当是采用民间常见题材的戏剧。

据此，我们有理由判断：《弄孔子》一剧是由两名杂戏人扮演孔子及另一人，以相问诘难的形式表演的。杂戏人之所以要选择这一题材，原是为了迎合文帝的喜好；文帝之所以要“亟命驱出”，乃因为民间论议原有作人身嘲讽的习惯。礼失求诸野，在后世以“杂剧”、“院本”之名义而保存下来的节目中，可以清晰地看到类似的论议剧的存在。例如在宋周密《武林旧事》、元陶宗仪《辍耕录》两书所记录的宋代杂剧段数及金院本名目中，有这样一批剧目：

---

① 雍文华校辑：《罗隐集》，中华书局1983年版，第56页。

② 黄鉴纂集：《杨文公谈苑》，《说郛》卷二一，涵芬楼本，第380页下。王辟之：《渑水燕谈录》卷八，中华书局1981年版，第104页。叶寘：《爱日斋丛抄》，中华书局2010年版，第48页。《宋史》卷二九七，第9884页。

一、以“论”“难”为内容的剧目:《大论情》、《四论艺》、《论秋蝉》、《大论谈》、《论句儿》、《难古典》、《难字儿》;

二、以“三教”故事为题材的剧目:《三教安公子》、《双三教》、《三教闹著棋》、《三教化》、《三教》、《领三教》、《打三教庵宇》、《普天乐打三教》、《满皇州打三教》、《门子打三教㫋爨》、《集贤宾打三教》;

三、问答形式的剧目:《问相思》、《问前程》、《渔樵问话》;

四、表现讲学论议的剧目:《擂鼓孝经》。

这些剧目的大部分,无疑是可以判为论议剧的。例如《擂鼓孝经》:其所谓“擂鼓”属论议的重要仪式,其所谓《孝经》又是儒家论议的常用题材,它作为论议剧的身份十分明显。这种情况不仅证实了唐代论议风尚对于戏剧的影响,而且表明:自唐代而至宋元时期,论议剧一直是备受观众喜爱的娱乐节目。

有必要说明的是,当我们把《弄孔子》判为论议剧的时候,我们实际上作了这样一个推测:敦煌本《孔子项托相问书》也是论议剧的文学底本。作出这一推断,理由不仅在于这篇作品有明确的角色分工,以人物的问答论难贯串始终,末附作为下场词的七言体《项托诗》——其剧本特征彰明较著;而且在于,它在民间散播广泛、流传有绪。宋元时期关于伶人以“以夫子为戏”、“以先圣为戏”、“以文宣为戏”的许多记载,明本《历朝故事统宗》、《东园杂字》两书中的《小儿论》,民国年间北京宝文堂同记书铺印本《新编小儿难孔子》和滇南民间所存的两本孔剧①,以及越南本《孔子项橐问答书》、《昔仲尼师项橐》②,皆可看作它

① 参见徐凌霄:《滇南孔剧述评》,《剧学月刊》第四卷第十二期,1935年。

② 参见本书《越南本〈孔子项橐问答书〉谫论》。

的余绪和变种。

(四)俗赋韵诵

敦煌写本中约有二十种唐五代的赋体作品。其中有诗歌体(多是七言歌行)的《龙门赋》、《死马赋》、《子灵赋》、《月赋》、《酒赋》,有四六言韵文体的《天地阴阳交欢大乐赋》、《驾幸温汤赋》、《贰师泉赋》、《齖䶗书》,有散文体的《燕子赋》、《晏子赋》、《韩朋赋》、《丑妇赋》、《秦将赋》、《渔父歌沧浪赋》、《去三害赋》。散文类的大部分作品和韵文类的《齖䶗书》都具有相似的俗文学特点:使用口语、重视情节、以对话展开故事、用诙谐语作夸张描写、句式散漫、叶韵宽泛,习惯上称之为"俗赋"。按"赋"的先秦定义是"不歌而诵谓之赋"。据刘谧之《庞郎赋》所云"坐上诸君子,各各明君耳,听我作文章,说此河南事"[①]云云,以及《北梦琐言》关于皮日休、归融以《夹蛇龟赋》、《皮靸鞋赋》"递相谤诮"[②]的记载,可知俗赋的上述特点,乃缘于它用韵诵的方式在歌场表演。《去三害赋》写本首题中的"王□韵"字样,即可看作用于韵诵的表现。而《齖䶗书》的三种写本都在附录中抄写了一段七言诗、一首以劝学为主题的《十二时》和一首关于入舍女婿的咒文,证明它和这些作品曾在同一场合连续表演。《子灵赋》由内容、形式均不相同的两部分组成,前段五言诗体,采用常见于敦煌曲子辞的闺怨题材;后段七言诗体,采用常见于敦煌词文的圣贤劝世的题材:全篇并无与篇名"子灵"相关的内容,明显是用于某一说唱节目开篇和终场时的诵辞或唱辞。此外《韩朋赋》用大量人物对话组成一个情节生动

① 《初学记》卷一九,第459页。
② 孙光宪:《北梦琐言》卷七,中华书局2002年版,第156页。

的故事,《驾幸温汤赋》中的“青一队兮黄一队,熊踏胸兮豹挐背”等语又见于《八相押座文》[1],《龙门赋》以“忽谓行乐长若斯,盛衰恰似河边草”的讲唱套话结尾,《渔父歌沧浪赋》为对话体,《天地阴阳交欢大乐赋》采用了许多俚言俗语,抄写《死马赋》的伯 3619 号写本按民间文学的“首章标其目”方式将刘希夷《洛川怀古》改为《北邙篇》:或表现了被讲唱艺人改纂的痕迹,或表现了对民间表演艺术的适合。凡此种种,均证明了“俗赋”作为讲唱伎艺的身份。

关于作为文体的“赋”的上述定义,见于《汉书·艺文志》引先秦之《传》语。尽管这一定义在近年来备受质疑,但它却是符合先秦文学的实际的。为了说明这一点,进而说明敦煌赋与唐代论议的关系,我们有必要先行讨论一下先秦时代的“诗”“赋”之分。这是一个饶有趣味的题目,需要花费一些专门的篇幅。

根据许慎《说文解字》、郑玄《毛诗笺》、刘熙《释名·释典艺》等文献,“赋”字的本义是收敛,假借为“铺”和“敷”,表直铺与敷布。《周礼·春官·大师》最早将它用指文体,云:“教六诗:曰风,曰赋,曰比,曰兴,曰雅,曰颂。”[2]周代大师是掌管音乐制度的,而《左传》又记载了许多关于赋用于表演的事例,这就说明赋是一种同音乐有关的诗歌方式,即改歌诗为韵诵的方式。例如《左传·文公四年》说赋是“肄业”(习歌之人)所长:乃表明赋是一种专门伎艺。《襄公十四年》及杜预注说卫乐师师曹受命以歌款待孙蒯,师曹“恐孙蒯不解”词意,于是改而“诵之”:[3]则说明赋这一伎艺类同于歌,但有明白易解的特殊功

① 参见《唐戏弄》据斯 2440.2 号敦煌写本、《大正新修大藏经》卷八五等所校之文,第 875 页。

② 《周礼注疏》卷二三,《十三经注疏》本,第 796 页上。

③ 《春秋左传正义》卷一八、三二,《十三经注疏》本,第 1841 页上、第 1957 页上。

用。《国语·周语》记有“公卿至于列士献诗,瞽献曲,史献书,师箴,瞍赋,蒙诵,百工谏”的制度,韦昭释“赋”为:“赋公卿列士所献诗。”①可见“瞍赋”和“蒙诵”的区别,在于赋是雅言诵(详另文)或保留了歌诗音节的韵诵,而诵是单纯的诵读。

如果我们注意到上古文学作为口头文学的特性,那么,可以比较容易地理解这一事实:《周礼·大师》将“诗”分为风、赋、比、兴、雅、颂六类,原是有表达方式的缘由的。贾公彦《周礼·大司乐疏》说“歌乐即诗也,以配乐而歌,故云歌乐”,说明“诗”本来指的就是歌唱文学。同“六诗”相似的分类又见于同书《大司乐》:“以乐语教国子:兴、道、讽、诵、言、语。”②两种分类显然具有可比性:“风”对应于“讽”(《集韵》、《广雅疏证》等书云二字通假),“赋”对应于“诵”,“兴”则是两者共同的节目。因此,我们可以联系两种分类,对六诗的本来含义作如下解释:

一、风与赋。这是两种传述“诗”的方式,即直述的方式和吟诵的方式。郑玄注《大司乐》:“倍文曰讽,以声节之曰诵。”贾公彦疏:“云‘倍文曰讽’者,谓不开读之;云‘以声节之曰诵’者,此亦皆背文。但讽是直言之,无吟咏;诵则非直背文,又为吟咏,以声节之为异。”③这说明“诗”是采自“歌”的,但传述之时有“讽”和“诵”的区别。“讽”是原始的记诵,按原貌记录词音,故云“背文”;歌词有方音之别,故“讽”作为名词(“风”)便指风俗歌谣。而“诵”则代表一种“以声节之”的吟咏方式:自然的诵读为“诵”,依循雅言的诵读为“赋”。

二、比与兴。这是比“风”和“赋”更具音乐性的诗歌传述方式。

---

① 《国语》卷一,上海古籍出版社 1978 年版,第 9—11 页。

② 上引见《周礼注疏》卷二二,《十三经注疏》本,第 787 页下。

③ 《周礼注疏》卷二二,《十三经注疏》本,第 787 页下。

"比"字在甲骨文中与"从"混用,表二人相随。《说文解字》说它意为"密","二人为从,反从为比"。此外它有"辅"[①]、"比次"[②]、"齐"[③]等义。可知"比"对应于乐语中的"道"(郑注:"读曰导"),作为诗歌类名,应为赓和形式的叠唱。故《鬼谷子·反应》篇说:"比者,比其辞也。"《汉书·食货志》说:"比其音律。"《管子·正第》篇说:"会民所聚曰道","阴阳同度曰道"。[④] "兴"字在甲骨文中象四手共同托起一件盘形物,据《说文解字》所释,乃含"起"、"同力"之义。但"兴"字的始义并不止于此。商承祚曾据钟鼎文中的两种"舋"字(均添了"口"的因素)判断:"兴是群众合力举物时所发出的声音"[⑤]。陈世骧进一步认为"此即'舞踊'举物旋游者所发之声"[⑥]。这种解释是可以在《诗经》中找到旁证的——《毛诗传》在 116 篇诗歌中注有"兴也"二字。其中于首章次句下发"兴"的属通例,有 102 篇,例如:

关关雎鸠,在河之洲(注"兴也"),窈窕淑女,君子好逑。[⑦]

这种注解方式是极富启发意义的。它说明"兴"是一种歌唱方式,即流行于先秦两汉的"相和歌"。故所谓"起",指的是起调而歌;所谓"兴物而作谓之兴"[⑧],指的是起唱引出和唱;《毛诗传》所注"兴"

---

① 《周易正义》卷二,《十三经注疏》本,第 26 页。

② 《广韵》卷五,中国书店 1982 年版,第 451 页。

③ 黄焯:《经典释文汇校》卷六《毛诗音义·六月》,中华书局 2006 年版,第 176 页上。

④ 许富宏:《鬼谷子集校集注》,中华书局 2008 年版,第 26 页。《汉书》卷二四上,第 1123 页。《管子校注》卷一五,第 893 页。

⑤ 商承祚:《殷契佚存考释》,《殷契佚存》,金陵大学中国文化研究所 1933 年版。

⑥ 陈世骧:《原兴》,《香港中文大学中国文化研究所学报》三卷一期。

⑦ 《毛诗正义》卷一,《十三经注疏》本,第 273 页中。

⑧ 《释名疏证补》卷六《释典艺》,中华书局 2008 年版,第 213 页。

的位置，乃是起唱与和唱相间的位置。宋玉《对楚王问》中的《阳春》、《白雪》、《下里》、《巴人》，《史记》中的项羽《垓下歌》、刘邦《大风歌》，《宋书·乐志》所谓“作伎最先一人倡，三人和”[①]，所用的都是“兴”的方式。而古代哲学中“同”与“和”这一对范畴，其所依据的经验事实，首先也是“比”与“兴”的联系和区别。

三、雅和颂。如果说“风”和“赋”是用言语的方式传述“诗”，“比”和“兴”是用歌唱的方式传述“诗”，那么，“雅”和“颂”则使用了“乐”的方式。关于这一点，言之者已多。例如说“雅”字古通“夏”，指周王畿一带的乐歌。[②]“雅”又是一种乐器，《周礼·笙师》：“笙师掌教龡竽、笙、埙、钥、箫、篪、篴、管、舂牍、应、雅。”[③]故“雅”指的是配合器乐的歌唱。“颂”，《释名·释典艺》和《释言语》释为“容”，《毛诗序》说是“美盛德之形容”：[④]可见它指的是有舞容的歌唱。

“六诗”之分见于《大师》，“乐语”之说见于《大司乐》，其间有共同之处，也有差异。差别在于大师掌管的是“六律六同”，以乐工为教；大司乐掌管的是“成均之法”，以“合国之子弟”为教。故“六诗”偏重于“乐”，乃按风（方音直诵）、赋（雅言吟诵）、比（叠唱）、兴（和唱）、雅（乐歌）、颂（舞歌）这种音乐性递增的次序排列；“乐语”六类则偏重于“语”，于是按兴（相和）、道（赓和）、讽（方音诵）、诵（直诵）、言（韵语，如“歌永言”）、语（白语）这种音乐性递减的次序排列。《贾子新书·傅职》篇说：“号呼歌谣声音不中律，燕乐雅颂逆乐序，凡此其属诏工

---

① 《宋书》卷二一，第603页。

② 刘宝楠：《论语正义》卷八《述而》，卷一〇《子罕》，卷二〇《阳货》，中华书局1990年版，第269页、270页、345—348页。

③ 《周礼注疏》二四，《十三经注疏》本，第801页上。

④ 《释名疏证补》卷四、卷六，第113页、第213页。《毛诗正义》，《十三经注疏》本，第272页下。

之任也。”[①]这说明古乐语、六诗是依乐序设教的,其实质则是由易至难的教育进程。

“六诗”之说的本义既明,“赋”的原初涵义以及“赋”与“诗”的区别便很容易确定了。其基本关系即所谓“不歌而诵谓之赋”。班固关于赋是“古诗之流”,因“聘问歌咏不行于列国”而成为专门文学体裁的说法,也指的是这种关系:赋是韵诵作品,由乐歌作品演变而来。事实上,《汉书·艺文志》仍然循用了古老的诗、赋二分法——其中“赋”类著录的是《屈原赋》以至《成相杂辞》、《隐书》等一千多篇韵诵作品,其中“诗”类著录的是《高祖歌诗》、《宗庙歌诗》、《吴楚汝南歌诗》、《燕代讴雁门云中陇西歌诗》、《河南周歌诗》、《河南周歌声曲折》等314篇音声犹在的作品。班固关于“学诗之士逸在布衣,而贤人失志之赋作矣”的解释,以及“自孝武立乐府而采歌谣,于是有代赵之讴、秦楚之风”的解释,恰可帮助我们理解诗赋篇目比例的差异,知道这里的诗与赋,是严格按歌或不歌来区分的。

值得注意的是:虽然从汉代起,赋成为文人摛藻之一体,但韵诵却一直是民间赋的表演方式。例如:

《礼记·曲礼》说“邻有丧,舂不相;里有殡,不巷歌”,郑玄注“相谓送杵声”[②]——可见《汉志》杂赋中的《成相杂辞》是劳役时的讴谣。

《汉书·王褒传》说宣帝征求能为《楚辞》之人,九江被公被“召见诵读”[③]——可见民间的赋作仍讲求按歌辞之音(例如楚音)诵读。

《汉志》在屈赋类著录“赵幽王赋一篇”[④],考诸《汉书·高五王

① 贾谊撰,阎振益、钟夏校注:《新书校注》,中华书局2000年版,第174页。

② 《礼记正义》卷三,《十三经注疏》本,第1249页中。

③ 《汉书》卷六四下,第2821页。

④ 《汉书》卷三〇,第1747页。

传》，此赋是赵王刘友“饿乃歌”之辞，楚辞体——可见当时仍有称韵诵（或谣歌）为“赋”的习惯。

《汉志》又著录“上所自造赋二篇”①，其中一为载于《汉书·外戚传》的《伤悼李夫人辞》，一为载于《文选》的《秋风辞》，皆楚辞体；《外戚传》说：武帝相思悲感，为作诗，“令乐府诸音家弦歌之，上又自为作赋，以伤悼夫人，其辞曰”②云云——可见“赋”指的是不入乐府弦歌的辞。

总之，如果说《汉志》关于诗赋之别的资料反映了一种文学分类的传统，那么，它可以为解决中国文学史上的诗赋关系问题提供三方面启示：其一，它进一步证实诗赋之别原是表演形式的区别：诗为乐歌，赋为把曲折的乐歌移植为平直的讽诵。其二，由于歌和诵的区别，遂有了文学体裁和创作方法的区别。较少受乐曲限制、更适于诵读的屈赋体或楚辞体，故成为赋的重要体裁。当体裁的特性在创作风格上表现出来的时候，于是也出现了“诗人之赋丽以则，辞人之赋丽以淫”的现象。其三，诗和赋的分流，实际上是歌唱文学与韵诵文学的分流。由于体裁的宽容性，赋既可以用诗的形式，也可以用讲唱文学的形式，故可以容纳对话、问答、谐隐、辩难、调笑、夸张、叙事、写物等多种艺术手法。例如宋玉《大言赋》、《小言赋》的问答形式和《高唐赋》、《神女赋》的故事形式，汉扬雄《解嘲》的谑谐风格和魏曹植《鹞雀赋》的民歌节奏。

敦煌赋正是在上述三方面体现了对传统的继承的。它大量采用较宜于韵诵的楚辞体及其变体，因而有《齖䶗书》、《贰师泉赋》等骈体

① 《汉书》卷三〇，第1748页。

② 《汉书》卷九七上，第3952页。

作品；它广泛吸收各种讲唱伎艺的艺术手法，因而具有寓庄于谐、善用夸张和渲染、以问答和辩说构成作品主体、富于故事性的特点。此外，全部敦煌文学作品可以分为两大系统：一是属于讲唱文学或曰歌唱文学的讲经文、变文、话本、词文、曲子辞，一是属于韵诵文学或曰口语文学的俗赋、诗歌、论议。它们正好与歌、赋二分的古老传统相符。据此，敦煌赋大量使用七言歌行体的现象，以及往往与诗歌作品同卷抄写的现象，便可以理解为：这些诗歌和诗体作品其实是本来意义上的"赋"。同时我们也得以知道：由于敦煌赋和敦煌论议共同表现了对传统表演艺术及其文体的继承，由于它们在表达方式上的类似性，故它们的相互结合(用韵诵方式进行论议表演)，便成为一件具有很大的现实可能性的事情。

俗赋和论议的上述关系，还可以通过这样一个现象得到说明：敦煌文学作品的伎艺性质是并不恒定的，讲经文可以改编为变文，诗歌可以配入曲子演唱，押座文既见于讲经文也见于变文，曲子辞用于说唱故事便成为词文——随着伎艺性质的转变，其文本形式也会发生相应的变化。同样，歌辞和论议文用于韵诵即是俗赋。这样的例子既有《酒赋》，也有《晏子赋》和五言体的《燕子赋》。《酒赋》见于七种写本，在敦煌流传甚广。它有三个名称：《高兴歌》、《高兴歌·酒赋一本》和《酒赋》。若对写本年代作一考证，那么，可以发现上述三名是顺序产生的。若称为"歌"，它便往往在写本中同《胡笳十八拍》等诗体作品抄在一起；若称为"赋"，它便往往同《秦将赋》、《龙门赋》、《齖𪘏书》等俗赋作品抄在一起。[①]这就意味着：它是采摭歌辞而用为俗赋的作品；"歌"和"赋"分别代表了一种表演艺术的体裁，其间区别是

① 参见本书《敦煌〈高兴歌〉及其文化意蕴》。

歌唱和韵诵的区别。同时也意味着:《晏子赋》、《燕子赋》(乙本)在题材、结构、风格等方面与论议相吻合的情况,应当理解为用韵诵方式进行论议表演。或者说:晏子捷辩、燕雀争巢这两则流行故事曾被多种伎艺采用,其中包括论议与俗赋韵诵。鉴于前者重于临场发挥而后者重于事先编排,故其文本流传的过程应当是:韵诵艺人首先将这两则故事定型为文本,论议艺人则在此基础上将其改编为适合于论议表演的底本。因是俗赋的改编本,所以它们仍然保留了俗赋的风格特点;因是论议底本,所以它们具有多人表演、问答、诘难、两方相争一主裁断等反映其伎艺本质的特征。

七、结论

论议是一种具有复杂性格的事物。"论议"一词的出现,意味着一种语言交际手段得到了认识。春秋战国时期携徒属而演道术、穷事理而致诘难的风尚,使它成为学术活动和宣传活动的重要项目。从诸子百家的论难文开始,它就代表了一种新的文学体裁;而在儒、佛、道三家的讲学实践中,它表现为古典教育的一种行之有效的方式。在上述几个方面,它都书写了具有完整的历史线索的篇章。但当一批独特的文本出现在敦煌俗文学作品中的时候,我们注意到了它的另一重本质:作为民间伎艺的本质。

这种由至少两人参演,以论难双方围绕若干命题相互诘难、辩驳为形式特征的伎艺,是隋唐五代知识阶层倾心关注的对象,又因帝王的宠顾、群众的偏爱而得到丰富多样的描写。这些描写反映了它的几种存在方式:《启颜录》表明,它曾作为广场艺术而存在;《集古今佛道论衡实录》和其它关于三教论衡活动的记录表明,它曾作为节庆日的宫廷娱乐节目而存在;关于李隆基等以"讲经、论议、转变、说话"消磨闲暇的故事表明,它曾作为优伶艺术而存在;李可及表演《三教论衡》一类"杂戏"的实例表明,它曾作为戏剧新品种而存在。尽管它仍然用为儒、佛讲经的仪式节目,仍然有内容严肃的一面,但毫无疑问,唐代的论议已经是一种成熟的伎艺了。在大部分场合,唐代论议把自己的母体——讲学活动所固有的对机智捷辩的讲求,发展成为特殊的娱乐形式;把讲学论议的常用主题——三教圣人及其经典,转变为嘲谑戏弄的对象。与此同时,它对论议的人物场景进行模仿,辅以艺术加工,学术的严肃性遂成为喜剧风格的陪衬;通过长期积累而形成的,包括击论鼓、升论座、竖义、诘难、下座等项目的论议仪式因亦转化为表演艺术的程序。敦煌写本所载的《茶酒论》、《晏子赋》、《孔子项托相问书》、五言体《燕子赋》等作品,正好用它们独具特色的文本结构,表现了论议仪式向讲唱程序的转化,以及这些程序向俗文学的渗透。

由于这种渗透现象,我们为上述几种敦煌文学作品找到了体裁的归宿。解决敦煌学的这个悬而未决的问题,是本文的出发点,但不是它的最终目标。因为对象的特殊性要求我们采用比较研究的方法,而任何一种比较,都将提出比对象更为广阔的视野。例如,一旦对敦煌论议文本与《实录》所载的佛道论衡文本作出比较,概括出论议伎艺的文本特征——以诘难为主体、采用具有强烈角色分工色彩的对话问答体、运用嘲诮手法、杂用赋体骈句等特征之时,我们自然要去考察论议同嘲诮、俗赋、戏弄等民间伎艺的关系。一旦对敦煌论议与此前各种论议加以比较,描写出论议的演进过程——从春秋战国时期的百家论辩开始,经由汉代的儒生会讲和俳谐嘲答、魏晋的清谈和俗讲、南北朝时代的戏谑化和广场艺术化而成为特殊表演伎艺的过程之时，我们也自然要去考察论议诸历史形态的文化条件。所有问题都显示了复杂的关系，远远超过以往的想象，因而把我们引向新的立足点。周勋初先生曾在《三教论衡与文士心态》一文中谈到：史籍所载的三教地位的起落只是一种表面现象；三教的辩难内容肤浅，并未在学理上作深层探讨，甚至"目的本来不在探讨学理"；三教论衡的主要倾向是追求统一，其求同存异心理表现为论辩所用的比附手段和对辩难对象的"极为尊重"。[①]当我们注意到这些现象的时候，不免联想到三教论衡活动与敦煌论议的共同背景；而这样一来，过去那种从"三教融合"或"儒道互补"的角度所作的解释，便自然要让位于一种更深入的解释：把"三教论衡"理解为艺术活动，理解为民众轻政治重娱乐的文化心理的一种反映，就其社会功能的本质作出解释。唐释法云《辨量三教论》说："每见俗流雅论，均三教于一宗；商略皇王，混政道于时俗。"[②]足见三教融合原是植根在民众风俗中的现象，"皇王"、"雅流"们所组织的三教论衡活动，只不过是"混政道于时俗"的产物。

事实上，敦煌论议文本的理论意义并不止于上述。在确定文学艺术的性质与范围、文体之分的本质、中国文学艺术的传统等问题上，敦煌论议都提供了不容低估的启示。它使我们懂得：文学艺术是因为某种功能而得以呈现的事物。实用与审美、学术与艺术，其间并无绝对的界限。既然敦煌文学研究已打破旧的文学艺术观念，把过去不入大雅之堂的讲经文、变文、蒙书以至佛道二教的偈赞歌诀都纳为自己的考察对象，那么，论议便应合理地归结为中国文学艺术的一

① 《周勋初文集》，江苏古籍出版社 2000 年版，第 3 册，第 465—480 页。

② 《大唐内典录》卷五，《中华大藏经》，第 54 册，第 584 页上。

种特殊体裁。既然中国人所谓“艺术”原本指的是技能，“悦”本是中国人表达审美感受的最常用词语，那么，我们就有理由把具有欣赏价值和喜剧效果的技巧看作伎艺。这一点可以验诸历史：古代的中国人一直是把各种应用文体和诗、词、赋等文学的经典体裁一例看待的；在先秦之时，文体的区分从未离开应用方式或表达方式的区分。例如《汉书·艺文志》中的诗、赋之分，便反映了古老的乐歌与韵诵之分；其中以屈原赋、陆贾赋、荀卿赋、客主赋（杂赋）为代表的四种赋体之分，亦反映了古老的伎艺分类。——在四种赋体的名义下，《汉志》所列举的篇目分别属于近于歌的抒怀作品、近于辩的说辞作品、近于书记的写物作品、近于箴言的杂记作品，而其依据则是古所谓“列士献诗”、“百工谏”、“史献书”、“师箴”。从本文第六节所讨论的风、赋、比、兴、雅、颂等“六诗”的分类方法中，我们可以得到同样的启示：文学艺术各品种不过是人体表达手段的不同方式的延伸，文体的区别本质上只是表达方式的区别。就此而言，无论是作为一种表达和交际的手段，还是作为一种伎艺和文体，论议都是具有特别重要的文化意义的。因为它代表了一种非个人的表达方式，它是两人以上的配合。从这一角度看，论议和戏剧具有相近的性格；它们共同组成文学艺术的一个大宗，而同诗、赋、曲子及各种单独表演的讲唱伎艺品种成犄角相对之势。

关于这种两人配合、具有对抗色彩的表达方式，在唐代另有一种特殊表现。此即“款头”，又称“问头”。它是一种以相互问答为特征的表演艺术和表现手法。其名见于《唐太宗入冥记》、《燕子赋》等敦煌说唱作品。孟棨《本事诗》和王定保《唐摭言》亦记载了张祜与白居易以“目连变”、“问头”相嘲戏的故事。款头手法在敦煌词文中的用例，有《下女夫词》；在敦煌曲子辞中的用例，有《南歌子》（风情问答）、

《定风波》(问儒士)和失调名"六问枕不平";在唐代诗歌中的用例,有王绩两首《春桂问答》;在唐代话本中的用例,则有张鷟《游仙窟》中的两首《问李树》、两首《双燕子》和一首《问蜂子》。它具有同论议相近的表现形式,两者之间的亲缘关系是毋庸置疑的。但款头似乎有一支独特的来源。例如在《诗经》的几十篇作品中,都出现了类似的问答形式。《召南·行露》云:"谁谓雀无角?何以穿我屋?谁谓女无家?何以速我狱?""谁谓鼠无牙?何以穿我墉?谁谓女无家?何以速我讼?"《秦风·终南》云:"终南何有?有条有梅。""终南何有?有纪有堂。"[①]在作品中,这种问答或是起兴之句(如《终南》的问句下注"兴也"),或是起兴后的和唱(如《行露》的问句紧接在"兴也"之后)。参考六朝乐府民歌中的起调和声与送调和声方式(见《乐府诗集·清商曲辞》),可以判断这种格式是民间表演唱程序的遗迹。这就意味着:敦煌论议的问答诘难手法,早在先秦的民间表演艺术中已见滥觞。尽管从形式上看,敦煌论议规范了作为宣教活动或娱乐活动的讲学论议;但从表现手法上看,敦煌论议则是具有悠久历史的民间艺术的结晶。由于敦煌论议在许多方面(例如韵诵方法、先秦传说题材、汉代问难格式、嘲谑风格等)都表现了对古老传统的继承,因此可以说,对敦煌论议的考察,将能揭明中国文学艺术的若干本来形态。

(同研究生潘建国合作完成。原载《中国古籍研究》第一辑,国家古籍整理出版规划小组主办,上海古籍出版社 1996 年版)

① 《毛诗正义》卷一、卷六,《十三经注疏》本,第 288 页中、第 372 页下。

从敦煌本共住修道故事看唐代佛教诗歌文体的来源

一、问题的提出

自敦煌写本重见人世以后，一些特殊的文学体式逐渐浮现出来。其中特别值得注意的是以下四种文体：(一)省略体；(二)纲要体；(三)插入体；(四)故事贯穿体。这些文体都可以归为俗文学文体。正因为这样，它们几乎在历史记录中消失，不为传统的文学研究者所知。但对于中国文学史研究来说，这些特殊文体却有无可估量的意义。因为它们都是联系于口头文学的书面文学文体，体现了口头文学与书面文学的冲突与差异，因而将大大改变传统的文本观念。

省略体的特点是：文本只呈现一篇作品的局部，而对其他部分有所省略。这种情况见于大多数敦煌讲经文。在这些讲经文中，对经文只作提示性的介绍，说解部分也只列出纲要。例如伯 2133 本《妙法莲花经讲经文(拟)》中的一个片段：

《经》："无尽意菩萨，若有人受持六十二亿恒河沙菩萨名字。"黄鹰云云。诗《天边》。

《经》:“无尽意,受持观世音菩萨名号,得如是无量无边福德之利”云云。镜湳云云。[①]

这里的“黄鹰云云”、“镜湳云云”,指的是说解文;“《经》……云云”,指的是经文。很明显,它们都是用作提示的文句,其内容则已省略。与此相反,这篇讲经文却把歌赞辞详细记录下来,甚至标上音符。这就说明,它是供梵呗(而不是法师或都讲)使用的文本,因服务于韵文吟唱而采用了省略体。[②]

纲要体也称“故事抄录体”,即说唱所用的故事梗概。其文本形式不一:或抄录佛教类书中的故事,例如北 8407 所抄《法苑珠林》;或拼接若干故事而形成一篇新的作品,例如伯 2721《舜子至孝变文》和伯 3645《刘家太子变》[③];或对某一佛经作摘要抄写,例如伯 3000《诸经略出因缘卷(拟)》和敦煌研究院藏 255《增一阿含经摘要(拟)》。一些学者在整理这批文献时注意到它们同俗讲等故事说唱的联系。那波利贞认为《诸经略出因缘卷》是寺院讲经仪式上讲述因缘谭的摘要底本,金冈照光认为伯 2621 本孝子传是“讲唱时使用的一种‘提纲集’的类书”,施萍婷则认为《增一阿含经摘要》“很可能是某位法师的

① 王重民等编:《敦煌变文集》,人民文学出版社 1957 年版,第 502 页、第 515 页。

② 参见王小盾:《佛教呗赞音乐与敦煌讲唱辞中“平”“侧”“断”诸音曲符号》,《中国早期艺术与宗教》,上海东方出版中心 1998 年版,第 405 页。

③ 日本学者荒见泰史在其博士学位论文中提出“故事抄录体”的概念,并以变文作品为例作了论述。他认为,伯 2721《舜子至孝变文》至少剪贴了三个不同的文献,即斯 4654 中的韵文、伯 2621 中的孝子传、斯 389 中的韵文;伯 3645《刘家太子变》则围绕刘家太子传奇连接了七个周边故事,例如刘家太子逃难故事、张骞往昆仑故事、东方朔偷仙桃故事。参见荒见氏:《敦煌变文写本的研究》,复旦大学 2001 年研究生学位论文,第 42—45 页。

宣讲提纲，至于故事，届时他可以‘方便说法’，根据听众的情况而敷演”。[①] 可见纲要体文本只反映说唱活动的局部，或者说是一个完整的说唱文本的片断。

插入体是一种特殊的韵文文体。它在诗歌作品中插入转接语，显示第一人称的存在，因而把一篇单纯的韵文文本恢复成说唱文本。例如伯 3591 所载洞山和尚良价禅师的《神剑歌》，其篇末云：

> 此剑还与人否？和尚答曰：吾有宝剑常时说，口(只)是金铜不是铁。生了不许石上磨，复乃□□霜是雪。也不短，又不长，也能柔软复能钢。万两黄金不卖与，一钱不取任君将。

项楚说：“其中‘此剑还与人否？和尚答曰’两句显然是插入语，并非《歌》的正文。”[②]这种插入语的意义就在于它提示了诗歌用于口诵的原貌，亦即呈现出隐藏在诗歌背后的说唱原本。

故事贯穿体的特征是用故事把若干篇韵文串连成一部完整的作品，其典型例证是斯 2672 号等写本所载的“禅师与少女问答故事”。故事以问答方式串联了五首偈颂：四首五言四句体偈颂和一首《行路难》体偈颂。云：

> 有一禅师，寻山入寂，遇至石穴，见一妇人，可年十二三，颜

① 那波利贞：《俗讲と变文(中)》，《佛教史学》第 1 卷第 3 号，1950 年；金冈照光：《敦煌本舜子变再论补正》，《东洋大学文学部纪要》第 27 号，1969 年；施萍婷：《新发现〈增一阿含经摘要〉》，1996 年潮州会议论文。

② 项楚：《敦煌诗歌导论》，台北新文丰出版有限公司 1993 年版，第 133 页。

容甚媚丽，床卧榻席，宛若凡居，经书在床，笔砚俱有，因而怪之，以诗问曰：“床头安纸笔，欲拟乐追寻。壁上悬明镜，那能不照心？”

女子答曰：“纸笔题般若，将为答人书。时观镜里像，万色悉归虚。”

禅师又答曰：“般若无文字，何须纸笔题。离缚还被缚，除迷却被迷。”

女子答曰：“文字本解脱，无非是般若。心外见迷人，知君是迷者。”

禅师无词，退而归路。女子从后赠曰：“行路难，路难心中本无物。只为无物得心安，无见心中常见佛。”[①]

此故事在敦煌流传甚广，又见载于斯 646、斯 3441、北 8412、伯 2901 等卷，分别抄在佛经疏释、佛经、《三界图一卷》、《谨检阴阳题文劝善》、佛经音义等佛教题材的文献之后，明显出自僧侣之手。因此，它不同于唐代传奇小说中的韵文连缀，而是某种佛教讲唱的表现。《瑜伽论》卷八一论修多罗说：“契经者，谓贯穿义。长行直说，多分摄受意趣体性。”[②]据此，今称之为故事贯穿体。

以上四种文体的共同处在于：它们真实地揭露了纸质文本[③]在文学活动中的有限意义，说明这种文本只代表一个完整的文学活动

---

① 参见徐俊：《敦煌诗集残卷辑考》，中华书局 2000 年版，第 869—871 页。

② 《大正新修大藏经》，台北新文丰出版有限公司 1983 年刊行，第 30 册，第 753 页。

③ 文本是关于文学作品的概念，通常指作品的文字表现。但在民族民间文学研究中，文本也指口述作品。为便区别，此处用“纸质文本”一词代表狭义文本，即作品的文字表现。

的侧面、片断或梗概，因而有助于破除对纸质文本的迷信。它们表明：我们今天所看到的各种历史文本，其实只是对完整的文学活动的记录、模仿、概括或折射；在它们之后，有一个具有本原意义的真文体的存在。因此，研究中国文学史上的文体，既要注意它们的单元形式，又要注意各单元的联系方式，以便透视其本原。对唐代佛教诗歌文体进行考察尤其是这样。为阐明上述意义，今拟选择一个故事贯穿体的标本加以讨论。这就是敦煌写本伯 3409、斯 5996、斯 3017 所载的“共住修道”故事。之所以选择这一文本，不光因为故事贯穿体是目前讨论甚少但颇具文化内涵的一种文体，而且因为共住修道故事使用了偈颂、《五更转》、《行路难》等多种常用诗体，是唐代佛教文学活动的一个真实的缩影。

二、伯 3409 等写本所载的共住修道故事

“共住修道”故事载在敦煌写本伯 3409、斯 5996、斯 3017 当中。这是内容相互关联的三份文献。伯 3409 内容较完整(仅首部残阙)，存 90 行，包括《五荫山偈》、《五更转》、《劝诸人一偈》、《行路难》、《劝善文》、《安心难》等作品，前有散文叙事文字，述及作品本事。斯 5996 前后均残阙，存 12 行，内容为《五更转》中的四更。斯 3017 亦前后残阙，存 23 行，内容为《五更》、《劝诸人一偈》、《行路难》等作品，亦有散文叙事文字。周绍良等所编《敦煌变文集补编》[①]收入此三份

① 周绍良、白化文、李鼎霞：《敦煌变文集补编》，北京大学出版社 1989 年版，第 137—141 页。

文献，认为斯5996与3017是一个卷子中前后紧密相连的两部分，二卷共存35行，可与伯3409互校；并拟题为“六禅师七卫士酬答”。通观全文，乃以故事形式贯穿僧偈佛曲，类似于《游仙窟》等传奇作品之以故事串连若干歌诗。其故事梗概是：有□善府卫士常贵贱等七人，路遇远尘、离垢、广照、净影、智积、圆明六个禅师回乡看望父母，因相敬慕，即请同住一日一夜，借问山中事意，六禅师各作一偈回答。至夜，并赠《五更转》，五位禅师各作一更。圆明禅师无“更”可转，即作“劝诸人”一偈。接着七卫士各作《行路难》一首。六师爱慕弟子，即共住修道。总共十三人，尊一个有德为师，两个亲近承事，十个诸方乞食。和尚即叹《安心难》一首。据《敦煌变文集补编》，这些作品的情况如下：

《五荫山偈》(拟题)，仅见于伯3409。共六首，禅师各作一首。其中四首七言体，四句、六句、八句、十六句各一首；另二首为七言五言相间体，每首十句。其首句皆作“五荫山中有一□”式，如远尘所作第一首：“五荫山中有一殿，琉璃七宝作四院。里有一佛二菩萨，护法善神榼迎遍。无名行者烧香火，勤心扫洒无人见。”

《五更转》，伯3409载于《五荫山偈》之后，辞前有一行文字曰：“说偈已讫，即至夜，并赠《五更转》，禅师各作一更。”斯5996自末二句起，云“更赠《五更转》，禅师依次各转一更”，止于第四更第八句；斯3017从第四更此处起，于第五更末曰“第六禅师默然，无更可转，即作劝诸人一偈”。《五更转》辞分别是：“一更静坐观刹那”七言四句、“二更静坐息心神”七言八句(每四句一韵)、“三更静坐入禅林”七言八句(每四句一韵)、“四更念定悟总持”七言十二句(每四句一韵)、“五更隐在五阴山”七言十句(前六句一韵，后四句一韵)。《敦煌歌辞总编》按唐代诗歌四句成章的习惯，校作十首。

《劝诸人一偈》，为一首“七五五五，五五五五”体诗歌。伯 3409、斯 3017 二本文字大致相同，云：“劝君学道莫言说，言说性恒空。不断贪痴爱，坐禅浪用功。用功计法数，实是大愚庸。但得无心想，自合太虚空。”

《行路难》，斯 3017 载四首，每首前有“第一”、“第二”等字样，全篇之前又有散文叙事文字曰：“贵贱等蒙禅师说偈，兼与《五更转》。把得寻思，即爱慕禅师，不知为计留得共住修道。贵贱等各自思维，各作《行路难》一首。”伯 3409 载辞较全，但无第号，散文叙事文字亦较简易，云：“弟子蒙禅师等说偈，并《五更转》及《劝善文》，弟子等恋慕禅师，不知为计留得禅师，共住修道，各自思维，各作《行路难》一首。”据此，此《行路难》由若干人依次创作。其辞每篇用韵、体制均不相同，但大抵是杂言，篇末均有套语“君不见，行路难，路难道上无踪迹”云云。若依伯 3409 所载套语辞分割，则全篇应为七首；但《敦煌歌辞总编》认为“同组诸辞之体段上宜保持基本统一”，故判为八首，并属普通联章[①]。

《劝善文》，仅见于伯 3409。乃一段韵文，十八句，大致五言体，列于《行路难》之后。其后云：“六师捻得，寻思一遍，却爱慕弟子，即自回心，共住修道。总共十三人，尊一个有德为师，两个亲近承事，十个诸方乞食。和上即叹‘安心难’。”此处所谓“十三人”，乃指“六师”和七个弟子。据此，伯 3409 所载《行路难》应为七首，即七位弟子各作一首[②]；《敦煌歌辞总编》的分割未惬。

---

① 任半塘：《敦煌歌辞总编》，上海古籍出版社 1987 年版，第 987—990 页。

② 饶宗颐《敦煌曲》收入这组《行路难》，原即录为七首。书由法国国家社会科学中心 1971 年印行。

《安心难》：七言体长诗，共三十四句。首二句为“安心难，欲得安心无处安”，篇中另有两句五言。主题为“湛然清净”。

关于上述写本及作品，前人多有研究。《伯希和劫经录》王重民题解云：“此卷当是记一文字游戏，应予重视。”[①]田中良昭判断篇中《说偈》、《五更转》、《劝善文》、《行路难》等作品出自南宗系禅者之手。[②]《敦煌变文集补编》指出此篇的特点是“以故事形式贯串僧偈佛曲”，“是规抚传奇的雏形作品”，可称为“和尚传奇”。李正宇拟题为《禅师卫士遇逢因缘》，认为根据它韵多散少的特点，可判其表演方式是“以散文说白带动韵文唱吟”，“堪称诸宫调雏形的作品”。[③]项楚着重研究了篇中《行路难》的文体特征，认为“行路难，路难……”是在唐代流行甚广的句式。这些作品辞式不同，不可能纳入统一的曲调来歌唱。因此，这种句式属于套语，而非“和声辞”。[④]

研究者还对这些作品及其写本的时代作过考订。左景权《敦煌词曲识小录》论伯 3409 写本云：“此卷共五纸，首页稍残破，其余完整。‘世’字缺笔，作‘廿’，避太宗讳。‘华’已作‘花’。书法甚佳，为盛唐以后写本中所难见者。”龙晦《唐五代西北方音举例》认为：《五更转》中“二更”用“体”“会”“解”三韵，于通音不协，于方音始协。此种方音协韵的情况又见于《大乘中宗见解》。《见解》注音之时间约在九世纪初，亦即文宗大和六年(832 年)左右，[⑤]可资推断写本年代。田

① 商务印书馆编：《敦煌遗书总目索引》，中华书局 1983 年版，第 286 页。

② 田中良昭：《〈行路难〉と〈安心难〉：P3409 写本考》，《宗教学论集》第九辑《水野弘元博士喜寿纪念》，驹泽大学宗教学研究会，1978—1979 合并号。

③ 李正宇：《试论敦煌所藏〈禅师卫士遇逢因缘〉：兼谈诸宫调的起源》，《文学遗产》1989 年第 3 期。

④ 项楚：《敦煌本〈行路难〉之再探讨》，《第二届国际唐代学术会议论文集》，台北文津出版社 1993 年版。

⑤ 转引自《敦煌歌辞总编》，上海古籍出版社 1987 年版，第 1414 页、第 1416 页。

中良昭根据作品的思想内容，判它关联于六祖慧能、荷泽神会(684—758年)所建立的南宗禅的时代。李正宇则认为篇中辞句涉及府兵制度，讳字避唐高祖、太宗而不避穆宗、敬宗，由此可知创作于盛唐时期。这些意见表明，在公元8至9世纪，在唐代僧侣、信徒的宗教生活中，曾经流行偈颂、《五更转》、《行路难》等文体。这些文体综合运用了多种不同的传述方式，一般来说，偈颂是用“说”来表述的文体，《五更转》是用“转”来表述的文体，《行路难》则是“作”的文体。它们是唐代佛教诗歌最常用的文体，可以归入广义的偈颂。因此我们又可以说，在这一时期僧侣、信徒的宗教生活中，曾经流行以故事说偈的方式。

那么，以上事实在中国文体史上有什么意义呢？若要回答这一问题，就有必要对诸种文体的来龙去脉加以考察。

三、偈颂

《五荫山偈》、《劝诸人一偈》、《劝善文》、《安心难》在文体上属于偈颂。这是佛教所特有的韵文文体。

偈颂是梵文Geya、Gāthā的音意合译词，又译为“偈”、“偈赞”，直接音译则有“衹夜”、“伽陀”、“伽他”等名。它指的是同“长行”相对应的佛经文体：长行代表长篇散文，偈颂则代表韵文短章。《大智度论》卷三三说：“一切偈名衹夜。六句、三句、五句，句多少不定。亦名衹夜，亦名伽陀。”[①]《华严演义钞纂释》卷三八说：“凡长行名‘散花’，以是散说故；偈颂名‘贯花’，或四言，或五言等，文字定数，如贯珠故。”[②]尽管佛经关于“偈”之名义有多种说法——或认为按篇制可分

---

① 《大正新修大藏经》，第25册，第307页；《中华大藏经》，第25册，第657页。

② 《大正藏》，第57册，第363页。

为首卢偈、结句偈，首卢偈以三十二字为一篇，结句偈以四句（每句四至七言）为一篇[①]；或认为按功能可分为伽陀颂（直颂）、祇夜颂（应颂）、蕴驮南颂（集施颂），祇夜颂是对长行文义的重复解说，伽陀颂是独立说法，蕴驮南颂则是对众多经义的归纳[②]。——但在实践中，偈一直泛用为佛教诗体的代名，并不作具体分别。例如隋僧阇那崛多等译《无所有菩萨经》卷一云：

尔时，无所有菩萨复以偈问于世尊曰：

善说此语言，诸智具足体。随喜于此言，复问人中上：

云何得梵音？迦陵频伽声。若有得闻者，闻已得欢喜。

尔时，世尊以偈报言：

说法时赞叹，无复毁呰言。不破坏和合，是故得上音。

---

① 隋胡吉藏所撰《法华义疏》卷二："偈有二种：一首卢偈，凡三十二字，盖是外国数经之法。数经之法者，莫问长行与偈，但具三十二字，便名一首卢也。二结句偈，要以四句备足，然后为偈。莫问四言乃至七言，必须四句。故《涅盘经》云：四句为偈是名句世。句世者，世间流布以四句为偈也。句世有二种：一伽陀，谓孤起偈，亦名不等颂；二路伽，谓颂长行偈。有人言外国称祇夜，或名偈夜，今略彼夜字直称为偈。此间翻为句也、颂也。有人言偈是此间语，以其明义竭尽，故称为偈也。就文凡有五十四偈，开为二别，前有四偈合颂长行三瑞并及睹瑞，次有五十偈颂光瑞及以睹瑞，所以开为二颂者。初三现瑞于此土，次一现瑞于他方，故开为二颂。"《大正藏》，第 34 册，第 472 页。

② 唐宗密《大方广圆觉经大疏》上卷之四："泛论偈颂，总有四种：一名阿耨窣睹婆颂，此不问长行与偈，但数字满三十二即为一偈；二名伽陀颂，此云讽颂，或名直颂，谓以偈说法，非颂长行；三名祇夜颂，此云应颂；四名蕴驮南颂，此云集施颂，谓以少言摄集多义，施他诵持故为何意，故经多立颂。"《中华藏》第 92 册，第 490—491 页。宋宝臣《注大乘入楞伽经》卷二："'尔时世尊重说颂言'：泛论偈颂有四种不同，梵音亦异，仍具八意，不复备引，今此直明其大略：一、但字满三十二即为一颂。二、讽颂或名直颂，谓以偈说法，不颂长行。三、应颂，重颂长行也。或为钝根重说，或为后来之徒，或为增明前说。四、集施颂，谓以少言摄集多义，施他颂持故。"《大正藏》，第 39 册，第 448 页，《中华藏》，第 97 册，第 15 页。

护四种口过，常说利益言。自过能发露，是故得上音。

螺鼓等音声，和合众伎乐。供养诸佛已，是故得上音。[①]

这里的“偈”，分别是五言八句和五言十二句，独立使用，若要细分，则可以说是结句偈和伽陀；但它们事实上代表了中国佛教偈颂的通常形态。

偈之所以又称“偈颂”和“偈赞”，是因为这一文体原来用于赞颂。唐窥基所撰《妙法莲华经玄赞》卷二云：“梵云伽陀，此翻为颂。颂者，美也，歌也。颂中文句极美丽故，歌颂之故。”[②]这事实上是印度佛教弦歌赞叹之制的遗留。《高僧传》卷二《鸠摩罗什传》说：“什每为叡论西方辞体，商略同异云：天竺国俗，甚重文制，其宫商体韵，以入弦为善。凡覲国王，必有赞德。见佛之仪，以歌叹为贵。经中偈颂，皆其式也。”[③]又《法苑珠林》卷三六说：“寻西方之有呗，犹东国之有赞。赞者，从文以结音；呗者，短偈以流颂。比其事义，名异实同。是故经言‘以微妙音声歌赞于佛德’，斯之谓也。”[④]也就是说，偈颂是配合梵呗之乐的一种文体，在印度用弦歌叹唱的方式表述，主要用于歌赞佛德。佛教传入中国以后，它首先表现为佛经中与长行相对应的一种翻译文体，然后表现为“从文以结音”的一种创作文体。它的短篇协韵的形制，原是弦歌叹唱方式的遗迹。

---

① 《大正藏》，第 14 册，第 675 页，《中华藏》，第 23 册，第 3 页。

② 《大正藏》，第 34 册，第 684 页，《中华藏》，第 100 册，第 376 页。

③ 《高僧传合集》，上海古籍出版社 1991 年版，第 13 页中、第 13 页下。

④ 《大正藏》，第 53 册，第 574 页。

由于佛教传统的影响，中国僧侣所创作的偈颂有三大特点：其一注重说理，其二文辞简洁，其三往往用作对散文论述的概括。鸠摩罗什所译《成实论》卷一曾说到这三个特点：

祇夜者，以偈颂修多罗或佛自说或弟子说。问曰：何故以偈颂修多罗？答曰：欲令义理坚固，如以绳贯华，次第坚固；又欲严饰言辞，令人喜乐，如以散华，或持贯华，以为庄严。又义入偈中，则要略易解。或有众生乐直言者，有乐偈说；又先直说法，后以偈颂，则义明了，令信坚固。又义入偈中，则次第相著，易可赞说。是故说偈。或谓佛法不应造偈似如歌咏，此事不然。法应造偈，所以者何？佛自以偈说诸义故。又如经言：一切世间微妙言辞皆出我法，是故偈颂有微妙语。[①]

可见偈颂是在同长行相对比的意义上建立其文体特点的：长行侧重说事，偈颂侧重说理；长行为“直言”，偈颂为“微妙语”；长行为散说，偈颂则“令人喜乐”，“似如歌咏”。这意味着，偈颂是在和长行结合为用的过程中形成的文体。

从偈颂、长行关系的角度看，比较有意义的偈颂分类是按其用途分为两种：一是单行（脱离长行行用）的伽陀颂，二是复行（结合长行行用）的祇夜颂。这两种偈颂都具有口头文学的品质，可以分别理解为用于歌唱的偈颂和用于说唱的偈颂。

---

① 《大正藏》，第 32 册，第 244 页、第 245 页；《中华藏》，中华书局 1993 年版，第 49 册，第 9 页。

单行式偈颂同歌唱的联系,见于许多文献。例如宋宝臣《注大乘入楞伽经》卷一注解"尔时罗婆那楞伽王……复以歌声而说颂言"等经文说:"时罗婆那王,上以乐音赞请佛,此复以歌声说偈请佛者。"[①]这表明了中国僧侣对偈颂传统的理解。又宋戒珠《净土往生传》卷中记北周释智通事迹说:"诵先贤赞佛偈三千余首,每于六时以对尊像,引声高唱,委曲凄切,闻者悲之。"[②]这反映了使用偈颂的通常方法。白居易曾写作"八渐"、"六赞"等十四首偈颂。其《八渐偈序》说:"唐贞元十九年秋八月,有大师曰凝公,迁化于东都圣善寺钵塔院。越明年二月,有东来客白居易,作《八渐偈》,偈六句四言以赞之。……既而升于堂,礼于床,跪而唱,泣而去。"其《六赞偈序》说:"乐天常有愿,愿以今生世俗文笔之因,翻为来世赞佛乘、转法轮之缘也。今年登七十,老矣病矣,与来世相去甚迩,故作六偈,跪唱于佛法僧前,欲以起因发缘,为来世张本也。"[③]可见即使写为文本的偈颂,也是用于"跪唱"的。又《宋高僧传》卷一七《利涉传》记玄宗时三教论衡的场景云:利涉与韦玎论议,"将'韦'字为韵,揭调长吟偈词曰:'我之佛法是无为,何故今朝得有为?无韦始得三数载,不知此复是何韦?'涉之吟作,百官悚然,帝果忆何韦之事……"[④]这里说到的"揭调长吟"之法,以及口语化的文词形式,都可以看作唐代偈颂的典型。

复行式偈颂同说唱的联系,则通过各种佛经及其讲经文得到了体现。按佛经的通常体制是长行与偈赞结合,亦即散说与唱诵结合。尽管结合的方式有"应颂"(偈文内容与长行相应)、"重颂"(偈文内容

---

① 《大正藏》,第39册,第435页;《中华藏》,第97册,第2页、第3页。

② 《大正藏》,第51册,第115页。

③ 《白居易集》,中华书局1979年版,第885页、第1502页。

④ 《高僧传合集》,第488页中。

与长行相重)、“直颂”(以偈作独立唱颂)、“集施”(以偈颂总括经文)的不同,但这种结合可以推原至印度佛教以唱诵为中心的讲说[①]。佛教传入中国以后,脱胎于长行的散文部分常用“转读”的方式唱诵,脱胎于偈颂的韵文部分则用“呗赞”的方式唱诵[②],这样一来,一部完整的佛经,其结构事实上就类似于一个完整的民间说唱。盛行于唐代的讲经文正是对这种结构的发展。讲经文是用于俗讲的文本,一般包括经文、散文说解、韵文说解、押座文四个部分。其主体部分正是由对应于长行的散文说解、对应于偈颂的韵文说解组成的。敦煌写本《长兴四年中兴殿应圣节讲经文》是一篇保留了“讲经文”名称的作品。它在正文中提示了讲经文的体制:像佛经一样,包含“开赞”(唱释经题)、“序分”(说明主题)、“正宗”(讲唱经文)、“流通”(总结)四个结构块件。从一方面看,这表现了讲经文同佛经的关联;从另一方面看,这也表现了佛经同说唱艺术的关联。换言之,佛经和讲经文中的偈颂,在功能上是和说唱文中的韵唱一致的。

在唐代,随着佛教的兴盛,偈颂也进入僧俗人等的日常生活,演变成一种与诗歌篇制相近的文体,故出现了诗和偈颂相混的情况。例如寒山“胭脂画面娇千样”、“雀啄鸦餐皮肉尽”、“百骸溃散杂尘泥”等诗,据《慈受怀深禅师广录》卷二,实为慈受所作《枯髅酒色财气颂》和《枯骨颂》的局部[③]。又如寒山、王梵志对其所作五七言韵文均自

---

① 参见吕澂:《印度佛学源流略讲》,上海人民出版社 1979 年版,第 15 页、第 16 页。关于长行和偈颂的历史关系,今有两说:一说原始佛教的口头传述以偈颂为中心,故巴利文佛经中的韵文比散文为古,见 Otto Franke: *The Buddhist Councils at Rājagaha and Vesālj*, JPTS. 1908, pp. 1—80. 一说原始佛教的口头传述最早采用吟咏散文的方式,故“九分教”、“十二分教”均以修多罗为第一,见印顺:《原始佛教圣典之集成》,台北正闻出版社 1994 年版,第 50—54 页。此二说均认为原始佛教的讲说是以唱诵为中心的。

② 参见王小盾:《汉唐佛教音乐述略》,《中国早期艺术与宗教》,东方出版中心 1998 年版,第 359 页、第 360 页。

③ 项楚:《寒山诗注》,中华书局 2000 年版,第 804—808 页。

称为“诗”，有云“凡读我诗者”、“我诗合典雅”、“家有寒山诗”、“家有梵志诗”云云[①]；但在禅林中，这些诗篇均被视为“偈”或“偈颂”：

《五灯会元》卷一七《保福本权禅师》：“上堂，举寒山偈曰：‘吾心似秋月，碧潭清皎洁，无物堪比伦，教我如何说？’”[②]

《松源崇岳禅师语录》卷上：“上堂，举寒山颂云：‘吾心似秋月，碧潭清皎洁，无物堪比伦，教我如何说？’”[③]

《宋高僧传》卷一九《寒山子传》：寒山“本居寒岩间，好吟词偈”。[④]

不过从另一面看，诗与偈颂风格、用度有所不同，仍属两种不同的文体。拾得有诗云：“我诗也是诗，有人唤作偈。诗偈总一般，读时须子细。缓缓细披寻，不得生容易。”[⑤]这里实际上指出了诗、偈之间表面的相似和内在的区别。其道理是：文体实际上是在本原（口头）、复述、记录（书面）三个平面上展开的，诗与偈来源不同，故其间差别具有本原的意义。换言之，诗偈相混只是在记录层面上的相混；从功能上看，它们的本质是不一样的。日本僧无隐道费《心学典论》卷四《诗偈》就说到这一关系。他认为，诗与偈相同的是其貌，“盖偈亦道人言其志之所之焉者也”；不同的是其质，“盖吾释氏之为教，尝皆假中华文字以倡者也。故若夫重颂、讽颂之制，弗得不特放于风雅之

---

① 《寒山诗注》第 1 首、305 首、313 首；《王梵志诗校注》第 316 首，上海古籍出版社 1991 年版。

② 《五灯会元》，中华书局 1984 年版，第 1137 页。

③ 参见《寒山诗注》，第 138—140 页。

④ 《高僧传合集》，第 504 页中。

⑤ 《寒山诗注》，第 844 页。

典。其已放焉，则其一唱一咏，宜当守法度，以协曲调可也”。[1] 所谓“法度”“曲调”，乃指偈颂具有作为口语韵文、哲理韵文的特殊规范。就此而言，寒山诗以及敦煌写本中的那些“白话诗”，在文体分类上可以判属偈颂。《四库全书总目》即持有这一观点。其卷一四九《寒山子诗集》提要说：“今观所作，皆信手拈弄，全作禅门偈语，不可复以诗格绳之。而机趣横溢，多足以资劝戒。”[2]意思是说，偈颂之体裁是不可以用诗的标准来约束的。

诗偈之别也在古代的文学观中得到了反映，例如《全唐诗》在编撰中就是排斥偈颂的。后来陈尚君加以补辑，在《全唐诗续拾》中收录了近六百首以“偈”为名的作品。其中以庞蕴、居遁二人所作最多，分别是196首和96首。《祖堂集》卷一五《庞居士传》云：“平生乐道偈颂，可近三百余首，广行于世。皆以言符至理，句阐玄猷，为儒彦之珠金，乃缁流之箧宝。”[3]齐己为居遁所作《偈颂序》则云：“禅门所传偈颂，自二十八祖止于六祖，已降则亡，厥后诸方老宿亦多为之，盖以吟畅玄旨也。……虽体同于诗，厥旨非诗也。”[4]这里是用“阐玄猷”、“吟畅玄旨”之语来概括偈颂的文体特点的，其要点既包括内容方面的“玄旨”，也包括形式方面的“吟”。这些特点使偈颂成为一种独立的文体。

以上背景有助于理解敦煌写本所载《五荫山偈》、《劝诸人一偈》、《劝善文》、《安心难》等作品。我们由此知道：这些作品之以“远尘离垢”、“性恒空”、“持戒”、“无心无识”为主题，正是偈颂“畅玄旨”之特

① 《大正藏》，第82册，第656—684页。

② 《四库全书总目》，中华书局1965年影印本，第1277页中。

③ 《祖堂集》，岳麓书社1996年版，第348页。

④ 《全唐诗续拾》卷四八，《全唐诗补编》，中华书局1992年版，第1472页。

征的表现;它采用"五荫山中有一□"一类起句定式,以及"劝君学道"一类说唱口吻,且采用七言、五言或七言五言相间的辞式,乃表明了通俗说唱、流行诗体对佛教偈颂的影响。显而易见,这种影响是通过佛教偈颂的歌吟传统起作用的。

四、《五更转》

《五更转》是一种分时组合的说唱艺术手段,《敦煌歌辞总编》称之为分时定格联章。

按《五更转》原是一种南方的相和曲调,产生在南朝。《艺文类聚》卷五九"战伐"、《乐府诗集》卷三三"相和歌辞"都载有陈代伏知道的《从军五更转》辞,共五首,每首五言四句。《乐府诗集》题解云:"《乐苑》曰:'《五更转》,商调曲。'按伏知道已有《从军辞》,则《五更转》盖陈以前曲也。"[①]所谓"陈以前曲",意思是《五更转》在陈代以前便进入了乐府。《乐府诗集》将其编入"相和歌辞平调曲",表明当时的《五更转》用笙、笛、筑、瑟、琴、筝、琵琶等乐器来伴奏[②]。

到了隋唐两代,《五更转》改而奏入商调:在隋代奏为炀帝时所制的水调(南吕商)曲,在唐代则奏入林钟商、中吕商、南吕商等调。王通《文中子·周公》篇:"子游太乐,闻《龙舟》《五更》之曲,瞿然而归曰:靡靡乐也!"[③]《碧鸡漫志》卷四引《脞说》:"《水调》《河传》,炀帝将幸江都时所制,声韵悲切。"[④]即意味着《泛龙舟》、《五更转》、《水调》、

① 《乐府诗集》卷三三,中华书局1979年版,第491页。
② 参见《乐府诗集》卷三〇"相和歌辞"平调曲小序,第441页。
③ 《二十二子》,上海古籍出版社1986年版,第1317页上。
④ 《碧鸡漫志》,古典文学出版社1957年版,第82页。

《河传》等曲在隋代编入了新制的水调。而据《唐会要》卷三三,《五更转》曾与《破阵乐》、《圣明乐》、《倾杯乐》、《泛龙舟》等编为太常梨园别教院所教法曲乐章,又与《破阵乐》、《圣明乐》、《泛龙舟》、《蝉曲》等编入太乐署供奉曲林钟商调(小食调),又与《破阵乐》、《倾杯乐》、《蝉曲》等编入太乐署供奉曲中吕商调(双调),又与《破阵乐》、《蝉曲》等编入太乐署供奉曲南吕商调(水调)。

以上资料所记录的《五更转》曲,未必可以和敦煌流传的《五更转》相等同,但它们反映了《五更转》在宫廷的发展,因而反映了它的某种特性。也就是说:《五更转》是一支乐曲的曲名;它在隋唐两代一直是商调曲,有相对稳定的曲体;它风格优美,"声韵悲切",因而流传不绝,在唐代选为法曲,为太乐署各种商调曲节目所采用;它和《破阵乐》、《倾杯乐》、《泛龙舟》、《禅曲》有相近的艺术品质,来自民间。《乐家录》卷三一论《泛龙舟》说:"此曲《法华》赞叹乐也。"[①]《五更转》应当也有过作为佛赞之曲的历史。

现存唐五代《五更转》辞共有十二组,皆通过敦煌写本得以保存,其中大部分是佛教题材的作品。其概况如下:

表 1

	写本号	首数	题目和内容	体　式	作者和写本情况
1	斯 1497	5	题《曲子喜秋天》,反映七夕乞巧风俗	7575,5575。以平韵为主	
2	伯 2647	7	无题,关于闺中思夫	7777,平韵,有衬字	每更二首,存四更
3	敦煌零拾	5	题《叹五更》,关于识字读《孝经》	3777,平韵、仄韵	抄写于后唐

① 《乐家录》,《日本古典全集》本,东京现代思潮新社,第 947 页。

（续表）

	写本号	首数	题目和内容	体　式	作者和写本情况
4	伯 2976	2	题《五更转》，关于人生无常	三言接七言若干句	残本，下接《温泉赋》
5	伯 3409 等	5	题《五更转》，关于静坐观禅	7777 ……，平韵、仄韵	前为偈颂，后为《行路难》
6	斯 6103、斯 2679	5	题《荷泽和尚五更转》，关于静坐观禅	3777，333377，平韵	署神会（684—758）作，后接《禅门十二时》
7	斯 2679 等	5	题《南宗定邪正五更转》、《大乘五更转》、《五更转颂》	3777，333377，平韵	署神会作，一本后接《辞阿娘赞》
8	苏 1363、伯 2963 等	5	题《南宗赞一本》	33777，333377，首二句为叠句	抄写于后汉，一本前接《孔子项托相问书》
9	伯 3065、伯 3061 等	15	题《太子入山修道赞》	5573，四首衬作 5575，平韵	
10	伯 2483、伯 3083	5	题《太子五更转》	3777，平韵，仄韵，有衬字	一本兼载《五台山赞》、《大乘净土赞》等
11	斯 6077	5	题《无相五更转》	3777，仄韵	后接《无相偈》
12	斯 6631、斯 2454、伯 3141	28	题《维摩五更转十二时》、《维摩五更转》	33777，平韵，首二句为叠句。含《五更转》5 首、《十二时》23 首	前载《游五台赞文》、《辞父母赞文》、《九相观诗》等

这一份表格说明，《五更转》同狭义的偈颂有很大区别。如果说偈颂的特点是用于说理，那么，《五更转》则往往用于叙事和抒情；如果说偈颂是一种佛教文体，那么，《五更转》则是僧俗同用的文体。在以上十二组作品中，属通俗题材的有关于七夕乞巧、闺中思夫、识字、人生无常四组作品，属叙事和抒情的有乞巧、思夫、识字、太子修道、

维摩问疾等七组作品。这就意味着,《五更转》属于通俗文学范围。在某些写本中,它同《孔子项托相问书》、《温泉赋》、《游五台山赞》等抄写在一起,这也表明了它的通俗文学性质。

这一份表格还说明,尽管《五更转》很可能用于歌唱,但它不同于当时流行的艺术歌曲——曲子。曲子有稳定的曲体,往往采用器乐伴奏;《五更转》不是这样。在以上十二组作品中,有五组采用了"3777"体式,有四组采用了"33777"体式("333377"是这一体式的变化形式),还有四组作品则分别以五言或七言为骨干。这说明《五更转》是用一种比曲子更自由的方式歌唱的。这种歌唱方式就是当时人所说的"赞"的方式。《五更转》体式的作品,或题作《南宗赞》、《太子入山修道赞》,或与《五台山赞》、《大乘净土赞》、《辞阿娘赞》合抄。可见在当时人看来,《五更转》的文体(表演艺术体裁)属于"赞"。因此,斯 5996 写本所云"禅师依次各转一更"云云,其中的"转"也应与歌唱有关。按佛典有云:

> 咏经则称为转读,歌赞则号为梵呗。
>
> 支昙籥,本月支人。……特禀妙声,善于转读。尝梦天神授其声法,觉因裁制新声。梵响清靡,四飞却啭,反折还弄。
>
> 释法平,姓康,康居人。……响韵清雅,运转无方。(以上见梁慧皎《高僧传·经师》)①
>
> 原夫经传震旦,夹译汉庭,北则竺兰,始直声而宣剖;南惟僧会,扬曲韵以讽通。(《宋高僧传·读诵》篇)②
>
> 声有八转,谓体、业、具、为、从、属、于、呼,是八转声。各具八德,所谓调和声、柔软声、谛了声、易解声、无错谬声、无雌小

① 《高僧传》卷一三,《高僧传合集》,第 91 页下、第 92 页上、第 93 页中。

② 《宋高僧传》卷二五,《高僧传合集》,第 543 页中、第 543 页下。

声、广大声、深远声。八八则有六十四种。(澄观《大方广佛华严经疏》卷二九"论六十四声")[①]

又《佛说阿弥陀经讲经文》云:

都讲阇梨道德高,音律清泠能宛转,好韵宫商申雅调,高著声音唱将来。[②]

由此可知,佛教唱赞正是以"转声"为特点的。

关于《五更转》的上述性质,有《十二时》可资比较。斯 6631、斯 2454、伯 3141 等本载有《维摩五更转十二时》28 首,伯 3554 号写本载有沙州法师悟真所撰《谨上河西道节度使公德政及祥瑞五更转兼十二时共一十七首并序》。既然《五更转》、《十二时》连接而用于故事宣唱,那么此二曲必定具有相同的音乐特性。按《十二时》也是产于南朝而后流传至北朝的曲调,《高僧传》卷十记保志与梁武帝对话,曾提到《十二时》一名[③];北魏《洛阳伽蓝记》卷四则记有沙门宝公"造《十二辰》歌"事[④]。《隋书·音乐志》说:炀帝"令乐正白明达造新声,创《万岁乐》、《藏钩乐》、《七夕相逢乐》、《投壶乐》、《舞席同心髻》、《玉女行觞》、《神仙留客》、《掷砖续命》、《斗鸡子》、《斗百草》、《泛龙舟》、《还旧宫》、《长乐花》及《十二时》等曲,掩抑摧藏,哀音断绝"[⑤]。可见在《龙舟》、《五更》成为新声的同时,《十二时》也被制成新声。从以上

---

① 《大正藏》,第 35 册,第 721 页、第 722 页。

② 《敦煌变文讲经文因缘辑校》,江苏古籍出版社 1998 年版,第 199 页。

③ 汤用彤校注:《高僧传》,中华书局 1992 年版,第 396 页。

④ 范祥雍:《洛阳伽蓝记校注》,上海古籍出版社 1958 年版,第 197 页。

⑤ 《隋书》,中华书局点校本,1973 年,第 379 页。

曲名的民间特色看,《十二时》也是由民间歌曲改制而成的。据《乐府杂录》"熊罴"部和《唐会要》卷三三,《十二时》曾奏入鼓吹,用作太常供奉曲,与《堂堂》、《赤白桃李花》等民间曲调同属林钟角调。这就是说,《十二时》像《五更转》一样,是创调于南朝,在隋炀帝时代改制为新声,而广泛流行于唐代的一支曲调。

现存唐五代的《十二时》作品,除上文提到的2种《五更转》兼《十二时》以外,共有18种。其中6种见于传世文献,即:《念佛镜》所载道镜、善导《修西方十二时》十二首,"三七七七"体①;《祖堂集》所载文偃《十二时偈》十二首,"三七七七"体②;《缁门警训》所载"大唐慈恩法师出家箴"九首,"三三七七七"体③;《景德传灯录》所载宝志《十二时颂》十二首,"三七七七,三三七七七"体④;《古尊宿语录》所载从谂《十二时歌》十二首,"三七七七,三三七七七"体⑤;《云门匡真禅师广录》所载文偃《十二时歌》,辞为杂言短句,云"夜半子,愚夫说相似;鸡鸣丑,痴人捧龟首;平旦寅,晓何人"云云⑥。另十二种见于敦煌写本,依其体式可分为以下两类⑦:

其一是"三七七七"体"平旦寅"起句式,包括六种作品:(一)伯2564、伯2633、伯3821、斯4129等本所载"发愤长歌《十二时辰》"十

---

① 《大正藏》,第47册,第120页;《全唐诗续拾》,《全唐诗补编》,第738页。

② 《祖堂集》卷一一,第248页、第249页。

③ 《大正藏》,第48册,第1040页;《中华藏》,第79册,第700页。

④ 《中华藏》,第74册,第370—371页。按《十二时颂》又作为唐五代作品收入陈尚君《全唐诗续拾》,见该书卷五九。项楚亦认为"宝志作品大约是盛唐时期某位禅僧的依托之作"。参见《列1456号王梵志诗残卷补校》,《中华文史论丛》1989年第1期。

⑤ 《古尊宿语录》,中华书局点校本1994年版,第250页、第251页。

⑥ 同上注,第277页。

⑦ 以下参见《敦煌歌辞总编》卷五《定格联章》、卷六《长篇定格联章》,上海古籍出版社1987年版,第1225—1670页。

二首，以少年勤学为内容。一本题“十二时行孝文一本”，另三本抄在讲唱文《齖魺书》中的“新妇诗”内，而辞意与故事无关。辞前有七言十二句为序引，末云“勤学不辞贫与贱，发愤长歌《十二时辰》”云云。(二)《敦煌零拾》所载“天下传孝十二时”十二首。(三)伯 3821 所载十二首，题“白侍郎作十二时行孝文”。(四)斯 2679 所载残篇十二首，抄写在“南宗定邪正《五更转》”之后，亦为佛教题材。(五)伯 3113、斯 5567、伯 4028、伯 2813 等本所载“法体十二时”十二首，一本题“圣教十二时”。(六)伯 2952 所载残文四首，内容为求宦，残存“黄昏戌”以下四首。

其二是其他体式，亦有六种作品：(一)“三七七七”体“夜半子”起句式，有伯 2734、伯 2918、斯 5567 等本所载“圣教十二时”十二首，内容为悉达太子成道故事。(二)“三五五五”体“平旦寅”起句式，有伯 3604、伯 3116、伯 3821、《敦煌零拾》等本所载“禅门十二时”十二首。一本题“十二时行孝文一本”，一本题“维大宋乾德捌年，岁次庚午，正月二十六日，敦煌乡书手兼随身判官李福延因为写《十二时》一卷为愿”云云。(三)“三五五五”体“夜半子”起句式，有伯 2943 所载“学道十二时”十二首。(四)“三三七七七，七七七七”体“夜半子”起句式，有斯 0427、“鸟”10 等本所载“禅门十二时”十二首。此十二首皆仄韵，首二句叠，内容为劝凡夫觉醒。(五)“三七七七，七七七七”体“平旦寅”起句式，有伯 2952 所载残本十二首，内容为劝学。(六)“三三七七七”体“鸡鸣丑”起句式，有伯 2054、伯 2714、伯 3087、伯 3286 所载“《十二时》普劝四众依教修行”一百三十四首，作者智俨。全篇乃按十二时分为十二组，多者十三首，少者八首，皆为仄韵。

这些作品说明：《十二时》同《五更转》一样，只有相对稳定的体式，即三言领起七言或五言体，因此，它也是用一种比曲子更自由的方式吟唱的。这也是讲唱文学的通常方式。多种《十二时》写本把题目写作“十二时行孝文一本”，又有一种用为讲唱文《齖齣书》的诗赞，伯2564本则自称“发愤长歌《十二时辰》”，而辞中又采用了第二人称“君不见”。这些迹象意味着，《十二时》不是传统意义上的偈赞，而像古来的“行孝文”那样，是一种流行的说唱辞。正由于这样，在“圣教十二时”中，它用于叙述悉达太子的成道故事。但从另一方面看，《十二时》也拥有偈赞调的功能。据《大正新修大藏经》第47册所载《念佛镜》，道镜、善导在写作《修西方十二时》的同时，也写作了同样辞体的《修西方十劝》。《修西方十劝》的特点是十首成组，以“劝君一”、“劝君二”等数序语代替“平旦寅”、“日出卯”等时序语。因此，这里的辞式共同，应当理解为通俗歌调在佛教偈赞中的流通。也就是说，《十二时》是作为一支民间吟唱之调而进入佛教故事说唱，进而成为佛教偈赞之调的。这也正是《五更转》的特点。

五、《行路难》[①]

《行路难》是一支起于汉晋时期的曲调，原为民间歌谣。《乐府诗集》卷七〇《杂曲歌辞》录《行路难》34首，题解引《陈武别传》云：“武常牧羊，诸家牧竖有知歌谣者，武遂学《行路难》。”其书卷四一《相和歌辞》又录《梁甫吟》5首，题解引《陈武别传》云：“武常骑驴牧羊，诸家牧竖十数人，或有知歌谣者，武遂学《泰山梁甫吟》、《幽州马客吟》及《行路难》之属。”[②]可见《行路难》在音乐体裁上原属歌谣，曾经和

---

① 本小节关于汉魏时期《行路难》的资料，由博士生孙尚勇协助搜集。

② 《乐府诗集》卷七〇，第997页；卷四一，第605页。

《泰山梁甫吟》、《幽州马客吟》一起流传。

按上文所说的陈武，是后赵人。其事迹又见于《艺文类聚》、《太平御览》和《晋书》。《类聚》卷一九引《陈武别传》："陈武，字国本，休屠胡人。常骑驴牧羊，诸家牧竖十数人，或有知歌谣者，武遂学《太山梁父吟》、《幽州马客吟》及《行路难》之属。"卷九四引《陈武别传》："武本休屠胡人，常骑驴牧羊，诸家牧竖十数人，或有和歌者，武遂学《太山梁甫吟》之属。"[①]《御览》卷三六三引《陈武别传》："武，胡人，育于临水令陈君。君奇之，起议欲易其故字，武长跪自启曰：'里语有之：都亭鼠，数闻长者语。今当易字，寔有私心，尝闻长卿慕蔺相如之行，故字相如。往在乡里，久闻故老之说，称汉使苏武执忠守志，不服单于，流放漠北，拥节牧羊，寄秋雁以诉心，因行云而托诚。高山仰止，意窃慕之。'陈氏嘉其志，遂名之曰武。又欲令字仲显，其本是胡人，而石勒石虎讳胡曰国人，故因字之曰国武。"[②]据此可知，《太山梁甫吟》、《幽州马客吟》、《行路难》诸调皆为北方民间歌曲，为陈武少时牧羊所学。按《晋书·石勒载记下》记有陈武诣襄国之事，系之于太兴四年段匹磾降于石勒之前。这说明，早在公元321年以前，以上三曲即曾以"和歌"的方式在民间流行了。

从《泰山梁甫吟》的来历可以确认《行路难》的性质。按《梁甫吟》原是一支挽歌，用于丧葬。《乐府诗集》卷四一云："《梁甫吟》盖言人死葬此山，亦葬歌也。"其所载诸葛亮辞亦云："步出齐城门，遥望荡阴里。里中有三墓，累累正相似。问是谁家墓，田强古冶子。"[③]可见《梁甫吟》是在挽歌制度的背景下成为乐府歌曲的。考关于挽歌起源

---

① 《艺文类聚》，上海古籍出版社1965年点校本，第352页、第1629页。

② 《太平御览》，中华书局1960年影印本，第1671页。

③ 《乐府诗集》卷四一，第605页、第606页。

有出自秦末田横之客的哀歌一说。崔豹《古今注·音乐》云:"《薤露》、《蒿里》,并丧歌也,出田横门人。横自杀,门人伤之,为之悲歌,言人命如薤上之露,易晞灭也;亦谓人死,魂魄归乎蒿里。故有二章。……至孝武时,李延年乃分为二曲:《薤露》送王公贵人,《蒿里》送士大夫庶人,使挽柩者歌之,世呼为挽歌。"①这是关于汉代乐府建立挽歌制度的重要记载。参考《乐府诗集·相和歌辞》所载《薤露》、《蒿里》之"古辞",可以据此认识《梁甫吟》之编入相和歌辞的缘由。事实上,挽歌制度不仅与诸葛亮《梁甫吟》辞有关,而且与《行路难》的创调传说有关:

《世说新语·任诞》:"张湛好于斋前种松柏。时袁山松出游,每好令左右作挽歌。"刘孝标注:"《续晋阳秋》:袁山松善音乐,北人旧歌有《行路难曲》,辞颇疏质。山松好之,乃为文其章句,婉其节制。每因酒酣,从而歌之,听者莫不流涕。初,羊昙善唱乐,桓伊能《挽歌》,及山松以《行路难》继之,时人谓之三绝。今云挽歌,未详。"②

《太平御览》卷四九七:"俗记曰:宋祎死后,葬在金城南山,对琅琊郡门。袁崧为琅琊太守,每醉辄乘舆上宋祎冢,作《行路难歌》。"③《世说新语·品藻》:"宋祎为王大将军妾,后属谢镇西。"④《艺文类聚》卷四四:"俗说曰:宋祎是石崇妓绿珠弟子,有国色,善吹笛。后在晋明帝宫,帝疾患危笃,群臣进谏,请出宋

① 崔豹:《古今注》卷中《音乐》,《丛书集成初编》第274册,第10页。
② 徐震堮:《世说新语校笺》卷下,中华书局1984年版,第406页。
③ 《太平御览》,第2275页。
④ 《世说新语校笺》卷中,第281页。

> 祎。时朝贤悉见，帝曰：卿诸人谁欲得者？众人无言。阮遥集时为吏部尚书，对曰：愿以赐臣。即与之。”①
>
> 《晋书》卷八三《袁山松传》：“山松少有才名，博学有文章，著《后汉书》百篇。衿情秀远，善音乐。旧歌有《行路难》曲，辞颇疏质，山松好之，乃文其辞句，婉其节制，每因酣醉纵歌之，听者莫不流涕。初，羊昙善唱乐，桓伊能挽歌，及山松《行路难》继之，时人谓之‘三绝’。时张湛好于斋前种松柏，而山松每出游，好令左右作挽歌，人谓‘湛屋下陈尸，山松道上行殡’。”②（按据《太平御览》卷四九七引“俗记”，此处“山松”应为“崧”，乃传抄致讹。故人之传言应作“湛屋下陈尸，崧道上行殡”，为五言之偶句。）

《世说新语》所载之事抄自裴启《语林》，《语林》作于东晋隆和之前。因此可以说，在公元 362 年以前，北方民歌《行路难》即已流入琅邪、金城（今江苏句容县北）等地，经改制而用为挽歌了。

《艺文类聚》卷四四载蔡邕《琴赋》，其中有“《梁甫》悲吟，周公《越裳》”③之句。如果说《梁甫吟》早在蔡邕所处的汉代末年即已奏入琴曲，那么，《幽州马客吟》便是一支梁以前的横吹曲。按此曲载在《乐府诗集》卷二五，属“梁鼓角横吹曲”。《乐府诗集》引《古今乐录》说：梁鼓角横吹曲有《企喻》等歌三十六曲，其中二十五曲有歌有声，十一曲有歌；又乐府胡吹旧曲有《大白净皇太子》等十四曲，三曲有歌，十一曲亡；“又有《隔谷》、《地驱乐》、《紫骝马》、《折杨柳》、《幽州马客吟》、《慕容家自鲁企由谷》、《陇头》、《魏高阳王乐人》等歌二十七曲，

① 《艺文类聚》，第 794 页。

② 《晋书》，中华书局 1962 年版，第 2169 页。

③ 《艺文类聚》，第 783 页。

合前三曲，凡三十曲，总六十六曲”。① 可见梁代鼓角横吹曲采集了大量古歌，近半数乐曲因时代久远而失去了歌辞。据《乐府诗集》，此时的《幽州马客吟歌辞》是五曲、四解之辞，它以每个五言句为一解，因此是一种声调缓长的歌唱。《泰山梁甫吟》、《行路难》同样是这种被称作“吟”的引声缓唱的谣歌。

值得注意的是，《泰山梁甫吟》、《幽州马客吟》、《行路难》是通过不同途径进入乐府的：乐府采《梁甫吟》为挽歌，用相和形式歌唱；采《幽州马客吟》为横吹之曲，奏入鼓角；《行路难》则被编入“杂曲歌辞”。根据郭茂倩“杂曲歌辞”、“舞曲歌辞”的小序，“杂”指的是出自方俗、未成部伍。因此，作为“杂曲”的《行路难》，其特点是采用了民间的表演方式。今存《行路难》歌辞，以鲍照所作 18 首最早。这些作品大抵是七言，而杂以其他句式。鲍辞第一首有云“愿君裁悲且减思，听我抵节行路吟”，第二首有云“如今君心一朝异，对此长叹终百年”，第三首有云“中有一人字金兰……含歌揽涕恒抱愁”，第四首有云“酌酒以自宽，举杯断绝歌路难”②，第五首以下主题不一，而文辞特征大致如《乐府诗集》卷七〇引《乐府解题》所云：“备言世路艰难及离别悲伤之意，多以‘君不见’为首。”③由此可知：《行路难》是经过乐工拼合的歌曲，故其辞主题不一；是用于女子演唱的歌曲，故杂有闺怨题材；它实际上是一种说唱之曲，因此多见“君不见”等第二人称之辞，自称“歌路难”，并采用“抵节”而“吟”的歌唱方式。齐梁时候的《行路难》作品亦重复了上述特点，例如齐僧宝月辞采用“君不见”、“行路难”的和声定式，梁费昶辞的题材是“倡家少女名桃根”，吴均四

① 《乐府诗集》卷二五，第 362 页。

② 《乐府诗集》卷七〇，第 997 页、第 998 页。

③ 《乐府诗集》卷七〇，第 997 页。

首则辞意散漫，明显有拼凑痕迹。显而易见，这种重复是不同于文辞上的简单模仿的，它说明《行路难》的形式特点乃是其说唱方式的反映。

在唐代，《行路难》成为众多诗人的拟作对象。诸辞长短不一，但大多有"君不见"、"行路难"一类和声定式。其中骆宾王所作二首长篇以塞外行军为主题，辞中有云"昔时闻道从军乐，今日方知行路难"云云，故题作《从军中行路难》；其中王昌龄所作一首为短篇，五言八句，亦以塞外行军为主题，但无"行路难"一类和声定式，故题作《变行路难》。这意味着《行路难》已成拟乐府，未必可歌。但以下几种记载却表明，唐代仍然有《行路难》的乐声流传：

（一）《太平广记》卷四八九《冥音录》记大和初陇西人李侃的家事，云其外妇崔氏为广陵倡家，生二女，皆从其姨母学习筝艺。开成五年某日，长女梦见已故姨母，知其在阴府簿籍教坊。后姨母授之以宫闱中新翻之曲，"曲有《迎君乐》（正商调，二十八叠）、《槲林叹》（分丝调，四十四叠）、《秦王赏金歌》（小石调，二十八叠）、《广陵散》（正商调，二十八叠）、《行路难》（正商调，二十八叠）"等十曲。[①] 由此可见，在晚唐人心目中，《行路难》是琴筝之曲。

（二）《乐府诗集·杂曲歌辞》载韦应物《行路难》，杂言十三句，辞中有"上客勿遽欢，听妾歌《路难》，旁人见环环可怜"[②]等句。按《文苑英华》卷二百亦录此辞，题注云："一作《连环歌》。"[③]如果说《连环歌》是关于作品内容的名称，那么《行路难》便是关于作品形式的名称。换言之，所谓"听妾歌《路难》"，意味着当时曾用《行路难》的曲调

① 《太平广记》卷四八九，中华书局 1961 年版，第 4022 页。
② 《乐府诗集》卷七一，第 1011 页。
③ 《文苑英华》，中华书局 1966 年版，第 2 册，第 991 页上。

来唱连环之歌。

(三)敦煌写本斯6042、日本龙谷大学藏本所载《行路难》,原标次第为十六首,今存后十二首。每首皆由首、中、尾三段构成,体式如一。其首句概以"君不见"起,次句(五言句)概以"无心"二字起,中部十四句概为七言,尾部概有"行路难,路难无心"的定式,而"君不见""行路难"云云与内容无关。[①] 例如末首:

> 第十六:君不见,无心之大慧,廓廓落落无边际。无碍虚融离有无,微妙疏通含一切。一切疏通忘彼此,如如平等论非是。非是是是号空空,空空亦空乃法尔。法尔空空无他自,慧眼明照恒不二。不二无知无不知,无知不知称大智。大智非明非不明,不明非明无明明。无明之照不照照,不照之照乃无生。行路难,路难无心甚清泰。涅槃生死不关怀,荡荡如空无罣碍。

这种辞式一致性,可称为"依调填辞体",它应当是歌唱程式的遗迹。

《行路难》之用为佛教诗歌,不仅以上一例。贯休、齐己有《行路难》辞七首载见《乐府诗集》,主题是世事险恶、人生无常。庞蕴作有"行路易,行路易,内外中间依本智"诗杂言十七句,见《庞居士语录》卷下。此外,敦煌写本斯2672号载有"禅师与少女问答故事",如上文所说,出自僧侣之手,在敦煌流传广泛。可见《行路难》是当时诗偈问答的一个常用套式。这一套式之所以能广泛流行,必定有传播方式上的便利;因此可以判断,它是由曲体较为稳定的民间谣歌之调转化而来的。

---

① 参见《敦煌歌辞总编》,第1146—1220页。

六、共住修道故事及其所含作品的文体学意义

综上所述，敦煌写本伯 3409、斯 5996、斯 3017 所载诸种韵文作品，尽管以故事的形式串联而成，有虚构的成分，但它们的文体特征却反映了历史的真实，亦即反映了唐代佛教文体讲唱化的倾向。其中《五荫山偈》、《劝诸人一偈》、《劝善文》、《安心难》代表了偈颂体的通俗化。这种通俗化既表现为大批佛教"白话诗"在唐代的出现，也表现为这种白话诗同讲唱文学的结合。例如《劝诸人一偈》以"劝君学道"的说唱口吻起句，采用"七五五五，五五五五"杂言体，便表明了民间说唱对佛教偈颂的歌吟传统的影响。其中《五更转》代表了佛教偈赞对民间吟唱之调的利用。据前文考证，这种利用的第一步，是把《五更转》、《十二时》等民间歌调用于佛教故事说唱；第二步，是把它们的音乐、结构方式（例如逐首分时的方式）和节奏（例如以"三七七七"为骨干的音步）用为佛教偈赞之调的素材。其中《行路难》则代表了佛教文体同汉魏六朝讲唱文体的关联。尽管由于记载阙如，汉魏六朝的讲唱艺术史已晦暗不明，但《乐府诗集·杂曲歌辞》却为此留下了大批可供发掘的资料。《行路难》歌辞即表明，当乐府古题成为唐代文人竞相模仿的诗歌题材的时候，仍有一些六朝旧曲在民间流传。这些曲调富于吟唱特色和说唱特色，有别于唐代教坊的曲子之调；它们流行于社会下层，因此而成为诗偈问答的常用套式。总之，通过对共住修道故事所含各类作品的考察可以了解唐代佛教诗歌文体的来源：它们服从于通俗宣传，在同讲唱文学交互作用的环境中，采用和改造了各种流行文体。

本文使用“改造了”的“流行文体”的提法，是想说，上述韵文文体是通过某种选择而组合到一起来的，既具有典型性，又是对民间文体的仿作。这一点可以用《傅大士语录》来作比证。按傅大士原名傅翕，乃南朝梁陈之间的高僧。《傅大士语录》所载诸诗传说是其所作，但经今人考订为伪托。鉴于唐僧湛然（天宝、大历在世）、延寿（吴越时人）已见到傅大士诗，而中晚唐日本僧人圆仁、圆珍等携归书目中亦提及《行路难》等诗篇，故这些诗作可判为唐人的作品①。《傅大士语录》中的诗偈有：

> 五言体诗偈：《四相诗》4首、《颂》10首、《率题》10章、《劝谕诗》3首，皆五言体，多为五言八句。
>
> 三七体诗偈：《贪嗔痴》3首、《十劝》10首，皆用“三七七七”定式，前者以“不须□”起句，后者以“劝君□”起句。
>
> 三五体诗偈：《还源诗》12章、《独自诗》20章、《五更》（拟名）5章，皆用“三五五五”定式，分别以“还源□”、“独自□”、“一更□”起句。

这里的三七体、三五体作品明显是来自《五更转》、《十二时》定式的：例如道镜、善导《修西方十二时》、文偃《十二时偈》、敦煌本“圣教十二时”，均为“三七七七”体，有起句定式；又如敦煌本“禅门十二时”、“学道十二时”，均为“三五五五”体，亦有起句定式。前文说到，道镜、善导在写作《修西方十二时》的同时，也写作了同样辞体的《修西方十劝》，建立了以“劝君一”、“劝君二”等数序语代替“平旦寅”、“日出卯”

① 参见《全唐诗续拾》卷五九；张勇：《傅大士研究》中编，巴蜀书社2000年版。

等时序语的新定式。由此可以判断,“傅大士”《十劝》正是对《修西方十劝》的仿作。同样,“傅大士”的《行路难》和《行路易》,也是对作为民间说唱之调的《行路难》的仿作。

值得注意的是这种《行路难》、《行路易》的文体特征,即采用“行路难,路难□□□□□”的定式,或“行路易,路易□□□”的定式。上文已经多次提到这种定式了:它既见于共住修道故事,又见于“禅师与少女问答故事”,还见于敦煌写本斯6042“无心”《行路难》。这几篇作品都采用了故事贯穿体、依调填辞体等“俗体”,表现了同说唱的密切关联。不宁如此,这一定式居然还以以下方式出现:

> 敦煌写本伯2555所载《明堂诗》:“……行路难,路难明堂在眼前。李家定得千千岁,圣主还同万万年。”

此诗末二句是非常典型的讲唱套语。由此可知,“行路难,路难……”的定式必定是来自说唱的。

以上判断还意味着:《行路难》定式不仅是“套语”,而且是“和声辞”。按唐代人的歌唱方式有三种:一是曲子(配器乐、有固定曲体的歌唱),二是谣歌(徒歌,有歌调而无固定曲体),三是吟咏。因此,不能按有无统一的曲调来判断有无和声辞。因为和声歌唱不仅可以用于曲子(比如《竹枝》曲中的“竹枝”、“女儿”),而且可以用于谣歌(比如相和歌),甚至可以用于吟咏(比如佛教的歌赞)。而当和声歌唱被模拟、被记录下来的时候,和声辞才转变为套语。在唐代《行路难》定式中,我们已经看到了上述几种情况的综合反映。——既然唐代有《行路难》的乐声,那么从本质上看,它的定式是依歌调作辞的表现;

既然在同一调名下，作品辞式各有异同，那么它的定式就是谣歌之调的和声定式；既然“劝君一”、“劝君二”等数序语是对“平旦寅”、“日出卯”等时序语的模仿，那么“行路易，路易□□□”定式便是对“行路难，路难□□□□□”定式的模仿。这几种情况反映了中国文学史上的一条规律：当流行于口头的音乐文学文体转为书面文体的时候，原来的音乐定式（曲调、曲体、歌唱修辞手段等）就会转变为文辞的定式。“傅大士”作品在辞式上的整齐性，既说明了唐代佛教诗歌文体同民间说唱文体的关联，也说明了这种关联的特殊性质——音乐定式已转变为文辞定式。它启发我们去认识敦煌伯 3409 等本所载作品的一个特殊意义：它们不仅代表了唐代最流行的几种佛教文学文体，而且代表了这些文体在实现上述转变时的过渡形态——有定式而定式尚未僵化的形态。

以上事实，对于理解共住修道故事所采用的故事贯穿体，有十分重要的意义。显而易见，上述韵文的文化内涵——其文体的典型性和内容的丰富性——是相当深厚的；与之相比，共住修道故事的情节分量反而显得薄弱。为什么会出现这种情况呢？合理的解释是：这里的故事形式是为韵文讲唱而设计的，故事服务于韵文说唱，其产生亦后于韵文。也就是说，它包含了一个以韵文为中心的结构过程。这种情况在佛经创作史上并不鲜见。季羡林曾讨论过现存巴利文《佛本生故事》中的偈散矛盾的问题，指出诗偈的语言要比散文部分显得古老。这是因为佛本生故事最初编入藏经时，只收了诗偈部分，后来有些佛本生故事因缺少散文部分，意义不明，就由僧徒根据自己对诗偈的理解用散文加以补充。[1] 类似的情况亦见于各民族的口传

---

① 季羡林：《关于巴利文〈佛本生故事〉（代序）》，《佛本生故事选》，人民文学出版社 1985 年版，第 2 页。

文学。在蒙古族史诗歌手吟唱《江格尔》的时候,他们也习惯用散文来弥补被遗忘的韵文,把歌唱的部分改为讲说。[1] 尽管最早的佛经可能是有韵律的散文,亦即在僧团内部传诵"长行",在民间信众当中传诵"偈颂",长行先于偈颂结集[2];但现存佛经却呈现出以韵文为中心的样态——偈颂往往具有充分自足性,其与散文相矛盾(衔接不紧密、内容重复、内容不相符合)的情况比比皆是[3]。由此看来,现存佛经中的偈颂和散文并不是同时制作出来的,偈颂的产生应当先于散文。佛教认为散文长行的功能在于"贯穿"和"缀辑",这一看法,其实是对以韵文为结构中心的佛经文本形成史的反映:

> 《杂集论》卷一〇:"契经者,谓以长行缀辑,略说应说义。"[4]
>
> 《瑜伽论》卷八一:"契经者,谓贯穿义。长行直说,多分摄受意趣体性。"[5]
>
> 《显扬圣教论》卷一二:"契经者,谓缝缀义。多分长行直说,摄诸法体。"[6]

这就是说,敦煌文学中的故事贯穿体是一种同佛经创作相关联的文体,其渊源可以追溯至佛经翻译和佛经结集。

不过,用故事串联诗歌,这种情况在敦煌文学作品中并不鲜见,

---

① 参见朝戈金:《口传史诗诗学》,广西人民出版社 2000 年版,第 50 页。

② 印顺:《原始佛教圣典之集成》,台北正闻出版社 1994 年版,第 53 页、第 54 页。又参见本文第三节关于长行与偈颂的历史关系的讨论。

③ 参见吴海勇:《中古汉译佛经叙事文学研究》,学苑出版社 2004 年版,第 396—398 页。

④ 《大正藏》,第 31 册,第 743 页。

⑤ 《大正藏》,第 30 册,第 753 页。

⑥ 《大正藏》,第 31 册,第 538 页。

也不仅有“共住修道”、“禅师与少女问答”这种以偈颂为中心的体式。敦煌话本《庐山远公话》所载“身生智未生”、“儒童说五典”等诗篇，又以单篇形式见于斯 2165 号写本；伯 3252、3608 等写本载有《去扇》、《去花》、《去幞头》、《合发诗》、《脱衣诗》等诗，敦煌婚礼仪式歌《下女夫词》中亦载有《去扇》、《去花》、《去帽惑诗》、《合发诗》、《脱衣诗》等诗，两处作品辞句有异，但内容语调相近。这证明许多敦煌作品有作为独立诗篇、作为讲唱韵文的两重身份。这两重身份的关联表明，唐代通俗诗歌在日常应用的场合，往往同某种具情节性的散说结合在一起。因此可以说，共住修道故事中的韵文作品都不是单纯的书面文体，而是联系于某种口头文学的文体。它之所以获得故事形式，不光缘于以韵文为结构中心的佛教传统，而且缘于唐代通俗文学所造成的韵散间用的风尚。

这种风尚，在唐代还表现为小说与诗歌的相关。其相关的方式有三：一是小说与诗歌叙述同一故事，例如《莺莺传》与《莺莺歌》、《长恨歌传》与《长恨歌》；二是传文中穿插诗歌，例如《游仙窟》穿插了数十首诗歌、《嵩岳嫁女》穿插了十二首诗歌；三是以小说记载诗歌故事，例如《集异记》“王之涣”所记的旗亭赌唱故事。与这种情况相对应，中晚唐还出现了叙事诗长足发展的局面。王运熙先生指出：以上第一种方式曾见于陶渊明的《桃花源记》[①]，第二种方式曾见于先秦小说《穆天子传》，但在中国古代文人的创作中，叙事诗是不发达的，

---

① 故事与诗的结合，在中古时期很常见，除陶渊明写过《桃花源记》和《桃花源诗》以外，东晋曹毗同时撰有《神女杜兰香传》和多篇《杜兰香歌诗》，西晋张敏则以《神女传》、《神女赋》重复叙述了弦超与成公智琼的仙凡恋爱故事。这种情况反映了一种相当普遍的习惯，即以不同文体来表述同一主题的习惯。其表现还有：同一主题内容既以赋、又用诗来表述。例如西晋张华既撰有《感婚赋》，又撰有《感婚诗》；曹丕在建安末年既写了《寡妇赋》，又写了《寡妇诗》。

民间情况却相反。[1] 考虑到这一点,应当说,共住修道故事所采用的故事贯穿体,是民间说唱风俗的产物,它不光属于通俗文学盛行的唐代。

故事贯穿体的以上特性——既同佛经文体相关、又同历代通俗文学相关的特性,在"禅师与少女问答故事"中亦有充分体现。这一故事以居住在石穴中的少女为主角,把少女塑造成"颜容媚丽"、"宛若凡居"的智慧人物,这和唐代小说追求奇异艳丽、重视女仙描写的倾向是一致的。据研究,现存唐代小说的主要题材有三:一是神怪,二是婚恋,三是佛道,其共同倾向即是"作意好奇",注意突出浪漫女子的形象。反映在唐人诗歌当中,艳情诗、神仙诗、历史诗也成了故事诗的三大品种[2]。"禅师与少女问答故事"明显接受了这种风尚的影响;其中石穴少女的形象,尤其同唐代小说中的"游仙窟"故事如出一辙。但从另一方面看,禅师少女问答故事又有佛教文献的来源。例如《杂阿含经》卷四八所记:

> 过去世时,拘萨罗国有弹琴人,名曰麤牛,于拘萨罗国人间游行,止息野中。时有六广大天宫天女,来至憍萨罗国麤牛弹琴人所,语麤牛弹琴人言:"阿舅阿舅,为我弹琴,我当歌舞。"麤牛弹琴者言:"如是姊妹,我当为汝弹琴,汝当语我汝是何人,何由生此。"天女答言:"阿舅,且弹琴,我当歌舞,于歌颂中自说所以生此因缘。"彼拘萨罗国麤牛弹琴人即便弹琴。彼六天女即便歌舞。
>
> 第一天女说偈歌言:……。

---

① 王运熙、杨明:《唐代诗歌与小说的关系》,《文学遗产》1983 年第 1 期。

② 参见程国赋:《唐代小说嬗变研究》,广东人民出版社 1997 年版;《唐代诗歌与小说的关系》,同上注。

第二天女复说偈言：……。

第三天女复说偈言：……。

第四天女复说偈言：……。

第五天女复说偈言：……。

第六天女复说偈言：……。

尔时拘萨罗国麤牛弹琴人而说偈言：……。

说是语已，此诸天女即没不现。佛说此经已，诸比丘闻佛所说，欢喜奉行。[①]

这种故事流传很广，在《别译杂阿含经》卷一四作弹琴人俱兔罗与六天女说偈问答[②]，在《经律异相》卷二、《法苑珠林》卷二作鹿牛与六广大天宫天女说偈问答[③]。从散偈关系的角度看，它无疑是敦煌写本所见故事贯穿体的祖型；从男女问答方式的角度看，它又是禅师少女问答故事的祖型。

总之，围绕故事贯穿体，我们可以看到唐代佛教文学文体在来源上的两重性：既有佛教经典的来源，又有当代和前代通俗文学的来源。事实上，本文开头谈到的几种特殊文体——省略体、纲要体、插入体，同样拥有这两重来源。这说明了什么呢？说明唐代佛教文学具有俗文学的特质；说明这种特质乃是佛教文学传统的表现，可以追溯至西域和印度佛教；说明文体取决于功能，讲唱手段造就了一批不同于书面文学的文体，须用新的眼光加以观察；说明在佛教文学发展

① 《大正藏》，第 2 册，第 353 页、第 354 页；《中华藏》，第 33 册，第 225 页、第 226 页。

② 《大正藏》，第 2 册，第 472 页；《中华藏》，第 33 册，第 430 页。

③ 《大正藏》，第 53 册，第 9 页、第 10 页，第 53 册，第 283 页、第 284 页；《中华藏》，第 52 册，第 744 页，第 71 册，第 190 页。

中建立起来的说唱文体与书面文体的关联，使我们有可能通过佛教文学之文体去认识书面文体的本原形态。换言之，敦煌文学的文体研究、佛教文学的文体研究，必将成为中国文学史研究的重要领域，因为这些文体是多种文化的共同结晶，反映了宗教活动对中国文学的影响，也反映了宗教文学与通俗文学的结合，可资探明文体的本质和形成原理。

（原载《清华大学古代汉文学论集》，中华书局 2005 年版）

从莫高窟61窟《维摩诘经变》看经变画和讲经文的体制

敦煌壁画中的维摩诘经变多达81铺，按存画数量计，是仅次于《东方药师经变》、《弥勒经变》、《观无量寿经变》的一个主题。[①]贺世哲、金维诺等研究者曾对它作过分期、探源研究，并曾就其美学意味和历史形式作过考察。孙昌武先生则在《中国文学中的维摩与观音》一书中详细讨论了它的历史背景。除此之外，日本学者亦在各种佛教艺术著作中涉及其内容与形式。[②]这些成果说明：维摩信仰及其艺术，是中国文化史上的重要现象，也是敦煌艺术研究的重要课题。

敦煌所存的《维摩诘经变》，较具代表性的一铺见于莫高窟61

① 据敦煌研究院1991年11月复查统计，在敦煌莫高窟中，《东方药师经变》存97铺，《弥勒经变》存87铺，《观无量寿经变》存84铺，《维摩诘经变》存68铺。而据李永宁、蔡伟堂《敦煌壁画中的〈弥勒经变〉》、孙修身《敦煌石窟中的〈观无量寿经变相〉》二文（均载《敦煌石窟研究国际讨论会文集》，辽宁美术出版社1987年版），敦煌石窟（含莫高窟、榆林窟、西千佛洞、五个庙等）共有《弥勒经变》98铺、《观无量寿经变》百铺左右。又据香港商务印书馆1999年出版的《敦煌石窟全集》第七册《法华经画卷》统计，现存敦煌《维摩诘经变》81铺、《法华经变》67铺、《涅槃经变》21铺。

② 金维诺：《敦煌壁画维摩变的发展》、《敦煌晚期的维摩变》，《文物》1959年第2期、第4期。贺世哲：《敦煌莫高窟壁画中的〈维摩诘经变〉》，《敦煌研究》试刊第2期，1982年；《法华经画卷》，《敦煌石窟全集》第七册。宁强：《上士登仙图与维摩诘经变》，《敦煌研究》1990年第1期。陈清香：《敦煌壁画中的维摩经变》，《第二届敦煌学国际研讨会论文集》，台北汉学研究中心1991年6月印行。孙昌武：《中国文学中的维摩与观音》，高等教育出版社1996年版。又日本藤枝晃：《维摩变的一场面》，《佛教艺术》34号，1958年5月。

窟。这是建于后晋天福十二年(947 年)至后周显德四年(957 年)的洞窟,因窟中弥勒坛上的主尊是文殊师利塑像(已毁),故又名文殊堂。它的主要特点是拥有丰富的壁画:窟顶绘有华盖式藻井,其形巨大,是莫高窟最大的象征性华盖;四壁上半部画有各宗各派的巨型经变,其数最多,共 11 种;在窟西壁绘有巨大的五台山圣迹图,为此窟的主体画,亦是现存最大的五台山图;窟内三壁的下半部,绘有屏风连环画 33 扇,由关于释迦生平事迹的 128 个佛传故事画面组成,其情节之丰富,为现存古代佛传画之最;窟中诸经变均有大量榜题,其中《维摩诘经变》现存榜题 59 条 1,695 字,佛传连环画现存榜题则多达 128 条,文献价值远胜于其他洞窟。就经变研究而言,这是敦煌石窟中最重要的洞窟。由于这一点,61 窟的方方面面曾为许多研究者所关注。①

至于 61 窟的《维摩诘经变》,则同样具有深厚的学术意义。这不光因为榜题表明了它的文献价值(其字数居敦煌所有同类经变画之冠),而且因为容量和规模表明了它的内涵的丰富程度。它容纳了经文十四品中的十三品,把 59 条榜题所代表的六十多幅画面协调地组织在同一铺壁画上。其基本结构是:左部(东壁北侧)以“维摩示疾”为中心,表现了《方便品》、《香积佛品》、《佛道品》、《不思议品》、《见阿闳佛品》、《观众生品》的故事;右部(东壁南侧)以“文殊来问”为中心,表现了《文殊师利问疾品》、《不思议品》、《入不二法门品》、《菩萨品》、

① 参见贺世哲、孙修身:《瓜沙曹氏与敦煌莫高窟》,《敦煌研究文集》,甘肃人民出版社 1982 年版;万庚育:《敦煌莫高窟第 61 窟壁画佛传之研究》,《1983 年全国敦煌学术讨论会文集(石窟艺术编上)》,甘肃人民出版社 1985 年版;李刈:《敦煌壁画中的〈天请问经变相〉》,《敦煌研究》1991 年第 1 期;王惠民:《敦煌〈密严经变〉考释》,《敦煌研究》1993 年第 2 期;赵声良:《莫高窟第 61 窟五台山图研究》,《敦煌研究》1993 年第 4 期;王惠民:《关于〈天请问经〉和〈天请问经变〉的几个问题》,《敦煌研究》1994 年第 4 期;王惠民:《〈思益经〉及其在敦煌的流传》,《1994 年敦煌学国际学术研讨会文集(石窟考古卷)》,甘肃民族出版社 2000 年版。

《法供养品》、《菩萨行品》、《弟子品》的故事；两部之间，以《佛国品》的故事画相联结。从内容和形式两方面看，它都代表了《维摩诘经变》的发展高峰。斯 3929 号写本所载《节度押衙董保德修功德记》记录曹氏政权时的画事有云：

> 像迹有维摩之室，金容宝像，晃耀不啻于千龛；月面星仪，梃特有侔于万窟。

这反映了当时敦煌人对《维摩诘经变》的评价，同时反映了《维摩诘经变》在当时敦煌人的日常生活中的地位。基于以上理由，本文拟以 61 窟《维摩诘经变》研究为中心，对经变与讲经文的关系、《维摩诘经变》结构的历史内涵、讲经文的体制等问题作一探讨。

一、61 窟《维摩诘经变》的榜题

从文学研究的角度看，61 窟《维摩诘经变》所存 59 条榜题特别值得注意，因为它们不仅是对经变画内容的说明，而且可以看作关于维摩诘经的另一种通俗读本。贺世哲《敦煌莫高窟壁画中的〈维摩诘经变〉》一文[①]曾对之作了较详细的校录。现在，经过进一步查证，我们知道该榜题中引用经文的有 42 条，在现存的敦煌维摩诘经讲经文中具对应情节的有 11 条。若作多方比勘，则其内涵可以呈现得更为充分。今故依其在经文中的次序，以“⊂⊂⊂”代表榜题中字数不明的残缺，重新介绍如下：

---

① 贺世哲：《敦煌莫高窟壁画中的〈维摩诘经变〉》，《敦煌研究》试刊第 2 期，1982 年。

《佛国品第一》：

1. 佛来说法。榜题云："⊂⊂⊂侍从从彼上界来⊂⊂⊂耶城中观此化众说法。"按此语未见诸本《维摩经》及注疏。

2. 宝物供养。榜题云："长者子将诸资具供养如来。"

按此语略出鸠摩罗什译《维摩诘所说经》，图上情节亦见于敦煌维摩诘经讲经文。经云："尔时毗耶离城有长者子，名曰宝积，与五百长者子俱，持七宝盖，来诣佛所，头面礼足，各以其盖，共供养佛。"（《译释》21 页①，《大正藏》14：537 中②）支谦译本作："于是维耶离国有长者子，名罗邻那竭，汉言曰宝事，与五百长者子俱，皆有决于无上正真之道，持七宝盖来诣佛所，稽首佛足，以其宝盖共覆佛上。"（《大正藏》14：519）斯 4571 号敦煌写本《维摩诘经讲经文》（甲本）引经文"尔时"至"佛所"云云，进而敷衍出一大篇关于五百长者子于宫中闻维摩诘讲法、又往庵园礼佛的故事，至全文结束。俄藏符卢格 101 号写本《维摩碎金一卷》（乙本）同此内容，同引经文"尔时"至"七宝盖"云云，同为散韵相间形式，同样至全文结束，但细节、文辞为另一风格，略述居士教化宝积，令厌奢华，宝积随从大士至庵园礼佛云云。斯 3872 号写本讲经文（丙本）则为以上故事的后续，有云："尔时长者子宝积说此偈已，白佛言……愿闻得佛国土清净"云云。

3. 菩萨成佛。榜题云："菩萨净土成佛时，国王无有三恶八难，自守戒行，不讥彼阙。"

按经云："说除八难是菩萨净土。菩萨成佛时，国土无有三恶八难。自守戒行，不讥彼缺是菩萨净土。"（《译释》47 页，《大正藏》14：

---

① 杨文园编著《维摩诘所说经译释》，书目文献出版社 1995 年版，第 21 页。以下略写方式同此。

② 《大正新修大藏经》，台北新文丰出版有限公司 1983 年刊行，第 14 册，第 537 页中栏。以下略写方式同此。

538 中）

《方便品第二》：

4. 入诸酒肆。榜题云："或入诸酒肆，共坐诸□，□教谈章，广为方□，□□生患，□立其志。"

按经云："入诸酒肆，能立其志。"（《释译》72 页，《大正藏》14：539 上）《大正藏》所载诸家译经及注疏均无"共坐诸□……生患"等语。

5. 长者中尊。榜题云："若在长者，长者中尊，为说胜法，令心惠施，坚求大道。"

按经云："若在长者，长者中尊，为说胜法。"（《译释》72 页，《大正藏》14：539 中）"令心惠施，坚求大道"云云未见《大正藏》所载诸家译经及注疏。

6. 居士中尊。榜题云："若在居士，居士中尊，断其贪著，离妄思念，寻求无想。"

按经云："若在居士，居士中尊，断其贪著。"（《译释》72 页，《大正藏》14：539 中）"离妄思念，寻求无想"云云未见《大正藏》所载诸家译经及注疏。

7. 婆罗门中尊。榜题云："若在婆罗门，婆罗门中尊，以广说□，度诸⊂⊂⊂"

按经云："若在婆罗门，婆罗门中尊，除其我慢。"（《译释》73 页，《大正藏》14：539 中）斯 3872 本《维摩诘经讲经文》（丙本）引"若在婆罗门，婆罗门中尊，除其我慢"云云，下为散文、韵文各一段。其韵文云："既遇婆罗众，其中亦作尊。令除我慢意，却作善和人。便去贪邪意，抛离外道因。忙然归大道，当下出嚣尘。各各除疑意，人人有悟怀。莫作含喜舍，寻便抱悲哀。我慢何曾有，贪嗔已遣回。总达方便理，请为唱将来。"此为讲经文内容与经文相同而与榜题相异之一例。

8. 大臣中尊。榜题云:“若在大臣,大臣中尊,维摩诘以正法教,理诸人民,无有差□。”

按经云:“若在大臣,大臣中尊,教以正法。”(《译释》73页,《大正藏》14:539中)“理诸人民,无有差□”或出自智者大师《维摩诘所说经玄疏会本》:“大臣即宰辅三公也,执正格君心,调阴阳,理民情,皆世之正法。”同上丙本《维摩诘经讲经文》引“若在大臣,大臣中尊,教以正法;若在王子,王子中尊,示以忠孝”云云,缀以两段散文、一段韵文说唱之。其散文有云“我维摩居士于此大臣之中,亦为弟一,更以方便,令其不枉人民,是故于此之中(云云)”,与榜题“理诸人民,无有差□”相合。

9. 王子中尊。榜题云:“若在王子,王子中尊,示其忠孝⊂⊂⊂”

按经云:“若在王子,王子中尊,示以忠孝。”(《译释》73页,《大正藏》14:539中)同上丙本《维摩诘经讲经文》有一段散文、一段韵文解说之。参见上条。

10. 内官中尊。榜题云:“若在内官,内官中尊,示以正法,化诸宫女,尽得果□。”

按经云:“若在内官,内官中尊,化正宫女。”(《译释》74页,《大正藏》14:539中)“尽得果报”云云出自鸠摩罗什语:“取历世忠良耆长有德为内官,化正宫女。嗜色之业,报以世身。”同上丙本《维摩诘经讲经文》引“若在内官,内官中尊,化政宫女”云云,缀以两段散文、两段韵文说唱之。其散文述及两内官一打人一救人之通俗故事。

11. 梵王中尊。榜题云:“若在梵王,梵王中尊,以为德,宣示于教,由诲以为智惠。”

按经云:“若在梵王,梵王中尊,诲以胜慧。”(《译释》74页,《大正藏》14:539中)

12. 帝释中尊。榜题云:“若在帝释,帝释中尊,说真经典,□其意者,诲以胜惠。”

按经云:“若在帝释,帝释中尊,示现无常。”(《译释》75页,《大正藏》14:539中)

13. 身如浮云。榜题云:“维摩诘见诸幻人,是身如梦,为虚妄见;身如浮云,须臾变灭,如日之影喻。”

按经云:“其住者,维摩诘因以身疾广为说法:……是身如幻,从颠倒起。是身如梦,为虚妄见。是身如影,从业缘现。是身如响,属诸因缘。是身如浮云,须臾变灭。是身如电,念念不住。”(《译释》80页、81页,《大正藏》14:539中)支谦译本与榜题不尽相同:“其往者,维摩诘辄为说:……是身如幻,转受报应。是身如梦,其现恍惚。是身如影,行照而现。是身如响,因缘变失。是身如雾,意无静相。是身如电,为分散法。”(《大正藏》14:521中)同上丙本讲经文亦叙及这一情节,云:“……又如梦想,如人夜眠作梦,觉时一段虚华,千般万种之中,无有一件实处。又身如人影,及众物皆有影逐,人物若在,影即随之,人物段无,影从何有?……”又韵文云:“是在如梦幻,颠倒为其见;将喻一生身,何曾事得现。是身如影现,一切莫缘见;将喻一生身,实处何曾显。是身如雷电,何曾得久现;将喻一生身,须臾即不见。……”

14. 镜中影。榜题:“是时维摩诘游诸世界⊂⊂⊂人无□□像从叶缘现,□□镜□□。”

按榜题所据之经文见上条。二者多有不同。

15. 钩龟不实。榜题云:“是身无人如水,钩龟不实,四大为空聚虚幻,徒兹妄味。”

按经云:“是身无人为如水。是身不实,四大为家。是身为空,离我我所。”(《译释》83页,《大正藏》14:539中) 同上丙本《维摩诘经讲经文》引“是身无主为如地，是身无我为如火，是身无寿为如风，是身无人为如水，是身不实四大为家”，缀以一段散文、一段韵文说唱之。其韵文有“骋我骋人何曾久，四大合成为所有，假饶富贵似石崇，持为长如彭祖寿”云云，引入通俗比喻。

16. 草木之喻。榜题云：“维摩诘见诸虚□□之人，妄起所作，是身无知，如□□□木之喻。”

按经云：“是身无知，如草木瓦砾。”(《译释》84 页，《大正藏》14：539 中）与榜题不尽同。

17. 身如毒蛇。榜题云：“维摩诘以幻喻，是身如毒蛇怨贼，如空，阴界入诸所共合成，而为患厌。”

按经云：“是身如毒蛇，如怨贼，如空聚，阴界诸入所共合成。”(《译释》87 页，《大正藏》14：539 中）同上丙本《维摩诘经讲经文》引“是身如毒蛇，如怨贼，如空聚，阴界诸人所共合成”，但说唱文缺失。

18. 维摩诘游诸方所。榜题云：“维摩诘为游诸方所，入讲论处，尊以大乘，以宣入佛之理，问答佛境何由。”按此语未见经文。

《弟子品第三》：

19. 舍利弗宴坐。榜题云：“舍⊂⊂⊂于林⊂⊂⊂维摩诘□□不必是坐为宴坐也，夫宴坐不于三界现身意，是为宴坐，现诸威仪□□是宴坐。”

按经云：“舍利弗白佛言：……忆念我昔曾于林中宴坐树下，时维摩诘来谓我言：唯，舍利弗，不必是坐为宴坐也。夫宴坐者，不于三界现身意，是为宴坐。……”(《译释》99 页，《大正藏》14：539 下）

20. 须菩提乞食。榜题云：“舍利弗在经行处，化乞之次，维摩诘现，又问彼以何戒化其人所。”

按“舍利弗”在经文中为“须菩提”(或“大迦叶”)，此处乃反映了民间传说的流行说法。经云："须菩提白佛言：……忆念我昔入其舍从乞食，时维摩诘取我钵，盛满饭，谓我言：唯，须菩提，若能与食等者，诸法亦等。诸法等者，于食亦等。如是行乞，乃可取食。"（《译释》127—130页，《大正藏》14：540中）又云："迦叶白佛言：……忆念我昔于贫里而行乞，时维摩诘来谓我言：唯，大迦叶，有慈悲心而不能普、舍豪富，从贫乞。迦叶，住平等法，应次行乞食。"（《译释》117页、118页，《大正藏》14：540上）

21. 维摩诘说天眼。榜题云："□那律□□住于一处经经说，时□维摩诘向仁者释迦牟尼说□□天眼常在三昧。"

按经云："阿那律白佛言：世尊，我不堪任诣彼问疾。所以者何，忆念我于一处经行，时有梵王名曰严净，与万梵俱，放净光明，来诣我所，稽首作礼……我即答言：仁者，我见此释迦牟尼佛土三千大千世界，如观掌中摩勒果。时维摩诘来谓我言：唯，阿那律，天眼所见，为作相耶？无作相耶？……有佛世尊得真天眼，常在三昧，悉见诸佛国不以二相。"（《译释》147—149页，《大正藏》14：541）榜题乃节略经文。

22. 阿难乞乳。榜题已变黑，字迹不清。按此画面对应于以下经文："阿难白佛言：世尊，我不堪任诣彼问疾。所以者何，忆念昔时，世尊身小有疾，当用牛乳，我即持钵诣大婆罗门家门下立。时维摩诘来谓我言：唯，阿难，何为晨朝持钵住此？我言：居士，世尊身小有疾，当用牛乳，故来至此。维摩诘言：止，止，阿难，莫作是语。如来身者，金刚之体，诸恶已断，众善普会，当有何疾？当有何恼？……"（《译释》165页、166页，《大正藏》14：542上）

《菩萨品第四》：

23. 为光严童子说道场。榜题云："维摩诘以因人众诸菩萨如来佛道□有道场，种种譬喻。"

按经云：光严童子白佛言：忆念昔出毗耶离大城，时维摩诘方入城，为说“直心是道场”、“发行是道场”、“深心是道场”、“菩提心是道场”、“布施是道场”云云。(《译释》193—206页，《大正藏》14:542下)榜题所记乃是这一长篇问答的梗概。伯2292本《维摩诘经讲经文》(丁本)分六次引毕经文，每次“经云”之后均演出韵散相间的长篇说唱，至全文结束。细节描写甚工丽。

24—25. 波旬与天女(表现波旬捉弄持世菩萨的画面，画面上组织了四个情节：持世菩萨住于室内修行，波旬率四魔女前来诱惑，维摩诘执麈尾与波旬对话，魔女返回魔宫)。其右下侧榜题云：“尔时持世菩萨住于静室，时魔波旬从万二千天女，状如帝释，来诣我所。以其眷属□□，于时维摩言□□。”又左上侧榜题云：“尔时天女头面礼维摩诘足，随魔还宫。”按榜题中“□□”，可依《维摩诘所说经》补“稽首”、“法乐”等字，支谦译本作“供养”、“法乐”。

经文载此故事甚长，略云佛遣持世菩萨诣维摩诘问疾，持世菩萨白佛言“我不堪任诣彼问疾，所以者何，忆念我昔住于静室时，魔波旬从万二千天女，状如帝释，鼓乐弦歌，来诣我所，与其眷属稽首我足，合掌恭敬，于一面立”，维摩诘指斥其真相，为说“法乐”云云(《译释》207—217页，《大正藏》14:543)。北京光字94号、巴黎伯3079号两写本(戊本)均载“持世菩萨弟二”一卷，以九段散文、九段韵文，专门说唱此一画面。

《文殊师利问疾品第五》：

26. 文殊入城。榜题：“尔时文殊师利菩萨当承佛圣旨，诣彼问疾。于是众中诸菩萨、大弟子、释梵四天王、八千菩萨、五百声闻、百千天人，皆欲随从入毗耶利大城。”

按经云：“文殊师利白佛言：……虽然，当承佛圣旨，诣彼问疾。

于是众中诸菩萨、大弟子、释梵四天王，咸作是念：今二大士文殊师利、维摩诘共谈，必说妙法。即时八千菩萨、五百声闻、百千天人，皆欲随从。于是文殊师利与诸菩萨大弟子众，及诸天人，恭敬围绕，入毗耶离大城。”(《译释》235页、236页，《大正藏》14：544中)《敦煌零拾》本《维摩诘经讲经文》(庚本)通篇皆说此一故事，分四次引经文为段落之首，尾题“《文殊问疾》第一卷”。

27. 赴会听法。榜题云：“尔时文殊师利菩萨赴诸会毗耶离城时。”按经文同上条。

28. 文殊问疾。榜题云：“文殊菩萨问维摩诘言：是疾何所因起？菩萨疾者以大悲起。文殊师利言：居士，此室何以空无侍者？维摩诘言：诸佛国土亦复如是。”按榜题所据经文见《译释》242页、243页、《大正藏》14：544中，经文末句作“诸佛国土亦复皆空”。

29. 三人骑马执旗行进。榜题：“尔时诸众持诸供具往毗耶城，诣赴文殊、维摩说身无常，厌离有苦，乐于涅槃。”按经文(《译释》249页，《大正藏》14：544下)但云“维摩诘言：说身无常，不说厌离于身；说身有苦，不说乐于涅槃”云云，并无“诸众持诸供具往毗耶城”的情节。

30. 如来入城。榜题：“⊂⊂⊂乘空如来以问□，⊂⊂⊂入毗耶城□□。”按经中无此语。

《不思议品第六》：

31. 借座灯王(维摩诘以神通取师子座)。按榜题甚长，其内容见《译释》284页、285页(《大正藏》14：546)。

32. 菩萨神通，变现诸天。榜题云：“菩萨能以神通，十方世界，上中下音，皆能变之，令作佛声，现释梵众，并诸彩女，降从天来，听不二句。”

按榜题后半与经文不同。经云：“舍利弗，住不可思议解脱菩萨，能以神通现作佛身，……又十方世界所有众声，上中下音，皆能变之令作佛声，演出无常、苦、空、无我之音。”（《译释》292 页，《大正藏》14:546 下）

33. 向舍利弗说菩萨神通。榜题云：“舍利弗，我今略说菩萨不可思议解脱之力。”按此语见《译释》292 页（《大正藏》14:547 上）。

34. 维摩施不思议之教。榜题云：“尔时诸大弟子、四万六千声闻、菩萨摩诃萨、天龙八部、释梵等众俱持师子座，奉上文殊，请□维摩不思议之教。”按经中无此语。

35. 榜题字在师子座前，但漫漶不可读。

《观众生品第七》：

36. 天女散花（天女游戏舍利弗）。榜题云：“尔时维摩诘语舍利弗是天女⊂⊂⊂九十二亿，游戏神通□□具足⊂⊂⊂”

按经文云：“尔时维摩诘语舍利弗：是天女已曾供养九十二亿诸佛，已能游戏菩萨神通，所愿具足……”（《译释》340 页，《大正藏》14:548 下）

《佛道品第八》：

37. 维摩说嗔恚悭贪。榜题今略，其内容见《译释》346 页（《大正藏》14:549 上）。

38. 维摩说父母眷属。榜题残，其内容见《译释》357 页（《大正藏》14:549）。

《入不二法门品第九》：

39. 维摩说生灭二法。榜题云：“⊂⊂⊂文⊂⊂⊂诸人众□□方丈之室讲□不二□□门各□□说之，会中有菩萨名法自在，说言诸□者，生灭二法本不空，今亦不灭。”

按榜题乃节略以下经文：“尔时维摩诘谓众菩萨言：诸仁者，云何菩萨入不二法门？各随所乐说之。会中有菩萨名法自在，说言：诸仁者，生灭为二，诸法不生，今则无灭，得此无生法忍，是为入不二法门。”（《译释》370 页、371 页，《大正藏》14：550 下）

40. 众菩萨论不二法门（图中有五菩萨合十）。榜题云：“⊂⊂⊂尔时⊂⊂⊂菩萨⊂⊂⊂俱□法二见□不二法门。”

按此榜题为经文之梗概。经文记维摩诘问众菩萨“云何菩萨入不二法门”，法自在及德守菩萨、德顶菩萨、善宿菩萨、善眼菩萨、妙臂菩萨、弗沙菩萨、师子菩萨、师子意菩萨、净解菩萨、那罗延菩萨、现见菩萨、普守菩萨、电天菩萨、喜见菩萨、明相菩萨、妙意菩萨、无尽意菩萨、深慧菩萨、寂根菩萨、心无碍菩萨、上善菩萨、福田菩萨、华严菩萨等一一回答之（《译释》370—386 页，《大正藏》14：550、551）。

41. 珠顶王菩萨。榜题云：“珠顶王菩萨曰：正道、邪道为二，住正道者则不分别。离此二者，是为入不二之法门。”

按经文云：“珠顶王菩萨曰：正道、邪道为二，住正道者则不分别是邪是正。离此二者，是为入不二法门。”（《译释》387 页，《大正藏》14：551 下）

《香积佛品第十》：

42. 请饭香土（化菩萨倒香饭）。榜题云：“于是上方香积如来以香钵盛满香饭，与化菩萨，将持诣下娑婆世界，供养释迦牟尼佛、文殊、维摩说法之会，随欲所食，诸大众俱香芬普益，听不思议。”按此语不见于经文，乃记《香积佛品》故事之梗概。

43. 饭香普薰毗耶离城。（榜题甚长，略；内容见《译释》394—400 页，《大正藏》14：552 中、下）

44. 香积世界诸菩萨观维摩诘说法。榜题云：“香积世界香德以诸菩萨垂空下于毗耶离城，观其维摩诘说法之时，并蒙其益。”按经文无此情节。

45. 香积菩萨从空赴室。榜题云:“香积世界香积菩萨即获三昧,所有功德悉皆具足,来往维磨诘城,从空赴室,听闻妙法,叹不可思议矣。”按经文无此情节。

46. 维摩向众香菩萨说法。(榜题略,内容见《译释》403 页、《大正藏》14:552 下)

47. 佛说娑婆世界。榜题云:“大士见化菩萨,问娑婆世界为在何许,即以问佛。佛告知曰:下方度如四十二恒河沙界,名释迦牟尼。”按经文无此情节。

48. 世尊调伏难化之人。榜题略,其内容节略自《译释》405—407 页(《大正藏》14:552、553)。

《见阿闳佛品第十二》:

49. 手接大千(大众渴仰妙喜世界)。榜题云:“是时大众渴仰,欲见妙喜世界无动如来及其菩萨⊂⊂⊂所念。时维摩⊂⊂⊂溪谷江河、大⊂⊂⊂天龙⊂⊂⊂落、男女大⊂⊂⊂来,⊂⊂⊂提人亦登⊂⊂⊂彼诸天妙喜世界。”

按经文云:“是时大众渴仰,欲见妙喜世界无动如来及其菩萨声闻之众。佛知一切众会所念,告维摩诘言:善男子,为此众会现妙喜国无动如来及诸菩萨声闻之众,众皆欲见。于是维摩诘心念:吾当不起于座,接妙喜国铁围山川、溪谷江河、大海泉源、须弥诸山及日月星宿、天龙鬼神梵天等宫,并诸菩萨声闻之众、城邑聚落、男女大小,乃至无动如来,及诸菩提树,诸妙莲花,能于十方作佛事者。三宝台阶,从阎浮提至忉利天,以此宝阶,诸天来下,悉为礼敬无动如来,听受经法。阎浮提人亦登其阶,上升忉利见彼诸天妙喜世界……”(《译释》441 页、442 页,《大正藏》14:555 中)

《法供养品第十三》:

50. 七宝供养。榜题云:“时长者维摩诘以诸菩萨对佛而说偈言。”按榜题来源不详,经中并无维摩说偈之事。

51. 维摩诘化现梵众诸宝。榜题云:“⊂⊂⊂天释帝梵众诸宝⊂⊂⊂文殊时维摩诘化现如事。”按经文无此情节。

52. 帝释宫诸宝来诣供养。榜题云:“从帝释宫将现七⊂⊂⊂下□来诣⊂⊂⊂前供养象马⊂⊂⊂”按经文无此情节。

53. 维摩诘以七宝众供养如来。榜题云:“尔时维摩诘以释梵天王持七宝众于阎浮提界,供养释迦如来,请说法化根本因缘,令开情惑。”按经文无此情节。

54. 善男子以舍利起七宝塔。榜题略,内容见《译释》451 页(《大正藏》14:556 上)。

不知品名者:

共五条,榜题字皆残缺,不堪辨认。

二、从榜题看 61 窟《维摩诘经变》与经文、讲经文的关系

经以上校释,可知 61 窟《维摩诘经变》的榜题是依据鸠摩罗什所译《维摩诘所说经》制作出来的。上述第二条、第十三条的校文,已讨论榜题忠实于什译而不采支谦译本的原则。类似的情况也见于维摩诘经讲经文。日本学者金刚照光曾指出:维摩诘经讲经文既忠实于鸠摩罗什所译《维摩诘所说经》的顺序,也忠实于经文的文句。[①]此外

① 参见《讲座敦煌第九卷:敦煌的文学文献》,大东出版社 1990 年版,第 511 页、第 512 页。

还有两种见于经变与讲经文的类似：其一，像讲经文一样，榜题并非原样抄袭经文，而往往是对经文中若干情节的概括、改窜和增衍。其二，61窟《维摩诘经变》的榜题有十一条对应于相关的讲经文，榜题对经文的引用与讲经文中之引用格式一致，例如：

榜题(2)："长者子将诸资具供养如来。"

甲本《维摩诘经讲经文》："经云：尔时毗耶离大城中，有长者子名曰宝积，与五百长者子，俱持七宝盖来诣佛所。"

乙本《维摩诘经讲经文》："经云：尔时毗耶离城有长者子，名曰宝积，与五百长者子俱持七宝盖云云。"

榜题(17)："维摩诘以幻喻，是身如毒蛇怨贼，如空，阴界入诸所共合成，而为患厌。"

丙本《维摩诘经讲经文》："经：是身如毒蛇，如怨贼，如空聚，阴界诸人所共合成⊂⊂⊂"

可见榜题和讲经文中的"经云"在功能上有同一关系：同样以记录佛经原文的方式进行提示，同样为画面的叙事和解释功能留下了很大空间。这三种类似，使我们有充分理由在经变和讲经文之间进行比较研究。

首先值得讨论的是榜题对经文的加工——概括、改窜和增衍。从以下三个例子可以知道，榜题对经文所做的概括，其意义在于把经文中许多较分散的情节整合进同一个画面，亦即围绕故事人物进行情节重组：

(18)"维摩诘为游诸方所，入讲论处"(按此语不见于经文，而是对《方便品》若干情节的概括)；

(40)“尔时⊂⊂⊂菩萨⊂⊂⊂俱□法二见□不二法门”(按此语概括了众多菩萨讨论不二法门的过程，画面上则以五位菩萨代表众多菩萨)；

(42)“于是上方香积如来以香钵盛满香饭，与化菩萨将持诣下娑婆世界，供养释迦牟尼佛、文殊、维摩说法之会，随欲所食，诸大众俱香芬普益，听不思议”(按此语不见于经文，乃记《香积佛品》之梗概)。

而根据以下三例：

(14)“维摩诘游诸世界⊂⊂⊂人无□□像从叶缘现”(按经文甚长，其中有“是身如影，从叶缘现”云云)；

(21)“维摩诘向仁者释迦牟尼说□□天眼常在三昧”(按经文为长篇对话，此乃节略)；

(23)“维摩诘以因人众诸菩萨如来佛道□有道场，种种譬喻”(同上)

可知榜题对经文加以概括的另一意义，是用比喻(如第23例)和动作描写(如其他二例)来代替繁难的对话，对画面的故事性进行强化。显而易见，这是因通俗说讲需要而作的加工。

改窜的三个例子也反映了上述需要。例如(13)“维摩诘见诸幻人，是身如梦，为虚妄见；身如浮云，须臾变灭，如日之影喻”、(16)“维摩诘见诸虚□□之人，妄起所作，是身无知，如瓦砾草木之喻”，乃表现出对比喻说事的强调；而(20)把“大迦叶”或“须菩提”写为“舍利弗”一则，则可以理解为对民间传说的牵合。前文在榜题(15)的校文中说到，《维摩诘经讲经文》中亦多有“假饶富贵似石崇，持为长如彭祖寿”一类通俗比喻。这表明，经变对经文的阐释，是和讲经文的阐释方式相同的。

至于增衍的例子，则因数量丰富而更易见出规律性。经分析，它们大致分属以下几种情况：

其一是交代人物出场(入城、赴会)。例如(1)“耶城中观此化众说法”云云，不见诸本《维摩经》及注疏，其情节是为交代佛的登场而设的。同样的情况有(30)关于如来入城的介绍、(29)关于诸人众往毗耶城赴文殊、维摩法会的介绍、(32)关于释梵众并诸彩女“降从天来听不二句”的介绍、(45)关于香积菩萨“来往维磨诘城，从空赴室，听闻妙法”的介绍。在维摩诘经讲经文中，我们能够看到这种用铺张的手法大肆渲染人物出场的习惯。敦煌讲经文中的《文殊问疾第一卷》就是一个明显的例证。这一卷讲经文(庚本)，全部内容是演绎“尔时文殊师利菩萨当承佛圣旨，诣彼问疾；于是众中诸菩萨、大弟子、释梵四天王、八千菩萨、五百声闻、百千天人，皆欲随从入毗耶利大城”(第26则文殊入城榜题)的故事。可见上述习惯是因说唱艺术的需要而产生的。

其二是强化故事主角，加重维摩诘故事的分量。例如(34)文殊与维摩同施不思议之教、(44)香积世界诸菩萨观维摩诘说法、(47)维摩诘以娑婆世界问佛、(50)“长者维摩诘以诸菩萨对佛而说偈言”、(51)维摩诘化现梵众诸宝、(53)维摩诘以七宝众供养如来等，所增加的，都是以维摩诘为主角的故事及画面。这种情况，也出现在诸本维摩诘经讲经文当中。例如讲经文在演绎经文时作了两处重要的改编：一是让维摩诘在《佛国品第一》中出现，而在原经中，维摩诘是到

《方便品第二》才亮相的；二是增加了维摩居士教化“追欢逐乐”的宝积等五百长者子的情节。也就是说，在对经文进行增衍之时，维摩诘经变也采取了和讲经文相同的方式。

其三是以较通俗的方式解说经文。例如(4)“入诸酒肆”的榜题增加了“共坐诸□，□教谈章，广为方□”等语，(5)“长者中尊”的榜题增加了“令心惠施，坚求大道”等语，(6)“居士中尊”的榜题增加了“离妄思念，寻求无想”等语。这种增加也同讲经文有关。上文说过：(8)“大臣中尊”榜题所增“维摩诘⊂⊂⊂理诸人民，无有差□”云云，在斯3872本讲经文所述故事中可以找到对应。

从内容上看，61窟《维摩诘经变》的画面大都见于以前的同类经变画，其题材是渊源有自的。其中《佛国品》的宝物供养、《方便品》的维摩诘游诸方所、《弟子品》的阿难乞乳、须菩提乞食、《菩萨品》的波旬与魔女扰乱持世菩萨修行、《不思议品》的借座灯王、《观众生品》的天女散花、《香积佛品》的请饭香土、《见阿閦佛品》的手接大千、《法供养品》的七宝供养等，都是中唐前后《维摩诘经变》的常用题材。尽管如此，61窟《维摩诘经变》仍然反映了相当大的历史转变。它增加了许多新题材，例如《佛道品》中的维摩说嗔恚悭贪(37)、维摩说父母眷属(38)，《入不二法门品》中的维摩说生灭二法(39)、众菩萨论不二法门(40)以及珠顶王菩萨(41)等画面，仅见于此窟。它同时还鲜明地表现了重视故事、重视譬喻的趋向。例如上文说到的草木之喻、为光严童子说道场，乃对较具通俗色彩的以譬喻故事说理的方式作了提示或强调。因此，它超越经文、超越传统题材的部分，正是时代特征得以体现的部分。本文注意到，这种超越也出现在另一些经变当中。例如在敦煌壁画《天请问经变》中，一般都在经文之外增加了天人从天宫驾云而来听法的情节；五代时的146窟且有榜题云“尔时天帝释从宫而下，诣佛道场，来会听法时"，"尔时天帝释即闻法已，□□□却还宫时"云云[①]。这种增衍——画出经文未提及的忉利天宫，画出帝释天等出宫还宫的情节，显然吻合于用铺张手法渲染人物出场的习惯，说明61窟《维摩诘经变》的增衍并非偶然。又如在敦煌石窟85窟和61窟中，都有带榜题的《密严经变》，但二者与经文的关系很不相同。晚唐的85窟《密严经变》存22条榜题，其中14条字迹可辨，而这14条全有经文根据；五代的61窟《密严经变》存13条榜题，其中仅4条对应于经文，除1条字迹漫漶而外，其余8条为画工增衍，而这增衍的榜题大多描写了人物的出场、赴会：

> 释提桓因并且眷属与勒叉天王共来会座，听微妙音(第10条)；
>
> 帝释天王与彩女、梵王诣就会座，听其蜜严诸妙法(第13条)；
>
> 妙幢光菩萨、得意菩萨于诣佛前，以花香众利益□意(第11条)；
>
> 忉利界喜相菩萨众共来□(第7条)；
>
> 月爱菩萨化莲花胎现净土中(第8条)。[②]

可见61窟《密严经变》对经文的增衍是一个同通俗说讲相关联的时代现象；同窟的《维摩诘经变》，其增衍经文的性质，可由此得到旁证。总之可以得出这样一个结论：同时代较早的石窟相比，莫高窟61窟的经变更多地离开了经文而靠近了讲经文；同各家《维摩经》注疏以及早期维摩题材的经变相比，61窟《维摩诘经变》在把维摩经通俗

---

① 李刈：《敦煌壁画中的〈天请问经变相〉》，《敦煌研究》1991年第1期。王惠民：《关于〈天请问经〉和〈天请问经变〉的几个问题》，《敦煌研究》1994年第4期。

② 王惠民：《敦煌〈密严经变〉考释》，《敦煌研究》1993年第2期。

化、故事化方面，表现了和《维摩诘经讲经文》同步发展的姿态。

敦煌经变与讲经文之间的关系，是许多研究者密切关注的问题。考虑到目前所能看到的敦煌维摩诘讲经文共有七本，其内容均关于维摩经的前五品，其中仅《持世菩萨》、《文殊问疾》二本保留了首尾，有学者推测“还有将近三分之二经文的讲经文迄未发现”[①]。如果按照俄国学者孟列夫、美国学者白菁的意见，认为石窟壁画是“口头讲道的视觉辅助物”，其制作目的是“为了在讲述时可以按图索骥，以增强感染力”，[②]那么可以推测，61 窟《维摩诘经变》的所有榜题，原来都有相配合的讲经文。但这些推测都是有待证明的。为此，下文拟对《维摩诘经变》的结构原理及其与同名讲经文在体制上的关系，再作讨论。

三、61 窟《维摩诘经变》的结构及其历史内涵

在对 61 窟《维摩诘经变》的榜题进行校释、排序的基础上，按这些榜题的编号，可以得到一份《莫高窟第 61 窟〈维摩诘经变〉榜题位置示意图》[③]。这同时也是故事画面分配图。从结构上看，它有这样几个特点：

(一)它安排在整块壁面上，属“窟门两侧对坐式”。

---

① 黄征、张涌泉：《敦煌变文校注》，中华书局 1997 年版，第 771 页。

② 孟列夫：《敦煌文献所见变文与变相之关系》，《敦煌研究》1995 年第 2 期。白菁：《六世纪晚期敦煌壁画之绘画构图与佛经文本的联系》，《敦煌研究》1996 年第 2 期。

③ 底图采用贺世哲：《敦煌莫高窟壁画中的〈维摩诘经变〉》，《敦煌研究》试刊第 2 期(1982 年)。编号依经文中的顺序。

（二）它有两个画面中心，一是左边的“维摩示疾”，一是右边的“文殊来问”，二者形成对峙。

图1:莫高窟第61窟东壁《维摩诘经变》榜题示意图

上维摩下文殊。霍秀峰原绘，今改绘。

（三）它未按经文顺序安排画面，榜题的编号与视觉逻辑无明显关系，同属一品的画面也未聚于一处。能够表现某种规律性的情况是：若按画面的大小和位置（中心区域优于边缘区域）排序，则各品在画面上所占的地位，依次是《文殊师利问疾品》(26—30)、《方便品》(4—18)、《不思议品》(31—35)、《香积佛品》(42—47)、《观众生品》(36)。

这三个特点，均具有相当深厚的历史渊源，兹予分别叙述。

“窟门两侧对坐式”是出现于初唐的一种《维摩诘经变》的结构形式。与此相区别，常见的格式还有龛内外对坐式、完整壁面式。其中龛内外对坐之式起源最早，隋代维摩诘经变均采此式，而其渊源又可以追溯到魏晋南北朝。这种形式是同造像之风相联系的。《历代名画记》记东晋顾恺之创维摩诘像，有云“清羸示病之容，隐几忘言之状”（卷二），又有云“画维摩诘一躯”（卷五）。既称“躯”（而非称“铺”），便指的是单人像[1]。此后可见的维摩诘造型，尽管改变单人造像的形式而采用了“经变”的形式，但它们仍然强调维摩、文殊之间的论道行为，而非强调经中的其他故事。例如见于太和元年（477年）金铜佛像背光之后的线刻维摩诘经变、见于云冈第 6 窟的维摩诘经变、见于北魏麦积山 127 号石窟的维摩诘经变，均采维摩、文殊对坐或对立的形式。在这种经变中，人物主要是义理的象征[2]。具有较丰富的故事内容的维摩诘经变，最早见于永熙二年（533 年）至武定元年（543 年）的兰思远造像碑。此碑出自河南，碑上的维摩诘用浮雕制成，其形象颇具艺术性：手挥麈尾，凭几而坐，方丈前立有天女。除维摩示疾、文殊来问的情节外，经变中还出现了借座灯王、请

---

① 金维诺认为：张墨、顾恺之所画的维摩诘都被称作“象”，可见是单人像。见《敦煌壁画维摩变的发展》，《文物》1959 年第 2 期。

② 参见孙昌武：《中国文学中的维摩与观音》，天津教育出版社 2005 年版，第 14 页。

饭香土、天女讥讽舍利弗等情节。但这种故事画的风气却未在隋代敦煌得到明显表现，从下文所述的情况来看，其主要原因在于维摩信仰尚未成为通俗信仰。

维摩诘经变的流行是和《维摩诘经》的流传同步的。《维摩诘经》自后汉以来即有译本流传，至鸠摩罗什时代有六种译本，至玄奘时代有七种译本。在这七种译本中，今存三本均见于敦煌遗书；其中罗什译本达821卷，是写卷数量最多的一部书。除此之外，敦煌遗书中还保留了大量《维摩经》注疏，其中绝大部分不见于历代《大藏经》；又保存七种《维摩诘经讲经文》的写本和一篇关于维摩问疾故事的长篇唱词，二者皆属业已失传的体裁。这种孰重孰轻的情况（维摩经资料不见于传世文献而通过敦煌石窟得以保存的情况）是甚有意味的。它说明，维摩诘信仰后来变成了一种民间信仰；敦煌维摩诘文献诸体裁（经译、注疏、讲经文、唱词）在历史上的次第出现，所反映的正是这部佛经趋于通俗化的过程。

维摩艺术之出现于敦煌，还有一个文化交流的背景。北魏云冈、龙门、麦积山等地的石刻维摩和造像碑上的浮雕维摩，均手持麈尾、褒衣博带。这说明，伴随维摩信仰的流传，北方文化也吸纳了南方艺术家对"清羸示病之容，隐几忘言之状"的崇尚。与此相关的现象是：在南北两地的上流社会中兴起崇奉维摩的风气之时，也兴起了重视论讲的风气。在南朝，永嘉衣冠南渡所带来的魏晋玄谈之习，一直延续到隋平陈之后。《维摩诘经》被奉为同《易》、《老》、《庄》"三玄"并列的"四书"之一，成为诗歌、绘画及造像的常见题材。西晋张墨、东晋顾恺之、刘宋陆探微、袁倩、萧梁张僧繇等，遂以其艺术实践推动了自单人维摩到维摩诘变相的发展[①]。至于北方，则早在后秦姚兴之时

① 参见饶宗颐：《从"睒变"论变文与图绘之关系》，《梵学集》，上海古籍出版社1993年版。

已开“锐志讲集”之端,《维摩经》译注者僧肇、竺道生等均为当时的玄学大师。至北魏孝文帝之世,由于帝王提倡及与南方之交通,北朝佛教的特点由重禅行转向重义学,《维摩经》遂成为与《涅槃》、《法华》等同样流行的经典。至魏齐之际,北方文人学士的习气与南方合流,于是出现了多种维摩变的盛行。北魏末年至隋代,敦煌莫高窟中的维摩诘经变,就是这样应运而生的[①]。

但相比而言,维摩诘经变在敦煌仍属一个晚出的品种。这从另一面证明了维摩信仰同论辩风尚的关系。作为一个特殊的文化区域,敦煌及其所在的河西地区乃以重视禅法戒律为其佛教特点。当西晋文人狂热地研读《般若经》之时,此经的同本异译经典——竺法护翻译的《光赞经》——在凉州几乎泯灭[②]。相反,作为译经中心之一,河西佛教偏重戒律与禅法经典的传译。例如昙无谶在敦煌译出《菩萨戒本》,在凉州又译出《优婆塞戒经》七卷、《菩萨戒坛文》一卷、《菩萨地持经》八卷;而沮渠京声的翻译则以禅法为主[③]。因此,尽管早在竺法护、法乘之时(303年左右),敦煌已经有了《维摩诘经》的传授,但在这里一直未形成重讲论的风习[④]。在隋唐以前,敦煌经变画主要是佛本生、本缘、本行故事画。现存时代最早的维摩像——甘肃永靖炳

---

① 宁强《上士登仙图与维摩诘经变》一文认为,敦煌壁画中最早的《维摩诘经变》出现在北魏末西魏初。文载《敦煌研究》1990年第1期。

② 僧佑《出三藏记集》卷七《合〈放光〉〈光赞〉略解序》:“《光赞》,护公执胡本,聂承远笔受,言准天竺,事不加饰。悉则悉矣,而辞质胜文也。……恨其寝逸凉土九十一年,几至泯灭,乃达此邦也。”中华书局1995年版,第266页。

③ 《新集撰出经律论录》,《出三藏记集》卷二,第52页、第53页;《昙无谶传》,同书卷一四,第538—540页。又参见汤用彤:《汉魏两晋南北朝佛教史》第十二章《北凉昙无谶》,中华书局1983年版。

④ 唐智升《开元释教录》卷二列竺法护译经:“《维摩诘所说法门经一卷》,太安二年四月一日译,第四出,见《聂道真录》。”《大正藏》,第55册,第495页中。按太安二年为公元303年。余参见汤用彤:《汉魏两晋南北朝佛教史》第七章《竺法护》;第十二章《河西之传译》。

灵寺石窟第169窟壁画(公元420年左右)中的维摩,手中不持麈尾,乃不同于中原、江南地区的义理佛教的造型。一直到隋炀帝巡幸河西,敦煌的艺术风尚才有了关键性的转变。也就是说,敦煌的维摩诘经变,其产生得益于当时的义学风气,其表现形式却受到重视禅法戒律的地区风尚的限制。

初唐是敦煌维摩诘经变发生重大变化的时代。其在形式上的标志,是窟门两侧对坐式、完整壁面式的出现;其在内容上的标志,则是每幅经变涵盖了更多的品数。可见新产生的形式拥有更为开阔的空间。较典型的一例是初唐的莫高窟220窟,它以东壁窟门为界,将"维摩示疾"与"文殊来问"的情节画在窟门两侧,并以各品相关内容配置于上下两部;下部画国王、大臣及诸王子问疾,上部穿插天女戏弄舍利弗、请饭香土、化菩萨献香饭、借座灯王、手接大千等等情节。这种围绕两个中心来组织多种内容的方式,标志着多品一体的经变形式的成熟,同时也体现了神权与王权的结合,故在敦煌风行不衰,成为此后三百多年敦煌《维摩诘经变》的基本形式。

以220窟为代表的窟门两侧对坐式之所以会在初唐(贞观十六年)出现并在此后盛行,是因为随着净土宗的兴盛,绘制变相的风气也盛行于当时。其中既有为宗教目的而画在寺院的壁画变相,也有为追福祈寿而画在家庭中的图绘,各种佛教题材的变相可谓遍及中国南北。例如初唐净土宗大师善导曾"造弥陀经十万余卷,画净土变相三百余壁",致使出现"满长安城中并从其化"的景观①。刘秀《凉州卫大云寺古刹功德碑》记述中国西北地区的变相云:"于堂中画净

① 《佛祖统纪》卷三九,《大正藏》,第49册,第365页。

土变，面西化（画）地狱画、高僧变，并刊传赞……于南禅院回廊画付法藏罗汉圣僧变、摩腾法东来变、七女变。”①至于私人购请画匠为家人绘制变相之事，则屡屡见于文人所作的画赞：

王维《西方净土变画赞并序》：“西方净土变者，左常侍摄御史中丞崔公夫人李氏为亡考故某官中祥之所作也。”

王维《画西方阿弥陀变赞并序》：“西方变者，给事中窦绍敬为亡弟故驸马都尉某官之所画也。”

李白《金银泥画西方净土变相赞并序》：“金银泥画西方净土变相，盖冯翊郡秦夫人奉为亡夫湖川刺史韦公之所建也。”

任华《西方变画赞》：“蒋氏兄弟惟孝也哉！……愿西方上圣，永福先人，故尚书左丞赠太常卿汝南侯大祥敬画妙法莲华变一铺。”

梁肃《壁画二像赞并序》：“贞元元年冬十月，会稽龙兴寺释法忍与门弟子道俗衣冠之众，以五彩色写释迦如来像于所居之宇，吉祥天女像在左，多闻天王像在右。……图此妙相，示后昆兮。”②

以上所列，说明在唐朝前期，净土信仰已成为推动经变艺术发展和普及的重要力量。正是在这种风气中，维摩诘成为佛教艺术品中的常见人物。段成式《酉阳杂俎》前集卷五《怪术》载：有术士因寺中大斋会献伎，“饮水再三，噀壁上，成维摩问疾变相，五色相宣”；同书

① 《全唐文》卷二七八，中华书局 1983 年版，第 2822 页上。

② 《全唐文》卷三二五，第 3299 页上、3300 页上；卷三五〇，第 3544 页下；卷三七六，第 3824 页下；卷五一九，第 5280 页下、5281 页上。

续集卷五《寺塔记》载：元和末年有俗讲僧文溆，曾装修“平康坊招提寺……佛殿内槽东壁维摩变”。[①]这是中原盛行维摩变相的例证。而留在寺壁上的维摩变相，据张彦远《历代名画记》卷三所记，仅见于两京外州寺观的即有：长安荐福寺净土院西廊菩提院，有吴道子画的维摩诘本行变；长安安国寺大佛殿，内有吴道子画的维摩变；长安定水寺殿内东壁，有孙尚子画的维摩诘像；洛阳敬爱寺东禅院大殿内东西面壁画，有刘行臣所描的维摩诘、卢舍那，以及其子刘茂德所绘的法华太子变；洛阳圣慈寺西北禅院，有杨光廷画的维摩诘像。[②] 除此之外，在唐代还有表现在雕刻中的维摩变相。例如在四川摩崖造像中，资中北崖第 23 号、邛崃石笋山第 20 号、夹江千佛崖第 2 号，均为唐代的维摩变龛。根据周围诸龛的题记，资中北崖第 23 号龛的凿造年代不晚于咸通年间(860—874)。而夹江千佛崖第 2 号龛的“维摩变”，因其构图模式、内容与资中北崖第 23 号龛大致相同，故其制作时代亦大致在中晚唐之际。邛崃石笋山的摩崖造像有 33 龛窟，这些龛窟均凿造于中唐时期，其中第 20 号龛为“维摩变”。[③] 产生于初唐而流行于中晚唐的维摩变相形式“窟门两侧对坐式”，或者说围绕两个中心的多品组合式，正是在这样的背景上展开的。

《维摩诘经变》两个画面中心的结构特征，则来源于早期的维摩、文殊左右对置格式。现存的维摩诘变相，一概保持了这种造型方式。它和劳度叉斗圣变的两元对置一样，反映了中国造型艺术的一种传

---

① 段成式：《酉阳杂俎》，中华书局 1981 年版，第 54 页、第 252 页。

② 张彦远：《历代名画记》，上海人民美术出版社 1964 年版，第 60 页、64 页、67 页、72 页、74 页。

③ 胡文和：《四川摩崖造像中的“维摩变”》，《考古》1988 年第 6 期。

统，可以追溯到先秦艺术中的日与月的对置、龙与虎的对置、东王公与西王母的对置。云冈石窟中的双塔、双窟、双佛、双观音、双思惟像等，亦反映了这一传统的影响。[①] 特别值得提及的是：中国古有在门阙两侧绘制祥瑞图的传统，例如屋门两侧绘刻神荼郁垒、墓门两侧绘刻伏羲女娲、石阙两侧绘刻青龙白虎。维摩与文殊在佛龛、窟门两侧的对置，应当来自这一传统，亦即像敦煌石窟壁画中常见的诸神像一样，蕴含着祈福辟邪的祥瑞意义。

佛教经变演进史上有大量事实，说明艺术传统是每一时期的新样式的基础。我们看到：《涅槃经变》的发展过程表现为一个骨肉相生——结构和细节相互影响，逐渐丰满——的过程：它在北周时期是佛传画的组成部分，到隋代获得独立，到唐代逐步增加规模，同时也逐步增加了许多风俗细节。[②] 莫高窟 148 窟保存了 65 条《涅槃经变》的榜题，其画面位置与相对应的经文顺序无明显一致，说明它是依艺术传统的要求（而非依讲经的要求）结构而成的。另一个经变大类《观无量寿经变》则在唐代经历了由横卷式向条幅式的演变，但其构图规则却是前后一致的。根据"榜题和敦煌遗书资料，我们清楚地看到洞窟中的画面，并非全依经文的内容和顺序而绘制，多有画工的衍舍"。[③] 类似的情况又见于《弥勒经变》：不同时期的敦煌《弥勒经变》在结构上并无革命性变化，而表现为主体式向主体附加式的过渡，或者说，表现为"简单→多样→程式化"的发展变化。[④] 此外，在

---

① 石松日奈子：《维摩和文殊造像的研究：作为中国南北朝时期佛教艺术中左右对置表现的一个例子》，《龙门石窟一千五百周年国际学术讨论会论文集》，文物出版社 1996 年版。

② 贺世哲：《敦煌莫高窟的〈涅槃经变〉》，《敦煌研究》1986 年第 1 期。

③ 孙修身：《敦煌石窟中的〈观无量寿经变相〉》。

④ 李永宁、蔡伟堂：《敦煌壁画中的〈弥勒经变〉》。

敦煌遗书中发现很多经变榜题的底稿，例如斯 1397 号写本所载《天请问经变》榜题底稿、北图新 5408 号所载《思益经变》榜题底稿、斯 2544 号和伯 3304 号写本所载《药师经变》榜题底稿等①，它们皆不按经文内容排列顺序，而依壁面位置逐条书写，证明在敦煌经变画的创作过程中，艺术史提供的逻辑远远高于经文结构提供的逻辑。总之，从敦煌保存的大部分经变画的情况看，佛教经变的创作，是同画工的习惯观念紧密相连的，是以艺术传统为构图标准的。《维摩诘经变》的发展，同样遵循了这条路线。

因此，我们可以把敦煌经变的发展过程，概括为踵事增华的过程。其形式的变化取决于内容的变化，表现为在维持中心构图的基础上作局部增加。其总的趋势是故事性不断加强、题材不断丰富。《维摩诘经变》在保持左右对置式的基础上实现的情节细致化，正是这一趋势的表现。在《敦煌石窟全集》第 7 册《法华经画卷》中有“敦煌石窟维摩诘经变各品统计表”，它提供了这样一组统计数字：

品　　名	佛国品	方便品	弟子品	菩萨品	文殊问疾	不思议品	观众生品	佛道品	不二法门	香积佛品	菩萨行品	见阿闳佛	法供养品	嘱累品
见于敦煌石窟经变的铺数	29	53	13	5	68	47	44	1	4	47	18	34	22	
其中隋代的铺数	1	1			11					1		1		
中唐以前的铺数	3	10	1		24	7	9		2	9	3	4	4	

① 参见王惠民所作四文：《关于〈天请问经〉和〈天请问经变〉的几个问题》，《敦煌研究》1994 年第 4 期；《〈思益经〉及其在敦煌的流传》，《1994 年敦煌学国际学术研讨会文集(石窟考古卷)》，甘肃民族出版社 2000 年版；《敦煌遗书中的药师经变榜题底稿校录》，《敦煌研究》1998 年第 4 期；《敦煌遗书中的药师经变榜题底稿校录补遗》，《敦煌研究》1999 年第 4 期。

前文谈到 61 窟《维摩诘经变》在结构上的特点，其第三点是："它未按经文顺序安排画面，榜题的编号与视觉逻辑无明显关系，同属一品的画面也未聚于一处。能够表现某种规律性的情况是：若按画面的大小和位置（中心区域优于边缘区域）排序，则各品在画面上所占的地位，依次是《文殊师利问疾品》、《方便品》、《不思议品》、《香积佛品》、《观众生品》。"（见上表斜体数字所示）有趣的是，这里所显示的各品的次序，同以上统计表中的数目顺序是基本一致的。也就是说，诸品内容在 61 窟《维摩诘经变》中的比重，乃对应于它们在历代《维摩诘经变》中的比重。由此可见，61 窟《维摩诘经变》的构图，代表了历史的积累。

关于《维摩诘经变》的结构，还可以从叙事方式的角度去认识。一个值得注意的情况是：《维摩诘经变》在其发展中，表现了两种绘画形式——连环式和放射式——的交替。从初唐开始流行的维摩诘经变的形式，从叙事角度看，其特点可以称作"放射式"或"画面重组"。绘画者未按《维摩经》或讲经文的叙事程序来安排画面，而是将原经的故事情节打散重组，选择各品富于表现力的若干场面，将其编入一个非时间性的二维空间。它在结构布局上，显然不同于那种按情节发展和时间先后平铺直叙的"长卷连环"式故事画。

"长卷连环"又称"横卷式"，指用横向连接的长卷方式绘制多情节、多场面的故事。从顾恺之所作洛神赋、列女图来看，它是中国传统的绘画形式。汉代石画、魏晋砖画，凡具故事性者（例如《二十四孝图》、《孔子见老子》），亦大抵用此式。许多迹象表明，它也是早期敦煌经变普遍采用的方式。例如莫高窟第 257 窟（北魏）的鹿王本生，"以传统的汉画横卷形式描绘了六个场面，情节由两头向中间铺陈，故事从左端开始”[①]。这样的长卷连环还见于同窟的《沙弥守戒自杀因缘》和第285窟(西魏)、第296窟(北周)的《五百强盗成佛图》等。此外有一些经变画,在其发展过程中表现了由横卷式向“放射式”亦即“画面重组”形式的演进。《金光明经变》的早期形式是横卷式,中唐以后演变为西方净土式或西方净土式与条幅式、屏风式的结合。[②]《观无量寿经变》在形式上的发展序列是横卷式→凹字式→棋格式→条幅对称式→屏风条幅混合式→屏风式。[③] 而《劳度叉斗圣变》这种具两元对置传统的经变画,在其早期(例如在北魏时代的西千佛洞第10窟中),居然也是上下两列的横卷式[④]。凡此种种,说明唐代的《维摩诘经变》选择了一种新的构图方式。

这样两种绘画形式的交替同样是有历史意义的。因为画面重组形式的叙事性,并不表现为连贯的视觉印象,而是依靠典型细节的提示,通过关于经文的联想而得以呈现。因此,只是在《维摩经》普遍流行、拥有一批熟悉经文或经文故事的群众的时候,这一形式才能产生和流传。也就是说,它是同《维摩经》文本相联系的艺术现象,富于时代性。但令人惊异的是,《维摩诘经变》却没有停留在这种形式之上。到曹氏归义军时期(848—1036),它的叙事性便以新的面貌出现了。其中有两个现象特别值得注意:一是通过增加榜题而明确故事内容,二是通过增加长卷连环式附图而强调故事。前者在61窟的《维摩诘经变》中得到了充分表现,后者(与横卷附图结合式)则见于

① 孟嗣徽:《敦煌早期艺术的图像与结构空间》,《1994年敦煌学国际学术研讨会文集(石窟艺术卷)》,甘肃民族出版社2000年版。

② 施萍亭:《金光明经变研究》,《敦煌研究》1988年第2期。

③ 孙修身:《敦煌石窟中的观无量寿经变相》,《敦煌研究》1988年第2期。

④ 李永宁、蔡伟堂:《降魔变文与敦煌壁画中的劳度叉斗圣变》,《1983年全国敦煌学术讨论会文集(石窟艺术编上)》,甘肃人民出版社1985年版。

莫高窟第 12、18、133、159、231、237、360 七个中晚唐洞窟的《维摩诘经变》[①]。这种新的构图形式的特点，不仅在于扩大了画面容量，而且在于采用了早期本生故事画的连续性构图，开始按照经文发展顺序来排列情节。这样一来，《维摩诘经变》便开始转向一种系统的叙事性绘画，同时也就转向了一种更具通俗化倾向的绘画。

无独有偶，在《劳度叉斗圣变》的形制发展史上，我们看到了同样的阶段性变化，即横卷式（北魏）→龛内对坐式（初唐）→窟门两侧对坐式（初唐）→完整壁面式（晚唐）→完整壁面与横卷附图结合式（五代）的变化[②]。这和下图所示《维摩诘经变》形制的阶段性变化是密切对应的：

横卷式（晋宋[③]）→龛内外对坐式（隋）→窟门两侧对坐式、完整壁面式（初唐以后）→画面与横卷附图结合式（中唐以后）

据研究，"莫高窟晚唐以后的劳度叉斗圣变是依据《降魔变文》绘制"的[④]。由此可以推想，《维摩诘经变》在中唐以后发生的结构变化，其实质是由从属于《维摩经》的文本转向从属于维摩诘讲经文的文本。

---

① 参见金维诺：《敦煌晚期的维摩变》，《文物》1959 年第 4 期。

② 李永宁、蔡伟堂：《降魔变文与敦煌壁画中的劳度叉斗圣变》。

③ 唐张彦远《历代名画记》卷五记晋画家张墨："屏风一维摩诘像杂白画，一捣练图，传于代。"屏风画为长卷连环式。故唐裴孝源《贞观公私画史》云："维摩诘变相图一卷。右一卷，张墨画。"又《历代名画记》卷六记南朝宋画家袁倩："又维摩诘变一卷，百有余事，运思高妙，六法备呈，置位无差。"《历代名画记》，第 94 页、第 134 页。《贞观公私画史》，王伯敏、任道斌主编：《画学集成》（六朝—元），河北美术出版社 2002 年版，第 41 页。

④ 李永宁、蔡伟堂：《降魔变文与敦煌壁画中的劳度叉斗圣变》。

四、从《维摩诘经变》的结构变化看维摩诘讲经文的体制

综上所述，敦煌《维摩诘经变》的存在状况是隋唐五代《维摩经》流行状况的反映。61窟《维摩诘经变》的榜题表明：经变画面是依据鸠摩罗什所译《维摩诘所说经》制作出来的，但对经文的情节作了概括、改窜和增衍。概括的意义是把许多较分散的情节整合进同一个画面，或用比喻和动作描写来代替繁难的对话，以强化画面的故事性；改窜的原因是接受了民间传说及其比喻说事的叙述方式的影响；增衍的目的则是对人物之出场进行铺张的描写、强化维摩诘这位故事主角、完成经文解说的通俗化。许多迹象表明：《维摩诘经变》的演进方向是和维摩诘经讲经文一致的；从叙事性逐步增强、故事情节逐步丰富、善用譬喻和场景描写等方面看，它表现了和维摩诘经讲经文同步发展的姿态。另外，经变中榜题和画面的配合，可以类比于讲经文中“经云”和散韵说唱文的配合。它表明，经变和讲经文具有相同的功能，即围绕经文进行叙事和解释的功能。

《维摩诘经变》的结构同样反映了历史的积累。就其发展进程看，促使维摩诘艺术实现阶段性变化的机缘主要有三：其一是由魏晋玄谈开启的论辩风尚。它使维摩诘变相成为晋宋绘画的重要题材，并创造了维摩诘手持麈尾、隐几忘言的形象基调。六朝诸经变相以维摩为最多，原因在于佛教与玄学结合造成了佛教义学盛行。敦煌《维摩诘经变》产生于北魏末至隋代，亦由于中原义学风气在此时西传。其二是由净土信仰推动的佛教艺术的通俗化趋向。从龙门石窟

的造像情况看，北魏四十年间已盛行净土佛信仰，其时弥勒造像的数目（35躯）仅次于释迦（43躯）；而到初唐高宗、武氏的五十年间，往生西方净土的信仰趋于极盛，阿弥陀造像之数（110躯）远远超过了释迦（9躯）。[①]善导画净土经变相三百余壁，其事在高宗之时；净土经变在敦煌莫高窟成为第一大主题，超过其余诸经变的总和，这一现象亦见于初唐至中唐。[②]窟门两侧对坐式的《维摩诘经变》，或者说富于故事性的多品组合式《维摩诘经变》，正是以此为背景的。其三，如以上所论证，是俗讲、转变等通俗说唱的流行。通过增加榜题而明确故事内容，通过增加长卷连环式附图而强调故事，《维摩诘经变》的这些新形式，乃反映了故事说唱的内在影响。段成式《酉阳杂俎》续集所记俗讲僧文溆于元和末绘制寺壁维摩变的事迹，是说唱影响经变的一个例证。

考虑到以上三种历史因素，我们可以把《维摩诘经变》的形式发展史划分为"简单→多样→程式化"的三段式。也就是说，《维摩诘经变》结构变化所呈现的路线是：由简单的左右对置式（同北朝至隋代的义学风尚相对应），发展为复杂的左右对置式（同初唐以来的净土

---

① 冢本善隆：《支那佛教史研究・北魏篇》，清水弘文堂1969年版，第380页。此据孙昌武：《中国文学中的维摩与观音》，第210页。

② 《敦煌学大辞典》载敦煌研究院1991年11月复查统计敦煌莫高窟诸经变，有以下几个数字（单位：铺）：

	西方净土变	其他净土变	维摩诘经变	其他经变
隋	1	9	11	8
初唐	16	7	10	5
盛唐	25	18	3	23
中唐	41	47	10	82
晚唐	29	48	9	109
五代	13	32	16	112
总计	154	246	68	432

信仰相对应），再发展为充分展开的左右对置式（同俗讲等佛教艺术相对应）；或者说，由“维摩示疾”、“文殊来问”两种题材在龛内外的对置，发展为《方便品》、《香积佛品》同《文殊师利问疾品》、《观众生品》在窟门两侧的对置，再发展为全部品目在大幅壁面上的二元对置。因此，第三阶段《维摩诘经变》的种种特征——“程式化”和故事的充分展开等等，有助于理解讲经文的体制和讲唱方式。

现存维摩诘经讲经文共有七本，简况如下：

甲本：斯 4571 号。有残损。若以“经曰”云云为段首，则共有十大段。其内容相当于《译释》的 3 至 21 页，即《佛国品》起首至诸菩萨“俱来会坐”、长者子宝积亦持七宝盖来供养佛的部分。

乙本：俄藏 Φ101 号。卷端残，卷末题“维摩碎金一卷”，并有“灵州龙兴寺沙门匡胤”的题记。内容相当于《译释》21 至 24 页，即《佛国品》佛入城至宝积供养佛、于佛前说偈的部分。甲乙二本内容有重合，但细节与文辞都不同。

丙本：斯 3872 号。首尾皆残。内容可分两截：第一截以经文为段首分为九大段，相当于《译释》35 至 58 页，即《佛国品》宝积说偈已（与乙本相衔接）至此品结束；第二截可分十大段，相当于《译释》73 至 87 页，即《方便品》中部“若在刹利，刹利中尊”至其后部维摩诘说人身为诸恶所聚。

丁本：伯 2292 号。原无题，始于“经云：佛告弥勒菩萨汝行诣维摩诘问疾”，末有题记“广政十年八月九日在西川静真禅院写此弟廿卷文书”云云。全篇共十大段，内容相当于《译释》174 至 206 页，即《菩萨品》前半。《菩萨品》记佛遣弥勒、光严、持世、善德往维摩诘处问疾，四菩萨皆畏而推辞：此讲经文但叙弥勒、光严事。

戊本：北京藏光 94 号和巴黎藏伯 3079 号。三卷在卷首题“持世菩萨弟二”，并分别于卷末、卷背题“持世菩萨弟二卷”。全篇共四大段，其内容相当于《译释》207 至 209 页，即《菩萨品》中持世菩萨推辞问疾故事的第二部分——魔波旬以天女来诱持世的部分。

己本：俄藏 Φ252 号。始于散文“经：佛告长者子善德：汝行诣维摩诘问疾”，终于韵文“不知何为法，向处品唱将来”。五大段，内容相当于《译释》218 至 219 页，即《菩萨品》中善德推辞问疾故事的前部。

庚本：罗振玉《敦煌零拾》本。始于“经云：佛告文殊师利：汝行诣维摩诘问疾”，终于“居士见文殊入室内，如何排批也唱将来”，末题“文殊问疾弟一卷”。全篇共四大段，其内容相当于《译释》233 至 236 页，即《文殊师利问疾品》起首至文殊入城部分。

以上七本，过去认为大多是残本；其实不然，至少甲、丁、戊、庚四本是比较完整的。戊本首尾皆有标题。甲本有相对清楚的起讫：起首云“所表何题”，乃是开题；末云“总到庵园齐礼佛，作何礼敬也唱将来”，乃是结束和交代。丁本、庚本则尾有题记，起首分别是《佛国品》和《文殊师利问疾品》的起首。其余三本虽各有残缺，但己本在故事上有始有终，前有来历，后有交代，界限分明；乙本的内容与甲本相当，尾有题记，起首云“佛入城已”，显示了与甲本相近的分卷标准。由此看来，现存的维摩诘经讲经文大致保留了作为单行本的面貌。其结尾方式——包括题记和“作何礼敬也唱将来”、“如何排批也唱将来”等结束语——表明，每卷讲经文是用于一次俗讲活动的文本。

值得注意的是：在乙、丁、戊、庚等本中，都保留了“卷”的序次。庚本以文殊入城的故事为“文殊问疾第一卷”，戊本以持世拒受诱惑的故事为“持世菩萨第二卷”，这意味着在“卷”之上另有一个以人物故事为单元或以经文“品”为单元的结构单位。考虑到敦煌写本中并无“维摩诘经讲经文”一名，那么可以说，当时文本是用品名或故事名

(例如"文殊问疾"、"持世菩萨"等)作标题的。乙本所谓"维摩碎金一卷",亦暗示了以"品"为单位的讲经文的存在——"碎金"的含义是选萃,它应当是相对于《佛国品》的一套完整故事而言的。它同时表明,以选萃方式进行俗讲是当时的风尚。这样看来,丁本所云"写此弟廿卷文书"云云,"弟廿卷"未必是指在全部讲经文中的卷次。

讲经文的"卷"的概念,在很大程度上可以和经变中的榜题类比。从 61 窟《维摩诘经变》看,讲经文的起讫,往往与榜题相合。例如甲、乙二本讲经文,其故事正好覆盖了第 1 至第 2 条榜题;第 23 条榜题讲的是维摩诘说道场的故事,其内容乃与丁本讲经文相当;如果把持世问疾故事分解为四个情节——佛命持世问疾,魔波旨诱惑持世,维摩诘为说法乐,天女随魔返宫——那么,第 24 条榜题和戊本讲经文便是对第二个情节的描写,第 25 条榜题对应于第四个情节;而庚本讲经文("文殊问疾弟一卷")则是和第 26 条榜题同起讫的。

在以上所列举的几个例子中,榜题和讲经文在内容上一一对应的有四例(榜题 23、24、25、26)。这种重复现象值得注意。它意味着,在大部分情况下,每条榜题的内容相当于一次俗讲的内容。尽管甲、乙二本讲经文容纳了《佛国品》的两条榜题,丙本讲经文容纳了《佛国品》、《方便品》的八或九条榜题,但这仍然不妨碍以下一个推算:对《维摩经》故事作一次从头至尾的讲唱,在俗讲最盛时期需要举行约五十次法事。这不光因为 61 窟《维摩诘经变》共有 59 条榜题,而且因为从现存讲经文与榜题的关系看,《佛国品》、《方便品》每品需两卷讲经文[①],《菩萨品》需七卷讲经文(弥勒、光严故事一卷,持世故

---

① 若以所引经文为段首标志,则说唱《佛国品》的甲本、丁本均为十大段。丙本可分两截,每截亦为九大段(《佛国品》)、十大段(《方便品》)。从篇幅的角度看,丙本应是两卷讲经文的合抄本。它在前后两截衔接处有明显的断裂,可为旁证。

事四卷，善德故事两卷)，《文殊师利问疾品》需四卷讲经文(入城、赴会、问疾、听法各一卷)——不到经文三分之一的四品，需用十五卷讲经文。前文在榜题(7)的校文中说到：61窟《维摩诘经变》尚与现存讲经文不甚相合，应有另一个文本来源。现在看来，这套与61窟《维摩诘经变》相对应的全本讲经文，应当是五十卷上下的篇幅。

本文依据榜题数目来作上述推算，是否意味着石窟中的经变画曾作为道具而直接用于俗讲呢？不，不完全是这样。我认为巫鸿的说法是有道理的：敦煌石窟的面积和照明度，不允许很多人在里面说唱变文。[①] 不过，更值得注意的是另一个道理：虽然石窟未必是俗讲的场所，但它却逼真地反映了俗讲所面对的艺术环境。研究者曾经指出：早在北魏的禅窟中，石窟形制和壁画布局即已形成了一个象征性的小宇宙。[②] 根据白居易所云"八种经，具十二部"云云，中唐以来在一壁面上画多种经变，其意义是以一个洞窟代表整个大藏世界。[③] 梅林的研究则表明：莫高窟诸窟的布局有明显的规则，即明显符合律寺制度。如果把莫高窟诸窟都看成是坐北朝南的寺院，那么，各窟的经变画就会像历史文献所记载的那样，形成维摩诘经变在南、劳度叉斗圣变在北、法华经变和诸西方净土经变在西、华严经变和东方药师经变在东的格局，俨然展现出一个井然有序的佛国世界。[④] 这就是

---

① 巫鸿：《什么是变相》，《段文杰敦煌研究五十年纪念文集》，世界图书出版公司1996年版。

② 孟嗣徽：《敦煌早期艺术的图像与结构空间》。

③ 白居易语见《苏州重玄寺法华院石壁经碑文》，《白居易集》卷六九，中华书局1979年版，第1449页。参见贺世哲：《敦煌莫高窟释迦弥勒阿弥陀的三佛造像》，《1994年敦煌学国际学术研讨会文集(石窟考古卷)》。

④ 梅林：《469窟与莫高窟石窟室经藏的方位特征》、《律寺制度视野：9至10世纪莫高窟寺经变画布局初探》，《敦煌研究》1994年第4期、1995年第1期。

说，石窟经变画乃是对寺院经变画及其布局的惟妙惟肖的摹仿。这一点是有许多旁证的：大量榜题抄本和经变粉本的存在[①]，暗示石窟经变画另有来源。61窟正壁上的《五台山图》，既证明了文殊菩萨在窟中的主神地位，也证明61窟是就五台山寺院艺术拟摹而成的。[②]总之，我们有理由把石窟经变画看作另一层意义上的俗讲道具（作为其全息仿真的俗讲道具），进而通过《维摩诘经变》的体制来看维摩诘讲经文的体制，从经变的历史发展分析讲经文的产生和演变。

因此，讲经文的结构发展同样可以概括为"简单→多样→程式化"的三段式发展；其创作史的规律则可以概括为踵事增华、"骨肉相生"——在维持传统的讲经框架的基础上，对局部题材与情节作不断增饰。经研究可知：敦煌晚期《降魔变》的结构方式是先确定一个表现魔圣相斗的对称性构图，再往框架中一对一对地添加人物，最后按上为天、下为地、左为圣、右为邪的观念充实情节和形象。[③] 这也应当是讲经文结构形成的方式。就是说，作为通俗说唱的俗讲，乃脱胎于作为宗教活动的僧讲；具充分艺术性的讲经文，其原始骨干是关于经文的注疏。当一个个形象化、故事化的片断逐步加入旧框架的时候，讲经文就臻于完成了。我们目前看到的以"卷"为单位保存下来的讲经文，正好反映了俗讲艺术的上述演进方式，即片断故事化先于全篇故事化并带动全篇故事化的方式。这种演进应当在《维摩诘经

---

① 参见王惠民所作四文：《关于〈天请问经〉和〈天请问经变〉的几个问题》、《〈思益经〉及其在敦煌的流传》、《敦煌遗书中的药师经变榜题底稿校录》、《敦煌遗书中的药师经变榜题底稿校录补遗》。又参见沙武田：《敦煌壁画粉本系列研究》，《敦煌研究》1998年第4期、1999年第2期。

② 杜斗城：《敦煌所见〈五台山图〉与〈五台山赞〉》，《敦煌石窟研究国际讨论会文集》，辽宁美术出版社1987年版。

③ 巫鸿：《什么是变相》。

变》中获得了成功，因为61窟《维摩诘经变》几乎包含了全经十四品的内容，而通过增加长卷连环式附图而强调故事的方式，则反映了恢复经文整体次序的一种追求。这两个事实，既提示了维摩诘讲经文全本的存在，亦昭显了其篇制的形成原理。

（原载《2000年敦煌学国际学术讨论会文集·石窟考古卷》，甘肃民族出版社2003年版）

潘重规先生“变文外衣”理论疏说

潘重规先生在敦煌文学研究方面有一重要见解，即认为“变文是一时代文体的通俗名称，它的实质便是故事；讲经文、因缘、缘起、词文、诗、赋、传、记等等不过是他的外衣。”“变文所以有种种的异称，正因为它说故事时用种种不同文体的外衣来表达的缘故。”①1979年，在《幼狮月刊》49卷1期所刊《敦煌变文新论》一文中，潘先生对这一“变文外衣”理论作了详细论证。首先，他根据《历代名画记》和《佛国记》，论证画变相图的风气始于六朝，认为单身称“相”，故事称“变”，“变”是佛经的故事化。其次，他根据《大唐大慈恩寺三藏法师传》所记“《报恩经变》一部”以及敦煌所出的《双恩记》，判断文献上最早记录的“变文”是指俗讲经文，因而认为俗讲经文不但可以称作变文，而且还有别立专名的变文。然后，他分别就“讲佛经故事且有变文标题的变文”、“讲佛经故事没有变文标题的变文”、“非佛经故事有标题的变文”、“非佛经故事又无标题的变文”等不同情况，论证了变文源自俗讲。比如，伯2187号降魔变押座文，卷后题“破魔变一卷”，第一行标题是“降魔变押座文”，这表明押座文与变文相联属，变文可用为俗讲的文本。又如，《大目乾连冥间救母变文》用俗讲文体演绎《佛说盂兰盆经》，末云：“当时此经时，有八万菩萨、八万僧、八万优婆塞、八万

① 《敦煌变文集新书·后记》，台湾中国文化大学中文研究所1984年版。

优婆姨作礼围绕，欢喜信受奉行。"[1]这是用俗讲口吻来讲唱变文。他归纳这些现象说："变文"至少有两种含义：一是用讲经仪式，讲唱佛教教义，着重佛教故事的俗讲；二是沿袭变文讲唱对话的风格，用中国固有文体，如词、赋、传、记等来铺叙故事以娱听众的说唱。也就是说，"《变文集》中利用传、记、诗、赋、书、论、词、话等中国固有文体，以讲唱风格写成的作品，应该都可以叫做变文。"

从以上一文发表以后，二十五年来，关于敦煌变文的研究在各方面都有长足的发展；但潘先生所提出的问题，例如变文和讲经文是否有异同、如何判断其异同的问题，却很少得到深入关注。为此，本文拟从以下几个方面，对它略作讨论。

一、变文是看图讲唱故事的文体

潘先生说："变文"之"变"首先用于佛相。所谓"变相"，意为"变现出来的形相"。这一说法是正确的，但有必要再加推广。

变文和变相的关系，早已受到学术界广泛注意。[2]一个明显的事实是：敦煌所出的作品，凡题名为"变"和"变文"者，几乎都有配图说唱的痕迹。其中一种情况是原文与图画并行。例如斯 3491 号《破魔变文》、伯 4524 号《降魔变文》，一面为图，另一面为说唱辞。第二种情况是题中有配图的说明。例如斯 2614 号《大目乾连冥间救母变文

---

① 王重民等：《敦煌变文集》卷六，人民文学出版社 1957 年版，第 744 页。

② 参见程毅中：《关于变文的几点探索》，《文学遗产》增刊第 10 辑，1963 年；周绍良：《谈唐代民间文学》，《光明日报》1965 年 7 月 4 日。又见美国学者梅维恒（Victor H. Mair）的一系列著作，例如 *T'ang Transformation Texts*，Published by the council on East Asian Studies，Harvard University，1989.

并图一卷》中的“并图”[①]，以及斯 5437、伯 3627 等本《汉八年楚灭汉兴王陵变一铺》尾题中的“一铺”[②]。第三种情况是文中有“时”、“处”、“若为”等按图说唱的遗迹。例如伯 2181 等本《破魔变文》有云“魔王当尔之时，道何言语”云云，斯 5511、斯 4398 等本《降魔变文》有云“且看诘问事由，若为陈说”云云，斯 2614、伯 2319 等本《大目乾连冥间救母变文》有云“看目连深山坐禅之处若为”云云，北图 8437、8438 等本《八相变》有云“于此之时，有何言语”云云，斯 3491 等本《频婆娑罗王后宫彩女功德意供养塔生天因缘变》有云“还归天宫处，若为陈说”云云。这些用语，在敦煌作品中，是配图讲唱的套语。

学者们并且讨论了变文这种看图说唱伎艺的来源。美国学者梅维恒指出：变文是从一种被简称为“转变”的看图讲故事的形式发展而来的。“变”指的是佛教人物变现出来的化身或形象。“转变”意味着使一幅画卷上变现的人物和场景变得真实而生动。这种配有图画而散韵相兼地说唱故事的伎艺产生于印度，在公元 8 世纪以前经中亚传入中国。它不仅是佛教的伎艺，而且是摩尼教的伎艺。最早使用这种伎艺的人与其说是僧人，不如说是世俗的表演者。[③]

从以上情况看，对敦煌变文的认识有两个不可忽视的要点：其一，变文的本质属性不仅在于讲唱故事，而且在于配合图卷。后者更重要，因为变文在很大程度上是通过后一特点而区别于其他说唱伎

---

① 张涌泉《敦煌变文校注》云：“‘并图’二字原卷似已抹去，不当录。”中华书局 1997 年版，第 1038 页。不过，此二字的遗迹，仍可证明图卷曾经存在。

② “铺”是关于图画的量词。《王陵变》文中有“从此一铺，便是变初”云云，暗示了图画的存在及其同“变”的关联。

③ 参见梅维恒：《绘画与表演：中国的看图讲故事和它的印度起源》，北京燕山出版社 2000 年版，第 1—72 页。

艺之文体的。因此，可以把这几种配图讲唱的表现用为鉴别变文的标志。[①]其二，尽管在中国，"变文"之"变"首先用于佛相，但变文从其产生之初，就是为僧人和世俗表演者所共有的说唱文体。

二、讲经文和变文在表现手段上的相互借用

潘先生指出：文献上最早记录的"变文"是指俗讲经文，不仅讲佛经故事有变文标题的变文源自俗讲，而且讲佛经故事没有变文标题的变文也源自俗讲。在这里，潘先生指出了变文同俗讲和讲经文的关联；现在的问题是，如何理解这种关联。

我认为，这种关联，其实反映了讲经文和变文在表现手段上的相互借用。潘先生已经注意到变文对讲经文手段的借用，指出若干变文采用了押座文和讲经仪式，例如《降魔变》有押座文，《大目乾连冥间救母变文》末尾采用说流通门的口气，《频婆娑罗王后宫彩女功德意供养塔生天因缘变》于正讲前说押座、念观音菩萨、作开赞。除此之外，可以补充的是：《八相变》、《太子成道变文》（拟名）以吟偈为问答，是对讲经文语言方式的借用；上述诸变文以佛经故事为题材，是对讲经文内容的借用。

但是，既然"变文从其产生之初，就是为僧人和世俗表演者所共有的说唱文体"，那么，这种关联也可以从另一面看，即从中看到讲经文对变文手段的借用。有迹象表明，随着时间推移，佛教俗讲越来越

① 除变文外，讲经文也是可以配图讲唱的；不过它主要配合大型经变画。参见本书《论变文、讲经文的联系与区别——关于梅维恒教授〈唐代变文〉的几个问题》。

多地采用了看图讲唱的方式。其中《维摩诘经讲经文》是一个典型的例证。[①]

今存《维摩诘经讲经文》共有七本：甲本（斯 4571 号）内容相当于《维摩诘经·佛国品》起首至长者子宝积持七宝盖来供养佛的部分；乙本（俄藏 Φ101 号）卷末题“维摩碎金一卷”，内容相当于《佛国品》佛入城至宝积于佛前说偈的部分；丙本（斯 3872 号）内容可分两截：第一截相当于《佛国品》宝积说偈已（与乙本相衔接）至此品结束，第二截相当于《方便品》中部；丁本（伯 2292 号）内容相当于《菩萨品》前半；戊本（北京光字 94 号和巴黎伯 3079 号）卷首题“持世菩萨弟二”，北京光字 94 号卷末、卷背题“持世菩萨弟二卷”，其内容相当于《菩萨品》中持世菩萨推辞问疾故事的第二部分——魔王波旬以天女来诱持世的部分；已本（俄藏 Φ252 号）内容相当于《菩萨品》中善德推辞问疾故事的前部；庚本（《敦煌零拾》本）末题“文殊问疾弟一卷”，内容相当于《文殊师利问疾品》起首至文殊入城部分。[②]

这七本讲经文，过去认为多是残本；其实不然，至少甲、丁、戊、庚四本是比较完整的。戊本首尾皆有标题；甲本有相对清楚的起讫；丁本、庚本尾有题记，起首分别是《佛国品》和《文殊师利问疾品》的起首。其余三本虽各有残缺，但已本在故事上有始有终；乙本的内容与甲本相当，尾有题记，起首云“佛入城已”，显示了与甲本相近的分卷标准。由此看来，现存的维摩诘经讲经文大致保留了作为单行本的面貌。其结尾方式——包括题记和“作何礼敬也唱将来”、“如何排批也唱将来”等结束语——表明，每卷讲经文是用于一次俗讲活动的文本。

---

① 参看本书《从莫高窟 61 窟〈维摩诘经变〉看经变画和讲经文的体制》。

② 参见《敦煌变文讲经文因缘辑校》，江苏古籍出版社 1998 年版，第 273—492 页。此书另以俄藏 Φ223 号《十吉祥》为《维摩诘经讲经文》。

由于《维摩诘经》是一部包含十四品的经书，而以上七本讲经文的内容只涉及前五品，且只有《持世菩萨》、《文殊问疾》二本保留了首尾，因此有学者推测“还有将近三分之二的经文的讲经文迄未发现”。[①]这种推测是有道理的。事实上，参考敦煌莫高窟61窟《维摩诘经变》及其榜题，我们还可以作更精确的推算：与61窟《维摩诘经变》相对应的全本讲经文，应当是五十卷上下的篇幅。

莫高窟61窟是建于后晋、后周时期（947—957）的洞窟，又名文殊堂。它拥有丰富的壁画，包括四壁上半部所绘各宗派巨型经变11铺。窟中诸经变有大量榜题，其中佛传连环画现存榜题128条，而《维摩诘经变》现存榜题59条1,695字。[②]在这59条榜题中，与讲经文内容相对应的有12条榜题。例如：

第2条榜题：“长者子将诸资具供养如来。”——按此语出鸠摩罗什译《维摩诘所说经》，经云：“尔时毗耶离城有长者子，名曰宝积，与五百长者子俱，持七宝盖，来诣佛所，头面礼足，各以其盖，共供养佛。”支谦译本作：“于是维耶离国有长者子，名罗邻那竭，汉言曰宝事，与五百长者子俱，皆有决于无上正真之道，持七宝盖来诣佛所，稽首佛足，以其宝盖共覆佛上。”[③]甲本《维摩诘经讲经文》引经文“尔时”至“佛所”云云，敷衍出一大篇关于五百长者子于宫中闻维摩诘讲

---

① 项楚：《敦煌文学丛考》，上海古籍出版社1991年版，第31页、第32页。又见黄征、张涌泉：《敦煌变文校注》，中华书局1997年版，第771页。

② 参见贺世哲：《敦煌莫高窟壁画中的〈维摩诘经变〉》，《敦煌研究》试刊第2期，1982年。

③ 《维摩诘经》汉译本原有七种，今存三种。其中吴支谦译《维摩诘经》二卷，载《大正新修大藏经》第14册，第519—536页；鸠摩罗什译《维摩诘所说经》三卷，载同上第14册，第537—557页；唐玄奘译《说无垢称经》六卷，载同上第14册，第577—588页。其中鸠摩罗什译本流传较广，故本文主要采用此本。

法、又往庵园礼佛的故事。乙本《维摩碎金一卷》同此内容，同引经文“尔时”至“七宝盖”云云，同为散韵相间形式，但细节、文辞为另一风格。丙本则为以上故事的后续，有云“尔时长者子宝积说此偈已，白佛言……愿闻得佛国土清净”云云。

第26条榜题：“尔时文殊师利菩萨当承佛圣旨，诣彼问疾。于是众中诸菩萨、大弟子、释梵四天王、八千菩萨、五百声闻、百千天人，皆欲随从入毗耶利大城。”——按经云：“文殊师利白佛言：……虽然，当承佛圣旨，诣彼问疾。于是众中诸菩萨、大弟子、释梵四天王，咸作是念：今二大士文殊师利、维摩诘共谈，必说妙法。实时八千菩萨、五百声闻、百千天人，皆欲随从。于是文殊师利与诸菩萨大弟子众，及诸天人，恭敬围绕，入毗耶离大城。”庚本讲经文通篇皆说此一故事，分四次引经文为段落之首，尾题“《文殊问疾》第一卷”。

如果把讲经文与经变画作一比较，那么可以发现，讲经文的起讫，是与榜题相吻合的。甲、乙二本讲经文的故事正好覆盖了第1至第2条榜题；第23条榜题的内容与丁本讲经文相当；持世问疾故事包括四个情节（佛命持世问疾，魔王波旬诱惑持世，维摩诘为说法乐，天女随魔返宫），第24条榜题和戊本讲经文对应于第二个情节，第25条榜题对应于第四个情节。至于庚本讲经文，则明显和第26条榜题同起讫。这意味着，讲经文的“卷”的篇幅，相当于经变中的一条榜题。另外可以注意的是：《佛国品》、《方便品》每品需两卷讲经文[①]，《菩萨品》需七卷讲经文（弥勒、光严故事一卷，持世故事四卷，善德故事两卷），《文殊师利问疾品》需四卷讲经文（入城、赴会、问疾、

---

① 若以所引经文为段首标志，则说唱《佛国品》的甲本、丁本均为十大段。丙本可分两截，每截亦为九大段（《佛国品》）、十大段（《方便品》）。从篇幅的角度看，丙本应是两卷讲经文的合抄本。它在前后两截衔接处有明显的断裂，可为旁证。

听法各一卷)——不到经文三分之一的四品，所用讲经文大致上是十五卷。考虑到第61窟《维摩诘经变》共有59条榜题，那么可以判断：对《维摩诘经》故事作一次从头至尾的讲唱，在俗讲最盛时期需要举行约五十次法事。这就是前文所说"应当是五十卷上下"一语的来历。

以上比较还表明：榜题像讲经文一样，并非按原样抄袭经文，而往往是对经文中若干情节的概括、改窜和增衍[①]。这种概括的意义在于把经文中许多较分散的情节整合进同一个画面，亦即围绕故事人物进行情节重组，因而常用比喻和动作描写来代替繁难的对话，对画面的故事性进行强化。它的改窜亦表现了民间传说及其比喻说事的叙述方式的影响。至于增衍的例子，则分属以下几种情况：其一是交代人物出场（入城、赴会），其二是强化故事主角，其三是以较通俗的方式解说经文——共同目的在于对人物进行铺张描写，强化故事主角，完成经文解说的通俗化。显而易见，这都是因通俗说讲需要而作的加工。如果注意到经变画和讲经文在另一点上的一致——经校释，可以判断61窟《维摩诘经变》的榜题是依据鸠摩罗什所译《维摩诘所说经》制作出来的，而诸本《维摩诘经讲经文》也忠实于什译《维摩诘所说经》的顺序及其文句[②]——那么可以确认在上述推算中包含的那个假定：经变画曾用作讲经文的道具，讲经文也是配图说唱的。

---

① 关于讲经文对经文的艺术加工，参见项楚：《〈维摩碎金〉探索》，《敦煌文学丛考》，上海古籍出版社1991年版；关于经变对经文的艺术加工，参见本书《从莫高窟61窟〈维摩诘经变〉看经变画和讲经文的体制》。

② 金刚照光：《讲座敦煌第九卷：敦煌的文学文献》，大东出版社1990年版，第511页、第512页。

实际上，还有一个重要事例可以证明上述假定，这就是维摩诘经变在演进方向上和维摩诘经讲经文的一致。研究表明，今存《维摩诘经变》81 铺，其形式发展可以划分为“简单→多样→程序化”三段式。它一方面表现为三种形制的更替：从“维摩示疾”、“文殊来问”两种题材在龛内外的对置式，发展为《方便品》、《香积佛品》同《文殊师利问疾品》、《观众生品》在窟门两侧的对置式，再发展为全部品目在大幅壁面上的二元对置式；另一方面也表现为三种结构的更替：由简单的左右对置式（同北朝至隋代的义学风尚相对应），发展为复杂的左右对置式（同初唐以来的净土信仰相对应），再发展为充分展开的左右对置式（同俗讲等佛教艺术相对应）。如果同《劳度叉斗圣变》等经变相比较，那么，这种阶段性变化也可以描写为：

《劳度叉斗圣变》：横卷式（北魏）→龛内对坐式（初唐）→窟门两侧对坐式（初唐）→完整壁面式（晚唐）→完整壁面与横卷附图结合式（五代）

《维摩诘经变》：横卷式（晋宋[①]）→龛内外对坐式（隋）→窟门两侧对坐式、完整壁面式（初唐以后）→画面与横卷附图结合式（中唐以后）

现在，学者们已经证明“莫高窟晚唐以后的劳度叉斗圣变是依据《降

① 唐张彦远《历代名画记》卷五记晋画家张墨：“屏风一，维摩诘像；杂白画一，捣练图。传于代。”屏风画为长卷连环式。故唐裴孝源《贞观公私画史》云：“维摩诘变相图一卷。右一卷，张墨画。”又《历代名画记》卷六记南朝宋画家袁倩：“又维摩诘变一卷，百有余事，运思高妙，六法备呈，置位无差。”《历代名画记》，人民美术出版社 1963 年版，第 108 页、第 135 页。

魔变文》绘制”的[1]。因此可以推断,《维摩诘经变》在中唐以后发生的结构变化,其实质是由从属于《维摩诘经》的文本转向从属于《维摩诘经讲经文》的文本。

关于经变用于讲经,许多学者发表过肯定的意见。俄国学者孟列夫、美国学者白菁认为:石窟壁画是“口头讲道的视觉辅助物”,其制作目的是“为了在讲述时可以按图索骥,以增强感染力”。[2]这种看法是有道理的。因为,尽管敦煌洞窟的面积和照明度不允许很多人在里面说唱变文[3],但这些洞窟却逼真地反映了俗讲所面对的环境。研究者曾经指出:早在北魏的禅窟中,石窟形制和壁画布局即已形成了一个象征性的小宇宙。[4]根据白居易所云“八种经,具十二部”云云,中唐以来在一壁面上画多种经变,其意义是以一个洞窟代表整个大藏世界。[5]莫高窟诸窟的布局明显符合律寺制度,如果把诸窟看成是坐北朝南的寺院,那么,其经变画就会像历史文献所记载的那样,形成《维摩诘经变》在南、《劳度叉斗圣变》在北、《法华经变》和诸《西方净土经变》在西、《华严经变》和《东方药师经变》在东的格局,俨然展现出一个井然有序的佛国世界。[6]这就是说,石窟经变画乃是对寺

---

① 李永宁、蔡伟堂:《降魔变文与敦煌壁画中的劳度叉斗圣变》,《1983 年全国敦煌学术讨论会文集(石窟艺术编上)》,甘肃人民出版社 1985 年版。

② 孟列夫:《敦煌文献所见变文与变相之关系》,《敦煌研究》1995 年第 2 期;白菁:《六世纪晚期敦煌壁画之绘画构图与佛经文本的联系》,《敦煌研究》1996 年第 2 期。

③ 巫鸿:《什么是变相》,《段文杰敦煌研究五十年纪念文集》,世界图书出版公司 1996 年版。

④ 孟嗣徽:《敦煌早期艺术的图像与结构空间》,《1994 年敦煌学国际学术研讨会文集(石窟艺术卷)》,甘肃民族出版社 2000 年版。

⑤ 白居易语见《苏州重元寺法华院石壁经碑文》,《白居易集》,中华书局 1979 年版,第 1449 页。参见贺世哲:《敦煌莫高窟释迦弥勒阿弥陀的三佛造像》,《1994 年敦煌学国际学术研讨会文集(石窟考古卷)》。

⑥ 默林:《469 窟与莫高窟石窟室经藏的方位特征》、《律寺制度视野:9 至 10 世纪莫高窟寺经变画布局初探》,《敦煌研究》1994 年第 4 期、1995 年第 1 期。

院经变画及其布局的惟妙惟肖的摹仿。这一点也是有旁证的:大量榜题抄本和经变粉本的存在①,显示石窟经变画另有来源。61 窟正壁上的《五台山图》,既证明了文殊菩萨在窟中的主神地位,也证明61 窟是依照五台山寺院艺术拟摹而成的。②总之,我们有理由把石窟经变画看作另一意义上的俗讲道具——作为其全息仿真的俗讲道具。也就是说,我们有理由判断:保存在敦煌的数以百计的经变画,至少其中大部分,是讲经文曾经采用变文手段进行配图说唱的证明③。

三、讲经文和变文的命名缘由

潘先生在比较《大唐大慈恩寺三藏法师传》关于显庆元年(656 年)法师奏进"报恩经变一部"的记录与敦煌本《双恩记》之后,得出结论说:"由此看来,俗讲经文不但可以称为变文,而且还有别立专名的变

① 参见王惠民:《关于〈天请问经〉和〈天请问经变〉的几个问题》,《敦煌研究》1994 年第 4 期;又《〈思益经〉及其在敦煌的流传》,《1994 年敦煌学国际学术研讨会文集(石窟考古卷)》,甘肃民族出版社 2000 年版;又《敦煌遗书中的药师经变榜题底稿校录》,《敦煌研究》1998 年第 4 期;又《敦煌遗书中的药师经变榜题底稿校录补遗》,《敦煌研究》1999 年第 4 期。又参见沙武田:《敦煌壁画粉本系列研究》,《敦煌研究》1998 年第 4 期、1999 年第 2 期。

② 杜斗城:《敦煌所见〈五台山图〉与〈五台山赞〉》,《敦煌石窟研究国际讨论会文集》,辽宁美术出版社 1987 年版。

③ 这是一个权宜的说法。本书《论变文、讲经文的联系与区别——关于梅维恒教授〈唐代变文〉的几个问题》认为:讲经文和变文的区分,本质上是两种佛教说唱的区分:讲经文是讲唱大经的产物,变文是讲唱因缘等小品故事的产物。它们都可以配图演唱。讲经文所配图为大型经变,主要是向心式壁画;变文则配合画卷,以及连续构图式壁画。讲经文之用图讲究经营布置,往往围绕轴心编排情节,一幅经变可用于数十次讲唱;变文之用图讲究故事连续,往往一截图一故事,在开阖之间完成情节转换。所以"时"、"处"等图画指示语,出现在大型经变榜题和变文文本当中,而不出现在讲经文文本当中。

文。……变文正和变相一样，它都是因描写佛经的故事而得名的。”他的这一说法把变文和讲经文混为一谈，是不准确的；但他提出了讲经文和变文如何命名的问题。

其实，上文在论述《维摩诘经讲经文》的规模及其与经变榜题之关系的时候，也讨论到讲经文的命名习惯，这就是按每次俗讲的内容命名。例如《维摩诘经讲经文》乙本尾题“维摩碎金一卷”、戊本首尾题“持世菩萨弟二”及“持世菩萨弟二卷”、庚本尾题“文殊问疾弟一卷”。“卷”的起讫，也就是一次俗讲的起讫，所以各卷在其首尾往往有开题和结束交代。“第一”、“第二”等序次，则表明在“卷”之上另有一个以人物故事或以经品为单元的结构单位。考虑到在敦煌写本中并无“维摩诘经讲经文”一名，那么可以说，当时文本是用品名或故事名(例如“文殊问疾”、“持世菩萨”等)作标题的。乙本所谓“维摩碎金一卷”，亦暗示了以“品”为单位的讲经文的存在——“碎金”的含义是选萃，它应当是相对于《佛国品》的一套完整故事而言的。它同时表明，以选萃方式进行俗讲是当时的风尚。

由于以上原因，敦煌讲经文的命名，同其内容(佛经文本)有较密切的关联。这样去看其他讲经文，其名称之由来，也就容易得到理解。比如台北“中央图书馆”32 号《盂兰盆经讲经文》，无前题，尾题“盂兰盆经”，即反映了讲经文据其所出佛经称名的常态。同样，伯3808 号首题“长兴四年中兴殿应圣节讲经文”，尾题“仁王般若经钞”；伯 2418 号《父母恩重经讲经文》无前题，仅于卷末题名曰“诱俗第六”：这两种讲经文的尾题也反映了由内容命名的习惯。事实上，尾题是敦煌讲唱文学的一个突出现象，值得重视。因为这一现象不仅联系于一种抄写习惯，而且联系于在结束之时唱颂题目的俗讲习惯。北图 8437、8438《八相变》于结尾云：“况说如来八相，三秋未尽根源；略以标名，开题示目。”[①]正是后一习惯的表现。

以上情况，还可以从讲经文的篇制角度去理解：讲经文是大型说唱文体，它之所以按内容或文本来源命名，原因在于每次俗讲只能完成一部完整的佛经的局部。例如《长兴四年中兴殿应圣节讲经文》所讲为《仁王护国般若波罗蜜多经·序品第一》的局部；伯 2305 号、伯 2133 号、Φ(符卢格)365 号正反面所载的四种《妙法莲华经讲经文》，所讲分别是《妙法莲华经》中《提婆达多品》、《观世音普门品》、《药王菩萨本事品》、《妙音菩萨品》的局部。相比之下，变文却像是一部单行本，并不用作连续表演。因此，变文遵用了完全不同的命名原则，亦即使用内容和体裁的兼名。那些保存了题目的变文——取材于《普曜经·降魔品》、《佛本行集经·魔布菩萨品》，讲述释迦牟尼降服魔王波旬故事的《破魔变》；取材于《贤愚经·须达起精舍品》，讲述舍利弗与外道六师斗法故事的《降魔变文》；取材于《佛说盂兰盆经》，讲述目连救母故事的《大目乾连冥间救母变文》；取材于历史传说，讲述舜行大孝故事的《舜子至孝变文》；取材于《佛本行集经》，讲述释迦牟尼太子有感于人间苦难而出家故事的《八相变》；取材于《史记·陈丞相世家》，讲述王陵之母以死激励其子助汉灭楚故事的《汉将王陵变》——都可以判属此例。这些变文往往选取佛经中最具趣味性的部分加以铺陈渲染。它们的流行应当是和《经律异相》、《法苑珠林》、《诸经要集》等佛教类书的流行相联系的，因为两者都表现了重视故事而非重视经文的倾向。

《维摩碎金一卷》的出现，也是同上述倾向相关联的。题目中的“一卷”(而非“第一卷”)，乃说明这是一部单行的(而非连续的)讲经

---

① 《敦煌变文讲经文因缘辑校》，第 655 页。

文。题目中的“碎金”，则表明它采用了变文的讲述方式，即用选萃的方式来处理佛经故事。由于它和甲本《维摩诘经讲经文》在内容上有重合，故项楚先生比较过此二本的异同。结论是：同经本相比，它们都重新调动了情节，提前让维摩诘作为主角登场，由此丰富了故事性。但二者的区别也是明显的：《维摩碎金》长于场面的铺张渲染，主题突出，对维摩诘教化宝积等五百长者子的故事作了集中描写；甲本则善于刻画人物的内心冲突，增加了维摩诘途中卧病的情节，为后文的“问疾”故事埋下了伏笔。①事实上，这些区别正好是单独说唱、连续说唱这两种需要的反映。

《维摩碎金》并不是一个孤立的现象。敦煌讲唱文学中的“因缘”类作品，事实上也具有重视故事、主题单纯的特点。许多迹象表明，这些作品是佛教讲经活动的产物，例如《目连缘起》的结尾有云：“上来讲赞目连因，只是西方罗汉僧。”“奉劝闻经诸听众，大须布施莫因循。”“须觉悟，用心听，闲念弥陀三五声。”“今日为君宣此事，明朝早来听真经。”②从这个角度看，可以把它归属于讲经文。但它们和变文一样，用于单场说唱，往往选取佛经中最具趣味性的故事加以铺陈讲述。从这个角度看，它们又是一些特殊的讲经文。

“因缘”类作品的命名方式也表现了某种特殊性。一般来说，它们像讲经文那样，是据其所出佛经按内容称名的。例如《欢喜国王缘》取材于《杂宝藏经》卷一〇《优陀羡王缘》，《丑女缘起》取材于《撰集百缘经》卷七《波斯匿王丑女缘》和《杂宝藏经》卷二《波斯匿王丑女赖提缘》，它们的名称沿袭了佛经原名。但其中也出现了使用内容—

---

① 参见项楚：《〈维摩碎金〉探索》，《敦煌文学丛考》。

② 《敦煌变文集》卷六，第712页。

体裁兼名的变文，例如《频婆娑罗王后宫彩女功德意供养塔生天因缘变》。这篇作品于文中题“功德意供养塔生天缘”，是按讲经文习惯指称出典；但前题所称“因缘变”，则是按变文习惯命名。同样，伯 3048 号等本《丑女缘起》的名称也有两重性——前题是“缘起”，尾题是“丑变”（文末云“上来所说丑变”）。这种两重性反映了文体性质的变化——下文将要谈到，这两篇作品配图讲唱，属变文型的讲经文。由此可见，敦煌讲唱作品的命名方式，是能够反映其文体性质的。

在明确以上事实以后，《双恩记》同《报恩经变》的关系，就是很容易理解的了。简单地说，这是两种体裁性质不同的作品，互不相干。显庆元年法师奏进的《报恩经变》是变文，具有单行的特点，所以称“一部”。而《双恩记》却不是这样。它保存了“第三”、“第七”、“第十一”等序次，分明是一组用于连续讲唱的长篇讲经文。它在文中题“佛报恩经第七”、“报恩经第十一”、“佛报恩经第十一”，这种题名的方式，是讲经文的典型方式。它采用了对经文作逐句讲解的格式，开篇就是“经：如是我闻，一时佛在王舍城耆阇屈山中”云云。这种格式明确昭示了它的文体特质。而且，它的说解韵文中有“偈曰”，又标转读音曲符号“韵”。据下文论证，这是讲经文的重要特征。它用作题目的“记”，其实同“缘”一样，也是来自佛经的，和变文无关。梁释僧佑《出三藏记集·法苑杂缘原始集目录序》云：“夫经藏浩汗，记传纷纶，所以导达群方，开示后学。……常愿一乘宝训，与天地而弥新；四部盛业，随日月而长照。是故记录旧事，以彰胜缘……”①这种“记录旧事以彰胜缘”的作品，在《法苑杂缘原始集目录》中著录了数百篇，

① 《出三藏记集》卷一二，中华书局 1995 年版，第 476 页、第 477 页。

例如：

《优填王栴檀像波斯匿王紫金像记》(出《增一阿含》)

《迦兰陀长者初造竹园精舍缘记》(出《过去因果经》)

《灯王供养缘记》(出《悲花经》)

《佛师子座缘记》(出《譬喻经》)

《盂兰盆缘记》(出《目连问经》)

《施旷野鬼食缘记》(出《大涅盘经》)

《鬼子母缘记》(出《鬼子母经》)

《国王初见佛缘记》(出《因果经》)

在敦煌作品中有类似的命名，例如伯2680号、斯1625号有《佛图澄和尚因缘记》，伯3570号、伯3727号有《慧远因缘记》，伯2680号、伯3722号有《刘萨诃和尚因缘记》。由此可知，《双恩记》的"记"，并不是变文的标志；它来自佛教记传类著作的命名习惯，也就是"缘记"的简称。

四、俗讲中的"讲经文外衣"

潘先生文中有《变文宣讲的场所》一节，讨论了变文讲唱同"寺庙戏场"的关系。他正确地指出：俗讲是变文宣讲的场所。但真正有意义的是以下问题：这种场所，作为文学生存的环境，它在讲唱文体上有何表现？

我的看法是：上面谈到"讲经文和变文在表现手段上的相互借用"，谈到"变文型的讲经文"，这种体裁交叉的情况，同样应当从宣讲场所的角度加以解释。也就是说，这些现象源于讲经文、变文等文体在俗讲中的共存。

俗讲是一种既联系于僧讲又有别于僧讲的佛教讲经活动。据日本僧圆仁《入唐求法巡礼行记》和敦煌伯3849号写本所记的俗讲仪式，其内容包括颂梵呗、唱释经题、谈经、说押座、唱经文、解说经文、论议等项目。一方面在形式上以讲经为中心，另一方面却有多种项目并存，在俗讲中因而形成了以讲经文为主体、多种说唱文体共存的局面。人们通常提到的那些表明俗讲通俗化倾向的资料——例如韩愈所云“广张罪福资诱胁”、《因话录》所云“假托经论，所言无非淫秽鄙亵之事……教坊效其声调，以为歌曲”[①]——从实质上看，乃反映了俗讲艺术的风格多元化。这种情况从六朝就开始了。《高僧传·唱导》篇总论描写东晋以后的唱导面貌说：“如为出家五众，则须切语无常，苦陈忏悔；若为君王长者，则须兼引俗典，绮综成辞；若为悠悠凡庶，则须指事造形，直谈闻见；若为山民野处，则须近局言辞，陈斥罪目：凡此变态，与事而兴。”[②]可见俗讲原来就有众伎杂用的传统；它既然面对不同的讲唱对象，那么必然会有不同的讲唱方式。

俗讲文体的差异，正是因为讲唱方式的不同以及不同讲唱方式在艺术手段上的相互借用造成的。讲经文和变文是其中最重要的两个文体。俗讲文体的丰富的表现，其实便反映了这两大文体的相互作用和相互影响。

在本文第一节，我们已经讨论过变文的文体特征。现在拟着重讨论一下讲经文。这是依据经本来宣讲佛教义理的体裁。它以佛教

---

① 赵璘：《因话录》，《唐国史补、因话录》，上海古籍出版社1979年新1版，第94页。

② 《高僧传》卷一三，《高僧传合集》，上海古籍出版社1991年版，第95页下。

经典为基本素材，一般包括经文、散文说解、韵文说解、押座文等四部分。前三部分反复联缀，构成作品主体；押座文用于俗讲开场前和终场时的吟唱，往往置于全文的首尾。《长兴四年中兴殿应圣节讲经文》是一篇保留了"讲经文"名称的作品。它在文中明确提示了讲经文的体制：首段"开赞"，唱释经题；次段"序分"，说明此经缘起及法会主题；第三"正宗"，继缘起之后开说法门，逐段讲唱经文；末段"流通"，将法门付嘱听众，以歌赞总结全篇。这种四科段体制乃来源于佛经，表明讲经文是在内容和形式上都附丽于佛经的文体。若以《长兴四年中兴殿应圣节讲经文》为标准，那么，凡具有以下三个特征的作品，都可以判属讲经文：

(一)引据佛经经文，逐句阐释演述。文中有明确的经文记录或关于经文的提示。

(二)遵用说庄严、唱经题、称佛名等讲经节仪，文中有关于这些节仪的提示。

(三)用佛教转读之法作韵文说解。这种说解韵文包含大量偈赞辞，往往标以"平""侧""断""平侧""断侧""断诗"等转读音曲符号。

通常视为讲经文的那些拟题作品，例如《金刚般若波罗蜜经讲经文》(伯 2133 号)、《佛说观弥勒菩萨上生兜率天经讲经文》(伯 3093 号)、《父母恩重经讲经文》(伯 2418 号)、《盂兰盆经讲经文》(见前文)、《佛说阿弥陀经讲经文》(三本)、《妙法莲华经讲经文》(四本)、《维摩诘经讲经文》(六本)，事实上都具有以上特征。

讲经文和变文的关系之所以会模糊起来，是因为出现了一批介于二者之间的讲唱作品。若采用上述标准来作分析，那么，在这里可以看到一种“讲经文外衣”的现象——讲经文有不同的文体表达。它们可以分别归为“碎金”体讲经文、“因缘”体讲经文、变文体讲经文。

(一)“碎金”体讲经文，以《维摩碎金》为代表。

《维摩碎金》今为残本，缺前题，末题“维摩碎金一卷”。其中散文说解皆先引据佛经经文，例如“经云：‘尔时毗耶离城有长者子，名曰宝积，与五百长者子俱持七宝盖’云云”。文中有关于讲经节仪的提示，例如“念大圣维摩菩萨”、“念菩萨”。其中的说解韵文有转读音曲的标识，例如“断”、“上下吟”。其文末且有题记“灵州龙兴寺讲经沙门匡胤记”云云。[①]以上种种，都说明《维摩碎金》的体裁性质属于讲经文。但它同一般讲经文有别：用于单场演出，内容重在描写维摩诘教化宝积等五百长者子的故事。故论者认为此篇属于《维摩诘经讲经文》另一系统[②]。

(二)“因缘”体讲经文，以《难陀出家缘起》、《欢喜国王缘》、《悉达太子修道因缘》为代表。

《难陀出家缘起》载见于伯 2324 号，原无前后题，题拟。它取材于《佛本行集经》卷五七《难陀出家因缘品》，留有阐释演述佛经经文的痕迹，起首云“次解难陀者，是佛亲弟”云云。它用转读法作韵文说解，故其中的韵文相间标有“断”、“吟”等音曲符号。[③]这都是作为讲经文的表现。

《欢喜国王缘》的情况与《难陀出家缘起》相近。它载见于上海图书馆藏本和伯 3375 号写本。无前题，尾题“《欢喜国王缘》一本写

---

① 项楚：《敦煌变文选注》，中华书局 2006 年版，第 1357—1433 页。

② 项楚：《〈维摩碎金〉探索》，《敦煌文学丛考》，第 30 页。

③ 《敦煌变文讲经文因缘辑校》，第 990—1000 页。按该书误记其卷号为伯 2344 号。

记"。它取材于《杂宝藏经》卷十《优陀羡王缘》。其文中有讲经节仪提示,即"观世音菩萨,佛子"云云。它也用转读法作韵文说解,各段标出音曲符号"吟""侧""断""吟断""断侧"等。它以解座文作结,云:"勤发愿,速修行,浊世娑婆莫恋营。""念佛座前领取偈,剩抛散施总须知。"[①]据此,它也是一篇讲经文。

《悉达太子修道因缘》载见三写本,包括日本龙谷大学藏本、斯3711号本、斯5892号本。原有标题。开篇为60句韵文,即《太子成道经》所附之《悉达太子赞》,文中称之为"悉达太子押座文"。它配合讲经仪式,故文中载念佛语"观世音菩萨,大慈悲菩萨"云云,文末载解座文"更欲说,日将沈,奉劝门徒念佛人。合掌阶前听取偈,总教亲自见慈尊"云云。[②] 它作为讲经文的特征也是明显的。

在过去的研究中,人们常把因缘类作品判为变文,认为"缘起"就是"变文"的别称[③]。从以上情况看,这一判断需略作补充。较准确的说法是:"因缘"就是以短篇佛教故事为渊源的讲经文。它同通常讲经文的区别仅在于:它的题材不以佛经为单元,而以佛经故事为单元。

在《悉达太子修道因缘》的押座文后有一段话,讲到因缘说唱的特点,云:

凡因讲论,法师便似乐官一般,每事须有调置。曲词适来先说者,是《悉达太子押座文》。且看法师解说义段,其魔耶夫人自到王宫,并无太子,因甚于何处求得太子,后又不恋世俗,坚修苦

① 《敦煌变文选注》,第1598—1633页。

② 《敦煌变文讲经文因缘辑校》,第739—758页。

③ 我过去也持这一看法。见《敦煌文学与唐代讲唱艺术》,《中国社会科学》1994年第3期,又载本书。

行？其耶输彩女修甚种果，复与太子同为眷属，更又罗睺之子，从何而托生？如何证得真悟，同登正觉？小师略与门徒弟子解说，总教省知。暂舍火宅，莫喧莫闹，齐时应福。能不能，愿不愿？观世音菩萨，大慈悲菩萨。[①]

由此可见，因缘体讲经文的文本特点，乃来源于特殊的俗讲方式：它是法师单独演唱的节目，而不像较正规的讲经文那样，由法师、都讲、维那、梵呗合作演出。它以娱乐听众为目的，讲究“每事须有调置”，即对佛经故事进行充分加工。它重视情节，重视对悬念的利用。“因缘”体讲经文的流行，其实反映了人们对短篇故事的需要。

(三)变文体讲经文，以《频婆娑罗王后宫彩女功德意供养塔生天因缘变》、《丑女缘起》、《目连变文》为代表。

关于《频婆娑罗王后宫彩女功德意供养塔生天因缘变》，前文已作讨论。把它判为变文体讲经文的理由是：一方面，它遵用讲经仪式，于正讲前有押座文，有念观世音菩萨仪式，有开赞文，有“功德意供养塔生天缘”简题，于正讲后有讲师保宣的自述；另一方面，它使用“因缘变”这种变文名称，文中且有“还归天宫处，若为陈说”等变文套语。[②] 它同时具有作为讲经文、作为变文的特征。

《丑女缘起》有五个写本，前题一本作“丑女金刚缘”，一本作“金刚丑女缘”，后题一本作“金刚丑女因缘一本”。而伯3048号本则同时具有前后题：前题作“丑女缘起”，卷末云“上来所说《丑变》”。同其他因缘体作品一样，它取材于《贤愚经》、《百缘经》中的佛教短篇故

① 《敦煌变文讲经文因缘辑校》，第741页。

② 《敦煌变文讲经文因缘辑校》，第917—924页。

事。文中有“观世音菩萨”等讲经节仪提示，但不直接引据经文。另外，与后题“《丑变》”云云相对应，文中有“王郎登时见皇帝，道何言语”、“当尔之时，道何言语”等配图说唱的套语。[①]

《目连变文》载见于北京成字96号。原无标题，诸种《敦煌变文集》拟为此题。此文开篇有云“上来所说序分竟，自下弟二正宗”云云，可知是讲经文。但文中未引经文，无转读符号，相反却有“当尔之时，有何言语”等配图说唱的标识。[②]据此，它和斯2614号等本所载的《大目乾连冥间救母变文》性质相近，是采用变文方式的讲经文。

以上三篇作品，作为讲经文与变文的特点都很明显，可以说，它们是用变文外衣来表达的讲经文。但它们同“碎金”体、“因缘”体讲经文有两个重大区别：一是有配图讲唱的套语，二是不再使用转读音曲。因此，若要作明确的文体分类，那么更有理由把它们判为变文。

在这里，本文实际上提出了一个区分讲经文和变文的标准，即把有无转读音曲符号、有无配图讲唱套语视为讲经文和变文的分水岭。这样做是否有理由呢？有！因为这两个因素都反映了比较悠久的历史习惯，出现在讲唱作品中并非偶然，可以作为较稳定的区分文体的尺度。其中转读音曲符号是佛教呗赞音乐的标志，从敦煌资料看，它是梵呗等专职的佛教歌吟者的技能。它流行甚早，例如《维摩碎金》所用的“上下吟”，又称“古吟”，其时代即可追溯到六朝。[③]因此可以说，转读音曲符号的存在乃意味着讲经传统的存在。而配图讲唱的套语则联系于一种使用画卷的连环画艺术。根据关于唐五代转变伎

① 《敦煌变文选注》，第946—992页。

② 张涌泉、黄征：《敦煌变文校注》，第1071—1073页。

③ 参见王小盾：《佛教呗赞音乐与敦煌讲唱辞中“平”、“侧”、“断”诸音曲符号》，《中国早期艺术与宗教》，上海东方出版中心1998年版。

艺的那些描写——例如李贺所谓“长翻蜀纸卷明君”,《谭宾录》所谓“于要路转变”,吉师老所谓“转昭君变”、“画卷开时塞外云”[①]——可知变文讲唱所用的画卷,完全不同于通常意义上的“变相”。变相是“按经图变”的壁画艺术或雕塑艺术,讲究经营布置而不讲究故事连续,往往把许多情节绘于一图;例如同《维摩诘经讲经文》相联系的《维摩诘经变》。变文画卷却不是这样。它要在开阖之间完成情节转换,因而是连续的纸帛画,一卷一事,负载较小型的故事。正因为这样,变文中才不厌其烦地要使用“处”、“时”、“若为陈说”等图画指示语。换言之,我们可以把佛教图画分为两类:一类来源于佛教造像传统,一类来源于民间讲唱艺术。同前一类图画相联系的是讲经文,是仪式性的大型佛教讲唱;同后一类图画相联系的是变文,是小品式的说唱艺术。例如以下一例,就不属变文,而属于讲经文对变文手段的利用——

《太子成道经》,载见伯 2999 号等八本[②],原题“太子成道经一卷”。尾部有“悉达太子赞一本”云云,乃指文后附录的 60 句韵文。此文取材于《佛本行集经》等佛教典籍,讲述太子出家故事。它配合讲经仪式,故文中有“经题名目唱将来”等语,文末有云“各自念佛归舍去,来迟莫遣阿婆嗔”。它用转读法作韵文说解,故文中标有音曲符号“吟”字。鉴于文后附录的 60 句韵文又用为《悉达太子修道因缘》的押座文[③],可以判断,它也是“因缘”体的讲经文。按此文伯

① 《太平广记》卷二六九引《谭宾录》,中华书局 1961 年版,第 2109 页;王琦等:《三家评注李长吉歌诗》卷四《许公子郑姬歌》,上海古籍出版社 1998 年版,第 167 页;《全唐诗》卷七七四《看蜀女转昭君变》,第 8771 页。

② 《敦煌变文讲经文因缘辑校》,第 689—708 页。

③ 《敦煌变文讲经文因缘辑校》,第 739—741 页。

2299 号本有小标题若干处,曰"第二下降阎浮柘胎相"、"第三王宫诞质相"、"第四纳妃相"、"第五逾城出家相"云云[①],似曾配图讲唱。但这里的图画属"八相成道"佛传画,亦即见于《付法藏因缘传》卷一的阿阇世王时所绘"如来本行之像"、"如来功德之像"。从新疆克孜尔石窟的情况看,它不是变文图卷,而是壁画形式的佛教造像[②]。

五、结论

综上所述,讲经文和变文是敦煌讲唱文学中的两个重要文体。讲经文依经说法,在内容和形式上都反映了佛经和佛经唱诵仪式的影响,故其文本特征是:文中有经文记录或关于经文的提示,有关于唱经题、称佛名等讲经节仪的遗迹,说解韵文往往标以"平"、"侧"、"断"等转读音曲符号。与之相区别,变文是配合画卷讲唱故事的文体,因而以"时"、"处"、"若为陈说"等指示套语为文本特征。唐五代人对这两种文体有较明确的认识,故变文往往以"变"为名,讲经文则以佛经名及其简称为标题。

作为具有西方渊源的文体,讲经文和变文都曾被佛教所利用,因而在佛教俗讲中构成相互影响、相互作用的关系。这一方面表现为变文对讲经文手段的借用——以佛经故事为题材,问答采用吟偈体,配合押座文和讲经仪式;另一方面也表现为讲经文对变文手段的借用——随着时间推移,它越来越多地采用了看图讲唱的方式。

敦煌所出的七本《维摩诘经讲经文》,为认识讲经文的演出实况

---

① 王重民等:《敦煌变文集》,第 301 页。

② 参见丁明夷:《克孜尔第 110 窟的佛传壁画》,《敦煌研究》1983 年创刊号。

提供了重要线索。这七本讲经文有比较清楚的起讫，每卷讲经文是一次俗讲活动的文本。因此，参考敦煌莫高窟61窟《维摩诘经变》及其榜题可以推断：一部完整的《维摩诘经讲经文》具有五十卷上下的篇幅。另外，通过《维摩诘经变》在中唐以后发生的结构变化，又可以了解《维摩诘经讲经文》的通俗化进程。这种通俗化既表现为围绕故事人物进行情节重组，用比喻和动作描写来代替繁难的对话；表现为增加内容，对故事主角进行铺张描写；也表现为袖珍化，用选萃方式制作用于单场演出的讲经文。《维摩碎金》所代表的正是这种单场演出的风尚。因此不妨说，《维摩碎金》属于《维摩诘经讲经文》的一个特殊系统。

由于每次俗讲只能完成一部佛经的局部，因此，典型的讲经文具有多卷连续的特点。这种讲经文遂采用按内容或经品名命名的方式，并在题目中标以"第一"、"第二"等序号。在这一点上，变文与之有明显的区别。变文具有主题鲜明、内容紧凑的特点，一般用于单场表演，因而以"一卷"、"一本"为单位，使用内容和体裁的兼名。《报恩经变》和《双恩记》便分别是这两种体裁的代表。《报恩经变》具有单行的特点，所以称"一部"；《双恩记》是用于连续讲唱的长篇讲经文，所以保存了"第三"、"第七"、"第十一"等序次。《双恩记》的题名方式、对经文作逐句讲解的格式以及标注转读符号的方式，明确昭示了它作为讲经文的文体特质。它用作题目的"记"字，也和变文无关，而是"缘记"的简称，来自佛教记传类著作的命名习惯。

俗讲功能的多样化，在敦煌文学中造成了一种"讲经文外衣"的现象——讲经文有不同文体的表达。除"碎金"体以外，它还有"因缘"、"变文"两种表达方式。"因缘"是小品式的讲经文，像变文一样用于单场说唱，往往选取佛经中最具趣味性的故事加以铺陈讲述，以被称作“缘”和“因缘”的短篇佛教故事为渊源。它代表了一种特殊的俗讲方式:由法师单独演唱,以娱乐听众为目的。这种灵活性,使它有条件做到“每事须有调置”,调动情节和悬念,对佛经进行充分加工。它的流行,反映了人们对短篇故事的需要,同时也造成了《频婆娑罗王后宫彩女功德意供养塔生天因缘变》、《丑女缘起》等变文体讲经文的产生。变文体讲经文尽管继承了因缘说法的传统①,但同“碎金”体、“因缘”体讲经文相比,却有两个重要区别:其一是有配图讲唱的套语,其二是不再使用转读音曲。它事实上已经蜕变成了变文。

转读音曲符号、配图讲唱套语这两个因素之所以具有重要的文体学意义,是因为它们联系于不同的艺术传统。也就是说,讲经文和变文的文体分野,可以追溯到转读音曲形成系统的六朝时期;两种图像的分野——佛经变相和故事画卷的分野,也有悠久的历史。这意味着,尽管存在变文、讲经文在艺术手段上的相互借用,以至造成“变文外衣”、“讲经文外衣”的现象,但这两种文体却不能混为一谈。同样,认为变文之“变”源于变相之“变”的看法,也值得怀疑。变相是“按经图变”的壁画艺术或雕塑艺术,讲究经营布置而不讲究故事连续,往往把许多情节绘于一图。变文画卷却不是这样。它要在开阖之间完成情节转换,因而是连续的纸帛画,一卷一事,负载较小型的故事。正因为这样,变文才要不厌其烦地使用套语作图画指示。有

① 关于“因缘”同“讲经文”的关系,周绍良先生曾有说明,云:“佛教徒宣扬佛教,在正统上大致可分为两种,一种即讲经,就经释义,中间答辩,以期阐明哲理,是由法师、都讲协作进行的;另一种是说法,是由法师一人说开示,可以依据一经讲说,亦可以综合哲理,由个人发挥,既无发问,也无辩论。这是讲经与说法不同之处。相对俗讲方面也有两种:一种即韵白相间之讲经文,也是由法师与都讲协作的;至于与说法相应的,则是说因缘,由一人讲说,主要择一段故事,加以编制敷衍,或径取一段经文或传记,照本宣科,其旨总不外阐明因果。”《敦煌文学作品选·代序》,中华书局 1987 年版。

鉴于此，我们可以从又一个角度来对讲经文、变文加以界定：讲经文是仪式性的宣讲，其图画来源于佛教造像传统；变文是小品式的说唱，其图画来源于民间讲唱艺术。

以上论述，是从潘重规先生关于"变文外衣"的理论中生发出来的。本文认为，尽管这一理论未能清楚地确认变文和讲经文的不同本质，但它有一个重要意义，即指出了"外衣"——一种文体有不同的表达——这个普遍存在的现象。实际上，除"讲经文外衣"以外，不难看到"诗歌外衣"的现象——诗歌配入曲子演唱，转变为曲子辞；不难看到"曲子辞外衣"的现象——曲子辞在用于说唱故事之时转变为词文；不难看到"话本外衣"的现象——话本通过配图讲唱而具有变文的特征。例如《声诗集》[①]载唐五代作品数百首，都是穿上了曲子辞外衣的诗歌。敦煌词文《新集孝经十八章》云："新合孝经《皇帝感》，聊谈圣德奉贤良。"[②]这是关于曲子辞《皇帝感》用作词文的记录。话本《伍子胥》中有"楚王出敕，遂捉子胥处，若为敕曰"[③]这种配图讲唱的口吻，表明话本也有采用变文手段的倾向[④]。之所以产生这一类现象，是因为各种文体可以共存于同一表演场所（所谓"歌场"、"戏场"、"变场"）之中。它们不免套用彼此的形式，正如讲经文在俗讲中穿上了变文的外衣。

同"外衣"现象相联系，在敦煌文学中还普遍存在文体"游移"

---

① 参见任半塘、王昆吾：《隋唐五代燕乐杂言歌辞集》，巴蜀书社1989年版。

② 任半塘：《敦煌歌辞总编》，上海古籍出版社1987年版，第734页。

③ 《敦煌变文集》，第4页。

④ 王重民先生谈到过由变文发展到话本的中间形态，云："有说无唱的变文，实际上已经转化为话本。但较早的作品仍然沿用变文，例如《舜子至孝变文》是949年写本，若稍晚，也许改称《舜子至孝话》了。"见王氏《敦煌变文研究》，《中华文史论丛》第2辑，1981年。

的现象或曰文体命名不确定的现象。例如斯 4129 号《齖䶗书》，在伯 2564 号中题为《齖䶗新妇文》，而其文体却与敦煌俗赋并无二致。[①] 又如伯 2653 号载五言体燕子、雀儿论议故事，篇末题“《燕子赋》一首”，开篇云“此歌身自合，天下更无过，雀儿和燕子，合作《开元歌》”[②]——其篇名与正文分别认同了“赋”和“歌”两种文体。另外，伯 3812 号、伯 2555 号所载的《高兴歌》，在伯 2544、伯 2633、斯 2049 等本中题作《酒赋》，而在伯 2488 号则题作《高兴歌・酒赋一本》；[③]伯 2621、伯 2712、伯 2488 均载《渔父歌沧浪赋》一篇，以“歌”与“赋”连用为篇名[④]：此二例表明同一篇作品可以兼具“歌”与“赋”两种身份。

和以上诸例相类似的情况还有：(一)名实不符例。例如斯 6836 号所载《叶净能诗》[⑤]、伯 2297、2136、2186 等本所载《黄仕强传》[⑥]，名为“诗”和“传”，从其文体特征看却应该称作“话本”。(二)前题按内容命名、尾题按形式命名例。例如伯 3645 等本所载《前汉刘家太子传》，尾题《刘家太子变》；[⑦]伯 3697 等本所载《捉季布传文》，尾题《大汉三年季布骂阵词文一卷》[⑧]：前题皆指其内容采自野史轶闻，尾题则采用了文体标准。这些现象，证明“变文外衣”现象并不少见；证明敦煌文学的文体都联系于具体的表演，而非纸面上的篇章体制。此

---

① 《敦煌变文集》，第 858 页；《敦煌变文选注》，第 1033—1034 页。

② 《敦煌变文集》，第 262—265 页。

③ 《敦煌赋汇》，江苏古籍出版社 1996 年版，第 201—204 页。

④ 《敦煌赋汇》，第 269 页。

⑤ 《敦煌变文集》，第 216—228 页。

⑥ 参见柴剑虹：《读敦煌写卷〈黄仕强传〉札记》，《敦煌语言文学研究》，北京大学出版社 1988 年版，第 248—266 页。

⑦ 《敦煌变文集》，第 160—163 页。

⑧ 《敦煌变文集》，第 51—71 页。

外还证明：敦煌文学研究中的文体辨认问题，不只是一个简单的定名问题，而是对作品的艺术手法组合方式进行系统考察的问题。这个问题，当然还有进一步探讨的余地。

（原载《敦煌学》第25辑，台湾敦煌学会2004年9月出版；又载《起源与传承：中国古代文学与文化论集》，凤凰出版社2010年9月出版）

论变文、讲经文的联系与区别

——关于梅维恒教授《唐代变文》的几个问题

从1909年罗振玉、王仁浚、蒋斧等人刊印《敦煌石室书目及发见之原始》、《敦煌石窟遗书》等书算起，中国的敦煌遗书研究已经有一百年历史。其中讨论最多的理论问题，应该是变文、讲经文的定义及其相互关系问题[①]。这其实是敦煌文学研究中最重要的问题。因为要认识敦煌文学的性质和结构，就要辨明其体类；而变文、讲经文是敦煌文学最重要的两种文体。

在中国中古时期的历史文献中，保存了大批关于俗讲的记录。这些记录大致可以说明敦煌所见那些讲经文的性质。因此，人们基本上赞成这样一个看法：讲经文就是俗讲的底本或记录本。但关于变文的定义却是人言言殊的。有人认为变文之"变"指变更佛经原文而成为通俗讲唱[②]，有人则认为是指从散文演化而来[③]；有人认为

---

① 据郑阿财、朱凤玉主编的《敦煌学研究论著目录》，在1908年至2005年间，关于敦煌诗歌研究的论文著作共有447篇，关于敦煌曲子词研究的论文著作共有417篇，关于敦煌变文、讲经文研究的论文著作共有1081篇，关于敦煌小说研究的论文著作共有99篇，关于敦煌赋研究的论文著作共有149篇。在敦煌文学研究的成果中，关于变文、讲经文的论文著作占据半数，其中相当数量的作品讨论了变文、讲经文的定义及其相互关系问题。该书由台北汉学研究中心编印，2000年初编本，第218—288页；2006年续编本，第128—159页。

② 胡适：《白话文学史》上卷，第十章，新月书店1928年版；郑振铎：《中国俗文学史》第三章，商务印书馆1930年版。

③ 苏莹辉：《敦煌学概要》，台北中华丛书编审委员会1964年版，第52页。

“变”的含义是神通变化，叙述诸佛菩萨神变及经中所载变异之事称“变文”[①]，有人则认为“变”指变现[②]；有人认为变文指配图之文，“变”译自梵文 Citra(彩绘)或 mandala(曼荼罗)[③]；另外却有人认为变文即唱导化俗的“谈辩”之文、“应变”之文[④]，或认为变文之“变”来源于乐府变曲[⑤]，借“规模大”的组曲来指说唱相间的方式[⑥]。在这些讨论中，乃蕴藏了关于变文、讲经文关系研究的主要问题，即：变文和讲经文是否有关，如何相关？变文和讲经文是否有区别，主要有哪些区别？变文文体的本质特征是不是散韵结合？其题材特征是不是神异？能否说变文在表演方式上有配图的特征而讲经文不具备这一特征？另外，能不能以是否“谈辩”、是否“应变”、是否“规模大”来区分变文和讲经文？

对于以上问题，近年来有人试图作出总结性的回答。这样就产生了《敦煌变文研究》、《变文讲唱与华梵宗教艺术》等专著。[⑦]这些专著注意从变文与变相之关系的角度，或“对经传的通俗化”的角度来认识变文，取得了一定的进步。但迄今为止，在敦煌说唱文学研究领域，论述最全面、影响最大的作品，却不能不说是美国学者梅维恒的

---

① 傅芸子：《关于〈破魔变文〉——敦煌足本之发现》，孙楷第：《读变文》，均载周绍良、白化文编：《敦煌变文论文录》，上海古籍出版社 1982 年版；第 495 页，第 241 页。

② 程毅中：《关于变文的几点探索》，《敦煌变文论文录》，第 373 页。

③ 周一良《读〈唐代俗讲考〉》倡 Citra 说，关德栋《略说变字的来源》倡 mandala 说，二文均载《敦煌变文论文录》，第 162 页，第 236 页。

④ 牛龙菲：《中国散韵相间兼说兼唱之文体的来源》，《敦煌学辑刊》创刊号，1983 年。

⑤ 向达：《唐代俗讲考》，《敦煌变文论文录》，第 56—59 页。

⑥ 富世平：《变文与变曲的关系考论——“变文”之“变”的渊源探讨》，《文学遗产》2004 年第 2 期。

⑦ 陆永峰：《敦煌变文研究》，巴蜀书社 2000 年版；李小荣：《变文讲唱与华梵宗教艺术》，上海三联书店 2002 年版。

《唐代变文》[①]。此书特点有三：一是重视中、印之间的文化影响，由此来界定变文体裁，探讨其梵语含义；二是重视变文利用图画来演出的特质，为此考察了与之相关的若干细节及其印度来源；三是重视对文本与表演艺术进行综合研究，注意敦煌变文的演述者、作者、抄录者，于是把敦煌变文研究安置在一个比较广阔的视野当中。关于敦煌说唱文学，梅维恒教授有不少研究成果[②]，其代表就是《唐代变文》。

由于以上原因，有人认为，《唐代变文》为敦煌说唱文学研究提供了一个理论平台。[③]这意味着，要建立新的理论平台，就要对《唐代变文》一书加以超越。本文打算就此稍作尝试。换言之，本文拟对《唐代变文》的若干论证加以批评和讨论，以解难题的方式，为敦煌文学文体理论寻求新的范式。

一、方法论

研究者面对历史资料，都有自己所习惯的处理手段。这种手段同知识背景有关，也同思维方式和学术传统有关，可以称作"方法

---

① Victor H. Mair: *T'ang Transformation Texts: A Study of the Buddhist Contribution to the Rise of Vernacular Fiction and Drama in China*, published by the Council on East Asian Studies, Harvard University, 1989. 中译本题《唐代变文》，杨继东、陈引驰译，香港中国佛教文化出版有限公司 1999 年版。

② 例如 *Tun-huang Popular Narratives*（《敦煌通俗叙事文学》），London: Cambridge University Press, 1983; *Painting and Performance: Chinese Picture Recitation and Its Indian Genesis*（《绘画与表演：中国的看图讲故事及其印度起源》），Honolulu: University of Hawaii Press. 1988; *The Contributions of T'ang and Five Dynasties Transformation Texts (Pien-wen) to Later Chinese Popular Literature*（《唐五代变文对后世中国俗文学的贡献》），Sino-Platonic Papers, 1989.

③ 参见潘晟：《美国汉学家梅维恒的变文研究》，华东师范大学 2006 年硕士学位论文。

论”。从方法论角度看,《唐代变文》有一些可商榷的地方,譬如关于“文淑”和“文溆”。

“文淑”是唐赵璘《因话录》所记的僧侣。书中说他“公为聚众谭说,假托经论所言”,“教坊效其声调,以为歌曲”。[①] 段成式《酉阳杂俎》续集卷五也记录了这位“文淑”,说他是元和末(约 820 年)的“俗讲僧”。[②] 而段安节所著《乐府杂录》又提到一个名叫“文叙”的俗讲僧,云其特点是“善吟经”,“感动里人”,长庆(821—824 年)中,教坊乐工据以制成乐曲《文叙子》。[③]据王灼《碧鸡漫志》卷五,所谓《文叙子》,其实就是《文溆子》。王灼的理由是:“敬、文相继,年祀极近,岂有二文溆哉?”[④]但《唐代变文》一书却认为:“The attitude of Tuan An-chieh toward Wen-hsu is so diametrically opposed to that of Chao Lin toward Wen-shu that we can scarcely believe them to be the same individual.”[⑤]意思说赵璘关于文淑(Wen-shu)的记录具批评色彩,而段安节关于文溆(Wen-hsu)的记录不具批评色彩,两者的态度正相反,很难相信文淑、文溆是同一个人。[⑥]

关于“文溆”的记载,又见于《历代名画记》、《入唐求法行礼巡记》、《卢氏杂说》、《资治通鉴》、《佛祖统纪》等典籍。值得注意的是:古代学者就像王灼一样,一般把“文淑”和“文溆”当作同一人看待。所以《太平御览》卷五六八引《乐府杂录》,把“文叙”或“文溆”记为“文淑”[⑦];各本《历代名画记》中的那位“文溆”,在宛委山堂《说郛》本《寺

① 《因话录》,上海古籍出版社 1979 年版,第 94 页。
② 《酉阳杂俎》,中华书局 1981 年版,第 252 页。
③ 《乐府杂录》,古典文学出版社 1957 年版,第 40 页。
④ 《碧鸡漫志》,古典文学出版社 1957 年版,第 91 页。
⑤ *T'ang Transformation Texts*,P. 142。
⑥ 《唐代变文》,下册第 13 页。
⑦ 《太平御览》,中华书局 1960 年影印本,第 2568 页上。

塔记》中也记为“文溆”。[1]对于梅维恒教授认为应该褒扬的俗讲僧文溆，胡三省《资治通鉴音注》则采取了批评的态度。这位著名的元代史学家说：“释氏讲说，类谈空有，而俗讲者又不能演空有之义，徒以悦俗邀布施而已。”[2]

在中国学者看来，胡三省的说法并没有什么不妥，因为不同典籍对同一人物的记录略有不同，记录时的态度不同，这种情况是很正常的；这就像记录中出现异体字或别字一样，是常见的事情。[3]所以古今中国学者的看法差不多，乃把“文溆”、“文叙”、“文漵”看成同一个人。这一看法的理由是，关于此人的历史记载，在所有事实要点上都是一致的：此人是和尚（身份一致），他活跃在公元 820 年至 824 年间（年代一致），善吟经（特长一致），在民间有很大影响（社会反映一致），其歌声传入教坊，被制为歌曲（事迹一致）。“溆”、“漵”、“叙”等字的差别，只属于异体字或别字的差别[4]，不足以否定上述共同性。

---

① 《历代名画记》，《丛书集成》影印《津逮秘书》本，商务印书馆 1936 年版，第 116 页；冈村繁：《历代名画记译注》，上海古籍出版社 2002 年版，第 171 页。《寺塔记》，《说郛》（宛委山堂本）卷六七，《说郛三种》，上海古籍出版社 1988 年版，第 6 册，第 3124 页上。

② 《资治通鉴》卷二四三，中华书局 1956 年版，第 17 册，第 7850 页。

③ 马向欣《同人异名之谜》一文指出，诸本《三国志》所记“陈式”、“陈戒”，乃同一人，《文献》1993 年第 4 期。陈培献《清代传记文献中同人异名现象初探》一文指出，在关于清代人姓名的记录中，同人异名的情况很普遍。其中既有以同音字或近音字替代使用的情况，又有用音、义相同的古字或异体字取代常用字以示古雅的情况，还有因音近、形近而致误的情况，比如“章学诚”也记为“张学诚”、“黄景仁”也记为“黄晋仁”、“顾槐三”也记为“顾櫰三”、“杨祖祥”也记为“汤祖祥”，等等。《浙江师范大学学报（社会科学版）》1997 年第 1 期。

④ 异体字是指读音、意义相同，但写法不同的汉字，例如“辠”是“罪”的异体字。“别字”则指那些在传抄、书写过程中因字音相同或字形相近而写错的字，例如“溆”是“漵”的别字。《碧鸡漫志》卷五“文漵子”条说：“‘漵’字或误作‘序’并‘绪’。”可见“漵”字是因其较为生僻、较难书写而常被人误写的。

由此看来，梅维恒教授所谓“it has never been shown that Wen-shu and Wen-hsu are the same individual（文淑和文溆从未能被证明是同一个人）”①，其实意义不大；因为按中国古代记录的习惯，这件事是不需要证明的。而梅维恒教授说胡三省“displays here not his knowledge but his prejudices（这里表露的不是他的学识而是偏见）”②，则就不免显得狂妄了。因为对于这位文淑或文溆，对于他的通俗化的讲经，历史上一直有两种不同的看法，作为历史学家的胡三省自然可以采用其中一种看法。一个人被一部分人赞扬，被另一部分人批评，这是常见现象，不能据此说这是两个人。总之，在文淑、文溆之辨这件事情上，梅维恒教授的研究方法是有问题的：他漠视了中国古代记录的习惯，对历史人物的批评亦不免武断。

以上这种武断的做法，在《唐代变文》中是不是偶然的呢？本文认为不是。从下文的论证看，由于某种隔阂，此书多少有轻视原始记录、生搬硬套的倾向。

二、变文的讲唱场合和讲唱者

梅维恒教授进行“文淑”和“文溆”之辨，目的是要说明敦煌文学研究中，存在“confusion between monk and picture storyteller（混淆僧人和图相说书人）”③的错误。他的理由是变文同俗讲无关。他

---

① *T'ang Transformation Texts*, P. 141；《唐代变文》，下册第 12 页。

② *T'ang Transformation Texts*, P. 144；《唐代变文》，下册第 16 页。

③ 同前注。

说："the former often have an entirely secular theme while the purpose of the latter was obviously religious（变文常有完全世俗的主题，而俗讲之目的明显是宗教性的）"。"there is no demonstrable direct relationship，much less equivalence，between sūtra lectures and transformation texts（or rather their oral predecessors）. Furthermore，the individuals who presented these two types of oral literature were of entirely different social and religious status（讲经文和变文之间没有可证的直接联系，更不用说类似了。而且，实践这两种口头文学的人是有完全不同的宗教和社会身份的）。"[①]因此，他就敦煌变文之性质提出这样一个结论："One of the most commonly held misconceptions about transformation texts is that they were the texts，records，promptbooks，or aides-mémoire used in connection with actual oral delivery（有关变文最常有的误解之一是，它们是与实际口头演述相关的本子：记录、脚本或摘要）。"[②]梅维恒教授的意见涉及以下四个问题，需要一一讨论。

第一个问题是：变文在什么场合讲唱？它同宗教是否有关系？这个问题应该说不是问题，因为人们早就注意到：变文同俗讲有明显的关联。[③]

俗讲是一种既联系于僧讲又有别于僧讲的佛教讲经活动。根据日本僧圆仁《入唐求法巡礼行记》和敦煌伯 3849 号写本所记的俗讲

---

① *T'ang Transformation Texts*，P. 140；《唐代变文》，下册第 11 页。

② *T'ang Transformation Texts*，P. 140；《唐代变文》，下册第 10 页。

③ 参见向达：《唐代俗讲考》，《燕京学报》第 16 期，1934 年；又载《敦煌变文论文录》。那波利贞：《俗讲と变文》，《佛教史学》第 1 卷 2—4 号，1950 年。关于"变文源于俗讲"，萧登福有专论，见其所著《敦煌俗文学论丛》第一篇之肆《俗讲与变文》，台湾商务印书馆 1988 年版。

仪式，俗讲活动包括颂梵呗、唱释经题、谈经、说押座、唱经文、解说经文、论议等项目。也就是说，它虽然以讲经为中心，但却有多种项目并存。人们通常提到的那些表明俗讲通俗化倾向的资料——比如韩愈《华山女》诗所云“广张罪福资诱胁”①、《因话录》所云“假托经论，所言无非淫秽鄙亵之事……教坊效其声调，以为歌曲”②——从实质上看，乃反映了俗讲艺术在题材、风格上的多元化，因此，不能简单地说“俗讲之目的明显是宗教性的”。值得注意的是，这种多元化的情况从六朝就开始了。《高僧传·唱导》篇总论描写东晋以后的唱导面貌说：“如为出家五众，则须切语无常，苦陈忏悔；若为君王长者，则须兼引俗典，绮综成辞；若为悠悠凡庶，则须指事造形，直谈闻见；若为山民野处，则须近局言辞，陈斥罪目：凡此变态，与事而兴。”③可见俗讲原来就有众伎杂用的传统；它既然面对不同的讲唱对象，那么必然会有不同的讲唱方式。

在俗讲所采用的多种方式之中，说唱变文是一种重要方式。这有五个很明显的证据：其一，在说唱变文（包括“缘起”）的同时，说唱者总是要提到讲经。这表明两者是相互连接而用于俗讲活动的。例如《目连缘起》末尾说：“今日为君宣此事，明朝早来听真经。”又[不知名变文]末尾说：“合掌阶前领取偈，明日闻钟早听来。”④其二，变文往往自称为“经”。这说明在当时人心目中，讲变文和讲经有相同的

---

① 屈守元、常思春：《韩愈全集校注》，四川大学出版社 1996 年版，第 934 页。

② 《因话录》，第 94 页。

③ 《高僧传合集》，上海古籍出版社 1991 年版，第 95 页下。

④ 《敦煌变文集》，人民文学出版社 1957 年版，第 712 页、第 816 页。“[]”号表示原无题，此为《敦煌变文集》拟题，下同。关于缘起属变文，理由亦详见下文。

意义。例如《大目乾连冥间救母变文并图一卷》结尾说:“当时此经时,有八万菩萨……”[①]《频婆娑罗王后宫彩女功德意供养塔生天因缘变》结尾说:“保宣空门薄艺,梵宇荒才,经教不便于根源,论典罔知于底漠……”[②]《破魔变》结尾说:“小僧愿讲经功德,更祝仆射万万年。”[③]其三,变文说唱,采用三分科判的佛教讲经体式,即一序分、二正宗、三流通的体式。例如北京成字96号《目连变文》开篇云:“上来所说序分竟,自下第二正宗者。”[④]其四,在许多变文中,保留了唱经题、说押座、说庄严等俗讲内容和讲经文的语气。例如《太子成道经》、《八相变》、《频婆娑罗王后宫彩女功德意供养塔生天因缘变》都有押座文;《破魔变》第一行标题是“降魔变神押座文”,第二段韵文结尾说“经题名目唱将来”[⑤],明显采用了押座文。斯3491号《频婆娑罗王后宫彩女功德意供养塔生天因缘变》在正讲前说押座、念观世音菩萨、作开赞,和伯2187号《破魔变》一样有庄严文。[⑥] 另外,《大目乾连冥间救母变文》末尾采用说流通门的口气,《八相变》、伯3496号[太子成道变文]以吟偈为问答,明显借用了讲经文的语言方式。其五,很多变文使用佛教题材,例如《八相变》、《降魔变文》、《破魔变》、《大目乾连冥间救母变文并图一卷》。这些例证说明,变文、讲经文都是俗讲活动中的说唱文本;认为变文只是世俗艺术,俗讲只含宗教内容,在它们之间作截然两分,这并不符合历史事实(图1)。

---

① 《敦煌变文集》,第744页。

② 《敦煌变文集》,第769页。

③ 《敦煌变文集》,第355页。

④ 《敦煌变文集》,第756页。

⑤ 《敦煌变文集》,第344页,第345页。

⑥ 荒见泰史:《敦煌本庄严文初探——唐代佛教仪式上的表白对敦煌变文的影响》,《文献》2008年第2期。

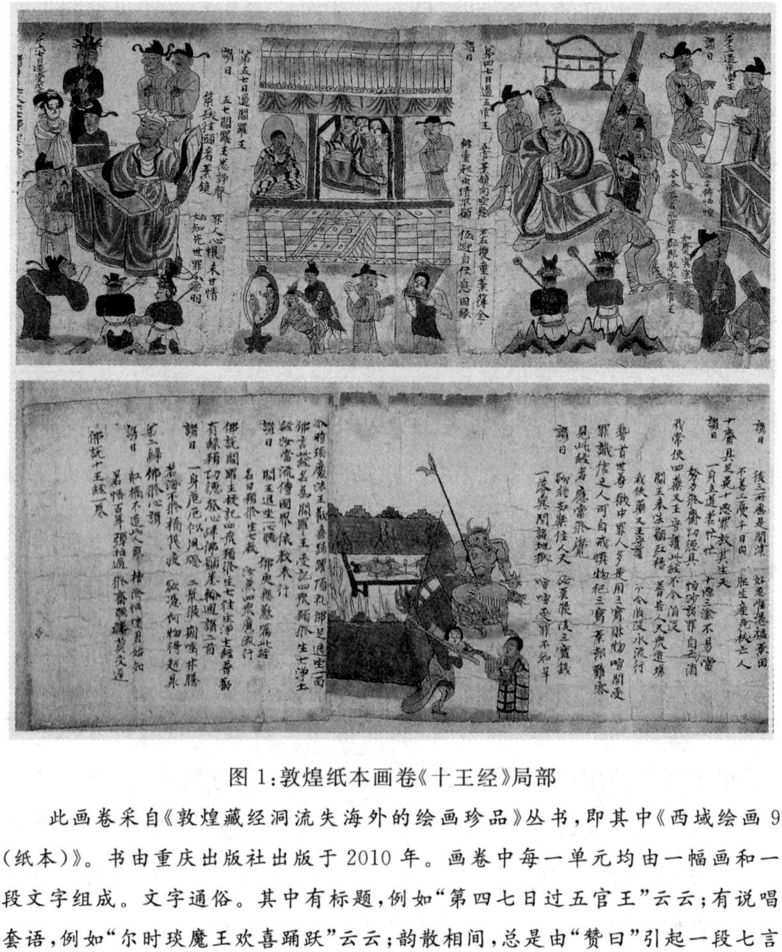

图 1:敦煌纸本画卷《十王经》局部

此画卷采自《敦煌藏经洞流失海外的绘画珍品》丛书,即其中《西域绘画 9(纸本)》。书由重庆出版社出版于 2010 年。画卷中每一单元均由一幅画和一段文字组成。文字通俗。其中有标题,例如"第四七日过五官王"云云;有说唱套语,例如"尔时琰魔王欢喜踊跃"云云;韵散相间,总是由"赞曰"引起一段七言韵文。另外,画中偶有一些说明文字。梅维恒教授曾提出关于变文的"狭义定义",认为变文的核心要素是:"a specific verse-introductory formula, a connection with picture storytelling, prosimetric form, heptasyllabic verse, vernacular language(独特的引导韵文的套用语,与故事画的密切联系,散韵相间的形式,由七言句组成的韵文,通俗化的语言)。"(*T'ang Transformation Texts* P. 27,《唐代变文》上册第 75 页)《十王经》画卷是完全符合他的定义的。这就说明,把变文和宗教题材对立起来的看法是错误的。

以上情况意味着，说唱变文的场合，也就是进行俗讲的场合。它包括定期俗讲，例如春讲、秋讲；也包括各种斋会，例如三长斋日、八关斋会；此外还包括丧葬仪式。[①]这可以在敦煌变文中找到内证，例如《目连变文》所包含的谈无常、语地狱、征昔因、核当果、谈怡乐、叙哀戚等内容，恰好对应于《高僧传·唱导》篇所记八关斋会的俗讲内容。[②]总之，尽管变文说唱也曾在戏场、宫廷、地方长官府宅和要路口演出，但是，其首要地点无疑是佛寺。[③]

第二个问题是：敦煌的僧人是否参与图相说书？敦煌讲唱文是否与口头演述相关？从以上情况看，对这一问题也可以给出肯定的回答。

在《从莫高窟61窟〈维摩诘经变〉看经变画和讲经文的体制》一文中，我讨论过敦煌莫高窟经变画的讲唱特点问题，认为那些具有讲唱信息的壁画其实是对窟外寺院中的说唱经变画的模仿。因为根据敦煌所存的粉本，可以推测洞窟壁画有其寺院来源。[④] 由此看来，莫高窟那45,000平方米壁画，至少其中相当部分，可以作为敦煌僧人曾参与图相说书的证明。因为这些壁画主体上是佛教壁画，它们必定是在僧人的主导下制作的。它们往往采用故事题材，因而必定同某种口头讲述相关。其中相当部分壁画有榜题，榜题大量使用了"时"、"处"等图画指示语[⑤]，这些壁画必定对应于某种说唱。尽管敦煌洞窟缺少举行说唱活动的空间，也无足够的照明条件，但现在我们

---

① 参见荒见泰史：《敦煌讲唱文学写本研究》，中华书局2010年版，第65页。

② 参见陈允吉：《〈目连变〉故事基型的素材结构与生成时代之推考》，《佛教与中国文学论稿》，上海古籍出版社2010年版，第175页、第176页。

③ 萧登福：《敦煌俗文学论丛》，第76页；陆永峰：《敦煌变文研究》，第183—190页。

④ 参见本书《从莫高窟61窟〈维摩诘经变〉看经变画和讲经文的体制》。

⑤ 参见 *T'ang Transformation Texts*，PP. 80—84；《唐代变文》，上册，第180—186页。

知道，这些壁画却是对现实的说唱活动的反映。由此推断，图相说书（说佛经）必定是敦煌僧人的日常行为。

其实变文也是这样。前文说到敦煌变文同寺院俗讲的关联。与此相联系的情况是：变文的抄写，也往往发生在寺院之中。例如"净土寺学郎薛安俊"抄写了斯 2614 号《大目乾连变文》，"显德寺学仕郎杨愿受"抄写了北京盈字 76 号《大目乾连变文》，"三界寺禅僧法保"抄写了伯 3051 号《频婆娑罗王后宫彩女功德意供养塔生天因缘变》，"居净土寺释门法律沙门愿荣"抄写了伯 2187 号《破魔变》。[①]这些抄写的意图是什么呢？看来目的有二：其一是用于供养、发愿追福，例如杨愿受说他是"发愿作福，写尽此《目连变》一卷"的。其二是用于说唱，例如在法保所抄的变文末尾，有一段话说"佛法宽广"，"保宣空门薄艺"，"辄陈短见，缀秘密之因由；不惧羞惭，缉甚深之缘喻"云云，表明此变文是由俗讲僧保宣说唱的。[②] 除此之外，僧侣抄写变文还有练习说唱的目的，因为看图说唱是六朝以来僧侣的功课。《高僧传·唱导》篇总论所谓"兼引俗典，绮综成辞"、"指事造形，直谈闻见"，说明在僧侣的讲唱技艺中，不仅有说经，而且有讲故事；讲唱中不仅采用"绮综成辞"的通俗语言方式，而且采用"指事造形"的图画方式。而《佛祖统纪》卷三九引良渚的话说：唐武则天时，寺院中有人以"不根经文传习惑众"，这种不根经文包括《开元括地变文》。[③]黄休复《茅亭客话》也说：后蜀（925—965）时，三圣院僧侣李辞远喜欢唱念《后土夫人变》。[④]后两个例子说明：寺院僧侣的确参与了变文说唱，尽管这是

---

① 见《敦煌变文集》，第 744 页、755 页、769 页、355 页。

② 参见李正宇：《敦煌俗讲僧保宣及其〈通难致语〉》，《社科纵横》1990 年第 6 期。

③ 《佛祖统纪》，江苏广陵古籍刻印社 1992 年影印，第 1646 页。

④ 《茅亭客话》卷四，"李聋僧"条，《学津讨原》本，江苏广陵古籍刻印社 1990 年版，第 12 册，第 502 页上。

一件曾被责备为“传习惑众”的事情。

正因为这样，关于唐代说唱变文的记录总是同寺院、僧侣有关。《太平广记》卷二六九引《谭宾录》说的就是这一情况。它说：唐代中期，剑南地区各郡县为征集劳役人，设了一个诡计：“诈令僧设斋，或于要路转变，其众中有单贫者，即缚之，置密室中，授以絮衣，连枷作队，急递赴役。”[①]在这段记载中，设斋之人，转变之人，都是僧人。僧侣参与图相说书，这其实是不争的事实。

三、变文的文本性质及其同讲经文的关联

变文是否同俗讲有关？僧人是否参与图相说唱？这涉及另外两个问题，即第三，变文的文本性质；第四，它同讲经文的关联。梅维恒教授之所以认为变文不曾用于“actual oral delivery（实际口头演述）”，是因为他断定变文不具备宗教功能。在他看来，这种世俗变文可以和马来西亚、印度尼西亚、朝鲜的民间说唱艺术相类比。根据后者的情况，说唱艺人往往是文盲或半文盲，不太需要长篇的说唱底本，也不会乐意让长篇写本夺去潜在的现场观众。[②]

以上意见提示了民间曲艺传承中的一种重要现象，但若用它来解释敦煌说唱，则是有隔阂的；因为中国曲艺的文化环境不同于其他曲艺。中国文化的特点是拥有强大的语文教育传统和记录传统；市民、僧侣、下层文人的存在，造就了成规模的具有明显文本性的俗文学（popular literature）。变文便属于这种俗文学，而非单纯的民间文

① 《太平广记》，中华书局1961年版，第2109页。

② *T'ang Transformation Texts*，Chapter Five：Performers，Writers，and Copyists.

学(folk literature)。前文说到,其作品大都具有宗教功能,往往用于做供养、行功德,用于各种仪式上的俗讲;下文也将说到,这些作品可以配合变相,用于观想——故不能仅视作"悦俗邀布施"的商业行为。总之,敦煌变文的口头演述文本问题,正如后世话本、弹词、宣卷的口头演述文本问题一样,是一种客观存在,不容回避。

记录本、脚本、略要本,便是在说唱文学书面化过程中出现的几种文本。从历代说唱的情况看,略要本往往出发于实际演唱的需要,是比较重要的一种脚本。它用于提示,文本比较简略,主要由故事梗概、常用韵文以及其他参考资料构成,有时使用口语,有时使用文言。例如散文体的《舜子至孝变文》和《刘家太子变》便是敦煌变文的略要本。[①]在脚本以外,记录本及其整理本则是主体上用于阅读的文本。它们在形式上比较完整,常常使用口语。《降魔变文》末尾说:"或见不是处,有人读者,即与政著。"北京大学所藏《汉将王陵变》题记说:"后有人读讽者,请莫怪也。"[②]说明《降魔变文》、《汉将王陵变》都具有读本性质,属于记录本或其转抄本。到宋代,出现了说唱的仿作本,人称"转写本"或"拟话本"。它对说唱文本进行了加工或再创作,将其变成典型的书面文本。这种文本不仅完整,而且富于文采,有整饬的面貌,不同于今存敦煌变文。也就是说,从敦煌变文文字粗糙简陋的特点看,当时未必产生了这种"拟变文"。

---

① 《舜子至孝变文》又名《舜子变》,《刘家太子变》又名《前汉刘家太子传》。关于其作为略要本的性质,见荒见泰史:《敦煌讲唱文学写本研究》,第 130 页、第 131 页;又见富世平:《敦煌变文的口头传统研究》,中华书局 2009 年版,第 104 页、105 页、115—117 页。一说《舜子至孝变文》是变文说唱的记录本(前半)和转写本(后半),不确。该变文通篇不用说唱体,篇末又附有关于舜子的零星史料,明显产生在变文说唱之前。如果是对变文的记录和转写,那么便不会出现"说唱的风格特征基本无存"的情况。

② 《敦煌变文校注》,第 567 页、第 72 页。

值得注意的是：就大部分作品而言，以上几种文本的区分是不明确的。——它们基本上是传播过程中的文本，往往交叉使用。比如某人的说唱记录本，同时也是另一人的说唱脚本；而各种已经定型的书面文本（例如佛经和唐人小说的片断）也可能成为说唱脚本。以下情况，反映了这种脚本的存在：

（一）北图 8719 号敦煌写本载有一篇[目连救母变文]，其上有大量反复涂改的痕迹，比如“食馔馨香不可论”改为“百种珍馔不可论”，“不听我儿言□语”改为“不信天堂兼地狱”。经研究，这些修改有两个重点：一是调词遣句以使语言流畅，二是“引进现成的韵文加上一些话改为散文”。[①] 这些修改显然不是出于记录的需要。西方学者的史诗研究成果证明，引用现成的韵文或陈陈相因的套语，这是在口述文学中普遍存在的现象。[②]敦煌文学资料也说明，强调韵散相间，其实质是追求说唱效果。据此推断，这篇[目连救母变文]是在记录本的基础上产生的脚本。

（二）除《舜子至孝变文》、《刘家太子变》等略要本外，敦煌变文各篇多有省略的痕迹，表明它是用于提示的说唱文本。[③] 例如斯 2204 号写本[董永变文]，“叙述了整个故事。但文义多有前后不相衔接处，疑原本有白有唱，此则只存唱词，而未录说白”。伯 4524 号写本《降魔变文》画卷，“亦有唱无白，但其他抄本则有唱有白”。[④] 伯 2319

---

① 《敦煌讲唱文学写本研究》，第 53—65 页。

② 参见王靖献：《钟与鼓：〈诗经〉的套语及其创作方式》（*The Bell and the Drum: Shih Ching as Formulaic Poetry in an Oral Tradition*）第一章，四川人民出版社 1990 年中译本。

③ 同纲要体、插入体、故事贯穿体相比，省略体是更加典型的说唱文体。关于它们同敦煌文学的关系，见本书《从敦煌本共住修道故事看唐代佛教诗歌文体的来源》一文。

④ 王重民校语，《敦煌变文集》，第 113 页。

号写本《大目乾连冥间救母变文》,“其中颇有节略,盖抄手有意删略”。[①]另外,《八相变》中有“于此之时有何言语云云”、“却往天中具由咨说云云”、“当尔之时有何言语云云”、“离迦毗之罗城,赴雪山而苦行云云”等表示省略的语句,又有“佛子”等关于念佛号的提示;《破魔变》中亦有“上生忿怒云云”、“咨白父王云云”、“管弦竞奏云云”等表示省略的语句,又有“女道”、“佛道”等关于说唱身份的提示:这些迹象,也说明文本是用于说唱的。

(三)上文提到,变文写本留下了许多题记,显示它们是由居住在寺院的僧侣或“学郎”、“学仕郎”抄写的。从各方面资料看,这些抄写,有一个目的是帮助观想(详下文),更重要的目的则是练习说唱。例如《高僧传》说到唱导(即俗讲)的才具,强调“杂序因缘”、“旁引譬喻”的“辩”才,认为“非辩则无以适时,非才则言无可采”。[②] 这反映寺院教育有培养训练唱导才能的内容。又如《高僧传》强调学习,并主张以“旧本”为唱导教材:“若夫综习未广,谙究不长,既无临时捷辩,必应遵用旧本。”[③]所谓“旧本”,也就是关于俗讲典范的记录本。对记录本的重视,必然造成记录唱导文的风尚。《续高僧传》说:隋代高僧善权“导达鼓言,奇能切对”,以致“时有窃诵其言,写为卷轴”。[④]说的就是这一风尚。从唐玄宗时期开始,俗讲、转变进一步流行,“因缘讲说,眩惑州闾”[⑤],以致宫中太监亦以“讲经、论议、转变、说话”来取悦上皇[⑥]。到中唐、五代之间,此风越演越烈。现存变文文本正好

---

① 张涌泉校语,《敦煌变文校注》,第1039页。

② 《高僧传·唱导》,《高僧传合集》,第95页中、第95页下。

③ 同上注,第95页下。

④ 《续高僧传·杂科声德》篇,《高僧传合集》,第378页下。

⑤ 开元十九年《禁僧徒敛财诏》,《全唐文》卷三〇,上海古籍出版社1990年影印,第144页上。

⑥ 《高力士外传》,《开元天宝遗事十种》本,上海古籍出版社1985年版,第120页。

产生在玄宗以后[1]，表现了同上述情势的对应。

总之，敦煌变文的几种文本——记录本、摘要本和脚本，尽管与实际口头演述相关的方式不同，但这种相关性是肯定存在的。

至于讲经文和变文之间是否有直接关系？这个问题，许多学者已经给出肯定的回答[2]，前文也提供了充分的证明。道理很明显：既然在说唱变文的同时，说唱者总是要提到讲经；既然在许多变文中，采用了唱经题、说押座、说庄严、念观音菩萨等俗讲程式；那么可以判断，变文、讲经文必曾相互连接而用于俗讲活动。既然变文和讲经文一样，往往使用佛教题材，自称为"经"；既然抄写变文有"发愿作福"、积功德的功用[3]；那么可以确定，在当时人看来，讲唱变文和讲唱佛经有相同的功能和意义。据此可以说，变文与讲经文是紧密相连的两种说唱文体。它们本来是同存于俗讲场所的，所以在表现手段上相互借用，呈现出共生的关系。从《破魔变》所谓"小僧愿讲经功德"云云还可以知道，敦煌僧人不仅用图相说唱讲经文，而且用图相说唱变文。梅维恒教授关于"实践这两种口头文学的人有完全不同的宗教和社会身份"的说法，是不符事实的。

四、变文和因缘、缘起

在确认变文作品的时候，梅维恒教授有一个奇怪的做法，即先从

---

① 凡能确定年代的敦煌变文，以《降魔变文》为最早——创作于天宝年间。见《敦煌变文校注》，第 569 页。

② 例如潘重规：《敦煌变文新论》，《幼狮月刊》第 49 卷 1 期，1979 年；伏俊琏：《论变文和讲经文的关系》，《敦煌研究》1999 年第 3 期；俞晓红：《释"变"与"变文"》，《上海师范大学学报》2004 年第 3 期。

③ 《破魔变》："已（以）此开赞大乘所生功德。"又："小僧愿讲经功德，更祝仆射万万年。"《敦煌变文集》，第 345 页、第 355 页。

一些作品中概括出“变文”的特征，然后以此为尺度，判断其他作品是否属于变文，而不管这些作品是否被古人认同为“变”。例如他说：“Among those texts that include the word *pien* in their titles but do not share the formal characteristics of the above works is the ‘Causal Transformation on a Maiden in the Women’s Palace of King Bimbisāra Intends to Grete Merit’ Who Is Reborn in Heaven for Having Given Her Support to a Stūpa’（有些文书虽然在标题中有‘变’字，但是其本身却不具备变文的特征，如《频婆娑罗王后宫彩女功德意供养塔生天因缘变》）。”又说：“The two manuscripts, S4654—354 and P2721—52, respectively, have a head title and an end title which identify the story as *shun-tzu pien i chüan* and *shun-tzu chih-hsiao pien-wen i chüan*. The text also lacks the pre-verse formula and any other implicit or ostensible references to illustrations. … The Shun-tzu text differs so radically from the first group of *pien-wen*, in fact, that we are tempted to declare either that it constitutes a case of mislabeling or that it represents a loose usage of the term（斯 4654—354 号和伯 2721—52 号文书分别有‘舜子变一卷’的首题和‘舜子至孝变文一卷’的末题。作品中既缺乏引导韵文的套用语，也没有明显的或隐藏的提及图画的地方。……这篇舜子作品与变文的差异如此之大，以致我们倾向于认为，它要么属于标题错误的情况，要么代表着变文这个术语的一种不严格的用法）。”关于 P3645 号文书中的末题“刘家太子变一卷”，他说：“Here, too, we are dealing with an apparently loose application of the term（对此，我们亦认为是一种不严格的用法）。”而针对北图 3024—560 号文书所载题有“八相变”三字的作品，他认为：“Even assuming that the three characters on the verso are actually contemporaneous with the text on the recto, we can only say that this text represents an unusual variant of the *pien* genre(即使我们把文书背面的三个字看成是与正文同时写成的,也只能说这篇作品只是代表着变文的一种不寻常变体而已)。"①

这样一来,他一举否定了《频婆娑罗王后宫彩女功德意供养塔生天因缘变》、《舜子变》(《舜子至孝变文》)、《刘家太子变》、《八相变》等作品的变文身份。

我为什么说以上做法"奇怪"呢,因为它是采用削足适履的办法来建立理论的:不尊重古人通过题名所表达的文体观,而要将作为历史事实的"变",迁就于研究者理念中的"变"。这样做不仅违反历史,而且有一个严重后果,即把题名为"因缘"、"缘起"、"缘"的那些敦煌说唱作品,一概排斥在变文之外了。《唐代变文》说这样做的理由有两条:其一,"缘起"是"popular religious literary genre(通俗宗教文学体裁)",属于讲经文。"It is more overtly moralistic than *pien-wen* and lacks the verse-introductory formula(它比变文更明显地具有伦理说教的性质,而且没有引导韵文的套用语)。"②其二,"the appellation *yuan* is less a literary designation than it is a doctrinal one. Hence, we may observe that, while the Tun-huang stories designated as *yuan* are derived from the sections of the *nidāna* and *avadāna* literature in the Mahāyāna canon dealing with causation, the term itself becomes fixed as a literary designation in Tun-huang

---

① *T'ang Transformation Texts*, P. 24, P. 25, P. 26;《唐代变文》,上册,第 69 页、72 页、73 页、74 页。

② *T'ang Transformation Texts*, P. 29;《唐代变文》,上册,第 80 页。

usage('缘'这个名词更像是一个宗教术语而非文学术语。由此我们可以得出结论:被称为'缘'的敦煌文学故事是从佛经中的因缘和譬喻故事衍生出来的。与此同时,'缘'这个名词也从宗教术语演变为文学体裁的名称并逐渐固定下来)。"因此,P3048号文书末尾的"上来所说丑变",其中"变"字"quite literally to the miraculous transformation of the ugly girl into a beautiful woman(多半是指丑女变成一个美丽姑娘的神奇事迹)。"[①]

这两条理由的实质是什么呢?是用简单的内容分析来代替复杂的文体分析,是以逻辑代替历史。它仍然来源于梅维恒教授的基本看法:认为变文只是世俗艺术,俗讲只含宗教内容,它们之间应作截然两分。前文已经论证,这样做是不合理的。不过,这一做法也提出了一个新问题,即:要确认什么是变文,就要确认它和"缘"(因缘、缘起)的真实关系。

"因缘"本是佛教用语,指形成事物、引起认识和造就"业报"的因由和机缘;"缘起"则是对因缘现象的解释。早在佛教传入之初,它们就是文体学术语,用来指称佛向大众所讲述的关于生死轮回、因果业报的种种故事。[②]因此,"因缘"和"缘起"不仅作为故事出现在佛经当中,而且被各种石窟艺术所记录,成为佛教文学和敦煌石窟绘画的重要品种。敦煌研究院曾编辑《敦煌石窟全集·本生因缘故事画卷》一

---

① *T'ang Transformation Texts*, P. 32;《唐代变文》,上册,第85页、第86页。

② 参见《出三藏记集》所著录的因缘类佛经。《高僧传·唱导论》云:"昔佛法初传,于时齐集,止宣唱佛名,依文致礼。至中宵疲极,事资启悟,乃别请宿德升座说法。或杂序因缘,或傍引譬喻。"又陈寅恪《西游记玄奘弟子故事之演变》云:"《贤愚经》者,本当时昙学等八僧听讲之笔记也。今检其内容,乃一杂集印度故事之书。以此推之,可知当日中央亚细亚说经,例引故事以阐经义。此风盖导源于天竺,后渐及于东方。故今大藏中法句譬喻经等之体制,实印度人解释佛典之正宗。"《金明馆丛稿二编》,上海古籍出版社1980年版,第192页。

书，说到因缘画的发展情况：在北凉、北魏、西魏时期，敦煌壁画中出现了难陀出家缘、沙弥守戒自杀缘、须摩提女因缘、五百强盗成佛缘等题材；在北周和隋代，敦煌壁画中出现了微妙比丘尼因缘、梵志夫妇摘花坠命因缘等题材；在晚唐至宋初，敦煌壁画中出现了《贤愚经》屏风画，以及海神难问船人缘、波斯匿王女金刚缘、无恼指鬘缘、恒伽达缘、象护缘、檀腻鞞缘等题材。[①]据考证，这些故事源出《杂宝藏经·佛弟子难陀为佛所逼出家得道缘》、《贤愚经·沙弥守戒自杀品》、《须摩提女经》、《大般涅盘经·梵行品》、《贤愚经·微妙比丘尼品》、《法句譬喻经·生死品·梵志夫妇摘花坠死缘》等典籍。其壁画则反映了北朝至宋初因缘故事的常用题材，说明因缘同图像的结合有很长的历史。

关于因缘在中国的早期流行，《出三藏记集》作了较细致的记录。比如此书序文说到"缘"的功能，云："道由人弘，法待缘显。有道无人，虽文存而莫悟；有法无缘，虽并世而弗闻。"可见"缘"是传播佛法的手段。《出三藏记集》卷二所著录的"缘"，有《十二因缘经》一卷、《五十缘身行经》一卷、《王子法益坏目因缘经》一卷、《十二因缘观经》一卷（阙）、《付法藏因缘经》六卷（阙）、《父母因缘经》一卷、《千佛因缘经》一卷、《鸯掘魔母因缘经》一卷、《出家缘经》一卷、《比丘问佛释提桓因因缘经》一卷（出杂阿含）、《顶生王因缘经》一卷、《外道问佛斗战生天因缘经》一卷（抄阿含）、《外道问佛生欢喜天因缘经》一卷（抄杂阿含）等等，可见因缘是佛经中的单篇故事，以篇幅短小（"一卷"）为特点。这两个特点同敦煌壁画中的因缘、缘起是一致的。由此可以了解一个重要事实：在中古时期的敦煌，存在用图画来说唱单篇佛教故事的活动。

可以肯定，这种用图画来说唱单篇佛教故事的活动，正是所谓"转

---

① 《敦煌石窟全集》3，《本生因缘故事画卷》，上海人民出版社 2001 年版。

变”，其文本则是所谓“变文”。这是本文的一个核心判断，它有以下三方面证据：

其一，关于转变活动的记录，一般在以下三个要素中记有两个要素：(一)用画卷而非壁画；(二)主要说唱佛教故事；(三)篇幅短小。例如前文说到“僧设斋……于要路转变”，便是指短篇的、佛教的说唱——既然说唱于“要路”，则每一节目必不可能持久，也不可能使用壁画。又如吉师老诗《看蜀女转昭君变》、李贺诗《许公子郑姬歌》，所记《昭君变》虽然不是佛教题材，但从敦煌伯 2553 号写本所载[王昭君变文]看，它也是配合画卷的、单行的短篇。

图 2：维摩诘经变维摩部分示意图

原图见莫高窟第 61 窟东壁，包括维摩、文殊两部分。此为维摩部分。图中数目字表示榜题所在位置。

事实上，吉师老诗中的“画卷开时塞外云”，李贺诗中的“长翻蜀纸卷明君”，这些诗句也是说唱短篇故事的证明。这样说的理由在于：载于“蜀纸”的画卷不同于大型经变。那些经变是“按经图变”的壁画艺术或雕塑艺术，讲究经营布置而不讲究故事连续，往往把许多情节以向心方式绘于一图；例如同《维摩诘经讲经文》相联系的《维摩诘经变》(图 2)①。变文画卷却不是这样。它要在开阖之间完成情节转换，因而往往是连续的纸

① 参见本书《从莫高窟 61 窟〈维摩诘经变〉看经变画和讲经文的体制》。

帛画，或与此类似的连环式壁画，一图一事，负载较小型的故事。

其二，现存敦煌变文，都是单篇故事。其中佛教题材的变文有《八相变》七种以及“《降魔变文》一卷”(斯 5511、斯 4398 首题)、“《破魔变》一卷”(伯 2187 尾题)、“《目连变》一卷”(北图盈字 76 号尾题)、“《大目乾连冥间救母变文并图》一卷”(伯 3107、伯 2319 首题)，其篇幅都是一卷；其中世俗题材的变文有“《舜子至孝变文》一卷”(伯 2721 尾题)、“《刘家太子变》一卷”(伯 3645 尾题)和《汉将王陵变》，也都是一卷本。从现存文本看，它们都有短小、独立的特点。伯 3627 号写本尾题“《汉八年楚灭汉兴王陵变》一铺”，这说明《汉将王陵变》采用一铺一事的配图方式。

变文之所以短篇单行，原因约略有二：其一，因为它来源于因缘说唱；其二，因为受照明等条件限制，只能在大白天进行。北图 8437、8438、8671 号《八相变》就说到这个情况，其末尾说：“况说如来八相，三秋未尽根源。略以标名，开题示目。今且日光西下，座久延时。”[①]这说明《八相变》和因缘一样，是一种选段式的说唱，从“未尽根源”的众多故事中选择一段；而且要及时讲完，到“日光西下”，便属“座久延时”了。同样，伯 2187、斯 3491 号《破魔变》篇末也有“看看日落向西斜，念佛座前领取偈”、“小僧愿讲经功德，更祝仆射万万年”等语。可见它也是在太阳西斜之前讲完的——领取佛偈、赞颂府主(仆射)等项目，意味着全部说唱活动的结束。

其三，敦煌写本中的“因缘”类作品，不仅同图像相关联，而且同佛经因缘故事相关联。例如《欢喜国王缘》(尾题)取材于《杂宝藏经》卷一〇《优陀羡王缘》，其图相亦见于克孜尔石窟[②]；《丑女缘起》一题《金刚丑女因缘》、《丑女金刚缘》，取材于《撰集百缘经》卷七《波斯匿王

---

① 《敦煌变文校注》，第 514 页。

② 参见霍旭初：《克孜尔〈优陀羡王缘〉壁画与敦煌〈欢喜国王缘〉变文》，甘肃文化出版社 1999 年版。

丑女缘》和《杂宝藏经》卷二《波斯匿王丑女赖提缘》，其名称沿袭了佛经原名。这说明，敦煌文学的“缘”和佛经因缘、缘起一脉相承，且用于配图说唱。正因为这样，“缘”（因缘、缘起）往往被古人称作“变”，是变文的重要组成部分。例如斯 3491、伯 3051 号写本所载《频婆娑罗王后宫彩女功德意供养塔生天因缘变》。这篇变文的命名方式属“内容—体裁”兼名：它在文中题“功德意供养塔生天缘”，是按佛经习惯指称出典；但前题所称“因缘变”，则是按变文习惯命名。同样，伯 3048 号等本《丑女缘起》的名称也有两重性——前题是“缘起”、“因缘”，尾题是“丑变”（文末说“上来所说丑变”）。这种两重性反映了变文和“缘”（因缘、缘起）的关联，说明变文是来源于因缘和缘起的。

《高僧传·唱导论》曾谈到“佛法初传”时的一个情况，即在“宿德升座说法”的场合，上演说唱节目，“或杂序因缘，或傍引譬喻”。① 可见说唱因缘故事是唱导的重要内容。根据《高僧传》卷一三，“唱导”是和“经师”相并列的佛教声唱。经师擅长用呗赞、转读之法诵唱佛经，其伎艺有所谓“三位七声”、“五言四句”，“起掷荡举，平折放杀，游飞却转，反迭娇弄”等等。唱导师则擅长“声、辩、才、博”，其主要说唱方式是“切语无常，苦陈忏悔”；“兼引俗典，绮综成辞”；“指事造形，直谈闻见”；“近局言辞，陈斥罪目”。如前文所说，“绮综成辞”、“指事造形”暗示当时曾用图相来作说唱。由此可见，中古佛教的宣传方式有两支：一是诵经和讲经，二是唱导和说因缘。唐玄宗《禁僧徒敛财诏》说“因缘讲说眩惑州闾”，又说“僧尼除讲律之外一切禁断”，②明确作了“僧尼讲律”、“因缘讲说”之二分。如果说讲经文是前一支的产物，那么变文就是唱导和说因缘的产物。也就是说，最早的变文就是用于图画说唱的因缘和缘起。当佛教因缘类故事用于配图说唱的时候，变文就产生了。

① 《高僧传合集》，第 95 页中。

② 《全唐文》，第 144 页上。

当然，需要补充说明的是："缘"和"变文"是两个不同的概念。比如敦煌写本中有一批"因缘记"作品——伯 2680、斯 1625 号有《佛图澄和尚因缘记》，伯 3570、伯 3727 号有《慧远因缘记》，伯 2680、伯 3722 号有《刘萨诃和尚因缘记》——这些作品就不能视为变文。关于它们的来历，《出三藏记集·法苑杂缘原始集目录序》有一个解释，云："夫经藏浩汗，记传纷纶，所以道达群方，开示后学。……常愿一乘宝训，与天地而弥新；四部盛业，随日月而长照。是故记录旧事，以彰胜缘……"[①]意思是说，这类作品是为"记录旧事以彰胜缘"而创作的，其文体属记传。在《法苑杂缘原始集目录》中，这种记传作品多达数百篇，例如：

《优填王栴檀像波斯匿王紫金像记》（出《增一阿含》）
《迦兰陀长者初造竹园精舍缘记》（出《过去因果经》）
《灯王供养缘记》（出《悲花经》）
《佛师子座缘记》（出《譬喻经》）
《盂兰盆缘记》（出《目连问经》）
《施旷野鬼食缘记》（出《大涅盘经》）
《鬼子母缘记》（出《鬼子母经》）
《国王初见佛缘记》（出《因果经》）

由此可知，敦煌"因缘记"来自佛教记传类著作的命名习惯，又称"缘记"。因此，敦煌作品《双恩记》、《祇园因由记》等，其篇名中的"记"不能看作变文的标志。

总之，把"变"和"缘"对立起来的做法是没有道理的。敦煌文献之所以强调"变"和"缘"的同位关系，恰好因为说唱因缘代表了转变的起源。

---

① 《出三藏记集》卷一二，中华书局 1995 年版，第 476 页、第 477 页。

五、从图像角度看变文和讲经文的区别与关联

现在，我们来讨论最关键的问题：变文和讲经文的真实区别在哪里？

根据以上论证，我们可以重新为"变文"下一个定义：变文是配合画卷讲唱小品故事的说唱文体。由于配合画卷，所以它以"时"、"处"、"若为陈说"等指示套语为文本特征；由于讲唱小品故事，所以它以独立短篇为篇制特征。后一特征来源于佛教因缘类故事。

有鉴于此，我们也可以重新为"讲经文"下一个定义：讲经文是依经说法的说唱文体。它在内容上附庸于佛经，在形式上联系于佛经唱诵，所以其文本特征是：多篇连续；文中有经文记录或关于经文的提示，有关于唱经题、称佛名等讲经节仪的遗迹；说解韵文往往标以"平"、"侧"、"断"等转读音曲符号。

对于以上两种相关联的文体，唐五代人有明确的分辨，所以变文往往以"变"为标题，讲经文则以佛经名（经名和品名）及其简称为标题。过去学者认为，变文与讲经文的区别主要在于是否配图说唱：变文配图说唱，讲经文则不配图而配合佛经说唱。这种看法对不对呢？不对！因为在事实上，讲经文也是配图说唱的，只是它的配图方式不同于变文。准确的说法应该是：从图像角度看，讲经文是仪式性的宣讲，其图画来源于佛教造像传统；变文是小品式的说唱，其图画来源于民间讲唱艺术。

关于讲经文采用图像来作说唱，这是一个不难理解的事实。据东晋僧支遁《阿弥陀佛像赞并序》，早在公元 4 世纪中期，已经有配合

《无量寿经》的经变图流行。[①]《资治通鉴》记唐代宗永泰元年（765年）事说："置百高座于资圣、西明两寺，讲《仁王经》。内出经二宝舆，以人为菩萨、鬼神之状，导以音乐卤簿。"[②]这说明唐代讲经已采用种种视觉、听觉的辅助手段。敦煌莫高窟保存的经变画九百多幅，大多是依经绘制的；从品种和年代看，恰与各类佛经的流传过程同步。[③]而若把敦煌所见维摩诘经变、经变榜题和《维摩诘经讲经文》作一比较，那么还可以得出以下认识：

（一）今存《维摩诘经讲经文》共七本，大致完整地保留了作为单行本的面貌。其内容在《维摩诘经》14 品中涉及前 5 品，在莫高窟 61 窟《维摩诘经变》59 条榜题中涉及 12 条。通过对比可知：讲经文一"卷"的篇幅，相当于经变中的一条榜题；全本《维摩诘经讲经文》篇幅约为五十卷。也就是说，对《维摩诘经》故事作一次从头至尾的讲唱，需要举行五十次法事。

（二）维摩诘经变和维摩诘经讲经文在内容上是一致的；经变榜题则像讲经文一样，因通俗说唱的需要，对经文中若干情节作了概括、改窜和增衍。这说明，在唐代，经变画乃是讲经文的道具，其榜题可用于讲唱提示。

（三）今存《维摩诘经变》81 铺，其形式发展可以划分为"简单→多样→程式化"三个阶段。其他经变也有相近的发展轨迹。鉴于莫

---

① 陈明、施萍婷：《中国最早的无量寿经变——读支道林〈阿弥陀佛像赞并序〉有感》，《敦煌研究》2010 年第 1 期。

② 《资治通鉴》，中华书局 1956 年版，第 7176 页。

③ 参见《敦煌石窟研究文集 · 敦煌石窟经变篇》，甘肃民族出版社 2000 年版。书中施萍婷《敦煌经变画略论》附载有《敦煌莫高窟经变画统计表》，《金光明经变研究》则对据经文改写榜题的情况作了统计。又参见沙武田：《敦煌画稿研究》，中央编译出版社 2007 年版，第 78 页、114 页、145 页等。

高窟晚唐以后的劳度叉斗圣变同《降魔变文》的直接关联[①]，可以推断：《维摩诘经变》在中唐以后发生的结构变化，其实质是由从属于《维摩诘经》的文本转向从属于《维摩诘经讲经文》的文本。也就是说，从历史角度看，唐五代经变在演进方向上和讲经文一致。

以上三条说明：讲经文的特点是服务于长篇连续讲唱。变文和讲经文的区别，并不在于是否配合图像，而在于配合哪种类型的图像。不同时期的讲经文，都可以在敦煌经变画中找到对应。[②]

经变指的是根据大乘经典而制作的图画和雕塑。因转变了佛经原貌(将其故事化)，变现了佛菩萨之原像(将其动作化)，故也称"变"或"变相"。裴孝源《贞观公私画史》记有"维摩诘变相图"，又记有"维摩诘像"；张彦远《历代名画记》则说杨庭光"佛像、经变、杂画、山水极妙"[③]：可见在唐代人看来，"经变(变相)"、"佛像"分属两个画种。从内容看，"变相"可以分为两类：一是大型经变，二是佛教故事变相。前者以一部完整的佛经为题材；后者则以佛本生故事、佛传故事和因缘故事为题材。值得注意的是后者的发展特点：到初唐以后衍生出史迹故事变相，到中晚唐以后往往以小品形式穿插在大型变相图中，并且有越来越鲜明的世俗化倾向。[④]这些情况恰好是和讲经文、变文之二分相对应的——大型经变乃和讲经文相对应，故事因缘变则和变文相对应。据此推测，大型经变应当是说唱讲经文的道具，故事因缘

---

① 参见李永宁、蔡伟堂：《降魔变文与敦煌壁画中的劳度叉斗圣变》，《1983年全国敦煌学术讨论会文集(石窟艺术编上)》，甘肃人民出版社1985年版；又载《敦煌石窟研究文集·敦煌石窟经变篇》。

② 以上参见本书《从莫高窟61窟〈维摩诘经变〉看经变画和讲经文的体制》。

③ 《贞观公私画史》。《历代名画记》卷九，人民美术出版社1963年版，第178页。

④ 参见谢生保：《敦煌石窟壁画中的佛教故事画概述》，《敦煌研究》1998年第2期；于向东：《敦煌变文和变相研究》，甘肃教育出版社2010年版，第38页、39页、107页、110页、111页。

变则应当是说唱变文的道具。当史迹故事变相从因缘故事变中衍生出来并走向世俗化的时候，敦煌变文中也就有了世俗题材的作品，例如《汉将王陵变》、《舜子至孝变文》以及关于伍子胥、孟姜女、王昭君、董永、张义潮、张淮深的配图说唱的作品。

图 3:伯 4524 号写本所载降魔变局部

从结构角度看，敦煌变相还可以分为以下两类：一类是向心式或偶像式，另一类是连续构图式(连环画式和组合画式)。向心式变相以佛陀或两个佛教人物之相对为画面中心，往往表现一部完整的佛经，比如西方净土变、法华经变、维摩诘经变(参见图 2)；连续构图式变相则把不同时空中的若干情节组织在一个画面之中，以叙述一组故事，比如伯 4524 号写本所载降魔变(图 3)、西千佛洞第 12 窟劳度叉斗圣变、榆林窟第 19 窟目连变相。前者富于仪式性，画面安排遵循空间逻辑，同讲经文有密切联系；后者富于叙事性，画面安排遵循时间逻辑，有人认为其"创作目的就是为了配合变文讲唱"。[①]除此之外，敦煌变相还有单幅画式和屏风式。据研究，这两者都可以归属于连续构图式：单幅画式是连环画式的早期形式[②]；屏风式流行在唐以后，是连环画式的后起形式。[③]这就是说：无论是从内容看还是从形式看，敦煌

① 参见《敦煌变文和变相研究》，第 112—114 页、119 页、130—144 页、185—198 页。

② 金维诺:《佛本生图形式的演变》,《中国美术史论集》，人民美术出版社 1981 年版。

③ 《敦煌变文和变相研究》，第 114 页、第 122 页。

经变画都具有二分的特点；这二分恰好对应于讲经文、变文之二分①：

表 1

	讲经文	变文
经变内容	佛经	本生故事，佛传故事，因缘故事，史迹故事
经变形式	向心式	单幅画式，连环画式，组合画式，屏风式

关于以上论点，《太子成道经》是一个佳例。这篇变文作品载见于伯 2999 号等八本，原题“太子成道经一卷”。尾部有“悉达太子赞一本”云云，乃指文后附录的 60 句韵文。此文取材于《佛本行集经》等佛教典籍，讲述太子出家故事。它配合讲经仪式，所以文中有“经题名目唱将来”等语，文末有云“各自念佛归舍去，来迟莫遣阿婆嗔”云云。它用转读法作韵文说解，所以文中标有音曲符号“吟”字②。鉴于文后附录的 60 句韵文又用为《悉达太子修道因缘》的押座文，可以判断，它也用于因缘体说唱。值得注意的是：此文伯 2299 号本有小标题若干处，曰“第二下降阎浮柘胎相”、“第三王宫诞质相”、“第四纳妃相”、“第五逾城出家相”云云③。这是配图说唱的迹象，所配图画属“八相成道”佛传画，亦即《付法藏因缘传》卷一说阿阇世王时所绘“如来本行之像”、“如来功德之像”。从新疆克孜尔石窟的情况看，

---

① 这里说的二分是就一般情况而言的；从具体情况看，也有跨越二分的事例，比如劳度叉斗圣变就有横卷式、向心式这两种形式。不过这个事例并不违反本文所概括的对应理论。沙武田认为：“配合变文的变相与洞窟壁画劳度叉斗圣变在表现形式与结构布局各方面有着本质上的不同，一个为了讲唱演示需要以横卷故事画形式，一个情节一个情节独立成画，明显是讲唱演示的方式；而洞窟壁画情节更为全面复杂，有大量的渲染与附加成分，完全失去了故事画的方式，以特定的绘画语言来表现，与俗讲相去甚远。”他的意思是：向心式劳度叉斗圣变已经离开讲唱演示，按绘画逻辑独立发展了。见《敦煌画稿研究》，第 129 页。

② 参见王小盾：《佛教呗赞音乐与敦煌讲唱辞中“平”“侧”“断”诸音曲符号》，《中国早期艺术与宗教》，东方出版中心 1998 年版。

③ 《敦煌变文集》，第 285—316 页。

它是连环式的壁画，多层次排列，形成平列的横幅连续性构图，富于叙事性。[①]这说明，我们可以把变文理解为一种特殊的讲经文，亦即摆脱了繁琐的讲经仪式而富于娱乐色彩的说唱文本。讲经文和变文对应于两种佛经文体，也对应于两种经变画。因此，完全可以通过敦煌经变画之二分来理解这二者的区别。

为了解释经变画和讲经文、变文的关系，我们还应该讨论敦煌经变画的功能。前文说到，那些具有讲唱信息的壁画，其实是对窟外寺院中的说唱经变画的模仿。这意味着，尽管敦煌经变画因洞窟狭小昏暗，未能直接用于讲唱，但它们的功能却是同讲经、转变相联系的。这功能是什么呢？——是观想[②]。

观想是佛教修行的重要项目。据唐僧宗密《华严经行愿品疏钞》，它是华严宗"四种念佛"之一，指端正身心，来观想佛身相的圆满美好；据唐僧善导《观念阿弥陀佛相海三昧功德法门》，它包括通过观摩经变画来想象佛菩萨真身和净土庄严宝地的内容。禅宗亦认为它是坚固信心的手段。[③]其基本理论见于公元5世纪前后译出的《观佛三昧海经》、《观无量寿佛经》、《佛说观普贤菩萨行法经》、《佛说观弥勒菩萨上生兜率陀天经》等。《观佛三昧海经》中有《观相》、《观佛心》、《观四无量》、《观四威仪》、《观马王藏》、《观像》等品，主张细观如来周身以见光明和大慈悲心，并通过地狱苦事来知见佛陀救苦众生

① 参见丁明夷：《克孜尔第110窟的佛传壁画》，《敦煌研究》1983年创刊号。

② 参见刘永增：《千佛围绕式说法图与〈观佛三昧海经〉》，《敦煌研究》1998年第1期。巫鸿：《礼仪中的美术》，三联书店2005年版，第412页；于向东：《敦煌变文和变相研究》，第49页。

③ 《华严经行愿品疏钞》、《观念阿弥陀佛相海三昧功德法门》，分别载《大正新修大藏经》续藏第7册、第2册。又参见阎孟祥：《禅与净土观修的比较研究》，《五台山研究》2004年第1期。

的种种神变。《观无量寿佛经》叙述释迦牟尼佛应韦提希夫人之请，在频婆娑罗宫为信众示现西方极乐净土的故事，重点讲述了观想阿弥陀佛身相和极乐净土庄严的十六种方法。《佛说观弥勒菩萨上生兜率陀天经》则叙述佛在祇园放金色身光，现无量化佛，说兜率陀天中之庄严的故事，主张依此观想，以求往生天界。①敦煌壁画九百多幅，其中四百幅为净土经变，观无量寿经变则达到 84 幅；其他壁画的题材也和上述诸经所提出的观想对象一致。据此推测，绘制敦煌经变，有一个重要目的就是用于观想。

从观想角度理解经变画，有助于解释如下事实：为什么在唐五代人的心目中，佛经、讲经文、变文有相近的性质和地位。前文说过，关于这一点有很多表现：其一，当时人习惯把变文称作“经”；其二，当时人不仅把讲唱讲经文和变文看作行供养、做功德的行为，而且把抄写讲经文和变文看作行供养、做功德的行为；②其三，当时人不仅依佛经绘制变相，而且依变文绘制变相③。可以推测，这些事物的同位性是在观想过程中建立起来的。——当唐五代人面对洞窟壁画的时候，他们必定要回想日常所念诵的佛经经文，或关于佛经的种种讲解(包括讲经文)，甚或佛经因缘故事讲唱(包括变文讲唱)。在实践中，这些观想对象以同样的效力帮助信徒亲近佛相，获得内心宁静，实现往生彼岸世界的梦想。由此看来，书写佛经和书写讲经文、变文，其

---

① 《观佛三昧海经》、《观无量寿佛经》、《佛说观普贤菩萨行法经》、《佛说观弥勒菩萨上生兜率陀天经》，分别载《大正新修大藏经》第 15 册、第 12 册、第 9 册、第 14 册。

② 北京盈字 76 号《目连变》之尾题云：“显德寺学仕郎杨愿受一人思微，发愿作福，写尽此《目连变》一卷。……后有众生同发信心，写尽《目连变》者，同池(持)愿力，莫堕三涂。”

③ 据研究，晚唐归义军时期规模宏大的劳度叉斗圣变主要是根据《降魔变文》绘制的。见《敦煌画稿研究》，第 123 页。

意义是相近的；同样，念诵佛经和念诵讲经文、变文，也有相近的意义。由此推断，必有相当数量的讲经文和变文是为念诵或独白式说唱而抄写的。前文讨论过变文是否与实际口头演述相关的问题，现在我们知道，至少在观想中，所有变文都具有口头性。

六、结论和余论

综合上述，今提出以下结论：

(一)变文、讲经文都是在俗讲活动中产生的说唱文本，二者有共生的关系，因此采用相近的说唱程式，被当时人视作具有相同功能和意义的文本。认为变文只是世俗艺术，俗讲只含宗教内容，在它们之间作截然两分，这是有违史实的。

(二)佛寺是变文说唱的首要地点。僧人抄写变文的目的大致有三：一是奉献供养，二是练习说唱，三是配合观想。僧侣参与说唱讲经文与变文，这是不争的事实。

(三)从现存变文作品的题记和其中涂改、省略的痕迹看，它们是传播过程中的文本；一般来说，是在记录本的基础上改制的用于说唱(包括独白式说唱)的脚本。

(四)讲经文和变文的区分，本质上是两种佛教说唱的区分：讲经文是讲唱大经的产物，变文是讲唱因缘等小品故事的产物。它们都可以配图演唱。讲经文所配图为大型经变，主要是向心式壁画；变文则配合画卷，以及连续构图式壁画。讲经文之用图讲究经营布置，往往围绕轴心编排情节，一幅经变可用于数十次讲唱；变文之用图讲究故事连续，往往一截图一故事，在开阖之间完成情节转换。所以“时”、“处”等图画指示语，出现在大型经变榜题和变文文本当中，而不出现在讲经文文本当中。

（五）敦煌壁画中的讲唱信息，来自窟外寺院的经变画。这两种经变画构图相同，但功能不同。一般来说，寺院经变用于实际讲唱，洞窟经变则用于观想。在观想实践中，唐五代人把佛经、经变和与之相配的讲经文、变文视为性质相近的事物。他们不仅依佛经绘制变相，而且依变文绘制变相；不仅把讲唱讲经文和变文看作行供养、做功德的行为，而且把抄写、念诵讲经文和变文看作行供养、做功德的行为。由此看来，有相当数量的讲经文和变文是服务于独白式说唱的。

图 4：唐代佛传图局部

采自《敦煌藏经洞流失海外的绘画珍品》丛书，即其中《西域绘画 6（佛传）》。它表现悉达太子四门出游的两个场景。图中榜题“尔时太子出城东门观见老人问因缘时”等语，是常见的变文说唱套语。

（六）关于“变文”、“讲经文”，准确的定义应该是：变文是配合画卷和连续构图式壁画讲唱小品故事的说唱文体。由于配合画卷和连续构图式壁画，所以它以“时”、“处”、“若为陈说”等指示套语为文本特征；由于讲唱小品故事，所以它以独立短篇为篇制特征。后一特征来源于佛教因缘类故事（包括佛传故事，见图 4）。讲经文是依经说法的说唱文体。它在内容上附庸于佛经，在形式上联系于佛经唱诵和大型经变，所以其文本特征是：多篇连续；文中有经文记录或关于经文的提示，有关于唱经题、称佛名等讲经节仪的遗迹；说解韵文往往标以“平”、“侧”、“断”等转读音曲符号。

为了丰富以上结论，本文拟补充讨论一下讲经文和变文的命名。

众所周知：讲经文的命名习惯不同于变文，乃按每次俗讲的内容命名。例如《维摩诘经讲经文》一本尾题“维摩碎金一卷”、一本首尾题“持世菩萨弟二”及“持世菩萨弟二卷”、一本尾题“文殊问疾弟一卷”。这说明什么呢？说明“卷”的起讫，也就是一次俗讲的起讫，所以各卷在其首尾往往有开题和结束交代。“第一”、“第二”等序次，则表明在“卷”之上另有一个以人物故事或以经品为单元的结构单位。也就是说，当时文本是用品名或故事名（例如“文殊问疾”、“持世菩萨”等）作标题的。

讲经文的这种命名习惯，正是其篇制特点的反映。讲经文是大型说唱文体，每次俗讲只能完成一个小小的局部，所以必须按内容或文本来源命名，而不宜使用整部佛经的名称。例如《长兴四年中兴殿应圣节讲经文》，所讲为《仁王护国般若波罗蜜多经·序品第一》的局部；伯 2305 号、伯 2133 号、符卢格 365 号正反面所载的四种[妙法莲华经讲经文]，所讲分别是《妙法莲华经》中《提婆达多品》、《观世音普门品》、《药王菩萨本事品》、《妙音菩萨品》的局部。相比之下，变文却是一部单行本，并不用作连续表演。因此，变文遵用了完全不同的命名原则，亦即使用内容和体裁的兼名。那些保存了题目的变文都可以判属此例。[①]这些变文往往选取佛经中最具趣味性的部分加以铺陈渲染。它们的流行应当是和《经律异相》、《法苑珠林》、《诸经要集》

---

① 例如《破魔变》，取材于《普曜经·降魔品》、《佛本行集经·魔布菩萨品》，讲述释迦牟尼降服魔王波旬故事；《降魔变文》，取材于《贤愚经·须达起精舍品》，讲述舍利弗与外道六师斗法故事；《大目乾连冥间救母变文》，取材于《佛说盂兰盆经》，讲述目连救母故事；《舜子至孝变文》，取材于历史传说，讲述舜行大孝故事；《八相变》，取材于《佛本行集经》，讲述释迦牟尼太子有感于人间苦难而出家的故事；《汉将王陵变》，取材于《史记·陈丞相世家》，讲述王陵之母以死激励其子助汉灭楚故事。

等佛教类书的流行相联系的，因为这两者都表现了重视故事而非重视经文的倾向。

关于上述倾向，“维摩碎金一卷”是一个很好的例证。它题作“一卷”而非“第一卷”，说明这是一部单行的而非连续的讲经文。它题作“碎金”，表明它采用了因缘或变文的讲述方式，亦即用选萃的方式来处理佛经故事。由于它和斯 4571 本《维摩诘经讲经文》在内容上有重合，所以项楚先生比较过此二本的异同。结论是：同《维摩诘经》相比，它们都重新调动了情节，提前让维摩诘作为主角登场，由此丰富了故事性。但二者的区别也是明显的：《维摩碎金》长于场面的铺张渲染，主题突出，对维摩诘教化宝积等五百长者子的故事作了集中描写；斯 4571 本则善于刻画人物的内心冲突，增加了维摩诘途中卧病的情节，为后文的“问疾”故事埋下了伏笔。[①] 事实上，这些区别正好是单独说唱、连续说唱这两种需要的反映。

《维摩碎金》还表明，以选萃方式进行俗讲是当时的风尚。敦煌讲唱文学中的“因缘”类作品，同样具有重视故事、主题单纯的特点。从各种迹象看，这些作品是佛教讲经活动的产物，例如《目连缘起》的结尾有云：“上来称赞目连因，只是西方罗汉僧。”“奉劝闻经诸听众，大须布施莫因循。”“须觉悟，用心听，闲念弥陀三五声。”“今日为君宣此事，明朝早来听真经。”[②]从这个角度看，它们属于讲经文。但它们用于单场说唱，往往选取佛经中最具趣味性的故事加以铺陈讲述。从这个角度看，它们更应该归属于变文。在《悉达太子修道因缘》的押座文后有一段话，讲到因缘说唱的特点，云：

---

① 项楚：《〈维摩碎金〉探索》，《敦煌文学丛考》，上海古籍出版社 1991 年版。

② 《敦煌变文集》，第 712 页。

> 凡因讲论，法师便似乐官一般，每事须有调置。曲词适来先说者，是《悉达太子押座文》。且看法师解说义段，其魔耶夫人自到王宫，并无太子，因甚于何处求得太子，后又不恋世俗，坚修苦行？其耶输彩女修甚种果，复与太子同为眷属，更又罗睺之子，从何而托生？如何证得真悟，同登正觉？小师略与门徒弟子解说，总交省知。暂舍火宅，莫暄莫闹，闻时应福。能不能，愿不愿？观世音菩萨，大慈悲菩萨。①

由此可见，因缘变文的文本特点，乃来源于特殊的俗讲方式：它是法师单独演唱的节目，而不像比较正式的讲经文那样，由法师、都讲、维那、梵呗合作演出。它以娱乐听众为目的，讲究"每事须有调置"，即对佛经故事进行充分加工。它重视情节，重视对悬念的利用。因缘说唱、变文说唱的流行，一方面反映了唱导的流行，另一方面反映了人们对短篇故事的需要。

有鉴于此，我们可以对变文的初始性质及其产生过程，补充这样一个结论：变文是配合画卷和连环式壁画讲唱因缘故事的说唱文体。它来源于佛教讲经，既是小型讲经活动的产物，也是用图像说唱佛经故事的产物。因此可以说，从佛经到变文有三变：其一是从佛经变为佛画，亦即用图像方式说经，被称为"变"或"经变"；其二是从佛教图像变为看图说唱，亦即说唱短篇故事，故不仅用壁画形式而且用图卷形式，被称为"转变"；其三是把看图说唱活动变成文本记录，亦即从说唱之图变为说唱之本，被称为"变文"。所以"变文"是个有独立意义的名称，可以简称为"变"，但并不等同于"变"。《频婆娑罗王后宫

① 《敦煌变文校注》，第468页。

彩女功德意供养塔生天因缘变》、《丑变》、《降魔变文》《大目乾连冥间救母变文》、《舜子至孝变文》等名称，反映唐五代人对于变文的特殊性的强调。

最后一个问题是变文的产生年代问题。有人认为，"至迟在两晋时期，就有了以讲述为宣扬方式的变文。到东晋后期，也就是因缘文产生并逐步成熟以后，讲唱结合的典型变文产生了。"[①]这一看法虽然缺少论证，但有一定道理。因为，若观察敦煌讲唱文中转读音曲符号、配图讲唱套语等要素，那么，可以得到相近的结论。这两个要素是具有重要的文体学意义的：转读音曲符号是讲经文源自西域说唱传统的标志，配图讲唱套语则是变文源自画卷式艺术传统的标志。它提示我们：讲经文和变文的文体分野，既联系于大型经变和故事画卷的分野，也联系于转读音曲之系统的形成[②]。前文说到，根据《历代名画记》、《佛国记》和《高僧传》，这两个传统都始于六朝。因此可以推测，在六朝前期，讲经文和变文便开始了它们各自的历史。

（原载《国学研究》第28卷，北京大学出版社2011年12月出版）

---

① 尚永琪：《佛经义疏与讲经文因缘文及变文的关系探讨》，《社会科学战线》2000年第2期，第174页。

② 参见《佛教呗赞音乐与敦煌讲唱辞中"平""侧""断"诸音曲符号》。

越南访书札记

越南是中国的亲密邻邦，两国共有约一千一百五十公里陆地边界，也拥有相互关联的政治传统和文化传统。越南古王朝瓯雒传说是中国东南部的越族的一支，而在赵佗称王南越（前207年）至吴权奠都古螺（939年）的一千多年里，北部越南曾作为中国的一个行政区而存在。此后至明代嘉靖年间，越南不断接受中原王朝所颁封号，其王族亦往往在血缘上与华族相联系[①]。尽管从1527年起，越南进入“自主时代”，但以推行汉文化为实质的科举制度却持续实行到1919年。也就是说，在20世纪以前，越南文化一直是在中国文化的影响下发展的。

同日本和朝鲜半岛诸国一样，越南曾使用汉字作为书写工具；但较之日、韩等国，它拥有最长久的使用汉字的历史。从古代越南铭文和西汉南越王墓的出土物[②]看，公元以前，汉文篆字即在越南出现。历史记载亦表明，早在赵佗称王及汉武帝置南越九郡，设太守、刺史治理之时，诗书教化已伴随汉文字传入南国[③]。严可均《全宋文》卷六三所记释道高、释法明《答李交州淼难佛不见形》等文，是现存最早

① 参见张秀民：《从历史上看中越关系》、《安南王朝多为华裔创建考》，均载《中越关系史论文集》，台北文史哲出版社1992年版。

② 《西汉南越王墓发掘报告》，《考古》1984年第3期。

③ 如《越鉴通考总论》记赵佗“以诗书而化训国俗”，见《大越史记全书》卷首，东京大学东洋文化研究所1986年版，第84页。《后汉书》卷八六《南蛮西南夷列传》记锡光、任延为交趾、九真太守时“建立学校，导之礼义”，中华书局1965年版，第2836页。

的越南文献，亦是越南作为“文献之邦”的证明。《全唐文》卷四四六所载著有《白云照春海赋》、《对直言极谏表》等文的姜公辅，则是产生于越南的最早的进士。科举制度在唐代施行于越南；至李朝仁宗泰宁四年(1075年)后复兴，开科试，“诏选明经博学及试儒学三场”①，成为南国独立行用的制度；此后经后黎朝和阮朝的极盛而衰落于1919年。越南历史上于是有了三千多名进士和不计其数的秀才举人。这支队伍承负起以汉语言文学为主流的越南语言文学传统，也巩固了汉语言文学在越南文化中的地位。我们于是看到这样一个意味深长的事实：日本早在公元759年《万叶集》成书以前就制造和使用假名，朝鲜文的创立在1445年左右，而越南的拉丁文字则出现于17世纪中叶，到20世纪才成为法定文字。这意味着，越南的古代史是以汉字为主要载体的历史。若要追寻域外的汉文古籍，那么，越南显然是一个不容忽视的地区。

但同以上事实形成明显反差的是，汉文典籍在越南的遗存情况基本上不为中国当代学术界所知。有鉴于此，1998年8月，我随南京大学张伯伟教授、上海大学张寅彭教授对越南社会科学中心汉喃研究院作了为期三周的学术考察。正是从那时起，开始酝酿编纂汉文本越南古籍目录的计划。为了全面掌握汉喃文献的资源情况，我系统查看了该院的图书目录，检阅并复印了上百种汉喃古籍。回国以后，又陆续将所得资料重读一过，在汉喃研究院陈义、丁文明二位研究员以及朱旭强、何仟年、王福利、李方元、孙晓晖五位博士生的帮助下，按四部分类法重编了越南古籍目录。2001年春天，我再次前

① 吴士连：《大越史记全书》卷三《李纪》，东京大学东洋文化研究所1986年版，第248页。

往河内，在陶芳芝、阮德全等中越青年的协助下，用两个多月时间，对所编目录做了细致的补充、核实和重新整理，最终完成了《越南汉喃文献目录提要》一书[①]。工作之中，感受颇多，今拟就越南所存汉喃古籍的情况，介绍一点认识和体会。

一、关于越南古籍的两类目录

了解某一地区的图书，最便捷的途径是了解相关的目录。在越南历史上按中国文献学传统分类编写的目录，有二十多种保存至今；而在中国学者冯承钧编写《安南书录》(1932 年)[②]以后，又产生了一批按音序或字符顺序编写的书目。这两类书目，是认识越南汉文古籍资源情况的向导。

第一类目录属古典书目，包括《黎朝通史・艺文志》(1749 年)、《明都史・皇黎四库书目》、《历朝宪章类志・文籍志》(1821 年)、《黎氏积书记》(1846 年)、《河内大藏经总目》(1893 年)、《大南国史馆藏书目》(1900 年)、《史馆手册》(1901 年)、《聚奎书院总目册》(1902 年)、《史馆书目》(1907 年)、《藏书楼簿籍》(1907 年)、《国朝书目》(1908 年)、《内阁书目》(1908 年)、《新书院守册》(1914 年)、《内阁守册》(1914 年)、《皇阮四库书目》(1922 年)、《古学院书籍手册》(1925 年)和《南书目录》(1938 年)。它们大致反映了越南古籍的历史面貌和越南古代知识的结构，例如以下二书：

(一)《聚奎书院总目》。聚奎书院是明命时代所建的书院，建成于嗣德九年(1856 年)。其藏书在成泰皇帝时得到整理，1902 年，由

① 此书于 2002 年 12 月，由台湾"中研院"中国文哲研究所编印。

② 冯承钧：《安南书录》，《北平图书馆馆刊》6 卷 1 期，又收入冯氏《西域南海史地考证论著汇辑》。

范允迪等人编出《总目》。《总目》分经、史、子、集四部，共著录图书近四千种。其中经部著录图书776种；下分易、书、诗、礼、春秋、孝经、五经总义、乐、小学等十类；史部著录图书712种，下分地理、职官、政书、目录、史评、正史、编年、纪事本末、别史、杂史、诏令奏议、传记、史抄、载记、时令十五类；子部著录图书1,081种，下分儒家、兵家、法家、农家、医家、天文算法、术数、艺术、谱录、杂家、类书、小说、释家、道家十四类；集部著录图书1,089种，下分楚辞、别集、总集、诗文评、词曲五类。此书今存三种抄本。

（二）《历朝宪章类志·文籍志》。《历朝宪章类志》是产于阮圣祖明命二年（1821年）的一部大型政书，由潘辉注编撰。全书49卷，设地舆、人物、官职、礼仪、科目、国用、刑律、兵制、文籍、邦交等目。其中《文籍志》分宪章（26种）、经史（27种）、诗文（106种）、传记（54种）四部，共著录213种图书。此书今存二十种抄本。

以上两种目录，代表了越南古典目录书的两种结构类型。其一是中国传统的经史子集四部型。这是越南古典目录的常式，又见于《黎氏积书记》、《东洋文库安南本目录》和各个书院的守册。它表明，从书院或教育的角度看，书籍的功能是传授源于中国的文化知识。其二是具有越南本土特色的史书目录。早在《文籍志》成书六十二年前，黎贵惇所撰《黎朝通史·艺文志》已作宪章、诗文、传记、方技四分。其特点是取消了经部，并强化了史部的政书。《文籍志》大序说："制作之妙，发为文章；心术之存，寓于记载。……典籍之生，其来久矣。盖自丁黎肇国，抗衡中华，命令词章，浸又渐著。至于李陈徙治，文物开明，参定有典宪条律之书，御制有诏敕诗歌之体。"由此可见，从史官或政治的角度看，书籍的功能是彰显民族的文化。下文谈到的经、子之书在越南的衰变（多变为科举教材），可以通过以上两种功能观得到解释。

上述目录还反映了史馆、书院在保存古籍方面的重大作用。事实上，越南古籍主要就是依靠这两类机构保存下来的。据记载，越南古代的藏书设施有：建于1021年，用于储经的八角屋；建于1023年，用于储藏经律论三藏的大兴书库；建于1036年，用于储藏《大藏经》的重兴书库；建于1295年，地处今南定天长的佛经书库。[①]这些藏书设施主要服务于宗教教育。此后的设施则有见载于《上京风物志》的蓬莱书院，黎朝所建；以罗山夫子阮帖为院长的崇政书院，1791年（属光中时代）所建；以及见于各种书目的"聚奎书院"、"史馆书院"、黎元忠家庭书院、"内阁书院"、"新书院"（成立于维新时期，即1907年至1916年）、"古学院"（成立于1922年）等。由此可以理解下文谈到的一个现象：在越南古籍中，最引人注目的部类是联系于史馆的各种政书，以及联系于书院的举业文献。

第二类书目出现在20世纪30年代以后，可以称作现代书目。其数亦有二十多种，包括日本人所编《河内远东博物学院所藏安南本书目志》（1934年）、《东洋文库安南本目录》（1939年）、《巴黎国家图书馆所藏安南本目录》（1953年），也包括越南人主持编写的《北书南印版目录》、《汉喃书目》（1977年）、《越南汉喃遗产目录》（1993年）、《荷兰莱顿大学所藏的汉喃古籍》（1992年）、《英国图书馆所藏的汉喃书籍》（1995年）、《日本四大书馆所藏的越南本总目录》（1999年）。它们反映了越南汉文古籍的现代遗存情况，也反映了汉文古籍的新的传播路线。据不完全统计，抄印于越南的汉文和喃文古籍，现在在亚洲、欧洲都有流传：在法国有一千多种，在日本有二百六十多种，在英国有六十多种，在意大利有三十多种，在荷兰、泰国则各有三百种以上。[②]

① 分别载见于《大越史记全书》卷二、卷六，第214页、226页、374页。

② 张文平：《荷兰莱顿大学所藏的汉喃古籍》，陈义：《英国图书馆所藏的汉喃书籍》，陈义、阮氏莺：《日本四大书馆所藏的越南本总目录》，分别载《汉喃杂志》1992年第2期、1995年第3期、1999年第1期。参见陈义：《越南汉喃遗产目录·前言》。

在这一类目录中，最值得注意的是关于越南所藏汉喃文献的两部大书：1977 年成书的《汉喃书目》和 1993 年出版的《越南汉喃遗产目录》(*Catalogue des Livres en Hannom*)。《汉喃书目》由越南中央图书馆杨泰明等人主持编写，1960 年始编，1971 年完成初稿并打印流行，1977 年增补部分书目及索引。全书三册，共 2,493 页，收录藏于河内国家图书馆的汉喃古籍 5,555 种。《越南汉喃遗产目录》亦三大册，以越、法两种文字印行。它始编于 1984 年，由越南汉喃研究院和法国远东博物学院合作编写，担任主编的是当时的两院院长陈义教授和佛朗沙·格罗斯(Francois Gros)教授，参加编写的则有陈文全、黄文楼、杨泰明、枚玉红、谢重协、张庭槐、陈庆浩等人。以上二书的编写基础实际上是河内法国远东博物学院图书馆的藏书。此馆建于 1901 年。据 1951 年的统计资料，当时它有三千五百种越南古籍、两万五千件碑文拓片，此外还有玉谱、神敕、地簿、社志等共两千四百种。1958 年，远东博物学院迁回法国，这些资料移交给越南，分别藏在汉喃研究院和河内的越南社会科学图书馆。《汉喃书目》即以此为编纂对象，而《越南汉喃遗产目录》则同时著录了一千多种法藏汉喃文古籍。

以上二书代表了越南古籍目录学的最高水平。据《越南汉喃遗产目录》统计，1993 年前，入藏于汉喃、远东两院图书馆并予编号的越南古籍共有 5,038 种、16,164册。其中中国书重抄重印本有 1,641 册，越南人所著汉文书有 10,135 册，喃文书有 1,373 册。其余为杂用汉喃两种文字的图书，包括玉谱(神的事迹)535 册、神敕(封神的敕文)404 册、俗例(乡约)732 册、地簿 503 册、古纸 96 册、社志 16 册。这是关于现存越南汉文古籍的最新统计数字。

但以上数字是有很大缺漏的，因为它没有计入未编号的那些古籍。在汉喃研究院图书馆，这类未编号的古籍，仅 1987 年以前入藏的即有 729 种。汉喃院图书馆的目录箱中还有一种“复印本目录”，既著录本馆的复本书,也著录本馆无原件、影自其他图书馆的古籍;除去重复,其未编号者亦有两百多种。因此之故,《越南汉喃遗产目录》的续编工作并未中断。此外一种情况是,越南古籍的装帧方式颇不同于中国古籍:绝大部分是手抄本,往往把数种内容未必相关的图书抄于一册,合用一名。因此,按形式计,《越南汉喃遗产目录》著录图书 5,038 种;按内容计,亦即按刘向、刘歆整理图书之后的中国图书单元概念计,其数则接近《目录》所统计的册数,在一万以上。这个数字,尚不包括两万五千件已入藏的碑文拓片。总之,越南汉文古籍的资源,是远远超过各种统计数字的。

二、经书和儒学

同大部分现代书目一样,《越南汉喃遗产目录》是按书名首字音序编排的,书中内容的比重未能反映出来。其书主编陈义遂依现代观念,对所著录的 5,038 种图书作了一个分类统计。各类种数依次为:文学 2,500,史学 1,000,宗教 600,教育 450,社会政治 350,医药卫生 300,地理 300,法制 250,艺术 80,经济 70,语言文字 60,数学物理 50,其他(军事、建筑、农业、综合等等)40。这显然是一个粗略的统计和分类,但它说明,文学在越南古籍中占有半壁江山,而传统的经学或儒学却失去了作为学术重心的位置。

为了便于对中越两国的古籍进行比较研究,我们在编辑《越南汉喃文献目录提要》之时,也对该书所录 5,027 种图书作了一个分类统计,其数据如下:

经部 147 种(占全部之 2.9%),含以下类目:

易 32, 书 7, 诗 13, 礼 11, 春秋 11, 五经总义 13,

四书 27， 孝经 8， 小学 25；

史部 1,665 种(占全部之 33.2%)，含以下类目：

正史 14， 编年 16， 杂史 100， 北史 11， 燕行记 8，

政书 576(含通制、仪制、职官、科举、邦计、邦交、军政考工、刑法、诏令奏议、公牍、乡约、田丁簿、交词等目)，

传记 519(含总传、别传、神迹、谱牒、日记等目)，

地理 272(含总志、方志、地图、风土、名胜、外国等目)，

目录 16， 史钞 11， 金石 30， 杂说 77， 少数民族文献 15；

子部 1,527 种(占全部之 30.4%)，含以下类目：

儒学 68， 杂学 26， 类书 19， 蒙学 50， 家训 23， 兵家 20，

医家 332(含总论、内科、五官外科、妇儿、痘疹、经脉针灸、药草方剂、杂录等目)，

历算 42(含天文历法、算书等目)，

数术 188(含堪舆、星命、易卦、相法杂占、签谶等目)，

艺术 26(含书画、音乐、日用等目)，

佛教 314(含经、律、注疏、论述等目)，

基督教 27，

道教与俗信 392(含道教、降笔文、神敕、其他等目)；

集部 1,684 种(占全部之 33.5%)，含以下类目：

总集 212， 别集 455， 诗文评 10， 北使诗文 80， 酬应文 63，

应用文体 119， 举业文 314， 赋 54， 六八体诗歌 34，
歌谣 35(含歌曲、谣谚二目)，
陶娘歌 29， 戏曲 33，
小说 140(含诗传、章回小说、传奇、笔记等目)，
金云翘 18(含汉文传、喃文传、诗赋、其他等目)，
杂抄 88。

这些数据，可以同有关清《四库全书》的一些数据相比较。在《四库全书总目》所著录的全部图书(包括附录书和存目书)中，经部书占17.7%，共1,881部；史部书占20.7%，共2,206部；子部书占28.8%，共3,070部；集部书占32.8%，共3,497部。若以经部古籍为比较的基点，那么，无论从数量上看还是从比重上看，越南的经学都是很贫弱的。同清四库中的经学典籍的数量相比，只相当于它的十三分之一；同其比重相比，只相当于它的六分之一；同越南古籍的其他部类比，只相当于史、子、集等每一部的十分之一，而不及史部中的政书、传记、地理等小类，不及子部中的佛教、俗信、医家、数术等小类，也不及集部中的总集、别集、举业文等小类。这反映了中越两国古籍结构——至少是不同观念中的古籍结构——的一个重要差别。

我们还对列入经部的147种越南古籍作过分析，得出以下一表：

表 1

	易	书	诗	礼	春秋	五经	四书	孝经	小学	总计
使用抄本	28种 87.5%	6种 86%	8种 61.5%	9种 82%	9种 82%	6种 46%	14种 52%	1种 12.5%	11种 44%	92种 63%
使用喃文	6种 19%	1种 14%	7种 54%	2种 18%	1种 9%	2种 15%	4种 15%	3种 37.5%	13种 52%	37种 25.5%
举业用书	6种 19%	4种 57%	2种 15%	5种 45.5%	4种 36%	5种 38%	10种 37%			36种 25%

也就是说，越南经学古籍的分类结构是：易 32 种、书 7 种、诗 13 种、礼 11 种、春秋 11 种、五经总义 13 种、四书 27 种、孝经 8 种、小学 25 种。易和四书所占比例最大，而书和孝经所占比例最小。从形式上看，则有抄本多、喃文书多、举业用书多的特点。且让我们具体看看以下几部古籍：

（一）《周易国音歌》：邓泰滂编撰，李子瑨校订。有阮浩轩 1750 年序、武钦邻 1757 年序、范贵适 1815 年序。印本 438 页，有 9 幅图。体裁为六八体喃诗。

（二）《诗经演音》：作者失名。抄本 394 页。内容为用六八体和七七六八体诗对《诗经》的仿译。

（三）《孝经国音演歌》：棉寯撰，范有仪序，印本 40 页。内容是对《孝经》的六八体喃译。亦属多书杂抄，附有《活世生几孝子光传》（采自中国邵纪堂作品）和喃文《补正二十四孝传演义歌》。

（四）《四书策略》：作者失名。今存抄本五种，分别为 412 页本、268 页本、168 页本、160 页本和 100 页本。内容为科举策文文选，题材采自四书。

以上诸书，明显具有不同于中国经学古籍的特质。《周易国音歌》有图，用六八体，乃是通俗化的《周易》，而非学术的《周易》。类似的通俗化倾向也见于六八体的《诗经演音》。至于《孝经国音演歌》，则可能用于日常说唱，故同《活世生几孝子光传》、《补正二十四孝传演义歌》等韵文叙事作品杂抄在一起。这些书籍且有较大的流传规模。例如《周易国音歌》有写于 1750 年、1757 年、1815 年的三篇序，曾经多次重刻重印；而《四书策略》则有五种抄本存世——表明科举造成了对经学书籍的广泛需要。

以上诸书的通俗性、应用性特点，乃表明了越南经学书籍同文化教育的关联。且不说举业用书明显产生于科举教育的需要，即就喃文书的通俗化色彩看，它也应当是具有教科书性质的图书，主要用于各类学校的启蒙教育。而多以手抄本形式流传的情况，也是与上述用途相对应的。越南经学古籍中有36种举业用书，其中绝大部分(33种)制为抄本，即反映了手抄方式同举业的联系。而抄本中“书”的比重最大，“孝经”的比重最小；喃文书中“诗”的比重最大，“书”和“春秋”的比重最小；举业书中“礼”和“五经正义”的比重最大，“诗”的比重最小：则反映了三种体裁形式同三种功能的对应——“诗”是最重要的语言文学教科书，故多采用喃文“演音”的方式作为原本的对照；“书”和“春秋”是举业的必修功课，故多用汉文，多以“演义”(黎贵惇撰有《书经演义》)、“节要”(裴辉碧撰有《书经节要》)、“精义”(失名撰有《书经精义》)、“略问”(又有收录59篇策文的《书略问》)的方式用为撰写策文的参考；“孝经”则是用于教化的儒家经典，故多以印本的形式流传，多采用“释义”(如《孝经释义》)、“译义”(陈文烩以喃文撰《孝经译义》)、“立本”(棉寯撰《孝经立本》)等阐发内容的方式。结合前文关于越南经学古籍结构变动的看法，可以认为，其功能主要就是教化(以“孝经”为代表)、语文教育(以“诗经”为代表)、服务于科举这三种功能。

经学古籍传入越南之后，在非常广大的范围内发生了影响。但它主要不是向学术方向发展，而是向应用方向发展。随之产生出来的，不是以训解、阐发、研究儒家经典为主干的经学，而是以宣讲仁爱、纲常等伦理观念为主要内容的儒学。在现存的越南古籍中，有《劝孝歌》、《日省吟》、《勤俭汇编》、《孝顺约语》、《女则演音》、《妇女宝箴》、《训俗遗规》、《福田言行录》、《修身伦理科》、《圣教三字经》、《返性图书国音》、《二十四悌新录》等近七十种儒学书,又有《裴家训孩》、《传家至宝》、《穷达家训》、《家范辑要》、《明道家训》、《阮氏家训》、《教训演歌》、《居家劝戒则》、《杨公训子歌》、《黎贵惇家礼》、《吴公训子文》、《阮唐臣传家规范》等二十多种家训书,此外还有大批乡约(约111种)和谱牒(约264种)。这些书籍反映了《孝经》、《四书》所代表的教化功能的辐射,同时也反映了越南经学与伦理教育合流的事实。

三、碑铭和村社史料

在越南古籍中,和中国史部金石类相对应的典籍,主要是一些碑铭文献。若将其分类,则有六种:一为城碑,如《河内城碑记》;二为佛迹碑,如《厨所佛祖遗迹碑》;三为祠堂碑,如《尚书宰相公祠堂碑记》;四为摩崖碑,如《摩崖纪公文》;五为社神碑,如《扶琴社后神碑记》、《独步社神祠碑记并扁抄录》;六为寺庙碑,如《队山寺碑》、《北宁寺庙碑文》。其中数量最多的是寺庙碑和社神碑。越南潮湿,纸书不易保存,所以碑文可以填补早期纪年史料的空白。例如较早的碑文书有《隋时大业碑文》,记录公元618年爱州(今清化省)官员的学才和家世;稍晚则有阮公弼撰于1121年的《队山寺碑》、阮忠彦撰于1335年的《摩崖纪公文》。后者刻在密州摩崖之上,记载陈明宗讨伐哀牢的功业。

但越南碑铭的绝大部分,却还没有整理成书,而以拓片形式保存。在汉喃研究院,即藏有两万两千版碑文拓片,由一个专门的小组在整理。《北宁省历史文化中的碑文遗产》一书作者范垂荣告诉我,她所研究过的京北地区的碑拓有1,063版,涉及17个县328个村社。我看过这些碑铭拓片,它们和已经成书的碑铭文献不同,内容更接近下层社会,是研究越南古代村社的重要史料。

实际上,这样两种碑铭的区别,正好对应于中越两国碑铭的区别;因为中国古代碑铭是以墓志为主的。有一个事实很清楚:碑铭是越南历史文化的重要载体,其方式来源于中国,但其功能却与中国碑铭不尽相同。在越南碑铭中比例最高的类别是亭门碑铭、祠堂碑铭、寺观碑铭,常常反映群体的而不是个体的活动。例如亭门是村社的标志物(相当于中国的城隍庙),往往由致仕后的官员率领修建,其碑铭遂多记录修建者的职衔、村社的结构和宗族的系统。在其他碑铭中则可以看到契约、律例、税收、公益等村社经济资料和风俗资料。16世纪以后,越南出现了一种由无子孙妇女向寺观、亭门"伸寄后供"的现象,这一具有重要社会意义的现象也是通过碑铭反映出来,而成为研究者的关注点的。

有意思的是,碑铭的上述特点并不是孤立存在的,在越南的史部图书中,同样可以看到大量关于社会各阶层的集体活动的记录。尽管越南有许多记录帝王和军政大事的典籍,从目录学角度看,它们组成了正史、编年、杂史、通制、职官、军政考工、诏令奏议等部类;但从史学角度看,越南古籍质和量的比重都偏在富于社会史色彩的另外一些部类上。以下便是其中较具代表性的七个部类:

(一)仪制:越南古代朝廷的仪制仿自中国,有郊祀、祖庙之祀,亦有冠、婚、葬、祭之仪。其祭祀仪节包括求福、祈雨、祭神主、祭水神等项目。这一部类因而可以归为礼仪研究的对象。但其中仍有两种较富社会史意义的书籍:其一是关于地方祠庙的制度命令,例如郑松颁于1559年的《平安王令旨》(关于派员管理义安河青漳县武烈社度天大帝龙王祠庙的命令)、郑壮颁于1628年的《清都王令旨》(关于派员管理武烈社杜善大帝龙王中等神祠庙的命令);其二是地方会社仪式活动的记录,例如《辽川邑亭例》载录兴安省塘豪县辽川社文址祭神仪式的规定,《祀事文式》载录河东省上福县罗芙社供祀神圣、先贤、城隍、众生及祖先的祭文,《河东省怀德府上会社考异》又名《河东省上会总开会迎神歌曲》。

(二)公牍:公牍指的是各级政府的行政文献,在古代越南,其主要部分是基层机构的政法文书。例如《河东槐市各迹公文》收录1661年以来的诉讼文件,《多禾社饬文》是关于多禾社丰禾村分立为二村的呈单、饬文,《大同社告文》包括福安河永祥府大同乡关于礼仪的71篇官告,《武烈社呈单》为1802年武烈社百姓投诉某人把父母亲骸骨偷葬在上等神坟墓旁边的信函,《宁顺道经管总经管社集编》辑载该社自1889年以来的榜示、牌匾等文件,《武烈社场第一甲裴洲监牧争讼词》属法律档案。

(三)乡约:这是史部书中存书最多的部类之一,共有一百十余件。略可分为"券"、"约"、"例"三种体裁。"券"即关于日常事务的规章,如《厨壹甲券》,为1874年至1907年慈廉县云耕乡金黄村关于祭祀、婚娶、宴飨、田土、日常开支的财务规定;《慕泽社旧券》,为海阳省平江县慕泽社关于登第、职爵、交通、治安、农桑等事的规章。这类规章今存十余件,有《古宁乡券》、《罗溪社北亭甲券》、《罗溪社西村券约》、《文林范族券稿》等名。"约"指村民共同订立的公约,其内容多关于行政管理。今存二十余件,如《富库社乡约》、《长山村乡约》、《玉同乡约》、《高舍社中村乡约》、《芝泥社乡约》、《伯溪乡约》、《东畸计乡约》、《大慈社乡约》、《都梁社乡约》和《东圆村条约》。"例"又称"俗例",为日常习惯的制度化,多关于奖惩、收支、科税及礼仪风俗。其中年代较早的有1665年订立的《东城县各社村券例·厚山券约》和《名乡券例》、1667年至1689年订立的《杨柳、桂杨、茂和等社交俗例》、1720年至1886年订立的《槐市村条例》。

（四）田丁簿：今存田丁簿约四十件。其名或称“地簿”，如《河内地簿》（1866年）、《农贡县戊申年地簿》（1788年）；或称“田簿”，如《东鄂东一甲田簿》（1866年）、《东鄂东二甲田簿》（1795年）；或称“丁簿”，如《丹凤县下协社丁簿》（1816、1827年）。类似的文献包括在役及退役军士的名册、老人和残障者的名单，如1780年的《武烈社神簿》、1792年的《武烈社开老疾丁单》。又有各种账簿，如《武烈社事神器用簿》（武烈社守令所看管的文牍和物品的清单，1776年）、《华鄂社古税纸》（河内慈廉县华鄂社冬夏两季的交税记录簿，1771—1777年）、《武烈社开神敕支费簿》（武烈社神敕开支的账本，1848年）、《东鄂社土埚坊留照词》（河内东鄂社土埚坊修建祠庙的收支结算单）。

（五）交词、嘱书和分书：这是几种主要的越南民间文书。“交词”相当于今所谓合同或协议，“嘱书”相当于今所谓遗嘱。今存交词、嘱书各十余种，其年代较早的有1796年订立的《几舍阮登魁（夫妻）分田词》、1808年订立的《岐灵社顺认田界单》、1812年、1875年订立的《东鄂社范族交书》、1817年河内嘉林县钵场乡王族的《交书》、1844年的《东鄂社阮伯多嘱书》、1862年的《玉滩社阮氏巽嘱词》。交词亦称“交好例”、“例簿”，如《紫阳贡川两邑交好例》（河东省紫阳贡川两邑关于祭礼、犒飨、婚娉、建桥、筑堤等问题的约定）、《东鄂社各甲例簿》（河内省慈廉县东鄂社各甲之间的交往协议）。而“分书”则往往用为嘱书的别名，如《东鄂社范嘉安嘱书》又名《范族嘱书》或《东鄂社范嘉安分书》，其主要内容是规定子女对家产的分配方式。事实上，财产分割也是各种协议书的内容。所以越南古籍中可见“交词”、“分书”、“嘱书”混用之例。如《范族交词》，为范光升夫妻分割家产的遗嘱；《武烈总各社交词》，为乂安河武烈总下属各社的收据、文契；《嘱书文契旧纸》，杂抄武文斌1747年所立的遗嘱书、张氏乡1761年所立的遗嘱书（均关于地产），以及黄公钦于1831年所立的借据文契。

（六）玉谱：即神祇的传谱，又称“神迹”，为史部书中的一个大类，今存图书不少于八十种（《越南汉喃遗产目录》的统计是535册）。从神祇来源的角度看，可分为传说人物玉谱、宗教人物玉谱、历史人物玉谱、氏族英雄玉谱等类别。例如《伞圆山玉谱》、《古珠四法谱录》、《安朗后土事迹》（又名《安朗应天化育后土事迹实录》）等为传说人物谱，《邯江丁族生封大王行状实录》、《大姥阮族三大王谱记》等为氏族英雄谱，《救生郑圣祖事迹》（郑洽和尚的事迹）、《圆光胜迹》（空路、觉海、徐道行三位禅师的事迹）等为宗教人物谱，《雄王事迹玉谱古传》、《三位大王事迹》等为历史人物谱。后书所谓“三位大王”，乃指巴中人朱谨、朱谦、朱谭。据说此三人在汉献帝时来到越南，死后显灵扶助阮朝始祖阮金讨伐莫氏，因而封为保忠大王、威猛大王和威烈大王。

在玉谱当中，有相当丰富的村社史料，如《葭芳社玉谱》记录海阳省葭芳乡李表二子立功封神的历史，《北宁省安丰县殷富总三枣社四位玉谱录》记录了李朝开国皇帝李公蕴及皇后同三枣社的历史联系，《北宁省安丰县丰光总东枚社玉谱录》则述及李南帝夫人许贞和与东枚庄的关联。尤其值得注意的是：很多被称作“神迹”的玉谱以村社为单位进行记录，确切地体现了作为村社神祇志的性质。这样的玉谱有《朱绢社神迹》、《多和社神迹》、《熏沈村神迹》、《定功庄神迹》、《东结社神迹》、《教育社神迹》、《贝溪社神迹》、《清茶社神迹》、《武烈社开神迹》、《上瑞社五位神迹》、《况上社祀谱》、《宁平省嘉远府黎舍总茶顶社神迹》、《神迹北宁慈山芙留社内村》、《福立社奉抄神迹》、《东汭社承抄神迹》、《河南省青廉县杞棣总石祖社神迹并谱记》。《朱绢社神迹》又名《粤裳氏李皇子雅朗王玉谱》,《多和社神迹》又名《褚童子及仙容西宫二位仙女玉谱》,《东结社神迹》的神主是统领将军阮超——他曾帮助吴权统一国家,死后封神。可见村社玉谱多以本地的历史人物和历史上的传说人物为传主,实际上是村社史的一种表现形式。

(七)谱牒:现存越南谱牒,少数是先王世系谱,绝大多数是家族谱。其名或称"家谱",或称"族谱",共二百六十多种。前者有《陈族家谱》(1533 年)、《云葛黎家玉谱》(1623 年)、《金山家谱》(1691 年)、《拜恩阮族家谱》(1705 年)、《谭氏家稽》(1718 年)、《来月阮氏家谱》(1754 年)、《黎族家庙新谱》(1780 年)等;后者有《钵场社阮族家谱实录》(1686 年引)、《东涂社范族谱系》(1718 年)、《海贝武公族谱》(1720 年)、《获泽汝族谱》(1745 年序)、《杜族谱记》(1752 年)等。此外有因知名人物而立的家谱,如《贝溪状元家谱》(谱主为 1442 年状元阮直)、《大南京北镇乐道社杨氏世谱》(谱主杨福司为 1547 年状元)、《安朗尚书公家谱》(谱主阮维时为吏部尚书、1598 年状元)。又有家谱的汇编,如《家谱集编》,载《先田阮家世谱》、《越安潘家世谱》和《威远阮家世谱》。各谱的历史跨度很大,如《盛列东邑裴氏甲支列祖行状》,所载之始祖生于黎仁宗时,即 1443—1459 年;第十三祖生于黎神宗时,即 1619—1643 年。

除以上部类以外,在家训、家礼等部类中,还有关于村社教育的史料;在史部其他部类中,则可以看到关于乡村社会组织和风俗的杂记。如《乡编郎琼》记一乡的登第名单、乡贤、风俗和村例,《风俗杂录》记一地区的行政单位、社会组织和婚丧习俗。越南汉文古籍的一个重要特色，就是这种由村社史料代表的地方性特色。实际上，尽管有《四库全书总目》等书的掩盖，在中国各省市的地方古籍中，也能看到这一特色。

四、燕行记和北使诗文

在越南的概念中，“北”和“燕”通常代表中国。“北史”即中国历史，“燕行”即中国之行，“北使诗文”写于出使中国的旅途之中。越南古籍中有十多种燕行记和八十多种北使诗文集，生动而细致地反映了历史上的中越关系。但这些作品的意义却并不限于史学；更重要的是，它们是越南古典文学的一笔重要遗产。若就作者的数量而言，它们在越南文学史上至少占有七分之一的比重①；若与集部相关类别的汉文作品相比较，则占有五分之一的比重。

越南的汉语诗文创作可以追溯到唐以前。前文说到，刘宋时候，在越南作家中已产生了《答李交州淼难佛不见形》等文章。但有很多迹象表明，唐代才是越南古典文学发展史上最重要的时代。据语言学家研究，传入越南的汉语有两种，一是零星传入的“古汉越语”，二是“成套”传入的“汉越语”，其时代分野乃在中唐。②而发生在唐代的这次大规模的汉语传播，便是以诗文为载体的。姜公辅作于唐德宗时期的《白云照春海赋》、《对直言极谏表》，反映了越南唐文的水平；与之相应，当时越南一定也有汉诗创作的高潮。可以作为佐证的事实是：越南最流行的汉文诗一直是唐诗。白居易《琵琶行》、《长恨歌》

---

① 据陈文甲统计，从10世纪至1945年共有850名作家，其中汉文作家为735名。见《越南作家略传》，越南社会科学出版社1971年版。

② 王力：《汉越语研究》，《龙虫并雕斋文集》，中华书局1982年版，第二册，第770页。

是歌筹的代表节目，越南古典诗的典范形式称“唐律”，唐诗总集在越南诗文集中占有明显的地位。据不完全的资料，越南所存唐诗喃文译评本有《唐诗合选五言律解音》（83 首唐诗的喃译）、《唐诗摘译》（96 首唐代五绝的喃译）、《翰声解颐新集》（唐诗一百首的汉喃对照读本），所存仿唐诗的作品集有《唐律国音诗》，所存用六八体、双七六八体创作的唐诗演歌集则有《唐诗绝句演歌》（又名《唐诗国音》，56 首七言唐诗的六八体喃译）、《唐诗七绝演歌附杂文》（40 首唐代七绝的六八体喃译）以及《渭城佳句折编》等。至于白居易作品的译本、注本、演歌本，就不胜枚举了。

唐代诗歌在越南的兴盛，同当时的文化交流状况有关。历史上，越南曾作为中国的一个地区接受中央政府所施行的文教制度，这种情况到唐代达到最成熟的阶段。除掉例行的科举考试之外，唐王朝在越南实行了一些特殊的政策，例如上元三年（676 年）专门设置“南选使”，遴选安南士子入仕；会昌五年（845 年）作出规定，安南、福建、黔府、桂府、岭南等地每年可选送进士和明经到中央任职。唐代有很多诗篇就是在这一背景下产生的。其中一类是迁居安南的中原人士的诗篇。例如流寓安南的杜审言、沈佺期等人作有《旅寓安南》、《初达驩州》、《驩州南亭夜望》、《九真山净居寺谒无碍上人》、《度安海入龙编》、《赦到不得归题江上石》等诗篇，时任安南静海军节度使的高骈作有《叹征人》、《南征叙怀》、《赴安南却寄台词》、《安南送曹别敕归朝》等诗篇。另一类是内地文人和安南人士的唱酬之作。例如杨巨源作有《供奉定法师归安南》，张籍作有《山中赠日南僧》、《送南客》，贾岛作有《送安南惟鉴法师》、《送黄知新归安南》，贯休作有《送僧之安南》等。显而易见，那些燕行的安南文人和诗僧也有各自的汉诗创作，只是未保存下来。

柳宗元《送诗人廖有方序》云：交州廖生“为唐诗，有大雅之道”[1]。说的就是这一批已经失落的越南唐诗。

但是，未料想在几个世纪以后，唐代燕行人所建立的诗文创作传统却得到充分发扬，且一直蔓延到19世纪末。更令人感到幸运的是，这些作品被较妥善地保存下来，以至于我们有条件对越南使节文学的主要事件作一概述。

越南使节文学实际上是与越中两国的一种特殊关系——藩属与宗主国的关系——相始终的。一直到1885年越南沦为法国殖民地，这一文学现象才告结束；而其起始，则可以追溯到公元10世纪。10世纪曾发生两个相联系的标志性事件：丁部领于公元968年自立为帝，随即在970年正月遣使如宋结好。从此之后，每一王朝都有进贡方物、请求册封的举动。据统计，在宋代，越南朝贡的次数在五十次以上；在元代，越南进贡达47次；在明代，“从1368年（洪武元年）到1637年（崇祯十年），越南遣使入贡达七十九次之多”。[2] 这种交往同时也是文学、文化的交往。据较早的记载，公元987年，当宋王朝遣使入越之时，宋使李觉和前黎朝顺法师、匡越大师即曾相互唱酬，其辞有云“一身二度使交州”、“万重山水涉沧浪”云云。[3] 1314年，陈朝名士阮忠彦出使元朝，所赋之诗辑为《北行杂录》和《界轩诗稿》；后者今存抄本，录诗81首。1369年，明臣牛谅奉使陈朝，有挽诗悼陈裕宗晏驾，陈朝相国陈暊亦以诗送别云“伞圆山青泸水碧，随风直入五云飞”云云[4]。1513年，明武宗遣正使湛若水、副使潘希曾往越南，册

---

① 《柳宗元集》卷二五，中华书局1979年版，第661页。

② 陈玉龙：《中国和越南、柬埔寨、老挝的文化交流》，《中外文化交流史》，河南人民出版社1987年版，第682页、第683页；黄国安等：《中越关系史简编》，广西人民出版社1986年版，第75页。

③ 吴士连等：《大越史记全书》卷一《黎纪》，第191页、第192页。

④ 《大越史记全书》卷七《陈纪》，第437页。

封后黎襄翼帝为安南国王，湛、潘二使与黎帝相互酬答，赋有“凤诏祗承出九重”、“山城水部度重重”、“乾坤清泰属三春”、“万里观风百越春”等诗[①]。而从越南所谓“自主时代”——南北朝时代以来，这些外交作品便以专书的形式保存下来了。与之相伴随，出现了以下事件：

1527年，莫登庸篡黎朝位，造成南北纷争的局面。后黎顺平六年(1554年)，黎光贲受命出使中国。黎氏居住中国十九年，所作家书、诗文等辑为《思乡韵录》一书。此书今有抄本，附抄武公道诗276首。

黎朝廷南迁后，名士冯克宽随之南下辅佐，1597年受命出使中国。在中国期间编定《梅岭使华诗集》，兼收作于越南和作于中国的诗文，由朝鲜使臣李睟光作序。此书后在越南广泛流行，今存十三种抄本，分别题为《冯克宽诗集》、《冯使臣诗集》、《冯太傅诗》、《冯舍社冯公言志诗》、《毅斋诗集》、《使华笔手泽诗》、《言志诗集》等。越南书中另有一种《冯使君饯诗并景物咏》，载录饯别冯克宽北使之诗290首，为后黎君臣所作。

1667年，康熙皇帝遣使封后黎景治帝为安南国王，自此以后，中越两国互通使节成为常例。1677年，有陶公正使于中国；1718年，又有阮公沆使于中国。二人在中国所作诗，后辑为《北使诗集》。

后黎永盛十一年(1715年)，阮公基出使中国，作有324篇诗文作品，辑为《湘山行军草录》。越南抄本书中另有一种《使程日录》，为阮公基出使中国的日记。其时亦有丁儒完出使——1719年，丁氏所作诗由阮仲常辑为《默翁使集》。

与清乾隆同时，后黎有景兴帝，在位二十八年。景兴三年(1742

---

① 《大越史记全书》卷十五《黎纪》，第803页、第804页。

年)，阮翘、阮宗奎分任正、副使，率团出使燕京。二人所作诗辑为《壬戌课使诗集》和《使华丛咏》。其中《使华丛咏》流传甚广，今存抄本十七种。阮宗奎所作122首诗亦曾单行，名《华程诗集》。在华期间，阮宗奎又创作数十首六八体喃歌，记述使程之见闻，且与歌咏旅程名胜古迹之诗结为一集，题作《使程新传》。书后并附同行使臣武马凤的序、帐、诗等作品。与此次事件相去不远，有黎惟亶出使中国。今存《黎惟亶诗集》两种，一种录黎惟亶诗102首，包括北使诗30首；另一种附录阮翘、阮宗奎的北使诗，以及乾隆和诗、中国使臣致黎景兴的书启、乾隆于1761年敕封黎景兴的诏书等。

景兴时期另有以下几种北使诗文：二十一年(1760年)，黎贵惇使清，所作诗、启、表、奏等文件于1769年辑为四卷354页的《北使通录》；黎贵惇与清官员、朝鲜使者相唱和的诗篇，又与若干诗、文、联语一起编入110页的《赏心雅集》。二十五年(1764年)，阮辉莹使清，作诗136首咏中国名胜古迹，辑为《奉使燕台总歌》，又名《奉使燕京总歌并日记》。三十三年(1772年)，武辉珽使清，所作140首诗于1790年编为《华程诗集》，集中有中国官员王步曾、杨世基、姚玉泰等及朝鲜使臣的赠答诗。次年，黎光院出使中国，沿途作诗515首，其中包括与中朝官员的唱和诗，辑为《华程偶笔录》。三十八年，胡士栋使清，所作95首诗于1779年编为《华程遣兴》，汝公真为作品评。

乾隆五十二年(1787年)，黎昭统帝在阮有整、阮惠二军的混战中北逃，次年(光中阮惠元年)同黎炯、阮敞、李秉道、陈名案等近臣一起进入中国。君臣在逃亡途中所作诗篇119首，后由黎冏编为《北行丛记》。书后附《北行略记》，记录黎炯在中国被关押十七年的经历。诸臣随昭统在中国避难时所撰诗文亦编为诗集单行。黎冏所撰为《黎侯北行集》，陈名案所撰为《陈柳庵诗集》，丁翔甫所撰为《古驩溪亭丁翔甫使程诗集》。此外有失名所作《黎亡后杂诗》41 首,7 首作于任官之时,34 首作于出使中国之时。

1790 年,阮惠入觐乾隆,受封为安南国王。此前此后多次遣使入华。1789 年有段阮俊出使中国,所作 173 首诗辑为《海烟诗集》;1790 年有潘辉益出使中国,所撰诗篇辑为《柴山进士潘公诗集》。1792 年阮惠病故,其子阮光缵即位,亦多次遣使奉表往中国修好。其中吴时任于 1793 年出使中国时所作的 115 首诗,辑为《皇华图谱》,又辑为《燕台秋咏》;后者抄本 153 页,包括与中国官员、朝鲜使臣相唱和的诗。1794 年,段阮俊往富春(顺化)领命,再度出使中国,所作诗辑为《海派诗集》。

1802 年,阮福映消灭西山朝,建国号"越南",定都顺化,年号为嘉隆。嘉隆三年(1804 年)有阮香、陈文著、武辉瑨等出使中国,其间阮香所作辑为《使韶吟录》,陈文著所作辑为《华轺候命集》,武辉瑨所作辑为《华程学步集》。四年(1805 年)有阮嘉吉出使,所作 58 首诗辑为《华程诗集》。据阮迪吉、黎良慎 1807 年序,此年前后另有吴仁静、黎光定出使,吴氏所作 81 首诗辑为《拾英堂诗集》,黎氏所作 75 首诗辑为《花原诗草》。十一年至十二年(1812—1813)有阮攸出使,所作 130 首诗辑为《北行杂录》。嘉隆年间又有潘辉注出使。今存《使程杂咏》,收录潘辉注北使诗 21 首,附陈名案诗;又存《华轺吟录》,收录潘辉注北使诗 275 首;存《华程续吟》,收录潘辉注北使诗 127 首。

1819 年,嘉隆崩,明命皇帝即位。《邦交公馆对联》一书保存了关于这一事件的若干记录:为追挽嘉隆、封王明命而出使阮朝的清官员的名单和迎接清使的 449 幅联文。1820—1821 年出使中国的吴时位亦将其所作的 93 首诗、12 篇赋文编为《梅驿诹余文集》。至明命八年(1827年)有潘世忠出使清朝,所作策、谕、表、奏、诗、文等文件编为《使清文录》(又名《使华卷》)。除此之外,明命期间的北使诗文集还有:汝伯仕于1823年出使广东时所作的诗文,辑为《元立粤行杂草诗》,录汝伯仕北使诗80首,一本有清人缪莲仙、陈家璨、冯尧卿序。李文馥编于1831年的《闽行杂咏草》,其中《东行诗说》一书收录李氏赴闽粤途中的作品,《周原杂咏》一书收录李氏在中国期间所作的176首诗。缪艮编印于1833年的《中外群英会录》,其中包括中越使臣的书信、唱和诗以及道光皇帝就中国渔船遇救一事所致谢函。邓文启1834年北使时所作的《华程略记》,其书与邓氏出使新加坡所作的《洋行诗集》合编为《华程记诗画集》。潘清简《使程诗集》,内有潘氏北使诗147首。李文馥《三之粤杂草》,内有1835年李文馥第三次北使时所作的130篇诗赋。李邻芝(李文馥)、陈秀颖、杜俊大《仙城侣话》,载1835年出使中国所作诗104首。这些诗集都有较多版本,说明在当时甚为流行;集中又录有一大批唱和赠答之作,是对当时中越外交活动的真实反映。

1841年至1847年,绍治在位,其间产生了十多部北使作品。如《使程志略草》,李文馥等撰,抄本118页,为三种书的合编:《使程志略草》记李文馥等于1841年出使中国时所历诸事,《西行诗记》记李文馥出使新加坡时所历诸事,另一种记潘辉咏、范芝香出使中国时所历诸事——为潘、范二人归来后向嗣德皇帝所作的禀报。范芝香所撰又编为《郿川使程诗集》和《使燕京诗》。此外有《如清使部潘辉咏诗》,潘辉咏撰,收录潘氏于1841年出使中国时所作诗文。《燕行总载》,裴玉柜、阮伯仪、尊室合、武范启等撰,收录此数人1847年出使中国期间的有关旨谕、词曲、诗文。裴玉柜的北使作品亦多次结集,包括《有竹先生诗集》,抄本340页;《使程要话曲》,抄本68页;《燕行曲》，抄本 64 页，录诗 62 首；《燕台婴话》，抄本 121 页，有范慎甫、魏善甫等人的评点；《裴家北使贺文诗集》，抄本 40 页，含裴玉柜出使前同僚所赠的 30 首贺诗、4 篇贺文，并附阮文超、范世忠、范柜、吴世荣、范文谊等人的诗文。

1847 年，绍治驾崩，传位于翼宗。其时有广西钦差劳崇光来到越南，为翼宗封王，劳氏所作诗及阮朝官员迎送唱酬之诗合编为《劳崇光文诗草》34 页。劳氏北还之时又作诗 17 首，告别中国使臣，兼记灵江、横山、双仙洞、望夫山、鬼门关等沿路风光。劳诗后与段阮俊、潘辉益的北使诗合编为《日南风雅统编》，由劳崇光作序。1848 年，翼宗改元嗣德。嗣德二年有阮文超出使中国，所作诗 257 首辑为《璧垣藻鉴》。四年(1851 年)有张登桂出使中国，所作诗 173 首辑为《使程万里集》。五至六年(1852—1853)又有武文俊、潘辉咏出使中国，武氏所作辑为《周原学步集》，潘氏所作辑为《柴峰驷程随笔》。今存越南古籍中另有一种《谅程记实》，抄本 288 页，辑载武文俊出使时的贺诗、潘辉咏出使时的送别诗以及武辉德考中探花时的贺诗。

嗣德年寿长，在位三十五年。其时北使作品还有：《北溟雏羽偶录》，录范熙亮 1862 年北使诗 205 首，附清人圆朴廉 1873 年序。《东南尽美录》，录邓辉著 1865 年出使广东期间的诗文作品。《燕轺诗草》，又名《燕轺集》、《燕轺诗文集》，录阮思僩 1868 年出使燕京时所作诗 92 首；此书又与阮思僩致广西官吏书、赠清朝使节劳崇光书等合编为《石农文集》。至于阮思僩的使程日记和外交文件，则分别编为《如清日记》和《燕轺笔录》。又《范鱼堂北槎日记》，阮椿记，所记为范熙亮于 1870 年出使中国之事。《万里行吟》，录裴文禩 1876 年所撰北使诗 170 首，有五篇清人序。《大珠使部唱酬》，录裴文禩 1876 年出使中国时的唱和诗和往来书，清人唐景菘、倪懋礼序。《雉舟酬唱集》,录裴文禩北使时与杨恩寿的唱和诗,裴作 49 首,杨作 56 首。《中州酬应集》,录裴文禩与清臣唱和之诗 190 首。《臣民表录附裴家北使贺文诗集》,录武范启、吴世荣、李文馥、范文谊等送别裴文禩出使中国的 42 首诗词。《輶轩丛笔》,裴文禩所记燕行记。此外有《如燕文草》,为嗣德 34 年(1881 年)和中国邦交的文件;有《往使天津日记》,嗣德 35 年(1882 年)范慎遹、阮述出使中国天津的日记;有《每怀吟草》,为阮述的北使诗集,有清翰林院御史陈启泰写于 1881 年的序文。一年以后,养善即位,范慎遹、阮述再度出使中国,所记日记辑为《建福元年如清日程》。

除以上所述之外,作者、年代不甚明确的北使诗文集还有《使程诗集》、《使程遗录》、《华程后集》、《华程消遣集》、《燕台婴语》、《黎朝武莲溪公北使自述记》、《北使江隐夫茂甫武原稿》、《对联诗歌吟集》等,燕行记则有《燕轺日程》、《北使图集》、《北使程图》等。

关于使节文学及其造成的三种较特殊的图书体裁——北使诗文、燕行记、日记,还有许多细节值得玩味。可以肯定的是:它们构成了越南图书史、文学史上的奇异景观,既反映了中越两国文化的深刻联系,也反映了这种联系对于越南古典文学发展的重要意义。有一个事实很明显:北使诗文的作者承担文辞应对的使命,往往是越南最优秀的学者和诗人。例如黎贵惇(1769 年出使)是越南著名学问家,有《大越通史》、《全越诗录》、《易经解说》、《书经演义》、《四书约解》、《芸台类语》、《群书考辨》、《抚边杂录》、《桂堂诗汇选全集》、《唐高都护渤海郡王诗传》等二十种著作行世。吴时任(1793 年出使)是"吴家文派"的代表人物,著有《越史标案》、《竹林宗旨元声》、《春秋管见》、《故黎左青威进士吴时任公诗抄》、《翰阁英华》、《良舍邓氏谱》等作品。阮攸(1812 年出使)在中国读到青心才人小说《金云翘传》,回国后创作同名六八体长诗，遂造就了越南古典文学的最高峰。潘清简、李文馥(1831 年前后出使)分别是著名的历史学家和文学家。潘清简曾奉敕监修《越史通鉴纲目》，参修《大南实录》、《大南正编列传》，并著有《梁溪诗文集》等文集。李文馥则是明代遗臣的后裔，既工于汉文创作，又擅长喃文著述，著有《二十四孝演歌》、《玉娇梨新传》(2,926 句)、《西厢传》(1,744 句)等长篇喃诗。这些人物对越南文坛的影响，势必造成文学与学术相结合、文学与交际相关联的倾向。通过对这些人物的分析，我们也了解到，中越两国的文化往来，是越南古典文学得以发展的强大动力。

五、演音、演义、演歌和演字

汉文书籍从中国到越南，既是文化传播的过程，也是被越南人接收和改造的过程。这种接收和改造，在越南是用“演”这个词来表达的。“演音”相当于通常所谓翻译，“演义”相当于通常所谓译述和疏解，“演歌”则是改写——把散文改为诗歌，把书本改为说唱，把小说改为戏剧(例如嘫戏中有《三国演歌·江左求婚》、《三国演歌·三顾草庐》等)。作为语言文学的体裁，前者(演音)又叫“国音”，后二者(演义、演歌)又叫“国音歌”。例如刊于 1872 年的《琵琶行演音歌》，逐句用喃文对译汉文；刊于 1871 年的《二十四孝演歌》(李文馥作)，用喃文诗歌演绎中国的二十四孝故事；刊于 1870 年的《大南国史演歌》，每页印为两栏，上栏以汉字记录越南历史，下栏用喃文六八体加以演绎。又如抄本《武经演义歌》(《武经直解演义歌》)，用六八体喃诗译述明代的《武经七书直解》。这些都是“演”的典型。当然，“演音”、“国音”等术语也可以用来代表不同体裁之间的翻译转述，例如黎右辑(号春亭主人)编撰的《春亭家训》,就是同《春亭家训国音歌》一起刊行的。

在现存的越南古籍中,“演音”、“演歌”类的作品大约有四百种。这个数字,大致反映了中国典籍的越南译本的数量。其中最大一宗是佛教典籍,有《出家功德经演音》、《佛说十六观经演音》、《佛说目连救母经演音》、《佛说五王经演音》、《戒杀放生演音》、《诸经演音》、《宝诞日演音》、《弥勒真经演音》、《龙舒净土演音》等数十种。其特点是多为“演音”而很少有“演歌”,亦即多以散文和散文对译而不把散文译为歌体。我们知道,中国佛教有许多通俗演唱的方式,例如用于出家人的“呗赞”、“转读”,用于在家人的“俗讲”、“唱导”,用于无遮大会的“佛曲”、“转变”,其作品多是韵文。那么,以上情况是否意味着越南缺少类似的讲唱方式呢?从现存佛教的“演音”作品和少量“演义”作品看,回答是否定的。也就是说,越南并非没有佛教说唱,唯其形式略不同于中国。例如在《诸经演音》一书中附有《大弥陀经正文持念摘要演音》,在《供文杂抄》一书中附有若干喃文歌体的偈赞。这表明越南佛经之演音往往用于持念,佛经的偈赞往往用于唱诵,它们是佛教仪式的组成部分。又如有一种《观音真经演义》,别名《德佛婆传》、《南海观音佛事迹歌》,喃文六八体,记述庄王公主修行得道成为观音佛婆的事迹;其前部用汉文记录了“净口业真言”、“净身真言”、“安土地真言”、“奉请八菩萨”、“开经偈”、“佛说高王观世音经”和“高王经原引”十二则。这又表明佛教宣讲往往在汉文唱诵之外采用事迹传(下文判属小说)或喃诗传的方式。《观音真经演义》今存七种印本、一种抄本,可见这是一种流行很广、受普遍欢迎的“演义”方式。

除“演音”、“演歌”以外,所谓“真经”,事实上也是一种体裁名称。

在佛教典籍中，这一名词乃代表了一种同口语相联系的文本。佛教题材的真经有：《超神真经》，六八体喃歌，宣讲轮回和善恶报应；《弥勒真经演音》，阮非常译，弥勒经的喃文本，六八体，描写极乐世界，劝世人从善；《香山观世音真经新译》，乔莹懋喃译，讲述妙庄王之女三公主修炼成佛的事迹。在这几个例子里，"真经"几乎可以理解为一种通俗说唱的方式。也许正因为这样，越南的民间宗教典籍中有大量"真经"作品。例如《零心国音真经》、《良心国音真经》、《报恩国音真经》、《天花放蕊南音真经》、《越南内道三圣常诵真经》、《敬惜字纸真经》等，不下七十种。尽管有许多传说把这些"真经"归为"神"和"公主"的降笔文，认为它们产生于某种仪式，但我们仍然可以在记载中看到它们同中国典籍的联系。例如以下越南古籍：

《文帝救劫真经演音》，吴为林喃译（演音），1902 年印，六八体喃歌。

《文武二帝救劫真经绎歌》，范廷粹 1880 年喃译（演歌），六八体喃歌。

《文武二帝救劫真经演义歌》（又名《救劫真经演义歌》），恭碧如 1875 年喃译（演歌），六八体喃歌。

这些书均来自中国的《文帝救劫真经》、《文武二帝救劫真经》。这说明了什么呢？说明"真经"原是一种在中国流行的宗教通俗文体。如果说文、武帝信仰主要流传于中国南方，以兴盛于南部中国的民间宗教为背景，那么，这又说明越南的宗教讲唱方式联系于中国南方的民间传统，而不像中国内地的早期佛教讲唱那样以西域梵唱为主要来源。

佛道二教在越南的流传，其年代可以追溯到汉代末年。《弘明集》卷一记载，汉灵帝驾崩之后，牟子同母亲一起避乱于交趾，曾持五经以难道家术士，并"锐志于佛道"，作《理惑论》。其时为公元二世纪末，正是士燮任交州太守(187—226)之时。越南喃文词典《指南玉音解义》说：士燮曾"集成国语诗歌以志号名，韵作《指南品汇》上下二卷"。尽管我们无法考证演音的起始，但以上记载表明，汉末之时，越南已有演音的条件和需要。关于演音书的最早记载则见于十四世纪末。据吴士连等《大越史记全书·陈纪》，陈朝末年，胡季牦曾"编《无逸篇》，译为国语，以教官家"。在此之后，汉文古籍演音史就轰轰烈烈地展开了。其中有两件大事值得一提：

第一件大事是《诗经》的喃注喃译。据记载，在西山朝(1786—1802)设崇政书院之时，院长罗山夫子阮帖曾刻印《诗经解音》，并将《小学》、《四书》等演为喃文。此《诗经解音》今存两种版本：一是汉喃研究院所藏1792年(光中五年)刻本，书凡十卷。二是河内文学院所藏1714年(永盛十年)刻本，扉页署"永盛十年甲午岁冬日辑成"，"继善堂版"，"剞劂人刊"，是目前所知演音、解音书中年代最早的一种。书共六册，现存四册，据目录，亦为十卷。二本均以汉文、喃文间注，汉文注音训，喃文注诗义。这部典籍的意义在于，它揭开了越南翻译文学亦即喃文文学时代的历史序幕。继之先后产生的《诗经》演喃书有《诗经演音》、《诗经演义》、《诗经解音》、《诗经国语歌》、《诗经正文传注》、《葩诗国语歌》、《征妇吟曲》、《毛诗吟咏实录》等十来种。作为《诗经》的喃译喃注本，这些书多用汉喃对照的形式，多用六八体(例如《诗经演音》是用六八体和七七六八体诗对《诗经》的仿译，《诗经国语歌》首句译诗序为"学队圣道，弹读诗经，古诗吟咏性情")，因此有效地推动了越南文学从中国古诗体向喃文诗体的过渡。

第二件大事是《金云翘传》译本的流行。《金云翘传》原是明末青心才人的小说，全书描写金重、王翠云、王翠翘三人悲欢离合的爱情故事，书名亦由此三人之名合成。1812年，越南诗人阮攸以岁贡正使的身份来到中国，次年回国，即把《金云翘传》译写为长达三千两百多行的六八体喃诗。阮氏的译本又称《断肠新声》和《金云翘新传》。尽管它完全保存了原作的人物和故事，且“有三十处将中国古诗全句翻译过来，二十七处借用中国古诗的语汇、句意，四十六处借取《诗经》用语，五十处语、意源自中国其他经传典籍”[①]，但它在相当程度上仍属再度创作。这一点是同阮攸的生平有关的。阮攸出生在乡村，青年时代常与周围的手工业者交游，喜欢参加庙会、山歌对唱等民间活动。因此，他的“演音”改变了原作的文体，率先把六八体用于长篇叙事；他使小说诗化，常常用优美的抒情语言来渲染主人公的内心活动；他还采用了一些越南民间的俗谚口语，如所谓“仙桃佳种无人识，不爱仙桃爱柑橘”[②]。对比中越两种《金云翘传》，我们可以了解越南“演音”作品的一般特征。

阮攸《金云翘传》在越南引起巨大反响，成为越南文学中最重要的经典。它以各种名义反复刊印，产生了大量注释、仿作、演诗、演歌作品。其中注释作品有乔莹懋的《断肠新声》，有附载关于《翘传》评论及考证的《金云翘广集传》，有忝评并序、跋的《金云翘注》，有范贵适等人所撰的多种《金云翘传注》、《金云翘录》，有合编汉、喃两种金云翘传的《金云翘合集》、《金云翘新集》。其中仿作作品有《金云翘

① 张政：《我们的前辈是怎样为纯洁和丰富民族文学语言而努力的》，越南《语言杂志》1972年第2期。此从林明华《中国文学在越南》转引，《中国文学在东南亚》，暨南大学出版社1999年版，第45页。

② 董文成：《中越〈金云翘传〉的比较》，《明清小说论丛》第五辑，春风文艺出版社1987年版。

折》(意为“仿金云翘”),印于1875年以前,乃是喃文嘲剧(越南北方民间曲艺)剧本,共三回,演唱金重遇翠翘、翠翘报恩报怨的故事;有陈曙所撰的《酬世新声》,共六回,用嘲剧歌调演唱金云翘题材;另外有失名所撰的《金云翘赋》。其中演诗、演歌作品有陈碧珊、朱孟桢等人所撰的《清心才人诗集》,辑录咏翠翘身世的喃诗20首;有失名所编的《翠翘诗集》,辑录喃文七言八句体诗36首;有何权所撰的《会题翘诗》,辑录喃诗45首;有风雪主人所撰的《咏翠翘诗集》,辑于明命戊子年(1829年);有歌咏翠翘遇金重、投钱塘河、被仙公救起之故事的《诗咏翘》;有阮实亭所撰的《翠翘所遇景况诗》30首;有良家子编辑的《金云翘歌》,乃是用于男女对唱的鼓调歌章;有失名所撰的《金翘演歌》,乃是12篇用于陶娘歌的喝呐调歌辞。这些作品不断强化了以“演”为标志的越南文学传统——重视同一题材的多种艺术形式的表现,重视不同体裁之间的文学要素的渗透。这种渗透在模仿的名义下进行创造,其结果是丰富了喃文的表现力,也形成了民族的审美习惯和文学模式。

特别耐人寻味的是:当青心才人几乎被中国人遗忘的时候,《金云翘传》却在实现向中国或汉语世界的回归。其中一个重要的现象是在广西山心、澫尾等地的京族渔民中,流传了关于金仲与阿翘的京语叙事歌,“每逢唱哈节在哈亭由哈妹哈哥演唱”[①]。当这支从越南迁徙而来的族群学会汉语后,关于金仲与阿翘的叙事歌又被译为汉语粤方言,以民间故事的形式流传[②]。另一个现象是,在汉喃研究

① 《金仲与阿翘》,《回、彝、水、仡佬、毛南、京族民间故事选》,广西人民出版社1988年版;《京族文学史》,广西教育出版社1993年版,第106页。

② 参见傅光宇:《也谈〈金仲与阿翘〉及中越文化交流》,《东南亚文化论》,云南大学出版社1994年版。

院，还保存了多种由喃文译为汉文的《翘传》"演音"书籍。其中既包括徐元莫《越南音金云翘歌曲译成汉字古诗》(七言诗体)、黎孟恬《翠翘国音译出汉字》(七言诗体)、黎裕《金云翘汉字演音歌》(六八体，又名《金云翘汉字六八歌》)[①]，也包括阮坚注释并汉译的二卷手抄本《王金传国音·王金传演字》和"东医学士张甘雨"的《汉译金云翘南音诗集》。阮坚之书由《王金传国音》、《王金传演字》合成，前者用汉字注释阮攸《金云翘传》的典故和难字，后者为阮攸《金云翘传》的六八体汉译；张甘雨书则是七言诗体，作于1961年。上述两个现象实际上代表了又一种"演"的方式——由喃文演为汉文的方式，越南人称之为"汉字演音"和"演字"。这种方式又见于总集类的《国音演诗》一书。此书用汉语四言诗翻译越南的方言、俗语和歌谣，所以又名《国音演字》。"演字"、"演诗"等术语的流行，证明文化交流总是双向的，它是孕育新文体的温床。联系《琵琶国音新传》序所谓"北人以文字求声音，文字便成腔调；南人以声音求文字，声音别具体裁"云云，我们知道，这些术语还反映了越南人对中越语言文学特征的看法：中国文学以"字"为主要载体，越南文学则以"音"为主要载体。

六、小说和诗传

在最近的越南古籍整理工作中，小说是得到较多重视的体裁。台北学生书局于1987年、1992年出版的两辑12册《越南汉文小说丛刊》，由法国远东学院、台湾中国文化大学、越南汉喃研究院合作编

---

① 以上诸书亦见陈益源：《越南〈金云翘传〉的汉文译本》，《中华文化与世界汉文学论文集：文学丝路》，世界华文作家协会1998年编印。

辑,有详细的作品解题,有校勘和新式标点,反映了系统整理越南古籍的创意,也代表了这项工作的最新水平。

《丛刊》的意义在于:它不仅提供了一批小说研究的资料,而且提供了关于越南汉文小说的一种理解。例如它指出"现存越南汉文小说大约三十部,约三百万字左右",就大致确定了越南汉文小说的范围。此外它把越南汉文小说分为"传奇小说"、"历史演义"、"笔记小说"、"神话传说"等类,亦不啻为每篇小说作品明示了分类上的归宿及其渊源。根据陈庆浩先生《越南汉文小说丛刊》总序和全书目录,这一分类的基本内容是:

> 传奇小说类:"这批小说是文言短篇,类似唐人小说"。已作辑校的有《传奇漫录》、《传奇新谱》、《新传奇录》、《圣宗遗草》、《见闻录》、《越南奇逢事录》等。
>
> 历史演义类:演绎"自十五至十九世纪的越南历史"。前期作品明显接受了中国的历史演义的影响,"有较多的故事性";后期作品则"以史家修史的态度,用章回小说的形式写历史","不是通俗文学"。已作辑校的有《皇越春秋》、《越南开国志传》、《皇黎一统志》、《皇越龙兴志》、《驩州记》、《后陈逸史》等。
>
> 笔记小说类:"这一类是以人物事迹为主"。"最早的当推《南翁梦录》,此外有《公余捷记》、《南天珍异》、《听闻异录》、《山居杂录》、《云囊小史》、《大南显应传》、《沧桑偶录》、《安南古迹列传》、《南国伟人传》、《南天忠义实录》、《科榜标奇》、《人物志》等等"。
>
> 神话传说类:"这些是越南民族国家和事物起源的神话和传说,亦包括神祇传记"。如《粤甸幽灵集》、《新订校评越甸幽灵

集》、《岭南摭怪》、《岭南摭怪列传》、《天南云箓》、《南国异人事迹录》等。

也就是说，在编辑者看来，越南小说的概念乃和中国小说相当，其特点在于：（一）往往有中国小说（唐人小说、历史演义等）的渊源，（二）以人物事迹或传记为其重要部分。

毫无疑问，这些判断是认识越南汉文小说的基础。但正如一切初期工作一样，它尚有不完善的地方。我们注意到：在实际编纂工作中，《丛刊》第二辑增列了"笔记传奇小说类"，并以《会真编》、《新传奇录》属之。如果说《新传奇录》是对《传奇漫录》的仿作，那么，将二者分列于两类（笔记传奇类、传奇类）便是不甚相宜的；何况"笔记传奇"是一个内容含混的类别，未必可以成立。另外两个稍嫌悖理的情况是：《南国异人事迹录》采录 5 篇神祇传记，《安南古迹列传》采录 12 篇神祇传记，所采者均出自《岭南摭怪》、《天南云箓》、《越甸幽灵集》等书，它们显然有体裁上的源流关系；而《丛刊》却把它们分列于"笔记小说"、"神话传说"两个部类。又《听闻异录》序谈到其体裁的来源，说"前辈有《岭南摭怪》，有《越甸幽灵》，有《传奇漫录》，有《天南传记》，皆记我国神异之事也"，因而称自己是"效颦"这几部书而作的；但《丛刊》却把这些相关的书分列于"笔记小说"、"神话传说"、"传奇"三个部类。由此看来，越南古代小说整理工作的体例是不甚严明的。换句话说，关于越南汉文小说（广而言之，越南古代小说）的范围、分类及其来源，仍然有讨论的必要。

实际上，对越南汉文小说进行钩稽和分类，与其说是文学研究的问题，不如说是文献学的问题。因为学术界并没有一个确定的"小说"概念。目前中国文学研究者之"小说"观，乃来自两个不同的传统：其一来自中国古代史学或目录学，指的是作为官方历史著作之补充的"丛残小语"，认为其范围包括"叙述杂事"、"记录异闻"、"缀辑琐语"[①]；其二来自欧洲的文学理论，指的是散文体的叙事文学，认为其基本特征是"通过一定的故事情节对人物的关系、命运、性格、行为、思想、情感、心理状态以及人物活动的环境进行具体的艺术描写"[②]。尽管欧洲标准较吻合于现代的学科分类，但它在研究实践中却未能完全取代中国的古典标准。因为一旦以此界定中国古代小说，那么就会割断狭义"小说"(作为散文体叙事文学之小说)的历史渊源，并且使一大批"笔记小说"在学术上无所归依。这是在整理研究越南汉文小说时必须明确的事实。这一事实意味着，我们面对的"小说"，既有符合欧洲标准或现代标准的小说，又有符合中国古代观念的小说，还有联系于越南本土的叙事传统的小说。我们必须立足于越南汉文古籍的实际状况来划定"小说"的范围。参考《丛刊》的小说概念——往往有中国小说的渊源，以人物事迹或传记为重要部分——来作考察，我们认为，越南古典小说大致包括以下类别：

(一)章回小说：从现代眼光看，这是汉文古籍中最典型的小说。其特点是白话散文体、篇制巨大、以章回划分段落、主要描写大型历史事件。所以有学者称它为"历史演义"[③]。不过越南章回小说的题材其实不限于历史。在《丛刊》未列入"历史小说类"的书中有《驩州记》和《后陈逸史》，分别描写乂静阮景家族前八世的人物，以及后陈朝陈贵扩的抗明活动，后者应属于"英雄演义"。在《丛刊》未列为"小

---

① 《四库全书总目》子部小说家类序，中华书局影印1965年版，第1182页上。

② 《中国大百科全书·中国文学卷·小说》，中国大百科全书出版社1986年版。

③ 郑阿财：《越南汉文小说中的历史演义及其特色》，《中华文化与世界汉文学论文集：文学丝路》，世界华文作家协会1998年编印。

说”的书中则有《桃花梦记》、《南城游逸全传》。《桃花梦记》又名《兰娘小传》、《桃花梦记续断肠新声》等，为二十回汉文爱情小说，今存两回；《南城游逸全传》今存四回，亦是章回体汉文爱情小说。此二书，与其称作“历史演义”，就不如称作“烟粉演义”了。

越南章回小说来源于中国的章回小说。其间区别在于，中国章回小说是职业说书艺人所创制的体裁，到越南则有所分化：一部分继续保持说唱传统，另一部分则成为知识分子的写作工具。这种分化造成了文体上的变化：其一，知识分子创作的章回小说往往面对读者（而不是听众）来写作。故在《皇黎一统志》第二回、第八回结尾，常规的“且听下回分解”被“且看下回分解”云云取代。其二，这种章回小说有强烈的纪实性质，作者本人往往就是小说故事中的当事人，例如《皇黎一统志》的三位作者均曾参预书中所记的历史事件。俄国学者李福清认为，这说明越南小说的作者不仅依据中国传统，而且依据本国的历史散文（例如带有历史文献性质的《蓝山实录》）的传统①。其三，除适合于阅读的汉文章回小说之外，越南还产生了一批喃文的章回小说，用于说讲。其中既包括对汉文历史演义的“演音”，如《越南开国志演音》和《唐征西演传》；也包括长篇喃文小说，如十九回的《事迹翁状猪》（意为“猪状元事迹”）、二十三回的《事迹翁状琼》（意为“琼状元事迹”）。此外，越南古小说中还有一批章回体的喃文诗传，例如二十四回的《碧沟奇遇》、十二回的《富贫传演歌》、同样十二回的《董天王新传》。这些诗传多为六八体，具有更鲜明的说唱色彩。它们共同组成了章回小说这一内容丰满的小说部类。

---

① 李福清：《皇黎一统志与远东章回小说传统》，中译本载《汉文古小说论稿》，江苏古籍出版社 1992 年版。

（二）传奇小说：同章回小说相比，越南的传奇小说有更早的渊源，亦即源自中国中古时代的志怪、传奇类小说。阮屿《传奇漫录》、段氏点《传奇新谱》、范贵适《新传奇录》等作品，反映了越南作家对其中国渊源的认可。其主要特点是富虚构成分、篇幅不长（故往往以多篇成集）。在《丛刊》未收书中，这样的作品还有《云囊小史》、《本国异闻》、《异人略志》、《异人杂录》、《传记摘录》、《越隽佳谈前编》、《婆心悬镜录》等故事集。

在《丛刊》中列有"笔记小说"一类。中国学者通常认为，传奇与笔记小说的区别是前者注重文采，多虚构；后者仅为尺寸短书，据实而录。若依此看法，则"笔记小说类"中亦有相当多的作品属传奇。例如"事凡异者记之"[①]的《见闻录》、"与史实不尽相合而饶有趣味"[②]的民间传说集《大南显应传》，都是传奇作品集而非笔记作品集。

另外，《丛刊》所列的"神话传说类"，其作品在体裁上也应判属传奇。因为从《岭南摭怪》、《越甸幽灵》等书名看，这些作品同样是按传奇记异的宗旨编写的；从其内容看，同样富于虚构，以多篇成集。书中所记载的神灵，例如"历代帝王"、"历代人臣"等等，和中国的城隍、土地、关圣帝君、金山大王一样，属于民俗神，而非神话学所谓作为一种思维方式、作为世界本原之解释的神祇。所以武琼把自己所作的《岭南摭怪》看作"传中之史"，认为其中《鸿庞氏传》"是详皇越开基之由"，《夜叉王传》"略言占城前兆之渐"，《白雉传》"志越裳氏"，《金龟传》"记安阳王"："其视晋人《搜神记》、唐人《幽怪录》同一致也"[③]。

① 语见《见闻录》吴玄斋序。

② 语见《越南汉文小说丛刊》所载《大南显应传出版说明》。

③ 参见戴可来、杨保筠校点：《岭南摭怪等史料三种·岭南摭怪序》，中州古籍出版社1991年版，第7页。

上文谈到《新传奇录》、《传奇漫录》、《安南古迹列传》、《南国异人事迹录》、《岭南摭怪》、《天南云箓》、《越甸幽灵集》、《听闻异录》、《天南传记》等书彼此关联的情况，其所以关联的原因也在于它们同属传奇。总之，我们没有理由说越南汉文小说中存在“神话传说”这一类别；《丛刊》所录作品之外的那些神灵故事集，例如《神怪显灵录》、《陈朝显圣灵迹》、《史南志异》、《兴安省名迹略编》等，仍应归为传奇。

有必要说明的是：上述神灵故事集，所依据的传统不仅有作为一种文学体裁的“传奇”，而且有作为一种史学体裁的“神迹”。据作者李济川序，《越甸幽灵集》原是为表彰祠庙中所供奉的诸神而编辑的，其性质是诸神传记的汇编。这就意味着，越南所存的八十多种“玉谱”或“神迹”书，其中相当数量属于小说——因为它们同样是为表彰祠庙所供奉的诸神而编辑的神传。例如《南海观音佛事迹歌》表彰佛寺中的观音神，其书喃文六八体，分为“庄王求嗣”、“菩萨前身”、“菩萨降生”、“公主慕佛”等二十九段，和《观音真经演义》相比，段落名目相同但文体不同，显然更具文学性。又如《征王功臣谱录》讲述高允夫妻立功与殉难的历程，《南海四位圣娘谱录》记述宋末几位皇后公主在越南的灵异故事，《伞圆山玉谱》包括山精、水精为争夺媚娘而作战的情节，《天本云乡黎朝圣母玉谱》叙及云乡公主柳杏贬降尘世的经过，《高僧禅师玉谱古传》记录蓝田、兰园两社城隍的本行事迹，《古珠四法谱录》讲述蛮娘四子法云、法雨、法雷、法电四神的神秘出生，并附六八体喃诗传，亦具较明显的文学意味。类似的作品还有《玉宝古传》、《雄王事迹玉谱古传》、《东宫水神部主之子渤海大王玉谱古录》、《黎皇玉谱》、《范大王玉谱》、《雄朝八位水神玉谱》、《褚童子及仙容西宫二位仙女玉谱》、《天本云乡黎朝圣母玉谱》、《潘神娘玉谱·丁圣母玉谱·伞园圣事迹》、《张尊神事迹》、《安朗后土事迹》、《二大王事迹》、《段大王事迹》、《赵越王神迹》、《救生郑圣祖事迹》、《法雨寺实录》(庭祖社所奉祀的法雨神的事迹)等。不过这些作品详记传主始末,篇幅较长,单篇成书,就不属于"传奇",而属于下文所说的"事迹传"了。

(三)笔记小说:这是中国古代目录学家心目中"小说"的正统,以实录和短小为特征。这种文体或记录异闻,或叙述野史,或杂考名物,品种多样;其中有人物、有情节的篇章,被现在的研究者接纳入小说范围。受中国典籍影响,越南汉文古籍中亦有此一体。例如武澄甫所编写的《尚友略记》,以 66 页篇幅记录了 252 则汉代至宋代的掌故;范廷煜所撰《云囊小史》,以 290 页篇幅记载了 101 则异闻;高伯适所集《敏轩说类》,杂记报应故事、名胜古迹和名人传记;武芳题所著《公余捷记》,编录 18 世纪初的传说佳话而分为世家、名臣、名儒、节义、志气、恶报、节妇、歌女等十二题;失名仿《公余捷记》而著的《南天珍异集》,以 75 页篇幅记录了 135 则野史异闻;范挺琥、阮案编辑的《桑沧偶录》,以"存古"、"阙疑"为写作宗旨,记录人事怪异共 90 篇:这些作品,大致可以判属笔记小说。

对于笔记小说作品的确定,关系到一个如何看待传记的问题。按《丛刊》笔记小说类的标准是"以人物事迹为主",故它收录了两类作品:一是较富虚构成分的传记,二是较为写实的传记。关于前一种传记,上文已建议并入传奇;至于后一种传记,现在看来,也有一个与史部传记类作品相区别的问题。例如《丛刊》所收的《科榜标奇》,记录 15、16 世纪之间二十名状元的小传,卷一为《登科员数考》,卷二为《国朝状元考》……,其体裁乃类似于《登科录搜讲》(大科登第者小传)、《三魁备录》(陈、莫二朝三魁的名单和小传)、《本邑登科志》(河内慈廉县东鄂乡登科者小传)、《南史略撰甲科录》(二十三位状元的小传)、《南天标表》(一百零七位状元、进士的小传)、《大越鼎元佛录》(越南四十六名状元的小传和传说)等越南汉文古籍。又如《丛刊》所收的《南天忠义实录》、《黎朝节义录》、《南国伟人传》、《大南行义列女传》等,皆记人物小传或简历,乃渊源于中国史部书中的传记,亦在越南有大量同类作品——例如记历代"禅学宗派事迹"的《禅畹集》、"载历朝名臣事状"的《名臣录》、"载本国历代禅僧事迹颇详"的《南溟禅录》[①]、载三十篇古代诗人传记的《掇拾杂记》,以及《退食记闻》(又名《公暇记闻》)、《野史》(又名《列传》)、《鸿貉留英录》(又名《名臣传》)、《国朝中兴忠节显忠诸神》(又名《黎末殉节传》)、《名贤录》、《名臣名儒传记》、《后黎野录》、《黎朝野史》、《老窗粗录》、《历代名臣实录》、《黎末殉节诸臣姓名事状》、《黎朝功臣列传》、《越南名人事迹列传》、《越南前古伟人列传》、《阮朝列传》、《陈黎外传》等,数量在五十部以上。在钩稽笔记小说资料的时候,无疑应把这些作品考虑在内,因为它们至少构成了越南汉文小说发展的背景。

(四)事迹传:"传"是具有越南本土传统的叙事文体。它往往以一个人物、一个时代为叙述的单元,故也称作"事迹"。同传奇、笔记小说相比,它有更长的篇幅、更为通俗的语言和更富文学性的描写,所以它像朝鲜的"传"一样,在小说发展史上的位置相当于中国的"话本"或"市人小说",高于传奇。[②] 从数量上看,这是越南古代小说中最重要的体裁。《丛刊》第一辑编在"传奇类"的《越南奇逢事录》,第二辑拟作收录的《翠翘录》、《蜀安阳王事迹》、《蜀安阳王朝功臣一位

---

① 引文为《历朝宪章类志·文籍志·传记》中的解题。

② 参见李福清:《远东古典小说》,中译本载《汉文古小说论稿》,江苏古籍出版社1992年版。

大王谱录》、《泽海大王事迹》、《张尊神事迹》、《云葛女神古录》、《云葛女神传》等，即属此类。

前文曾论及越南传奇类小说中神灵故事一支的文化传统，举证了一批事迹传体的汉文作品。尽管其数已达数十种之多，但并不意味着事迹传体的主要内容是神灵故事。相反，在这一体裁中，我们看到了大量世俗故事。例如《重湘新录》讲司马重湘投胎而成为司马懿，《柴山实录》讲僧人徐道行创建柴山寺，《幱柚市先师遗事考》讲伞地创始人裴国慨的传奇一生，《四位圣婆事迹文》讲四位中国女子因海难而得到越南人救助，《鸟探奇案》讲一个善鸟语之人指使夜鸟帮助破案，《刘阮入天台新传》讲汉代刘晨、阮超误入仙境而经历人间沧桑之变，《徐式新传》讲徐式路遇仙女绛香而相爱结婚，《阮达阮生新传》讲阮氏双胞胎兄弟发奋求学，《女秀才新传》讲宋代女子扮男装读书考中了进士，《古怪卜师传》讲古怪卜师为黎末官员杜世佳等算卦并讽刺朝政，《罗祖传》讲罗祖因妻子改嫁而出家。这些作品充分表明了事迹传的市民化特质。

从事迹传的上述特点，可知它所依据的既有史传的传统，也有越南口头文学的传统；而不像章回、传奇、笔记三类小说那样，主要是从汉文典籍那里移植过来的。以下几个例证也有助于说明这一问题：其一，有一种六言体小说，讲述刘京因懒惰入地狱而被仙妻求佛救出的故事，题为《刘京传话本》——以“话本”一名对作品所具有的口头文学渊源作了暗示。其二，越南事迹传的主要体式并不是散文体，而是较符合记诵需要的韵文体。这样的汉文小说有诗传作品《怀南记》、《唐高都护渤海郡王诗传》、《李公新传》、《宋珍新传》等。它们多用说唱体裁六八体，其时代又晚于喃文诗传（其中产生较早的是黄光撰于1777年的《怀南记》），显然有说唱艺术的渊源。其三，在汉文事迹传之外，越南小说中还有很多喃文的事迹传，如《仙谱译录》、《传翁徒巴尾》、《汉楚争雄传》、《笺花录》、《花笺润正》等，往往是汉文小说的喃译或演义（后二书即译自中国小说《花笺传》）。喃译可以满足口头说唱的需要，这些喃文作品说明事迹传的世俗化特点是和它的口语化特点并行的。其四，最重要的一条，事迹传的主要形式是富于民间风格的喃诗传形式。这一点值得专门一提。

所谓“喃诗传”，也就是采用喃文诗体形式的事迹传，在越南亦习称“国音传”。其文体主要是六八体，题材主要是男女情缘，流传形式主要是印本形式，每传在一百页上下。符合这几个条件的喃诗传有《蛀花新传》、《黄秀新传》、《有蓟传》、《花笺润正》、《芳花新传》、《主滔古传》、《选夫误新传》、《玉花古迹传》、《白猿新传》、《梦贤传》、《玉娇梨新传》等。它们反映了越南民间小说以说唱方式讲述爱情故事的特性。它们在印刷上的高比例，则证明喃诗传是最受群众欢迎的小说品种。其他一些喃诗传，例如《果报新传》、《石生新传》、《刘女将传》、《�鳐新传》、《蝍蛆新传》、《贞鼠传》、《刘平杨礼新传》、《铜钱传》等，虽然不再是爱情题材，但同样使用六八体，同样讲述日常故事，同样以印本的形式流传。其流传的广泛性，说明在越南小说中存有两个文化传统，喃诗传代表了同历史演义、神怪传奇等大型题材相对立的民间传统。

但从另一面看，喃诗传仍然是同中国小说息息相关的。其中很大一部分作品是中国小说的“演音”或“演传”，例如《平山冷燕演音》、《好逑新传演音》、《刘元普传》、《玉娇梨新传》、《二度梅演歌》、《二度梅传》、《二度梅精选》、《润正忠孝节义二度梅传》、《潘陈传》、《潘陈传重阅》、《再生缘传》、《昭君贡胡传》、《宋志传》卷八、《西游传》、《芙蓉新传》、《琵琶国音传》、《琵琶国音新传》。而且，相当多的喃诗传有中国印本，例如《白猿新传》、《李公新传》、《昭君贡胡书》有广东印本。这种情况是饶有趣味的，它们既反映了中国文学越南化（或曰越南文学对中国文学的融合）的基本途径和基本方式，也表明中越两国小说具有共同的诗体背景。我们注意到：上述演音传主要演绎宋代的故事；它们基本上是有主名的作家作品，正好同非演音的喃诗传相区别——后者通常无作者名氏。这说明越南古代知识分子也依据他们对宋代话本的了解，主要以翻译方式参与了喃诗传的创作。换言之，喃诗传同样是两种传统相结合的产物：一是越南的民间说唱，二是自宋代开始盛行、主要通过越南作家传入的中国话本和弹唱小说。在研究越南汉文小说的时候，对这种诗体小说——无论是汉诗传还是喃诗传——自然都是不宜忽略的。

七、歌筹——陶娘歌

越南古籍中有相当数量的艺术典籍，包括十多种歌曲书、近十种曲艺书和三十多种戏曲书，基本上是喃文书籍。其中歌曲可以分为民间歌谣、礼会歌两类。前者有《乂安民歌》、《清化观风》、《大南国粹札排里巷歌谣》、《民间古吟》（摇篮歌）、《月花问答》（男女对歌）、《花情新传》（情歌）等，多按歌唱地点或歌唱形式编辑；后者则有《陇江歌本》（中元节祭祀歌）、《上殿唱歌》（祈福用的祠庙歌调）、《修齐治平曲》（祝贺曲）、《御制舞花灯新曲》（歌颂黎太祖功业的歌章）、《仍排教嘝楳緢》（祀神祝颂之歌）、《场东村事神棹歌》（祭鳄鱼的船歌调）、《问答歌杂录》（农村婚俗歌）等，多用于民间的礼会。越南的曲艺和戏曲，亦即被称作"嘲歌"的表演唱和被称为"哤戏"的角色表演，也基本上是民间作品。前者有《刘平小说》、《张园演歌》、《各筵开陈》（用于礼会的嘲歌)等作品集,后者有《中军对歌》、《陈诈婚演歌》、《陈广耳演歌》、《三国演歌》、《丁刘秀演歌》、《小山后演歌》、《张园演歌》、《刘平演歌》、《花云演音歌》、《刘平嘢》、《金石奇缘》、《文缘演戏》、《嘉耦演传》、《唐征西演传》、《徐胜演传》、《西游记演传》、《花天宝演传》、《老蚌生珠演传》、《四海同春演传》等作品集。这些喃戏之所以以“演歌”、“演传”、“演戏”等为名,是因为它多用喃文来演绎源于中国的历史故事。

毫无疑问,上述典籍是富于民族特色的珍贵财富;但从文化交流的角度看,另一种被称作“歌筹”或“陶娘歌”的艺术样式,就更为重要而宝贵了。它实际上是中国古代乐种的一个活化石。

歌筹是一种类似于福建南音的表演方式,一人主唱而以带琴、拍板、小鼓伴奏。许多迹象表明,它的历史比南音更为悠久,始于唐代。南音歌词的题材往往是宋代故事,歌筹所唱则多是唐诗;南音用闽南方言演唱,歌筹则主要使用由唐代传入的“汉越语”。另外,歌筹的两个主要角色——主唱者“陶娘”(又称“姚娘”)和伴奏者“管甲”,其名也见于李朝(1010—1224)的典籍。何况“歌筹”之“筹”还是一个关于唐代艺术的术语。唐代饮妓歌唱小曲,往往以筹为点歌记令的工具。元稹《元和五年予官不了》诗云:“能唱犯声歌,偏精变筹义。”《何满子歌》云:“如何有态一曲终,牙筹记令红螺盏。”方干《赠美人》云:“剥葱十指转筹疾,舞柳细腰随拍轻。”孙光宪《更漏子》云:“歌皓齿,舞红筹,花时醉上楼。”[①]这些关于筹歌、妓歌的资料,指示了“歌筹”、“陶娘歌”等名的由来。

---

① 《元稹集》卷五、二六,中华书局 1982 年版,第 59 页、第 310 页。《全唐诗》卷六五一、八九七,中华书局 1960 年版,第 7478 页、第 10141 页。

之所以说歌筹是“活化石”，则因为它既代表了一种民间遗存，又代表了一批典籍遗存。现存的关于歌筹的典籍，在汉喃研究院有37种。这些典籍或记录歌筹曲目，或叙述演奏鼓、琴、板的方法，或解释制度名物，或阐述歌唱理论，内容十分丰富。从以下三例可见一斑：

（一）《歌调略记》。抄本154页，内容包括：一、对若干曲调的风格及唱法的描写。例如记亭门古曲《喝呐》：“其调捷妙，如行云流水；其辞古今皆有。其句数自十一句以外为一阕，或十三、十五，必以奇数。”二、歌词。前四首是唐人诗“月落乌啼霜满天”（张继）、“寒雨连江夜入吴”（王昌龄）、“渭城朝雨浥轻尘”（王维）、“蒲桃美酒夜光杯”（王翰），此后有汉、喃对照的歌词《天台五首并演音》、《琵琶行》、《沙漠并琵琶演音》、《进酒曲》（李白《将进酒》）、《进酒曲演音》等。另有纯用喃文的歌词数十首。

（二）《歌谱》。284页，杂抄以下内容：一、200篇陶娘歌，汉喃兼用而以喃文为主，包括《前赤壁赋》、《后赤壁赋》、《将进酒赋》、《琵琶行》、《琵琶行演音》、《长恨歌》、《长恨歌演音》、《回文歌》、《回文歌演音》。二、喃文嘲调。三、用喃文翻译或创作的诗歌作品。四、《烟霞逸趣》、《金玉蕴藏》等喃文赋。书前有关于歌筹的概述，甚富理论价值，兹抄录如下：

> 南音女乐之作久矣！部曲无古今之殊，而声调有古今之异。盖自黎郑以前，制为乐府，其曲辞纪实而无文，其声浑厚而质。传至今日，歌曲必袭乎古，而口传失真，多不可晓。后人间有作者，仅如喝庙、喝呐、喝统、喝吨类耳，余则未见。若其声调之侈靡，与古大变，俗尚然也。今歌家于亭门唱席，多用古调；省城啸

馆，间用新声：亦存乎审音者何如耳。惟至冬日，歌家祀先师，谓盎府者，纯用黎殿郑府旧曲，谓之喝磊，与平日异，而能唱之亦少。就中欢爱歌女音节琴拍，又与北城诸辖大别。此不可不察也。

一、打鼓，先打五声，前三声缓，后打二声急。……系见陶娘即席而尚舒徐未唱，即再打鼓三声，前二声缓，后一声急，以示陶娘即喝。……

一、琴声有五音（情、性、桑、星、性），有五宫（宫南、宫北、宫簧、宫皮、宫咔斩），与拍相间，与歌相值。声中方连而忽断，既断而复续，有元音而无丝响者佳。若缓于挑发，谓之呐倾改；按声有痕迹者，谓之瓮；与拍板齐者，谓之振；与歌声后随者，谓之跷；繁声不分者，谓之柊。此琴中之劣也。

一、拍板有数项（拍宽、拍毛、拍捉、拍哺、拍跷），缓急有度，所以节歌者。与歌字句相间，不可相值。又必歌者从拍板，拍板不可从歌者。……今歌者曲中用拍捉者多，用诸拍者少。

一、打鼓（俗号打嘲），或打鼓面，以节歌之曲；或打鼓侧，以赏歌之妙；初上席，打鼓面三点，以来歌者。……

（三）《民间古调曲》。抄本 100 页，首部残缺，第 5 页署“民间古调曲”五字，并记录“浔阳江头夜送客”、“征妇吟”等喃文或汉喃相间的歌词。自第 17 页起记歌词及其所配工尺谱字，自第 22 页起记录相关音乐理论。经与《点歌鼓法》、《歌筹体格》等书对校，其中理论文如下：

合四上。尺合四上。尺上四上。上四合工。上工尺。上尺工六。六六亚五。五五亚六。五六工尺。上尺工六。五六工尺。六工尺。六工尺上。合四上。上四上尺。上尺工合。

点鼓套:夫听歌而后有点鼓,以阅试可否。譬之如士子行文,其中字句而有体,与得书旨,及雕镂工巧者,则点阅示志。或出意表搜奇,又重点重圈以识之。……且歌工就场,闻鼓如催令,先宽点三声,使他各各整备悉毕。及其歌工就席,歌工转弦,即点三声,是应其至也。或稍迟再点五声,是催之也。及其起唱,或间一字一点,或间一截一点,于尽句尽篇处,或一点、二点、三点、五点不齐,亦如读书之分章句读者。……至于点鼓,须于字声尽后,不可与字声相合。否则鼓声相蔽字与声,不可得闻,歌家谓之'塞口'。……又有一句之中,间字间点,尽句处最后打一侧(如从、从、从、从、搁),谓之回后垂珠、落雁下马。或尽句处先打一侧,继以四点(如搁、从、从、从、从),谓之争先夺珠、冠雁上马。……

中国音乐学界有一术语叫"高文化",指的是许多民间乐种所具有的深厚文化积累。它们可以在文献记载的历史形态中取得印证;同天籁性质的土著音乐相区别,它们往往从教坊、乐营等音乐团体流传而来,经过艺术加工,是某种较精致的艺术生活的结晶。显而易见,歌筹正是这样一种高文化的艺术品种。在越南古籍中有一种《考教坊式》,记录对陶娘进行典试的评价体式,由礼部教坊司撰写,其典试方式是以得筹多寡而确定评分高低。这就证明歌筹是一种教坊艺术,其名亦来自教坊。因此可以说,关于歌筹艺术的记录,深刻地反映了中国古典音乐及其理论同越南民族音乐的交融,是歌筹的历史身份的证明。

图 2:歌筹表演

至于作为民间遗存的歌筹,其历史身份则在人们的演唱中得到了证明。在河内,每月末的那个星期天,业余的歌筹艺术家们都要去碧沟道馆举行专场表演,以展示这一不绝如缕的古老艺术。在河内市瑞圭路的一处僻静院落,则居住了一个年代久远的歌筹世家。1998 年 8 月 30 日,我推晚回国的日期,在碧沟道馆观看了歌筹演唱。2001 年 4 月 5 日,我再次推晚回国的日期,安排了同一个特殊的民间艺术之家的约会。碧沟道馆的演唱者名叫白云,伴奏者是几位老年男性艺人;歌筹世家的主唱者名叫阮翠和,伴奏者是她的兄长和父亲。两位女子手持拍板,按"执节者歌"的老传统曼声歌唱,伴奏者则奏响了圆形鼓面、高 0.4 米的带鼓和方形共鸣箱、三弦、长 1.2 米的带琴。在白云的歌声中,可以依稀辨认出"浔阳江头夜送客"、"玉露凋伤枫树林"等等使用唐音的词句;而阮翠和则特地为我演唱了白居易《琵琶行》的喃调。人们告诉我,翠和、白云是河内最出色的陶娘。由于长期的演唱,她们已经习惯了一字形的口型、腹式呼吸,并用唱歌筹的姿态坐禅。面对她们,我不由得想起念奴、许和子、谢阿蛮、沈阿翘、张红红、柳青娘、周彩春等等唐代艺妓的名字。我知道,唐代音乐史正是由于这些女子而生动起来的。同样,汉喃研究院所藏的那几十部歌筹典籍,也将因为今天的陶娘而不再显得陌生。

八、各民族的喃文图书

随着汉语文的流传和应用，一种利用汉字的表义表音功能来拼写越南口语的新文字产生出来，人们称之为“字喃”或“喃字”。关于字喃起源问题的意见很多，有一种看法认为它创始于东汉末年的交州太守士燮。例如《殊域周咨录》说士燮“取中夏经传，翻译音义，教本国人”[①]；《指南玉音解义》说士燮“大行教化，解义南俗，以通章句，集成国语诗歌以志号名”。这至少说到了一部分事实，即喃字是伴随汉文化传播而产生的文字，有很悠久的历史。一般认为，喃字的产生经过了两个阶段：一是用汉字来拼音，记写人名、地名、草木名、禽兽名的阶段；二是系统制作喃字以表意的阶段。关于喃字的最早证据，有越南历史博物馆所藏、铸于1076年的钟铭，以及刻于1209年的报恩碑——它们是第一阶段的喃字的代表。而系统使用喃字的作品出现在13世纪以后。史籍记载了最早的喃文创作：陈仁宗四年（1282年），刑部尚书阮诠曾以越南语作《祭鳄鱼文》；在此时前后，他也用越南语写下了一批诗章。《大越史记全书》认为：“我国赋诗多用国语，实自此始。”[②]今存陈朝（1225—1400）的《祭鳄鱼文》、《禅宗本行》和黎朝初年（1428年）阮荐所作的《国音诗集》，便是这一阶段的喃字的代表。正是在这一背景下，喃字在胡朝（1400—1407）、西山阮朝（1788—1802）这两个短暂的朝代曾用为国家正式文字。至18世纪以后，随着通俗文学的蓬勃发展，喃字作品终于蔚成大国。《越南汉

---

① 严从简：《殊域周咨录》卷六《安南》，中华书局1993年版，第236页。

② 《大越史记全书》卷五《陈纪》，第355页。

喃遗产目录》收录了1373种纯用喃文写成的古籍，它们基本上是18世纪至20世纪的作品。

关于喃文文学的发展概况，林明华所撰《中国文学在越南》[①]有较详细的介绍。可以补充说明的是：喃文实际上是一种俗文字，用于非官方的场合，总是同一些民间典籍样式结合在一起。除经部中的“演义”、“演音”、“国语歌”以外，这种典籍多见于史部中的杂史、玉谱、方志，子部中的儒学、蒙学、家训、医家、佛教、道教、俗信，以及集部除诗文评以外的各个类别。也就是说，凡是用于宣传、启蒙和娱乐的读物，凡是口语化倾向较强的读物，都喜欢使用喃字。喃字进入典籍，乃意味着口语向典籍的渗透——从相反一面看，也是典籍向口语世界的渗透。例如家训类有喃文的《家训演音》、《朱训演音歌》、《春亭家训国音歌》，反映喃文是进行家庭教育的文字；俗信类有《良心国音真经》、《报恩国音真经》等许多“国音真经”，反映喃语是进行宗教宣传的手段；而在集部书中大批出现《洪德国音诗集》、《唐律国音诗》、《国音词苑》、《名家国音》等喃文作品，则反映越南古代文学主要采用口头（而非书面）的传播方式。这些情况，同越南古籍多为抄本、甚少刊本的现象是相一致的。

与喃文文学的兴起相伴随，在越南文坛上还出现了六八体韵文对于古典格律诗的代兴。六八体指的是以六言八言相间为主体的韵文体裁，包括“六八六八”、“七七六八”两种类型。其格律则接受汉语近体诗的影响，将平、玄、问、跌、锐、重等六声分为平仄两类：

六八体：平平仄仄平平，平平仄仄平平仄平，平平仄仄平平，

① 编为《中国文学在东南亚》第一章，暨南大学出版社1999年版。

平平仄仄平平仄平。

七七六八体(又称"双七六八体"):平仄仄平平仄仄,平平平仄仄平平,平平仄仄平平,平平仄仄平平仄平。

1891年,乔莹懋在《琵琶国音新传序》中说:"我国国音诗始于陈朝韩诠,继乃变七七为六八,而传体兴焉。"亦说明六八体是同七言体相关联的诗体。作为在汉语七言诗影响之下产生的越南民族诗歌的体裁,六八体的应用范围非常广泛。杂史中的《越史演音》、《大南国史演歌》,日记中的《西行日程》、《西行日程演音》,儒学中的《教训歌》、《训女演歌》,宗教典籍中的《超神真经》、《文昌帝君阴骘文演音歌》,特别是小说诗传中的大部分作品,都使用了这一体裁。另外,诗文集中至少有80种典籍,是用六八体写作出来的。例如其中有两种《征妇吟》,分别以六八体和双七六八体对译汉文歌行体同名诗;有《日程东洋旅怀吟》和丁日慎《秋夜旅怀吟》,以喃文六八体寄托乡思;有《北史咏曲》和《六八史咏》,歌咏从三皇到明代的中国历史;有《天南国语录纪》和《二十四忠演歌》,叙述从丁先皇至李圣宗的越南史事和关于越南二十四忠臣的传说。此外还有这样两部性质属"杂抄"的典籍:

《长恨歌演音新传》,武文科撰,抄本65页。其书包括:(一)《长恨歌演音新传》,关于白居易《长恨歌》的两种喃译,一种用七言体,一种用六八体。(二)《嫁女望婚期》,双七六八体歌,汉文。(三)《歌筹体格》,关于歌筹(陶娘歌)的喃文书籍。(四)《陶娘送情人》,喃文陶娘歌。(五)《中秋奇童玩月赋》,双七六八体喃赋。(六)关于越南人物、土产、道路的若干首喃文歌,六八体。

《训俗国音歌》,邓希龙(号善亭)撰,1895年印本34页。其书包括：(一)《训子国音歌》，六八体喃歌。(二)《劝孝演音歌》，范廷粹对《劝孝歌》的喃译。(三)《八反演音歌》。(四)《太上感应篇国音歌》。

如果说作品的题材可以反映作品的艺术功能，作品的类聚可以反映作品的文体属性，那么以上情况表明：六八体是一种具有浓厚的乡土特色、宜于叙事、较富说唱风格的诗歌体裁，也是常用于通俗宣唱和陶娘之歌的体裁。《琵琶国音新传》成泰十三年(1901)序说："北人以文字求声音，文字便成腔调；南人以声音求文字，声音别具体裁。故东嘉第七才子之书，足登唇吻；而东床六八演音之传，容惜齿牙。"这段话，可以理解为关于六八体之缘起的说明。换言之，六八体是"以声音求文字"而形成的"体裁"，是贴近口语和口头传播方式的体裁，是汉诗同越南民间说唱相结合的产物。

汉文化传入越南以后，经改造而产生了许多新事物。其中最值得称道的，大概就是六八体以及六八体所依托的喃字。但越南语言学研究者龚克略还向我指出了一个更有趣的事实：除越南族(京族)以外，另有五个民族按自己的方式改造汉字而创造了特殊的喃字。这些文字，按其所属民族的名称可以分别称作"侬喃"、"土喃"、"山喃"、"芒喃"、"岱依喃"。也就是说，越南共有 54 个民族，7 个民族有自己的文字，而使用方块喃字的则有 6 个民族。这些喃字的共同点在于，都以汉字为造字元素，都是按会意、形声、假借等法造成的能够拼读越南语词的文字；其区别则在所拼读的是不同民族的口语。例如"天"这个字，京族写为"歪"(trei)，侬族写为"奔"(bæn)，土族写为"吞"(va)，芒族写为"勗"(blei)。这是一件意味深长的事情。

现在登记编号的少数民族书籍有十几种，如《和平官郎史略歌音》(芒族)、《土人歌》(侬族)、《西南乍卌剢孝演歌》、《宣光省安山府白裙蛮书》、《宣光省占化州各种蛮书》、《宣光省咸安州白裙蛮书》、

《北泮银山蛮钱书》、《高平省原平州蛮书》、《安沛振安庆门蛮书》、《安沛文振蛮书》、《懒耕春闲时愁》、《富寿端玉烛社蛮书》、《广安横蒲县蛮书》。其内容特点是记录本民族的风俗、历史、律例,以及符咒、供书、歌章等祭祀文辞;其形式特点是用七言、五言、四言、六八等辞体作歌章和传文,并往往在汉文中杂用喃文。例如《西南𠄩卅𠔭孝演歌》便是一个喃文书名,译成汉语是《西南二十八孝演歌》。

由于种种原因,大量越南少数民族古籍未能收集入藏。我在私人处零星所见,即有四十几种。这些书多是抄本,多为玉谱、神迹、方术、仪轨之书,常用六八体歌诀,杂用汉字和喃字(由于本民族语汇的限制,它们所用汉字的比例远远高于京族的喃文书)。其中有两种书,内容奇特,值得一记。

其一是一份古代土族人的情书,题为《明蒙伴桍》,汉文的意思是广阔的爱情。它书写在一张60公分见方的大纸上,四周用精致的笔触画上了凤鸟、莲花、鲤鱼、云气、游龙,纸中部的上下两端分别画着有焰脚的月亮和长翅膀的太阳。书末落款"光中原年……黄道安寄于",表明是二百多年前(光中元年,1788年)一位黄姓青年的作品。全书是一首七言诗歌,共156句,每句七字,叶韵(即每句末字和下句的第五字同韵)。其首四句云:"光清姻幽玫盆难,句笔制书燕寻伴,觍慢鴈上堂忙奔,鴈亥已边崇勿岸。"意思是:面对清幽的景色,心中难忘;用笔写下书信,请燕子送上。我请大雁到你家——到那遥远的天界;雁啊,越过重重叠叠的高山,不要怕困难。1967年,在高平省和安县,龚克略从黄道安后裔处收集到这份珍贵的文献。

其二是莫代(1527—1592)学者闭文倖的《土语》。其书共150纸,按传统方式装订而成。书末有落款,云:"皇朝成泰二年岁次庚寅仲春吉日,鼻孙闭文仁抄依旧本。"成泰二年,也就是公元1890年。

这本抄写于一百多年前的书，用土族喃字记录了约四千联土族的谚语。其例有：

奴哥离贪哂，畋官贪胋。

（老鼠贪婪在口上，当官的贪在肚子上。）

幽柄边乖，黜街边吧。

（在家聪明伶俐，在市场反而愚笨。）

三百方帍厛，尸孩𤞣即𣘈妲戏。

（你有了三百块干枯的土地，你也就有了小孩游玩的地方。）

这些谚语常常使用韵语，例如上文第二联协腰尾韵——前句末字“乖”，与后句次字“街”同韵。叶韵为谚语增加了形式上的美感。而尤其让我感到庆幸的是：这种美感同充满智慧的内容，是依靠土族所创造的喃字保存下来的。

九、结语：一个类比

当我阅读手边的越南古籍资料、写下以上文字的时候，我的心情是兴奋而又忐忑不安的。兴奋缘于阅读时常有的新奇感触；不安则因为所凭借的资料远在异域，尽管以最大努力作了查验，但各种判断仍然有待于深化和落实。本文之所以写为“札记”，也是为了在有限的能力和无限的材料之间找到一种妥协。

但从另一方面看，我们却有条件在总体上把握越南汉文古籍的内容、风格和意义。这条件就是类比。类比的对象是人所共知的敦煌写本文献，类比能够成立的理由则是两宗文献所具有的文化同一性：越南古籍往往杂抄成书，容纳了大批社会经济档案和大批中国文学史上已失落的体裁和作品，其作者多是思想和修养都迥异于传统“作家”的下层文化人，其知识结构则为各社会阶层所共有；这些情况同敦煌文献没有二致。另外可以类比的是：一旦把越南古籍整理出来，用为学术工作的依据，那么，它必然会像上个世纪的敦煌学那样，推动典籍与民间遗存的比较研究，冲击中国古代史、古代文学、古代语言、古代艺术、民族史等众多学科。显而易见，通过一百年前的那个敦煌藏书洞，我们可以逼真地想象越南古籍的性质和潜在影响。

事实上，当我在河内市西南郊披阅群书的时候，我就是这样想象的：面对越南古籍，不断地怀想敦煌。最令我激动的是那数百种赋集，其中有关于刘平和杨礼友悌事迹的《刘平赋》、关于汉代王陵母子忠义故事的《王陵赋》，以及作为附载的《孔子项橐相问书》。这些赋文的形式和内容，都再现了敦煌俗赋的风貌；只可惜我得以经眼的那几篇赋文写为喃文，无法作细致的比较研究。我现在能做的，是转向手边的《太公家教》。这是一本抄写于启定元年（1916 年）的残本书，至今流传于越南民间而未被官方书库收藏。它有 16 页篇幅，采用汉字正文和喃字小注相间的体式。正文有云：

> 一日相逢，万劫因缘。四海之内，兄弟皆也。同道者，千里之寻；不同道者，过门不入。有智者如年高，无智者头（徒）劳百岁。人离乡则易，物离乡则贵。国正天心顺，官声民自安。王以民为本，民以食为先。王有良将，家有贤妻。兄弟如手足，夫妻如衣服。千家万家一家好，千草万草一草香。
>
> 日日养客不贫，夜夜偷人不富。入山逢虎易，开口告人难。人贪财而死，鸟贪食而亡。罗网之鸟，悔不高飞；悬钩之鱼，悔不

忍饥。人心如铁,官法如炉。守分愁难入,无贪祸不侵。……

这种文本,就明显可以和敦煌所出的《太公家教》相比较了。据王重民《敦煌遗书总目索引》,《太公家教》是敦煌写本中最多见的一种文献,至少有35个卷号。其内容是采摭诗书经史俗谚之语(多为四言体),规劝少年子弟遵循社会伦理,有"孝子事亲"、"弟子事师"、"教子之法"、"立身之本"等等门类。写本题记表明,它流行于唐宣宗大中四年(850年)以后,是"从中唐到北宋初年最盛行的一种童蒙读本"[①]。这种童蒙读本在敦煌还有很多,如《李氏蒙求》、《新集文词九经抄》、《开蒙要训》、《兔园册府》、《勤读书抄》、《武王家教》、《辩才家教》、《随身宝》等。《李氏蒙求》是唐人李翰的作品,存敦煌写本两种;《新集文词九经抄》成书于8世纪中叶,存敦煌写本16种[②]。它们大致反映了各读本的年代和流传规模,也反映了《太公家教》的文化背景。同样,越南本的《太公家教》也有数十种格言体的童蒙读本——《四字训蒙》、《课儿小柬四字国音体》、《古愚正误四言诗》、《四字对联经》、《训蒙集》、《词调精华》、《先正格言》、《训俗遗规》、《幼学越史四字》等——作为背景。它们显然是相同的社会需要的产物。也就是说,上述背景反映了文化上的同构关系;在敦煌写本文献和越南汉文古籍之间,存在相类似的文化结构和社会功能。

幸运的是,尽管敦煌文献封存于宋初,敦煌《太公家教》的流传线索因此晦暗不明,但我们却可以在各种典籍记载中看到越南本《太公家教》的渊源。按唐人李翱(772—841年)《答朱戴言书》曾提及"俗

① 王重民:《敦煌古籍叙录·子部上·太公家教》,中华书局1979年版,第220页。
② 参见周丕显:《敦煌童蒙、家训写本之考察》,《敦煌文献研究》,甘肃文化出版社1995年版。

传《太公家教》"，宋王明清《玉照新志》卷三认为"世传《太公家教》，其书极浅陋鄙俚"，胡仔《苕溪渔隐丛话》卷一五说时人把格调浅俗的诗"方之《太公家教》"，元人陶宗仪《南村辍耕录》卷二五记《太公家教》为金院本的名目，明《雍熙乐府》卷二则有唱词"抵多少迟逢了《太公家教》"。[①]这说明《太公家教》自唐以来流传有绪，在民间的影响一直不曾衰落。又据明人严从简《殊域周咨录》卷六，在当时，越南亦已传入"《太公家教》、《明心宝鉴》、《剪灯新、余话》等书"[②]。由此可见，敦煌《太公家教》和越南《太公家教》，事实上代表了一段俗文化传播史的两个端点；《太公家教》在敦煌写本、越南写本中的存在，再一次提示了这两种文献的共同特质。倘若考虑到越南汉文古籍在时间上的大幅度跨越——从公元 2 世纪至 20 世纪，那么毋宁说，在越南，现在正有一个内涵更深厚的、正在活生生地流动着的敦煌。

（原载《新国学》第 3 卷，巴蜀书社 2001 年版）

---

① 《玉照新志》卷三，《丛书集成初编》，第 49 页；《苕溪渔隐丛话》（后集）卷一五，人民文学出版社 1962 年版，第 111 页；《南村辍耕录》卷二五，中华书局 2006 年版，第 309 页。

② 《殊域周咨录》，第 239 页。

论越南古籍的历史、形态和文献学意义

一

从21世纪中国学术的角度看，越南汉喃古籍是一批亟待发掘、亟待认识的资料。它不仅是一宗历史文献，记载了红河、湄公河流域诸民族几千年的社会文化活动；不仅是一宗文学文献，反映了越南人民在诗歌、小说、戏剧、曲艺等方面的创造；而且，它是汉文化在越南的特殊结晶，代表了一种用汉字来记录历史、记录文化的重要方式。这批古籍曾经在中越之间往返流传，目前主要分布在远东各国和欧洲的法国，但它们具有相近的文化个性，在抄写刊印、传播流布、记录分类等方面展现出不同于其他民族古籍的特殊风格。从文献学角度对之加以探讨，实质上是一种特殊的典籍比较研究，可以揭示汉文古籍的两种主要形态——保存在中韩等国的经典形态与保存在越南的通俗形态——的异同，揭示其关联并揭示造成这些异同的种种文化原因。我们相信，这项研究必定会像一个世纪以前的敦煌学那样，促进中国学术各部门的发展，首先是促进传统的中国文献学的发展。

二

越南汉喃古籍是中越文化交流的果实，拥有古老的渊源。早在公元前3世纪末，即赵佗建立南越政权之时，《诗》《书》等典籍就可能伴随儒学教育传入了南国。此后历任太守均注意“建立学校，导之经义”，加上汉末中原战乱造成的人口迁徙，交州在三国时期一度成为儒学的重镇。到公元939年吴权称王以后，书籍进一步成为南、北政权间政治、经济往来的组成部分。其中比较重要的事件是：从宋代开始出现了书籍的贸易；从1005年起有中国政府向越南赐书之举措；大约在1295年，越南采用印刷术刊印图书，进入成批生产中国典籍的历史阶段。

我们曾经循两条路线考察中越典籍交流的规模：其一是检查越南所藏中国古籍的情况，据《越南汉喃文献目录提要》一书著录，在河内、巴黎各大图书馆，共保存了五百多种安南本中国典籍；其二是检查中国所藏越南古籍的情况，在北京、杭州、南京、广州各大公共图书馆，查找到42种越南古籍。前者以佛经、道教俗信书、同儒学教育和科举相关的典籍为多，后者则主要是史书和集部各类中的优秀作品。这反映了历史上中越两国在文化上彼此汲取的基本态势，说明越南方面比较重视中国典籍的教化作用，而中国方面则更关注对方的文化创造。两国典籍的传播方式也略有异同。如果说越南典籍主要是通过使节交流、商业贸易、民间互往三种方式回流至中国的，那么，中国书籍向越南的传布，则在较大程度上受了以下两个因素的影响：其一是佛教的传播，其二是以推行儒家文化为实质的科举教育制度的实施。

在这段交流史当中，印刷术的采用是一个重大的事件，因为它代表了两个典籍时代——抄写时代和刊刻时代——的分野。就越南来说，这一分野发生在陈英宗兴隆三年(1295 年)，距中国雕版图书之传入已有三百来年。印刷术之南传，较东传朝鲜半岛要晚一些。有人认为，其缘由是越南地居热带，气候潮湿，多虫蚁之害，古籍难以保存，故不需批量生产书籍；但我们认为，其主要原因乃是缺少传播过程中的某种契机。君不见明代正统、天顺年间(1443 年、1459 年)，当黎朝使臣梁如鹄来华习得雕版技艺并回国传授之后，越南印刷术便迅即发展起来，导致红蓼、柳幢二乡刻书业的大兴，梁如鹄遂也被追封为“梁大王”。这说明，书籍传播史早就在等待梁如鹄这个“契机”。今存于河内的玉谱书《梁大王》，一方面记录了梁如鹄成为刻印大王的故事，另一方面记载了历代帝王关于梁大王的十道敕封。此书便以神灵崇拜的方式，表达了民众对于刊印的需要。同样出发于这一需要，梁如鹄时代，活字印刷术也传入了越南[①]。到后来，安南本的刊刻便逐渐形成了如下系统[②]：

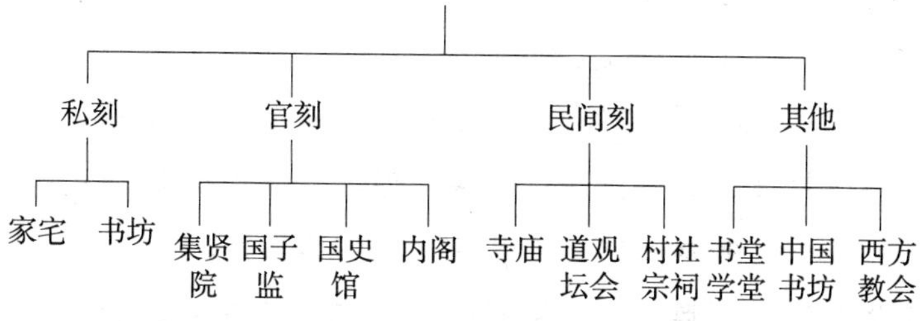

这个系统包括官刻、私刻、民间刻等部分。其中官刻以“化民成俗”为出发点，主要内容是官方史书、儒学书和御制典籍，例如 1679

---

① 据记载，天顺六年(1462 年)以前，越南已有活字印刷术。它应当也是由梁如鹄传至越南的。

② 参见刘玉珺：《越南汉喃古籍的文献学研究》，中华书局 2007 年版，第 130 页。

年内阁官板的《大越史记全书》、1844年国史馆刊刻的《大南实录前编》。其中民间刻以寺院所刻佛经为最大一宗;通过分析现存书籍的序跋和牌记可以知道,曾经刊刻过书籍的越南寺庙至少在139座以上,而以河内省、北宁省、海阳省为刊刻中心。其中私刻书籍具有种类丰富、流通广泛、读者文化层次高的特点,既有家宅自刻之书和为前贤所刻之书,也有书坊、学堂所刻的种种举业书和蒙学读物。刻书业的上述特点造就了越南汉喃古籍的三个重心:一是官方史书,包括典礼仪制文献;二是宗教典籍,包括大批以观音、公主为名义的神迹书和降神文;三是民间教育文献,包括举业书和蒙书。

印刷术的发展在很大程度上是由商业推动的。书坊就是书籍商品化的产物。商业活动需要标榜,因此,以"某文堂"、"某某号"为名号,遂也成为越南书坊的时尚。例如以"堂"为名的书坊有柳文堂、观文堂、有文堂、郁文堂、右文堂、博文堂、长文堂、成文堂、多文堂、富文堂、福文堂、光文堂、会文堂、广文堂、集文堂、锦文堂、近文堂、聚文堂、美文堂、习文堂、校文堂、懿文堂、昭文堂、梓文堂等;以"号"为名的书坊则有成利号、福安号、吉成号、元亨号、义利号、隆和号等。后者一般都位于商贾密集处,兼营其他物品。它们实际上是中国书坊的两种形式的反映。若干越南古籍尚保留有"粤东英文堂印"、"粤东佛山镇近文堂印"、"粤东文源堂印"、"嘉定省城金声号新撰,中国佛镇宝华阁藏板"等牌记。鉴于嘉定是华侨在越南的集中定居地之一,而佛山则是广东俗文学唱本的重要刊刻地,可以判断,在佛山刊刻然后再通过两国商号流通到越南,这种商业渠道的交流,是中越书籍往来的重要途径。事实上,越南汉喃古籍的第四个重心——俗文学书籍——便是经由这一途径而形成的;不过由于社会经济方面的原因,这是较晚成熟的一个重心。

作为印刷术南传的成果,“安南本”是一项富有文化意义的创造。它同中国本相区别,既拥有特殊的版式,也拥有丰富的文字种类——除汉文本以外,有喃文本、国语本、混合本等形式。其中“汉文本”多为中国书籍的重印本,以及举业文、官修史书、家刻诗文集、类书、政书的刊本;其中“喃文本”多用来刊刻具有越南本土特色的俗文化典籍,例如六八体诗歌、歌谣、陶娘歌、嘲剧、𠻃剧、诗传、降笔文、国音真经;其中“国语本”(即拉丁越南文本)多为19世纪末至20世纪初期的翻译作品,以中国历史与传奇小说为素材;其中“混合本”则多为汉喃对照本。而从版式方面看,安南本具有避讳严格、版心式样单纯、喜用多层本、喜用简化字和俗体字的特点。这是同越南的历史文化特点相关联的。公元10世纪以前,越南曾以“交州”的名义接受汉、唐等政权的统治,因而循用了包括避讳在内的各项中国制度。当越南建立自主政权以后,这些制度也大体保存了下来。17世纪以后,喃文文学蓬勃发展,但汉文势力却未在各种文本中消退。为区别汉文与喃文,于是出现了大批多层本(最常见的是汉喃对照的两层本),一般都是喃译典籍。例如成泰壬寅年(1902年)德和号刊刻的《名家国音·征妇吟备录》,第三栏刻印邓陈昆的原作汉文诗传,第四栏刻印段氏点的喃文译诗,第二栏刻印关于邓诗典故的注解,最上一栏为邓诗生僻字的注音——便反映了多层本同文化多样性的关联。这种文化多样性,不仅通过简化字、俗体字丛见的特点表现了出来,而且渗透在越南汉喃古籍的各个方面。

三

越南典籍的特色,是和它资源贫乏的情况互为补充的。比如,据

《韩国古书综合目录》①，今存韩国古籍在七万种以上；据《朝鲜时代书目丛刊》②，现存朝鲜时代的图书目录约有八十种。相比之下，越南方面只能提供两个不太可观的数字：据《越南汉喃文献目录提要》，现存越南汉喃古籍不到八千种；据我们多次调查，现存越南古籍目录不到二十种。这种情况既是历史造成的——越南经受了更多的战乱，在元、明大军南下的时候，“宫室、图籍为之扫空”；明永乐皇帝并推行了严厉的毁书政策，使越南古籍和碑刻惨遭灭顶之灾。它同时也是文化传统造成的——越南作者缺少“藏诸名山”的意识，不注意收集保存自己的作品，而历代政府也疏于书籍的管理和典藏。从现有资料看，越南古代藏书主要得益于两方面因素：一是推广佛教的需要，二是发展教育的需要。李太祖顺天十二年（1021 年）建大兴书库，李太宗天成七年（1036 年）建重兴书库，陈英宗兴隆三年（1295 年）建南定天长书库，其目的都在于典藏佛经。到后来，黎朝建蓬莱书院，西山朝建崇政书院、凤池书院，阮朝建聚奎书院、古学院、新书院、内阁书院、史馆书院，阮朝国史馆臣高春育且以私人之力建有龙岗书院，书院成为管理和典藏书籍的主要场所。这些举措于是把越南图书典藏史划为两个阶段：李陈两朝是以佛经典藏为中心的阶段，黎阮两朝则是以儒书典藏为中心的阶段。越南文献学资源遂也出现了两大特色：从典藏角度看，保存最好的古籍是佛经；从目录角度看，数量较多、体例相对完备、面貌最整饬的目录是书院目录。

在河内的汉喃研究院和法国的亚洲学会图书馆，今藏有 16 种用汉文编写的古籍目录。其中 2 种是史志目录，6 种是阮朝的内阁、史

① 大韩民国国会图书馆 1968 年发行。

② 张伯伟编，中华书局 2004 年版。

馆书目,3种是近代书院书目,4种是1930年以来个人编写的研究院书目,另有1种是寺院经板目录。它们反映了越南古典目录学的以下特点:(一)史志目录欠发达。官方所主持修纂的史书大都用编年体,无志书。仅有的两种史志目录亦不以政府藏书为对象,而是"将古史及民间藏书登录,编成书志","旁稽旧史,参录诸家备载书名"——实际上是书目汇编。(二)目录编制不以"辨章学术,考镜源流"为目的,而服务于一般性管理。例如阮朝内阁、史馆及各书院的目录只对图书登记造册,无大序、小序、解题等学术目录的体例。(三)没有真正的私家藏书目录。现存陈文玾编撰的三种目录,内容分别对应于《河内远东博古学院图书馆目录》的三个分目(《中国书南印板书目》、《安南汉文书籍目录》、《安南越文书籍目录》),其实是研究院书目。而从这些目录的分类看,一般只强调中国书与非中国书的分别,不作此下层级的详细分类;即使有多层级分类,亦表现了不同于中国传统的四部分类法的特点。且看《古学院书籍守册》的类目:

经库守册(3目):诸经,经传,经传类典;

史库守册(6目):记事,编年,评论,传记,地舆,政治;

子库守册(17目):儒流,类书,法家,武备,农桑,医术,道法,天文,算学,星学,卜筮,地理,琴学,棋学,书法,画法,小说;

集库守册(8目):诗,词,赋,文,制义,表,策,诗文总。

这份目录区别于中国古典目录学的分类特点是:经部不依书籍内容分类,而改按书籍的著述体例分类;集部化解了别集与总集的观念,直接以作品体裁为分类单元;别立"制义"、"表"、"策"、"诗文总"等类名,在"诗文总"的名义下,把个人之作与众人之作合而为一,把诗文作品与诗文评合而为一;而楚辞类作品则被附入"文"类。这一系列类目的改变，乃反映了中国典籍在越南的功用的转变——正如古学院是围绕科举考试而设立的一样，古学院经部、史部的典籍分类其实也都是服务于策文写作的分类，而集部新立的“诗”、“赋”、“制义”、“表”、“策”等类，亦是科举考试文体在书籍目录上的反映。至于“楚辞”、“诗文评”等类目的沉沦，则反映了越南文献学不重学术而重应用的特色。

事实上，如果进一步比较考察越南诸种目录中的经学古籍，那么，对于上述特色还可以有更细致的认识。我们发现，在古代的汉文化区，曾经存在三个内容不同的书籍世界：一是由清《四库全书总目》所代表的古典书籍世界，其特点是重视基本理论和学术探讨，有完整的经学；二是由越南内阁书目、书院书目所代表的越南知识阶层的书籍世界，其特点是兼重礼乐之教和伦常之教，但把经学视为经世的手段而非学术；三是通过研究院书目所反映出来的民间自然遗存的书籍世界，其特点是只重日常的伦理之教，只重可用于策文写作的“四书”、“五经总义”和“小学”。在越南目录史上，“礼”、“乐”、“易”、“春秋”的地位逐渐下降，这正是三个书籍世界孰消孰长之局面的反映。这个消长过程，也是中国典籍在越南的本土化过程。同样的情况也见于文学目录。例如在越南所藏的中国文学典籍中，明显可见三个特点：一是词集缺如，二是戏曲小说被大量著录，三是诗文别集比重下降而总集比重上升。这些特点也可以归结为中国典籍在越南本土化的表现，说明实用化和通俗化是越南书籍发展的趋向。

当我们为越南古籍编辑目录的时候，我们对上述趋向有非常明确的感受。我们面对的是一批具有自然遗存属性的书籍。为它们分类立目的过程，也是对其文献特色和特色文献不断加深认识的过程。在《越南汉喃文献目录提要》中，这样的特色文献主要分布在以下类目：

史部北史类，即越南所存的中国史籍和对中国史的历史记录，著录图书11种；

史部燕行记类，即古代越南使者关于中越邦交活动的记录，著录图书8种；

史部政书类公牍目，即越南地方政府各部门的公文，著录图书39种；

史部政书类乡约目，即各村社、各宗族的内部规约，著录图书113种；

史部政书类田丁簿目，即各基层组织的财产清单、收支记录，著录图书39种；

史部政书类交词目，即各村社及其居民之间有关经济活动的协议，著录图书27种；

史部传记类神迹目，即各地所祀神祇的传记，著录图书106种；

史部传记类谱牒目，即家谱和族谱，著录图书265种；

史部少数民族文献类，即越南土族风俗志，著录图书15种；

子部道教与俗信类降笔文目，即以神灵名义制作的伦理文献，通常产生在扶乩或降神场合，著录图书164种；

子部道教与俗信类神敕目，即中央政府对村社神祇的敕封，反映“淫祀”的合法化，著录图书26种；

子部道教与俗信类其他目，即降笔文、神敕之外的俗信书，以民间祭祀文献为主体，兼包若干带民间信仰因素而标榜某宗教的文献，如佛教宝卷《香山宝卷》，著录图书148种；

集部北使诗文类，即越南使节文学作品，或曰中越邦交文学作品，著录图书80种；

集部酬应文类，即以文辞形式对具体酬应活动的记录，亦即与仪礼相联系的文学作品，著录图书63种；

集部应用文体类,即为发展应用文而写印的范文,著录图书119种;

集部举业文类,即直接服务于科举的文学作品,往往产生在学场和试场,著录图书314种;

集部赋类,即富于应用性的文体,包括同举业相联系的汉文赋、同讲唱相联系的喃文赋,著录图书54种;

集部六八体诗歌类,即富于叙事功能的越南本土韵文体裁,著录图书34种;

集部陶娘歌类,即一种精致的清唱,由艺妓表演,使用工尺谱,往往以汉文诗赋为内容,著录图书29种;

集部小说类诗传目,即富于越南本土特色的叙事文体,以人物(而非事件)为中心,以喃文六八体为主要体裁,兼用散文文体,著录图书62种;

集部小说类传奇目,即渊源于中国志怪与传奇小说的叙事文体,以事件(而非人物)为中心,著录图书52种;

集部金云翘类,即以翻译文学身份而成为越南古典文学名著的《金云翘传》,关于它的多种形式的仿作与移植,著录图书18种。

这些类目,可以概略地归纳为四个方面:社会民俗史料;神祠文献;本土文学作品;表演艺术典籍。它们的共同特点是密切联系于广大群众的日常社会活动,具有较强的社会学意义(而非政治学意义)。这是同越南政府的文化政策相关联的。也就是说,越南古籍所表现的文化多样性的特点、不重学术而重应用的特点、通俗化的特点,实质上反映了书籍的自然状态。它们从相反一面证明:中国的典藏和文献管理,是严格的国家等级制度的重要组成部分,具有浓厚的意识形态色彩。

四

以上说到的本土文学作品、表演艺术典籍两方面，属于广义的文学。文学类目之具有本土特色，这是不难理解的；因为文学典籍是联系民众生活最密切的部分。但正因为这样，从中探讨中越文化的关系，是一件非常有意义的事情。按越南本土文学在形式上是以六八体为标志的。这种文体的特点是上句六言、下句八言，上句末字与下句第六字押韵，包含“六八六八”、“七七六八”两种类型。它既是一种独立的韵文文体，又在翻译文学（俗称“演歌”）和本土叙事文学（俗称“诗传”）中得到广泛应用，一般来说，是最具民族特色的文体。但根据乔懋莹 1891 年所说“我国国音诗始于陈朝韩诠，继乃变七七为六八，而传体兴焉”云云，它同汉语七言诗有密切关联，是在后者影响之下产生的越南民族诗歌体裁。无独有偶，以六八体为主要形式的诗传小说，以及越南的各类表演艺术典籍，也体现了民族特色与中国影响的结合。例如在《越南汉喃文献目录提要》著录的六十来种诗传作品中，至少有黎朝阮辉似的《花笺传》、阮朝阮攸的《金云翘新传》（又名《断肠新声》）等 36 部作品脱胎于中国的小说、戏曲曲艺作品及民间传说，即采用了中国素材。在表演艺术典籍方面也有相近的情况：陶娘歌具有唐代教坊歌唱的渊源；嵸戏以元杂剧为基础而融合了越南本土的歌唱形式；嘲剧产生于越南北部平原，唱腔采用越南民歌，但其剧本素材（例如刘平故事、石生故事）和角色分工（生、旦、净、末、丑等）却取资于中国。这些事例提醒我们：其实可以从雅俗对比的角度去认识中越书籍的关系。也就是说，无论是越南的文学形式，还是越南的典籍形式，都有融汇雅俗的特点，是中国渊源和越南本土风格相结合的产物。

使用“雅俗对比”这一提法，意味着古代汉文化和越南文化的关系，可以类比于中国境内的中原精英文化和地方民众文化的关系。因为“雅”“俗”是来自汉语语言学的一对概念，前者代表雅言传统和典范风格，后者代表与之对立的地方时尚。《文心雕龙·定势》篇说：“模经为式者，自入典雅之懿。”[①]两者之间有主动和受动的区别。前面说到，这种雅俗关联在越南汉、喃两种文学中有非常明显的表现。同样值得注意的是：在越南古籍中的“北书”（中国书）和“南书”（越南书）之间、汉文书和喃文书之间，也构成这种关系。资料表明，南书是在模仿北书的过程之中产生的。这种模仿，一方面表现为著述体例范式的沿袭，另一方面也表现为著述体式的补充，表现为用评选、节要、改编的方式改造中国典籍。喃文书之于汉文书，则往往具有通俗化、口语化的作用。喃字是汉字与越南的俗语乡语相结合的产物。现存最早的喃字文献——1173年立于永富省延灵寺的《奉圣夫人黎氏墓志》、1210年立于永福省安朗县塔庙乡的汉文报恩碑，表明喃字是作为汉字的补充而出现的。而若对现存喃文书的分布情况作一分析，那么可以发现，这种补充出发于口传的需要——喃文书籍产生于对口传文学的记录。例如，大量喃文古籍是作为汉文古籍的译本出现的，它们面向习惯使用越南俗语的人群。基本上写为喃文的书籍有陶娘歌、戏曲、歌谣、诗传等品种，这些品种的特点是以口头方式或表演方式诉诸观众。此外分量较多的喃文书有医书和家礼书，它们往往使用口诀体或问答体，显然是用于记诵的作品。而在那些非表演性的部类中，喃文书的主要功用是对汉文书作口语演绎，比如《皇

① 范文澜：《文心雕龙注》卷六，人民文学出版社1958年版，第530页。

越律例撮要演歌》、《大南国史演歌》是对《皇越律例》、《大南国史》的节要和演绎。关于喃文书的功能，范立斋《周易歌诀序》(1813 年作)有一个很好的概括，云："我越与诸华学同而音异，老儒先生往往演为国音，取便初学……。演释以明之，则易知；讽咏以唱之，则易熟。"这就是说，喃文书是为便口传而制作出来的，实际上是口头文本的附庸。通过口语化而达到易知、易熟、便于初学的效果。合乎通俗，是大批喃文书得以产生的原因。

为了明了越南所藏古籍中的雅俗对比，我们还可以把产生于外交场合的中越作品作一比较。其间的差异，乃反映了汉文学进入越南以后功能的变异。

从中越关系的角度看，越南的历史可以分为三个时期：一是"北属时期"，即在秦代至唐代，北部越南作为一个行政区而从属于中国的时期；二是"自主时期"，即在公元 939 年以后，越南作为附属国，同中国保持宗藩关系的时期；三是"分离时期"，即从 1885 年沦为法国殖民地开始，越南逐渐摆脱中国影响的时期。在第二个时期，越南历代朝廷连续不断地派遣使臣到中国求封、进贡、谢祭、告哀，产生了一批外交书籍。其中存世最早的是陈朝阮忠彦的作品，即他出使元朝时(1317 年)所作的《介轩诗稿》；其中流传最广泛的是黎显宗景兴朝(1740—1786)阮宗奎的《使华丛咏》，今存抄本至少有 17 种；其中作品最多的是阮朝使臣李文馥，有 8 种北使诗文集行世。越南使臣们的辛勤写作，使外交文献成为越南古籍中特别耀眼的一个部分，它包括八十来种北使诗文集、8 种燕行记、8 种北使程图、4 种邦交录。这些数字虽然不及朝鲜的使节文献(多为燕行录，达 440 种)，但却远较中国使节所作为多。据不完全统计，元、明、清三朝的使节专集只有 31 种，其中 13 种为使行录，16 种为使交诗文。

越南使节文献的特点是显著的：同中国文献相比，它有明显的数量优势；同朝鲜文献相比较，它的重心明显偏于较富文学性的诗歌，而非较富史学性的记事散文。它尤其明显地表现了越南人对诗赋外交的重视。许多事实可以佐证这一判断，比如，越南使臣均是国内最优秀的学者和诗人，历朝政府都曾以科举状元领北使之职；越南统治者重视文学外交，包括黎襄翼、阮嗣德在内的许多皇帝都爱好写诗，参加使节之间的唱和；使节诗文作品在越南享有盛誉，广泛刊行，故阮案（1770—1815）《桑沧偶录》描述后黎朝阮宗奎的作品云："《使华丛咏集》数百篇，中朝品藻，极加叹奖，迄今五十余年，国人皆传诵焉。"与此相应，中国使节的诗文创作在越南也得到特别的重视。例如清两广总督劳崇光曾在道光二十九年（1849年）赴越南册封绍治帝，因擅辞令而受到越南人的特殊尊崇，所作唱酬诗文刊载于《劳崇光文诗草》、《北国封启》、《嗣德时文》、《大南碑记诗帐宝集》、《书序摘录》、《日南风雅统编》等十几部典籍，其中流传最广的是劳氏所作的《致嗣德启》和《南国风雅统编序》。这些事例说明，越南使节的职责，乃类似于两周时代的"行人"。孔子所谓"诵《诗》三百，授之以政，不达；使于四方，不能专对；虽多，亦奚以为"[①]，可以表明汉文学在越南政治中的意义，即作为雅言、作为联系中越两国之纽带的意义。劳崇光诗文在越南的流行，其实质是外交技术的流行，而未必是文学的流行（所以他的作品被重复选入应用文专集）。汉诗文是因为科举考试而在越南兴盛起来的，其性质已不同于中国、朝鲜的汉诗文——主要价值不在审美，不在赏玩，而在用于专对。

那么，在外交场合，越南使节是否创作了较具审美色彩、主要用

① 刘宝楠：《论语正义》卷一六《子路》，中华书局1990年版，第525页。

于抒情写意的文学作品呢？回答是肯定的。不过，这种作品与其说是汉文诗，不如说是喃文诗。这种六八体的、喃文的北使诗专集，是越南使节文学中的另一番风景。它包括武棉《黎朝越莲溪公北使自述记》、阮宗奎《使程新传》、佚名《旅行吟集》、李文馥《使程便览曲》、阮登选《燕台婴语》，篇幅相当可观。这些诗文作品的主要内容是对出使途中山川名胜的题咏，往往描绘山水之秀美，抒发怀古之幽思，风格清淡典雅，采用最常见的汉诗主题。它们区别于汉文北使诗文的显著特点是：并非直接产生于外交场合，既不属于唱和诗，也不可能得到中国士人的欣赏，无明确功用。由此可见，汉文诗所不能满足于使臣们的艺术需要，乃通过喃文诗得到了弥补。所以阮登选在写作汉文北使诗集《燕台婴语》的同时，要写作同名的喃文长诗。而1812年使者阮攸所创作的六八体喃文诗传《金云翘传》，则以其无可比拟的艺术成就，证明使臣们在喃文诗创作中贯注了高度的艺术追求。总之，越南的北使诗文说明：《文心雕龙》所谓"正音乖俗"、"俗听飞驰，职竞新异，雅咏温恭，必欠伸鱼睨"的情况[①]，也在越南发生。处于雅文化位置上的汉文书，其意义越来越多地是文化象征意义；相反，处于俗文化位置上的喃文书，反而越来越深刻地代表了人们的现实生活，接近人们的真实感情。因此，模仿汉文书而产生的喃文书，势必通过对中国典籍著述范式的沿袭和改进，造就另一种文献学的规范。

五

为了理解越南汉喃古籍的文献学特质，我们注意到了敦煌文献。

① 《文心雕龙注》卷六，第530页。

这两者都是民间自然遗存形态的文献，都保留了抄本时代的文献特点，拥有大量民间文本，也拥有不同于经典古籍的传播方式。其间区别只在于，越南古籍是印刷术商业化之后的文献，其抄本或多或少地接受了印刷术的影响。但这些区别，不影响我们对二者进行比较，进而提出一些新的文献学认识，即主要关于"俗文本"——民间形态的文本或抄本形态的文本——的认识。

这种俗文本可以称作"未具完全形态的书籍"。其特点是：以个人诵读（可以向他人宣读而非供他人阅读）为主要目的，只在很小的范围内流通。形制较为短小，无定式；所抄内容也有明显的偶然性和随机性。它们不同于具有完整形态的印本书，无固定结构体系，不按一定的体例编辑，往往缺漏书名、目录、序跋、卷次等书籍要素，甚至不署书名和书手名。这种情况在敦煌文献中十分普遍，在越南各类古籍中则有程度不同的存在。这是因为越南抄本有相当部分源自某种定本，亦即抄自形制完备的刊印本。但这些越南抄本仍然保留了民间文本的特征，即习惯对底本作主观取舍，从而消解了原书的编辑体例和成书目的。这种情况可以称作"局部反映定本书籍"，是一种特殊的"未具完全形态的书籍"。若对流传于敦煌和越南的《昭明文选》作一比较，可以明了这两种"未具完全形态的书籍"的异同。今存于越南的《文选》是摘抄本，抄录《文选》一书的部分篇目中的部分辞句；今见于敦煌写本的《文选》有十余种，每种抄写《文选》一书的部分篇章。可以说，越南本《文选》是对若干作品的局部反映，敦煌本《文选》则是对《文选》全书的局部反映。它们的共同点是用自由选择的态度面对定本《文选》，既瓦解了定本书籍的内容完整性，也瓦解了书籍的结构。

在各种特点之中，俗文本最重要的特点是杂抄，亦即罔顾古典文献学的书籍概念和分类概念，作即兴抄写。这样一来，在较富文学内容的俗文本中，便出现了一批介于总集与别集之间的书籍文体。比如越南汉喃研究院所藏 VNb. 3、VHv. 1453 等抄本，均以阮秉谦（1491—1585）的诗作为主体，但同时也杂抄了喃文《太平歌》、《程国公记》、《冯尚书记》、《老园稔语歌》等其他作品。又如敦煌伯 2492 与俄藏 Дx. 3865 拼合卷，其主要内容是白居易的新乐府，但同时抄有两首元稹的诗歌、一首李季兰的诗歌，以及白居易的《叹旅雁》、《红线毯》和岑参的《招北客词》。这些抄本曾经遭受误会，被判为某作家的别集。误会的原因，即在于这些文本的著述体式，已超出了古典文献学的文集范畴。

我们使用“著述体式”一词，是想说，杂抄本的作品也有其内在联系。这些作品往往是因为具有同样的传播功能而类聚到一起的。比如敦煌遗书中有一篇作品，载于伯 2488、2544、2555、2633、3812、4993、斯 2049 等 7 个写本之中。在伯 2555、3812 中题作《高兴歌》，在伯 2488 中题作《高兴歌·酒赋一本》，在伯 2633、斯 2049、伯 2544 中题作《酒赋》。这是否可以解释为同作异名呢？情况并不这么简单。经考证，这些写本的抄写时代不同，各本所抄写的作品内容不同；从作品的类聚特点看，每种写本各有其表演上的特殊功能。因此，这篇作品名称的变化，实际上反映了作品身份的变化：“在流传早期，它以《高兴歌》为名，用作歌辞；嗣后以《高兴歌·酒赋一本》为名，用作说唱、韵诵兼用之辞；尔后抄入歌行集，用为单纯诵辞，此时篇名固定为《酒赋》。”[①]这就是说，俗文本是以其所抄作品在传播方式上的关联来表达其著述体式的。同样，对于流传在敦煌和越南的诸本

---

① 参见本书《敦煌〈高兴歌〉及其文化意蕴》。

《孔子相橐问答书》，也可以通过合抄情况，了解其功能的差异。即："敦煌本与讲唱体的孔子欲杀项托诗合抄，有明显的讲唱功能；越南本与格言体的孔子观金人之铭合抄，有明显的蒙学功能。"[①]这就是说，作品功能同样外化成了著述体式。

以上两个例子另外也说明：俗文本之所以拥有那么多不同于古典文献的著述体式，原因在于，它不是单纯的书面文本，而是对口头文本的复制。这样去看，我们在敦煌文学写本中就看到了纲要体、省略体、插入体、故事贯穿体等著述体式。纲要体文本只抄写说唱所用的故事梗概；故事贯穿体的特征是用故事把若干篇韵文串连成一部完整的作品；省略体文本只呈现一篇作品的局部，而对其他部分有所省略；插入体文本则在诗歌作品中插入转接语，显示第一人称的存在，因而把单纯的韵文文本恢复成说唱文本。[②]这四种著述体式，实际上就是口头文本与书面文本相联系的四种方式。通过对越南古籍的文本分析，我们可以发现更多的俗文本著述体式。比如其中有一种取材于书面文本而加以拼凑与分割的著述体式。这一体式意味着，口头文本不仅是书面文本复制的对象，而且对大批书面文本作过改造。

从越南古籍的情况看，这种改造有多种类型。比如，据记载，历史上曾有大批唐人诗文别集和总集传到了越南，仅著录于《聚奎书院总目册》、《新书馆守册》、《内阁书目》、《古学院书籍守册》的唐人诗文集即有六十余种；但目前仅有《李太白文集》、《唐诗鼓吹》、《唐诗合选详解》等少数越南翻刻本诗集存世。其他诗文集流落到哪里去了呢？

---

① 参见本书《越南俗文学文献和敦煌文学研究、文体研究的前景》。

② 参见本书《从敦煌本共住修道故事看唐代佛教诗歌文体的来源》。

现存越南古籍表明:这些作品已经完全改换了面貌,变成存在于民间抄本中的喃译唐诗,以及用于越南传统曲艺表演的汉文唐诗。这些唐诗一旦进入口头文学,便失去原来的著述体式,而被纳入"杂抄"之体了。其中一部分唐诗循按谱填词的途径进入了陶娘歌。在陶娘歌中,它们或保持了诗篇原貌,如孟浩然《春晓》;或变成了喃译唐诗,如六八体的《沙漠并琵琶演音》(白居易《琵琶行》);或被乐工歌伎加工拼凑后配入曲调演唱,成为用汉越语和喃文演唱的作品。这样就造成了一批新"版本"、新"异文",其变异的范围完全超出了古典文献学的惯例。事实上,即使那些"保持了诗篇原貌"的作品,也在流传过程中被人不经意地改篡过了。这种被改篡过的文人的诗赋作品,在敦煌写本中也有很多。敦煌书手对它们的改篡方法是:往往把不同作者的作品组合为一个诗歌单元,或把不同体裁、不同作者的作品杂抄为一个文本单元。对这些写本加以分析,总能找到口头演唱的影子。我们由此知道:敦煌写本中的异文,大多源于口头传播过程中的增益和改篡;文本记录上的差别,实际上反映了相同作品在功能上的差别,即作为书面文学作品与作为口头文学作品的差别。

关于口头文本对书面文本的改造,还可以从另一个角度去理解,即理解为功能的转化——通过改造,把雅文学范畴中的作品,转变成俗文学范畴中的作品。事实上,不管是越南写本唐诗还是敦煌写本唐诗,都曾发生功能的转变,即由作家文学作品通过口头传播而转变为通俗文学作品。这一点说明,文学的雅俗之分并不取决于作者的身份和作品的篇章体制,而取决于作品的传播方式及其造成的文体功能。因此,我们可以通过作品的著述体式特征,来确认它的功能和它的文化属性:那些按接抄、杂抄方式抄写的作品,那些总是同俗文学文献联合编组的作品,那些发生了重大的文字变异的作品，那些脱漏了篇名和作者名的作品，都可以说是俗文学作品。为什么这样说呢？因为这些特点正是俗文本的特点，而俗文学是以俗文本为标志的。也就是说，具有口头传播特质的俗文本，是俗文学作品的忠实载体。

《老子》说过："无名天地之始，有名万物之母。"[①]俗文本也通过"名"的取舍，对自己作了认定。这种取舍不同于传统古籍，乃表现为作品无定名，作者无定名，喜欢托名。这些特点其实在汉以前十分流行，它们是作家产生之前的著述观念的产物，联系于口头传授而无定本的著述方式。汉以后，作家作为文化个体的身份得到强化，篇名和作者名才成了作品不可或缺的要素。但是在俗文本中，不署作者之名的情况仍然非常普遍；即使原有作者可考的诗作，也往往不题作者名，而且改纂篇名。在越南古籍中我们可以看到其中缘由——未题作者之名的中国文人作品通常是与喃文讲唱作品合抄在一起的。可见作者之被忽略，原因在于作品的功能发生了转化：作品从文人诗转化成了通俗歌辞，作者也在转化过程中失去了由署名所代表的身份、地位、学识、宦历，而融化到一个俗文学方式的创作集体之中。托名其实是这种集体创作习惯的另一种表现：当一群创作者需要某种标志的时候，便产生了托名。例如在敦煌，有 28 种写本的五言诗作品署作者名为"王梵志"。在这里，"王梵志"便成为下层僧侣或流落民间的知识分子作者的代表。此外，敦煌写本中有托名于"江州刺史刘长卿"的俗赋，有托名于"白侍郎"的讲唱文；越南古籍中有托名于陈兴道的降笔诗，有托名于阮廌的祭文《祭夜泽祠》，有托名于阮秉谦的谶语喃诗，有托名于中国官员黄福、高骈的堪舆书；而在《乐府诗集》

① 王弼注，楼宇烈校释：《老子道德经注校释》，中华书局 2008 年版，第 1 页。

等中国歌辞集中，则有大量脱漏作者名和篇名的作品。由此可见，托名和未署作者名，是俗文学或口头文学的普遍现象。

在越南抄本中，我们曾看到一种比较特殊的署名情况。这是一份民间传本，未见于各家图书馆著录。全书143页，原无书名。书中收录了各种民间请神唱词，七言体，用于祭请窖王、阴阳南斗神、镇国三郎、明月判官、水母、雷王、鲁班、五色花娘等神灵。首页原题署“书主邓应荣”，但又有新笔迹涂去“邓应荣”三字，改写为“黄禅彤”。可见此书曾易主，即原由邓应荣抄写，后由黄禅彤使用。不过邓、黄二人都不是本书的作者，而只是“书主”，即使用本书的巫师。但作为“书主”，他们拥有唱诵这些请神祭词的权利和义务，因而拥有署名的资格。这样看来，“书主”二字乃反映了一种特殊的著作权观念，即把表演者或讲授者视为口头文本的主人。这使我们懂得，在口头文学世界，写作者的地位是远远不及表演者和传述者的，这也正是《汉书·艺文志》当中出现《齐后氏故》、《齐后氏传》[①]等书名的缘由。

总之，通过对越南汉喃文献、敦煌文献所作的对比研究，我们拟郑重提出“俗文本文献学”的概念。从书写方式角度看，它可以称作“抄本文献学”；从功能角度看，它也可以称作“音乐文学文献学”。这一概念代表了一整套不同于传统文献学的理论体系和学术方法。兹列举其荦荦大者如下：

其一，它所面对的校勘学几乎没有“定本”意识。每一种写本都是对传播过程中一定的口头文本的记录，每一种异文都反映传播过程中的一种表述。所谓勘误，只能把文本同文本试图表述的内容所

---

① 《齐后氏故》、《齐后氏传》均为汉代的《诗经》学著作。后氏指后苍，齐人辕固的再传弟子。

比较，而不能仅作异文的比较。因此，它必须放弃对“古本”之真的追求，而去追求作品流传的信息之真。

其二，它所面对的目录学将重新审视书籍定名和分类问题，将采用新的方法来确认作者。它将重视一部杂抄文献中作品内容和形式上的关联，而不是作者信息的关联。因为前一种关联可以反映作品的性质，而后一种关联只能说明文本的远源。它将放弃用“互著”的方式考定作者，因为俗文本中作品的联续，不同于传统诗文集中以作者为单位的作品排列。它将尽力改变传统的书名观念，一方面，它充分尊重诸文本的署名，把“同作异名”理解为同样内容的作品在流传过程中发生了功能变异——例如把《乐府诗集》中的《将进酒》、敦煌写本中的《惜罇空》、越南歌筹抄本中的《进酒曲》、《将进酒赋》理解为采用不同的歌唱方法或吟诵方法传述的李白作品；另一方面，它不固执原始文本的定名，例如不把按“首章标其目”方式命名的《汉家篇》、《洛阳篇》、《老人篇》回改为《白头吟》、《燕歌行》、《伤河龛老人》。另外，它将尽力改变传统的作者观念，充分尊重创作集体中的每一人——特别是传述者、表演者——的著作权，也尊重托名的方式，只是要谨慎辨别所托之人的彼此关系——例如在《胡笳十八拍》研究中辨明与作品相关联的文学人物蔡琰、琴曲改编者董庭兰、歌辞作者刘商和蔡翼的关系。[①]它将改变“别集”、“总集”等观念，而据书籍的本来性质定名为“吟诵作品选集”或“歌辞集”。

其三，它所面对的辨伪学将改称为“文本的历史比较研究”。它将重新清算辨伪学的所有成果，抛弃“伪”这一荒唐的判语，对因功能

① 参见王小盾：《琴曲歌辞〈胡笳十八拍〉的作者与时代》，《起源与传承——中国古代文学与文化论集》，凤凰出版社 2010 年版。

的转变、传述方式的转变、著述习惯的转变而发生的作者作品更名，作逐一分析。它不认为每部作品都只能属于一个时代，相反，它认为经过一段时间的口头流传然后结集（如同佛经、《书》、《诗》、《论语》的结集），是古代著述的常态。正因为这样，它将致力于这样一项工作：对一部作品中的不同的时代成分作逐层剥离。

其四，它所面对的编纂学将尊重底本的自然状态，以抄写单位为单元，而不依现代人的观念割裂作品与文本的联系。在这方面，徐俊的《敦煌诗集残卷辑考》已经建立了一个成功的范例。它将通过《敦煌歌辞集残卷辑考》、《越南陶娘歌手抄本辑考》等著作，使之形成新的编纂学模式。

（同博士生刘玉珺合作完成。原载于《越南汉喃古籍的文献学研究》一书之末，中华书局 2007 年出版）

《越南汉文小说丛刊》和与之相关的文献学问题

20世纪是中国学术蓬勃发展的世纪。这种发展首先应当归因于殷墟甲骨、敦煌遗书等新资料的发现，其次应当归因于在西方学术影响下产生的比较的眼光。以新资料为学术的支撑点、以比较为研究的基本方法，已成为很多学者的共识。正因为这样，在中国古代文学研究、中国古代史研究领域，出现了“域外汉文化”这一新的视野。

在这一视野中，越南是一个特别重要的地区。不过有一个与此不相称的情况：越南汉文古籍的整理研究工作远远滞后于日本、韩国等经济较发达的国家。日、韩等国的资料已得到很好的收集与整理，可用购买的方式获得；越南则不同，其人文社科研究未能充分开展，相当多的汉文古籍散落在民间，许多收集起来了的古籍未得到整理，少数得到整理的古籍则未介绍到中国。对于中国学术界来说，越南汉文化研究是一片亟待开垦的处女地。

有鉴于此，近年来，许多地区的汉学家对越南汉文图书投入了密切关注。其中学术成绩比较显著的是陈庆浩先生。他依靠法国远东学院建立了汉喃研究小组，实施了越南汉文小说研究计划，并同台湾中国文化大学、越南社会科学院汉喃研究院合作编辑了两辑12册《越南汉文小说丛刊》。这是一部关于越南汉文小说的集大成的著作，也是系统整理越南古籍的首创之举。它充分展示了越南汉文化研究的广阔前景，同时也提出了如何进行越南古籍分类等一系列有待于深入思考的问题。

一、《越南汉文小说丛刊》及其“小说”概念

《越南汉文小说丛刊》第一辑、第二辑分别出版于1987年、1992年，均由台北学生书局印行。其第一辑由陈庆浩、王三庆两位教授主编，以7大册规模，容纳了《传奇漫录》等18部作品。其第二辑由陈庆浩、郑阿财、陈义三位教授主编，以5大册篇幅，收录了《岭南摭怪列传》等17部作品。为进行此二辑《丛刊》的编纂，台湾中国文化大学中文研究所特地成立了越南汉文小说校勘小组。汉喃研究院的陈义教授，则率领该院6位研究人员参加了《丛刊》第二辑的编纂工作。法、中、越三国学者的通力合作，使《越南汉文小说丛刊》成为一部考订、校勘均具水准的作品；换言之，这两辑富于史料价值和文学价值的《丛刊》，是法、中、越三国学者的智慧的结晶。

从文献学角度看，《越南汉文小说丛刊》最重要的特点是有细致的整理体式。除校勘和新式标点之外，它有书影，有详细的作品解题。这些解题以“出版说明”的名义，介绍了每书的作者、成书年代、流传经过、现存版本，并博引相关资料，对上述问题作了考订。例如在《传奇漫录》的出版说明中，编纂者先依《登科备考》、《公余捷记》、《见闻小录》等书，考订了作者阮屿的生平仕履；次依书中内容及各本序跋，考订了成书年代及其经过；继依中国典籍《殊域周咨录》、朝鲜典籍《金鳌新话》、日本典籍《奇异杂谈集》、《伽婢子》、《雨月物语》等，考订了《剪灯新话》向各国流传的过程及其影响于《传奇漫录》的过程；再依《传奇新谱》、《传闻新录》、《新传奇录》诸种传奇著作，论证了

越南传奇小说的传统；最后，对《传奇漫录》的现存版本、收藏情况及其在校勘工作中的应用作了条分缕析的说明。窥斑见豹，这一例证表明：《丛刊》吸收了关于越南汉文小说的大部分学术成果，反映了越南古籍整理的新成就。

《丛刊》的另外一个意义在于：它不仅提供了一批小说研究的资料，而且提供了关于越南汉文小说的一种理解。当它指出“现存越南汉文小说大约三十部，三百万字左右”之时，它便大致确定了（尽管是错误地确定了）越南汉文小说的范围。此外它把越南汉文小说分为“传奇小说”、“历史演义”、“笔记小说”、“神话传说”等类，亦不啻为每篇小说作品明示了分类上的归宿及其渊源。根据陈庆浩先生《越南汉文小说丛刊》总序和全书目录，这一分类的基本内容是：

传奇小说类：“这批小说是文言短篇，类似唐人小说”。已作辑校的有《传奇漫录》、《传奇新谱》、《新传奇录》、《圣宗遗草》、《见闻录》、《越南奇逢事录》等。

历史演义类：演绎“自十五至十九世纪的越南历史”。前期作品明显接受了中国的历史演义的影响，“有较多的故事性”；后期作品则“以史家修史的态度，用章回小说的形式写历史”，“不是通俗文学”。已作辑校的有《皇越春秋》、《越南开国志传》、《皇黎一统志》、《皇越龙兴志》、《驩州记》、《后陈逸史》等。

笔记小说类：“这一类是以人物事迹为主”。“最早的当推《南翁梦录》，此外有《公余捷记》、《南天珍异》、《听闻异录》、《山居杂录》、《云囊小史》、《大南显应传》、《沧桑偶录》、《安南古迹列传》、《南国伟人传》、《南天忠义实录》、《科榜标奇》、《人物志》等等”。

神话传说类：“这些是越南民族国家和事物起源的神话和传说，

亦包括神祇传记”。如《粤甸幽灵集》、《新订校评越甸幽灵集》、《岭南摭怪》、《岭南摭怪列传》、《天南云箓》、《南国异人事迹录》等。

也就是说，在编辑者看来，越南小说的概念乃和中国小说相当，其特点在于：（一）往往有中国小说（唐人小说、历史演义等）的渊源；（二）以人物事迹或传记为其重要部分。

尤其难得的是，《丛刊》特别强调了“整体研究”的观念。它认为，小说是越南汉文化的一个分支。考察越南汉文小说之时，须注意进行“支流和主流关系的研究”以及各支流之间的“比较研究”。研究的目的是揭明“域外汉文化各区的特质”，使汉学研究“形成一个超越国界文化区的综合研究”。事实上，陈庆浩先生正是出发于上述目的而选择越南汉文小说这一研究课题的。他说：在域外汉文学中，小说“最能表达本民族特质”，能够“对本民族精神作深刻的表现”，而不是对汉文学作简单模仿，同时又“最鲜为人知，亦最少作为研究对象”，“因而在文学研究中，我们选择小说研究作为起点”。这种整体观念，无疑是越南汉文古籍整理工作达到较高理论水准的条件。

总之，《丛刊》是一项筚路蓝缕的开创性工作。其学术意义在于：不仅为汉文小说研究者提供了一批整饬而丰富的研究资料，而且为越南汉文古籍的整理研究工作提供了具有示范意义的体例、分类方式和基本理论。这是进入讨论之前首先要明确的事实。

二、《越南汉文小说丛刊》的若干遗留问题

为了推进越南汉文古籍的整理研究工作，本文不可避免地注意到了《越南汉文小说丛刊》的不足。它主要表现在分类理论自相矛盾

方面。例如在实际编纂工作中,《丛刊》第二辑增列了"笔记传奇小说类",并以《会真编》、《新传奇录》属之。如果说《新传奇录》是对《传奇漫录》的仿作,那么,将二者分列于两类(笔记传奇类、传奇类)便是不甚相宜的;何况"笔记传奇"是一个内容含混的类别,未必可以成立。另外两个稍嫌悖理的情况是:《南国异人事迹录》采录5篇神祇传记,《安南古迹列传》采录12篇神祇传记,所采者均出自《岭南摭怪》、《天南云箓》、《越甸幽灵集》等书,它们显然有体裁上的源流关系;而《丛刊》却把它们分列于"笔记小说"、"神话传说"两个部类。又《听闻异录》序谈到其体裁的来源,说"前辈有《岭南摭怪》,有《越甸幽灵》,有《传奇漫录》,有《天南传记》,皆记我国神异之事也",因称自己是"效颦"这几部书而作的;而《丛刊》却把这些相关的书分列于"笔记小说"、"神话传说"、"传奇"等三个部类。应当如何解释这些矛盾?这是《丛刊》尚未认真面对的问题。

我认为,上述矛盾的产生原因在于分类时采用了多重标准。例如"神话小说"一类是按内容标准确立的,"传奇小说"一类按形式标准(文言短篇,类似唐人小说)确立,"历史演义"一类则按内容(历史)加形式(演义)的标准确立。这样势必造成分类体例上的含混——部类之间,或彼此重叠,或不相连接。如何消除这里的含混呢?最简捷的办法是统一按形式标准来作分类;因为所谓"体裁"也者,本来指的就是形式。若如此,则作为小说部类的"历史演义"应改称"章回小说"。郑阿财先生在《越南汉文小说中的历史演义及其特色》[①]一文中曾使用"长篇章回小说"的提法以指称《三国演义》等"历史演义的

---

① 郑阿财:《越南汉文小说中的历史演义及其特色》,《中华文化与世界汉文学论文集:文学丝路》,台北世界华文作家协会1998年编印,第167页。

典范”，这便反映了“章回”“演义”相表里的情况。也就是说，“历史演义”的特点恰好在于以章回划分段落。验诸实例：《皇越春秋》、《皇黎一统志》、《皇越龙兴志》等所使用的正是章回体的形式；《越南开国志传》虽未明确标出章回名目，但它卷首有定场诗，文中有“话说”“却说”“且说”等套语，卷末常见“未知虚实如何，且听下回分解”、“未知后事如何，且听下回分解”一类关于章回的提示。这说明，越南的“历史演义”是以中国的章回小说为渊源的。

按照这一标准，在越南的汉文小说中应当增加《桃花梦记》、《南城游逸全传》等作品。《桃花梦记》又有《兰娘小传》、《桃花梦记续断肠新声》等别名，是二十回汉文爱情小说，今存两回；《南城游逸全传》亦是章回体汉文爱情小说，今存四回。此二种“情缘”小说的存在，进一步证明“历史演义”是一个狭隘的小说类名；只有将其改为“章回小说”，才能避免上述小说作品的遗漏。

除分类标准不统一之外，《丛刊》还有一个问题是未能坚持合理的标准。例如“传奇小说”，按照陈庆浩、郑阿财二位先生的定义，它指的是“文言短篇”，亦即“受中国六朝志怪和唐代传奇影响的文言小说”①。若不拘泥“文言”二字，则这定义基本上可以成立。从阮屿《传奇漫录》、段氏点《传奇新谱》、范贵适《新传奇录》等作品看，“传奇”是被越南作家所认可的一种文体名称；其特点是多记奇异之事，富虚构成分，往往以多篇成集，每篇篇幅不长但结构完整，有委婉曲折的描写。但是，符合这一标准的越南小说，却远远不止于《丛刊》所辑的那些篇章。例如越南汉文古籍中有《异人略志》，乃是关于越南人物的传奇故事集；有《异人杂录》，是关于中国人物的传奇故事集；

① 郑阿财：《越南汉文小说中的历史演义及其特色》，第164页。

有《传记摘录》，载13则传奇故事；有《越隽佳谈前编》，载44则古越南故事；有《兰池见闻录》，载45则奇异故事。这些作品未见载于《丛刊》，但它们却应当合理地归入“传奇小说”的范畴。

能否坚持合理的标准，关键在于从本质上，亦即从历史渊源上，认识它们得以成立的理由。这一点在《丛刊》编纂者那里不甚明确。例如在《丛刊》中列有“笔记小说”一类，目前的界定是“以人物事迹为主”。这一界定与历史上的“笔记小说”未必符合。中国古代小说史表明，传奇与笔记小说的区别是前者注重文采，多虚构；后者仅为尺寸短书，据实而录。因此，“事凡异者记之”[①]的《见闻录》、“与史实不尽相合而饶有趣味”[②]的民间传说集《大南显应传》，都应当判为传奇作品集而非笔记作品集。《丛刊》把它们归入“笔记小说类”，很难说是合理的。

另外，《丛刊》所列的“神话传说类”，其作品在体裁上也应判属传奇。因为从《岭南摭怪》、《越甸幽灵》等书名看，这些作品同样是按传奇记异的宗旨编写的；从其内容看，同样富于虚构、以多篇成集。书中所记载的神灵，例如“历代帝王”、“历代人臣”等等，和中国的城隍、土地、关圣帝君、金山大王一样，属于民俗神，而非神话学所谓作为一种思维方式、作为世界本原之解释的神祇。本文的这一判断是有很坚强的证据的：武琼把自己所作的《岭南摭怪》看作“传中之史”，认为其中《鸿庞氏传》“是详皇越开基之由”，《夜叉王传》“略言占城前兆之渐”，《白雉传》“志越裳氏”，《金龟传》“记安阳王”，总之，“其视晋人《搜神记》、唐人《幽怪录》同一致也”。[③] 这便说明《岭南摭怪》继承了

① 语见《见闻录》吴玄斋序。

② 语见《越南汉文小说丛刊》所载《〈大南显应传〉出版说明》。

③ 参见戴可来、杨保筠校点：《岭南摭怪等史料三种·岭南摭怪序》，中州古籍出版社1991年版，第7页。

中国志怪、传奇小说的传统。上文谈到《新传奇录》、《传奇漫录》、《安南古迹列传》、《南国异人事迹录》、《岭南摭怪》、《天南云箓》、《越甸幽灵集》、《听闻异录》、《天南传记》等书彼此关联的情况，其所以关联的原因也在于它们同属传奇。总之，没有理由说越南汉文小说中存在"神话传说"这一类别；《丛刊》所失收那些神灵故事集，例如《神怪显灵录》（辑录42则神异故事）、《陈朝显圣灵迹》（神异故事集）、《兴安省名迹略编》（辑录东海大王、范大王、帝释、褚童子等14篇神异故事）等，仍应归为传奇。

以上所说，大致是《丛刊》辑录标准方面的问题。除此之外，在实际操作过程中，它还有一个能否真正实行"整体研究"之方针的问题——例如，在辑录越南汉小说之前，是否对现存的越南汉文古籍作过全面甄别？倘若实行了这一整体研究的方针，恐怕就能避免以下几点遗漏；但实际情况却似乎相反。

其一，在越南古籍中，有一大批和《越甸幽灵集》性质相近的神灵故事，未见于《丛刊》。上文已把部分神灵故事归为"传奇"，但值得注意的是：这些故事所依据的传统，不仅有作为文学体裁的"传奇"，而且有作为史学体裁的"神迹"。据作者李济川序，《越甸幽灵集》原是为表彰祠庙中所供奉的诸神而编辑的，其性质是诸神传记的汇编。这就意味着，越南所存的数百种"玉谱"或"神迹"书，其中相当数量应判属小说——因为它们同样是为表彰祠庙所供奉的诸神而编辑的神传。

其二，在越南古籍中，又有一批和《科榜标奇》性质相近的传记体作品，未见于《丛刊》。这些作品同传奇的共同处是篇幅短小；其区别在于：传奇是较富虚构成分的传记，而它们是较为写实的传记。如果按照《丛刊》对《科榜标奇》的处理方式，那么，这些作品也有理由辑为

“笔记小说”。《科榜标奇》的卷一是《登科员数考》，卷二是《国朝状元考》……，其体裁性质显然是和同一作者（潘辉益）的《列县登科考》相近的。依此类推，《历代登科录》、《大越历代进士科实录》、《乐道社历朝登科考》、《山西登科考》、《历朝登科备考》、《三魁备录》、《大越鼎元佛录》（越南 46 名状元的小传和传说）等越南汉文古籍，亦可以考虑编入小说。

其三，在越南古籍中，还有一批和《南天忠义实录》、《黎朝节义录》、《南国伟人传》、《大南行义列女传》等体裁性质相近的典籍，未见于《丛刊》。这些典籍皆记人物小传或简历，亦渊源于中国史部书中的传记。其中有记历代“禅学宗派事迹”的《禅畹集》、“载历朝名臣事状”的《名臣录》、“载本国历代禅僧事迹颇详”的《南溟禅录》[①]、载 30 篇古代诗人传记的《掇拾杂记》等，体裁性质较明确，可判属笔记小说。此外有《退食记闻》（又名《公暇记闻》）、《野史》（又名《列传》）、《鸿貉留英录》（又名《名臣传》）、《国朝中兴忠节显忠诸神》（又名《黎末殉节传》）、《名贤录》、《名臣名儒传记》、《后黎野录》、《黎朝野史》、《老窗粗录》、《历代名臣实录》、《黎末殉节诸臣姓名事状》、《黎朝功臣列传》、《越南名人事迹列传》、《越南前古伟人列传》、《阮朝列传》、《陈黎外传》等，据书名，亦为“以人物事迹为主”的传记著作。在钩稽笔记小说资料的时候，应把这些作品考虑在内，因为它们至少构成了越南汉文小说发展的背景。

其四，在越南古籍中，另有一批和《越南奇逢事录》性质相近的故事体作品，未见于《丛刊》。这些作品往往以一个人物、一个时代为叙述的单元，具有较传奇、笔记小说更长的篇幅，在越南被称作“传”。

---

① 引文为《历朝宪章类志·文籍志·传记》中的解题，越南社会科学院汉喃研究院藏手抄本。

《丛刊》第一辑编在“传奇类”的《越南奇逢事录》，第三辑拟作收录的《翠翘录》、《蜀安阳王事迹》、《蜀安阳王朝功臣一位大王谱录》、《泽海大王事迹》、《张尊神事迹》、《云葛女神古录》、《云葛女神传》等，即属此类。但这些作品的大部分尚未辑入《丛刊》，其中不仅包括前文提到的“神迹”“玉谱”之书，而且包括以下典籍：

《重相新录》，讲述司马重相投胎而成为司马懿的故事；

《柴山实录》，讲述僧人徐道行创建柴山寺的故事；

《㭷柚市先师遗事考》，讲述伞地创始人裴国慨的传奇一生；

《四位圣婆事迹文》，关于四位中国女子因海难而得到越南人救助的经历；

《鸟探奇案》，关于一个善鸟语之人指使夜鸟帮助破案的故事；

《刘阮入天台新传》，汉代刘晨、阮超误入仙境而经历沧桑之变的故事；

《徐式新传》，关于徐式路遇仙女绛香而相爱结婚的故事；

《阮达阮生新传》，关于阮氏双胞胎兄弟发奋求学的故事；

《女秀才新传》，关于宋代女子扮男装读书考中进士的故事；

《古怪卜师传》，关于古怪卜师为黎末官员杜世佳等算卦并讽刺朝政的故事；

《罗祖传》，关于罗祖因妻子改嫁而出家的故事。

从体裁特点看，这些作品显然应当判属小说。

其五，在越南古籍中，此外还有一批和《公余捷记》性质相近的笔记体作品，未见于《丛刊》。例如失名仿《公余捷记》而著的《南天珍异集》，以 75 页篇幅记录了 135 则野史异闻；武澄甫所编写的《尚友略记》，以 66 页篇幅记录了 252 则汉代至宋代的掌故；高伯适所集《敏轩说类》，杂记报应故事、名胜古迹和名人传记。

以上五个方面的遗漏，说明《丛刊》在其编纂之前，未作全面的资料普查工作。在这种情况下，整体观念的建立，就会是一件难以真正做到的事情。

三、越南汉文小说的部类及其渊源

对越南汉文小说进行钩稽和分类，与其说是文学研究的问题，不如说是文献学的问题。因为学术界并没有一个确定的"小说"概念。从这个角度看，无论《丛刊》如何编辑，都是可以成立的。不过，若衡以较高的标准，则文献学工作应有"辨章学术，考镜源流"的功能。就此而言，任何一种资料丛刊，又要以既有的学术史传统为起点。

目前中国文学研究者之"小说"观，乃来自两个不同的传统：其一来自中国古代史学或目录学，指的是作为官方历史著作之补充的"丛残小语"，认为其范围包括"叙述杂事"、"记录异闻"、"缀辑琐语"[①]；其二来自欧洲的文学理论，指的是散文体的叙事文学，认为其基本特征是"通过一定的故事情节对人物的关系、命运、性格、行为、思想、情感、心理状态以及人物活动的环境进行具体的艺术描写"[②]。尽管欧洲标准较符合现代的学科分类，但它在研究实践中却未可完全取代中国的古典标准。因为一旦以此界定中国古代小说，那么就会割断狭义"小说"(作为散文体叙事文学之小说)的历史渊源，并且使一大批"笔记小说"在学术上无所归依。这是在整理研究越南汉文小说时

① 《四库全书总目》子部小说家类序，中华书局1965年版，第1182页上。

② 《中国大百科全书·中国文学卷·小说》，中国大百科全书出版社1986年版。

必须明确的事实。这一事实意味着，我们面对的“小说”，既有符合欧洲标准或现代标准的小说，又有符合中国古代观念的小说，还有联系于越南本土的叙事传统的小说。我们必须立足于越南汉文古籍的实际状况来划定“小说”的范围。参考《丛刊》的小说概念——往往有中国小说的渊源，以人物事迹或传记为重要部分——来作考察，我认为，越南古典小说大致包括以下类别：

（一）章回小说：从现代眼光看，这是汉文古籍中最典型的小说。其特点是白话散文体、篇制巨大、以章回划分段落、主要描写大型历史事件。作为“历史演义”的《皇越春秋》、《皇黎一统志》、《皇越龙兴志》是其典型形式。不过，越南章回小说的题材却并不限于历史。《丛刊》失收的《桃花梦记》、《南城游逸全传》等汉文爱情小说，代表了越南章回小说的另一类型。

越南章回小说来源于中国的章回小说。其间区别在于，中国章回小说是职业说书艺人所创制的体裁，到越南则有所分化：一部分继续保持说唱传统，另一部分则成为知识分子的写作工具。这种分化造成了文体上的变化：其一，知识分子创作的章回小说往往面对读者（而不是听众）来写作。故在《皇黎一统志》第二回、第八回结尾，常规的“且听下回分解”被“且看下回分解”云云取代。其二，这种章回小说有强烈的纪实性质，作者本人往往就是小说故事中的当事人，例如《皇黎一统志》的三位作者均曾参预书中所记的历史事件。俄国学者李福清认为，这说明越南小说的作者不仅依据中国传统，而且依据本国的历史散文（例如带有历史文献性质的《蓝山实录》）的传统①。其

① 李福清：《〈皇黎一统志〉与远东章回小说传统》，中译本载《汉文古小说论稿》，江苏古籍出版社1992年版，第324页。

三，除适合于阅读的作家汉文章回小说之外，越南还产生了一批喃文的章回小说，用于说讲。其中既包括对汉文历史演义的“演音”，如《越南开国志演音》和《唐征西演传》；也包括长篇喃文小说，如十九回的《事迹翁状猺》（意为“猪状元事迹”）、二十三回的《事迹翁状琼》（意为“琼状元事迹”）。此外，越南古小说中还有一批章回体的喃文诗传，例如三十回的《碧沟奇遇》、十二回的《富贫传演歌》、十二回的《董天王新传》。这些诗传多为六八体，具有更鲜明的说唱色彩。它们共同组成了章回小说这一内容丰满的小说部类。

（二）传奇小说：同章回小说相比，越南的传奇小说有更早的渊源，亦即源自中国中古时代的志怪、传奇类小说。阮屿《传奇漫录》、段氏点《传奇新谱》、范贵适《新传奇录》等作品反映了越南作家对其中国渊源的认可。其主要特点是富虚构成分、篇幅不长（故往往以多篇成集）。包括《丛刊》未收的《异人略志》、《异人杂录》、《传记摘录》、《越隽佳谈前编》、《兰池见闻录》等传奇故事集，《快书第一种摘录》、《婆心悬镜录》、《本国异闻》等民间故事集；也包括被《丛刊》列为“笔记小说”的《见闻录》、《听闻异录》、《安南古迹列传》、《大南显应传》，以及被《丛刊》列为“神话传说”的《岭南摭怪》、《越甸幽灵集》、《南国异人事迹录》、《天南云箓》。此外，《丛刊》未录的一些神灵故事集，例如《神怪显灵录》（辑录42则神异故事）、《陈朝显圣灵迹》（神异故事集）、《兴安省名迹略编》（辑录东海大王、范大王、帝释、褚童子等14篇神异故事）等，也可以归为传奇。

但从体裁形式的角度看，越南神灵故事的大部分，却不属传奇，而属于下文要谈到的“事迹传”。其间区别在于它们的结构：事迹传往往详记传主始末，篇幅较长，单篇成书，而不像“传奇”那样通常写为短篇。例如有一种《南海观音佛事迹歌》，乃演绎《观音真经演义》，为表彰佛寺中的观音神而作，喃文六八体，分为“庄王求嗣”、“菩萨前身”、“菩萨降生”、“公主慕佛”等二十九段，段落名目和《观音真经演义》相同而文体不同。这就说明，事迹传有不同于传奇的文化渊源，它所依据的是越南本土的仪式叙述（“神迹”）的传统。

（三）笔记小说：这是中国古代目录学家心目中“小说”的正统，以实录和短小为特征。这种文体或记录异闻，或叙述野史，或杂考名物，品种多样；其中有人物、有情节的篇章，被现在的研究者接纳入小说范围。受中国典籍影响，越南汉文古籍中亦有此一体。例如武澄甫《尚友略记》、范廷煜《云囊小史》、高伯适《敏轩说类》、武芳题《公余捷记》、失名《南天珍异集》、范挺琥等《桑沧偶录》等，均可以判属笔记小说。它们反映笔记小说是一种作家的文体。

对于笔记小说作品的确定，联系到一个如何看待传记的问题。如果说较富虚构成分的短篇传记属传奇，那么，笔记小说中的相当一部分，便是较为写实的短篇传记。对笔记小说的判定，因此有一个与史部传记类作品相区别的问题。在越南古籍中，存在大批和《科榜标奇》、《南天忠义实录》、《南国伟人传》等传记书性质相同的作品。只有对它们逐一进行比较研究，才能提出一份合理的小说书目。

（四）事迹传：“传”是具有越南本土传统的叙事文体。它往往以一个人物、一个时代为叙述的单元，故也称作“事迹”。同传奇、笔记小说相比，它有更长的篇幅、更为通俗的语言和更富文学性的描写。所以它像朝鲜的“传”一样，在小说发展史上的位置相当于中国的“话本”或“市人小说”，高于传奇①。从数量上看，这是越南古代小说中最重要的体裁，包括《越南奇逢事录》、《翠翘录》和众多题作“事迹”、

① 李福清：《远东古典小说》，中译本载《汉文古小说论稿》，第172页。

“神传”的作品。

前文曾论及越南传奇类小说中神灵故事一支的文化传统，举证了一批事迹传体的汉文作品。尽管其数已达数十种之多，但并不意味着事迹传体的主要内容是神灵故事。相反，在这一体裁中，我们看到了大量世俗故事，例如上文提到的《重相新录》、《柴山实录》、《鸟探奇案》、《徐式新传》、《罗祖传》等。这些作品充分表明了事迹传的市民化特质。

从事迹传的上述特点，可知它所依据的既有史传的传统，也有越南口头文学的传统；而不像章回、传奇、笔记三类小说那样，主要是从汉文典籍那里移植过来的。以下几个例证也有助于说明这一问题：其一，有一种六言体小说，讲述刘京因懒惰入地狱而被仙妻求佛救出的故事，题为《刘京传话本》。其特点是以“话本”一名对作品所具有的口头文学渊源作了暗示。其二，越南事迹传的主要体式并不是散文体，而是较符合记诵需要的韵文体。这样的汉文小说有《怀南记》(关于阮祖的六八体诗传)、《唐高都护渤海郡王诗传》(关于唐高骈的诗传)、《李公新传》(关于宋国李公的六八体诗传)、《石生新传》(六八体石生传)、《宋珍新传》(六八体宋珍传)等。它们多用说唱体裁六八体，其时代又晚于喃文诗传(其中产生较早的是黄光撰于1777年的《怀南记》)，显然有说唱艺术的渊源。其三，在汉文事迹传之外，越南小说中还有很多喃文的事迹传，如《仙谱译录》、《传翁徒巴尾》、《汉楚争雄传》、《笺花录》等，往往是汉文小说的喃译或演义(《笺花录》即译自中国小说《花笺传》)。喃译可以满足口头说唱的需要，这些喃文作品说明事迹传的世俗化特点是和它的口语化特点并行的。其四，最重要的一条，事迹传的主要形式是富于民间风格的喃诗传形式。这一点值得专门一提。

所谓"喃诗传"，也就是采用喃文诗体形式的事迹传，在越南亦习称"国音传"。其文体主要是六八体，题材主要是男女情缘，流传形式主要是印本形式，每传在一百页上下。符合这几个条件的喃诗传有《蛇花新传》、《黄秀新传》、《有蓟传》、《花笺润正》、《芳花新传》、《主滔古传》、《选夫误新传》、《玉花古迹传》、《白猿新传》等。它们反映了越南民间小说以说唱方式讲述爱情故事的特性。它们在印刷上的高比例，则证明喃诗传是最受群众欢迎的小说品种。其它一些喃诗传，例如《贞鼠传》、《铜钱传》、《果报新传》、《刘女将传》、《扢鳐新传》、《蜘蛤新传》、《刘平杨礼新传》等，虽然不再是爱情题材，但同样使用六八体，同样讲述日常故事，同样以印本的形式流传。其流传的广泛性，说明在越南小说中存有两个文化传统，喃诗传代表了同历史演义、神怪传奇等大型题材相对立的民间传统。

但从另一面看，喃诗传仍然是同中国小说息息相关的。其中很大一部分作品是中国小说的"演音"或"演传"，例如《平山冷燕演音》、《好逑新传演音》、《刘元普传》、《玉娇梨新传》、《二度梅演歌》、《二度梅传》、《二度梅精选》、《润正忠孝节义二度梅传》、《潘陈传》、《潘陈传重阅》、《再生缘传》、《昭君贡胡传》、《宋志传卷八》、《西游传》、《芙蓉新传》、《琵琶国音传》、《琵琶国音新传》。而且，相当多的喃诗传有中国印本，例如《白猿诗集》、《李公新传》有广东印本。这种情况是饶有趣味的，它们既反映了中国文学越南化（或曰越南文学对中国文学的融合）的基本途径和基本方式，也表明中越两国小说具有共同的诗体背景。我们注意到：上述演音传主要演绎宋代的故事；它们基本上是有主名的作家作品，正好同非演音的喃诗传相区别——后者通常无作者名氏。这说明越南古代知识分子也依据他们对宋代话本的了解，主要以翻译方式参预了喃诗传的创作。换言之，喃诗传同样是两种传统相结合的产物：一是越南的民间说唱，二是从宋代开始盛行、主要通过越南作家传入的中国话本和弹唱小说。在研究越南汉文小说的时候，对这种诗体小说——无论是汉诗传还是喃诗传，自然都是不宜忽略的。

四、结语

对于21世纪的中国学术来说，越南汉文古籍代表了一个莫大的希望。它和20世纪初的敦煌文献一样，将成为中国古代史、古代文学、古代语言、古代艺术、民族史等众多学科的新的支撑点，只不过目前尚在沉寂中销蚀，未得到有效的开发和抢救。在这种情况下，《越南汉文小说丛刊》率先进行垦殖荒地的工作，既为汉文小说研究提供了一批研究资料，也为越南汉文古籍的整理研究提供了具有示范意义的工作体例。它对学术的贡献，是怎样估计也不过分的。

不过，作为一项草创阶段的工作，这部《丛刊》也有未臻完善之处。编纂者关于“整体研究”的设想，在实践中并没有得到贯彻；书中关于越南汉文小说的界定和分类，尚不清晰准确。它提醒我们：只有建立正确的小说理论、全面网罗资料、深入追踪越南小说各部类的文化渊源，才能建立一个明确合理的分类体例。换言之，只有把越南汉文小说的整理研究工作同全部越南汉文古籍的整理研究工作结合起来，《丛刊》才可能成为一部具有充分史料性和科学性的著作。

为实现上述目的，需要集思广益。故本文在考察相关材料的基础上，提出了对越南古代小说作“笔记小说”、“传奇小说”、“事迹传”、“章回小说”四分的建议，并追溯了这些文体的历史文化的渊源。本文认为：以上四种小说应是次第发生的；它们在小说发展史上的位置，大致对应于中国汉以来的笔记小说、六朝以来的传奇小说、宋以来的市人小说、明清时代的章回小说。从本质上说，“小说”作品都是对口头叙事的记录，因此，以上四种小说都表现了书面化、口语化两分的倾向。其中最明显的是事迹传和章回小说。在事迹传中有“喃诗传”这一规模庞大的分支；在章回小说中则出现了历史题材与日常生活题材、以汉文为主与以喃文为主、有主名的知识分子作品与无主名的民间作品这样两种传统的并存。据此可以知道，中国小说中的文言与白话的二分，在越南已经让位于汉文与喃文的二分。也就是说，即使以汉文小说为整理、研究的对象，也不能忽视喃文小说的存在。

但本文的上述认识，仍然是粗糙的。因为它主要依据现有的越南汉文古籍书目[①]，而未能对相关古籍作逐一目验；而且，它未在这些目录之外，进一步扩大资料范围。这两点缺陷是不可忽视的；以下经验表明，弥补这些缺陷，恰恰是进行越南汉文小说整理研究的必要前提。

1998年，我曾往越南作短期考察。在阅读汉喃研究院等处的库藏古籍之外，也注意搜集了一些流散于民间的汉文书籍。在我所收藏的手抄本中，遂有几种富于虚构成分的叙事作品。例如有一种嗣德八年（1855年）刊印、启定丙辰年（1916年）重抄的《富巷社神迹》，先记“灵郎大王”之简介，云“其庙今在本寨地分”；次记“灵郎王神化录”，云“谨按外传所载，启历元皇（即泾阳王）第五子白龙君者，王之前身也，驯至李圣宗朝，初降神为第四子宫妃阮氏所出，是王之第一化也”云云；再记“本祠讳忌”、致祭期日及礼仪；末为关于陈朝灵郎王

① 陈义等主编：《越南汉喃遗产目录》，用越、法两种文字刊行，河内1993年版。

(非李朝灵郎王)的考订。其中“灵郎王神化录”是一篇富于文学性的故事,云:

……妃讳浩娘,居母丧,既毕。一日,过霪潭洗浴,忽见神龙自潭中来绕,有顷即出,喷浪成云,腾空而去。辰妃香液满身,彷徨以反。五六日后见召,自是有娠。至十四月间,妃梦一异人,锦袍玉带,前来拜曰:“臣名某,请为儿。”言讫而去,遂生辰。嘉庆六年甲辰(按初乙未纪元龙瑞太平,至六年又改彰圣嘉庆)十二月十三日申牌也,满室异香,经日不散。王之生也,体相魁奇,背后有红斑二十八,如鳞形,胸前有黑子七,如珠状。上异之,终七日,呼之曰皇四郎。是月二十日开宴,群臣贺,寻赐妃携养于故居所。养初,经一月零七日辰,有宋寇渠帅赵偰(音契)、郭逵统九将军洪真武、弭余靖及黄永贞等,合占城、真腊二蛮,分道来侵。军至国威上路(上路即今山西之端雄、临洮等府是),势甚强,边书日五至,京师振动,上患之。既而幸泰和宫,有事假寐,间闻颂声云:“国有人矣,贼何忧哉?”醒觉,诏募之:“能灭彼凶,不惜重赏。”月余,使至伊寨地,方王正卧榻上,闻之,即起语妃曰:“边有警,枕可安乎? 祈召他来一话。”妃惊异曰:“虏势如许,幼也何堪?”王答曰:“幼有壮时,不须过虑。”妃以告。使者至,从容语之曰:“卿即回奏帝,请勿忧,某愿行,此足平矣。”使拜问兵器有所颁否,曰:“红旗一幅,柄十丈长,与雄象一匹而止。”使反以闻,上大喜,即日钦颁如命,加以精兵数万随之。间又募本寨义士,得一百二十人,就中有名者黎保、范弘,并拜行,遣为左右裨将;其次张本、丁贤、阮灿、邓绩、陈兴等五人,皆封上秩以从。诸事讫,王勃起,宛然出世一天蓬,云:“呼象一声。”象即前伏(后人呼其祠曰伏象以此)。乃执旗而上,驰骤如飞。比至富良府(富良,今亨通府是)地头,旗一挥,贼自溃。凯还,设饮,至礼定封赏有差。数月后,上以王有大勋劳,召欲逊位,王固辞不受,谢,还故墅(故墅即守隶寨)居焉。……

又有一种抄写于成泰拾八年(1906年)的"福安省永祥府安朗县塔庙社尊神玉谱",两卷。第一卷先记"尊敬各事迹、神号",例如"唐王天子济世民大王"、"皇后妃人清玉仙宫大王"、"安南都护唐高王大王"、"惠良宫妃夫人"等;次记安南都护唐高王高骈等尊神的事迹;再记诸尊神的追封敕文,其生日、化日、致祭礼仪及原本抄写日期(1865年)。第二卷则记"南国陈朝英宗皇帝之女太长兴娘公主玉谱"及封神敕文、"生日化日并讳字与服色禁忌"等。其中关于高王、公主生平事迹的叙述,亦是两篇富于文学性的故事,云:

昔我南国,雄王启运,十八世之相传,共二千余人。后属东汉,历吴、晋、宋、齐、梁。迨至我国前李,兴师剿除梁人,肇基南服。及至李唐兴,我国又内属于唐。却说大唐国苍相州,有高家翁,谥骏,家□风水,真宗继世显宦。高公仕唐至平章事,因念年寿已高,难堪国事,意欲回家养闲,寻吉地接福,以昌厥后,乃上表固请致仕。帝许之,加颁金银、财帛、车马送归。……一日,公往广东,闻有岑华洞部长公之女范氏端,年及长成,德色兼备,遂备礼娶焉,以为第二夫人。公仍居此洞,设帐授徒,闲看风水。居二年间,此地人民皆爱慕之。一夕,夫人梦身骑黄龙,飞腾天上,入玉黄皇帝殿,见龙楼凤阁,百官左右侍坐。夫人乃叩头行礼。玉皇传判官,执一石笔许之。夫人拜领,忽然惊醒,即以梦中所见，道与高公。高公曰："果如此，吾家福厚，娘必有贵子。"自此夫人怀胎，十三个月，时丁未年二月初十日。是日适见闺门之内，香风馥郁，瑞气辉煌。生下一男子，体面魁奇，丰姿俊异，三亭平等，五岳朝（旧本作"天"），凤眼蚕眉，特异寻常万万。得百日后，命名曰"骈"。公年五岁，父母携归原贯，甚殊爱之（贯仓相州）。公年十二岁，性禀聪明，闻一知十。从学三年，百家诸子，三略六韬，一皆贯彻。行有天云蔽体，圆似伞形。年十六，凡上之天文、下之地理，与今世运兴衰，莫不洞识。颇有神才异术，人莫能窥。常作纸鸢，身骑高飞，以遍观地形龙虎，人称之曰"文武兼全，英雄盖世，非王则伯，已可卜矣"。……

陈朝英宗皇帝在位，海宇清平，国家无事。时有京北道河北府金华县青娥洞，有一张家翁，太婆陶氏慎。夫妇仁厚，一般留心造福，一门孝美，继世医儒。公年四十余，太婆三十二。一夕，太婆梦见鸾鸟入怀，心觉有孕，至期，生下一女，命名洪娘。及年十五，面似春花秋月，色如白雪红银，妇德兼全，女工最巧。年十九，才色有名，蝶信蜂媒，盈门满户，未有称者。一日，英宗御游京北道，历看螺城之地。诸地方男女老少，观者满路。太婆与洪娘立观于御驾之左旁。帝顾见洪娘颜色而悦之，命内监官召至御前，问其家贯姓名。娘叩头，具以实对。帝即命召双亲谒见，颁黄金十笏，纳之。驾回城郭，立为第九宫妃，甚宠幸焉。……

这些文献说明什么呢？说明还有一大批汉文手抄本图书流传在越南民间，需要研究者悉心搜集；说明由于说唱文学的影响，越南的汉文文书往往富于文学性，有必要纳入文学研究者的视野；说明在这些文书中存在相当数量的"神迹"、"玉谱"之书，它们用于各村社的祭祀礼仪，原是口口相传的神秘故事，要认识它们，就必须越出平面的文本观念；说明这些文书在神化村社历史的过程中，往往以虚构来夸饰古老的事实，杂用白话和文言，于是构成了不同于中国小说的一些风格和轨范。它同时说明，这些作品有一定格式，习惯从出生开始历述传主的种种神异，这格式也存在于越南的其他传记类作品之中。因此，越南汉文小说研究应当是一种跨文体的比较研究。

除此之外，这些文献还说明，越南汉文小说研究是一种跨文化的比较研究，研究者应当具有更好的知识储备。——只有具备一定的越南语知识，才能准确地区分汉字与喃字，进而准确地分章断句；只有具备一定的历史学知识，才能正确辨认越南小说中的人名、地名、年号等专名；只有具备关于研究资料的全面了解，才能在更坚实的基础上开展工作。现在，越南学者已就汉文小说的整理工作提出了较完整的理解。他们在 1997 年编成出版的《越南汉文小说总集》四册（河内世界出版社出版），对数十种汉文小说书籍作了详细的文献学考订。继三卷本《越南汉喃遗产目录》之后，他们最近又编成了《越南汉喃遗产目录补遗》，其中所著录的“神迹”书便有 540 种左右。这些成果既是汉文小说整理研究工作的条件，又对之提出了更高的要求。在这种情况下，我们更有必要强调对越南本土文化的了解。也就是说，只有充分尊重越南叙事文学的特殊风格、特殊体裁和特殊功能，密切关注其存在状况和存在环境，关于越南汉文小说的整理研究工作才能取得成功。

（原载《中国文哲研究集刊》第 18 期，台湾“中央研究院”2001 年）

越南古代诗学述略

见于记载的越南早期历史，是和中国史合为一体的。早在神话中即有神农、颛顼、尧之地“南至交趾”的传说[①]，此后中、越史籍中又有巴蜀人建瓯貉国的传说[②]，“交趾”和“瓯貉”是越南最早的名称。公元前214年，秦始皇遣屠睢攻略岭南之地，设置南海、桂林、象郡，北部越南从此成为中国的郡县；一直到公元939年吴权建立吴朝，越南北部才出现独立的封建王朝。此间一千数百年的历史，从政治上看，是中越同属一个政体的历史；从文化上看，是北部越南逐渐汉化和儒学化的历史。史籍记载了这样几个具有里程碑意义的事件：秦汉之际，南越王赵佗“以诗书而化训国俗，以仁义而固结人民”[③]，史称“甚有文理”[④]；汉武帝年间，伏波将军路博德平定南越，设九郡（其中交趾、九真、日南三郡在今越南北部和中部），“颇徙中国罪人，使杂居其间，乃稍知言语，渐见礼化”[⑤]；两汉相交之际，锡光为交趾太守，

---

① 何宁：《淮南子集释》卷九《主术训》，中华书局2006年版，第610页、第611页；王聘珍：《大戴礼记解诂》卷七《五帝德》，中华书局1983年版，第120页；陈寿祺辑校：《尚书大传》卷一，《丛书集成初编》第3569册，第13页。

② 《岭南摭怪·金龟传》，戴可来、杨保筠校点：《岭南摭怪等史料三种》，中州古籍出版社1991年版，第27—29页；《越史略·国初沿革》，《丛书集成初编》第3257册，第1页。

③ 黎嵩：《越鉴通考总论》，《大越史记全书》卷首，东京大学东洋文化研究所1986年版，第84页。

④ 《汉书·高帝纪下》，中华书局1962年版，第73页。

⑤ 《后汉书·南蛮传》，中华书局1965年版，第2836页。

任延为九真太守,“教其耕稼,制为冠履,初设媒娉,始知姻娶,建立学校,导之礼义”[①]。至东汉末期,又有交州太守士燮重儒学,“教取中夏经传,翻译音义,教本国人,始知习学之业”[②],内地学人往依避难者数百人,使交趾成为人文渊薮、文化中心[③],同时也奠定了地方长官以儒术教民的传统。僧佑《弘明集》卷一载《理惑论》,云汉末大乱时,牟子流寓交州,以五经难道家术士,时人“比之于孟轲距杨朱、墨翟”[④];此书卷一一载交州法师释道高、释法明《答李交州淼难佛不见形》等文,记录了刘宋时期交州地区的一场佛学讨论——这都是越南作为“文献之邦”的证明。

汉文化和汉语言文学在越南的传播,在很大程度上是通过选举实现的。东汉灵帝、献帝之时,交州人中有李进、阮琴(李琴)、张重等入朝就学,后分别选为交州刺史、司隶校尉、金城太守;献帝又曾以交州茂才、孝廉各一人为夏阳(今陕西韩城)令和六合(今江苏六合)令[⑤]。这种情况,表明汉文化已向交州地区充分渗透。到唐代,中原选举之制流布于安南。高宗上元三年(676年),专门设置选拔安南士子任官的“南选使”;武宗会昌五年(845年),又在安南确立了每年选送进士、明经进京任职的制度。爱州日南人姜公辅、姜公复兄弟,正是在这期间举进士,入朝任官的。姜公辅于德宗之时第进士,累官至右拾遗、翰林、谏议大夫、同中书门下平章事,被史家视为安南地区人文昌盛的标志。到北部越南独立建国以后,为巩固政权,政府大力推广包括三纲五常、忠孝节义等内容的儒家思想及制度,科举制进一

---

① 《后汉书·南蛮传》,第2836页;《后汉书·任延传》,第2462页。

② 严从简:《殊域周咨录》卷六《安南》,中华书局1993年版,第236页。

③ 参见张秀民:《士燮传》,《中越关系史论文集》,台湾文史哲出版社1992年版,第181页。

④ 《弘明集》,上海古籍出版社1991年影印本,第1页下。

⑤ 吴士连:《大越史记全书》外纪卷三,第131页。

步加强。李朝初年，即有一系列振兴科举和儒家教育的举措：圣宗神武二年(1070 年)，立文庙，塑周公、孔子及四配像，定四时享祀之礼；仁宗泰宁四年(1075 年)，开三庠科试，“诏选明经博学及试儒学三场”；[①]次年，立国子监；广佑二年(1086 年)，开科试，选有文学者入翰林院。从此以往，科举之制经黎朝和阮朝的极盛而延续至于 1919 年。这样一来，越南历史上便产生了三千多名进士和不计其数的秀才举人，也产生了一大批服务于举业的文学作品[②]。科举制度维护了以汉语言文学为主流的越南语言文学传统，也巩固了汉语言文学在越南文化中的地位。一直到 20 世纪 40 年代，拉丁化的越南文才取代汉文而成为法定的通行文字。

显而易见，越南是汉字文化圈中的一个重要地区，其古代文学是汉语言文学的重要组成部分。但由于长期隔阂，存于越南的汉文古籍资料一直不为中国学术界所知。有鉴于此，我几度前往越南，在几位研究生和越南汉喃研究院、台湾“中研院”文哲所一些朋友的帮助下，编成了《越南汉喃文献目录提要》一书。此书共 100 万字，著录汉文、喃文图书 5,023 种，包括 4,229 种以汉文为主体的图书、794 种以喃文为主体的图书。其中汉喃两种文字的文学书籍约 2,000 种，分布于以下类目：

表 1

	类目	作品数
集部	总集、别集、诗文评、北使诗文、酬应文、应用文体、举业文、赋、六八体诗歌、歌谣、陶娘歌、戏曲、小说、金云翘等，共 15 类	1,684 种
史部	传记类有总传、别传、神迹、日记等目，用故事体	254 种

① 《大越史记全书》卷三《李纪》，第 248 页。

② 在我们编写的《越南汉喃文献目录提要》一书中，著录汉喃文古籍共 5,027 种，其中经部著录举业用书 36 种，集部“举业文”类著录图书 314 种。

（续表）

	类　目	作品数
史部	地理类有名胜目，内容为对山川名胜的记述与歌咏	44种
经部	诗类有关于《诗经》的喃译作品	7种

这些类目大多是俗文学和应用文体的类目：其中俗文学图书有近七百种[①]，属于应用的文体又占去了相当数量。因此可以说，越南古代诗学不同于中国诗学，它是在俗文学和应用文学环绕的情况下发展起来的。但在公元939年以前，北部越南是中国的一部分；公元939年以后，越南的一切政令、建制、律典皆模中国旧法，公私文牍悉依中国文体。因此，越南诗学又可以看作中国诗学的一个分支。即使从诗学表达方式的角度看也是这样：它沿袭中国诗学文体，主要有序跋、书札、笔记三种体裁。

一、序跋

在越南古代诗学文献中，诗集序跋是篇幅最多的一个文体。除去中国人的作品，其数量在二百五十篇左右。其中内容大多为关于诗集编抄背景的介绍，少数篇章包含有诗论内容。

潘孚先所编的《越音诗集》（汉喃研究院索书号A.1925，下同）是越南历史上第一部诗歌总集，编成于黎太祖顺天癸丑年（1433年）。其中载录了现存最早的两篇诗序：潘孚先自序和阮子晋序。后者写于黎仁宗延宁六年（1459年）。这两篇序言奠定了越南诗论的基调，即以诗之体用为主题，应和中国诗论中的“诗言志”说和“兴观群怨”说，在风格方面提倡调和之美。如：

① 详见本书《从越南俗文献看敦煌文学研究的前景》。

心有所之，必形于言，故诗以言志也。唐虞君臣唱和，列国民俗歌谣，其治乱之迹不同，而感发于心则一。（潘序）

诗之难矣哉！律诗止有五十六字，绝句亦有二十八字，而体趣备焉。欲其古淡则近俗，欲其富艳则近乎华；豪放则涉于肆，坦率则涉于野。是故词意简畅，脉络贯通，朴而不俗，奇而不涩，忠厚而无鄙俗之言，峭拔而有和平之气，最难得也。所以不可以一例拘，亦不可以一体取。（阮序）

潘孚先的上述理论，亦以另一方式作过表述。《翰阁丛谈》(A. 768/2)载其《上进越音诗集序》。此序从儒家“诗可以观”的观点出发，论述了诗与政治的关系：

伏以虞朝致治，平章必本于赓歌；列国观风，美刺皆形于讽咏。下逮汉唐之世，以及宋元之间，名儒才士，可以华国济时；墨客骚翁，岂但嘲风弄月？虽曰志之所之，而形于永言之外，亦是政所自出，而发为民俗之端。

在此之后数十年，又有黄德良《摘艳诗集》(VHv. 2573)序和蔡恪敦《吕塘遗稿诗集》(VHv. 1459/a)序。黄序作于黎圣宗洪德二十八年(1497 年)，蔡序作于黎襄翼帝洪顺二年(1510 年)，同潘孚先、阮子晋序一样，都属黎朝前期的诗论之作。但自此至于黎末，诗论作品便寥落下来。到阮朝明命、绍治、嗣德年间(1820—1883)，文坛才重新繁荣起来，产生了众多诗文集，也随之出现了许多诗集序跋。其中最重要的是绵审、绵寊这两位在越南文学史上享有重大影响的评论家。

绵审号仓山、白豪子，生于 1819 年，卒于 1870 年；绵寊号苇野，生于1820年，卒于1897年。他们同为明命皇帝之子，自幼受到良好的教育。王先谦曾为绵寘的《苇野诗文合钞》(A. 782/2)作序。序中盛赞二人之诗文：

光绪七年越南阮君述来京师，以其国苇野诗文合集视余。苇野者，仓山之弟也。仓山工为诗，中国见者靡不叹异。苇野诗至，见仓山诗者咸惊，谓不亚仓山。余尤喜重其文，如《黄钟为万事根本论》、《春王正月辨》诸作。

王先谦的评论反映了越南诗集在中国的流传，也反映了绵审、绵寘二人在越南文学史上的地位。按绵审有《仓山外集》(VHv. 119/1—8)一部八册，第二册及第四册的前41页全为序跋，其中多为诗序；绵寘有《苇野合集》(A. 782/1—2)一部二册，收录诗序及论诗书信十一篇。这实际上是越南诗论中最重要的两部典籍。略可与此比肩的则是无名氏所编的《书序摘录》(VHv. 350)。《书序摘录》是序跋专集，也是现存唯一的序跋集，共收序跋85篇。但此书所录不限于诗论，亦收录关于医书、方志、法律书的序跋，甚至杂有中国人和日本人的作品，且产生时代较晚。总之，在越南古籍中，以上三种文集保留诗序较多，其中最重要的是仓山、苇野二集。

绵审、绵寘代表了19世纪的越南诗论。虽然从总体上说，他们仍未脱离经学论诗的窠臼，但在某些具体问题上，其文却有较深入的讨论。例如绵审《雅堂诗集》(VHb. 7)自序针对王士祯“神韵”说和沈德潜“格调”说的论争，而有“我用我法”一说：

诗正而葩，吾无间然矣。姑自汉魏，顺而下之，至于六朝，作者不乏伟篇；而求其规模弘远，声势稳妥，全诸体以集大成者，则直退舍于唐，若水之朝宗于东海。其又自明清等而上之，至于五代作者，亦多丽藻，而求其千百年不能改窜损益其范围，不得不遵其约束者，则亦皆宜敛衽于唐，若人仰止于高山矣。第唐必至盛唐，盛唐必至王杜而后美善兼焉。乃清王阮亭尚书偏重右丞，故取表圣沧浪之谈而著于《唐贤三昧》；沈归愚尚书又偏重少陵，故谓千古让渠独步而详于《唐诗别裁》等书。吾则兼之，不敢偏袒，而自有我用我法者在也。何则，盖春容清雅为王，高深雄阔为杜，是各胸襟相别者。时而可杜，杜之；可王，王之。若夫命意立言，工整典切，纵横超逸，且复炼气以至入神，从心所欲不逾矩焉，博而慎余也；是必弗迷于淫哇艳体，粹然一出于至性真情而本于正葩焉。此则未尝有不相同，当兼之矣。

在绵审看来，"神韵"及"格调"只是表示风格的概念，王、杜的区别是因作者个性不同而造成的诗歌风格的差异，故曰"春容清雅为王，高深雄阔为杜，是各胸襟相别者"。他认为优秀的诗歌在审美本质上无甚差别，都是"正而葩"，因此提出了应兼学杜王而我用我法的主张。这样的主张是与越南诗论偏重调和的传统相一致的。

绵审的序言同时表明，虽然有国界的间隔，发生在中国诗坛的变化还是及时地在越南造成了反响。越南古典目录在集部常列有"诗文评"一目。《聚奎书院总目册》(1902 年)之诗文评类就著录有《文心雕龙》、《岁寒堂诗话》、《历代诗话》、《雅谈》、《苕溪渔隐丛话》、《渔洋诗话》、《诗触》、《律诗肆辨》、《静志居诗话》、《全浙诗话》、《宋诗纪事》、《声律启蒙》、《诗法入门》、《诗法度针》等书。所以中国诗论中的著名论断在越南诗论中多有应和。"诗言志"、"兴观群怨”只是较核心的两个概念；其流入越南，主要是通过经学实现的。除此之外，“性灵”说是另一个影响很大的理论。这在许多序跋中都有反映，如：

《苏溪随笔集》(A. 1968)武奂甫自序：“闻之先儒曰：儿女之讴吟，童子之嬉笑，皆有诗情而未动。然则诗岂自外哉？根诸性情而宣畅之也。”

《逊庵诗抄》(A. 196)裴文禩自序：“古今作家，各擅所长，惟性灵气行为上。”

《张广溪先生集》(VHv. 30)张登桂自序：“始知作家之法度准绳，诸说纷如，总不出性灵二字。故其为诗，尽屏陈言，不依傍他人门户。意之所至，笔即随之。虽汪洋赡博，远不如人，惟所独得处，仿佛神会三百篇之旨然。”

遭际与此相似的尚有诗穷乃工的理论：

《东野樵诗集》(VHv. 1158)阮案序：“盖自诗十五国风、古诗十九首、楚之离骚、魏晋之乐府，以至唐宋元明之诗歌，虽体裁互异，音节各殊，其辞之纡徐婉娈，能令人反复讽咏而不已者，皆出于羁臣逐客，不得志而发愤者之所为作也。古人有言诗穷乃工者，不其然欤？”

阮案此说来源于韩愈或严羽。韩愈《荆潭唱和诗序》有云：“和平之音淡薄，而愁思之声要妙；欢愉之辞难工，而穷苦之言易好也。是故文章之作，恒发于羁旅草野。”《沧浪诗话》有云：“唐人好诗，多是征戍、迁谪、行旅、离别之作，往往能感动激发人意。”①即使越南诗论中那些看似自创的观点，也同样表现了和中国诗学的联系。如：

《书序摘录》载绵审《随园诗话补遗卷序》：“诗始于虞舜，编于孔子。吾儒不奉两圣人之教，而远引佛老，何耶？阮亭好以禅悟，此诗人奉为至论。余驳之曰：毛诗三百篇，岂非绝调，不知尔时禅在何处，佛在何方？人不能答。”

这段话，同李重华《贞一斋诗说》所云“诗教自尼父论定，何缘堕入佛事”云云②，显然是一致的；但它对李重华之说作了引申。这种对中国文论的观点和命题加以引申的方法，是越南诗论最常用的方法。

二、书札

越南文学重应用，书信表奏是最常见的文体，今存作品的数量在集部仅次于举业之书。其中有若干论诗的篇章，特别值得注意的是以下两篇奏札。

一篇是绵审的《仓山奏版》，载在《诗奏合编》(A. 2983)一书。此文是绵审奉命编辑中国历代诗家名录时的奏文，评述了71位中国诗人。其中汉2人、魏晋7人、南北朝6人、唐31人、宋元7人、明13人，又清5人(吴伟业、施闰章、宋琬、王士禛、朱彝尊)。文中开列每位作家的姓名，然后简介生平，引述品评。所引评论家有杜甫、苏轼、

① 马通伯：《韩昌黎文集校注》卷四，古典文学出版社1957年版，第153页、第154页；严羽：《沧浪诗话·诗评》，人民文学出版社1961版，第198页。

② 《清诗话》，上海古籍出版社1978年版，第973页。

挚虞、钟嵘、昭明太子、严羽、胡应麟、钱谦益等42人。虽然所论对象皆为中国诗人,所引述的评论也来自中国,但次第取舍之间,仍包含了文章作者的评价与立场。这份文献,从传播与接受角度,反映了越南诗学同中国文学史的关联。

另一篇是绵寊的《论诗札子》,载见《苇野合集》。其体例似沈约《谢灵运传论》,以人为经,论述了从汉至清110位作者及历代诗风的变化。全文如下(括号内为原文小字注):

奏臣窃惟诗教之兴,关于治道甚大,古先圣王所以厚人伦、美教化、移风俗、明黜陟者也,人臣所以明于事父、事君、从政、专对者也。而删诗后,六义渐微。后世文学士言志修辞,自附风雅,然去之益远,其道弥繁。加以代有淳浇,体移正变,指归不一,好尚殊致,要其根委,庶或可稽,独是驰骋于数千百年之上,斟酌于毫厘之间,自非博极群书,具有卓见,岂足以别裁伪体而轩轾艺林也哉?臣技只雕虫,职同窥豹,滥承清问,不敢以固陋辞。窃效古人论诗体,谨撰如干,则以献云。

五言权舆于苏武七子,艳发于建安,爰逮晋氏,骨格少变。景阳(张协)黼藻争辉,二陆(机、云)宫商间叶,延年擅雕错之巧,玄晖迈高绮之奇,阮籍振激厉萧骚以复古,太冲开雄浑秀拔以超群。宋齐之末,以及梁陈,江淹缛丽著称,沈约富赡为贵,清新开府(庾信),俊逸参军(鲍照)。余如嵇康、束皙、刘琨、郭璞、谢惠连、王筠、阴铿、何逊、徐陵等,互相焕照,辞义可观。惟曹植骨气高奇,思兼风雅,洵足笼驾群彦,雄视百代;陶潜清真古朴,造诣甚微:魏晋之间,当推此二家为冠。唐兴之初,草创文物,学者渐革陈隋软弱之陋,研音定律,揣色侔辞,约句准篇,遂成近体,则王勃、杨炯、卢照邻、骆宾王、陈子昂、杜审言、宋之问、沈云卿为伯。开宝之际，稍厌雕琢，贵雅黜浮，则苏颋、张说、张九龄为之主。自是以至大历、贞元间，美才辈出，涵泳发挥，霞蔚云蒸，花光玉润，则李白、王维、李颀、元稹、白居易、刘禹锡、杜牧、李商隐、韩愈、柳子厚、韦应物、孟郊、贾岛、卢仝、刘叉、卢纶、吉中孚、司空曙、韩翃、苗发、夏侯审、崔峒、耿沣、李端、钱起、郎士元、刘长卿皆卓然为一世豪杰，其制大备，足称名贵。

杜甫诗驾风鞭霆，海涵地负，而不溢于规矩绳墨之外，不肯依傍仿真六朝唐贤诸家而尽兼其所长也。元稹曰："诗人以来，未有如少陵者。"韩愈慎许可，亦云"李杜文章在，光焰万丈长"。朱熹曰："少陵以稷契自许，未知做得与否，然为人却高，其救房琯亦正。"王安石谓："杜诗绪密而思深，观者苟不能穷其堂奥，未易识其妙处。"元好问云："杜工部之诗，如元气淋漓，随物赋形；如三江五湖，合而为海；如祥光庆云，千变万化，不可名状。及读之熟，求之深，含咀之久，则九经百氏所以膏润其笔端者。如玉屑丹砂、芝术参桂，识者例能指名之，至于合而为剂，其君臣佐使之用，甘苦酸咸之相入，有不可复以物名者。故谓杜诗无一字无来处可也，谓不从古人中来亦可也。"王世贞曰："以意为主，以奇拔沈雄为贵，其歌行之妙，至使人慷慨激烈者，惟杜公能之。"以诸家之论观之，则后虽有作者，其亦无以加已。

宋室文运蔚起，道学大明，而声律之工颇滞于腐，然梅尧臣、欧阳修、王安石、范成大、黄庭坚、朱熹、陆游诸公犹能以高劲博洽之才，深微幽秀之远，绍唐贤而开后学者。然求其汪洋闳肆，笔力遒迈，脱洒尘壒，独立万物之表者，则苏轼为之最焉。金元好问奇崛而绝雕刿之迹，绮丽而泯巧缛之饬，亦于是乎大家也。

元杨维桢才气横溢，一意古则，虽汉庭老吏之虞集、百战健儿之杨载、唐临晋帖之范梈、美女簪花之揭奚斯，步后尘矣。

有明国初，刘基、高启、杨基、张羽、徐贲去宋理趣之障，扫元纤靡之习。刘、高既为两雄，高、杨、张、徐亦称四杰。永乐之后，专尚台阁，格韵以衰。成化、弘治之间，李东阳崛起，标引而导之正，而李梦阳、何景明、徐祯卿继之，为极盛焉。他如边贡、高叔嗣、袁凯、杨慎、王守仁、薛蕙、谢榛、吴国伦、徐中行、宗子相、梁有誉、陈子龙、欧桢伯亦分道扬镳，羽翼风雅，然不得不推王世贞、李攀龙为盟主。钱谦益诋李、何、王、李而尊程嘉燧，此党同伐异之见，非公论也。至如汉之李陵、晋之潘岳等，大节有乖，性情又安得正？古来论诗者类多称之，臣窃不取，故不以叙列。

清代诸家如尤侗、朱彝尊、姜宸英、宋荦、宋琬、汪琬、施闰章咸能拔帜，自成一队，温柔敦厚之教不坠，洵有赖焉。学者盛推王士祯、查慎行、沈德潜为最，然袁枚诗云："不相菲薄不相师，公道持论我最知，一代正宗才力弱，望溪（方苞）文集阮亭（王士祯）诗。"臣兄从国公绵审诗云："格高韵远青邱子（高启），骨重神寒蚕尾翁（王士祯），欲把长洲（沈德潜）论气力，恨渠宣武似司空。"臣以为知言。由是则查慎行其庶几欤。

以上两篇奏札作于同一时期，都有中国诗史的性质。其中《论诗札子》显示了作者绵賓强烈的宗杜倾向和重道德的倾向，反映了越南文坛的一般风气。

另外值得一提的是词论。《苇野合集》收录绵賓两篇论词的文章，一篇为《词选跋》，一篇为《与仲恭论填词书》。越南的词坛相对较为沉寂，传世词集只有《古调吟词》及绵审《鼓枻词》等少量作品，这两篇论词之作因此显得特别宝贵。《词选跋》文不长，主旨是说词乃浮薄士人文过饰非之作，出于酒楼妓馆，比郑声尤恶，故“于词家不必尽废，亦不敢滥”。《与仲恭论填词书》亦围绕这一主题立论，但论述得非常细致。兹抄录全文如下：

闻君言子裕著词话，间及仆词，加以评语，极意赞叹，不觉面赤惭汗。词固不易佳，而仆于词实未有所解，亦不愿学之。方望溪治经之余，唯及古文，尝谓古来佥邪之士，或有工于诗者，以其冥瞒于声色，缘情绮靡故也；至于古文家皆肖其为人。柳虽大节不甚正，细行亦无疵；至欧、苏、王、曾、韩子者，皆其与道浅深高下可见其为人。盖文以载道，非诚于中者不形于外。故望溪不屑留心于诗，以为有害于道，况词乎哉！然望溪亦太拘已。予则谓诗与文不甚相远，而词亦不必不作。盖诗则学者经史之外偶用消遣，自能陶淑情性，最佳传之来者，亦可表见。词则可以作，亦可以不作。又北人里巷，往往歌之，其音已熟，兴之所至，偶一拈毫，犹不甚费力。今我乃按字之平仄、句之长短以填，安得许多工夫也？而其辞又多寓于闺阁，故诚有如害道之言者。予偶于亲旧宴会、琴歌酒赋之顷，相与分题，重违其意，或一为之，殊不工。岂特无意求工，亦故不求工也。乃得此过誉，意子裕相怜，恐其无名于词，不忍，故稍加扬抑。顾门生儿辈等不察，以予为工于词，而致力焉。是重予之过也。故不得不详述其意以寄，并寄子裕。

此文对词的价值持基本否定的态度。这是与《词选跋》一意贯通的。关于其原因,作者列举了两条:其一因为词多寓意于闺阁私情,"有如害道之言";其二因为词讲求格律,难以被越南人掌握。这也就从两方面揭明了越南词学衰落的缘由。其中一方面是越南诗学的意识形态背景。尽管作者认为词、诗、文在本质上无甚差别,故不妨偶以为消遣,持论似比方苞(望溪)稍宽容一些;但骨子里还是道学家的理论,同前文所谓"汉之李陵、晋之潘岳等,大节有乖,性情又安得正"是一致的。由此可以窥见社会伦理观念对于文学活动的限制。另一方面是越南诗歌的技术手段。由于词的格律同汉字字音相关,与音乐活动的结合更为紧密,因此越南的词作甚少,本色的作品更为稀见。这提示我们:决定文学发展的因素往往不是审美的因素,而是文学媒介、文学社会功能等外部的因素。越南的汉诗学,毕竟是在双语环境下发展起来的,是一种非母语的诗学。

三、笔记

在越南笔记体著作中,有两部诗学作品。其一是绵审的《仓山诗话》,其二是黎贵惇的《芸台类语·文艺》。

据现有资料,《仓山诗话》是今存唯一一部越南诗话典籍。此书(VHv. 105)封面题《世说新语补》,扉页题《世说附仓山诗话》。前半部为《世说新语》,次序与中国通行本不同;自第73页至112页则为《仓山诗话》。书前题白毫子著。抄本,行书,共20纸。有印制的格子,每页九行。据版心"龙岗藏版"四字,可知此书曾由高春育(1842—1923)的龙岗书院誊抄。越南古籍多把几种内容不同但相联系的文字合订为一书。据此书的合订情况,可知在古代越南人看来,诗话像《世说新语》一样，是“小说家”言，属子部的一种体裁[①]。

本书在体例上与中国诗话无异，带有资闲谈的性质。内容共61条，以记事为主，偶发议论，涉及诗律平仄、诗坛掌故、越南诗史、举业诗文之流弊等。作者负一代文名，其论诗亦颇有特色。如：

昔刘梦得初作《竹枝词》(《云仙杂记》谓张旭唱《竹枝》之伪造，不足据)，本言巴渝风土，男女情事，其后《柳枝》从而兴焉。宋叶水心又创为《橘枝词》，清汪钝翁继之，俱本《竹枝》也。其音节风调，与诗判然不同。按《水心诗钞》，《橘枝词》三首，皆记永嘉土风。其词云：“蜜满房中金作皮，人家短日挂疏篱，判霜剪露装船去，不唱杨枝唱橘枝。”“琥珀银红未[②]是醇，私酤官卖各生春，只消一盏能和气，切莫多杯自害身。”“鹤袖貂鞵[③]巾闪鸦，吹箫打鼓趁年华，行春以东峥水北，不妨欢乐早还家。”又王阮亭《香祖笔记》载其亡友汪钝翁作云：“郎行时节橘花零，南风吹来香满庭，今年橘实大如斗，劝郎莫羡楚江萍。”历来祖述如此。一日拙园先生与诸客松云书屋请集，共赋是题，余云：“五月青青十月黄，一重烟雨一重霜，甘心剖自情郎手，要识侬家彻骨香。”盖仿其缥缈之音，要不失本体。不意先生过相激赏，评云“境地要非余子梦到”。坐有某方摇膝吟咏，自诩所作，先生竟不之及，赧然拂衣去。某词云：“千枝低亚洞庭深，十月霜高正满林，一自灵均题颂后，逾淮未必易初心。”虽然，亦非某作，钱镜先咏橘诗[④]

① 《世说新语》著录于《四库全书总目》子部小说家类。

② 文渊阁四库全书本《水心集》此字作“朱”。

③ 文渊阁四库全书本《水心集》此字作“鞋”。

④ 钱诗原题《席上咏物分得橘》。

之唾余也。钱诗云:“丹实离离间碧林,千头声价重南金,逾淮若改平生质,负得当年作颂心”(见《清诗别裁》)。某丐其语并及其韵,身无本领,徒以此为好怀挟,不得于心,求气助长,而不知咏橘诗与竹枝词,体格之有甚于冰炭不相入也。

雁与雪,我南所绝无。人以为诗中善字,多好用之,不知虚言终亦奚取。尝以戒诸友,或听或不听,盖习俗之移人久矣。惟张好合保之《梦梅亭集·使燕时有怀》一绝云“闺中莫怪无消息,山到衡阳雁不南”,句工而稳,然随地实写不难。又君博《社题送秋》诗“一杯篱落黄花酒,万里关河白雁书”,既虚用而能工稳,又清壮流丽,尤难得也。

徐师川《题于生画》云:“故山黄叶下,梦境白鸥前。”胡仔《苕溪渔隐丛话》以为集中好句。余《秋怀和元遗山韵》五六曰:“宾客病多黄叶散,江湖计晚白鸥惊。”劳辛阶先生评之曰:“遗山复起,当引为同调。”后余投以小诗,索其题扇次韵,报之诗云:“夜阑人静烛花残,把卷披吟释手难,诵到白鸥黄叶句,古怀萧瑟带秋寒。”至作集序,犹津津言之,不胜天涯知己之感,然不意与前贤偶合如此。

诗之新,有用古人语而翻改一二字而愈新者。袁枚、赵翼辈不能知此,专好搜剔俗事,人所不屑,遂以相矜诩。此非古人未及言,乃厌弃其浅近而不取也。虽然,究二家诗集,亦何尝出古人言语之外哉?见闻不广故也。

这里第一段说的是《竹枝》体格,主张“本体”与“缥渺之音”的结合,可以见出中越诗人之间细致的关联和相互影响。第二段说的是中越诗歌在意象运用上的异同,主张在虚实之间求取“工稳”,可以见出诗歌传播过程中的继承和变通。第三段说到中越诗人交往的一个细节:作者使用了“黄叶”、“白鸥”等富于中国韵味的意象,中国诗人劳辛阶激赏之,因此创作了“夜阑人静烛花残”一诗,并在《仓山诗抄序》中“津津言之”[①]。按劳辛阶即劳崇光,广西按察使兼布政使,常出使越南,得以与越人交往,所作《日南风雅统编》(A.2822)序在越南广为流传,今见于近十种抄本之中。嗣德二十七年(1864年),绵寘为阮君博《循陔别墅诗合集》(A.2985)作序,云:“兄仓山先生诗冠冕一代,劳公崇光称为‘仓山一老,式是南邦’。劳公清国钦使,中原第一流人也。四方艺苑,闻者无异辞焉。”此又可见中、越两国诗人之友好,以及历史上中越文化交流之密切。至于第四段,则是对清代文论家袁枚、赵翼等人“专好搜剔俗事”的批评。作者主张通过沿袭古人而创新,由此表现了越南诗人对于中国诗歌传统的尊重。总之,越南诗学既要面对来自中国的问题,又要面对自己的创作实践,有其独特的价值。

至于《芸台类语》的作者黎贵惇,则是黎末文坛上的名家。他生于1726年,卒于1784年,著述等身,今存《大越通史》、《黎朝通史》、《全越诗录》、《易经解说》、《书经演义》、《四书约解》、《群书考辨》、《抚边杂录》、《桂堂诗汇选全集》、《唐高都护渤海郡王诗传》、《黎贵惇家礼》等20种。景兴二十一年(1760年),他出使清朝,所作诗、启、表、奏等文件辑为四卷354页的《北使通录》,与清官员、朝鲜使者相唱和的诗篇又编为110页的《赏心雅集》。《芸台类语》是他所作的一部笔记体学术著作,分天文、地理、典汇等目。《文艺》为其第五篇,包含

① 劳崇光此序载《书序摘录》,其中有云“故昔赠君诗云:诵到白鸥黄叶句,古怀萧瑟带秋寒”云云。

48则诗文短论。其常用的论述方法是先引一段中国文论，然后稍稍附以己意，并偶作事典考证。其中论诗部分为最后八条。此八条引及中国《珊瑚诗话》、《蓼花洲闲录》、《诗式》、《诗论》、《诗品》等典籍，以及解缙、罗大经、许彦周等作家。所论大多从艺术规律着眼，讨论诗歌风格和作诗方法。例如作者在引用前人"四不"、"二废"、"六迷"、"七德"、"二十四品"、"九品"等说法之后，总结道：

> 诗之起缘乎人心也。三百篇多出于田夫闺妇，而后世文士不之能及，以其真也。汉魏乐府歌行犹有古意。自是而后，声律束之，音韵限之，有才者常患于跌荡，无才者常苦于拘泥，而心之所发皆非其真矣。故愚以为诗之要有三焉：曰情，曰景，曰事。天籁内鸣，情动乎机；眼根外接，景触乎意；印古证今，记行述迹，事究乎收揽之精神。虽作者非一端，其大概不出乎此三要之中。尤以温柔敦厚为本，体势、旨趣、格调皆余论也。夫情者，人也；景者，天也；事者，合天人贯之也。参景以景，会事遇事，发言因言，〔遇声〕成声。境不期（而）到而自到①，语不期工而自工，可以上追骚雅先正之语，曷常有外于此哉？

这段话的要旨是强调创作中情感的真实和态度的真诚。它的中国根源可以追溯到古老的感物说和"缘事而发"说；但它同时是和明清以来的中国诗歌理论——"贵真"、"知本"、"先情性而后体格"等——相联系的。"贵真"理论是伴随明代市民文学的兴起而产生的理论。袁宏道所谓"大抵物真则贵"，"独抒性灵，不拘格套"，"师心不

① 此句中"遇声"二字据文意补，"而"字疑衍。

师道”,“师森罗万象不师前辈”[①],表明“贵真”的实质是反对简单模拟,反对片面强调形式,为新兴的时文和俗文学争一席之地。黎氏所谓“文士不及田夫闺妇”、“心之所发求其真”,正是以此说为先声的。同黎氏“诗之要有三”一说相近的中国理论,则有元好问的“诚为诗本”说和叶燮的“循末返本”说。元好问《杨叔能小亨集引》云:“唐诗所以绝出于三百篇之后者,知本焉尔矣。何谓本,诚是也。……故由心而诚,由诚而言,由言而诗也。”叶燮《原诗》云:“曰理曰事曰情,此三言者足以穷尽万有之变态。”“譬之一木一草,其能发生者理也,其既发生则事也,既发生之后,夭乔滋植,情状万千,咸有自得之趣,则情也。”[②]虽然黎氏所标举的是“情”“景”“事”三者,与叶燮稍有不同,但其共同点是强调作品的内容要素,并以感发人心的对象世界为诗歌艺术的源泉。至于黎氏所说“以温柔敦厚为本,体势、旨趣、格调皆余论”,则是针对明清诗论中重形式的言论而发的。赵执信《谈龙录》:“诗之为道也,非徒以风流相尚而已。《记》曰:‘温柔敦厚,诗教也。’……余谓斯言也,真今日之针砭矣夫!”[③]说的是同样的意思。与此相近的中国理论还有吴复所谓“君子论诗,先情性而后体格”[④]、黄宗羲所谓“诗以道性情”,“有一时之性情,有万古之性情”[⑤]、冯班

---

① 袁宏道:《与丘长孺》、《叙梅子马王程稿》、《叙小修诗》、《叙竹林集》,《袁中郎全集》卷一、卷二一,《四库全书存目丛书》,齐鲁书社 1997 年版,第 174 册,第 415 页下、419 页下、620 页上。

② 《元遗山先生全集》卷三六,《丛书集成三编》,台湾新文丰出版有限公司 1997 年版,第 38 册,第 509 页。《原诗》,人民文学出版社 1979 年版,第 21 页、第 23 页。

③ 赵执信:《谈龙录》,《清诗话》,上海古籍出版社 1963 年版,第 311 页。

④ 《铁崖先生古乐府序》,《续修四库全书》,上海古籍出版社 2002 年版,第 1325 册,第 434 页下。

⑤ 黄宗羲:《马雪航诗序》,《文约》卷四,《四库全书存目丛书》第 205 册,第 483 页下。

所谓“不善学古者不讲于古人之美刺，而求之声调气格之间”，“温柔敦厚之教，至今其亡乎”云云[①]。总之，黎贵惇的诗论表明，越南诗学是和中国诗学同步发展的；越南诗学是中国诗学与越南学者的创作环境、艺术实践相结合的产物。事实上，黎氏的贵“真”理论与前文提到的越南性灵说乃出于一吻，从中可以看到越南俗文学蓬勃发展这样一个背景。

以上对越南的古代诗学文献作了简要介绍。总的看来，越南诗学最显著的特点有二：一是接受中国诗论尤其是经学诗论的极大影响，重视“诗言志”、“兴观群怨”、“温柔敦厚”、诗尊词卑等较富伦理学色彩的诗歌理论；二是基于本民族的文学实践，主张多种风格兼收并蓄，在明清以来的种种诗学流派中偏爱重视自然情感的性灵理论。同中国诗学流派化的局面相比较，越南诗学有一种调和的性质。

《皇越诗选》裴辉璧（1744—1818）序有云：“我越有陈与国初（指黎）其气稍浑，洪德清丽，末流浸弱，中兴乃朴拙，永盛保泰更为通畅，近年颇尚意格；继今而作殆将有大雅之遗响欤。”大致说到越南汉诗风格变化的过程。但从现有资料看，越南诗学尚未有相对应的发展。因此可以说，越南诗学并不是一个独立的历史学科。

但在中国诗论的影响下，越南诗学仍然形成了一个简明的系统。对于诗歌起源、诗歌功用、诗歌创作规律等重要问题，都提出了初步的回答。在讨论诗的作用之时，涉及政治的、认识的、心理的诸种因素；在讨论创作的条件之时，或强调学问，或强调天分，或强调经历，切入的角度丰富多样。显而易见，我们可以把越南诗学看作汉诗学的重要组成部分，亦即在特殊环境中成长的汉诗学；可以把越南诗学

① 冯班：《马小山停云集序》，《钝吟文稿》。

看作中国诗学和越南诗歌创作的背影，借此理解中国诗学的影响，理解越南诗歌的历史，也理解理论与创作的一般关系。另外，在回应中国诗坛种种声音的同时，越南诗学还代表了关于中国诗歌批评的批评。对于理解中国古代的文学运动，这无疑是一种清醒而富于深度的眼光。

（同博士生何仟年合作完成，原载《文学评论》2002 年第 2 期）

从日藏越南文学古籍看汉文学的域外传播

汉文学向越南的传播历史很长，已达两千多年。从古代越南的铜鼓铭文和西汉南越王墓中的出土物[①]看，纪元以前，越南就已经使用了汉文篆字。据中越史书记载，从秦代末年赵陀建立南越政权时起，以推行礼乐文明为内容的儒学教育就在南越逐步展开了。在赵陀以后，历任太守都以诗书教化为施政要务。故汉末士燮(137—226)被视为越南文化的始祖[②]，东汉初期任交趾、九真太守的锡光、任延亦有盛大的功名[③]。随着吏教事业的开展，越南逐渐形成了以汉语言为主流文学语言的传统。到唐代，更建立了通过进士、明经等科举考试选拔人材的制度，以及“南选使”的制度。由此看来，越南的汉字书写比日本和朝鲜半岛更早成熟。如果考虑到另一事实——一直到第二次世界大战结束，在越南，汉字作为官方文字的地位才被拉丁文字取代——那么可以说，越南的汉文典籍和汉文文学有非常深厚的历史积累。

尽管由于战乱、气候、技术水平等方面的原因，越南古籍在生产、

---

① 参见《西汉南越王墓发掘报告》，《考古》1984年第3期。

② 越南吴士连等《大越史记全书》外纪卷三：“我国通诗书，习礼乐，为文献之邦，自士王始，其功德岂特施于当时，而有以远及后代，岂不盛矣哉！”正和十八年(1697年)内阁官板。

③ 陈寿《三国志·吴书·薛综传》：“锡光为交址，任延为九真太守，乃教其耕犁，使之冠履；为设媒官，始知聘娶；建立学校，导之经义。”中华书局1982年版，第1251页。

保存方面都不如日本和朝鲜半岛诸国，但在20世纪，各国学者仍然向它投入了密切关注。除越南本土学者和曾经在越南经营远东学院[①]、全力搜集当地古籍的法国学者外，其中以日本学者用力最勤。例如在19世纪30年代，松本信广多次往越南考察，搜集汉文古籍，并编写了《河内佛国极东学院所藏安南本书目》和《越南王室所藏安南本书目》[②]；岩井大慧和东洋文库则分别编写了《永田安吉氏搜集安南书受赠目录》[③]、《东洋文库朝鲜本分类目录附安南本目录》[④]。又如山本达郎编写了《河内佛国远东学院所藏字喃本及び安南版汉籍书目》[⑤]、《巴黎国立图书馆所藏安南本目录》、《河内法国远东学院所藏安南本追加目录》[⑥]、《巴黎亚细亚协会所藏安南本书目》[⑦]。接下来产生的相关目录有：川本邦卫所编《越南社会科学院所藏汉喃本目录》[⑧]、藤原利一郎所编《巴黎国民图书馆新收安南本目录》[⑨]。1995年6月，《亚细亚资料通报》第33卷第3号特辟"资料绍介"一栏，刊载了《东洋文库所藏の越南本》、《东洋文库所藏越南本目录》、《国立国会图书馆所藏越南本一览》等文。这些工作，反映了日本学者对于越南汉文古籍的重视。

---

① 法国远东学院（日本称"佛国极东学院"）的前身是"法国印度支那考古学调查会"，建立于1898年，重点研究西贡市一带的风土文化。1900年，该会更名为法国远东学院，并于1901年开始出版《法国远东学院学刊》(*Bulletin de l'Ecole Franç aise d'Extrême-Orient*)。1902年，该学院将总部迁至河内市；1950年代，因越南战争而迁至巴黎。

② 分别载三田史学会编：《史学》第13卷第4号，1934年；第14卷第2号，1935年。

③ 《史学》第14卷第2号，1935年。

④ 东洋文库1939年印行。

⑤ 《史学》第16卷第4号，1938年。

⑥ 《东洋学报》第36卷第1号、第2号，1953年。

⑦ 东京大学《东洋文化研究所纪要》第5册，1954年。

⑧ 《庆应义塾大学言语文化研究所纪要》第2号，1971年。

⑨ 《史窗》第32期，1974年。

2001年,我曾主持编写《越南汉喃文献目录提要》一书,著录保存在河内、巴黎的越南汉喃文古籍共5,023种。[①] 因种种原因,此书颇多缺漏,迫切需要修订。2009年,我遂利用在日本庆应义塾大学任访问教授的机会,在庆应义塾大学图书馆、东洋文库、国立国会图书馆等地,对日本各大图书馆所藏越南古籍资料作了较全面的考察。今拟以此文介绍考察所得,重点讨论以下四个问题:(一)日本各大图书馆中的越南汉文古籍;(二)其中汉文文学古籍的概况;(三)日本所藏越南汉文文学古籍的特点及其学术意义;(四)与此相关的汉文学传播问题。

一、日本各大图书馆中的越南汉文古籍

越南汉文古籍之所以能落户日本,主要是同两位知识分子相关联的。其中一位叫永田安吉(1888—?),曾以日本外交官的身份出使越南,任印度支那河内驻在帝国总领事。1934年,永田安吉任满归国,经庆应义塾大学教授松本信广介绍,把在越南搜集到的92种古籍捐赠给东洋文库,共达550册。另外一位即松本信广(1897—1981),是在民俗学、神话学和东南亚研究方面颇有建树的学者。1933年,松本信广在越南作学术旅行,收集了6套《大南实录前编》分赠日本各著名大学。1934年,他接受资助,在河内编写《越南王室所藏安南本书目》,其时又搜集了一批越南书籍。这些书籍运回日本后,捐赠给他任职的庆应义塾大学。据庆应义塾大学图书馆所编《松本文库目录》,其中有60种越南古籍。

---

① 《越南汉喃文献目录提要》,台湾"中央研究院"中国文哲研究所2002年出版。

永田安吉、松本信广的搜集与捐赠有两个意义：其一是在日本的图书收藏中建立了越南古籍这一品种，其二是促使日本各大图书馆更加关注越南古籍。由于后一意义，在1939年的《东洋文库朝鲜本分类目录附安南本目录》中，越南古籍达到了104种，也就是说，在永田安吉捐赠品之外，增加了十多种古籍。后来，东洋文库又前往巴黎，在远东学院、亚细亚协会等处摄制了102种写本照相本，使其所藏越南古籍最终达到206种。在这206种书中，还有一批特殊的赠书，亦即1976年10月15日，越南学者阮克堪所捐赠的典籍，其中有《金云翘新传》、《金龙赤凤全集》、《小山后演歌》、《李公新书》、《赵五娘新书》、《观音演歌全传》等俗文学作品，全部是刊本。

在东洋文库和庆应义塾大学图书馆以外，国立国会图书馆也收藏了一批越南古籍，其数达到27种。若忽略版本区别，以一书计为一种，则日本各大图书馆所藏越南汉文古籍的总数是：经部11种，其中2种为照相本[①]；史部179种，其中118种为照相本；子部21种，其中5种为照相本；集部67种，其中2种为照相本——总共278种。由此可见，日本知识界特别注意对史部书加以搜集。史部书在日本所藏越南古籍中占有64.4%的比重。另外，除纸本书以外，日本图书馆曾采用拍摄照片的方式，在巴黎等地自主选择了127种汉文古籍加以复制。其中118种为史部古籍，占有92.9%的比重。如果说对经子两部书的重视反映了对思想状况的重视、对集部书的重视反映了对文化状况的重视，那么，对史部书的重视便反映了日本学者对于越南社会政治、经济研究的重视。这是日本所藏越南汉文古籍的一个明显特点。

---

① 照相本指往法国、日本、中国各图书馆复制的胶片古书。

二、日本所藏越南文学古籍之概况

按照中国古代的书籍分类观念，“文学古籍”是和“集部”大致相当的概念。为此，本文拟在“集部”的名义下考察文学古籍。在日本所藏278种越南古籍当中，集部书占有67种，大致是四分之一。这些书的分类情况是：总集16种，包括汉诗文集6种、汉赋集1种、应用文集2种、科举诗赋策文集7种。别集31种，其中使行诗文集3种、咏史诗集2种。俗文学书20种，其中章回小说和历史小说3种、传奇故事5种、笔记小说2种、六八体喃诗和诗传8种、嘫剧作品2种。今将上述内容制为以下一表。东洋文库略称“东洋”，庆应义塾大学图书馆略称“庆应”，国立国会图书馆略称“国会”。为便比较，大致依照《越南汉喃文献目录提要》的分类及顺序。“著录及相关说明”栏中的四位数字即为《越南汉喃文献目录提要》的编号：

表1

书名	编者	版本	内容	年记	藏地	著录及相关说明
《明良锦绣诗集·珠玑胜赏诗集》		写本1册	38叶①，君臣唱和诗集，前25叶为《明良锦绣诗集》，作于1470年；后13叶为《珠玑胜赏诗集》，作于1470年以前		庆应	3387为《明良锦绣诗集》
《皇越诗选》	裴辉碧编	活字本2册	共6卷，140叶，选辑李、陈、黎各代名家诗	1788年成书，1825年刊	东洋，庆应	3399，有希文堂印
《皇越文选》	裴辉碧编	活字本2册	共8卷，录古赋和各类应用文体111篇		东洋	3400

① “叶”，日本习惯称为“丁”（“钉”），即书册中的一纸，相当于现代页码的两页。

（续表）

书名	编者	版本	内容	年记	藏地	著录及相关说明
《皇越文选》	裴辉碧编	活字本1册	同上书下册		东洋	
《柴山诗录》	清诗编	石印本1册	全81叶，诗选，以河西国威县柴山寺的事迹、风景为题材	1930年刊	东洋	1619，含喃文诗
《文明鼓吹诗集》		写本1册	38叶，洪德二十二年的御制诗及诸臣奉和诗，共117首	作于1491年	庆应	未见其他著录
《谅城纪胜》		写本1册	29叶，共录汉诗14首、喃文诗3首		东洋	未见其他著录，内容不同于3475《谅城纪实》
			以上诗文总集			
《鹦言诗集》		写本1册	62叶，吴时仕（1726—1780年）诗作之总集，共录诗约310首	1769年成书	庆应	3385《吴家文派选》卷二有《英言诗集》
《方亭万里集·方亭漫兴集》		刊本1册	前书为1849年出使清朝所作，163题，后书为日常所作，173题		东洋	3561以三书合编为《方亭诗类》
《方亭嘤言诗集》		刊本1册	2卷，共录诗231题		东洋	
《方亭诗类流览集》		刊本1册	2卷，内容亦承接上书，录诗约280题		东洋	
《方亭文类》	武汝编	刊本2册	3卷，阮文超（号方亭）的文集	1885年编成	东洋	3563
《白云笔艸》		写本1册	83叶，阮秉谦（1491—1585年）汉文诗集，录诗281首		庆应	内容不同于3566《白云庵程国公诗集》

（续表）

书名	编者	版本	内容	年记	藏地	著录及相关说明
《朱谢轩诗后集》	朱弘夫编	写本1册	朱允致诗文集，此为原书卷二，附《阮循甫先生评诗》、《朱谢轩遗文集目录》等	1858年成书	东洋	3614，有眉批
《抑斋集》	陈克俭编	刊本3册	6卷，阮廌（号抑斋）诗文集	1480年始编，1837年再编成书	东洋	3627题《抑斋遗集》，杨伯恭编
		写本2册	5卷175叶，卷一为诗类，卷二至卷四为文，卷五为附录		庆应	
《吕塘遗稿诗集》	蔡恪敦编	写本1册	79叶，蔡顺诗255首	1510年成书	庆应	3628
《武东旸文集》	武继春编	写本1册	3卷，全106叶，武范启文集，录表章奏疏、制文歌章、书信杂文共80篇	1873年成书	东洋	3667
《仓山文遗集》	阮士长等编注	刊本1册	4卷，汇集阮绵审（1819—1870年）所作各体文		东洋	3735题《仓山外集》
《仓山诗集》	阮士胜等编校	活字本7册	全书54卷，此本缺后9卷，阮绵审诗集		东洋	3736
《诗奏合编》	阮绵审编	刊本1册	4卷，序12叶、张登桂诗文51叶、阮绵审论诗稿21叶	1904年印	东洋	4954，有柳文堂印
《讱斋文集》	郑廷泰编	刊本5册	10卷458叶，黎黄（阮廷瑶）诗文集，卷一对联、诗集、文类，卷二、卷三制义，卷四、卷五赋，卷六至卷十策文	1859年印	庆应	3737著录。本书由瞻拜堂刊印，为最全之本

（续表）

书名	编者	版本	内容	年记	藏地	著录及相关说明
《御制诗初集》	阮述等编	活字本17册	15卷，嗣德诗集，载录古近体诗1,328首，讫于1860年十二月	1877年刊	东洋	3766编入《御制诗集》
《御制诗二集》		活字本17册	15卷，嗣德诗集，载录古近体诗1,524首，讫于1873年十二月		东洋	
《梁溪文草》		刊本2册	3卷又补遗1卷，94叶，潘清简文集，收录作者表、疏、记、序、说、书、论、赋、箴、颂、行状、碑铭等共39篇	1876年印	庆应	3777
《御制越史总咏集》		刊本11册	共11卷，嗣德撰于1874年	1877年成书	东洋	3786
《御制越史总咏》		刊本2册	2卷，嗣德撰，咏历代人物诗共212首，诗后有注，篇末有总评	1878年重镌	东洋	3831，同治年广东版
《富溪文集》		写本1册	92叶，阮大文集，收录吉丧应用文9篇、酬应诗103首、书信杂文15篇、对联11幅以及杂诗文一百数十首		庆应	3844题《富溪小草》
《义溪诗集》		写本1册	35叶，首尾皆残，范士爱（1868年进士）诗文集，存诗约174首		国会	3863
《葫样诗集》		写本1册	122叶，阮德达集句诗集，录诗444首，有及第纪恩、早朝、家居春兴、秋日杂咏等目	1879年成书，1881年刊	国会	3867，有梓文堂印

（续表）

书名	编者	版本	内容	年记	藏地	著录及相关说明
《苇野诗文合钞》	阮绵寘诸子合编	刊本3册	阮绵寘诗文集，全书12卷，存诗、文各3卷，约290叶	有1881年王先谦《苇野诗文合钞序》	东洋	3869题《苇野合集》
《御制文初集》	吴季侗等编	活字本14册	13卷，嗣德文集，其中谕文11卷、策论1卷、序引对联箴铭1卷	1876年刊	东洋	3873
《御制文二集》		活字本19册	22卷缺4卷，嗣德文集，其中谕文11卷、辩2卷，又策问及御题、箴铭对联引序、论、颂、记、赋说、表辞赞祭文杂题各1卷		东洋	
《蔗园全集》	阮文迈等编	活字本12册	全书26卷存20卷，又载《蔗园别录》3卷，为范富庶的诗文集	1896年成书	东洋	3905
《蔗园别录》	范富临等编	活字本3册	即以上书之第10册至12册，为1853年范富庶出使法国、西班牙时所撰日记		东洋	1382又名《西行日记》
《青丘高先生诗集》	金檀辑注	写本4册	全书18卷，存12卷，明高启诗集		东洋	4004题《高青丘诗集》，緜审编选，緜寘品评
以上诗文别集						
《周原杂咏草》		写本1册	104叶，辑录1841年李文馥出使中国时所作诗文，录诗150	1842年成书	庆应	4038

(续表)

书名	编者	版本	内容	年记	藏地	著录及相关说明
			首、对联 26 联，另附《粤行续吟草》、《京行道中诸作》			
		写本1册	38 叶，辑录 1841 年李文馥出使中国时所作诗文		国会	
《万里行吟选录》	裴文禩著	刊本1册	2 卷，录 1876 年至 1877 年裴文祀出使清朝时所作诗文	1878 年成书	东洋	4077 为《万里行吟》
《镜海续吟·学吟存草》	李文馥著		57 叶，前 25 叶为《镜海续吟》，录李文馥出使中国澳门时所作的 110 首诗；后 32 叶为《学吟存草》，录作者诗歌七十余题	1839 年成书	庆应	4091《镜海续吟》；3919《学吟存草》
以上北使诗文						
《增订词翰新编》		活字本1册	64 叶，应用文集，包含贺帖、请帖、契约、保词、饬文、供词、乞书等文体	1916 年刊	国会	4230 题《词翰新刊》
《黄阁遗文》		写本1册	118 叶，收录李、陈、黎三代用于朝政之礼仪文共 126 篇，其中朝臣所献表启 46 篇，帝王诰谕 14 篇，谕檄 25 篇，制册 41 篇	约成书于1771 年	庆应	内容不同于 0604、0608《皇阁遗文》
《南史略说·北史略说·春秋略说》		写本1册	92 叶，科举文教材，分别评述越南、中国的历史问题，多用骈体		庆应	《南史略说》附载于 4333；另二书未见著录

（续表）

书名	编者	版本	内容	年记	藏地	著录及相关说明
《国朝历科乡策》	邓玉瓒编	活字本4册	330叶，辑录1807年以来阮朝82场乡试的策文题目及年份场次	1897年刊	国会	4406
《经史时务策学提纲》	[元]祝尧著，阮俦注	活字本2册	10卷169叶，用于科举教学的策学论文，共111篇，涉及君心、仁德、治道、法度、礼乐、祭祀、财用、钞法、官制、荐举、风俗、户口等主题	1713年刊	国会	4413题《策学提纲》
《黎朝乡选》		活字本6册	7卷，黎景兴四年(1743年)以来乡试策文的汇编	1875年刊	东洋	4522，有多文堂印
《乡试文选》		活字本1册	30叶，1891年河南合试文选		东洋	越南国家图书馆有藏，有同文堂印
《皇越历科诗赋》		活字本1册	存卷二、卷三，118叶，1843年至1878年各场会试的诗赋佳作	1879年刊	东洋	
《皇朝群臣庆贺集》		写本1册	全69叶。科试用书，含贺表、谢表、进玉谱表、杂表共89通	成书于1852年后	东洋	未见其他著录
以上酬应诗文、举业诗文						
《钦定咏史赋》	范清阮文交编	活字本18册	全书54卷，存32卷，赋文集，以中国历代帝王的事迹为题材		东洋	4609
《小山后演歌》		活字本1册	49叶，嘥剧作品，讲述齐国皇子由忠臣辅佐，自山后回京即位，维护正统帝位的故事	1899年刊	东洋	4748，喃文书，佛山宝华阁印，越南、法国仅存写本

（续表）

书名	编者	版本	内容	年记	藏地	著录及相关说明
《金龙赤凤全集》		活字本1册	52叶，嗺剧作品，讲述宋帝之公子金龙、公主赤凤流落民间，后两人入宫赴武试，与皇帝相认，杀死与蕃国私通的郑麟侯，金龙即帝位的故事		东洋	4762，喃文书，有佛山宝华阁印，越南法国仅存写本
《李公新书》		刊本1册	79叶，六八体诗传，讲述李公与公主相爱的故事。云李公遭皇帝流放，匈奴王因向公主求欢不成而毁其容貌，并派人刺杀李公。李公经许多坎坷而得道成仙，讨灭匈奴，用仙药恢复公主容颜并继承了皇位		东洋	4779题《李公新传》，喃文书，天宝楼书局出版
《赵五娘新书》	乔莹懋	刊本1册	31叶，讲述蔡邕、赵五娘故事的六八体喃诗传，据元高明《琵琶记》改写而成，故又名《琵琶国音新传》		东洋	喃文书，有汉文琵琶曲，广盛南发售，4822题《琵琶国音新传》
《观音演歌全传》		刊本1册	讲述观音故事的六八体喃诗传，云观音原为庄王之女妙善公主，出家于香山寺，克服种种艰难，得道成为观音佛		东洋	喃文书，有汉文题词，佛山宝华阁印，似未见其他著录
《评皇券牒》		写本1册	13叶，关于龙犬盘护娶宫女繁衍十二姓子孙的故事	书末署：景定元年(1260)“评皇券牒，照念施行”	庆应	见越南汉喃研究院《谅山省录平州蛮书》，为该书之一节

（续表）

书名	编者	版本	内容	年记	藏地	著录及相关说明
以上赋集、戏曲、诗传						
《皇黎一统志》		写本1册	70叶，为《皇黎一统志》之前五回，原书为历史小说，记载黎景兴（1740—）至阮初（1802年）的历史事件，吴俧、吴悠撰		庆应	4840
《越蓝小史》		刊本3册	238叶，章回历史小说，以陈末至黎初故事为题材	1908年成书并印行	东洋	4842题《皇越春秋》
《越南开国志传》		写本照相本	4册8卷412叶，关于阮朝开国的历史小说，阮榜中撰		东洋	4844
《粤甸幽灵集录》	李济川等编	写本1册	22叶，汇编祠庙所供奉的历史人物和传说人物的传记	初稿成于1329年，完稿成于1919年	东洋	4869
《传奇漫录》		刊本2册	4卷，共184叶，散文体传奇故事集，阮屿撰	成书于16世纪上半叶	东洋	4875
《传奇新谱》		刊本1册	91叶，段氏点（1705—1748年）所撰传奇故事集，对《传奇漫录》的仿作，每页有红黑墨笔眉批，多注典故、字音	1811年刊	庆应	4876，乐善堂刊
《新编传奇漫录增补解音集注》		刊本2册	4卷，阮屿《传奇漫录》的喃译及集注	1763年刊	庆应	4898，柳幢社用阮碧家本重刊

（续表）

书名	编者	版本	内容	年记	藏地	著录及相关说明
《曲江乡谱》		写本照相本	2册194叶，用传奇笔法记青威潮曲十二宗事迹，多引诗吟，江文诗撰		东洋	法编A842号
以上历史小说和传奇						
《公余捷记》	武芳题编	写本3册	10卷151叶，传说佳话集	1755年成书	庆应	4908
		写本1册	94叶，内容为《公余捷记》卷五至卷十		庆应	
		写本1册	109叶，内容为《公余捷记》卷四和卷一、卷二、卷三、卷十若干篇章的杂抄		庆应	
《桑沧偶录》	范廷琥、阮案编	刊本1册	54叶，集录关于李神宗、范五老、镇武观、浴翠山等野史类故事90篇	1896年印	庆应	4911，有校书楼印
《金云翘新传》	阮攸撰	刊本1册	69叶，清心才人所著《金云翘传》的喃文改编本，用六八体，阮攸(1802—1809)作	1925年新刊	东洋	4922，喃文书，观文堂印
《征妇吟备录》	段氏点译	刊本1册	33叶，邓陈昆汉文作品《征妇吟》及其六八体喃译	1922年重刊	东洋	3501题，《名家国音》，有柳文堂印合订本
《潘陈传重阅》			30叶，关于潘陈姻缘的六八体喃诗传，有眉批			
《宫怨吟》			12叶，阮嘉韶撰，喃文七七六八体宫怨诗			
以上笔记和喃诗传						

若与《越南汉喃文献目录提要》中的著录情况相比较，那么，日本所藏越南汉文古籍在分类比重上有以下差别：

表 2

《越南汉喃文献目录提要》			日本所藏越南汉文古籍		比较（%）
集部类名	种数	在集部的比重（%）	种数	在集部的比重（%）	
总集	212	12.6	6	9.0	－3.6
别集	455	27.0	28	42.0	＋15.0
诗文评	10	0.5	—	—	
北使诗文	80	4.8	3	4.5	－0.3
酬应、应用文	182	10.8	2	3.0	－7.8
举业文	314	18.6	7	10.4	－8.2
赋	54	3.2	1	1.5	－1.7
六八体诗歌	34	2.0	3	4.5	＋2.5
歌谣	35	2.0	—	—	
陶娘歌	29	1.7	—	—	
戏曲	33	2.0	2	3.0	＋1.0
诗传	62	3.7	4	6.0	＋2.3
历史小说	15	0.9	3	4.5	＋3.6
传奇	52	3.0	5	7.5	＋4.5
笔记	11	0.6	2	3.0	＋2.4
金云翘	18	1.1	1	1.5	＋0.4
杂抄	88	5.2	—	—	

通过这些差别，可以窥见日本所藏越南汉文文学古籍的性格。

三、日本所藏越南文学古籍的特点及其学术意义

前文说到日本所藏越南汉文古籍的聚合过程。这一过程看似偶然，但从以上图表看，其实有必然的缘由，因为这些古籍表现了比较

鲜明的学术性格。比如同河内、巴黎所藏越南古籍相比较，它空缺了歌谣、陶娘歌等部类，这反映了某种缘于语言的选择，说明日本学者更关心严格意义上的汉文书写，而不是喃文书写。又如，比重明显减少的有举业文、酬应应用文、赋等部类，这是在内涵上较少独创性的部类；而比重明显提高的部类则依次有别集、传奇、历史小说和笔记，这些部类都具有较高的史学价值。可见在选择越南汉文文学古籍的时候，日本学者有史学方面的敏感。另外可注意的是诗传，这一部类的比重之所以有提高，实际上缘于语言学家阮克堪的捐赠，也就是说，反映了语言研究的需要。总之可以说，越南汉文文学古籍进入日本的过程，也就是接受学术选择的过程。换言之，汉文学的传播是有一定的学术缘由的。

因此，我们可以从学术角度来讨论日本所藏越南汉文文学古籍的特点。首先值得讨论的是其中"未见其他著录"的 6 种书(包括《北史略说》、《春秋略说》)。这些书很可能是现存的孤本书，故有特殊的史料价值。例如其中写本《文明鼓吹诗集》，收录洪德二十二年(1491年)的君臣唱和诗。它便和《明良锦绣诗集》、《珠玑胜赏诗集》一起，反映了黎朝宫廷的诗歌风尚。又如其中《皇朝群臣庆贺集》一书。它收录嘉隆、明命两朝的表文，亦即 1805 年至 1833 的表文，按贺表、谢表、进玉谱表、杂表分类，并录有乡试场上的拟作，明显是用于科举的文章范本。此书表明了一个重要事实：越南汉文学是培养行政人才的重要手段；汉文化在越南的推广，是以汉文学为先驱的。

以上两种文学古籍，其价值主要体现为内容的特殊性。另有一些书，其价值乃通过形式的特殊性而显示出来。比如"秀才江文诗曲江子"所编《曲江乡谱》一书，使用传奇笔法来记录族中先贤的传记，文中多引"诗吟"，文外多考庙制，便反映了传奇、神迹、族谱这三种著述方法的相互渗透。此书因而代表了一种特殊的典籍体裁。[①] 又如写本《谅城纪胜》一书，由《谅城内外》、《敕奏碑铭》合编而成。前者是咏谅城三青洞的诗集，所录作品始于1779年，讫于1924年；后者录阮朝嘉隆（1802—1819）、同庆（1886—1888）间君臣所撰敕文、教书、奏疏、碑铭。它实际上是小型的地方文学总集的代表。

从文学传播的角度看，最值得注意的书应该是手抄本《评皇券牒》。此书扉页题“评皇券牒，世代源流刀耕火种，赵有进号”，其内容则讲述“正忠景定元年[②]拾月廿一日”前后发生的“盘龙王犬盘护”的故事。无论从内容看还是从形式看，它都联系于一个幅员广大的文化传播。因为它不仅和越南河内汉喃研究院所保存的《谅山省录平州蛮书》的局部——《世代源流刀耕火种评皇券牒》——一致[③]，而且和流传在华南地区的瑶族文献《评皇券牒》一致。[④] 如果说《谅山省录平州蛮书》是对越南少数民族口头文学的记录，瑶族文献《评皇券牒》是对中国少数民族口头文学的记录，那么，这部手抄的《评皇券牒》便反映了越南汉文文学古籍同中国汉文文学古籍的一种特殊关联——植根于某种文化之上的文本关联。事实上，有很多汉文学的品种（例如蛮书、木鱼歌、鼓子词、京族歌谣与故事以及在广州、佛山等地印制的啖剧、诗传书[⑤]等）都是依托共同习俗和共同的文化心

① 此书存于巴黎，法编A842号。但《越南汉喃文献目录提要》漏列。

② 景定为南宋年号，景定元年即公元1260年。

③ 《越南汉喃文献目录提要》漏列了此书。

④ 参见日本学者白鸟芳郎：《瑶族的种族史及迁徙路线》，《东南亚山地民族志：瑶族及其近邻诸民族》，东京讲谈社1978年版；中译本题《从〈评皇券牒〉看瑶人的分布与盘护（盘瓠）传说》，《世界民族》1980年第3期。又参见赵荣学：《清代蓝山瑶族〈评皇券牒〉木刻印版的初步考证与研究》，《湖南科技学院学报》2007年第3期。

⑤ 参见陈正宏：《越南本汉籍里的中国代刻本》，“印刷出版与知识环流：十六世纪以后的东亚”国际学术研讨会论文，2010年10月，日本关西大学。

理，跨过国境线，在十分广大的文化区中流传的。这意味着，在中越之间，存在丰富多样的属于跨境族群的共同文学。

以上说的是具有特殊内容的书籍，其次值得讨论的是代表特殊版本的文学古籍。据统计，在日本所藏越南汉文文学古籍当中，大约有7种书，结构形式（包括版别）具有独特性，不与其他书重复。比如手抄本《白云笔艸》，乃是阮秉谦（1491—1585）的诗集。诗中多有缺字，可以判断是抄本，而非稿本。全书用汉文，不同于《越南汉喃文献目录提要》中著录的《程国公白云诗集》、《程国公阮秉谦诗集》（此二书都录有喃文诗），可以判断是特殊版本。作品多咏花木禽物，其中无酬应、应用题材，又代表了一种较纯粹的诗歌创作。在这几方面，本书都显示了独特的文献价值。又如东洋文库、庆应义塾大学各藏有一种阮廌诗文集（《抑斋集》）。东洋文库所藏为刊本3册，六卷本；庆应义塾大学所藏为抄本2册，五卷本。其共同处是作为“福溪原本”，在洪德年间（1470—1497）由陈克俭编辑。而《越南汉喃文献目录提要》所著录的《抑斋诗集》、《抑斋遗集》，则是由杨伯恭在嗣德二十一年（1868年）编辑的。日本藏本显然有较特别的价值。再如黎贵惇诗文集《讱斋文集》，今存印本10种、抄本1种。其中最全之本是庆应义塾大学所藏的嗣德己未年（1859年）刊本，5册，十卷，保存完好。又，越南的应用文总集，现存者多由阮朝以来人所编。而庆应义塾大学所藏写本《黄阁遗文》，收录李、陈、黎三代用于朝政之礼仪文共126篇，年记最晚的是书末所附景兴三十二年（1771年）作品《重修金莲寺碑记》。这意味着，在越南最早的应用文总集当中，《黄阁遗文》有一定地位。总之，日本所藏越南汉文文学古籍，不仅有特殊的史料价值，而且有特殊的文献价值。

另外值得注意的是：在日本所藏越南汉文文学古籍当中，还有一批拥有特殊注解的书籍。那些手批的注解，使一部书承受了两部书、三部书的容量，其学术价值因而大不相同。比如段氏点（1705—1748）所撰的《传奇新谱》，今存多种版本，并编入《越南汉文小说丛刊》第一辑，可以说脍炙人口了；但人们可能不知道，此书最好的版本应是庆应义塾大学所藏刊本。此本即乐善堂嘉隆十年（1811 年）印本，虽然是通行本，但它每页都有红黑墨笔的眉批。这些眉批并非出自一人之手，因此不仅有助于理解原著，而且是关于越南小说批评、关于越南小说之知识来源的重要史料。今摘录几段，以见其风貌：

“通梨园音律”眉批：“玄宗精晓音律，乐工数百人，自教法曲于梨园，谓之皇帝梨园弟子。”

“姬轻移莲步”眉批：“《南史》有东昏侯，爱潘贵妃，凿金为莲花以贴地，令妃行其上，曰：‘此步步生莲花。’”

“自此粉黛无心”眉批：“黛，度耐切。黛，眉墨也。去眉毛，以此黛其眉。《留青日记》：‘广东始兴县溪中出石墨，妇女取以画眉，名画眉石。’《释名》：‘汉明帝宫人拂青黛娥眉。黛，代也。灭去眉毛，以画代其处也。’”

“俱沉碎于水云乡”眉批：“云生于水，故水府曰水云乡。东坡诗：‘高情尤爱水云乡。’出《群玉》七阳韵。”

“诚肯以紫云见惠，敢忘结草相酬”眉批：“唐杜牧为御史，分司洛阳。时李聪罢镇闲居，常宴客。女妓百余人，皆姝色。牧常瞪目注视，问李：‘有紫云者孰是，宜以见惠。’李笑，宿妓皆回顾破颜。牧浪吟而起曰：‘华堂今日绮筵开，谁唤分司御史来。忽发狂言惊满座，两行红粉一时回。’出《圆机》。”“《左传》：初，晋魏武子有嬖妾，无子。武子疾，命魏颗曰：必嫁是。疾病则曰必以为殉。

及卒，颗嫁之。及秦伐晋，颗御秦师，见老人结草以亢秦人杜回。杜回踬而颠，故获之。乃败秦师。夜梦之曰：余而所嫁妇人之父也。尔用先人之治命，余是以报。见《宣公十五年》秦人伐晋。”

这些注解逐一指明了《传奇新谱》所用之典的来源，事实上，它便指明了作者段氏点的知识结构，也指明了18世纪越南知识分子的阅读范围，以及中国典籍在越南的流传情况。

《传奇新谱》并不是越南最著名的传奇书。在它之前两百年，16世纪前期，《传奇漫录》已经被阮屿创作出来了。据考证，《传奇漫录》有旧编、新编两种版本，旧编刊于永盛八年(1712年)，新编刊于永盛十年(1714年)以后。东洋文库所藏为加有批注的旧编本。陈益源教授曾以它为底本，据以校录《传奇漫录》，编入《越南汉文小说丛刊》。[①] 但受编辑体例限制，校录时未采用该本的眉批。这些批语一部分刊印，一部分手书，实际上反映了古代越南人对《传奇漫录》的两度整理和研究。例如其刊印批语有云：

《项王祠记》“一剑霜寒江中之举”云云上印：“明目张胆，辩论惺惺，然全不似寱语。”“项王辞塞，面色如土”云云上印：“元是塑项王。”

《快州义妇传》“蝴蝶交情旧，鸳鸯变态新”云云上印：“字字从天真写出，清绝，奇绝。”“何以慰娘，结后生缘”云云上印：“祭文中千古绝调。”

《木绵树传》“香罗脱换绣鞋儿”云云上印：“神龙换骨，新彩

① 《越南汉文小说丛刊》第一册，台湾学生书局1987年版。

更奇。”“金蝉几怕束纤腰”上印：“语不惊人死不休。”

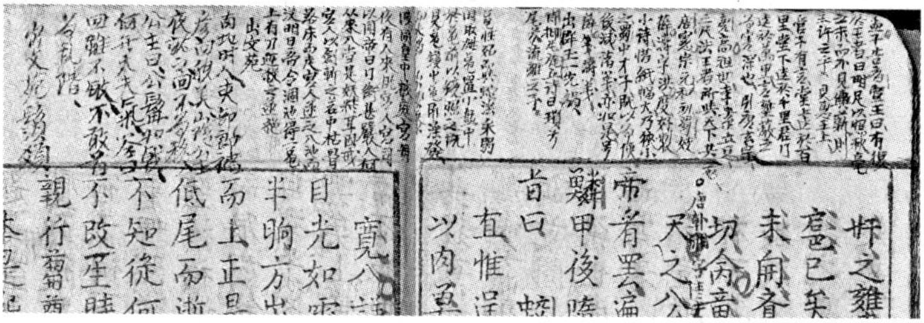

图 1：日本庆应义塾大学所藏《传奇新谱》书影

这些批语表现了对传奇写作手法的关注，是关于越南小说批评史的上佳资料。而手写眉批则有云：

> 《茶童降诞录》篇首草批：“为人好善□□无事。宣光按狱，特无事之大耳。”“善报可谓迟矣”。
>
> “但家赀甚窭”上批：“此人此才遇此最可悯。”
>
> “我父能活千人，死不能救一子”上批：“类此号呼天地，高厚应有所闻。”

这些批语和刊批不同，是从阅读者角度作的批注，因而是关于越南小说接受史的上佳资料。显而易见，这些拥有特殊批注的书籍，构成了拥有特殊价值的一个典籍品种。

四、从日藏越南文学古籍看汉文学在域外传播的特点

域外汉文学研究是一项方兴未艾的事业。目前各国学者所致

力的域外汉籍研究，业已成为其先驱。相信在下一轮学术高潮来临的时候，研究者将注意到以上这批作为特殊史料、作为特殊版本、作为特殊的文学批评方式的越南文献，注意它们在法国、日本、中国等不同国度的流传。事实上，仅从汉文学传播的角度看，它们也有丰富的学术价值。为此，本文拟就其中一个方面——关于日本所藏越南文学古籍同《四库全书总目》[1]在结构上的差别——来讨论这批文献的意义，由此观察汉文学在域外传播的特点。请看如下比较表：

表 3

《四库全书总目》			日本所藏越南汉文古籍		比较
集部类名	种数	在集部的比重(%)	种数	在集部的比重(%)	(%)
楚辞	23	0.7	—	—	—
总集	563	16.5	6	9.0	+7.4
酬应文			2	3.0	
举业文			7	10.4	
赋			1	1.5	
别集	2529	74.3	278	42.0	−27.8
北使诗文	—	—	3	4.5	
诗文评	149	4.4	—	—	—
词曲	138	4.1	—	—	
戏曲	—	—	2	3.0	
喃诗传	—	—	4	10.5	
历史小说	—	—	3	4.5	
传奇	—	—	5	7.5	
笔记	—	—	2	3.0	
金云翘	—	—	1	1.5	

① 《四库全书总目·集部》，含存目。中华书局 1965 年影印本。

参照以往的讨论[①]可以知道，这份表格所列各项差别是有典型意义的。它说明，在汉文学向周边传播的过程中，出现了以下情况：(一)有些中国文学体裁未传至越南，或在越南未得到广泛流行，例如楚辞类、诗文评类、词曲类文献；(二)汉文学传到越南后，经过移植，产生了一些新体裁，例如戏曲小说中的若干文体；(三)在跨文化传播过程中，文学的功能发生了改变，例如别集中的北使诗文和总集中的酬应文学、举业文学、赋，在越南成为比重甚大的文学品种；(四)从结构上看，在越南汉文学中还出现了总集比重增加而别集比重减弱的特点。分析这些差别，可以得到这样一些认识：

(一)文学传播是和语言文字的传播相表里的。周边民族对汉文学的吸纳，在很大程度上出于学习汉语的需要——也就是掌握交流工具的需要。唐代文学在越南的传播就是这样：保存在越南的"汉越语"，主体上是在中唐以后随唐代文学传入越南的。[②] 也就是说，发生在唐代的大规模的汉语传播，是以诗文为载体的。这有很多证据，例如越南古文的代表作是姜公辅作于唐德宗时期的《白云照春海赋》、《对直言极谏表》；越南最流行的汉文诗一直是唐诗；白居易《琵琶行》、《长恨歌》是歌筹的代表节目；越南古典诗的典范形式称"唐律"；唐诗总集在越南诗文集中占有明显的地位。总之，在越南，中古汉越语的影响乃联系于唐代文学的影响。

事实上，汉文学在域外的传播，总是以语文为条件的传播。那些缺少语言基础的文学形式，于是在传播过程中受到排斥。楚辞类、词曲类文献之所以未在越南广泛流行，就是由于这一原因。《四库全书·

① 参见本书《越南访书札记》。

② 王力：《汉越语研究》，《龙虫并雕斋文集》，中华书局1982年版，第二册，第770页。

总目》曾说:从《隋书·经籍志》起,集部目录“以楚辞别为一门”;这是因为“汉魏以下,赋体既变”,“他集不与楚辞类,楚辞亦不与他集类,体例既异,理不得不分著”。[①]意思是说,楚辞体早已脱离新变的赋体,成为古僻的文体。19世纪,越南文学家绵寘在《与仲恭论填词书》一文中说到词“可以不作”的理由:“北人里巷,往往歌之,其音已熟,兴之所至,偶一拈毫,犹不甚费力;今我乃按字之平仄、句之长短以填,安得许多工夫也?而其辞又多寓于闺阁,故诚有如害道之言者。”[②]意思是说,由于语言障碍,越南人难以掌握词的格律。由此可见,语言条件对于汉文学的海外传播至关重要,因为它是双语环境下的传播,是作为非母语的诗学的传播。正因为这样,在其传播的过程中,起决定作用的因素并不是审美的因素,而是文学媒介、文学社会功能等外部的因素。

(二)除语言条件外,促进汉文学传播的因素主要是教育制度。在日本所藏越南文学古籍中,举业文集占到10.4%的比重,正说明汉文学的推广是同科举制度的实行相伴随的。在另一方面,科举制度对文学推广的影响,也表现为不同文学体裁的盛衰:纳入科考的诗、赋、策文、骈体应用文等文体,在越南有大量遗存;而不具应用性的散文,则较少被人问津。另外一个事实值得注意:有大量汉文学书籍,是在古代越南的“学场”中产生的。比如越南文学古籍中有《广义省女学场》、《咸安场策文》、《咸安场诗集》、《方亭先生场文选》、《方亭场策略》、《甲戌科南定场文选》、《甲午科乂安场文策》、《安全黄甲存斋先生场习表》、《汝淡斋先生场诗法》、《月盎场文策》、《竹堂场文

---

① 《四库全书总目·集部》楚辞类小序,中华书局1965年影印,第1267页中。

② 《苇野合集》,河内越南汉喃研究院图书馆,第A.782号、VHV.1508号、VHV.2355号。

策》、《武先生场策文集》、《云亭杨大人场文集》、《太乐场文策》、《即墨先生场文》、《良堂进士武先生场表文》、《公忠潘场策文》等等，以“场”或“学场”为书名。[①] 由此可以理解，为何日本所藏越南文学总集表现了两个特点：其一是往往产自试场，例如《历科乡策》、《黎朝乡选》、《乡试文选》、《皇越历科诗赋》；其二是往往辑录科举文体，例如《皇越文选》辑录古赋和各类应用文体。

（三）一般来说，在中国文学研究者看来，文学是作家的擅长，其主要功能是表现内心情感，反映客观现实。因此，“中国古代文学”名义下的研究，其主流是作家作品研究。但日本所藏越南汉文学古籍却表明：在生活中，汉文学主要不是作为娱情的手段，而是作为贵族社会的交际手段存在的。尽管如潘辉益所说，越南知识分子的写作目的也是“诗以言志，士君子闲时描写本怀，纪叙行状，往往形之篇什，传诸后人，永为年谱，实家门之宝藏”；但他们更看重应用，此即所谓“岂直耀藻思而品风物也耶”。[②]由于这一原因，越南人遂以序跋为诗文评的主要存在形式，仅有《仓山诗话》一部诗文评专著；酬应、应用文集和北使诗文集遂也在越南文学古籍中占有一定比重——北使诗文，其实也是服务于外交需要和修辞训练之需要的应用性作品集。上文说到，在越南汉文学中出现了总集比重增加而别集比重大大减弱的特点。如果说这一特点的实质是作家身份的弱化，那么，它便反映了汉文学之功能在越南的变化。

（四）从某一意义上说，汉文学是代表较高水平的艺术而在域外

① 汉喃研究院图书馆，第 VHB. 62 号、VHV. 387 号、VHV. 320 号、A. 451 号、VHV. 309 号、A. 452 号、VHV. 555 号、A. 2587 号、VHV. 1154 号、VHV. 381 号、VHV. 303 号、A. 1540 号、VHV. 963 号、VHV. 461 号、A. 1800 号、A. 1557 号、VHV. 383 号。

② 潘辉益：《裕庵吟录序》，《裕庵吟录》，汉喃研究院图书馆，第 A. 603 号。

流传的。它势必与当地语言相结合,促进一些新的文学体裁的产生。在越南,文学的新变和语言的新变具有同步的特点:当语言上出现以汉字部首为表音表义符号的喃字之时,在文学上便渐渐产生了包括陶娘歌、嘥剧剧本、诗传、传奇、笔记、历史小说在内的各种通俗文体;而后者(通俗文体)的特点就是汉字和喃字相间。这样一来,中国文学中的雅俗之别,在流传汉文学的域外地区,主要便表现为来自中国的文学体裁与当地新产生的体裁的分别。由此来看以上对照表,我们不免会注意到其中的文体对应——和中国"词曲"体相对应,越南有戏曲、喃诗传、历史小说、传奇、笔记、金云翘等体。这种对应说明:中越词曲小说之间的文体置换,可以理解为语言条件的置换;中国词曲以汉语为存在条件,越南嘥剧、喃诗传、喃文小说、传奇、笔记、金云翘等体则以越南语为存在条件。至于中国目录书不著录戏剧小说,则由于某种特殊的文学观念:四库馆臣认为"以《西厢记》、《琵琶记》俱入经籍类中,全失论撰之体裁"[①]。戏剧小说,在中国曾经被看成不入流的文体。

在越南,类似于喃文的文字有好几种,比如侬族有"侬喃",土族有"土喃",山族有"山喃",芒族有"芒喃",岱侬族有"岱侬喃"。这些喃字都以汉字为造字元素,都是按会意、形声、假借等法造成的能够拼读本民族语词的文字。通常的情况是:凡是用于宣传、启蒙和娱乐的读物,凡是口语化倾向较强的读物,都喜欢使用喃字。喃字进入典籍,乃意味着口语向典籍的渗透——从相反一面看,也是典籍向口语世界的渗透。它们反映了一个事实:一部汉文学史,可以看作汉文化向边缘地区推进的历史。轴心文学影响地方文学,产生中间文体的

① 《四库全书总目·集部》词曲类小序,第1807页中。

过程，也是地方文学得到改造，趋近轴心文学的过程。汉文学正是这样一步一步扩大其覆盖范围的。这一点和语言方面的情况很相像。在语言学家看来，每一种方言都是一种民族语，因为它意味着本来的民族语作为底层成分进入了占领者所带来的新语言。我们也可以这样来理解汉文学的传播过程：每一种通俗文体，都可以理解为一种民族文体；雅俗文学之间的转化，可以理解为某种民族文体作为底层成分进入汉文学。从这个角度看，历史上的汉文化区，可以就其在汉化过程中的地位划分为以下三个部分：

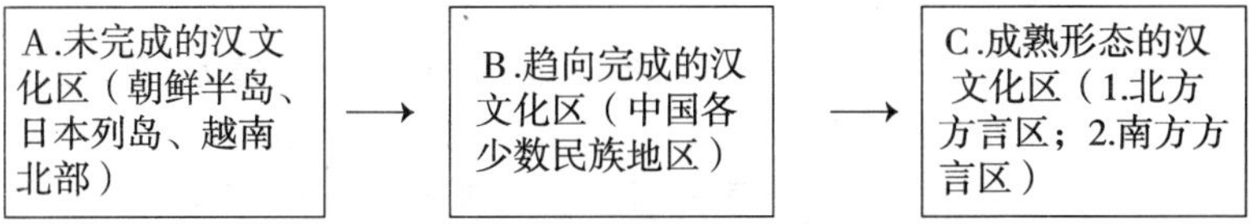

我们不妨站在第二个汉文化区——中国各少数民族地区(B)——的立场上来观察这一图表。显而易见，在未完成的汉文化区(A)中，可以看到它的过去；在中国内地各南方方言区(C2)中，则可以看到它的未来。也就是说，以上三个文化区的关系是历史形态的关系。朝鲜半岛、日本列岛、越南北部所代表那个文化区，实际上是中国境内各文化区的过去时。日本所藏越南文学古籍，便是这种文化形态的文学表现。

最后需要说明的是：本文所考察的汉文学传播，不仅发生在中国和越南之间，而且发生在越南和日本之间。尽管后一种传播是由几位学者、外交官的学术文化兴趣促成的，看似偶然；但其中实有一些必然的缘由。越南古籍向日本的流传主要发生在20世纪中期，这正是日本国力逐渐扩张的时期。这说明汉文学传播依赖于接受方的需要；在日本方面，主要是重新认识和利用汉文化区的需要。其次，学者和外交使节作为文学传播的使者，是一件传统悠久的事情：这两种人历来是汉文学向域外传播的中坚。正因为这样，汉文学传播具有由上而下的趋势，主要是作为精英文化而传播的。另外，传播过程是一个选择的过程，既出发于接受方的需要，也出发于接受方的文化基础。所以从方便接受这一点考虑，日本学者引入的越南文学古籍较多采用通行于各国的汉字（而非喃字）书写。在汉文学跨文化传播的过程中，这几种情况都很典型。事实上，在历史上，汉文学正是采用滚雪球的方式扩大其规模的。

（2011 年 5 月 14 日，在澳门大学召开的“海外汉籍与中国文学研究”国际学术研讨会上宣读。又载《国际汉学研究通讯》第 4 期，北京大学国际汉学家研修基地 2011 年 12 月编印）

从《高丽史》的编印看朝鲜初期的史学

《高丽史》是朝鲜半岛历史上最重要的一部官修史书。它从朝鲜建国之初(1392 年)开始编纂,经几代人递修,到文宗元年(1451 年)完成,历经 60 年时间。期间太祖、太宗、世宗等君主亲自过问,具体指导;诸大臣围绕正名分、重礼仪、谨天谴等焦点,作过往复辩难。《高丽史》的编纂于是成为朝鲜史上一个重要的政治事件。对于这一过程,《朝鲜王朝实录》有详细记录,韩国学者也作了多方面研究[①],其基本事实已经明朗。不过,若放在一个较宽阔的背景上——例如域外汉籍比较研究的背景上看,则关于此书的编印及其传播,仍然有许多胜义可以阐发。今故拟将其分为"《高丽史》的编纂过程"、"《高丽史》的印刷和传播"、"朝鲜初期史学的若干特点"等三个问题,再作讨论。

---

① 参见以下论著:申奭镐:《高丽史编纂始末》,《黄义敦先生古稀纪念史学论丛》,东国大史学会,1960 年。李基白:《高丽史解题》,东方学研究所刊《高丽史》,1972 年。閔贤九:《高丽史에反映된名分论의性格》,载同上。金烈圭:《高丽史世家에나타난中的神圣王权의意识》,载同上。郑求福:《朝鲜前期의历史叙述》,《创作과批评》第 41 期,1976 年。金根泳:《"高丽史"解题》,《韩国学》第 14 辑,韩国学研究会 1977 年版。韩永愚:《朝鲜初期의历史叙述과历史认识》,《韩国学报》第 7 辑,1977 年。韩永愚:《高丽史와高丽史节要의历史认识》,《韩国史论》第 6 辑,国史编纂委员会 1979 年版。韩永愚:《朝鲜前期史学史研究》,韩国文化研究丛书第 22 种,1981 年。边太燮:《高丽史의研究》,汉城三英社 1982 年版。郑求福:《朝鲜初"高丽史"编纂过程葛藤》,《韩国史学史研究》,于松赵东杰先生停年纪念论丛刊行委员会,1997 年。

一、《高丽史》的编纂过程

通常认为,《高丽史》的编纂经过了五个阶段。其成果,可以分别称作"高丽国史"、"高丽史窜定"、"雠校高丽史"、"高丽史全文"和"高丽全史"。

第一阶段,即郑道传、郑摠等撰写《高丽国史》的阶段,始于朝鲜太祖元年(1392年)十月,成于太祖四年(1395年)正月。前一个日期是朝鲜太祖下令编纂高丽史的日期,后一个日期是郑道传、郑摠等进呈《高丽国史》三十七卷的日期。从《太祖实录》卷七"四年正月庚申"条所载"教郑道传"、"教郑摠"等两段文字,可见此书撰作的指导思想。其宗旨即太祖所谓"备一代之典章","重万世之劝戒",记"兴衰治乱之迹,善恶得失之端",以"补政教之施"。而其撰作体例则是所谓"以公羊三世之事,法司马编年之规",亦即编为编年体史书。

《高丽国史》之所以能在两年零三个月编成,是因为它有一定的资料基础。据《东文选》卷九二所载郑摠《高丽国史序》,除历代实录的残存部分以外,这些资料包括高丽恭愍王朝李齐贤所撰《史略》(止于肃王),李仁复、李穑所撰《金镜录》(止于靖王)。同样根据郑摠的这篇陈述,《高丽国史》的编写有"正名"、"谨礼"、"重求贤"、"著忠臣"、"尊天王"、"谨天谴"、"戒逸豫"等重点,具体说来是:

谨按自元王以上,事多僭拟。今以其称"宗"者书"王",称"节日"者书"生日","诏"则书"教","朕"则书"予",所以正名也。朝会祭祀常事也,而有故则书,亲祭则书,所以谨礼也。书宰相除拜，所以重其任也。蓄设科取士，所以重求贤也。台谏伏阁，其事虽阙必书，所以著忠臣也。上国之使往来虽烦必书，所以尊天王也。灾异水旱虽小必书，所以谨天谴也。游畋宴乐虽数必书，所以戒逸豫也。

其中“正名”和“尊天王”，主要关于同中国的外交；另外几项，则关于国政。这些重点是同《高丽国史》用于“御览”[①]、用于外交的功能相关的。事实上，这部《高丽国史》编成以后，也只有极少数人才能阅读它。关于这个“阅览”问题，目前看到的记载是以下几条：

《定宗实录》卷一，元年(1399 年)正月庚寅：“御经筵，诸公侯与宦寺击球于内庭，喧嚣不已。上顾谓史官李敬生曰：‘如击球事亦书诸史乎？’敬生对曰：‘君举必书，况击球乎？’上曰：‘吾欲观前代君臣行事之迹，其将《高丽史》以进。’知春秋馆事赵璞进《高丽史》。”

《太宗实录》卷一，元年(1401 年)正月庚午“封贞嫔闵妃为静妃。”“太宗览《高丽史》，谓我殿下曰：‘汝母后之功，比之柳氏提甲尤重矣。’”

《太宗实录》卷一，元年四月癸未：“命监春秋馆事河仑进《高丽史》。初，上谓赵璞曰：‘予欲览前朝之史，以为劝戒何如。’璞对曰：‘诚然。’”

《太宗实录》卷七，四年(1404 年)十二月丙戌：“命领春秋馆

① 郑摠《高丽国史序》云：“若机政之暇，赐以览观，则于善恶取舍之端，为政治民之道，庶几有补矣。”

事河仑、知馆事权近，考前朝官制于《高丽史》。”

在这些资料中，《高丽国史》的阅读者只有太宗和几位史官。

太宗十四年(1414年)五月，领春秋馆事河仑、知馆事韩尚敬、卞季良等受命“雠定”《高丽国史》，《高丽史》编修于是进入**第二阶段**。关于这次改修的动机，据《太宗实录》，主要是太宗认为原书“纪太祖之事，颇有不实”，或者说是“恭愍王以下，事多不实，宜更雠定”。[①]而通常不说出来的理由则是郑道传因“赞成康氏夺嫡之计”已作为乱臣被诛灭。这项改修工作，前期由河仑负责——河仑曾与韩尚敬、卞季良“三分《高丽史》，修改于其家”；其事亦因河仑在太宗十六年的去世而中断。[②]但在世宗即位之年(1418年)，改修事业就得到了继续，并在世宗三年(1421年)正月完成。从史籍记载看，世宗在这件事情上发挥了积极的推动作用：

《世宗实录》卷二，即位年十二月庚子：“御经筵，上曰：‘《高丽史》恭愍王以下，郑道传以所闻笔削，与史臣本草不同处甚多，何以传信于后世？不如无也。’卞季良、郑招曰：‘若绝而不传于世，则后世孰知？殿下恶道传增损直笔之意乎？愿命文臣改撰。’上曰然。”

《世宗实录》卷五，元年九月辛酉：“御经筵，上谓尹淮曰：‘近日览《高丽史》，多抵牾处，宜改修。’”

《世宗实录》卷五，元年九月壬戌：“上命艺文馆大提学柳观、

---

① 《太宗实录》卷二七“十四年五月壬午”条；卷二八“十四年八月丁未”条。

② 《太宗实录》卷三一“十六年六月庚辰”条。

议政府参赞卞季良等，改修郑道传所撰《高丽史》。”

《世宗实录》卷七，二年二月辛酉：“视事，御经筵，上问柳观以《高丽史》雠校事。观对曰：‘史者万世之龟鉴也，而《高丽史》旧本凡灾异皆不书。今并录之。’上曰：‘凡善恶皆录，所以鉴后。岂以灾异而不录乎？’”

《世宗实录》卷八，二年五月乙未：“视事经筵，卞季良录《高丽史》灾异以进。上曰：‘前后《汉书》所载灾异，朱子于《纲目》不尽载。今雠校不必加录也。’”

《世宗实录》卷一一，三年正月癸巳：“前此，以郑道传所撰《高丽史》，间有与史臣本草不同处，且称‘制敕’、称‘太子’之类，语涉僭逾，命柳观、卞季良雠校。至是，书成乃进。”

由上述记录可见，这是一次技术性的修改，主要涉及三个问题：其一，是否和史草相抵牾；其二，是否语涉僭越；其三，是否尽录灾异。所谓“三分《高丽史》修改于其家”，说明此书的结构并未改动。

《高丽史》编纂的**第三阶段**同样出现在世宗年间，史称“雠校高丽史”，也就是对《高丽史》作再次改修。此事始于世宗五年(1423年)十二月，至次年八月完成。《世宗实录》卷二二“五年(1423年)12月29日丙子”条记载其事，谈到这样几个重点：

(一)起于世宗命右议政柳观、艺文馆大提学卞季良、同知春秋馆事尹淮改修《高丽史》。

(二)改修的原因仍然是对郑道传、郑摠等所修高丽史不满。其一不满于郑道传对僭拟之事的改书，即称“宗”者改书“王”，称“节日”者改书“生日”，称“朕”者改书“予”，称“诏”者改书“教”，等等，认为这种改书是“以没其实”。其二不满于郑道传为其父郑云敬立传。其三不满于郑道传对郑梦周、金震阳等忠臣的贬黜。河仑曾说郑道传心术不正，这一看法得到了继续。

（三）郑道传的问题在第二阶段并没有解决。戊戌年（世宗即位之年），受命雠校《高丽国史》的卞季良曾说过："丽史既经仁复、穑、道传之手，不可轻改。"其观点颇不同于世宗，因此，及其撰修，仍旧书"太子太傅"、"少傅佥事"为"世子太傅"、"少傅佥事"，书"太子妃"为"世子嫔"，书"制敕"为"教"，书"赦"为"宥"，书"奏"为"启"。世宗对此甚不以为然，作了一个经典的批评：

> 若孔子之《春秋》，则托南面之权，成一王之法。故吴、楚僭王，贬而书"子"；赗葬成风，王不称"天"；笔削与夺，裁自圣心。及左氏作《传》，则荆、吴、于越，一从其自称而书"王"，未尝有改。若朱子之《纲目》，虽曰本《春秋》书法，而其分注，则僭伪之邦，盗窃名号者，亦皆因其实而录之。岂记事之例，不容不尔也？今之秉笔者，既不能窥圣人笔削之旨，则但当据事直书，褒贬自见，足以传信于后；不必为前代之君，欲掩其失，轻有追改，以没其实也。其改"宗"称"王"，可从《实录》庙号谥号，不没其实。凡例所改，以此为准。

此后卞季良作过争辩，所据理由是高丽史臣李齐贤、李穑等人已实行改书之法（对"僭拟之事"加以改书），如果再作回改，则会引起史臣记录的混乱。但世宗不为所动，坚持命令柳观与卞季良"雠校"《高丽史》。

世宗六年八月癸丑日，尹淮等人进上《雠校高丽史》。其序文谈到《高丽史》的编修过程，从郑道传、郑摠等人修《高丽国史》三十七卷之事，说到世宗下令“重加雠校”时定“凡例”之事。序文说：

> 臣等恭承明命，遂将元宗以上实录，比较新史，如改“宗”为“王”、“节日”为“生日”、“诏”为“教”、“朕”为“予”、“赦”为“宥”、“太后”曰“太妃”、“太子”曰“世子”之类，复从当时实录旧文。编摩既讫，事迹粗完，开卷了然，劝惩斯在。[1]

也就是说，第三阶段的《雠校高丽史》，主要解决了一个“改书”的问题。

这部《雠校高丽史》问世以后，似乎并没有公布，而是立即束之高阁了。《世宗实录》卷四二“十年十月辛巳”条记载：世宗召群臣“议所以敦孝悌厚风俗之方”，判府事卞季良提出“广布《孝行录》等书”，而直提学偰循则进言：

> 孝乃百行之原，今撰此书，使人人皆知之甚善。若《高丽史》，藏之春秋馆，外人不得考阅。请令春秋馆抄录以送。

这似乎是说，《高丽史》修成四年之后，连副本也没有。《高丽史》寝而不用，一方面是因为朝中仍有关于“改书”、“直书”的争议，另一方面，从世宗对相关事宜的态度看，是因为他对此书仍然不满意。比如《世宗实录》卷三〇“七年十一月甲子”记世宗以郑麟趾、偰循、金金宾“三人分读诸史，以备顾问”。这说明，世宗仍然在为重修《高丽史》作准备。

事实上，对于《高丽史》的编写，世宗是一直耿耿于怀的。例如《世宗实录》卷三〇“七年十二月壬申”记世宗重提“改书”“直书”的争

① 序文又载《东文选》卷九三，朝鲜古书刊行会1994年版，第5辑，第64页。

议云："今季良强请如此。参赞卓慎之议，亦与季良同。予何必止之乎？且予之所言，今之史官，岂不悉书？尹淮所制序文勿书，姑从季良之言。"《世宗实录》卷五〇"十二年十一月庚申"条又记载了世宗对卞季良等人的批评："受常参，轮对经筵。……（上）又曰：'李崇仁之才，权近、卞季良，皆溢美之。'"世宗对卞季良的这种推推拉拉的态度，正好说明了他对《高丽史》的编纂不能忘怀。他大概是想亲自主编一部高丽史。所以《世宗实录》卷三四"八年十二月己巳"条记世宗自称"予于理学，虽未能通，然既遍阅矣；独史学未熟"。这表明他有深究史学的意愿。《世宗实录》卷五七"十四年八月丙申"条又记载世宗关于《高丽史》体例的意见，云：

> 上尝览《高丽史》，传旨春秋馆曰："以纲目法修撰，则于小事重迭，难以悉记；然便于观览。以编年法修撰，则观览虽难，叙事则详。何以处之？"孟思诚、权轸、申樯、郑麟趾、金孝贞、偰循等议启曰："大抵史记，有编年而后有纲目。"上曰："予意亦然。以编年撰之，宁失于烦，毋令疏略没实。"

这些话，似乎强调了世宗在史学上的话语权力。

于是，世宗在二十年（1438 年）三月，发动了《高丽史》编纂的**第四阶段**，即命申概、权踶、安止等人实施《高丽史》修纂。此书至二十四年（1442 年）八月完成并颁布[①]，时称"高丽史全文"。现存记载并未谈到此次修纂的过程，但显示了围绕《高丽史》编纂方法的一些

① 《世宗实录》卷九七"二十四年八月己亥"条："监春秋馆事申概，知春秋馆事权踶等，进所撰高丽史。"

讨论。这主要是世宗二十年三月，许诩提出的关于《高丽史》体例的讨论；同年七月，春秋馆提出的关于伪朝名分的讨论；次年正月，世宗提出的关于“以王氏为龙孙”的讨论。资料表明，这次修纂仍然采用了编年之体，对伪朝人物采取了直书名号（照史料原貌书名）的方式，并全面记录了神化帝王的种种传说。这三点，是符合世宗的意愿的：

《世宗实录》卷八〇“二十年三月乙巳”条：“上御经筵，承旨许诩侍讲。诩启曰：‘臣常为编修官，窃见本馆所撰《高丽史》体例，恐有未安。自古作史有二体：左氏年经国纬，班马国经年纬。历代作史者皆仿班马，独温公依左氏者，以其有本史也。高丽李齐贤修国史，名曰《史略》，乃略述理乱兴衰之大概，欲为当世之龟鉴耳。然具藁而书未成。至国朝，郑道传、权近、河仑、尹淮等，相继撰修，皆袭齐贤之旧，失于疏略，故更命增添。然犹未免疏略之弊，且不似历代修史体例。迄依班马，更作纪传表志，以为本史。仍将尹淮所撰以为史略，则庶合古人作史体例。’上即召知馆事权踶问曰：‘许诩所言何如？’踶对：‘诩所言臣亦尝闻。但丽史本草疏略，若分纪传表志，则殊不似史记体例。’”

《世宗实录》卷八二“二十年七月庚寅”条：“春秋馆启：‘史臣郑道传等修《高丽史》，至伪朝辛禑父子，皆斥书禑、昌。臣等谨按：汉吕后立他人子为惠帝，后汉史既书帝，而《资治通鉴》及《纲目》亦以帝书之。宋苍梧王始终事迹悉与禑同，而《南史》称废帝，《资治通鉴》标题称苍梧王；及叙事则皆书帝，《纲目》亦例书宋王。至如凡盗据僭号者，犹得称某王，而未尝斥名，盖传其实也。又《纲目》，非正统者，两行分注，必书名，如魏文帝曹丕、吴太帝孙权之类；无常谥者亦书名，如晋海西公书帝奕太和元年之类，此其变例也。今禑虽旽子，恭愍王名为己子，付托大臣，而至受帝命，在位十四年，则尤非他盗据僭号者比，不可不成之为君也。然禑、昌既非正统，又无封谥，似不得专以苍梧王比也。其标题所称，依魏帝曹丕、晋帝奕例，称废王禑、废王昌。至叙在位时事，则依苍梧王例，因当时臣民所称、史氏所书，或称王，或称上，不没其实何如？'从之。"

《世宗实录》卷八四"二十一年正月辛卯"条："御经筵，上谓检讨官李先齐曰：'尔今职带春秋，参修《高丽史》，以王氏为龙孙，其说甚怪。昔忠宣王入元朝，元学士问其所以，虽事涉荒诞，然不可不传于后，须备载史册可也。'"

这部史书既然称作"全文"，在《高丽史》的编纂史上，便应该是一部具有关键意义的书——是从37卷本的《高丽史》到139卷本的《高丽史》之间最重要的桥梁。但这样的《高丽史》修纂却仍然未使世宗满意。下文将要谈到，世宗甚至以"笔削不公"的名义，将史臣权踶、安止等人"除名"。这样就孕育了再一次《高丽史》修纂。作为准备，1446年10月，世宗嘱咐李季甸、鱼孝瞻"与诸史官，详考史草，上自度祖、桓祖，至于太祖行事之迹，搜索以启"。其理由是说：

《高丽史》，初撰甚略，后更添入，然多有遗漏之事，辽赐高丽世子冕服之事，尚不书之，可知其余矣。今可更校。且桓祖以万户赴朔方台谏请止之事，因《龙飞诗》添入；太祖升天府接战之状，虽有谚传，不载于史。以此观之，必有遗漏。①

① 《世宗实录》卷一一四"二十八年十月乙巳"条。

三年以后，1449年正月，世宗明确下令改修《高丽史》，同时重复了以上理由：

《世宗实录》卷一二三"三十一年正月乙酉"条："传旨春秋馆：'前撰《高丽史》，失于疏略，令更撰之。辽赐世子冕服之事，又逸焉。今复雠校，虽一字一事，脱漏而可改者，并皆付标以启。'"

同上"三十一年正月己酉"条："召集贤副提学郑昌孙，议改撰《高丽史》。仍传旨春秋馆：'高丽史，颇失疏略，今更考阅，备悉添入。'遂命右赞成金宗瑞、吏曹判书郑麟趾、户曹参判李先齐及昌孙监掌之。"

"虽一字一事，脱漏而可改者，并皆付标以启"，似乎是说《高丽史》的每一字增删，都要经世宗过目。这样一来，《高丽史》编纂工作便进入**第五阶段**，即由世宗亲自监管，金宗瑞、郑麟趾等受命修纂的阶段。一年之后(1450年)，世宗薨，仿佛加快了这项工作的进程。再过一年，文宗元年(1451年)8月25日，新纂的《高丽史》——时称"高丽全史"——便宣告完成了。这的确是一部崭新的《高丽史》，因为它最终改用了纪传之体。不过从记载看，这是一个曲折的过程，大致经历了以下事件：

(一)确定体裁。春秋馆受命改纂《高丽史》之时，就提出了采用何种史学体裁的问题。较响亮的一种声音是强调详备，主张采用纪传体作为"本史"。另一种声音是说纪传体"功不易就"，仍然主张编年体。主编金宗瑞、郑麟趾将两种议论上奏世宗，世宗赞成后说。后来，由于东宫太子的努力，世宗同意试用纪传体。其事见《世宗实录》卷一二三"三十一年二月丙辰"条，云：

春秋馆议改撰《高丽史》,议论不一。史官辛硕祖、崔恒、朴彭年、李石亨、金礼蒙、河纬地、梁诚之、柳诚源、李孝长、李文炯议曰:"作史之体,必有纪传表志,备载事迹,各有条贯。迁、固以来,皆袭此体,无有改者。若编年之法,则檃括本史,以便观览耳。今不作本史,乃于编年,欲令备载,铺叙甚难;至别有世系地理,赘莫甚焉。且《凡例》内,如朝会、祭祀、街衢经行、春秋藏经道场、生辰受贺、王子诞生、赐教礼物、人日颁禄、燕享中国使臣之类,皆以常事,略而不书,只书初见。若有本史而作编年则可也,今无本史而略之如此,殊失史体。乞依历代史家旧例,作纪、传、表、志,无遗备书;然后就令已撰编年,更加删润,别为一书,与本史并传:庶合古人修史之体矣。或以为高丽事迹,本多疏缺,欲为纪传表志,难以就绪。然前史列传,有一人之事,只书数行,亦有当立传而史失行事,不得立传者。事迹不备者,虽阙之,亦未为害。苟制作得体,事之难易迟速,不必复论。"

鱼孝瞻、金系熙、李勿敏、金命中议曰:"作史之体,必立纪传表志,固是常例,但恐功不易就,非数年之内所可必成。又体例阙略,不似古人之作,虽或成之,反不堪观也。以宋朝之事观之,本史之外,有全文,又有续编。乞依《宋史》全文之例,今撰《高丽史》,更加校正,仍旧颁行。其记传表志之作,如不得已,姑(得)〔待〕后日。"

知馆事金宗瑞、郑麟趾将二议以启,从孝瞻等议。宗瑞、麟趾入见东宫曰:"欲于编年,备记时事,例多不通,愿从硕祖等议。"东宫入启,上命以记传表志改撰。

(二)惩处史官。仅在"命以记传表志改撰"《高丽史》的十七天之后，世宗开始了对史官的惩处。他首先以“失于疏略”、“任情减削”的理由，惩处了前任知馆事权踶；又以“同心赞成”、“阿附堂上”的理由，惩处了艺文馆大提学安止和禀性耿介的郎厅南秀文。司宪执议朴仲孙对此多次提出异议，但都被世宗否决。权踶、安止、南秀文于是被剥夺了一切职务和身份——“追夺告身”，“永不叙用”。

《世宗实录》卷一二三“三十一年(1449 年)二月癸酉”条：“传旨吏曹：‘前者《高丽史》失于疏略，命权踶等改撰。今观其书：踶任情减削，或听人请嘱，或自己干系紧关节目，皆没其实。安止与踶同心赞成，泛滥莫甚。其追夺踶告身及谥，亦夺止告身，永不叙用。郎厅南秀文专掌史事，阿附堂上，其罪亦同，并追夺告身。’

踶删润旧史颇详。然蔡河中之母，龙岗官婢也。史官悉书其事，尹淮亦纪之，踶亦载初稿，听崔士康之请而终削之。又踶父近私坼圣旨事，踶迂曲其辞书之。又史草贬书权溥、权准、权皋行实，踶又不录。且溥，守平后也，曾修《高丽实录》。守平卒，以未详世系书，而踶以守平为太祖功臣权幸之后。踶罪虽不专在是，所为如是，其及也宜。止性懦，牵制于踶，同受罪责。

初，上知踶等笔削不公，召止诘之，又召其时史官李先齐、郑昌孙、辛硕祖问之。鱼孝瞻言于金宗瑞、郑麟趾曰：‘岁庚申，与南秀文同修史，问曰：“蔡河中之事，何以墨抹？”秀文曰：“岂我所能为耶！只堂上命耳。吾即从本草书之，但异其笔迹，不令人知吾书也。”’宗瑞等即令入启。乃召宗瑞、麟趾议之，且留孝瞻以问，自酉至亥而罢，乃有是命。秀文淹通经史，为文有古气，初欲仿司马迁撰史，为众论所抑，不果。踶所撰史，秀文笔居多，然性褊刚，史事多自专，辈流心忌之。止亦恶秀文专，尝于坐中骂辱之。”

同上“三十一年三月丙子”：“司宪执义朴仲孙启：‘今论权踶、安止、南秀文之罪。夫修史，非一二人所为也，此必举司与闻而不禁也。请皆推劾。’上曰：‘年月已久，屡经赦宥。然此是大事，故予已考核，审知情伪而处之。且此史事，尔等亦不当与闻也。’仲孙更请，不允。”

（三）确定伪朝人物的书名之法。亦即按《汉书·王莽传》的成例，把伪朝辛禑父子降入列传，不称王，而直斥其名。其事见《世宗实录》“三十一年四月乙卯”条。这其实是讨论过多次的一种政治史学的方式。

总之，在文宗即位之后一年多，《高丽史》这部皇皇巨著最终编成了。其修纂过程所经历的五个阶段，其中有四个阶段出现在世宗时代。可以说，世宗执政的 32 年，是《高丽史》痛苦的难产时期。这个时期，显然是因世宗的离世而得以结束的。正因为这样，文宗元年（1451 年）八月末，朝鲜政府举行了较隆重的颁奖仪式。据《文宗实录》卷九“元年八月乙未”条，这一仪式参照了两个较重大的历史事件：唐朝房玄龄等撰成周、梁、陈、齐、隋五史之事，宋朝司马光等修成《资治通鉴》之事。此外人们提到：在朝鲜太祖朝，郑道传等修成《高丽国史》三十七卷时，曾有过这种奖赐；在世宗朝，权踶等修成《高丽史》之时，亦曾颁发奖赐，但其实际却是明褒暗贬：“堂上无赐物，三品以下文官加资。”而现在，文宗朝廷作出了明确的决定：

赐左赞成金宗瑞、工曹判书郑麟趾、右参赞许诩、艺文提学李先齐等，各鞍具马一匹；副提学辛硕祖，马一匹；汉城府尹金铫、大司宪郑昌孙、副提学崔恒等，尝预修，亦各赐马一匹。其时仕纂修及尝预修三品以下官，令各加一资。

二、《高丽史》的印刷和传播

《高丽史》编纂之时，正是朝鲜半岛的印刷技术臻于成熟之时。早在朝鲜建国之时，太祖就按高丽旧制，设立书籍院掌管经籍印出之事。[①] 太祖四年(1395 年)，即三十七卷本《高丽国史》完成之年，书籍院曾用木活字印出《大明律直解》等书。[②]太宗三年(明永乐元年，1403 年)，又因"虑本国书籍鲜少，儒生不能博观"，命置铸字所，遂造就朝鲜印刷史上一大事件。[③]权近曾撰文记录这一重大事件，云：

> 永乐元年春三月，殿下谓左右："……吾东方在海外，中国之书罕至，板刻之本易以剜缺，且难尽刊天下之书也。予欲范铜为字，随所得书，必就而印之，以广其传。"于是悉出内帑，命判司平府事臣李稷、骊城君闵无疾……校书著作郎臣朴允英等掌之。又出经筵古注《诗》、《书》、《左氏传》(以)〔为〕字本，自其月十有九日而始铸。数月之间，多至数十万字。[④]

正是在这一背景下，出现了世宗二年的庚子字、十六年的甲寅字、三十二年的庚午字，以及端宗、世祖禅代之际的乙亥字。史籍对

---

① 《太祖实录》卷一"元年七月丁未"条。

② 《大明律直解》世宗二十八年(1446)重刊本金祗跋："付书籍院，以白州知事徐赞所造刻字，印出无虑百余本，而试颁行。"

③ 《太宗实录》卷五"三年二月庚申"条。

④ 《阳春集》卷二二《铸字跋》。

这段时期印刷术的发展有如下记录：

徐居正《笔苑杂记》卷一："太宗始作铸字，模样有未尽善。岁庚子，世宗命李蒇以中国善书字样改铸，比旧尤精，是谓庚子字。甲寅，世宗命为善阴阳字样改铸，极为精致，是谓甲寅字。庚子字小而甲寅字大，其所印书册极好。世宗末年，用瑢所书样及姜希颜所书字样改铸，其所印书册，渐不如旧。今则铜字尽为工匠所盗，而兼用木字。字之大小生熟不同，行列不齐，视旧印册本，迥然不侔矣。"

《正祖实录》卷四五"二十年(1796年)十二月丙戌"条："教曰：'我东之印行经籍，自国初，因胜国旧制，置校书馆以掌之。而胜国时谓之秘书省，弓裔时谓之禁书省，则其最初建置之在于禁中，可知也。太宗三年，别置铸字所于宫中，用古注《诗》、《书》、《左氏传》为本，范铜为字，广印典籍。此又铸字之所由始。而世宗朝有庚子字、甲寅字，文宗朝有壬申字，世祖朝有乙亥字、乙酉字，成宗朝有辛卯字、癸酉字。如《龙飞御天歌》、《治平要览》、《朱子大全》等书，皆即宫中印校，谓以秘府。本国初板本之类，皆精好便观，盖有以也。……'至是，命仍用国初建置时旧号，称之曰铸字所。"

这里说到的"乙亥字"，就是《高丽史》最初刊印所用字。

不过，《高丽史》的刊印，正像它的编纂一样，也是经历了曲折过程的。按据《成宗实录》卷一三八"十三年(1482年)二月壬子"条，梁诚之当日上疏，曾提到刊印《高丽史》之事，云：

臣窃观春秋馆，有一件《高丽史》，或称"权草"，或称"红衣草"，或称"全文"。世宗戊辰，下铸字所印出，命臣监校，印毕世宗闻修史不公，命停颁赐，秉笔史臣，以此得罪。至戊寅年，世祖御思政殿，臣与权擥入侍，亲禀上旨，改正本稿，仍署擥与臣名，至今可考。右《高丽史》，实《丽史大全》也，误错之处，今则改正。伏望命春秋馆搜出本稿，下典校署印颁，幸甚。

这就是说，世宗戊辰年(1448 年)曾有过刊印《高丽史》的举动，但印毕立即收回了。所印《高丽史》即第四阶段，由申概、权踶、安止等人修纂的《高丽史》。值得注意的是：这部《高丽史》早在世宗二十四年(1442 年)即已修成，但迟至六年之后再刊印；而一旦刊印，就造成"秉笔史臣，以此得罪"的事件。

梁诚之并且说到：成宗十三年，他奏请"下典校署印颁"的《高丽史》，是以世祖戊寅年(1458 年)改正的"本稿"为模本的。他的说法，和以下两条记载略不相同：

《端宗实录》卷四"即位年(1452 年)十一月丙戌"条："春秋馆启请印《高丽史》，从之。"

《端宗实录》卷一二"二年(1454 年)十月辛卯"条："检详李克堪将堂上议，启曰：'《高丽全史》，人之是非得失历历俱载。皇甫仁、金宗瑞惧《全史》出，则人人皆知是非，故但印《节要》颁赐，而《全史》则少印，只藏内府。吾东方万世可法可戒之书，莫如《高丽史》。请印《全史》广布。'从之。"

根据这两条记载，端宗年间(1452—1455)已经刊印过《高丽史》了。

梁诚之之所以未提及端宗年间已经刊印《高丽史》一事，原因是：在成宗时代，有两部《高丽史》。一部是“高丽史全文”，即由权踶等人修纂而成的编年体《高丽史》，又称“权草”；另一部是纪传体的《高丽史》，由郑麟趾等人修纂而成。前者大约包以红衣，故称“红衣草”；其规模较大，故称“全文”或《丽史大全》。梁诚之曾经在世宗戊辰年(1448年)监印此书，又在世祖戊寅年(1458年)改正此书，有私爱，故建议典校署印颁。在成宗十三年二月壬子的疏文中，梁诚之另外说了两段话，可为证据：

> 臣窃惟书籍，不可不深藏以备万世也。如《三国史记》、《东国史略》、《高丽全史》、《高丽史节要》、《高丽史全文》、《三国史节要》……各备四件外，三史库不紧杂书，并皆刷出。又紧关书籍，春秋馆及三史库，各藏一件，永传万世。幸甚。
>
> 近日永安道观察使请《高丽史》以教境内之人。臣意以谓《高丽史》备记战攻胜败，固不轻示于人。况本道山川悬远，境连野人，前有卓青、赵辉之事，后有逆贼施爱之变。凡事不可不预防而曲图之也。乞命还收《丽史》，藏之史馆，仍加赐四书、五经各一件。幸甚。

前一段话，说到“《高丽全史》、《高丽史节要》、《高丽史全文》”等三部关于高丽的史籍。同李克堪的话相印证，可知它们分别指的是以下三书：金宗瑞、郑麟趾等人修纂的纪传体《高丽史》，金宗瑞、郑麟趾等人修纂的编年体《高丽史节要》，权踶等人修纂的编年体《高丽史》。后一段话则证明纪传体《高丽史》(又称《丽史》)已经刊印，故他“乞命还收”。他提出的编年体《高丽史》“印颁”之举是否实行了呢？今不可知。可以知道的是，此事遭到了典校署的反对①；另外，即使按梁诚之的意思印颁了，也只是“春秋馆及三史库各藏一件”。无论如何，这是一部流传不广的史书。正因为这样，此书后来就销声匿迹了。

但李克堪建议“广布”的《高丽全史》，却确实就在不久以后刊印了。这就是世祖元年(1455 年)的乙亥字本《高丽史》。这并不是《高丽史》的第一次刊印；在此之前，端宗即位之年，亦曾有过“少印，只藏内府”的《高丽史》。但从传播的角度看，这却是具有较大规模的，因而具有“出版”意义的刊印。以下资料表明，正是由于这一次刊印，《高丽史》成了相当普及的书籍：

《世祖实录》卷三“二年(1456 年)三月丁酉”条载梁诚之上疏，曰：“乞武经七书外，只讲《将鉴》、《兵鉴》、《兵要》、《陈说》；文科则四书、五经外，只讲《左传》、《史记》、《通鉴》、《宋元节要》、《三国史记》、《高丽史》……以新科举之法。”

《世祖实录》卷五“二年(1456 年)九月戊辰”条载申末舟启，曰：“(金)富弼之祖句为台官，缘丽史未行于世，时人未知故也。”

《世祖实录》卷五“二年(1456 年)十一月庚午”条载司谏院启：“本院职掌谏诤兼察庶务。缘无图籍，凡诸奏事无从考阅。请赐乱臣家籍没四书、经、《左传》、《少微通鉴》、《宋元节要》、《通鉴纲目》、《通鉴续编》、《大学衍义》、《源流至论》、《陆宣公奏议》、

① 按《成宗实录》卷一三八“十三年(1482 年)二月丁卯”(梁诚之上疏之后 15 天)条载：“御夕讲。讲讫，李世佐、闵师骞启曰：‘梁诚之上疏，请刊《高丽全史》红衣草，而该曹请勿令举行。臣观其书，至为详密，可刊行也。’上曰：‘其书何如？’宋轶对曰：‘诚之，臣之妻祖父也。诚之尝与臣言：“世祖重其书，命权擥与诚之刊行，旋命停之。”其书比今《丽史》颇详矣。’上曰：‘取其书以入。’”但史籍未言是否刊行。

《礼部韵略》、《玉篇》、《高丽史》……等书。”

这就是说，在 1456 年，亦即乙亥之次年，《高丽史》已经能够满足科场之需，是“乱臣”（丙子之乱中的儒臣）家中常备之物，其内容为“时人”所知了。

其他资料也能印证以上事实。例如《慵斋丛话》卷七说：“乙亥年，世祖改镕壬申字，命姜希颜书之，名曰乙亥字，至今用之。”①金斗钟《韩国古印刷技术史》罗列乙亥字所印书近 150 种，“世祖初”的印本有《高丽史》和《贞观政要详解》。②而韩国图书馆学研究会编写的《韩国古印刷史》，则认为世祖元年所印乙亥字书尚有《楞严经谚解》、《金刚经谚解》、《圆觉经》、《楞伽经》、《御制兵将说》等书（图 1）。③首尔大学奎章阁所藏 5553 号（A）、5554 号（B）《高丽史》（图 2），以及奎章阁 3467 号（L）④的若干散页，故被学者们定为乙亥字本。⑤

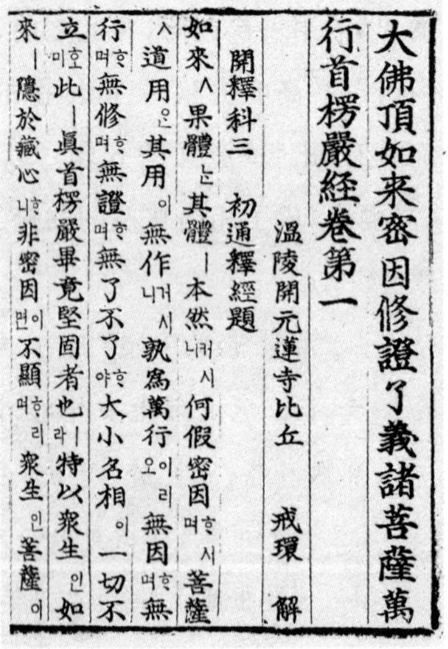
大佛頂如來密因修證了義諸菩薩萬
行首楞嚴經卷第一
溫陵開元蓮寺比丘 戒環 解
開釋科三 初通釋經題
如來ㅅ果體는其體ㅣ本然니커시何假密因ᄒ며시菩薩
ㅅ道用은其用이無作니거시孰爲萬行이오리無因ᄒ며無
行ᄒ며無修ᄒ며無證ᄒ며無了不了ᄒ야大小名相이一切不
立ᄒ미此ㅣ眞首楞嚴畢竟堅固者也라ㅣ特以衆生인如
來ㅣ隱於藏心ᄒ니非密因이면不顯ᄒ며리衆生인菩薩이

图 1：楞严经

① 成伣：《慵斋丛话》，汉城大洋书籍 1975 年版，第 258 页下。

② 参见金斗钟：《韩国古印刷技术史》，汉城探求堂 1980 年版，第 154—158 页。

③ 《韩国古印刷史》，汉城三和印刷株式会社 1976 年版，第 123 页。

④ 此处括号中的 A、B、L 等字样，为版本代号。

⑤ 参见《奎章阁图书韩国本综合目录》，汉城大学校出版部 1981 年版，第 86 页；金斗钟：《韩国古印刷技术史》，第 234 页。

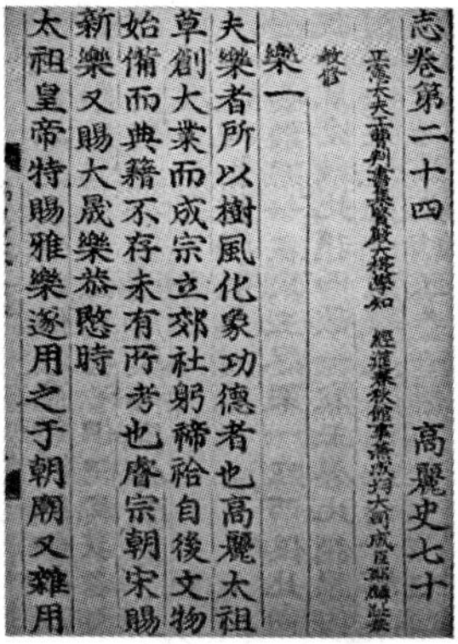

志卷第二十四　高麗史七十
正憲大夫工曹判書集賢殿大提學知經筵春秋館事兼成均大司成臣鄭麟趾奉教修
樂一
夫樂者所以樹風化象功德者也高麗太祖
草創大業而成宗立郊社躬禘祫自後文物
始備而典籍不存未有所考也睿宗朝宋賜
新樂又賜大晟樂恭愍時
太祖皇帝特賜雅樂遂用之于朝廟又雜用

图 2A:奎 5553 号

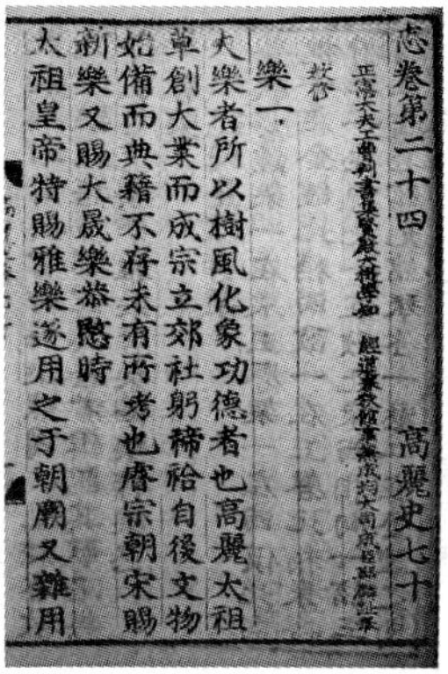

志卷第二十四　高麗史七十
正憲大夫工曹判書集賢殿大提學知經筵春秋館事兼成均大司成臣鄭麟趾奉教修
樂一
夫樂者所以樹風化象功德者也高麗太祖
草創大業而成宗立郊社躬禘祫自後文物
始備而典籍不存未有所考也睿宗朝宋賜
新樂又賜大晟樂恭愍時
太祖皇帝特賜雅樂遂用之于朝廟又雜用

图 2B:奎 5554 号

总之,现存最早的《高丽史》,是在世祖初年,即 1455 年,用乙亥字刊印的。

上文几次提到的梁诚之,是一个有争议的历史人物。现在韩国学者对他评价很高,认为他积极推动朝鲜初期的书籍编纂和藏书制度的完善,是世宗至成宗五朝对书籍文化贡献最大的官员。[①]但朝鲜时期的史家却对他有另一番评论:

> 《成宗实录》卷一四二"十三年(1482 年)六月戊申"条:"诚之少好学,博览强记,善属文,然臾诟无耻,怯懦无节。尝在集贤殿,同列鄙之,摈不与语。……好上书建论,皆迂阔不可用。一日以封章十余通,示春秋僚属曰:'是余平昔所奏也,可并载史。'诸僚以无据验难之。"

这些话意味着,梁诚之好虚名,缺少人缘,其言论在当时未必能

① 郑亨愚:《朝鲜时代书志史研究》有专篇讨论"梁诚之的学问和生涯"。此书编为"韩国研究丛书"第 47 辑,韩国研究院 1983 年编印。

得到广泛赞同，也未必能够施行。另外，梁诚之也缺少原则性，故其言论未必始终如一。在印颁《高丽史》这件事上就是这样：世宗三十一年(1449年)，他建言修纂纪传体《高丽史》；世祖二年(1456年)，他主张文科科举以《高丽史》为教材；世祖十年(1464年)，他建议在成均馆设理学、史学教官各十人，讲《高丽全史》等书；睿宗元年(1469年)，他主张印颁纪传体《高丽全史》；成宗十三年(1482年)，他主张印颁编年体《高丽史全文》。[①]但他却在同一年(1482年)反对《高丽史》广泛流传，理由是所谓"《高丽史》备记战攻胜败，固不轻示于人"。为什么会出现这种情况呢？按《实录》"史臣"的评论是："诚之……不过揣上之好尚，而为之言耳。其献谀甚矣。"也就是说，梁诚之自相矛盾的态度，《高丽史》刊印所经历的曲折过程，实际上反映了朝鲜国王"惧《全史》出则人人皆知是非"的复杂心情。

从记载看，自世祖以后，《高丽史》就用为朝鲜国王"御经筵"时的教材了。《世祖实录》卷四〇"十二年(1466年)十一月壬申"条载梁诚之上疏，可以反映《高丽史》在这方面的功用。疏文曰：

> 伏睹主上殿下，乃于听政之暇，留神文教。以易学、诗文、韵书、字体、乐谱与夫天文、风水、医药、卜筮、农桑、畜牧等事，分命诸臣，撰次以进。……臣窃意《史记》，所以考前代之善恶，为万世之劝戒，最切治体，与性理之书，相为体用者也。……乞诸家兵法、《史记》、地图，并令辑录，以成一代之典。仍使殿讲之日，或于请燕之暇，以《资治纲目》、《续编纲目》、《东国史略》、《高丽

① 参见《世宗实录》卷一二三"三十一年二月丙辰"条、《世祖实录》卷三"二年三月丁酉"条、《世祖实录》卷三三"十年六月辛亥"条、《睿宗实录》卷六"元年六月辛巳"条、《成宗实录》卷一三八"十三年二月壬子"条。

史》等书进讲，于以考前代成败，于以论当今治道，不胜幸甚。

成宗十二年(1481 年)3 月，下令弘文馆“朝讲《资治通鉴》，讲毕后，讲《性理大全》；昼讲《前汉书》，讲毕后，讲《近思录》；夕讲《孟子》，讲毕后，讲《高丽史》”①。各代《实录》表明，从此以后，《高丽史》就正式成为“御夜对”的主要话题。史籍关于《高丽史》的记录，另有一个明显变化：过去只有修史官和春秋馆的官员引用《高丽史》，而自世祖以后，礼官和其他官员也曾引用《高丽史》。不过，同其他朝鲜史籍相比，《高丽史》的流传仍然说不上广泛。以下记录表明：在经筵之上，行用《高丽史》的时间不到一百年；其地位后来就被《高丽史节要》代替了。而其再次刊印，则是一百五十五年以后的事情：

《宣祖实录》卷五六“二十七年(1594 年)十月甲子”条记弘文馆启：“经筵为之事，传教矣。前日视事时，朝、昼讲则《诗传》，夕讲则《纲目》进讲。而《纲目》编秩浩繁，多事之时，似未易究览。《唐鉴》一书，先贤以为‘三代以下，无此议论’，且卷编简便，姑为进讲。《诗传》则依前进讲宜当。敢禀。”传曰：“今不可咏诗。朝讲欲学《周易》，夕讲欲讲《东国通鉴》、《高丽史节要》中一书。言于领事。”(按次日弘文馆上启，选择《高丽史节要》进讲。并云：“夕讲当进讲《高丽史节要》，而本馆收拾书册中，只有一件，亦多落编，他无可得之路。”宣祖遂下令曰：“《高丽史节要》及他《东国史》，两湖中，下书广求上送。不得然后，虽取用史库中所藏，亦可矣。”②)

① 《成宗实录》卷一二七“十二年三月丁酉”条。
② 《宣祖实录》卷五六“二十七年十月乙丑”条。

《光海君日记》卷三六“二年(1610 年)十二月壬午”条:“传曰:‘《高丽史》,即为下送,使之急速精印讫,与元本册,并为上送事,令校书馆,各别分付。’”

《光海君日记》卷五四“四年(1612 年)六月丙寅”条:“校印都监启曰:‘我国书籍先为印出事,曾有传教。《经济六典》,亦在其中。而闾阎间绝无有处,弘文馆亦无完帙。姑先以《高丽史》、《龙飞御天歌》、《舆地胜览》等书,分刊于京外,故未及此书。今当更为闻见,得其完本,然后印出何如?’传曰:‘允。’”

由此可知,在光海君三年(1611 年)或稍后[①],曾对《高丽史》作过“急速精印”,由校书馆实施。当时所印,另有《龙飞御天歌》、《舆地胜览》等书。

以上三条资料,说的是壬辰之乱后的史籍利用和印刷。壬辰之乱对朝鲜的政治、经济、文化破坏深重,其原因是这种破坏力不仅来自外部。据朝鲜史籍记载,在“贼初入城,宫阙烧尽”[②]之前,已经有内部的浩劫:

乱民大起,先焚掌隶院、刑曹,以二局公、私奴婢文籍所在也。遂大掠宫省、仓库,仍放火灭迹。景福、昌德、昌庆三宫,一时俱烬。……历代宝玩及文武楼、弘文馆所藏书籍,春秋馆各朝《实录》,他库所藏前朝史草(修《高丽史》时所草)、《承政院日记》,皆烧尽无遗。[③]

---

① 参考《龙飞御天歌》的印刷时间,可以推测,光海君二年十二月壬午的命令是在三年元月以后实施的。《光海君日记》卷三七“三年(1611 年)一月甲子”条云:“传曰:‘今下《龙飞御天歌》,校印后还入。’”

② 《宣祖修正实录》卷二六“二十五年(1592 年)五月庚申”条。

③ 《宣祖修正实录》卷二六“二十五年(1592 年)四月癸卯”条。

这样一来，壬辰之乱就不仅造成了史籍的缺乏，而且毁坏了整个活字印刷体系。此后 26 年，即自 1592 年至 1618 年，朝鲜所有书籍印刷，应当都是采用雕版之法实施的——因为直到 1618 年，才有重设铸字机构的举动。以下记录表明了上述事实：

《光海君日记》卷二八“二年（1610 年）四月癸巳”条载李恒福启：“关东数万生灵，嗷嗷待尽，又有罔极之役，侵督如火。校书馆字印板，无异于材木之害。”

同上卷一〇六“八年（1616 年）八月己未”条载书籍校印都监启：“铸字都监，今若别设一局，则校印都监员役、工匠，将为分送，不但糜费甚多，势分力岐，方印书籍，难以成形。……铸字之役，无非校印之事，虽不别设一局，只容入之物，依前磨炼，自校印都监，使之铸成，则似为便当。敢启。”“传曰：依启。”

同上卷一三〇“十年（1618 年）七月戊申”条载铸字都监启：“自平时，书籍印出，专赖铸字，而厥后庚辰，先王又命改铸甲寅字，通行一国，为万世利。不幸一经兵燹，旧字荡失，专用木刻，字体舛讹，刓缺亦易，旋刻旋刮，功费倍蓰。幸赖圣上，留心经籍，思复旧制，特命结局，继述列圣右文之意，岂非今日之盛举乎！顾其镕冶细密，功役浩大，而前后次知郎厅，尽心监董，才一年而毕役，极为可嘉。似有依例酬劳之事，而系干恩典，惶恐敢启。”

这三段话，第一段说光海君初年，校书馆专掌雕版印刷，用材木之量甚巨。第二段说一直到光海君八年，也只有校印局，而无铸字局。第三段说铸字、雕版之变，乃源于壬辰之乱。自宣祖庚辰（1580 年）改铸甲寅字以后，迄未造字，而“专用木刻”。至光海君十年（1618 年）始设铸字所，思复镕冶之“旧制”。因此，光海君三年“急速精印”的《高丽史》，必是采用木板翻刻之法的。正因为这样，我们才能在现存古籍中，看到一大批《高丽史》的雕版印本。这些印本版式相近，基本上是四周单边，有界，9 行 19 字，版心为内向黑 1—3 叶花纹鱼尾 ①：

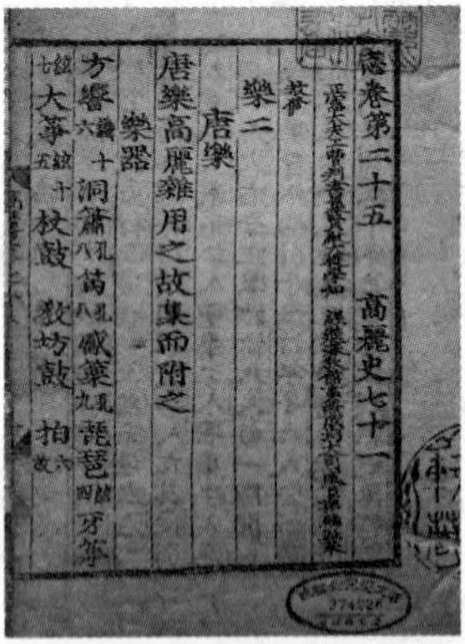

图 3：高 B3A95G 号

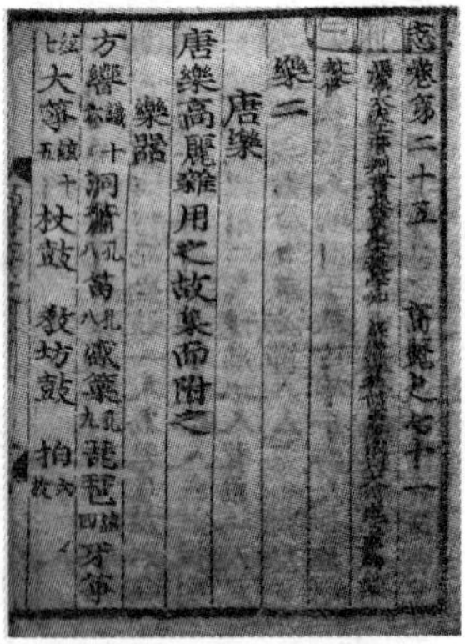

图 4：高 B3A95D 号

图 5：高 B3A95 号表纸背

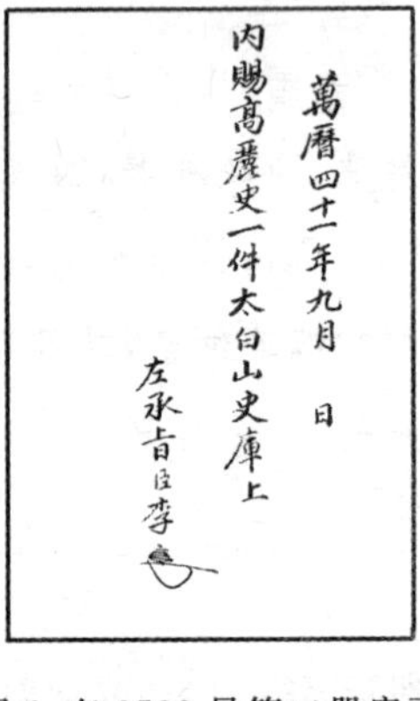

图 6：奎 3539 号第二册扉页

① 版本鉴别据各家图书馆目录，并请藏书家朴彻庠一一确认。

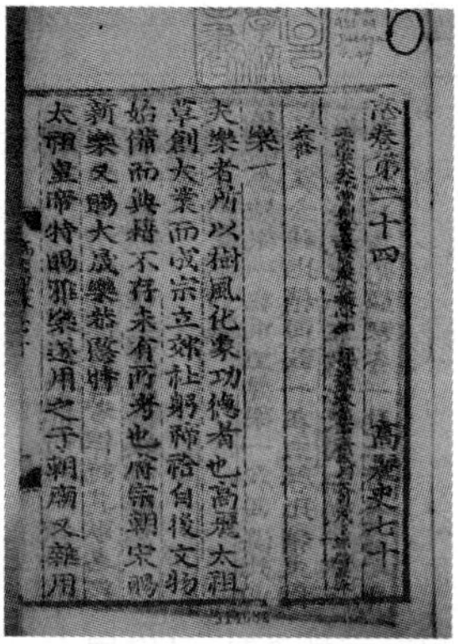
志卷第二十四　高麗史七十

樂一

夫樂者所以樹風化象功德者也高麗太祖
草創大業而成宗立郊社躬禘祫自後文物
始備而典籍不存未有所考也睿宗朝宋賜
新樂又賜大晟樂恭愍時
太祖皇帝特賜雅樂遂用之于朝廟又雜用

图 7:奎 951.04—J464GA 号

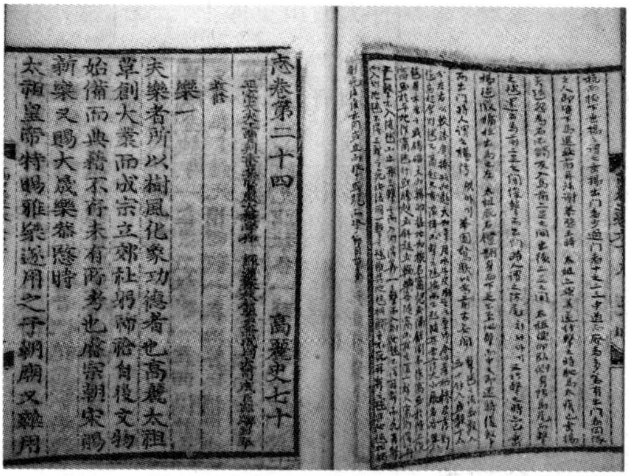
志卷第二十四　高麗史七十

樂一

夫樂者所以樹風化象功德者也高麗太祖
草創大業而成宗立郊社躬禘祫自後文物
始備而典籍不存未有所考也睿宗朝宋賜
新樂又賜大晟樂恭愍時
太祖皇帝特賜雅樂遂用之于朝廟又雜用

图 8:奎 7157 号

表 1

编号	存册数	形式与内容特点	判断
C. 高丽大学景和堂 B3A95G(图 3)	零 33 册	封面裱纸为原本,乃 17 世纪典型用纸	光海君年间乙亥字复刻本
D. 高丽大学古籍部 B3A95A	零 68 册	同上,有李彦迪家族藏书印	同上
E. 高丽大学古籍部 B3A95D(图 4)	零 17 册	封面裱纸为 17 世纪典型用纸	同上

（续表）

编号	存册数	形式与内容特点	判断
F. 高丽大学古籍部 B3A95	全 80 册	裱纸背有天启二至六年(1622—1626)文书(图5)	同上
G. 高丽大学古籍部 B3A95B	全 98 册	经校勘，文字内容同上本	同上
H. 延世大学 1972 年影印本		第一册后补，余为原本	同上
I. 延世大学 951.4	71 册		同上
J. 奎章阁 3539	全 85 册	扉页署“万历四十一年九月日，内赐高丽史一件太白山史库上”云云(图 6)	同上本，光海君五年(1613 年)印
K. 奎章阁贵 3579	同上	夹杂有再复刻本	主体为光海君年间乙亥字复刻本
L. 奎章阁 3467	零 23 册	夹杂有 15 世纪的活字本和 18 世纪后期的抄本	同上
M. 延世大学 951.4	全 33 册	裱纸为 18—19 世纪	光海君年间乙亥字复刻本
N. 延世大学 951.4	零 57 册	同上	同上
O. 奎章阁 951.04—J464GA	全 89 册	经校勘，内容同以上两本；但字迹较不清晰(图 7)	上版的晚期印刷本
P. 延世大学 951.42	零 11 册	经校勘，内容同下本	光海君年间乙亥字复刻本
Q. 奎章阁 3269	全 101 册	字迹效果不佳，而鱼尾却很黑。藏书印：“春坊藏”	上版的晚期印刷本
R. 延世大学 951.41	零 32 册	经校勘，文字内容同下本	光海君年间乙亥字复刻本，17 世纪后半印刷
S. 奎章阁 7157	全 50 册	有安鼎福(1713—1791 年)批注(图 8)	同上

以上所列《高丽史》诸本，均为较完整的雕版印本，亦即保存了《乐志》的《高丽史》雕版印本。在17本中，有13本是光海君年间的刊印本；其余4本，则是光海君年间刊本的再印本。这说明，《高丽史》的刊印，主要是在光海君年间，由校印都监以"分刊于京外"的方式进行的。

那么，在官方印书之外，是否有由民间自行发动而传播的《高丽史》呢？有。通过以下几种手抄本①，可以了解其概况：

表 2

抄本	册数	形式特点	抄写时间
T. 高丽大学古籍部 B3A95A	零96册（全101册）	四周单边，有界，9行17字，内向花纹鱼尾。藏书记："行县监察，同福县校"（图9）	18世纪抄本，乡校藏本。产自全罗南道
U. 奎章阁 4720	全61册	四周单边，有界，10行20字，内向黑鱼尾。版心有象鼻，乃模仿中国版本（图10）	从裱纸和象鼻看，抄写于18世纪后半至19世纪前半
V. 延世大学 951.4B	全70册	上四周双边，有界，10行20字，上下向2叶花纹单鱼尾（图11）	从纸张看，抄写于18世纪后半至19世纪前半
W. 奎章阁 5908	56册（缺1册）	无边界，无框格，版心仅书页码；但格式同T本（图12）	从纸张看，为19世纪抄本

这些手抄本，在格式上都模仿刊印本，显然是作为刊印本的代用品而出现的。其流行年代主要是18世纪后半至19世纪前半。朴彻庠说：这正是中国和朝鲜书籍交流的盛期。来自中国方面的进口《高丽史》的需要，促进了《高丽史》的抄印。这个判断是有道理的。因为中国典籍之称引《高丽史》，其年代集中在17世纪后期以还，尤其多见于18世纪的典籍，例如：毛奇龄（1623—1716）《古文尚书冤词》；朱彝尊（1629—1709）《经义考》、《曝书亭集》；徐乾学（1631—1694）《读

① 据藏书家朴彻庠作年代判断。

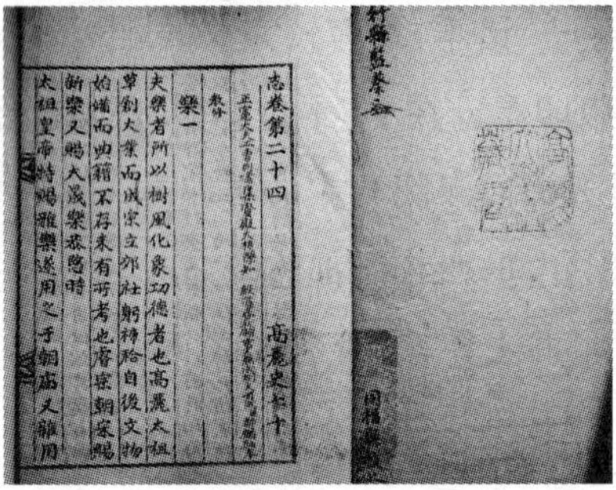
志卷第二十四　　高麗史七十
樂一
夫樂者所以樹風化象功德者也高麗太祖
草創大業而成宗立郊社躬禘祫自後文物
始備而典籍不存未有可考也睿宗朝宋賜
新樂又賜大晟樂恭愍時
太祖皇帝特賜雅樂遂用之于朝廟又雜用

图 9:高 B3A95A

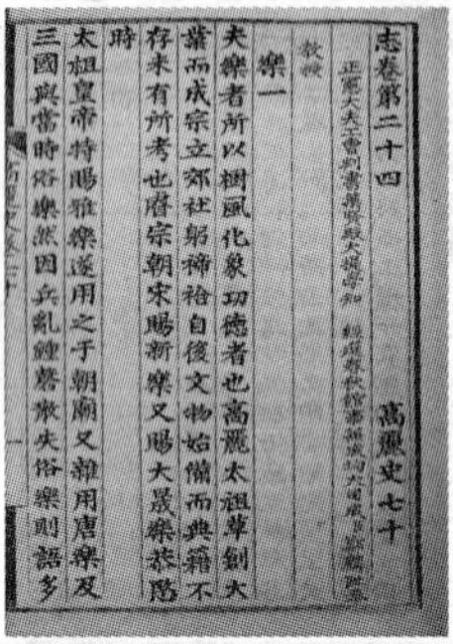
志卷第二十四　　高麗史七十
樂一
夫樂者所以樹風化象功德者也高麗太祖草創大
業而成宗立郊社躬禘祫自後文物始備而典籍不
存未有所考也睿宗朝宋賜新樂又賜大晟樂恭愍
時
太祖皇帝特賜雅樂遂用之于朝廟又雜用唐樂及
三國與當時俗樂然因兵亂鐘磬散失俗樂則語多

图 10:奎 4720 号

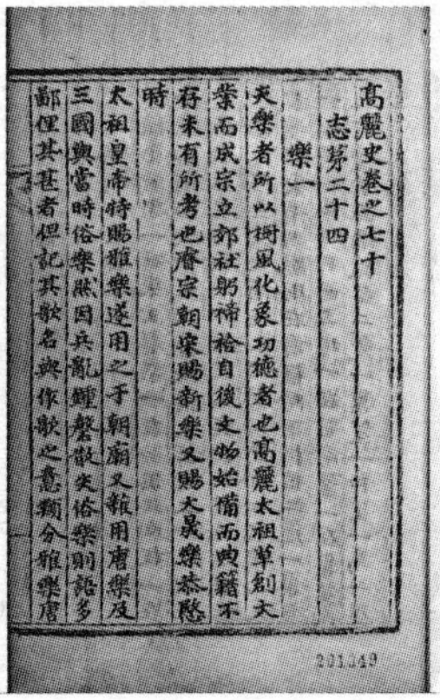
高麗史卷之七十
志第二十四
樂一
夫樂者所以樹風化象功德者也高麗太祖草創大
業而成宗立郊社躬禘祫自後文物始備而典籍不
存未有所考也睿宗朝宋賜新樂又賜大晟樂恭愍
時
太祖皇帝特賜雅樂遂用之于朝廟又雜用唐樂及
三國與當時俗樂然因兵亂鐘磬散失俗樂則語多
鄙俚其甚者但記其歌名與作歌之意類分雅樂唐
201349

图 11:延 951.4B 号

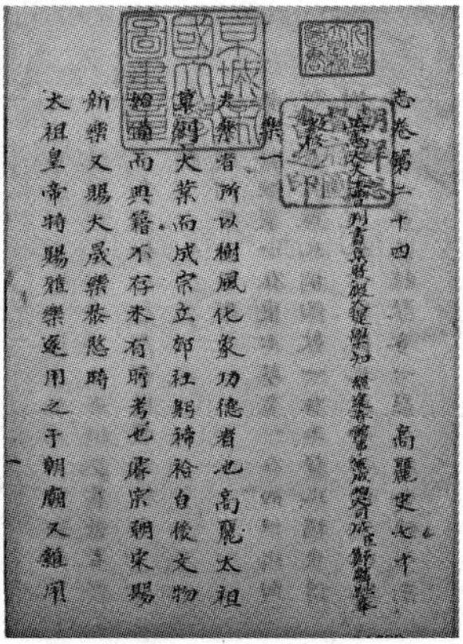
志卷第二十四　　高麗史七十
樂一
夫樂者所以樹風化象功德者也高麗太祖
草創大業而成宗立郊社躬禘祫自後文物
始備而典籍不存未有所考也睿宗朝宋賜
新樂又賜大晟樂恭愍時
太祖皇帝特賜雅樂遂用之于朝廟又雜用

图 12:奎 5908 号

礼通考》;梅文鼎(1633—1721)《大统历志》;阎若璩(1638—1704)《潜丘札记》;厉鹗(1692—1752)《辽史拾遗》;姚之骃(1709 年进士)《元明事类钞》;胡彦升(1730 年进士)《乐律表微》;《词谱》,编成于康熙五十四年(1715 年);《皇朝通考》、《续文献通考》、《续通志》、《四库全书总目》,编成于乾隆十二年(1747 年)至四十六年(1781 年)之间。总之,完整的抄写本和不完整的抄写本——用抄写来补足缺漏的刊印本,很大一部分是因中国方面的阅读需要而产生出来的。而从安鼎福批注本和 T 本藏书记看,在 18 世纪,《高丽史》也是朝鲜藏书家和乡校教育所追求的对象。这是促进朝鲜书籍发展的几个重要因素,反映了《高丽史》的多方面用途。不过,总体上看,在整个朝鲜时代,《高丽史》似乎都没有摆脱作为文化奢侈品的身份。

三、朝鲜初期史学的若干特点

以上概括地叙述了《高丽史》一书的编写和传播过程。在此基础上,我们拟讨论一下上述过程的主要背景因素;综合两者,可以得出关于朝鲜初期史学特点的以下认识。

(一)朝鲜半岛的史籍编纂是在中国文化的影响下发展的。这一事业始于汉字传入的时期。《三国史记》卷二〇《高句丽本纪》记载:"国初始用文字时,有人记事一百卷,名曰《留记》。"同中国的修史风气相对应,百济近肖古王时代(316—375),有博士高兴受命撰修《百济书记》;[①]新罗真兴王六年(545 年),有大阿餐居柒夫受命主持纂修《国史》;[②]高句丽婴阳王十一年(600 年),有太学博士李文真受命删修《新集》5 卷。[③] 此外,被《三国史记》、《三国遗事》、《东国李相国集》

① 《三国史记》卷二四《百济本纪》。《三国史节要》系之于近肖古王二十九年。

② 《三国史记》卷四《新罗本纪》。

③ 《三国史记》卷二〇《高句丽本纪》。

所引用的古书,有《驾洛国记》、《高句丽秘记》、《古今郡国志》、《古典记》、《高句丽古记》、《百济古记》、《新罗古记》、《新罗古事》、《新罗记》、《新罗杂记》、《角干集》(金庾信撰)、《花郎世纪》(金大问撰)、《帝王年代历》(崔致远撰)等多种。[①]

高丽时期,史籍编撰趋于自觉。除各王实录以外,这一时期出现了《三国史记》、《三国遗事》等断代史著作,出现了《古今录》(朴寅亮、元傅撰)、《详定古今礼》(崔允仪撰)、《海东高僧传》(觉训撰)、《编年通录》(金宽毅撰)、《编年纲目》、《世代编年节要》(闵渍撰)、《帝王韵纪》(李承休撰)、《国史》(李齐贤撰)等史书[②]。其中《三国史记》、《三国遗事》、《海东高僧传》、《帝王韵纪》等书流传至于今天,其体裁分别仿自中国的正史、野史、僧传和咏史诗。

作为对唐代史馆制度[③]的模仿,高丽建国之初即设有史馆监修国史。成宗九年(990 年)设修书院于西京,标志其制度趋于完善[④]。此馆一度并入"艺文春秋馆",后又独立为"春秋馆"或"史馆"。其中史官之职是"各修史草二本,秩满当迁,一纳于馆,一藏于家,以备后考"。同时,"京外大小衙门,凡所施为之事,一一报馆,以凭记录"。[⑤]这样一来,实录编纂就成为朝鲜半岛史学的基础。据记载,高丽显宗时编纂了自太祖至穆宗七代实录 36 卷,此后又有德宗、肃宗、睿宗、仁宗、毅宗、明宗、神宗、熙宗、康宗、高宗、元宗、忠烈王、忠宣王、忠肃

---

① 参见金约瑟:《罗丽艺文志》,1964 年油印本。

② 今西龙:《王氏高丽朝に于ける修史に就きて》,载《艺文》第 6 编第 7 号,1915 年 7 月;又载《高丽史研究》,1944 年版。

③ 《旧唐书》卷四三《职官志》。

④ 申守桢:《高丽前期의史馆制度》,《诚信史学》第 6 辑,诚信女大史学会 1988 年编印。

⑤ 《高丽史》卷七六《百官志》。

王等实录的编纂。[①] 故郑摠《高丽国史序》云："高丽氏自始祖以来，历代皆有实录。"[②]

从历史著作方面看，对朝鲜半岛影响最大的典籍，是宋代司马光等人编纂的《资治通鉴》和朱熹编纂的《资治通鉴纲目》。早在明宗二十二年(1192 年)正月，高丽王即命宝文阁雠校《资治通鉴》，分送各州县雕印，并分赐侍从儒臣。[③] 此后读《通鉴》、讲《通鉴》之事屡见于史书，《资治通鉴》实际上成了王室教科书。[④] 至于《通鉴纲目》，则因其文约事备、重视名分书法而成为高丽著述所模仿的对象，故在忠肃王四年(1317 年)产生了闵渍的《本朝编年纲目》，约三十年后又有李齐贤等人的《增修编年纲目》。[⑤] 朝鲜初期人对编年体史书的推崇，对名分的讲究，亦明显表现了此二书的影响。世宗对史学的兴趣以及他的史学主张，事实上也是以这两部书为依据的。[⑥]

(二)朝鲜初期史学是为论证建国的正当性而产生的，其最初性质是政治史学或君王史学。这一点，在郑道传等人所编纂的《高丽国史》

---

① 《高丽史》卷九五《黄周亮传》云"周亮奉诏，访问采掇撰集太祖至穆宗七代事迹共三十六卷"。《高丽史》卷五《德宗世家》李齐贤赞文提及德宗实录。《高丽史》卷一五《仁宗世家》二年三月云：尚书右仆射李德羽"尝修肃宗实录"；即位年九月云："乙亥，命修睿宗实录，以宝文阁学士朴升中、翰林学士郑克永、宝文阁侍制金富轼充编修官。"《高丽史》卷二〇《明宗世家》十六年十二月云："辛丑，以上将军崔世辅同修国史。"同书《崔世辅传》云："世辅擅改事为史，由是《毅宗实录》脱略，多不实。"《高丽史》卷一〇七《元傅传》云："忠烈初……同修《高宗实录》。"《高丽史》卷一〇一《权敬中传》："高宗朝……与奎报、俞升旦等撰《明宗实录》，分年秉笔。"参见今西龙：《王氏高丽朝に于ける修史に就きて》。

② 《东文选》卷九二。

③ 《高丽史》卷二〇《明宗世家》。

④ 参见《高丽史》卷三〇，《忠烈王世家》；卷三三，《忠宣王世家》；卷四二，《恭愍王世家》；卷九九，《崔惟清传》；卷一〇九，《尹宣佐传》。

⑤ 参见《高丽史》卷三四，《忠肃王世家》；卷一〇七，《闵渍传》；卷一一〇，《李齐贤传》。

⑥ 参见金一焕：《"资治通鉴"과"资治通鉴纲目"이朝鲜初期历史学에미친影响》，原载《弘益史学》，又载《朝鲜前期论文选集・史学史(二)》，三贵文化社 1997 年版。

中表现得很明显。前文提到：郑摠《高丽国史序》曾提出“正名”、“谨礼”、“重求贤”、“著忠臣”、“尊天王”、“谨天谴”、“戒逸豫”等编纂重点。这些重点不仅关联于同中国的外交，而且是建国的规范。从后世的评价看，《高丽国史》最重要的苦心，是为掩盖丽末的政治史用尽了曲笔。其中包括如何评价禑王，如何评价李崇仁、郑梦周、金震阳等人物。

朝鲜太祖李成桂事实上是在禑王倾全国之力攻辽之际，利用国内空虚而篡夺王氏政权的。他改朝换代的正当性，主要取决于两个理由：其一说禑王并非恭愍王的骨肉，而是辛旽所生；其二说禑王与崔莹发动攻辽战争，不符民意。但这两条理由均被人们怀疑。崔昌大《昆仑集》卷一四《书丽史禑昌事答林彝好》即认为：“丽季禑、昌辛王之辨，前辈所论不一，史牒所录杂乱，隐晦尤无可准，实为千古未决之案。尝取诸家文字参合而观之，窃意当以恭愍子为断。”至于攻辽，则是民族主义者历来的主张，很难从理论上判定其是非。但看史籍关于斩崔莹的记载——“都人罢市，远近闻者，至于街童巷妇，皆为之流涕，尸在道傍，行者下马”[①]——我们就知道，“不符民意”一说是非常勉强的。至于郑梦周、金震阳、李崇仁之被杀害，其过程虽然很曲折，但其原因却不复杂，即：他们都是禑王旧臣，都是因为“欲立辛禑”，或接近欲立辛禑的李仁任，而最终被害的。

世宗十二年（1430年）十一月庚申日，君臣之间有如下对话：

(上)曰：“吉再节操可褒，郑梦周何如人也？”(侍讲官偰)循起而对曰：“臣闻其忠臣，然春秋馆既不移文，上亦不命，臣不敢请耳。”上曰：“梦周之事，太宗知其死于忠义，已曾褒赏，何必更

① 《高丽史节要》卷三三辛禑十四年十二月。

议，宜录忠臣之列。”又曰：“李崇仁之才，权近、卞季良皆溢美之。初修《高丽史》之时，削近救崇仁之文，近、季良之改撰也，（远）〔还〕书之。然其事过情，此史亦未成之书，若改修之，则当削之。近作《陶隐集序》称誉之，又书追赠之意，乃虚事也。季良问于近曰：‘何以书不追赠之事？’答云：‘今以追赠书之，则后必追赠矣。’此甚失言。季良亦称崇仁曰‘贤’，太宗览之曰‘溢美矣’，季良对曰‘请改贤为材’。近与季良皆以崇仁为贤于穡矣。”

这段话说明：在郑梦周、李崇仁等人死后三十八年，人们仍然在怀念郑梦周这位忠义之臣，在想尽办法给李崇仁以较高的历史评价。权近甚至把自己所撰写的救李崇仁之文，收入了《高丽史》。太宗、世宗两代君主，对此亦耿耿于怀，认为“其事过情”。由此可以知道，围绕《高丽史》编纂的争议，其焦点就是如何看待李氏篡国的那一段历史。太宗所谓《高丽国史》“纪太祖之事，颇有不实”，“恭愍王以下，事多不实，宜更窜定”，无论其内涵如何，都说到了事情的关键。

（三）由于以上原因，朝鲜初期史学的实用色彩比较强烈。这一点首先表现为史学的政治化，即把史学用为政治权力。这可以从史官的委任见出。例如 1392 年至 1395 年纂修“国史”，原由右侍中赵浚、门下侍郎赞成事郑道传、艺文馆学士郑摠、朴宜中、兵曹典书尹绍宗五人任史馆职。除郑摠外，这些人都是李朝的开国功臣，在《高丽史》中均列入传记：赵浚传见《高丽史》卷一一八，郑道传传见卷一一九，朴宜中传见卷一一二，尹绍宗传见卷一二〇。而其施为，也包括删改丽末鲜初的史实。如《太祖实录》卷三“二年（1393 年）一月戊午”条记赵浚坐春秋馆，审查前朝史草，导致对史臣李行鞫问论罪一事：

> 司宪府上言："前艺文春秋馆学士李行，尝为恭让知申事，职兼史官修撰，乃阿李穑、郑梦周，诬书我主上殿下杀辛禑、辛昌及边安烈。请收职牒，鞫问论罪。"上允之。先是，侍中赵浚坐春秋馆，见前朝史草，至行所记，有曰："尹绍宗忌李崇仁才，告于赵浚，欲害崇仁。"浚……进告上。上命进戊辰已后史草，遂亲见行所记，以诛安烈及禑、昌父子等事，皆指斥上，以为无罪被杀。上……乃许宪司鞫问。

其次也表现为，朝鲜初期史学的若干原则随政治局面的变化而变化。比如所谓"改书"和"直书"。改书原是自高丽史臣李齐贤、李穑等人以来的史学书法，其宗旨是通过分辨名分来维护伦理纲常。关于这一点，太祖之时没有问题：一方面，一个尚未具有充分合法性的政权，需要用改书方式来博取中国方面的好感和支持；另一方面，一个新政权，需要改变旧政权时代残存的名分。但到世宗时代，政权稳固了，政治资源不同了，看法就不一样了。世宗遂从民族感情出发，或从王室利益出发，主张"直书"。与此相应的一个改变是：郑梦周、金震阳等人重新被尊为忠臣，世宗史学也改变了对郑梦周、金震阳等人的评价。

（四）从以上角度看，朝鲜初期史学实际上具有作为政治哲学的作用，其地位相当于中国的经学。由于这一原因，围绕史学，出现了君权与臣权的争夺。朝鲜时期发生过多次君主窥伺史草的事件，发生过多次关于史官是否"入参"的争执。这些事件起因不同，但都反映了君主对史学的控制心理，同时反映了史学的一种特殊功能，即对于君主及其权力的监督功能。所谓"谨天谴"、"戒逸豫"，说的就是史学对君主的"劝戒"或监督。两种力量相互抗争的极端情况是"史祸”。例如燕山君四年(1498年)有戊午史祸，起因于修纂《成宗实录》时的事非，其结果是文士三十余人遭害，受害方式非常激烈，以至于“剖棺”、“寸斩”。[①] 史臣评论说：

> 国家自戊午史祸之后，士林歼尽，经学扫地。
>
> 自戊午史祸起，史官所记，不过王言出纳。而反正后，人自膏火中出，惟事游宴，不(厩)〔曁〕职务，并与王言而不记。至过数年而后，始修史稿，如朝廷论议及赏罚等事，多有脱漏。[②]

由此可见，只有在君权与臣权达成某种平衡之时——只作和平斗争之时，才有所谓“史学”。

世宗在和平斗争方面，是有很高明的手段的。从记载看，他和权近、卞季良都有过史学观的冲突。他惩处权近之子权踶等人，屡次否定《高丽史》编成之稿，在书灾异的问题上出尔反尔，其实也是斗争的手段。世宗所强调的那些史学原则，亦不妨看作君权原则。其中一个原则是“直书”，第二个原则是“编年”。前者可以理解为限制史臣们的改书权力，亦即限制史臣们利用改书而作褒贬的权力。后者则可以理解为坚持王室中心，而防止出现其他人物的中心。至于说灾异不必悉书，其目的也是防止史臣们借此滥作“劝戒”。世宗的目的可以说基本上达到了，因为在朝鲜时代的各种史书——包括历朝实录——中，史臣们发表评论最少的著作，就是《高丽史》。而世宗放弃

① 表沿沫:《蓝溪先生文集》卷二,《史祸首末》、《戊午党籍》;郑汝昌:《一蠹先生遗集》卷二,《史祸首末》;曹伟:《梅溪先生文集》卷五,《史祸事实(出野史)》。

② 《中宗实录》卷三“五年(1510年)十一月丁卯”条“史臣曰”,又“二年(1507年)六月甲戌”条“史臣曰”。

编年原则之时，则是他已经老迈，已把权力交给世子（文宗）之时。

（五）朝鲜史学家之间的冲突，除政治利益的冲突之外，还有意识形态的冲突。这两者是相互联系的。前一种冲突也可以称作党派冲突，在编纂《高丽国史》、“高丽史雠定”等阶段表现得非常明显。例如郑道传等人所代表的是通过政变而获得利益的集团，其史学观的核心是围绕加强君权和宰相权的功利主义。[①] 如果把这些人权且称作“法家”，那么，河仑、权近等人便代表了“儒家”，其史学观的核心是儒家伦理。河仑是高丽旧臣，曾因反对攻辽而被放逐。朝鲜建国后，专典文翰及“事大”辞命——是较具传统色彩的文臣。[②] 权近则是科举人才，禑王时因敢言直谏而知名。朝鲜建国后他受命往见明太祖，因诚实、善文词而受到优礼——是士林的代表人物。[③] 他们不满于郑道传等人的《高丽国史》，所以先是合作撰写了《东国史略》（1402—1403），后来又要求改纂这部《高丽史》。《太宗实录》卷二七“十四年五月壬午”条记载此事，说鉴于郑道传、郑摠等人所撰于“伪朝以后之事颇多失真”，太宗“因仑之请”而下令“雠定《高丽史》”。其时文臣李膺说：“《实录》宜于数世后修撰，若然，则必有公论矣。臣闻太祖之时命郑道传、郑摠、尹绍宗修撰前朝《实录》。诸史官皆改书史草而纳之，惟李行不然，故未免囚系。”太宗亦颇同意。由此可见，这次改纂是“公论”使然；而这种公论则来自由传统文臣所代表的政治力量。

从权近等人编纂的《东国史略》（又名《三国史略》）看，所谓“公论”，其基础是重视伦理名分的性理史学。它在《东国史略》中的表现是：不用即位称年法，而用逾年称元法，以信守父子、先后之礼；对不符

① 参见韩永愚：《朝鲜初期의历史叙述과历史认识》，第 34 页。

② 《太宗实录》卷三二“十六年（1416 年）十一月癸巳”日“晋山府院君河仑卒于定平”。

③ 《太宗实录》卷一七“九年（1409 年）二月丁亥”日“吉昌君权近卒”。

伦理的名称作全面改书，即“女王”书“女主”，“太后”书“大妃”，“太子”书“世子”，以信守诸侯之礼；在年代上，“注中国纪年，以明其统”，以信守大小之礼。另外，按儒家传统，“革其鄙俚，芟其繁芜，诛绝僭乱，褒崇节义”，并且“以管见论其得失，以附其后”。① 从《东国史略》的评论中可以窥见这些“管见”的批评标准，说到底，这也就是儒家之“礼”。②

某些现代史学家在讨论上述情况的时候，认为这是缺乏主体性的事大主义，是奴隶思想。③ 这种批评不免狭隘、肤浅，既不懂得审时度势，也没有注意到历史人物的多重身份：权近等人既是民族之人，又是文化之人。作为民族之人，他们必须维护国家的利益和尊严。事实上，权近正是这样做的。1396 年，明太祖因表笺有戏侮字而“遣使征撰表人郑道传”。当“一国忧危”之际，权近挺身而出，随使赴京，用不卑不亢的言辞赢得了大国的尊敬。但朝鲜史学家同时也是儒士，是文化人，从小接受了纲常伦理的教育。在他们看来，这种伦理不仅是国家富足、民生安定的保证，而且是他们赖以安身立命的文化资源。在这种情况下，他们当然要坚持以儒家名分论为核心的史学。

（六）由于以上原因，在朝鲜初期，最有代表性的史学观是世宗的性理史学。其道理在于：一个稳定的君主国家，需要这种史学，也有能力建立这种史学。事实上，随着时间推移，朝鲜初期史学正是向这个方向变化的：从太祖时代到太宗时代，“法家”史学逐渐让位于“儒家”史学；从太宗时代到世宗时代，史学的党派色彩逐渐淡化。当世

---

① 权近：《三国史略序》，《阳春集》卷一九。

② 权近：《东国史略论》，《阳春集》卷三四。

③ 郑求福：《东国史略에史学史的考察》，《历史学报》第 68 辑，1975 年。

宗把原来分裂的两种史学思想调和起来之时，他就建成了一个经学化的性理史学。

这种情况有一个象征性的表现：在第二代史学家中，出现了特殊的合作——权近之子权踶同尹绍宗之子尹淮的合作。世宗十八年(1436年)，尹淮受命注释元代初年曾先之的《历代世年歌》，权踶则受命完成其下篇《东国世年歌》。此事恰好发生在《高丽史》编纂的第三阶段和第四阶段之间。前文说过：1424年，尹淮进上了他参预编纂的《雠校高丽史》；1438年，权踶等人开始了《高丽史全文》的编纂。这就是说，在世宗时代，两种史学观的代表人物都得到了使用，并且用于两个阶段的《高丽史》编纂。有人认为，这是世宗进行政治平衡的手段。①

据史籍记载，世宗提出编写《世年歌》的用心是"虑初学未能遍睹"②。其效果则是：通过普及历史知识，而把史学纳入了统一的意识形态。对于这一点是不难理解的；因为这一时期编纂的普及本史学著作，另有世宗18年(1436年)的《纲目通鉴训义》，以及世宗二十七年(1445年)的《龙飞御天歌》。如果说印行《纲目通鉴训义》的目的是"倡明道学，垂世立教"，是建立一种新的经学③，那么，印行汉、谚两种文本的《龙飞御天歌》，其目的则是神化朝鲜开国史，以建立一种新的民族史观。按《龙飞御天歌》是一部长达125章的史诗作品。它采用乐章形式，通过同中国历史的比较，叙述了朝鲜开国后六代帝

① 参见前引韩永愚《朝鲜初期의历史叙述과历史认识》。

② 《世宗实录》卷七二"十八年(1436年)四月庚子"条。

③ 《世宗实录》卷七四"十八年(1436年)7月壬戌"条。柳义孙《纲目通鉴训义》序云："朱文公《纲目》，祖《春秋》之笔，其文则史，而义则经也。上命集贤殿副校理李季甸、金汶等曰：'凡为学之道，经学为本，固所当先。然只治经学，而不通乎史，则其学未博。欲治史学，无若《纲目》一书。'"

王的伟业。其主题见郑麟趾《龙飞御天歌》序，云：

> 太祖以圣文神武之资，济世安民之略，当高丽之季，南征北伐，厥绩懋焉。天地鬼神之所佑，讴歌狱讼之所归，用集大命，化家为国。
>
> 太宗以聪明睿智之圣，高世绝伦之见，决策开国，靖难定社，神功伟烈，在人耳目。
>
> 于戏！我列圣龙潜之日，文德武功之盛，天命人心之归，与其符瑞之作，超出百代。其悠远之业，配诸覆载而无疆，可前知也。
>
> 周自后稷始封，公刘居豳，邻于戎狄之俗，忠厚为德，养民为政。大王、王季，又皆克修旧业。民赖其庆，有土千有余年。而后文王、武王，诞膺天命，奄有四方，传祚八百。周公制礼乐，于是有《绵》、《生民》、《皇矣》、《七月》之诗。皆原其王业之所由，以形歌咏，铿陶炳耀，垂若日星，猗与盛哉。
>
> 伏睹殿下，承祖宗之统，垂衣拱手，礼备乐和，颂声之作，正在今日。

在这里，世宗的基本思想得到了表达：其一，必须彻底解决朝鲜建国的合理性的问题，解决的办法是不再纠缠禑王真伪等历史旧案，而把朝鲜建国比拟为殷周相代。此即所谓"用集大命，化家为国"。其二，必须建立王室中心的史学观，把大臣们的功过是非排除在史学问题之外。这种史学，其主体就是"原其王业之所由"。其三，自比为周公。正因为这样，在世宗时代，朝鲜半岛的礼乐建设达到最高潮。与之相应，史学面貌也通过意识形态化而趋于明朗。

（七）当然，世宗在《龙飞御天歌》中所实行的歌颂史学，无法照样搬入《高丽史》。但世宗这种搁置争论，以实践中的兼收并蓄来解决矛盾的方式，却可以看作朝鲜初期史学的特色。因为它同样见于对史学体裁的争论——这场争论是在体裁多样化的实践中得到化解的。世宗二十年三月，许诩提出以纪传体为本史而以编年体为史略，即是其先声。此外权氏三代史学家著有一系列著作（权近著《东国史略》、权踶著《东国世年歌》、权擥著《应制诗注》），一方面意味着私人著史之风开始兴起，另一方面也意味着政府向士林开放了新的史学体裁。与此同时，在世宗朝和世祖朝分别编成的两部官方编年体史书——《高丽史节要》、《东国通鉴》——也减轻了《高丽史》体裁之争的压力。纪传体的《高丽史》正是这种形势下得以问世的。

另一个争论是"直书"和"改书"。尽管世宗一直强调"直书"，世宗六年（1424 年）尹淮等人所进《雠校高丽史》也对所有改书作了回改，但我们现在看到的《高丽史》，却是一部兼用改书原则和直书原则的《高丽史》。《纂修高丽史凡例》云："按《史记》天子曰'纪'，诸侯曰'世家'。今纂《高丽史》，王纪为'世家'，以正名分。""辛禑父子以逆吨之孽窃位十六年，今准《汉书·王莽传》，降为列传，以严讨贼之义。"这是改书的例证。而《凡例》又云："凡称'宗'，称'陛下'、'太后'、'太子'、'节日'、'制'、'诏'之类，虽涉僭逾，今从当时所称书之，以存其实。"这是直书的例证。如果采用编年体，就不会有"王纪为世家以正名分"和"降为列传以严讨贼之义"两条。可见纪传体本身也有严正名分的意义。这就是说，今存《高丽史》事实上较好地体现了朝鲜初期史学的精神，即在伦理、政治、史实之间作折衷的精神。这种精神，也可以称之为尊重实际。

在"事大"这件事情上，也有尊重实际的问题。前面说到，有人认为，改书是“事大”的标志。其实事情并不如此简单。改书是遵从性理名分，纵然可以说是在文化上事大，但它未必等于在政治上事大。例如采用改书原则的郑道传，反而是个暗中主张攻辽的人物；杀掉郑道传的太宗，反而是个“事大至诚”的人物[①]。对于朝鲜来说，“事大”的意义其实是两条：一是睦邻友好，二是发展文化教育。太祖三年(1394年)司译院上书，即反映了这一意义：

> 治国以人才为本，而人才以教养为先，故学校之设，乃为政之要也。我国家世事中国，言语文字，不可不习。是以殿下肇国之初，特设本院，置禄官及教官，教授生徒，俾习中国言语、音训、文字、体式，上以尽事大之诚，下以期易俗之效。[②]

而中国方面的看法也是：“自古及今，以小事大，至敬之礼，莫贵乎修辞。”[③]这样一来，“事大”便造就了一批具文化修养的儒臣——当时的事大文书，都由他们掌管；也造就了朝鲜史学——撰写史书的人物，都是精通于古典的人物。事实上，世宗也是这样的人物：“博洽经籍，至于本国历朝事大文籍，无不观览。”[④]世宗时代制礼作乐，所制《圣泽呈才》有致语云：“殿下事大以诚，帝用嘉之，特遣使臣。国人欢忻，作是歌焉。”所制《歌圣德》乐章云“事大惟谨，永世无愆，伟，三呼万岁景何如？”[⑤]从表里两面看，这既可以看作事大的高潮，也可以看

---

① 《世宗实录》卷一“即位年(1418年)八月辛卯”条。

② 《太祖实录》卷六“三年(1394年)十一月乙卯”条。

③ 《太祖实录》卷九“五年(1396年)三月丙戌”条载明太祖诏书。

④ 《世宗实录》卷二二“五年(1423年)十二月庚午”条。

⑤ 《世宗实录》卷四〇“十年(1428年)五月丁丑”条、卷四四“十一年六月癸未”条。

作文化建设的高潮。

朝鲜史学，正是在“事大”的名义下建立其主体性的。其中一种方式是提高民众的历史意识和民族意识。世宗命权踶等人作《东国世年歌》、《龙飞御天歌》，就有这样的意义。《东国世年歌》依次叙述了东国地理和檀君朝鲜、箕子朝鲜、卫满朝鲜、四郡、三韩、三国、高丽的历史，上与《历代世年歌》（上古至元代的中国史）相接，下与《龙飞御天歌》相接，实际上描写了一个主权国家成长的过程。第二种方式是保存、整理、充实本民族的历史文化资料。从高丽到朝鲜各代的实录编纂，本来就有保存民族史料的意义。而世宗所设想的直书方式的编年体史书，其性质和实录接近，亦可以理解为一种充分保全历史记录的史书体裁。正是出发于这一思想，世祖为推动史书编纂而发出过一道诏书：

> 谕八道观察使曰：
>
> 《古朝鲜秘词》，《大辩说》，《朝代记》，《周南逸士记》，《志公记》，《表训三圣密记》，《安含老》，《元董仲三圣记》，《道证记智异圣母河沙良训》，文泰山、王居仁、薛业等三人记录，《修撰企所》一百余卷，《动天录》，《磨虱录》，《通天录》，《壶中录》，《地华录》，道诜《汉都谶记》等文书，不宜藏于私处。如有藏者，许令进上，以自愿书册回赐。其广谕公私及寺社。①

因此，世祖以后出现了一种新的著述风尚，即通过史书编纂来寻找独立的文化传统。

从以上角度看，“高丽全史”之产生在文宗元年（1451年），是有其

---

① 《世祖实录》卷七“三年（1457年）五月戊子”条。

必然性的。因为只有在这个时候，才能摆脱丽鲜之交政治变动造成的党派之争，才能从不同史学观的缠绕中得到相对的解脱，才能撰成一部既吸收历代史学之精华又具备一定主体性的史书。今存《高丽史》充分注意了两方面的历史资料：一方面是来自官方的史料，或者说用文字写成的史料；另一方面是来自民间的史料，特别是通过口传而保存下来的史料。后者既包括《禅录杂记》、《三国遗事》、《道诜明堂记》、《三韩会土记》等怪异记录，也包括传说、谣谚甚至神话故事。《高丽史》的这一特点，便反映了它在建立史学的文化主体性方面的努力。

（八）不过，在朝鲜前七世，即太祖至世祖之间，史学一直没有取得相对于政治的主体性。在这一点上，《高丽史节要》和《高丽史》有着相似的命运。

《高丽史》是在文宗元年（1451 年）8 月由金宗瑞等人进上的。仅半年之后，文宗二年 2 月，金宗瑞等人又进上了《高丽史节要》。有人认为，这部《高丽史节要》出自南秀文之手。[①] 不过金宗瑞《进高丽史笺》说过："此全史也，当节其烦文，编年纪事，庶可便于观览。"由此看来，此二书是有关联的。值得注意的是，两书的书法一致，都采用了直书和改书相结合的原则。

但这两部书亦有明显的区别。它们在形式上的主要区别是：《高丽史》为纪传体，篇幅较繁（139 卷）；《高丽史节要》为编年体，篇幅较简（35 卷）。而就其内容则可以说，《高丽史》是较富学术性的史书，更加客观；《高丽史节要》是较富儒家意识形态色彩的史书，具有一定的主观性。从前者到后者，反映了君权和臣权的消长。[②]《高丽史》

---

① 徐居正：《笔苑杂记》卷一。又宋明钦：《集贤殿直提学南公墓碣铭》，《栎泉集》卷一六。

② 韩永愚：《高丽史와高丽史节要의历史认识》。

基本上不对历史人物和事件发表评论，除关于太祖的一则评论以外，只保留了李齐贤等高丽史臣的论赞，数量不多(共 34 则)；《高丽史节要》则相反：共有 108 则评论，以“史臣曰”名义的评论达 56 则，所论包括批判佛、道、图谶等异端，以及强化宰相权、反对宗戚宦寺武臣政治等方面。除此之外，《高丽史节要凡例》谈到该书的两个特点：一是重视“事大”：“上国之使，往来虽频必书，尊中夏也。”二是重视警戒君王：“灾异之验于事者，虽小必书，谨天谴也；游田宴乐，虽数必书，戒逸豫也。”显而易见，这是一部更加强调性理的著作。

《高丽史节要》编成以后，金宗瑞立即提出了“宜速印之，颁诸中外”的要求，得到了文宗的许可。[①] 次年(端宗元年，1453 年)，又许私印，即印颁给“纳私纸”之人。[②] 但只过了三个月，情况改变了：首阳大君发动政变，杀掉顾命大臣皇甫仁、金宗瑞，掌握政权，郑麟趾升任左议政(左相)。1454 年 10 月，检详李克堪便提出了那个著名的批评：“皇甫仁、金宗瑞惧《全史》出则人人皆知是非，故但印《节要》颁赐，而《全史》则少印，只藏内府。吾东方万世可法可戒之书，莫如《高丽史》，请印《全史》广布。”到首阳大君摇身一变而为世祖，《高丽史》果然被广为印颁了；而《高丽史节要》则被打入冷宫，直到睿宗时才被人提起；至于其刊印，则几乎不见于记载。[③]

由此可见，《高丽史》等书的浮沉，虽然和它们的体裁、内容有关，

① 《文宗实录》卷一二“二年二月甲申”条。

② 《端宗实录》卷七“元年七月丁丑”条。

③ 《高丽史节要》的刊本，今有端宗元年本，即许私印之本，其零本藏在韩国国立图书馆一山文库；又有成宗七年(1476 年)刊本，藏在奎章阁。关于其刊印的记载，《朝鲜王朝实录》中仅见一条，即《中宗实录》卷九八“三十七年(1542 年)七月乙亥”条载鱼得江上疏：“东国史记，有《三国史》、《高丽史节要》。《三国史》，刊行庆州，其板尚在；《丽史节要》铸字印颁，儒者罕见。”参见中村荣孝《高丽史节要の印刷と传存》，载《青丘学丛》第 11 期，1933 年。

虽然和造纸、印刷等物质条件有关，但更重要的，是取决于它们在政治上的属性和作用。

总之，朝鲜半岛的史学，其发展道路十分艰辛，甚至可以说十分险恶。朝鲜史学家的处境也是这样。其中一位史学家——端宗时的侍讲成三问（图 13）——就是一位典型人物。世宗时期，他曾“撰定”朝鲜谚文。1453 年七月丁丑日，他曾建议端宗加印《高丽史节要》，以求“广布”，未被端宗听从。而在三年之后，他却因谋复上皇（端宗）不遂而被处死了，死状非常壮烈：

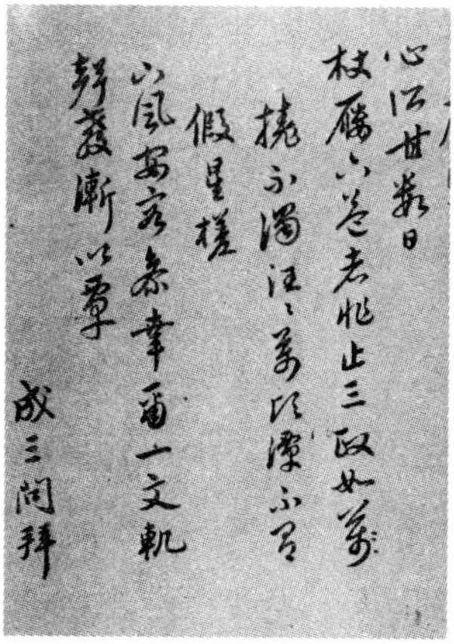

图 13：成三问手迹

上（指首阳大君，此时为世祖）曰：“若等何为叛我？”三问抗声曰：“欲复故主耳。天下谁有不爱其君者乎？我之心，国人皆知之，何谓叛耶？进赐（指世祖）平日动引周公，周公亦有是否？吾之为此者，天无二日，民无二主故也。”上顿足曰：“受禅之初，曷不沮之？而乃于今日背我乎？”三问曰：“势不能也。吾固知进不能禁，退有一死，然徒死无益。忍而至此者，欲图后效耳。”……上怒甚，令灼铁穿其脚，断其肱，而颜色不变，徐曰：“进赐之刑惨矣。”时（申）叔舟在上前，三问叱曰：“昔吾与汝在集贤殿时，世宗抱元孙谓诸臣曰：‘寡人千秋万岁后，卿等须护此儿。’言犹在耳，汝独忘之耶？不意汝之恶至于此也？”叔舟惭而避去。……既死，籍其家。自乙亥（世祖登基日）以后，禄别置一室，书曰“某月之禄”。家无所余，寝房有苫荐而已。三问号梅竹堂，性放浪，喜谐谑，外若无持守，而内操坚确，有不可夺之节。绝命词曰："击鼓催人命，西风日欲斜。黄泉无客店，今夜宿谁家。"[①]

当然，成三问并不是孤独地前往黄泉的。三年以来，已经有两批史学家——包括《高丽史》的编修者金宗瑞、许诩、朴彭年、柳诚源等——在"平乱"的名义下被剿灭了。这使我们觉得，成三问就好像是朝鲜初期史学的象征。这不仅因为他坚定地禀承了来自儒家文化的学养和忠义观念，具有外圆内方的性格；而且因为他处在文化人的生存资源非常匮乏的时代。在这个时代，知识和学问只能被特权阶级享用，不管哪种史学家，都无法摆脱被政治吞没的命运。

（原载《风起云扬：首届南京大学域外汉籍研究国际学术研讨会论文集》，中华书局 2009 年版）

① 李炳宪：《朝鲜史纲目》世祖惠庄王元年，汉城亚细亚文化社 1982 年影印。又参见权鳖：《海东杂录·成三问》。

域外汉籍研究中的古文书和古记录

一、问题的提出

学术进步通常有两个标志:一是资料范围的扩大,二是研究手段的更新。近年来兴起的域外汉籍研究之所以会发生较大影响,正是因为它在这两点上有效地推动了中国学术。同样,域外汉籍研究事业自身的发展,也面临如何扩大资料范围、更新研究手段的问题。这种情况是会不断发生的。比如,怎样看待常规典籍之外的域外汉文书写?这就是一个现实的问题。

一般来说,作为历史资料的古代汉文书写有三种存在方式:其一是古典籍,其二是古文书,其三是古记录。在日本学者的看法中,古代遗存的文字史料即是分为古文书、古记录、古典籍三大类别的。[①]当然也可以作更细致的分类,例如除典籍之外分之为五:古文书、古记录、古日记、古账簿、古系图[②];或包括典籍分之为六:编纂类、著述

---

① 斋木一马:《古文书と古记录》,《日本古文书学讲座·总论篇》,东京雄山阁出版会社 1974 年版,第 21 页。

② 久米邦武:《古文书の范围は甚だ広し》,载其所著《古文书学讲义》,东京早稻田大学出版部明治 34 年(1901)版。其内容又见《日本古文书学论集》第一辑《总论篇》,东京吉川弘文馆 1986 年版,第 10 页。

类、记录类、账簿类、誊录类、文书类[①]。但在实践中，人们仍然习惯采用三分之法，亦即把日记归入古记录，把账簿归入古文书，而把图册归入典籍图书。这样做的理由是便于从传播方式的角度把握事物：凡用于公共事务，发生在授、受两者之间的单篇书写，属文书；凡无明确接受对象，为备遗忘而作的单篇书写，属记录；凡经编纂而具有卷册形式的著述、文书、记录，则属典籍。

事实上，在欧洲的古文书学（diplomatic，diplomatique，diplomatik）中，早已有相近的分类，即把史料分为记述史料、文书史料两类。记述史料具有明确的史学意义，包括传记、编年代记、日记、实录，由常规图书馆收藏；文书史料则是一度具有法律效用的历史文献，包括证书、契约、报告、账簿、诉讼记录、法令集等，由各种档案馆收藏。前者是图书学研究的对象，后者则是古文书学研究的对象。[②]

以上三种书写方式，时有交叉，但古文书和古记录却是并列存在的。这两者有三个共同点：其一，它们都是古典籍之外的史料，代表了典籍未形成之时的状态——是原始形态的典籍。其二，为追求表达上的准确性，减少歧义，古代汉文化地区的文书和记录往往用汉字书写。特别是古文书，它的公文属性或法律属性，使它一般都具有汉文文献的面目。其三，作为日常书写，它们在数量上大大超过了古典籍，业已成为历史学研究——特别是社会史研究——的主要史料。正是这三个特点，决定了它们的学术地位：对于域外汉籍研究来说，它们既是背景资料，也是直接的研究对象，因而是不可忽视的文献。它们在形态上的特殊性，则对学术思路和学术手段提出了一系列新的要求。

---

① 崔承熙：《韩国古文书研究》，汉城知识产业社1989年增补版，第24页。

② 参见鹈川馨：《古文书研究の历史・西洋》，《日本古文书学讲座・总论篇》，第37页。

为此，域外汉籍研究应当关注古文书和古记录：既关注其资源，也关注国外学者的相应研究。

二、日本的汉文古文书、古记录

日本古文书、古记录都有悠久的历史。据《日本书纪》记载，早在推古天皇时期（592—628），日本人就向高丽僧侣学会了纸墨制作技术，以作公文书写和典籍书写。现存最早的典籍抄本，是圣德太子写于公元615年的《法华经义疏》。日本公文和记录的最初制作大略与此同时。例如据《日本书纪》记载，公元659年有一部遣唐使日记《伊吉连博德书》，记录了当时的“奉使吴唐之路”。① 而最著名的日本古记录，是入唐僧侣作于公元9世纪中期的《入唐求法巡礼行记》（圆仁，836—847）和《行历抄》（圆珍，851—859）。

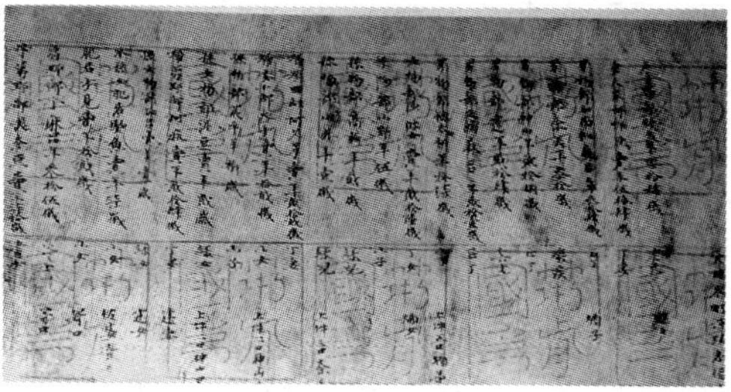

图1：大宝二年户籍

随着中国文书、朝鲜半岛文书的传入，日本颇注意文书收藏，并按文书收藏处所的特点产生了寺院文书，例如著名的正仓院文书、东大寺文书。正仓院文书中现存最早的一件，是大宝二年（702

① 《日本书纪》卷二六齐明天皇五年（659年）七月戊寅条，云：“《伊吉连博德书》曰：……奉使吴唐之路，以己未年七月三日发自难波三津之浦，八月十一日发自筑紫六津之浦，九月十三日行到百济南畔之嶋岛。”国史大系本，吉川弘文馆昭和32年版，第2册，第270页。

年)的户籍(图1)[①]。

在接下来不到两百年的时间内,日本出现了著名的“六国史”,即公元720年成书的《日本书纪》、797年成书的《续日本纪》、840年成书的《日本后纪》、869年成书的《续日本后纪》、879年成书的《文德天皇实录》、901年成书的《三代实录》。这些史籍是大规模的古文书编纂事业的结晶,其史源就是大量制度文书、法令文书和古记录。关于这类典籍的编纂方式,菅原道真在《书斋记》一文中有所描写,云:

学问之道,抄出为宗。抄出之用,稿草为本。余非正平之才,未免停滞之笔。故此间在短札者,总是抄出之稿草也。[②]

这段话谈到他编纂《类聚国史》的要点:本于稿草,重在抄录。《类聚国史》是一部两百多卷(现存六十一卷)的大书,类书体,公元892年成书。由以上一段话,可以了解当时人的“学问”观,也了解古文书(“稿草”)的存在状况,以及古文书和古典籍的基本关系。

前文说到,在公元7世纪,日本产生了正规意义上的古记录。可见古记录和古文书也有同步发展的关系。同样,在“六国史”的背景下,8世纪末,也出现了一部太政官署的公务日记《外记日记》。据《政事要略》卷二九和《御禊行幸服餝部类》所引,此书最早的条文记于延历九年(790年)闰三月十五日,最晚的条文记于仁安三年(1168年)三月十四日,记事长达378年。这三百多年,正好是日本古记录的第一个高峰期。在这一时期产生了以下日记:《宇多天皇御记》,宇

① 筑前国嶋郡川边里大宝二年户籍断简,今藏日本奈良国立博物馆。

② 《本朝文萃》卷一二,东京国书刊行会1918年排印本,第209页上。

多天皇当政10年间的日记，记事始于仁和三年(887年)；《醍醐天皇宸记》，醍醐天皇在位33年的日记，记事始于宽平九年(897年)；《贞信公记》，公卿藤原忠平的日记，记41年事，现存本记事始于延喜七年(907年)；《吏部王记》，式部卿重明亲王的日记，记34年事，现存本记事始于延喜二十年(920年)；《九历》，右大臣藤原师辅的日记，记30余年事，现存本记事始于延长八年(930年)；《小右记》，右大臣藤原实资的日记，记63年事，现存本记事始于天元五年(982年)；《权记》，权大纳言藤原行成的日记，记36年事，现存本记事始于正历二年(991年)；《御堂关白记》，著名政治家藤原道长的日记，记23年事，始于长德四年(998年)；《左经记》，参议左大弁源经赖的日记，记30年间事，始于宽弘六年(1009年)；《春记》，春宫权大夫藤原资房的日记，记29年间事，已知部分始于万寿三年(1026年)；《水左记》，左大臣源俊房的日记，记46年间事，始于康平五年(1062年)；《帅记》，大宰权帅源经信的日记，记23年间事，现存本始于康平八年(1065年)；《江记》，权中纳言大宰权帅大江匡房的日记，记44年间事，已知部分始于治历元年(1065年)；《为房卿记》，大藏卿藤原为房的日记，记50年间事，记事约始于延久三年(1071年)；《时范记》，右大弁平时范的日记，记22年间事，已知部分始于承历元年(1077年)；《后二条师通记》，内大臣藤原师通的日记，记任职内大臣17年间事，始于永保三年(1083年)。这些日记是日本史上最著名的日记。它们都产生在公元10至11世纪，属平安时代前期和中期。其共同特点是：公务日记，但由私人记录。

从文字载体方面看，日本古记录可以分为两种：一是写为“真名”的汉文记录，二是写为“假名”的日文记录。按纪贯之《土左日记》的说法，当时汉文日记多出自男性之手，又称“男子日记”；假名日记则出自女性之手，又称“女子日记”——例如《醍醐天皇宸记》是汉文日记，醍醐天皇皇后藤原稳子的《太后御记》则为假名日记。而从内容上看，公务日记一般记为汉文，私人生活日记则一般记为假名。后者始于公元934年成书的《土左日记》，其书主要记录个人体验，故书中有57首和歌。由此可见，史学意义上的日本古记录其实就是汉文日记，假名日记则可以归为文学性的日记。

对于古文书、古记录的保管和整理，日本也有悠久的传统。早在隋唐法律、制度传入日本之时，公元7世纪后期，日本朝廷各部门便设立了文库，以保管公文和律令。到奈良时代(710—784)，出现了贵族府第中的文库，例如761年的遣唐使石上宅嗣，即曾在私邸阿閦寺建文库，名为“芸亭”。平安时代(794—1185)，为躲避战乱和火灾，贵族还发明了一种移动书库，俗称“文车”。[①]进入院政时期(1086—1179)以后，朝廷设立记录所，以管理庄园券契和政府文书。与此同时，各种公私文库成为政治、文化生活的重要事项，出现了主要由特定家族世代掌管的种种文库，例如法界寺文库、江家文库、阳明文库等。到镰仓时代(1185—1333)，有三善康信的名越文库、北条金泽氏的金泽文库；江户时代(1600—1868)，有德川家康的红叶山文库、加贺前田家的尊经阁文库，以及伊势内宫的林崎文库、伊势外宫的丰宫崎文库、北野的天满宫文库等等。江户以后，民间文库发挥了越来越重要的作用，在各种民间学塾和习儒的僧侣、神官、医师、村绅的家中，私人文库非常普遍。

日本古文书的收集、保存和研究，由于两个原因，而一直不曾中

---

① 参见松薗齐：《王朝权力と〈情报〉：情报装置としての日记》，《历史学研究》第729期，1999年。

断。其一是如上说的文库建设，其二是史籍修纂。这两者是相辅相成的。其间关系可以用著名的《大日本史》来说明。按《大日本史》之编纂，其史料基础主要是水户德川家、尾张德川家的文库图书。其中“御让本”图书，亦即尾张藩初代藩主德川义直建于名古屋的文库藏书，在庆安三年（1650 年）以前为 377 部 2839 册。明历三年（1657 年），水户德川家二代藩主德川光圀设史局编书；宽文十二年（1672 年），史局迁至光圀府邸，定名为“彰考馆”。为编纂史籍，彰考馆在全国范围内进行了史料调查，到元禄四年（1691 年），建成了拥有 2370 部藏书 6875 册规模的彰考馆文库。与此同时，德川光圀等人大力进行文书研究，例如命丸山可澄（1657—1731）研究花押，以便作文书鉴别。丸山可澄遂辑录了《花押薮》、《续花押薮》二书（图 2）。正是这些工作，支持《大日本史》的编纂事业持续到明治三十九年（1906 年）。而史料调查也有一个副产品——文书聚集。其中寄存在京都东寺的古文书达 100 箱，称“东寺百合文书”。

图 2:《花押薮》初版封面和正文一页

日本古文书今藏于全国各地，例如东北地区青森县有“津轻家文书”约 1 万 5 千件，京都市有东寺文书 3 万多件，奈良县有东大寺文书 1 万多件；又如兵库县有多田神社文书，和歌县有高野山文书。根据松岛荣一所编《全国主要图书馆等所藏古文书目录一览表》①，仅关于古文书的馆藏目录，至

① 《新编古文书入门》，东京河出书房新社昭和 46 年版，第 410—425 页。

1970年已有160种。这些古文书的相当部分已经刊出，例如武家文书——亦即由平安末期至镰仓初期源赖朝将军及其家臣记写的文书——载见于以下19种典籍：

东北地区：《岩手县中世文书》、《宫城县史》（资料编第七）、《福岛县史》（古代、中世史料）；

关东地区：《茨城县史料》、《埼玉的中世文书》、《千叶县史料》、《相州古文书》、《神奈川县史》（资料编第一）；

中部地区：《奥山庄史料集》、《甲斐武田氏文书集》、《新编甲州古文书》、《信浓史料》、《静冈县史料》、《岐阜县史》、《织田信长文书之研究》；

近畿及其它地区：《教王护国文书》、《佐贺县史料集成》、《长崎县史》（史料编第一）、《熊本县史料》。

以上情况说明，日本古文书主要是依靠各地区的行政力量保存下来的。

从便利使用的角度看，日本最重要的古文书文献是《大日本古文书》。它是由东京帝国大学（今称"东京大学"）史料编纂所编纂发行的古文书集成之作，收载全国各地所藏重要古文书20万件，并以铅字排印。其书始编于明治三十四年（1901年），先刊编年文书，即正仓院文书，含本编、追加、补遗共25册，收载文书15,000余件；然后分类刊载家藏文书、武家文书、私人文书和幕末外国关系文书。其中家藏文书按藏地分，有高野山文书8册、伊达家文书10册、石清水文书6册、东寺文书14册、大德寺文书14册、东大寺文书19册、醍醐寺文书14册、东福寺文书5册、蜷川家文书6册。武家文书和私人文书则按体裁分，前者包括诏敕、宣旨、纶旨、院宣、官符、御教书等体裁，后者包括买卖券、让状、愿文、书状等体裁。到2007年3月，它总共刊行了51册，此外有7册附录。

三、朝鲜半岛的汉文古文书、古记录

汉文典籍传入朝鲜半岛有两千多年，早于东传日本。公元前108年，汉武帝吞并卫氏朝鲜，设立乐浪、玄菟、真蕃、临屯四郡，史称"汉四郡"。其统治区覆盖朝鲜半岛中北部，包括今之首尔。此时朝鲜半岛应当使用了汉字公文。小兽林王二年(372年)，高句丽建太学，置五经博士；近肖古王二十九年(375年)，百济亦得到五经博士高兴。此时之朝鲜半岛，应当已流行汉文书写。《三国史记》卷二四《百济本纪》记近肖古王时事说："《古记》云，百济开国已来，未有以文字记事。至是得博士高兴，始有书记。"[①]这说的就是儒学、博士制度同"书记"的关联。这段文字提到的《古记》，常常被13世纪的史籍《三国遗事》、《三国史记》引用。同样被引用的书还有《新罗古记》、《百济古记》、《高句丽古记》、《海东古记》。韩国学者认为，所谓"古记"，一般是指《檀君古记》，又名《桓檀古记》。13世纪的高丽人李承休在《帝王韵纪》中曾提到此书，《世宗实录》的《地理志》也曾提到此书。

朝鲜半岛的编纂事业是在《三国遗事》、《三国史记》时代(即13世纪)形成规模的。不过，此前也产生了许多典籍。例如《三国史记》记载：高句丽婴阳王十一年(600年)"春正月，遣使入隋朝贡，诏大学博士李文真约古史为《新集》五卷，国初始用文字；时有人记事一百卷，名曰《留记》，至是删修"。[②]此外，据《三国遗事》和《新编海印寺杂段目录》，新罗高僧义湘(625—702)著有《锥洞记》(又名《华严锥洞

---

① 李康来校勘本，Hangilsa publishing Co. 1998年版，第239页上。以下《三国史记》均用此本。

② 《三国史记》卷二〇，《高句丽本纪》第八，李康来校勘本，第201页下。

记》)、《法界图书印》并其《略疏》。[①]据《三国史记》,新罗文臣金长清著有《金庾信行录》十卷,金大问(704年任汉山州都督)著有《传记》、《高僧传》(后称《海东高僧传》)、《花郎世纪》、《乐本汉山记》,崔致远(857—?)著有《四六集》一卷、《桂苑笔耕集》二十卷。[②]据《高丽史》各列传和《高丽史节要》、《朝鲜金石总览》等书记载,高丽名将姜邯赞(948—1031)著有《乐道郊居集》、《求善集》;文臣崔冲(984—1068)著有《崔文宪公遗稿》;朴亮(?—1096)著有《古今录》十卷,又与金覲合著《小华集》。此外,文臣金黄元(1045—1117)、李轨著有《分行集》,高僧义天(1055—1101)著有《新集圆宗文类》、《海东有本见行录》、《新编诸宗教藏总录》、《释花词林》、《成唯识论单科》、《八师经直释》、《消灾经直释》、《圆教六即义》等书,文臣郭輿(1058—1130)著有《宣宗唱和集》,学者李资玄(1061—1125)著有《禅机语录》、《歌颂》、《南游诗》、《心要》、《带方纪闻》、《东人之文》、《布袋颂》等书,而左谏议大夫金富轼(1075—1151)则著有《三国史记》、《金文烈公集》。[③]这些书籍或为单篇文词、记录,或由单篇文词、记录合成,表明在中古时代,朝鲜半岛已经出现了一批社会文书和文化记录。

不过,上述文书和记录在数量上却很有限,且未得到妥善保存。从《韩国上代古文书资料集成》[④]的著录情况看,这一时期,朝鲜半岛的古文书只有零零星星的遗存。此书收录新罗时代8件文书资料,

---

① 《三国遗事》卷四,汉城明文堂1993年排印本,第154页。以下《三国遗事》均用此本。

② 《三国史记》卷四三《金庾信传》,第445页下;卷四六《薛聪传》,第469页,《崔致远传》,第467页下。

③ 参见《罗丽文籍志》,汉城大韩民国国会图书馆1970年版,第1页、3页、22—27页、31页、44—46页、79—84页、118—119页、194—206页。

④ 李基白:《韩国上代古文书资料集成》,汉城一志社1987年版。

大都是景德王时代(742—765)的遗存。其中2件是木简,3件是日本正仓院所藏文书,另外几件是《大方广华严经》写经跋文等佛教文献。此书收录高丽时代的文书资料,则大都是佛教文献。例如高丽前期的文书资料8件,除一枚悬板以外,其他皆是佛经文献;高丽武人政权时代文献遗存17件,其中佛经、佛寺、佛图记跋12件;高丽后期文献遗存117件,其中83件是佛经、佛图记跋和佛寺文书。这种情况和中国相似。在中国,中古时期的文书资料也没有得到妥善保存。大宗的具社会史价值的文书往往在战火和动乱中湮灭,敦煌文书只是一个偶然的例外。

朝鲜半岛的历史资料遗存,集中产生在朝鲜时期(1392—1910)。朝鲜开国之初,就实施了编纂《高丽国史》的计划,同时也开始记录、整理王朝实录。1472年,第九代朝鲜王成宗之时,梁诚之曾上疏提出"校正大典四十五事",其中说到王朝已纂定的书籍有二十多种,其中《世宗实录》、《文宗实录》、《世祖实录》、《睿宗实录》、《鲁山君日记》都属于古记录。[①]而早在朝鲜第七代王世祖之时(1455—1468),朝鲜政府就设立了奎章阁、秘书阁、弘文馆等机构掌管图书收藏。[②]当时并建立了复本分藏制度,"典校署印出书册内,出于一时之事,不必传久者外,例将十件,弘文馆藏二件,春秋馆、外三库、典校署、文武楼、艺文馆、成均馆各藏一件"。[③]分藏书籍除《三国史记》、《东国史略》、《高丽全史》、《高丽史节要》、《高丽史全文》、《三国史节要》、《历代实录》、《统筒誊录》、《八道地理志》、《训民正音》、《东国正韵》、《东国文

① 梁诚之:《讷斋集》卷六附录金守温《南原君政案》。

② 《世祖实录》卷三〇"世祖九年五月戊午"条;《成宗实录》卷一四二"成宗十三年六月戊申"条。

③ 《世祖实录》卷四〇"世祖十二年十一月乙酉"条。

鉴》、《东文选》、《三韩龟鉴》、《东国舆地胜览》、《承文誊录》、《经国大典》以外，有"京外军籍、诸道田籍、贡案横看、诸司诸邑奴婢正案、续案"等，亦即包括大量古文书。正是这些制度，保全了朝鲜时期的大批古记录、古文书。其现存者见于以下典籍：

（一）《朝鲜王朝实录》。这是自朝鲜王朝始祖以来二十五代王共472年（1392—1863）的王朝史事记录，编为1,893卷。在亚洲地区，性质相近的文献有中国的《明实录》，记录明王朝260年的历史；《大清历朝实录》，记录清王朝296年的历史；也有越南阮王朝的《大南实录》548卷，记录143年王朝历史。相比之下，《朝鲜王朝实录》跨度最大——记录了世界上统治时间最长的单一王朝的历史，因而是汉文化区最大的一宗古记录。它的内容较一般的实录更丰富，不仅记载国政，而且记录了和邻邦各国的外交，以及政治、社会制度、经济、宗教、音乐、科学、军事、运输、艺术等方面的情况。除前三代王的实录为手抄本外，其余部分皆用活字印刷。此书除纸本外，今有电子本，可以方便地检索。

（二）《承政院日记》。承政院是朝鲜定宗（1398—1400在位）时设立的国家机构，主管国家的一切机密事宜，后改称承宣院、宫内部、秘书监、奎章阁。由于壬辰倭乱等原因，承政院等机构的文件一度被毁；但从仁祖元年（1623年）起，则得到了妥善保存，今有1910年以前的记录共3,243册。这些记录包括启禀、传旨、请牌、请推、呈辞、上疏、宣谕、传教等等，同《朝鲜王朝实录》相比，是更加原始的史料，因而具有更高的价值。2001年9月，这部《承政院日记》被联合国教科文组织指定为世界纪录遗产。

（三）《备边司誊录》。备边司是朝鲜王朝在1541年成立的国防机构，1592年壬辰倭乱以来，负责全国的政治、经济、军事和外交等事务。《备边司誊录》记载了当时备边司讨论、决定和处理各种事务的过程，相当于政府日志。其现存部分始于光海君九年（1617 年），止于高宗二十九年（1892 年），共有 273 册。被确定为韩国第 152 号国宝。

（四）《日省录》。这部书原是朝鲜正祖（1776—1800 在位）的日记，因继承英祖《御制自省编》的德治理想而编写，故称“日省录”。从 1785 年起，奎章阁臣僚将这份个人日记发展为官撰记录，使之成为朝鲜王朝以国政和君主举措为中心的日记体官撰年代记的代表。其内容始于朝鲜英祖三十六年（1760 年），止于纯宗隆熙四年（1910 年），共 2,327 册，被指定为韩国第 153 号国宝，由首尔大学奎章阁图书馆收藏并刊行。它区别于王朝实录的特点是具有即时性，而非编撰于国王逝世之后，因而更加客观和全面。尤其关于高宗、纯宗部分，它是最具价值的史料——《高宗实录》和《纯宗实录》曾被日本政府删改，而同一时期的《承政院日记》则有严重遗失。

（五）《各司誊录》。朝鲜王朝自中央到地方各级政府机构的文书档案。原存于吏、户、礼、兵、刑、工六曹和各地的八道监营（府、牧、郡、县的兵营和水营），故称“各司”。现存最早的一宗文书是宣祖十年（1577 年）至光海君九年（1617 年）的岁船定夺誊录，为壬辰倭乱以前的档案；最后的文书截止于 1910 年朝鲜王朝结束。原稿总计 813 宗、3,482 册、395,000 页，由大韩民国文教部（后称“教育部”）、国史编纂委员会于 1981 年 11 月起影印发行。其第一册收录京畿道档案，包括《京畿道监营状启誊录》、《京畿道水营状启誊录》、《京畿道水营关报牒誊录》、《京畿道右防御营启牒誊录》、《京畿道关草》、《京畿道来去案》等 6 宗文件。如此至第 55 册，皆按地区收录文书。自第 56 册起收录各府文书。最后一册为第 101 册，承前为《典客司日记》

第10册，收录纯祖元年（1801年）至八年（1808年）的日记，2006年12月排印。

（六）《公车文丛书》。朝鲜英祖时期的文书。全15册，由首尔大学韩国文化研究所编辑整理，亚细亚文化社1991年至1992年发行。其内容为英祖即位年（1724年）至英祖二十六年（1749年）八月间诸大臣的奏疏、文札，因全面反映了当时的政治、经济、文化而具有重要的史料价值。

（七）《政事册》。朝鲜英祖至高宗年间吏部关于人事行政的各种报告书和日志。共25册，由首尔大学奎章阁出版。其书辑编英祖十一年（1835年）至高宗三十一年（1894年）间的吏部文书，原共133册。此书反映了18至19世纪朝鲜王朝政治势力的变迁。

（八）《古文书集成》。由韩国精神文化研究院编集发行的民间文书。其中安东光山金氏礼安派宗宅保存的古文书、全北扶安金氏门中保存的古文书，分别以《光山金氏乌川古文书》、《扶安金氏愚皤古文书》的名义于1983年出版；至全南海南尹氏门中保存的古文书，始以《古文书集成》的名义于1986年12月出版发行。后者为世居海南莲洞的尹氏族人自13世纪以来所保存的文书，内容包括教旨、户籍、分财记、土地文记、奴婢文记、所志、简札等等。

2008年6月，《古文书集成》刊出第91册，其内容和1995年发行的《古文书集成》第26册《居昌乡校篇》相同。但第26册是居昌乡校所存古文书的影印本，而第91册则是整理补订本（韩国称“正书本”，日本称“翻刻本”），用铅字排印。其内容包括：官员任职记录（“经任案”），乡行政记录（“乡案”），关于养贤斋、居昌乡校别补所等机构行政与财务的记录，关于享祀活动的记录，关于乡校运营活动的记录，等等。

(九)《古文书》。首尔大学图书馆所藏的古文书。包括国王文书、王室文书、官府文书、私人文书、结社文书、奉神佛文书、外交文书等类别,始于朝鲜太祖四年(1395年),截止于1910年,五万余件。今已编定为33册,由首尔大学图书馆(后称"首尔大学奎章阁韩国学研究院")编辑发行。第一册于1986年2月发行,收录国王文书、王室文书。其中国王文书分15类,即玉册文、世祖二年(1465年)五功臣会盟录、教书、批答、纶音、封书、谕书、受教、有旨、传旨、教旨教牒差帖、禄牌、恩赐状、致祭文、诔文;王室文书分8类,即笺文、令书、令旨、徽旨、晓谕、手本和启目、图署牌旨、祭文。第三十三册于2007年11月发行,收录私人文书、书院乡校文书、结社文书。其中私人文书乃承前册,收录第18类至第20类,即遗书、完议和立议、立后文记;结社文书乃启后册,收录第1类——用于祖上墓所祠宇、族谱、宗稧等事的通文。

除以上书籍以外,在《韩国史料丛书》、《奎章阁资料丛书》中,也收录了相当多的古文书。至于韩国各地的新辑古文书,则另有以下几种:《庆北地方古文书集成》,李树健编,岭南大学出版部,1981年;《光山金氏乌川古文书》,崔承熙编,韩国精神文化研究院,1982年;《扶安金氏愚皤古文书》,郑求福编,韩国精神文化研究院,1983年;《古文书》,全南大学博物馆编,1983年至1985年。精神文化研究院所编两种请参见前文第八项。

四、越南的汉文古文书、古记录

越南曾经是中国的一个行政区,称"交州",其典籍文献拥有非常古老的渊源。早在公元前3世纪末,即赵佗在交州地建立南越政权之时,《诗》《书》等典籍就可能伴随儒学教育传入了南国。此后历任太守均注意“建立学校,导之经义”,加上汉末中原战乱造成的人口迁徙,交州在三国时期一度成为儒学的重镇。到公元939年吴权称王以后,书籍进一步成为南、北政权间政治、经济往来的组成部分。其中比较重要的事件是:从宋代开始出现了书籍的贸易;从1005年起有中国政府向越南赐书之举措;大约在1295年,越南采用印刷术刊印图书,进入成批生产中国典籍的历史阶段。与此相对应,历代越南王朝也采取了种种藏书措施。例如李太祖顺天十二年(1021年)、李太宗天成七年(1036年)、陈英宗兴隆三年(1295年),均曾下令建书库收藏大藏经。此后又出现了一系列书院,收藏四部典籍,如黎朝的蓬莱书院、西山朝光中辛亥年(1791年)的崇正书院。到阮朝(1802—1907),较著名的藏书处有福江书院、聚奎书院、古学院、新书院、内阁书库、史馆书库,以及国史馆臣高春育所建的龙岗书院。[①]从关于这些书库的记录可以了解越南古籍收藏的特点:佛教典籍主要依靠国家经库得以保存,而四部典籍则主要依靠书院、官方书库得以保存。也就是说,宗教、教育和史学,是支持越南书籍流传的三支重要力量。

同日本列岛、朝鲜半岛诸国相区别,越南的特点是地处北回归线以南,属热带季风气候,高温多雨,多虫蚁之害。因此,其古籍难以保管,且不适合批量生产。同时由于战争和文化传统方面的原因,越南的古典籍、古文书很容易遭受损害。据我们在编纂《越南汉喃文献目录提要》一书期间的调查,在河内、巴黎、东京各大图书馆,共保存了安南本古书约6,000种。这些古书区别于中国古书的一个重要特点

① 参见刘玉珺:《越南汉喃古籍的文献学研究》,中华书局2007年版,第167页、第168页。

是:往往未作充分整理,因而保留了古文书的若干面貌,甚至在性质上接近古文书。在《越南汉喃文献目录提要》①中,这样的特色文献主要分布于以下类目:

史部政书类"公牍"目,即越南地方政府各部门的公文。著录图书39种,如《清章衙门示》(1690年)、《武烈社呈词》(1735年)、《抚辇社公文》(1790年)。

史部政书类"乡约"目,即各村社、各宗族的内部规约。著录图书113种,如《东鄂社乡约条例》(1741年)、《名乡券例》(1772年)、《华棣社乡例》(1775年)。

史部政书类"田丁簿"目,即各基层组织的财产列表、收支记录,包括"地簿"。著录图书39种,如《武烈社事神器用簿》(1776年)、《华鄂社古税纸》(约1777年)、《农贡县戊申年地簿》(1788年)。

史部政书类"交词"目,即各村社及其居民之间有关经济活动的协议。著录图书27种,如《几舍阮登魁分田词》(1796年)、《岐灵社顺认田界单》(1808年)、《交书》(1817年)。

史部传记类"神迹"目,即关于各村庄所祀神祇之功绩的记录,又称"玉谱"。著录图书106种,如《高山大王神祠铜鼓》(1510年)、《皇朝玉典》(1572年)、《三台山灵迹》(阮逸爽编辑,编年不详)。

史部传记类"谱牒"目,即家谱和族谱。著录图书265种,如《陈族家谱》(1533年)、《云葛黎家玉谱》(1623年)、《金山家谱》(1691年)。

子部道教与俗信类"降笔文"目,即以神灵名义制作的伦理文献,

① 王小盾、刘春银、陈义主编:《越南汉喃文献目录提要》,台湾"中央研究院"文哲研究所2002年版。

通常产生在扶乩或降神场合。著录图书164种，如《吉祥宝花春经》（约1792年）、《列圣针砭真经》（1802年）、《世传宝训》（1864年）。

子部道教与俗信类“神敕”目，即中央政府对各村庄所奉事诸神的褒封，反映了“淫祀”的合法化。著录图书26种，如《平皇券牒》（1260年）、《武烈社抄纳旧敕十二道》（1740—1786）、《武烈社加封神敕》（1770年）。

子部道教与俗信类“其他”目，即降笔文、神敕之外的俗信书，以民间祭祀文献为主体，兼包若干含民间信仰因素而标榜某宗教的文献。著录图书148种，如《香山宝卷》（1746年以前）、《好生录》（1785年）、《梁皇宝忏》（1847年）。

集部举业文类，即直接服务于科举的文学作品，大多为学场、试场的作业、试卷。著录图书314种，如《黎朝会试庭对策文》（为1475年至1661年档案）、《四道场策详注》（1683年）、《四六文抄》（1697年）。

集部“陶娘歌”类，即一种精致的清唱，由艺妓表演，使用工尺谱，往往以汉文诗赋为内容。著录图书29种，如《歌筹体格》、《歌筹》、《唱曲辑诗附唱曲辑编》，大都编成于19世纪。

以上文献，均产生在16世纪以后，主要见于19世纪。这反映了越南史料在年代上的分布。其内容则可以概略地归纳为四个方面：社会民俗史料；神祠文献；手抄本文学作品；手抄唱本。它们的共同特点是密切联系于广大群众的日常社会活动，具有较强的社会学意义（而非政治学意义）；从形式上看，往往是单篇文书的缀合。它们表明了域外汉文著述的一种特殊性：面向现世，面向应用，在小范围中流通；而不像中国古代著述那样重视形而上的意义（伦理和义理上的意义），也不像中国古代著述那样以传之后世为宗旨。这样一来，在中国古典籍和古文书之间的那条明显的界限，即由于对著述体例的要求而造成的明确的编纂意识，在相当数量的越南古籍中是不甚清晰的。

和以上情况相对应，越南人也造就了一批书册形式的古文书。2004 年 12 月，台湾“中央研究院”亚太区域研究专题中心出版了一部《越南汉喃文献目录提要补遗》，书中所著录的，就是这种古文书。其中包括神敕 411 册、神迹 568 册、地簿 526 册、俗例（各村庄的规约，又称例簿、乡例、古券、券簿、约词、交约、交言、交词等）647 册、古纸（古字书写的零散文书，内容包括敕令、上谕、启、奏、丁簿、田簿、税课、家谱、供科、觋书、修行秘诀等）21 册。其主体是汉文文书（计 2,035 册），只有少量杂用汉喃文（计 135 册），仅 1 册为纯粹的喃文书。我们知道，在古代越南，汉字是官方文字，往往用于仪式场合，具法律效用；而喃字则用于非正式的场合。因此可以说，越南古文书主体上是以汉字为载体的。由此去看越南汉文史料的价值，也可以说，古文书在其中占有很大比重，因而有利于作社会史角度的文学研究、艺术研究、政治经济与文化研究，也有利于作汉文典籍形成史的研究。

由于自然环境和社会环境等方面的原因，在越南的汉文文献中，另有一批资料占有特别重要的地位。这就是古代碑铭文献。20 世纪 20 年代以来，在法国殖民政府的支持下，建于河内的法国远东学院曾对越南全境进行大规模的文献搜集工作，共搜集石刻、钟铭等铭刻资料 10,360 件，摩拓拓片 25,000 件。1958 年以来，在越南政府的支持下，汉喃研究院等越南学术机构又进行了一次搜集工作，拓有 4,000 张左右碑铭，虽然其中大部分和旧拓相重复，但仍有小部分是新增加的拓片资料。1997 年，越南汉喃研究院与台湾中正大学、法国远东学院合作，对所搜集的金石拓片加以整理、分期并出版。于 1998 年在巴黎出版了《越南汉喃铭文汇编》第一集，即北属时期至李朝的碑铭拓片，计 27 件；2002 年又由台北新文丰公司出版了第二集，即陈朝部分的碑铭拓片，计 44 件。后续各集亦在研究、整理之中。从《越南汉喃铭文汇编》第一集看，越南早期的金石文献可以分为以下类别：

（一）世俗内容的碑铭：

人物志，如《巨越国太尉李公石碑铭》(1159 年)、《皇越太傅刘君墓志》(1161 年)、《奉圣夫人黎氏墓志》(1174 年)；

纪功碑，如《天威径新凿海派碑》(870 年)；

钟铭，如《青梅社钟铭》(798 年)、《日早古钟铭》(948 年)。

（二）佛教内容的碑铭：

佛教经颂，如《佛顶尊胜加句灵验陀罗尼》(10 世纪)、《阿弥陀佛颂》(1099 年)；

钟铭，如《天福寺洪钟铭文》(1109 年)；

摩崖碑，如《大朱摩山盎大光圣岩碑》(1166 年)；

寺庙碑，例如《大隋九真郡宝安道场之碑文》(618 年)、《安获山报恩寺碑记》(1100 年)、《保宁崇福寺碑》(1107 年)、《崇严延圣寺碑铭》(1118 年)。

在这一时期，数量最多的是寺庙碑，接近半数。而到 13 世纪以后，又出现了城碑（例如《河内城碑记》）、祠堂碑（例如《尚书宰相公祠堂碑记》）、村社亭门碑（例如《玉亭社碑》、《扶琴社后神碑记》、《独步社神祠碑记并扁抄录》）以及圣旨碑（例如《太上皇帝圣旨》）、诗碑（例如《登浴翠山留题》、《清虚洞碑》）等新品种。其中数量最多的是村社亭门碑。若对这些碑铭作一概括，那么可以说，越南碑铭和中国碑铭的区别，颇类似于古文书和古典籍的区别。中国古代碑铭以墓志为最多，重视记录国家政治事件；而越南碑铭则往往由古代村社实施镌刻，常常反映小团体的而不是个体或国家的活动。例如在越南碑铭中，比例最高的类别是亭门碑铭、祠堂碑铭、寺观碑铭。亭门是村社的标志物（相当于中国的城隍庙），往往由致仕后的官员率领修建，其碑铭遂多记录修建者的职衔、村社的结构和宗族的系统；在祠堂碑铭和寺观碑铭中则可以看到契约、律例、税收、公益等村社经济资料和风俗资料。16世纪以后，越南出现了一种由无子孙妇女向寺观、亭门"伸寄后供"的现象。这一具有重要社会意义的现象也是通过碑铭反映出来，而成为研究者的关注点的。

五、日本、韩国学者对古文书的整理与研究

从实践的角度看，日本文书学是同古文书的收藏与整理相终始的；但作为现代学科，它却可以追溯至17世纪的欧洲学术。故《日本古文书学讲座》、《日本古文书学论集》等书在介绍日本古文书研究历史的时候，总是会先设一节讨论"西洋"。比较明确的事实是：1888年，东京帝国大学文科大学设国史科，开讲史学方法论课程，乃按照某外籍教师的意见在其中增设了古文书学的内容。1890年，坪井九马三（1858—1936）从柏林大学学成归国，建议设置古文书学，古文书学遂在1892年成为日本大学的专门科目。

日本最早的古文书学理论也是在欧洲古文书学的影响下产生的。这可以用1893年久米邦武的《古文书学讲义》来作说明。久米邦武（1839—1931）外语很好，其所著《古文书学讲义》接受了法国学者所撰写的《古文书新论》（*Nouveau Traité de diplomatique*）[①]的影

① Dom René-Prosper Tassin, Dom Charles-François Toustain: *Nouveau Traité de diplomatique*, Paris, 1750—1756, 6 vols.

响。后者是古文书学和古书体学的百科全书，讨论到古文书在时间和空间上的扩大，其结构如下：

卷一：总论，对古文书的把握、文书所、原本及写本，古文书的种类；

卷二：纸料、笔、墨，罗马字之起源沿革，句读法、略字法、数字、符签，古文书的文体、印章、原本的形式；

卷三：书体、缀辞法，古文书的言语、称号、姓名、书式，年月日及署名，记录所职员；

卷四：罗马教皇文书的特殊文书学；

卷五：僧侣及宗教团体的特殊文书学；

卷六：皇帝、王公、侯伯及武门团体的特殊文书学；

卷七：伪造古文书的历史；

卷八：古文书学研究法。①

久米邦武的《古文书学讲义》与此相似，重点讨论了古文书的分类、各类文书在书写形式上的特点、古文书的历史等问题。据该书1901年版(由早稻田大学出版部出版)，此书共分13章，各章节的名称是：叙言；古文书的种类；官府体之汉文；最古的文书；古代汉文和假名文；天平年间的敕书；天平年间封户垦田的公文；古文书的时代变化；古文书的年代辨别；院政以后的文书；普通古文书的要件(上、下)；原文写本及其伪作。

---

① 参见坪井九马三：《西洋古文书学之由来》，《日本古文书学论集》第一辑《总论》，东京吉川弘文馆1986年版，第96页。

以文书分类为主要研究对象，重视古文书之文体和书式，这事实上是欧洲古文书学、日本古文书学、韩国古文书学的共同特点。其原因在于，这些地区的古文书学，都是在整理古文书的过程中建立起来的。1902 年，星野恒编写了日本第二部古文书学讲义。这份讲义便是在其所编《古文书类纂》(1894 年刊，图 3)的基础上完成的。《古文书类纂》是一部厚达 604 页的大书，共有三卷，以“上达下之书”(首为天皇文书)、“下达上之书”、“相互往复之书”各为一卷，其中天皇文书又分为诏书(宣命)、敕书、位记、内侍宣、女房奉书、宣旨、口宣案、纶旨等 7 类，其他上达下文书另有院宣、院厅下文、令旨、太政官符、省符、国符、摄政家政所下文、长者宣、将军家下文、寺社下文、御教书、御内书、奉书、裁许状等 49 个类别。对于各类之分别，皆从文体和书式特征的角度作了探讨。

古文書類纂序
明治廿六年九月文科大學新設古文書學
一科以授國史史學生員予承乏教官任其
事因抄文書隨類纂錄以資指授凡一百零
五類五百拾餘通頃學中諸子會財活刷以
便閱讀題曰古文書類纂求予辨言夫史學
之要在乎擇材料材料不精編摩雖密辯論
雖博譬諸無柱礎而構樓閣其顛不待烈風
自崩矣材料之精者莫日記文書若焉然日
記世少善本輾轉抄寫魯魚甚多讀者病諸

图 3:《古文书类纂》书影

日本古文书学的这一实践性特点，源于欧洲古文书学。1861 年，Don Jean Mabillon(1632—1707)所撰 *De re diplomatica libri sex*(《关于古文书类的六卷书》，或曰《教书论》六卷)在巴黎刊行，此书第一卷，讨论的就是古文书的种类，兼及与此相关的原料和书体；此书第二卷以下，则重点讨论了古文书之文体、书式及各种书体的标本。

上述特点在韩国古文书学中表现得尤为明显。韩国古文书学始于日本殖民政府时代(1910—1945)，发端于日本学者对韩国古文书的搜集整理。现在首尔大学奎章阁韩国学研究院所藏的五万件古文书，即是那时的传存。前文第三节提到的《古文书》，因而可以说是韩国古文书学的最早产物。这部《古文书》把研究对象分为国王文书、王室文书、官府文书、私人文书、结社文书、奉神佛文书、外交文书等类别，在大类之中又下分若干小类。这种对文体和分类的强调，后来便成了韩国古文书学的传统。20 世纪 60 年代初，汉城大学文理学院东亚文化研究所开始对这批古文书进行整理，由此产生了《古文书解说》(白麟，《国会图书馆报》4 号，1964 年)、《古文书论考》(金约瑟，《国会图书馆报》，1967 年)、《古文书集真》(金东旭，延世大学人文科学研究所，1972 年)、《韩国古文书研究》(崔承熙，知识产业社，有 1989 年增补版)等论文与著作。其中《韩国古文书研究》可以看作韩国古文书学的代表。此书以第四章《古文书的分类》、第五章《古文书的样式与实际》为主体，其内容就是对韩国古文书的分类(分为 9 大类、40 中类、167 小类)。这种分类事实上是韩国古文书学的主要成果。在韩国国史编纂委员会于 1993 年编印的《古文书目录》中，这一成果得到如下表述：

(一)国王文书 485 件(约占 6.3%)：教旨 397 件、批答 19 件、传教 24 件、教牒 21 件、敕命 15 件、其他 9 件；

(二)官府文书 1,758 件(约占 22.8%)：关文 35 件、上疏 52 件、牒呈 8 件、帖文 13 件、解由文书 15 件、文书目录 19 件、甘结 9 件、告目和禀告 111 件、回通和通谕 19 件、传令 25 件、望记 33 件、朝报 318 件、完文和立案 22 件、准户口 441 件、户口台账 77 件、户籍单子 108 件、户口表 24 件、兵役簿和军籍簿 25 件、牒报 27 件、都目政事 45 件、结卜 16 件、物目 46 件、差帖 28 件、分拨 14 件、纳付书 19 件、成册 10 件、禄标 9 件、公租记 36 件、科试和科榜 21 件、其他(上奏文、启辞、咨文、勘界资料、笺文、屯田文记、地结、尺丈等)133 件；

(三)私人文书 2,931 件(约占 38.1%)：明文(买卖契)1,342 件、所志(家族记事)446 件、等状(旌表诉冤文)47 件、手记(备忘录)62 件、试券(含策文)101 件、户口单子 184 件、通文(告示等)211 件、细音(金钱关系记录)46 件、证书(契约)73 件、祭需记 94 件、申请 18 件、记账(含收纳记)18 件、慰状 27 件、讣告 10 件、赌租记 13 件、量案 10 件、婚书婚择 59 件、上言 8 件、其他(分给文记、牌旨、乞粮文、典当记、训辞等)162 件；

(四)奉神佛文书 464 件(约占 6%)：祭文 457 件、祝文 7 件；

(五)杂书 2,060 件(约占 26.8%)：汉诗 1,219 件、葬择 155 件、墓志和碑文 42 件、赋和挽词 33 件、笏记 22 件、序跋 47 件、日记 42 件、行状 34 件、家状 10 件、记文 31 件、上梁文 11 件、世系 13 件、四柱 24 件、其他(地图、诗抄、箴言、祝词、论文、药方等)377 件。

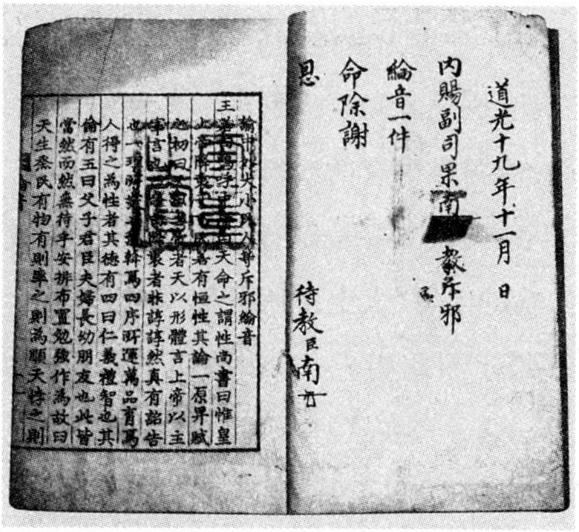

图 4:《宪宗斥邪纶音》

以上各项，代表了对韩国古文书的类别及各类比重的认识，但它尚不包括作为古文书入藏的书简类文献 11,374 件。另外值得注意的是：其中“杂书”一类，已超过了通常意义的古文书(用于公共事务，发生在授、受两者之间的单篇书写)的范围；而“杂书”类中的“汉诗”、“赋和挽词”、“序跋”、“上梁文”以及“其他”当中的诗抄、箴言、祝词，在中国则是被当作文学作品看待的。这些情况说明，古文书和古典籍不仅有形式上的交叉，而且有内容上的交叉。

按照科学史的规律，任何学科都是从资料分类起步的。因为分类不仅意味着对材料的基本认识，对学科结构的掌握，而且意味着一种内容与形式相结合的新的单元研究的开始。日本、韩国古文书学在学术深度上的代表，就是这种单元研究。比如图 4 所展示的朝鲜时代的纶旨(宪宗作，1839 年)，作为一种由国王发出的对臣僚百姓加以训谕并广为刊布的文书体裁，在韩国的古文书遗存中并不多见；但它却是日本 15 世纪后期的重要文书体裁。日本学者曾探究其原因：这一时期是日本因政权分裂而造成大动乱的时期。日本政治在这时经过了三种分裂——“院政”(太上皇执政)和“亲政”(天皇执政)的分裂，皇室政权和武士政权(“幕府”)的分裂，南北两系天皇政权的分裂——进入由足利家族为主导的“公武二头政治”时期。为了平息骚乱，执政者频繁地发出了各种纶旨。在武士政权方面，主要是以追讨、治罚为内容的纶旨，据统计，1438 年至 1491 年间约有 15 篇；在天皇方面，主要是以“安堵”(关于管辖权、处分权、裁许权、调停权)为内容的纶旨(太上皇所发称“院宣”)，据统计，1467 年至 1492 年约有 51 篇。与此相应，另一种文书——安堵接受者或奉行人所书写的“奉书”——在这一时期也特别多产。从内容上看，这种纶旨具有和律令相补充的性质；从形式上看，它兼有太政官文书和女房奉书的特点。由此可以窥见文书在政治生活中的特殊作用。①

以上这种单元研究，或者说文书文体研究，在传统的文献学(日

① 参见富田正弘:《嘉吉の变以后の院宣、纶旨:公武融合政治下の政务と传奏》，《中世古文书の世界》，东京吉川弘文馆 1992 年版。

本、韩国称“书志学”)中是很难见到的。古文书学的其他部门,也和传统文献学有很大差异。比如对古文书的存在形式的研究,颇类似于传统文献学中的版本学,但两者的性质却不同。古文书研究同样面对文献的物质载体,但范围更加广阔,除纸张、布帛以外,需要考察采用羊皮、木片、竹简、砖石、泥板的书写。即使纸张,也要考虑因节约、生产技术、折叠方式不同而产生的种种变化,包括新旧文同纸、正反笔书写等特殊书写方式,也包括对麻纸、楮纸、斐纸、三椏纸、苦参纸的认识与鉴别。古文书研究同样面对文献的书写材料,但它有必要为不同时代、不同书写者的工具习惯作出描写,比如毛笔从笔穗看,可分出圆锥式、纺锥式、低腰式、高腰式的不同;墨从墨色看,可分出紫光、黑色、青光、白光的不同。古文书研究同样要研究文献上的印章,但传统文献学主要考察藏书印,而古文书学却要面对各种机构的公文印、各色人等的署名印和花押,以及不同文书类型的不同捺印方式。元禄三年(1690 年)和宝永五年(1708 年),日本学者丸山可澄编辑出版了两部《花押薮》(图 2),前者为正编,后者为续编,采录天皇以下两千六百多人的花押。在此之后,日本又有《古押谱》、《华押谱》、《花押拾遗》、《文林花押集》、《名家押谱》等书出版。这一类书籍,丰富了古文书学的内涵。

六、古文书、古记录对于域外汉籍研究的意义

对于域外汉籍研究来说,古文书和古记录在形式上、内容上的特殊性,都具有深刻意义。事实上,域外汉籍研究的任何一个问题,都必定涉及古文书和古记录,因为后者是东方史研究的第一手史料,至少是古典籍的存在背景。而从发生与传播的角度看,外交文书可以

说是域外汉籍的先驱。另外，汉文化向域外的移植，主体上是依靠文学艺术手段实现的。基于以上理由，我们可以把对外关系史研究、典籍形成史研究、文学艺术传播研究，看作域外汉籍研究的三个重要支柱，并从中了解古文书、古记录对于域外汉籍研究的重要意义。本文第七节将稍稍谈到典籍形成史研究和文学艺术传播研究，这里拟对外交史料略作考察。

理论上说，最古老的域外汉文文书是佛经和外交文书，因为汉籍向域外传播的最重要的途径，就是佛教和外交。由于越南北部古为交州，曾经列入中国版图；而朝鲜半岛与中国接壤，有很复杂的政治关系；故现存较早的汉文外交文书乃出现在中日之间。《隋书·倭国传》所记“日出处天子致书日没处天子，无恙”云云[①]，是见于史籍最早的一份日本“国书”，成于大业三年(607 年)。到遣隋使、遣唐使时代，日本所存对外关系史料，很大一部分就是文书和记录。

史籍所见最早的遣隋使，是推古天皇十五年(607 年)遣小野妹子等出使隋朝。其事见于《隋书·东夷传》和《日本书纪》卷二二。《日本书纪》不仅记载了隋使裴世清入朝时所上的国书，而且记载了次年日本天皇遣小野妹子再送裴世清回国时所携带的国书。由此可见，《日本书纪》对日中交流的记录，是以外交文书为史源的。

到唐代，中日之间的外交往来更加频繁。据记载，从公元 630 年到 894 年，日本共派出了 19 次遣唐使，同时有大批学者、僧侣随行，例如随第 17 次遣唐使于 804 年到达中国的僧侣空海、最澄，随第 18 次遣唐使于 838 年到达中国的僧侣圆仁。而在遣唐使制度废止以

---

① 《隋书》卷八一，中华书局 1973 年版，第 1827 页。日本《善邻国宝记》引《经籍后传记》记为“日出处天皇致书日没处天子，无恙”。参见木宫泰彦：《日中文化交流史》，胡锡年译，商务印书馆 1980 年版，第 53 页。

后，日中之间的商船往来也是逐年不断的。搭乘者中同样有大批学者、僧侣，例如随唐钦良晖船于 853 年入唐的圆珍。这些日本使者积极摄取唐代的文物制度，同时留下了一批入唐关系文书、求法目录和请来目录。仅《大正新修大藏经》所载，就有以下目录：

最澄《传教大师将来台州录》、《传教大师将来越州录》；

空海《御请来目录》；

常晓《常晓和尚请来目录》；

圆行《灵岩寺和尚请来法门道具等目录》；

惠运《惠运禅师将来教法目录》、《惠运律师书目录》；

圆仁《日本国承和五年入唐求法目录》、《慈觉大师在唐送进录》、《入唐新求圣教目录》；

圆珍《开元寺求得经疏记等目录》、《福州温州台州求得经律论疏记外书等目录》、《青龙寺求法目录》、《日本比丘圆珍入唐求法目录》、《智证大师请来目录》；

宗睿《新书写请来法门等目录》、《禅林寺宗睿僧正目录》。

除此而外，在东京堂出版的《平安遗文》卷二三，载有延历寺贞元二十年(804 年)九月十二日的明州牒、贞元二十一年二月的最澄牒状；在该书卷一〇五、卷一二一，收录了圆珍一行的公验请状和过所勘状；在东京国立博物馆，保存了作为圆珍护照或通行证的太宰府牒；在京都圣护院，保存了圆珍的求法目录。另外，在空海文集《遍照发挥性灵集》卷五，收录了空海为日本第 16 次遣唐使团大使所作的《为大使与福州观察使书》。这些文献，事实上是唐代中日关系的核心史料。

除圆珍《行历抄》以外，这一时期最重要的一份中外关系史料，是作为古记录的《入唐求法巡礼行记》。作者圆仁是最澄的学生。他于唐武宗灭佛时期居留于唐，尽管如此，仍然搜集到佛教典籍559卷归国。《入唐求法巡礼行记》记载了圆仁入唐后所经各地的佛教状况，包括寺院建筑、僧侣人数、宗教仪式和会昌灭佛的始末；记载了唐代的社会生活和水陆交通，包括路经的驿馆及各沿海港口：方方面面，具有很高的史料价值。特别是，此书记载了长安各大寺院中来自天竺、日本、狮子(今斯里兰卡)等国的僧侣行貌，而且用一半篇幅记载了新罗人在唐境的社会活动。据其所记，新罗人聚集在京都长安、河北道、淮南道沿海诸地，尤其是山东半岛、江淮的傍海地区和运河两岸，或为官，或务农，或做奴婢、水手、造船技工，或经营驿站、运输、掘煤、煮盐之业，以至出现了很多专属新罗人的机构处所，例如山东文登的“新罗院”(新罗寺院)、“新罗所”(新罗人办事处)，楚州的“新罗坊”(新罗人居民点)。在该书开成五年(840年)三月七日条中，还记录了登州开元寺佛殿西廊外北壁缘起画上的愿主姓名，“尽是日本国人。官位姓名：录事正六位上建必感，录事正六位上羽丰翔，杂使从八位下秦育，杂使从八位下白牛养，诸史从六位下秦海鱼，使下从六位下行散位□□度，傔人从七位下建雄贞，傔人从八位下纪朝臣贞□”。[①]这显然是一批史籍失载的日本使者。如此种种，皆可补充典籍的记录。它说明，外交文书和外交记录，不仅是中外交通史研究的原始资料，而且是中国社会史研究的补充资料。

在公元9世纪的文书中，还有两宗具有特别价值。其一是日本宫内厅书陵部所藏、渤海咸和十一年(841年)九月致日本太政官的

① 白化文等：《入唐求法巡礼行记校注》，花山文艺出版社1992年版，第230页。

《渤海国中台省牒》。牒中记载了派遣百人使团之事，通过所记录的使节姓名与职衔，反映了渤海国的官制、外交礼仪、外交文书格式以及渤海与日本的关系。其二是关于遣唐使废止时期的文书，例如见于日本东大寺东南院文书的“宽平七年(895年)三月十九日付太政官牒”、见于日本滋贺布施美术馆所藏《外记宣旨》的“宽平九年七月二十五日付外记宣旨”。这些文书记有“遣唐副使”、“遣唐录事”等职衔姓名，反映了遣唐使由延迟派遣至废止的过程。[①]到公元10世纪以后，日本所遗存的古文书、古记录更加丰富，其中亦多外交史料。例如在村上天皇(946—967在位)时期，日本曾和吴越王互派使节，《本朝文萃》载有一系列外交信函，如卷六大江朝纲《为清慎公报吴越王书加沙金送文》、卷七菅原文时《为右丞相赠大唐吴越公书状》。镰仓时代，中日交流频繁，其事多见于日本古记录《小右记》、《台记》、《权记》、《百炼钞》、《左经记》、《春记》、《玉叶》、《为房卿记》、《师守记》、《水左记》、《成算法师记》等书。《成算法师记》记有东大寺高僧奝然(938—1016)于983年入宋之事。奝然和入唐八大家一样，也著有请来目录。虽然它已经佚失，但在京都东寺的金刚藏中今仍存有《奝然请来法文目录》卷子的标签。而在《朝野群载》卷二〇“大宰府附异国大宋商客事”中，记有长治二年(1105年)八月泉州商人李充船由筑前国博德津入港时的警固申请文；在《小右记》中，载有长元元年(1028年)台州商客周文裔致右大臣藤原实资的信函和赠品清单。在这里，古文书和古记录成了彼此互证的资料。

奝然访宋期间，著有一部《巡礼记》。此书和戒觉《渡宋记》、成

① 参见田岛公:《海外との交涉》，载桥本义彦所编《古文书の语る日本史・平安》第六章，东京筑摩书房1991年版，第239—318页。

寻《参天台五台山记》并称为三大入宋僧日记。《巡礼记》今已散佚，但另两部却是完璧。《渡宋记》记天台宗延历寺僧戒觉于1082年九月至1083年六月间往五台山巡礼前后的见闻，包括宋商行船前的祈风习俗、在明州受到的待遇、上呈朝廷的表文、公私往来信函、与宋人唱和的汉诗、沿途见闻的自然人文景观、巡礼五台山的感受等等，内容丰富。[①]而《参天台五台山记》则更具规模。其书八卷，记京都大云寺寺主成寻于1072年率弟子七人入宋，次年委托弟子将佛像、经典以及宋神宗所赠文书、物品等送回日本之事。书中涉及宋代政治、经济、社会、文化各方面，对旅行所见水陆交通、饮食物价、风俗习惯作了尤为详细的记载。人们于是把它和《入唐求法巡礼行记》并称，看作日本外交史料的双璧。日本南山大学教授蔡毅并曾从《参天台五台山记》一书中辑出《全宋诗》佚诗36首，其作者达23人。[②]由此可见古记录对于东方文化交流史研究、域外汉文学研究的双重意义。

13世纪后期，日本出现了一宗特殊的史料，即关于文永八年(1271年)前后高丽、日本关系的史料。包括《吉续记》当年九月二日条对"关东使随身高丽牒状"的记录，《关东御教书》对"蒙古人可袭来之由"的记录，以及这一期间中、日、蒙、高四国国书。其中的核心史料，则是奈良东大寺尊胜院保存的"文永五年高丽牒状"、东京大学史料编纂所保存的"高丽牒状不审条"12则。这些文书资料，呈现了蒙古人侵高丽之时的各国关系以及"三别抄"和日本通

---

① 参见王勇、半田晴久：《一部鲜为人知的日本入宋僧巡礼记：戒觉〈渡宋记〉解题并校录》，《文献》2004年第3期。

② 蔡毅：《从日本汉籍看〈全宋诗〉补遗——以〈参天台五台山记〉为例》，《第四届宋代文学国际研讨会论文集》，2006年9月。

交的历史真相。[1] 而在16世纪末的史料中，则有以下两宗重要的外交文书：(一)1592年至1598年，丰臣秀吉出兵朝鲜，明代军队参战。这一时期，三国之间多有文书往来。其中有明万历皇帝赐交丰臣秀吉的诰文、敕谕和册文，原件均存于日本。(二)由于明朝海禁和丰臣秀吉侵略朝鲜，中日贸易一度中断；至17世纪初期有所恢复。许多文书成为关于这一事件的物证。如《续续群书类丛》第16册载1604年的《丝割符由绪书》，记堺(大阪附近城市)、长埼、京都之间的丝品贸易；《异国日记》卷四载1606年萨摩人岛津义久、岛津家久和琉球王尚宁的往来信件，其中义久信中有云"中华与日本不通商舶者三十余年于今矣，我将军忧之之余，欲使家久与贵国相谈"云云，乃记德川家康政权同明政府的试探性接触；1609年有10艘明朝商船停泊于鹿儿岛和坊津，《异国日记》卷一载其货物目录；1604年至1616年间，日本幕府以朱印状表示渡海许可，京都南禅寺金地院所保存的崇传手写本《异国御朱印帐》对此作了记录。[2]关于锁国体制下的日本外交文书和贸易文书，日本学者中村贺亦以专文作了论述。此文讨论到德川家光政府和朝鲜国王之间的书信、长埼奉行所的文书、出岛商馆文书、唐船货物帐、海舶互市新例、异国船驱逐令等等，其中相当数量的文书收藏于欧洲各大图书馆。[3]这说明，在充盈着典籍史料的近世东方史研究领域，古文书仍然有其特殊意义。作为典籍史料的

---

① 参见石井正敏：《文永八年来日の高丽使について——三别抄の日本通交史料の绍介》，《日本古文书学论集》第五辑《中世》，东京吉川弘文馆1986年版，第356—371页。所谓"三别抄"，是左别抄、右别抄、神义军的统称，为高丽时代担任警备与战斗任务的特殊部队，曾长期对抗蒙古。

② 参见森冈美子：《外交贸易》，《日本古文书学讲座·近世篇》，东京雄山阁出版会社1979年7月版，第279—287页。又参见《日中文化交流史》，中译本，第620—625页。

③ 中村贺：《锁国下の外交、贸易文书》，《日本古文书学讲座·近世篇》，第302—316页。

比较对象，它们往往可以填补空白，直达事物本原，因而代表学术前沿，进入研究的核心。

除日本外，韩国也保存了大批外交文书，例如朝鲜时期关于倭寇、壬辰倭乱的文书。崔承熙曾对仪式性的外交文书作过分类，其结论是：韩国对中国的文书数量最多，包括贺表、方物表、贺笺、方物笺、年贡奏本、礼物总单、谢恩表笺、进贺表笺、陈慰表笺、进香祭文、祭物单子、起居表、告讣表、告讣奏本、奏请奏本、方物奏本、方物启本、方物单子、咨文、方物咨文、申文、呈文、照会等 23 个项目；韩国与日本等交邻国往来文书数量最少，仅有国书、书契、照会等 3 个项目；而中国对韩国的文书数量居中，有诏、敕、咨文、诰命、照会等 5 个项目。[①] 事实上，仅从这种粗略的文书体裁分类上，也能看到朝鲜半岛的历史地位。这种情况，对于理解域外汉籍的体裁，理解体裁分类的功能背景，无疑可以提供启发。

七、结束语

对于域外汉籍研究这个新的学术领域来说，古文书是一批尚不起眼的资料：它内容零散，产生的时代相对滞后，不易查找和利用。在被古代经典陶冶过的中国眼睛看来，显得不整饬、不典雅，很难用为研究主体。但是，为什么本文要提出古文书和古记录的问题来加以讨论呢？其实有这样一个缘故：对于走出国门以后所获得的那些特殊的经验和感受，我希望找到解释。

我的第一份感受来自越南。从 1998 年到 2003 年，我曾三次前

① 崔承熙：《韩国古文书研究》，汉城知识产业社 1989 年增补版，第 52 页、第 53 页。

往河内，为各大图书馆所藏的汉文古籍编写目录。最初，我和同伴一样，是抱着进行比较研究的目的前往越南的，我们想寻找的是中国古籍的亲缘资料。但大批和敦煌文书相类似的书籍却改变了我的看法。当我为这些书籍编制目录、写作提要的时候，我觉得自己仿佛在温习刘向、刘歆父子的经验，因为我面对了一大批“未成形”的书籍。

首先，这些古籍往往是以手抄方式存在的。口语化程度较高，很多写本都表现为对某种口头文本的记录；同书不同版本之间差别很大，其异文像是传播过程中不同阶段的表述。这种情况冲击了我从古典文献学那里得来的“定本”概念。我发现，面对这批书籍，我们将在很大程度上放弃对“古本”之真的追求，而只能致力于完整保存作品所传承的信息。这就是说，我面临的问题已经超出了传统校勘学的范围。

其次，这些书籍往往是以杂抄形式存在的，既不以作者为单位排列，也不以文体为单位排列；其中不同单元的连续，像是取决于作品流传时的功能。这种情况又冲击了我所熟悉的古典目录学的定名原则和分类原则。一方面，我要尊重书籍的结构并据此理解书中的题名，进而把“同作异名”理解为同样内容的作品在流传过程中发生了功能变异——正像把《乐府诗集》中的《将进酒》、敦煌写本中的《惜罇空》、越南歌筹抄本中的《进酒曲》、《将进酒赋》视为不同类的事物，亦即理解为采用不同的歌唱方法或吟诵方法传述的李白作品一样；另一方面，我又不能固执原始文本的定名，正像不把按“首章标其目”方式命名的《汉家篇》、《洛阳篇》、《老人篇》回改为《白头吟》、《燕歌行》、《伤河龛老人》，也不把按书籍本来性质认定的“吟诵作品选集”、“歌辞集”改为“别集”和“总集”一样。这意味着，我将根据这些杂抄作品的功能，而不是文体，作类别判定。

再次，这些书籍往往没有明确的作者，有时无作者名，有时托名，有时则是多名杂陈。这种情况又冲击了传统的作家观念。它们类似于敦煌文献中的《王梵志诗》——按传统标准，它是别集；但按实际内容，它却应该定为总集。因为“王梵志”并不是真实的作者名，而是一批白话诗人的共名。其中的问题又类似于琴曲《胡笳十八拍》的作者和写作年代问题——按古之说法，《胡笳十八拍》的作者是汉末蔡琰，或盛唐董庭兰，或中唐刘商，或五代蔡翼；但究其实际，这四者的关系却是文学人物（蔡琰）、琴曲改编者（董庭兰）、歌辞作者（刘商）、词曲编定者（蔡翼）的关系。[1]因此，我只好采用新的方法来确认作者，而放弃常见于中国总集的“互著”方式；只好充分尊重创作集体中每一人——创作者、传述者、表演者、总结者——的著作权，在谨慎辨别其彼此关系的前提下，参考所托之名来表述该作品的作者。

总之，在越南，我度过了很多因新奇而感到困惑也感到兴奋的日子。面对那些“不规范”的书籍，我总是有一种理论冲动，很想建立一个有别于传统文献学的“俗文本文献学”，很想通过典籍形成史研究来实现这一目标。几年以后，这种冲动找到了释放的渠道，因为我接触到了“古文书学”的理论和实践。这时我感到心平气和、豁然开朗了。我知道：在越南所遇到的问题，其实是有普遍性的。一旦引入古文书学的理论和方法，我们不仅可以解决那些特殊的典籍批评问题，而且可以通过不同国度的汉籍比较，建设一个符合史料实际的域外汉籍文献学。

---

① 参见王小盾：《琴曲歌辞〈胡笳十八拍〉的作者与时代》，《起源与传承：中国古代文学与文化论集》，凤凰出版社2010年版。

我的第二份感受来自韩国。从2004年到2007年,我在汉城(首尔)居住了19个月。为考察两支宋代乐队——大晟乐队和教坊乐队——在朝鲜半岛的浮沉,我对《高丽史乐志》作了研究。这项工作可以说是域外汉文学研究,因为《高丽史乐志》收载了一百多首文学作品,包括雅乐乐章、宋代词作、三国俗乐歌辞和景几体歌等高丽朝的俗乐歌辞,皆以汉字为载体;但这些作品却不同于通常意义上的汉文学,因为它们不署作者名,原则上不属于作家文学。我注意到:这种非作家的汉文学,尽管不见于各种总集、别集,容易被研究者忽视,但它却是大批存在的。比如在韩国《古文书目录》中,有"汉诗"部,著录《归家病吟等五七言二十九首》、《湖上共拈唐律韵十首赋得落花诗八首》、《悼亡妻诗三十首》等1,219件作品;有"赋、挽词、挽章"部,著录《挽知友文二首押公东功衷终》、《挽族侄五言律十首押各韵》、《屏岩遗稿挽词三十八首》等33件作品。此外,有"墓志和碑文"部,著录42件作品;有"笏记"部,著录22件作品;有"序跋"部,著录47件作品;有"记文"部,著录31件作品;有"上梁文"部,著录11件作品。这些都是文学专部。而在"其他"部中,又有"簇书"、"箴言"、"祝词"、"贺寿赋"、"戒文"等文学类别。[①]这就是说,域外汉文学不仅是以典籍方式存在的,而且是以文书方式存在的。

这时我还注意到了流行于高丽、朝鲜两朝的《儿郎伟》。在《韩国文集丛刊》中,这种作品达到314首的规模。经比较研究可知:它产生于中国的北朝,到唐代增加驱傩之歌的身份,在敦煌曾用于障车、上梁仪式,13世纪初(崔诜、李奎报时代)传入高丽。在朝鲜半岛的

---

① 《古文书目录》,韩国国史编纂委员会编纂出版,1993年12月发行,第399—500页。

上梁仪式中，它综合使用了“乐语”（朗诵骈文）、“儿郎伟”（相和而歌）两种方式，具有较固定的歌调；但它稍稍剥离了播撒金银面米的民间风俗内容。这意味着，它是作为汉文学、主体上也作为典雅文化传入朝鲜半岛的。在传播过程中，它经历了由民间表演转变为文人摛藻之体又成为仪式项目的过程。①所以在韩国古文书中，可以看到它作为仪式文学的存在。例如图 5 所示《交泰殿上梁文》，为绢书的片断。原用于朝鲜高宗二十五年（1888 年）四月十五日重建交泰殿的仪式，由金炳始撰，闵应植书写。其中“六伟”部分云：

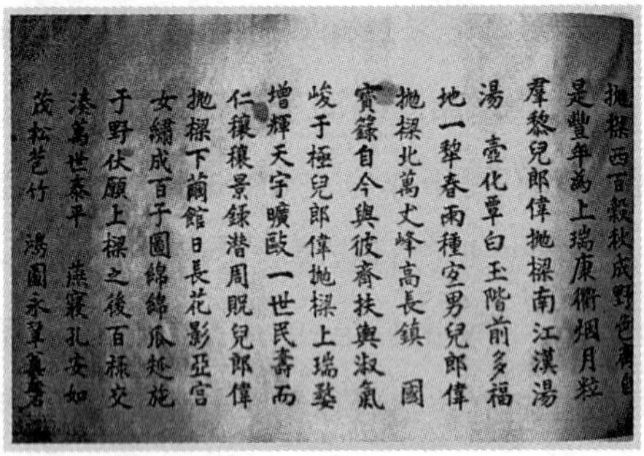
拋樑西百穀秋成野色
是豐年爲上瑞康衢烟月粒
羣黎兒郎偉拋樑南江漢湯
湯　壺化覃白玉階前多福
地一犂春雨種宜男兒郎偉
拋樑北萬丈峰高長鎮　國
寶籙自今與彼齊扶輿淑氣
峻于極兒郎偉拋樑上瑞婺
增輝天宇曠敺一世民壽而
仁穰穰景錄潛周睍兒郎偉
拋樑下繭館日長花影亞宮
女繡成百子圖綿綿瓜瓞施
于野伏願上樑之後百祿交
湊萬世泰平　燕寢孔安如
茂松苞竹　湯圖永鞏

图 5:《交泰殿上梁文》

儿郎伟！抛梁东，鸡人报晓瑞曦红。群生自乐发生力，尽在春风和气中。

儿郎伟！抛梁西，百谷秋成野色齐。自是丰年为上瑞，康衢烟月粒群黎。

儿郎伟！抛梁南，江汉汤汤壶化覃。白玉阶前多福地，一犁春雨种宜男。

儿郎伟！抛梁北，万丈峰高长镇国。宝箓自今与彼齐，扶舆淑气峻于极。

儿郎伟！抛梁上，瑞姿增辉天宇旷。驱一世民寿而仁，穰穰

① 参见本书《从朝鲜半岛上梁文看敦煌儿郎伟》。

景录潜周岘。

儿郎伟！抛梁下，茧馆日长花影亚。宫女绣成百子图，绵绵瓜瓞施于野。

它使用的格式和宋代格式是一致的。这反映了仪式文学在传播上的稳定性，同时也表明了古文书对于域外研究的意义。——就完整的域外汉籍研究和域外汉文学研究而言，它自然要把同各种各样的仪式活动相联系的文书史料，纳入其研究视野。

我的第三份感受来自日本。从 2008 年 6 月到 2009 年 6 月，我用一年时间，在东京进行了《大陆音乐在日本的流传：汉文史料叙录》的资料工作，其中一百天是在上野学园大学日本音乐史研究所度过的。这个研究所位于草加市松原团地，从我居住的庆应义塾大学宿舍出发，要花两个多小时、换乘四班车才能到达。但我一直乐而不疲地在两地之间奔走，为什么呢？因为研究所内储存了以下一大批手抄本乐书：

（一）同“唐乐”相关的古乐书三百多种。其中有《怀竹抄》、《龙鸣抄》、《八音抄》、《木师抄》、《残夜抄》、《孝道教训抄》、《教训抄》、《续教训抄》、《体源抄》、《音乐根源钞》、《寻问钞》、《打物简要钞》、《丝竹口传》、《舞曲口传》、《梁尘秘抄口传集》、《琵琶传业次第》、《五重十操记》、《阿月问答》、《五节间郢曲事》、《舞乐要录》、《杂秘别录》等乐书。这些书或称“抄”，或称“口传”，或称“录”，实际上是一批音乐口述史的资料。有《春日社舞乐音乐旧记》、《若宫祭礼记》、《御琵琶合》、《御游部类记》、《宫中管弦之记》等奏乐记录，这些记录遵用日记方式，实际上是一批音乐古记录。其中又有《神乐血脉》、《和琴血脉》、《郢曲相承次第》、《琵琶系图》、《琵琶血脉》、《筝相承系图》、

《秦筝相承血脉》、《乐道相承系图》、《大家笛血脉》、《兴福寺延年舞式》等乐人谱系书，其性质接近家谱、族谱。其中还有器乐谱126种，例如《天平琵琶谱》、《五弦谱》、《南宫琵琶谱》。这些资料大多抄写于江户时期，但有镰仓时期抄本1种、南北朝时期抄本4种、室町时期抄本4种。

（二）乐人家传乐书乐谱共1,210件。其中包括松浦清文库"乐岁堂"旧藏乐书431件、稻叶与八家藏乐书约300件、圆满院住持旧藏乐书92件、滓氏旧藏乐书约330件、永田听泉旧藏琴乐史料57件。这些藏书处所都是富于文化特色的。其中松浦清(1760—1841)是九州岛肥前平户的藩主，稻叶与八是世袭的热田神宫乐人，圆满院是滋贺县的天台宗寺院，滓氏是南方雅乐的筚篥世家，永田听泉(1872—1960)则是大阪琴师。

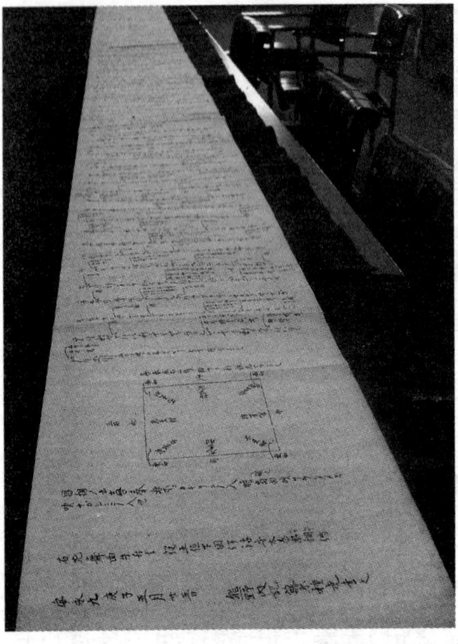

图6:《左舞曲手付》

（三）日本各大图书馆藏乐家所传乐书乐谱约两千件，复制本。其中有日本古代神乐、郢曲名门绫小路家的旧藏乐书，有四天王寺乐人林家的旧藏乐书，有雅乐世家丰氏本家的乐书，有兴福寺春日大社所藏乐书，有宫内厅式部职乐部所藏《明治撰定谱》。我为绫小路家旧藏乐书、《明治撰定谱》编了提要目录，前者407件，后者72册；其他几宗也编了简要目录，但尚未准确计数。

（四）明清乐史料，主要内容是明末以来传入日本的民歌和俗曲，其刊本、抄本近百种。

（五）佛教音乐谱本，包括《朗咏要抄》、《朗咏谱》、《四个法要》、《声明集》等声乐谱，其数在一千件以上。

以上音乐文献，大都未加整理，甚至未加编纂。从“典籍”的角度看，它们都不规范，仍然应该归入古文书或古记录。我把这些书籍通读过一遍，经常被它们奇异的内容或形式感动。例如在热田神宫乐人稻叶氏家中藏有17种舞谱，其中一种是卷子本，称《左舞曲手付》（图6）。那天，当我慢慢展开这份舞谱长卷，记下它的高度（305mm）和长度（4,980mm）的时候，不由得激动起来。舞谱书写于安永九年（1780年），其内容是冈昌稠所传的《春庭乐》、《裹头乐》、《喜春乐》三支大曲，主干为笛谱，旁以彩墨记“手附”（即舞谱符号）。我以前考察过敦煌舞谱；相比之下，这份舞谱规模更大，符号形式更丰富，结构更加诡异，何况它同乐曲有密切配合。面对它，我不仅为古代东方人的符号智慧而惊叹，而且觉得对于“域外汉籍研究”的实质有了新的理解。我认为，作为一个富于魅力的学科，“域外汉籍研究”应该研究一切以汉字为载体的文化，以及汉字承载文化的一切方式。以前在越南，我曾经看到许多种汉字的变体，除京族之喃字以外，有岱喃、侬喃、山喃、土喃、芒喃。我一度诧异于汉字有这样多的兄弟。现在，我又看到许多新的汉字符号了：除舞谱外，看到多种多样的以“墨谱”、“宫商博士”、“律吕博士”为名的声乐谱，看到多种多样的用简化汉字记录孔名的笛谱、笙谱、筚篥谱，以及用简化汉字记录指位的琴谱、筝谱、琵琶谱。这些记录及其内容，事实上尚在中国学者现有视野之外，属于一个未知世界。毫无疑问，我们应该接近这个世界，进入这个世界。而接近和进入这个未知世界的途径，我想就是古文书。

（原载《域外汉籍研究集刊》第6辑，中华书局2010年出版）

从越南俗文学文献看敦煌文学研究和文体研究的前景

一、越南的汉喃文古籍

最近几年,学术界越来越多地关注起“汉文化圈”这一概念了。这一概念扩大了中国文化研究的视野,使研究者注意到汉文化在东亚各地的传播,也注意到越南所具有的重要地位。这不仅因为同初具规模的日本研究、韩国研究相比,越南是一片尚未开垦的学术荒地;而且因为,在曾经使用汉字作为书写工具的国外地区中,越南是浸染汉文化最深的一个地区。一个明显的事实是:越南同中国的关系较为密切。从公元前214年秦始皇设置郡县于岭南,到公元939年静海节度使吴权自立为国:此间一千多年,北方越南一直是中国的组成部分。这种情况不见于其他地区。越南使用汉字的历史更为长久。日本早在759年《万叶集》成书以前就制造和使用假名,朝鲜文的创立在1445年左右,而越南的拉丁文字则出现于17世纪中叶,到20世纪40年代才成为法定文字。汉字作为主流文字的历史,在越南长达两千年。越南的汉化程度更为深入。从公元8世纪开始,越南就实行了以推行汉文化为实质的科举制度。此后经李朝的复兴、黎朝和阮朝的极盛,这种制度持续实行到1919年。也就是说,科举史在越南比在中国本土还要绵长。以上情况促使大批汉文古籍保存和流传于越南。这些典籍既是越南古代文学和古代历史的主要载体,也是传播于越南的中国文化的主要载体。

随着汉语文的流传,越南人创造了一种利用汉字的表义表音功能来拼写越南口语的新文字,俗称"字喃"或"喃字"。字喃是伴随汉文化传播而产生的文字,历史悠久;越南学者一般认为它由交州太守士燮创始,时在东汉末年①。大体说来,喃字的产生经过了两个阶段:一是用汉字来拼音,记写人名、地名、草木名、禽兽名的阶段;二是系统制作喃字以表意的阶段。后一阶段开始于13世纪。据《大越史记全书》等史籍,陈仁宗四年(1282年)前后,刑部尚书阮诠曾以越南语写作一批诗章,被视为"赋诗多用国语"之始。今存陈朝(1225—1400)的《祭鳄鱼文》(阮诠作)、《禅宗本行》和黎朝初年(1428年)的《国音诗集》(阮荐作),便是这一阶段喃字作品的早期代表。正是在这一背景下,喃字在胡朝(1400—1407)、西山阮朝(1788—1802)这两个短暂的朝代曾用为国家正式文字,并在18世纪以后因通俗文学的发展而蔚为大国。

古代越南人在按中国习惯撰作图书的同时,也按中国的目录学传统编制了一批目录。这样的目录有《黎朝通史·艺文志》(1759年)、《历朝宪章类志·文籍志》(1821年)、《黎氏积书记》(1846年)、《河内大藏经总目》(1893年)、《大南国史馆藏书目》(1900年)、《史馆手册》(1901年)、《聚奎书院总目册》(1902年)等。其中《聚奎书院总目册》反映了明命时代(1820—1840)聚奎书院的藏书情况:四部图书

① 例如严从简《殊域周咨录》卷六说:士燮"取中夏经传,翻译音义,教本国人"。中华书局1993年版,第236页。编成于1401年的喃文学典《指南玉音解义》说:士燮"大行教化,解义南俗,以通章句,集成国语诗歌以志号名"。

共有近四千种，包括经部图书 776 种、史部图书 712 种、子部图书 1,081 种、集部图书 1,089 种。越南气候温热潮湿，木版和纸制品都不容易保存，故到 20 世纪，公私所藏古籍在数量上增长不多。据 1951 年的统计资料，当时设于河内的法国远东博物学院图书馆所藏汉喃文古籍共三千五百种，另外藏有两万五千件碑文拓片和两千四百种玉谱、神敕、地簿、社志。据 1977 年成书的《汉喃书目》，当时藏于河内国家图书馆的汉喃古籍共有 5,555 种。到 1993 年，以越、法两种文字印行的《越南汉喃遗产目录》(*Catalogue des Livres en Hannom*)著录了越南古籍 5,038 种、16,164 册，其中中国书重抄重印本 1,641 册、越南人所著汉文书 10,135 册、喃文书 1,373 册；其余为杂用汉喃两种文字的图书。这些数字，反映了主要两宗越南汉喃文古籍——入藏于河内汉喃研究院、巴黎远东博物学院两院图书馆并予编号的越南汉喃文古籍的概况。

从 1998 年到 2001 年，我两次前往河内，在越南学者和朱旭强、何仟年等中国青年的帮助下，对以上几种书目作过仔细核实和修订，编成《越南汉喃文献目录提要》[①]（下称《提要》）一书。此书著录汉喃文古籍 5,023 种。各部类结构如下：

经部 147 种（占总数 2.9%）：易 32 种，书 7 种，诗 13 种，礼 11 种，春秋 11 种，五经总义 13 种，四书 27 种，孝经 8 种，小学 25 种；

史部 1665 种（占总数 33.2%）：正史 14 种，编年 16 种，杂史 100 种，北史 11 种，燕行记 8 种，政书 576 种，传记 519 种，地

① 台北“中央研究院”中国文哲研究所 2002 年印行。

理 272 种，目录 16 种，史钞 11 种，金石 30 种，杂说 77 种，少数民族文献 15 种；

子部 1527 种（占总数 30.4%）：儒学 68 种，杂学 26 种，类书 19 种，蒙学 50 种，家训 23 种，兵家 20 种，医家 332 种，历算 42 种，数术 188 种，艺术 26 种，佛教 314 种，基督教 27 种，道教与俗信 392 种；

集部 1684 种（占总数 33.5%）：总集 212 种，别集 455 种，诗文评 10 种，北使诗文 80 种，酬应文 63 种，应用文体 119 种，举业文 314 种，赋 54 种，六八体诗歌 34 种，歌谣 35 种，陶娘歌 29 种，戏曲 33 种，小说 140 种，金云翘 18 种，杂抄 88 种。

在这些部类中，除集部各类外，经部诗类、史部传记类和史部地理类名胜部分基本上属文学部类。也就是说，文学资料近两千种，在越南现存古籍中占有百分之四十的比重。

二、 汉喃古籍中的俗文学文献

越南古籍的结构和风格，大致相当于中国古代地方图书馆的藏书。其特点是富于应用成分、富于地方特色。例如经学古籍中有四分之一强为举业用书，四分之一强使用喃文，表现了强烈的通俗化、应用化倾向。史部书多为杂史，多为村社档案；其中公牍、乡约、田丁簿、交词、嘱书、谱牒、神迹（玉谱）等类别几乎全是基层社会的历史文献。在子部书中分量最大的类别依次是道教俗信、医家、佛教、数术；传统的九流十家在此部只占百分之五的比重。同样，在越南的集部书中也包含了大量俗文学文献。其中最重要的是以下几个类别：

(一)俗赋

在越南,赋是一种富于应用性的文体。《提要》编入集部赋类的图书共 54 种,按其所使用的文字可分两类:其中汉文赋集 42 种,多是举业所用之书;其中喃文赋集 10 种,多是讲唱所用之书。后者即我们所说的“俗赋”。

越南俗赋有三个特点:其一,赋文多为叙事之体,多用汉代的历史事件为题材。例如《韩王孙赋》之韩信、《张留侯赋》之张良、《王陵赋》之王陵,均为楚汉战争时的人物。这些赋作且往往署有作者姓名,往往强调和越南口语文学的联系(如收录文人作品的《国音赋》)。这表明俗赋是一种具有中国渊源、有越南文化人参预的越南俗文学体裁。其二,赋文风格诙谑,文体或骈或散,或有韵或不韵,形式自由,富讲唱色彩。例如《五更赋》、《女子好士辞农赋》采女子口吻,《世俗赋土音附杂句》、《生农熟农问答辞》用诙谑手法讽刺世情,风格接近敦煌俗赋。而且,《生农熟农问答辞》在抄本中分两栏书写,上栏为汉文,下栏为其七七六八体喃译。说明这种通俗喃赋乃由汉文赋转变而来。其三,这些作品往往与其它俗文学作品合订,表明俗赋是在口头流传的作品。——用喃文书写,这正是越南俗赋流传于口头的证据。

在越南俗赋中,特别值得一提的是《刘平赋》。这是讲述刘平、杨礼事迹的汉文赋。故事略云刘、杨同应科举,刘平落第后依靠登第的杨礼为生,杨礼故意冷落刘平,以激励其志,使之同致显达云云。今存印本、抄本共约 10 种,大多为 12 页本。其中一本抄于越南民歌集之后,8 本与其它书合订。所合订之书或为俗赋(如《韩王孙赋》、《孔子梦周公赋》),或为喃诗传(如《阮达阮生新传》、《女秀才新传》),或为喃歌(如《长恨歌》、《五更夜感情人》),其俗文学特质是非常鲜明的。

《刘平赋》在流传过程中，曾由汉文俗赋移植为以下三种文艺体裁：作为韵文小说的六八体喃诗传、作为越南传统戏剧的唑戏和作为越南传统曲艺的嘲戏。今存以刘平故事为题材的六八体喃诗传有三种，即《刘平杨礼事迹演音》、《西杨列妇传》和《刘平杨礼新传》；今存以刘平故事为题材的戏曲作品亦有三种，即《刘平小说》、《刘平演歌》和《刘平嘛》。尽管在移植中不免发生细节变化（例如《西杨列妇传》改主人公名为"刘平"和"杨武"），但各种文体的刘平故事，其主要线索却是一致的。戏曲作品则往往与六八体喃歌等通俗文学作品合订。由此可知：越南俗赋是来自中国的俗文学品种[①]，同它性质最相近的文艺体裁是喃诗传、唑戏和喃歌。由于前一种关系（渊源关系），它在越南有多种"演音"（译为口语文本）的形式；由于后一种关系（共生关系），它首先移植为喃诗传和唑戏，并因欣赏习惯的关联而与作为通俗歌曲的喃歌合抄为一书。

（二）六八体喃歌

六八体指的是以六言八言相间为主要句式的韵文体裁，包括"六八六八"、"七七六八"两种类型。此体大多用喃文，故又称"国音诗"。但其格律接受汉语近体诗的影响，将平、玄、问、跌、锐、重六声分为平仄两类，以两字为一音节作平仄声的更换，因此是一种艺术文体。关于其缘起，《琵琶国音新传》序有云：

我国国音诗始于陈朝韩诠，继乃变七七为六八，而传体兴

---

① 越南俗赋以中国历史故事为题材，采用与敦煌赋相近的体裁，又明显呈现了从汉文赋向喃文赋过渡的趋向，据此可以肯定它的中国渊源。但《刘平赋》具体由哪种中国作品脱胎而来，尚待调查。唐代笔记小说中即有类似题材，例如《唐摭言》卷八记有"为乡人轻视而得者"、"以贤妻激劝而得者"等科举故事。

焉。(乔莹懋 1891 年序)

> 北人以文字求声音,文字便成腔调;南人以声音求文字,声音别具体裁。故永嘉第七才子之书,足登唇吻;而东床六八演音之传,容惜齿牙。(失名 1901 年序)

可见六八体产生在陈朝以后,通过“以声音求文字”的方式形成,贴近口语和口头传播方式,是在汉语七言诗影响之下产生的越南民族诗歌的体裁——亦即汉诗同越南民间说唱相结合的产物。《提要》将较富抒情色彩的六八体作品归为集部“六八体诗歌”类,其中有汉文书 4 种、喃文书 30 种,这证明六八体本质上是一种喃文的诗体;《提要》又将较富故事性的六八体作品归为集部小说类“诗传”目,其中有汉文书 7 种、喃文书 55 种,共达 62 种,这证明六八体还是一种富于叙事功能的越南本土韵文体裁。

由于六八体同喃文的关联,在越南四部古籍中都有六八体形式的作品。这些作品表现了鲜明的通俗性和叙事性,都是具美文特质的文献。如:

1. 经部。这是使用六八体比例最高的一部,在 147 种书籍中约有 20 种六八体作品。其主要形式是汉文经典的喃文韵译和解释,例如《周易国音歌》、《诗经演音》、《论语释义歌》。除此之外,小学类亦有若干种用喃文六八体解释汉字辞义的辞典。这些作品表明六八体具有通俗易懂、易于记诵的效用。

2. 史部。含六八体书籍三十多种,主要见于正史、杂史、神迹、日记等较富叙事性的类目。例如杂史中有《历代洪蒙演劫》、《大南国史演歌》,分别是喃文中越通史和喃文韵译形式的越南史;神迹中有《观音正文新传》、《茀禄社事迹文》,用喃文记述祠庙所供奉的氏敬观音、陈朝宫妃的事迹。此外在政书、地理两类中也有若干种六八体著作，例如《皇越律例撮要演歌》是对越南史和嘉隆十二年(1813 年)律例的喃文韵译。这些作品亦证实了六八体的通俗性和叙事性。

3. 子部。子部是使用六八体数量最多的一部，其书约有 140 种。主要用于翻译汉文典籍，使之普及。例如蒙学类有 5 种图书为《三字经》的六八体喃译，佛教类有 18 种图书为汉文佛经的六八体喃译，道教与俗信类有 5 种道经和二十多种降笔文为汉文书的六八体喃译。此外六八体有两种用途：其一用为医药歌诀，共六十多种；其二用为劝善文，有近十种。后者的功能其实和降笔文(以神灵的名义劝善)一致。例如其中有《女则演音》、《二十四悌传》，为汉文劝善书《女则》、《二十四悌传》的六八体喃译；有《劝夫歌》、《日省吟》，为规劝及警示内容的六八体喃歌。前文说到《劝夫歌》等常与俗赋合订的情况，可见喃文六八体劝善文的性质类同讲唱文。此外道教与俗信类尚有若干种祭祀文字用六八体，例如《陈太师赞文》为祭祀陈兴道仪式上的赞文、《诸位赞文全集》为祭祀仙圣仪礼上的嘲文，这说明六八体还是一种宜于唱诵的文体。

但从狭义文学的角度看，作为俗文学作品的六八体文献仍然集中见于集部。其中最大一宗是将在下文作专门讨论的六八体喃诗传，另一宗则是六八体喃歌。除《刘平杨礼事迹演音》外，喃歌中包括男女对唱情歌歌本《男女对歌》、《风情新传》，包括以相思为题材的《春情想望》、咏旷女的《贫女叹》、讲述王昭君故事的《美女贡胡》、描述旅人思亲之情的《秋夜旅怀吟》。此外有若干种以流行汉文诗篇为对象的喃译作品：汉文诗《征妇吟》的喃译本《征妇吟》，白居易《琵琶行》、《长恨歌》的喃译本《琵琶行演音歌》、《长恨歌演音新传》。这些作品被很多书籍附载，说明六八体喃歌是一种为群众喜闻乐见的通俗说唱形式。

(三)陶娘歌

陶娘歌又称“歌筹”,是一种由艺妓表演的曲艺形式。其特点是一人主唱而以带琴、拍板、小鼓伴奏,往往使用“汉越语”来歌唱唐宋诗赋。因其主唱者称“陶娘”或“桃娘”,故名“陶娘歌”;因传统的点歌、评歌方式是投签方式,故又名“歌筹”。许多迹象表明,歌筹是有中国渊源的。唐代饮妓歌唱小曲,即往往以筹箸为点歌记令的工具。[①]陶娘唱唐宋诗赋时所用的“汉越语”,其传入越南的时间大体上在中唐前后。[②]元稹《元和五年予官不了》诗云:“能唱犯声歌,偏精变筹义。”《何满子歌》云:“如何有态一曲终,牙筹记令红螺盏。”方干《赠美人》云:“剥葱十指转筹急,舞柳细腰随拍轻。”孙光宪《更漏子》云:“歌皓齿,舞红筹,花时醉上楼。”[③]这些关于筹歌、妓歌的唐五代资料,指示了“歌筹”等名称的由来。

现存的关于歌筹的典籍,在汉喃研究院有37种。诸书均以喃文为主体,而间用汉文,大体包含三方面内容:

其一,记录歌筹的歌调和曲辞。例如在《教香》、《河南格》、《呐南》、《吟赋》等调名下注“甲”字,表示是管甲(男性艺人)所唱的歌章;在《乐香》、《诗香浪》、《三声》、《河柳》、《呐南》、《书格》等调名下注“桃”字,表示是陶娘(桃娘)所唱的歌章。常用歌调另有《喝呐》、《喝

---

① 参见王小盾:《唐代酒令艺术》第一章第一节“筹令”,台湾文津出版社1993年版;上海知识出版社1995年版。

② 参见王力:《汉越语研究》,《龙虫并雕斋文集》中华书局1982年版,第二册,第770页。

③ 《全唐诗》卷四〇〇,中华书局1960年版,第4484页;卷四二一,第4633页;卷六五一,第7478页;卷八九七,第10141页。

望》、《喝史》、《吟望》、《北返》、《北吟》、《南哀》、《南商》、《南平》、《南游》、《宫北》、《宫南》、《河南》、《大石》、《独赋》、《独诗》、《诗格》、《乐香》、《诗香》、《四大景》等，常见曲辞则有《咏聋》、《前后赤壁》、《长恨歌》、《刘阮入天台》、《滕王阁序》、《琵琶行》、《织锦回文》、《赤壁赋》、《红红雪雪》、《进酒曲》(李白《将进酒》)等。

其二，叙述演奏鼓、琴、板的方法，解释有关制度名物。所述包括击鼓法、伴奏法、击拍法、城隍庙门唱法，常见的演唱术语则有"北返格"、"诗格"、"补步格"、"醝格"、"童妾格"、"喝回鸾九曲格"等。

其三，阐述歌唱理论。例如《各调歌筹》在《北宫》题注中论及唱法，云："首数句声舒而长，后声稍急，中间当平而高，当高而下，谓之征句，属柏宽。"《歌筹各调》在《书格》题解中论及唱法的应用，云："此谓幔头句，凡书先读此句，然后读《琵琶》、《赤壁》、《进酒》、《回文》、《玉阁序》、《问月歌》，钧谓之读赋，但读访一排而已。"《歌唱各调》在《喝呐》题注中则论及若干演唱术语："喝呐，男唱则为喝河南，女唱则为喝呐，所唱之曲，每篇十一句而止，一二句为总目，三四句是承题，五六句用七言诗。""徵属火，其音闹热，次高，次短，次清，在歌家为宫南。""羽属水，其音最高，最短，最清，又婉媚而轻清。"此外，许多歌筹书还记录了歌曲的工尺谱。

作为具俗文学性质的典籍，歌筹之书有两个特点：一是书中往往杂抄喃文赋、六八体喃歌等其它体裁的俗文学作品，二是出现了一批文人的歌筹辞集[①]。后者表明陶娘歌造成了一种新的文人拟作风尚。

---

① 例如《歌筹》、《歌筹体格》、《歌筹各调》等书各收录了十几位名家的作品，作者包括进士黎贵惇、参知阮公著、举人高伯适、黄甲黎廷泰。又《唱曲辑诗附唱曲辑编》为吴廷泰(字宝光，号松轩)所撰的陶娘歌集，杂用汉喃两种文字，以流行于诗赋小说中的伯夷叔齐、山水景色、董天王、翠翘等为题材。

(四)小说

在越南汉喃古籍中,小说是比重甚大的部类。《提要》一书认为它包含笔记、传奇、诗传、章回小说四目,共有140种图书。但这只是一个狭义范围的统计。若把"小说"定义为有情节、有人物、有虚构的叙事作品,那么,史部传记类的106种神灵传记,以及人物传记中的大部分(约一百种),也可合理地归入小说范畴。

关于越南古代小说的数量、范围、类别及其渊源,《〈越南汉文小说丛刊〉和与之相关的文献学问题》[①]一文曾作详细论述。此文把越南古代小说分为笔记、传奇、诗传、章回小说四类,认为它们在小说发展史上的位置分别对应于中国汉以来的笔记小说、六朝以来的传奇小说、宋以来的市人小说、明清时代的章回小说。其中诗传是依越南本土叙事传统而建立的文体,同宋以来的市人小说一样,源于以人物事迹为主题的讲唱艺术;其它三类则明显具有中国渊源。以下是各类的大致内容:

1.笔记小说:即富于纪实特点的短篇故事。《提要》共著录11种,包括中国书重抄重印本3种、汉文书7种、喃文书1种。其中较为典型的是武纯甫(1736年进士)等人编撰的《公余捷记》[②]和高伯适编撰的《敏轩说类》。前者录80则故事而分为叹怪、名儒、世家、名臣等12目,后者由10篇传记、178则名胜记和46则人物述评组成。

2.传奇小说:即富于虚构成分的中短篇故事,区别于"诗传"的特点是以事件(而非人物)为中心。《提要》著录传奇小说共42种,包括

---

① 参见本书《〈越南汉文小说丛刊〉和与之相关的文献学问题》。

② 《公余捷记》流传很广,颇多仿效之作,如汉文书《公余捷记摘录》、喃文书《传公余捷记》等。它们证明这一类目接受了中国笔记体文学的影响。

中国书重抄重印本 3 种、汉文书 36 种、喃文书 13 种。汉文书可分为神灵故事、怪异故事两种类型。前者以《越甸幽灵集》、《岭南摭怪》为代表，内容为祠庙所供奉的历史人物和传说人物的传记；后者以《传奇漫录》、《传奇新谱》为代表，大致是在《剪灯新话》等中国小说影响下产生的作品。其喃文书则多为汉文故事的喃译，例如《笺花录》是《花笺传》的喃译，《重湘新录》讲述司马懿前身司马貌的故事，《外书列传古录新编》记述唐太宗、李太白、孔明、关公、曹操、陈抟等中国人物的事迹。这表明了越南传奇小说的中国渊源。

3. 章回小说：即以章回划分段落的白话小说。《提要》著录章回小说 15 种，包括中国书重抄重印本 2 种、汉文书 7 种、喃文书 6 种。汉文书有《皇越春秋》、《驩州记》、《越南开国志传》、《皇黎一统志》、《皇越龙兴志》等，皆为长篇历史小说，其内容反映自公元 1400 年以来的史实，次第相接，由作家撰作；喃文书皆诗传体，包括十九回的《事迹翁状猪》、二十三回的《事迹翁状琼》、十二回的《董天王新传》、二十四回的《碧沟奇遇》，分别以猪状元、琼状元、董天王、碧沟坊名士陈绣鸳为主人公，表现方法接近于越南本土的事迹传。

以上两类章回小说，反映了书面文学与口头文学二分的倾向。汉文章回小说皆是知识分子的作品，往往使用“且看下回分解”(而非“且听下回分解”)一类同阅读相联系的语言，有强烈的纪实性质，所依据的是中国章回小说、越南历史散文这两种书面文学的传统[①]。喃文章回小说则是越南本土的口头文学传统的反映。关于这一点，除上文说到的章回喃诗传的表现方法之外，《桃花梦记》亦是一

① 参见李福清：《〈皇黎一统志〉与远东章回小说传统》，中译本载《汉文古小说论衡》，江苏古籍出版社 1992 年版，第 324 页。

个很好的旁证。

《桃花梦记》又名《桃花梦》、《兰娘小传》和《桃花梦记续断肠新声》，由《会真记元生小传》、《桃花梦兰娘小传》及其喃译诗传三书合成。题材脱胎于唐传奇元稹《会真记》，但情节颇有不同。其书略云元净字金莲，丰仪秀丽，在鹤江岸的寺庙邂逅歌伎玉兰，结为连理。元生后辞官携兰娘四处游览。一日，兰娘梦见桃花告知自己是翠翘后身，元生是金重转世，因情债未还，此生得以团圆十五年云云。这里的转世还债的细节便是按越南民众的审美心理增加的[①]。此书目录记喃诗传共二十回，今一本残存八回，六八体；另一本仅载《会真记元生小传》、《桃花梦兰娘小传》，无喃诗：可见章回体喃诗传较其传奇故事后起。也就是说，章回体喃诗传是越南的一种口头文学样式。当越南作家按本土讲唱传统对来自中国的传奇、章回小说进行加工之时，便形成了这一体裁。

4. 诗传："传"是富有越南本土特色的叙事文体。它往往以一个人物、一个时代为叙述的单元，故也称作"事迹"。其形式则多为越南本土体裁六八体，因而称作"诗传"。《提要》著录诗传作品 62 种，其中汉文书 7 种、喃文书 55 种。这种数量上的倾斜，表明喃诗传是诗传体的主流。

现存喃诗传主要有两种类型：其一讲述男女之情缘，其二讲述英雄之生平。它们分别反映了诗传本土传统的一面，即联系于娱乐性讲唱的情缘故事传统和联系于仪式性讲唱的英雄故事传统。例如《梦贤传》讲述有情人终成眷属的故事，于传文中穿插喃文六八体"曲

---

① 越南阮朝有一部传奇小说名为《玉身幻化》，亦用转世之说。其书略云太平省琼瑰县书生王氏于游学途中邂逅古螺人女子，两人情投意合，约定终身，后知王氏前身是仲始，古螺女子是媚娘转世云云。《越南汉文小说丛刊》第一辑收录。

弹浪"和"诗浪",便表明了情缘题材的喃诗传同越南民间讲唱的联系。另一方面,在《提要》史部传记类中著录了大批人物传记和神祇传记,它们往往以"传"或"事迹传"为名,往往采用六八体诗传的形式。考察它们的功能可以知道:仪式讲唱和神话说唱,乃构成越南小说另外两个古老的本土来源。

尽管如此,在喃诗传中依然可以看到中国文学的影响。事实表明,群众所喜闻乐见的诗传题材,常常来自中国的戏剧或小说。例如前文谈到的关于刘平、杨礼科场友谊的作品,以及《齐宣传》、《昭君贡胡传》、《刘阮入天台新传》、《宋志传》、《刘元普传》、《沈子虚传》、《西游传》、《再生缘传》、《平山冷燕演音》、《好逑新传演音》等中国题材的作品。此外关于蔡邕、赵五娘故事,在喃诗传中有《琵琶国音传》、《琵琶国音新传》等作品;关于梅良玉和胡杏元的爱情纠纷,在喃诗传中有《二度梅传》、《二度梅精选》、《润正忠孝节义二度梅传》、《二度梅演歌》等作品;关于白猿仙女与秀才尊各的夫妻恩怨,在喃诗传中有《白猿新传》、《白猿诗集》(又名《林泉奇遇》)等作品;关于宋代潘陈两家的姻缘故事,在喃诗传中有《潘陈传》、《潘陈传重阅》等作品。值得注意的是:《二度梅演歌》又名《二度梅润正》,汉喃两种文字间用,每段喃诗前略抄汉文"原诗",进而以"演音"方式演绎其内容;《二度梅精选》含汉文目录一篇,共十三回,其回目有如中国小说,云"第一回,梅公改任历城县,唐帝征拜谏议郎"云云;《润正忠孝节义二度梅传》则每页印为上、中、下三栏,上栏汉文,以七言诗与散文相间的方式,概括叙述各回的故事内容,中栏、下栏喃文,分别为《二度梅演歌》的六言句和八言句。这些情况说明:喃诗传是以汉文小说为祖本的。中国的戏剧小说曾在越南民众中流传,并在流传过程中孕育了喃诗传这一形式。从接受者一面看,喃诗传反映了越南民众对中国故事题材的选择，故上述故事多是“情缘”故事；从传送者一面看，喃诗传反映了多种艺术形式的综合，故喃诗传的“诗浪”、段落分割等等可以看作中国小说文体的遗痕。

（五）嘲歌和唻戏

越南古籍中有相当数量的表演艺术典籍，除前文所述 37 种陶娘歌以外，另有十多种歌曲书，基本上是喃文书籍。它们可以分为民间歌谣、礼会歌两类。前者有《乂安民歌》、《清化观风》等，多按歌唱地点或歌唱形式编辑；后者则有用于中元节祭祀的《陇江歌本》、用于祠庙祈福的《上殿唱歌》、祝贺曲《修齐治平曲》、祭鳄鱼的船歌调《场东村事神棹歌》、农村婚俗歌《问答歌杂录》等，为民间礼会歌本。这些书籍是越南俗文学的重要组成部分；其喃文形式，表明了它们同民间歌唱的直接联系。

这里要介绍的是嘲歌和唻戏。“嘲歌”是越南的曲艺品种，是富于民间特色的表演唱。所唱往往有角色、有情节，故又称“嘲戏”或“嚼”；所唱若无角色和情节，则称“嘲歌”或“嘲文”。前者有《刘平小说》、《刘平嚼》、《张生新嚼》、《石生演戏本》、《花云演音歌》、《张园演歌》等作品，后者则有用于礼会的嘲歌《各筵开陈》、关于上柱国公吴龙事迹的嘲文《雄朝吴相公事迹文》。嘲文是民间宗教——母教的歌唱文体。

至于唻戏，现存作品则有 33 种：3 种汉文戏、30 种喃文戏。从以下两个迹象看，它是通过文化交流而形成的表演艺术体裁：其一，尽管它使用越南本土的表演方式，但其题材往往来自中国，例如《本尧舜》、《华容小路》、《金石奇缘》、《白奇珠》、《虎成人》、《金龙赤凤全集》。其二，大批唻戏作品以“演歌”、“演传”为名，例如《丁刘秀演歌》、《中军对歌》、《陈诈婚演歌》、《刘平演歌》、《三国演歌》、《陈广耳演歌》、《小山后演歌》、《西游记演传》、《老蚌生珠演传》、《嘉耦演传》、《四海同春演传》、《唐征西演传》、《徐胜演传》。如果说越南古籍中的“演”意味着语文上的翻译(“演音”)或体裁上的改编(“演歌”和“演传”),那么,哝戏便是在《说唐》、《三国演义》、《西游记》等汉文小说广泛流行的背景下形成的。

三、 结合越南文献研究敦煌文学的前景

综上所述,越南汉喃文古籍是一宗内容和意义都很特殊的文献。它具有强烈的通俗化色彩,并以广泛使用俗文学手段为特色。这样便形成了一种特殊的典籍结构。如果说文学典籍在越南汉喃文古籍中占有五分之二的比重,那么乐观地看,俗文学文献在文学典籍中达到了五分之二的比重。——若从功能角度(用于娱情)定义文学,则越南俗文学文献约为四百种;若从文体角度(使用美文)定义文学,则越南俗文学文献可达七百种。越南汉喃文古籍的这种结构与风格,颇不同于中国传世古籍;正因为这样,它非常接近20世纪初发现的敦煌写本文献。

越南汉喃文古籍同敦煌写本文献的相似,可以归结为两者在文化上的同一性。例如,越南古籍往往杂抄成书,在传播方式上和敦煌文献一致;越南古籍中容纳了大批社会经济档案和大批中国文学史上已失落的品种和作品,在内容特点上和敦煌文献一致;俗文学作品的作者大都是思想和修养都迥异于传统作家的下层文化人,这种文化性格也和敦煌文献一致。此外,越南古籍展示了一种为社会各阶

层所共有的知识结构、一批界限模糊的文体,甚不同于中国传世古籍中泾渭分明的文体雅俗之别,这同样是和敦煌文献一致的。这些情况提醒我们重新审视传统的"典籍"概念,重新看待它同围绕中央集权而建立的等级制社会的联系,因而也提醒我们注意同民俗社会相对应的那个书籍世界。越南文献和敦煌文献既然同属于这个世界,那么,理应把它们同时纳入研究者的视野。兹举四例加以讨论。

(一)俗赋研究

俗赋是20世纪敦煌文学研究的一项收获,是在现存典籍中几乎被湮没的文体。狭义的"俗赋"指《晏子赋》、《韩朋赋》、《燕子赋》等用俗语作成的故事体赋文;广义的俗赋则指所有具故事性、趣味性、知识性因而适合于向大众口诵的作品。后者实际上包括敦煌所发现的各种唐五代赋文,因为这些赋文都具有表演艺术特点——《渔父歌沧浪赋》以人物问答为作品主体,《驾幸温汤赋》使用了与《八相押座文》相同的套语("青一队兮黄一队"),《天地阴阳交欢大乐赋》采用大量俚言俗语,《龙门赋》以"忽谓行乐长若斯,盛衰恰似河边草"的讲唱套式结尾——因此都可以归入俗赋。"俗赋"代表了一种同传统典籍所见文人赋相区别的文体:大量使用口语和对话,重视故事情节,喜用诙谐语作夸张描写,句式散漫,叶韵宽泛。如何认识这些作品?它们是不是形成于唐代的新文体?其渊源如何?这是敦煌文学研究者讨论已久的问题。

越南文献为解决上述问题提供了重要佐证。因为无论从题材角度看,还是从表现方法角度看,越南俗赋都明显具有中国渊源——和敦煌俗赋之间有血缘联系。越南俗赋讲述孔子、张良、韩信、萧何、王陵等汉代流行的故事,敦煌俗赋亦喜用晏子、渔夫和汉武帝时的题材。这表明俗赋一体的流行可以追溯到汉代。越南赋的雅、俗之分表现为汉文赋与喃文赋之分，其实质是书面文学与口头文学这两种文学传统之分。这又提示我们：《汉书·艺文志》所谓"不歌而诵谓之赋"，是完全适用于俗赋的一个定义，揭示了俗赋作为韵诵艺术之底本的性质。无论是越南俗赋，还是敦煌俗赋，都可以看作"保存了古老的韵诵传统的讲唱艺术体裁"①。从汉代开始兴盛的文人赋，其实是从这一传统中逸出的分支。

在敦煌写本中有一种《汉将王陵变》，讲述楚汉之战时王陵之母劝子效忠汉王刘邦的故事，说到项羽囚禁汉将王陵之母，欲劝降王陵，陵母自刎等等。它的体裁（韵散结合）和题记（"从此一铺，便是变初"，"孔目官学仕郎索清子书记耳，后有人读讽者，请莫怪也了也"）表明，《王陵变》的唱诵方式接近于俗赋——既有大段的"读讽"，亦有局部情况下的演唱。因此，即使从表演角度看，敦煌《王陵变》和越南《王陵赋》亦可作比较研究。按越南《王陵赋》为喃文赋，今存印本一种，与汉文书《国朝书契》、喃文书《张留侯赋》、《潘陈传》合订于一册。全篇共 470 字，其起首 129 字可逐字对译如下：

南天月月（意为时光流逝），月光燎燎。东南海黥布叩头，西北林豺狼蜷脚。王圣基立成栋梁，村民家夜不闭户。士勤谨传授圣贤，民人人担云锄风。

话说缘起：

汉王陵实为忠臣，逢天时汉楚争雄。陵决意一心事汉，时项羽雷霆振汉。取陵母置于军中，王陵母意志坚决。告其子善事汉王，破秦灭楚，助汉王成就帝业。母兮何智，子兮何忠，留一门千古美名。

---

① 本书《敦煌文学与唐代讲唱艺术》。

除文体以外，这里的叙述方式颇不同于《王陵变》:《王陵变》是对故事的叙述和描写，《王陵赋》则是对故事的歌咏与评论。但从《王陵赋》末尾“天子万年”的套语看，其讲唱特性却是不容否定的。这意味着什么呢？意味着《王陵赋》只是一篇完整的讲唱作品的一部分，另一部分是王陵故事本身；意味着讲经文与押座文的搭配关系也出现在变文、俗赋等体裁之中，《王陵变》和《王陵赋》很可能是同一场讲唱的两段底本。

关于这一推测，有一个明显的证据：敦煌变文的散说部分大量夹杂了赋体或骈体，以致在敦煌文学研究者中产生了变文起源于赋文之说和故事赋为变文支流之说[①]。另外，在中国古代，像这样的多种文体结合为用的情况是并不稀见的，尤其多见于讲唱艺术之中。台湾学者朱晓海指出，中古时期流行过两种以不同文体来表述同一主题的现象：一是同一主题内容既以赋、又用诗来表述。例如西晋张华既撰有《感婚赋》，又撰有《感婚诗》；曹丕在建安末年既写了《寡妇赋》，又写了《寡妇诗》；敦煌所出《燕子赋》既采用四、六言的体制，又采用五言歌行的体制。二是同一主题既写为韵文文体，又写为非韵文文体。例如陶渊明同时写作了《桃花源记》和《桃花源诗》，东晋曹毗同时撰有《神女杜兰香传》和多篇《杜兰香歌诗》，西晋张敏则以《神女传》、《神女赋》重复叙述了弦超与成公智琼的仙凡恋爱故事。[②]这其实是古代讲唱艺术兼说兼唱之习惯的反映。显而易见，这一现象也会出现在敦煌俗文学文本当中。鉴于敦煌俗赋同表演艺术之间的

① 参见张鸿勋：《敦煌话本、词文、俗赋导论》，台北新文丰出版有限公司1993年版，第226—231页。

② 朱晓海：《论〈神乌傅〉及其相关问题》，载台湾《清华学报》新28卷第2期，1998年6月。

紧密联系，鉴于敦煌文学作品往往用作某一讲唱活动的片段（例如《子灵赋》是"用于某一说唱节目开篇和终场时的诵辞或唱辞"[1]），鉴于敦煌俗文学的许多文本在越南俗文学文献中得到了保存（详下）——可以推测，越南《王陵赋》与敦煌《王陵变》很可能是彼此关联、彼此补充的两个文本。也就是说，越南《王陵赋》与敦煌《王陵变》，是敦煌文学中不同文体搭配现象[2]的一个特殊表现。

（二）曲子辞研究

曲子辞是按隋唐燕乐曲调谱写的歌辞，在敦煌写本中大约有一千首的规模。如果按其表演特征进行分类，那么《云谣集杂曲子》所载30首作品是歌妓艺术类型的曲子辞，《五更转》、《十二时》等联章辞是歌场艺术类型的曲子辞，《儿郎伟》、《曲子喜秋天》等则是风俗歌类型的曲子辞。在20世纪，敦煌曲子辞曾因其有调名、有固定辞式而受到文学研究者的密切关注，被看作词的前身，亦即被看作作家文体的发生形态；又因其配合曲子歌唱而受到音乐研究者的关注，被用作唐传古乐谱研究、中国音乐史研究的对比资料。但是，曲子的生存环境如何？其音乐形态如何？如何表演和传承？这也是有待深入研究的问题。

越南的陶娘歌为解决上述问题展现了光明的前景。这种用汉越语演唱唐宋诗赋的曲艺品种，无疑可以看作唐宋曲子音乐的活化石。因此，近年来激烈争论的敦煌乐谱、舞谱之形态的问题，以及其曲、辞

① 参见本书《敦煌文学与唐代讲唱艺术》。

② 例如敦煌讲经文往往省略经文、说解文，而详录歌赞之辞，说明现存讲经文仅为俗讲之歌赞部分，须搭配于另一文体而用于讲唱；又如敦煌词文《秋吟》提及"芭词"、"赞叹"、"偈子"等多种文体形式，而其内容又与敦煌歌辞《三冬雪》、《千门化》一致，两者"很可能本是一组相联贯的讲唱辞"。参见王小盾：《佛教呗赞音乐与敦煌讲唱辞中"平""侧""断"诸音曲符号》，《中国诗学》第一辑，南京大学出版社1989年版。

之关系的问题,[1]有希望从中找到答案。陶娘歌中的若干曲调是通过"采诗入唱"的方式形成的,这种"诗"和"曲"的关系也类似于唐代声诗(以声被诗之辞)与曲子(因声度词之曲)的关系,可资说明敦煌曲子辞若干曲调的来源。在越南,陶娘歌因其历史的久远,也因其同"教坊"的联系[2],已成为雅俗共赏的精致艺术,造就了大量文人作品;由此不难理解敦煌曲同唐宋之际文人词的关系。特别值得注意的是:如果把中国古代音乐文化史划为三个阶段——依靠宫廷礼仪而生存的雅乐,依靠地主庄园经济而生存的歌妓音乐,依靠市民经济而生存的戏曲音乐——在这个三段结构中,越南陶娘歌和敦煌曲子辞属于同一个音乐文化阶段。通过陶娘歌,可以生动地理解敦煌曲子辞的生存环境及其表演和传承的方式。

(三)《孔子项橐相问书》研究

《孔子项橐相问书》是流传甚广的俗文学作品,在敦煌至少有19种写本,包括16种汉文写本和3种藏文写本。其故事渊源久远,可以追溯到《战国策》、《列子》、《史记》、《新序》等典籍所记"项橐生七岁而为孔子师"的传说和"两小儿辩日"的传说。据研究,在唐以前,它是作为民间故事流传的;到初唐,它定型为一篇论议的文本[3]或俗赋的文本。

---

① 葛晓音、户仓英美:《从古乐谱看乐调和曲辞的关系》,《中国社会科学》1999年第1期;王小盾、陈应时:《唐传古乐谱和与之相关的音乐文学问题》,《中国社会科学》2000年第5期。

② 参见越南古籍《考教坊式》。此书记录对陶娘进行典试的评价体式,由礼部教坊司撰写,其典试方式是以得筹多寡而确定评分高低。可见歌筹是一种教坊艺术,其名来自教坊。

③ 参见本书《敦煌论议考》。

《孔子项橐相问书》渊源如何？流传情况如何？这是为历来研究者所关注的问题。现在，关于这一问题，已经有更好的条件作深入探讨了。因为在越南古籍中，至少保存了3篇孔子、项橐相问的故事！各本的篇幅、内容均与敦煌本相近；但从叙述次序和文字内容看，越南本却更接近藏文本和明代的《小儿论》。例如越南本“三窗六牖，不如一户之光；众星朗朗，不如孤月独明；父母之恩，奚可失也”云云，不见于敦煌本，而见于藏文本和《小儿论》：

藏文本：“许多星星聚集在一起，也抵不上一个月亮的光明；从一个门进来的光亮，要超过六个天窗和窗户进来的光。同样，一根针能消耗上千束的线。……讲起父母的恩情是忘不了的。”

《小儿论》：“三窗六牖，不如一户之光；众星朗朗，不如孤月独明。父母之恩，奚可悉论也！”①

此外，从下表所列各本的内容顺序看，敦煌本的结构是不同于其它各本的：

表1

内容	敦煌本段落号	藏文本段落号	越南A2409本段落号	越南V232本段落号	越南A1710本段落号	《小儿论》段落号
孔子出游	1	1	1	1	1	1
孔子小儿论作戏	2	2	2	2	2	2
项托拥土作城	3		3	3	3	3

① 资料来源：敦煌本及《小儿论》，据王重民等：《敦煌变文集》、项楚：《敦煌变文选注》、黄征、张涌泉：《敦煌变文校注》；藏文本，采自冯蒸：《敦煌藏文本〈孔丘相托相问书〉考》，《青海民族学院学报》1981年第2期；越南本，据河内国家社科中心汉喃研究院藏书。

（续表）

内　容	敦煌本段落号	藏文本段落号	越南 A2409 本段落号	越南 V232 本段落号	越南 A1710 本段落号	《小儿论》段落号
孔子小儿论避车	4		4	4	4	4
孔子小儿论年幼	6	3	5	5	5	5
孔子问姓名	5	4	6	6	6	6
孔子邀小儿共游	8	7	8	7	7	7
孔子邀小儿结盟		8				
孔子小儿论博戏	9	6	7	8	8	8
孔子小儿论平天下	10		9	9	9	9
孔子问无	7	5	10	10	10	10
孔子问天高地厚	14	10	11	11	11	11
孔子问屋上生松等事	11					
孔子小儿论夫妇父母	12	9	12	12	12	12
小儿问鹅鸭何以能浮等事	13		14	14	14	14
孔子叹后生可畏	15		13/15	13/15	13/15	13/15
小儿问天地			15	15	15	15
结尾或附载	附孔子欲杀项托诗	结尾:小儿杀水鸟			附孔子观金人之铭	

以上异同说明了什么呢？说明孔子项橐故事在唐五代已经定

型，且大略有北方、南方两个同源异流的传播系统。如果说敦煌本是北方系统的代表①，那么，越南本、藏文本和明代《小儿论》便具有更亲密的血缘关系，同属于《孔子项橐相问书》的南方系统。有学者提出：《小儿论》结尾小儿问天地一段，“既不见于（敦煌本）《孔子项托相问书》，也不见于古藏文本之中，当是另有来源”。②这一问题正好可以用两个传承系统之说来解答，因为同《小儿论》一样，在越南的三种传本中均有以下一段：

> 小儿曰：“天上零零，夫子知有几星？”子曰：“适来问地，何得谈天？”
>
> 小儿曰：“地下碌碌，知有几屋？”子曰：“只论眼前，何得谈天说地？”小儿曰：“若论眼前，眉毛数得其有几茎？”夫子不答而去，故有“后生可畏”之语。（明代《小儿论》）
>
> 又问曰：“天上零零有几星？”孔子曰：“适来问地，何必谈天。”小儿曰：“地下碌碌有几屋？”孔子曰：“且论眼前之事，何必谈天说地。”小儿曰：“若论眼前之事，眉毛中有几枝？”孔子笑而不答，顾谓弟子曰：“后生可畏，焉知来者之不如今也。”于是登车而去。（越南 A2409、V232 两本。越南 A1710 本所载略有异同）

---

① 从内容角度看，敦煌本《孔子项托相问书》产生于中原，其篇末所附诗则是富于敦煌地方特色的作品——其中“百尺树下”云云很可能是指敦煌地名“百尺下”。参考其他敦煌赋作的情况也可以判断《孔子项托相问书》的北方身份：《游北山赋》、《天地阴阳交欢大乐赋》、《驾行温汤赋》、《死马赋》的作者王绩、白行简、刘瑕、刘希夷等人是中原文士，《贰师泉赋》则产于敦煌本地。

② 张鸿勋：《〈孔子项托相问书〉故事传承研究》，《敦煌学辑刊》1986 年第 1 期。

这进一步证明越南本和明代《小儿论》具有相同的来源。考虑到越南俗文学曾接受明代俗文学的深刻影响，上述相同也可以理解为同一时期的中越俗文学的关联。因此，各本之附载的内容差异，既可以看作传承的地域系统的差异，也可以看作不同时期《孔子项托相问书》在功能上的差异：敦煌本与讲唱体的孔子欲杀项托诗合抄，有明显的讲唱功能；越南本与格言体的孔子观金人之铭合抄[①]，有明显的蒙学功能。下文将要说到，这种格言体的蒙学书籍在越南汉喃文献中构成一个规模颇大的类别，实际上昭示了《孔子项橐相问书》的生存环境。总之，利用越南文本，可以更充分地阐明《孔子项橐相问书》等敦煌作品的性质和传承。

（四）《太公家教》研究

《太公家教》是敦煌写本中最多见的一种文献，至少占有 35 个卷号。它由规劝少年子弟遵循社会伦理的诗书经史俗谚之语组成，多为四言体，包括“孝子事亲”、“弟子事师”、“教子之法”、“立身之本”等门类。写本题记表明，它是从唐宣宗大中四年（850 年）到北宋初年最流行的一种童蒙读本。[②]

无独有偶，在越南也流传了这种《太公家教》。1998 年，我在河内搜集到抄写于启定元年（1916 年）的一件残本。它有 16 页篇幅，采用汉字正文和喃字小注相间的体式。前半部残，末尾题“太公卷之

① 铭文由关于“慎言”的格言组成，云：“戒之哉，无多言，多言必败；无多事，多事多患。”又云：“强梁者不得其死，好胜者必遇其敌。君子知天下之不可上也，故下之；知众人之不可先也，故后之。……柔弱护身之本，刚强惹祸之由。”原出《孔子家语·观周》。

② 参见高国藩：《敦煌写本〈太公家教〉初探》，《敦煌学辑刊》1984 年第 1 辑；又汪泛舟：《〈太公家教〉考》，《敦煌研究》1986 年第 1 期。

毕，启定元年陆月初贰日"，正文有云：

> 一日相逢，万劫因缘。四海之内，兄弟皆也。同道者，千里之寻；不同道者，过门不入。有智者如年高，无智者头劳百岁。人离乡则易，物离乡则贵。国正天心顺，官声民自安。王以民为本，民以食为先。王有良将，家有贤妻。兄弟如手足，夫妻如衣服。千家万家一家好，千草万草一草香。日日养客不贫，夜夜偷人不富。入山逢虎易，开口告人难。人贪财而死，鸟贪食而亡。罗网之鸟，悔不高飞；悬钩之鱼，悔不忍饥。人心如铁，官法如炉。守分愁难入，无贪祸不侵。

尽管其中只有"良田万（敦煌本作'千'）顷，不如薄艺（敦煌本作'技'）随身"等少量语句与敦煌本《太公家教》相同，但二者的文体、内容、性质却无疑是一致的。

值得注意的是：类似的童蒙读本在敦煌还有很多，如《李氏蒙求》、《新集文词九经抄》、《开蒙要训》、《兔园册府》、《勤读书抄》、《武王家教》、《辩才家教》、《随身宝》等。《李氏蒙求》是唐人李翰的作品，存敦煌写本两种；《新集文词九经抄》成书于8世纪中叶，存敦煌写本16种[①]。它们大致反映了各种读本的时代和流传规模，也反映了《太公家教》的文化背景。同样，在越南也有数十种格言体的童蒙读本。这些读本包括《四字训蒙》、《课儿小柬四字国音体》、《古愚正误四言诗》、《四字对联经》、《训蒙集》、《词调精华》、《先正格言》、《训俗遗

---

① 周丕显：《敦煌童蒙、家训写本之考察》，《敦煌文献研究》，甘肃文化出版社1995年版。

规》、《幼学越史四字》等，亦构成了越南《太公家教》的文化背景。也就是说，在敦煌写本文献和越南汉文古籍之间，存在相类似的文化结构和社会功能。

幸运的是，尽管敦煌文献封存于宋初，敦煌本《太公家教》的流传线索因此隐晦不明，但我们却可以在各种典籍记载中看到越南本《太公家教》的渊源。按唐人李翱的《答朱戴言书》、宋人的《玉照新志》、《苕溪渔隐丛话》、《朱子语类》、《云谷杂记》等书均曾提及作为俗文学作品的《太公家教》，说它"浅陋鄙俚"；元人《南村辍耕录》把《太公家教》记为金院本的名目，明《雍熙乐府》则有唱词"抵多少迟逢了《太公家教》"。[①]这说明《太公家教》自唐以来流传有绪，在民间的影响一直不曾衰落。又据明人严从简《殊域周咨录》卷六，在当时，越南亦已传入"《太公家教》、《明心宝鉴》、《剪灯新、余话》等书"。[②] 可见敦煌《太公家教》和越南《太公家教》事实上代表了一段文化传播史的两个端点；其间异同，正好为俗文学传播研究提供了难得的标本。

四、 关于中国文学的文体研究

为了说明越南文献的学术意义，今拟采用一个"背影"概念。我们知道，比较是认识事物的最基本的方法；确认一个事物的本质，最简捷的办法是把这一事物同最相似的或最接近的事物加以比较，或者把它同构成对立关系的另一事物——它投射在另一个文化层面上

---

① 《玉照新志》卷三，《丛书集成初编》，第 49 页；《苕溪渔隐丛话》(后集)卷一五，人民文学出版社 1962 年版，第 111 页；《朱子语类》卷九六，中华书局 1986 年版，第 2476 页；《南村辍耕录》卷二五，中华书局 1959 年版，第 309 页。

② 《殊域周咨录》，第 239 页。

的映象——加以比较。后者即是对象的背影，因为它可以使对象整体地呈现出来，使平面呈现的事物立体化。依靠它，我们可以更准确、更全面地认识对象事物。

对于作为传统学术对象的经典文化来说，敦煌文献便具有背影的意义——它代表了同经典文化相对待的一个文化世界。20 世纪敦煌学因此有力地推动了典籍与民间遗存的比较研究，在冲击中国古代史、古代文学、古代语言、古代艺术、民族史等众多学科的同时，也造成了这些学科向现代学术的转型。现在，保存在越南的汉喃文文献，为新世纪中国学术提供了又一个背影。它对于中国学术的冲击，将不仅积极地作用于文、史、哲等传统学科，而且将具体地作用于敦煌学研究。因此，它既是中国经典文化的背影，又是作为经典文化背影的敦煌文献的背影！

越南汉喃文献作为背影的意义，在于它能够对敦煌事物以及中国古代种种文化事项加以衬托、比较、补充，使之成为可作立体考察的事物。例如在《孔子项橐相问书》、《太公家教》等作品中，可以看到以中原、敦煌、河内为传播节点的文化过程。在小说一体中，可以看到中国文化在越南的积淀（笔记、传奇、诗传、章回小说的逻辑分类，大致对应于中国小说发展的四个历史阶段）。越南俗文学的五大品种——俗赋、小说、陶娘歌、喃歌、嘲歌和㖫戏——也可以看作中国汉以来的俗赋、六朝以来的小说、唐以来的曲子、宋以来的说唱、元以来的戏曲在越南的回声。总之，过去孤立存在的事物，现在因获得旁证而成为具有历史重复性的事物；过去被忽视的事物，现在因得到放大而成为具有普遍意义的事物；过去只以平面样式呈现的事物，现在因得到支撑而有了丰富的层次。这使我们有条件去重新讨论关于中国文学的一些理论问题，比如文体问题。

第一个问题是怎样理解敦煌文学的生存状态与其文体表现的关系。越南文献中各种俗文学作品不分体裁杂抄为一集的普遍现象，提醒我们正视敦煌文学中的类似特点——多种文体彼此渗透、多种艺术手段交互为用的特点。我们现在知道，这其实是俗文学的基本特点。这种情况表明，在篇章体制上彼此不同的许多作品，可以在功能上具有同一性；因为多种文体的作品杂抄在一起，一般来说，缘于这些作品在同样一个场合得到使用（表演）。这就是说，在篇章体制上彼此不同的许多作品，可以共有同一种生存环境；反过来说，同一种生存状态，可以有不同的篇章体制的表现。从现象上解释这种情况，可以说，作为口语文学和群众文学的俗文学，因为其接受对象和传播场所的特性，它的文体表现是不同于作家文学的。早在战国秦汉之际，许多同俗文学相联系的作品就综合应用了代言、对话、辩难、谐谑等手法，例如《神女赋》、《登徒子好色赋》、《神乌傅》采用代言方式，通过几个人物的对话展开叙述；东方朔《答客难》、扬雄《解嘲》、班固《答宾戏》采用"设客难已"的手法，把客主对话和辩难两相结合；荀卿的《蚕赋》和宋玉的《登徒子好色赋》则滥觞了谐谑一体[①]。《汉书·艺文志·诗赋略》杂赋所著录的《客主赋》、《隐书》各十八篇[②]，通常被看作这几种通俗体裁的代表。通过这种综合运用代言、对话、辩难、谐谑等手法以加强故事性和趣味性的文体，可以想象当时的民间讲说体韵文的基本面貌。但从理论上解释这种情况，则应当说，我们现在的文体观念，是依据作家文学而建立起来的，它并不完全适用于俗文学研究。因为俗文学作品的生存状态，同传统的文体分类观念是

---

① 《文心雕龙·谐谑》："楚襄燕集，而宋玉赋好色，意在微讽，有足观者。""荀卿《蚕赋》已兆其体。"范文澜：《文心雕龙注》卷三，人民文学出版社 1958 年版，第 270 页、第 271 页。

② 《汉书》卷三〇，中华书局 1962 年版，第 1752 页、第 1753 页。

有矛盾的。这个矛盾不容忽视:如果说文体是文学作品某种本质的表现,那么它应当和作品的生存状态一致;现在的情况是恰好不一致。这就说明,我们应当建立能够揭露俗文学作品之本质的文体观念。

由此引出第二个问题:文体辨认的标准。重视文体辨认是中国古来的传统。按一般看法,文体指的是作品的篇章体制,亦即作品的文字表现形式。从《尚书》时代的典、谟、训、诰、誓、命六体理论看,最早的文体之分缘于不同仪式所要求的不同语言方式之分。为了有区别地掌握这些方式,在写作时实现不同的文辞功能,古人提出了大量关于辨体的理论。显而易见,这些理论是从篇章体制角度来分析书面文学的理论,如上文所说,它们未必适用于通俗文学。怎样解决这个问题呢?考虑到文体是作品生存方式的反映,通过传播而固定下来,那么,合理的办法是依据传播方式来作文体辨认;考虑到"客主"、"论议"、"谐讔"既是表现手法的名称,又是文体的名称,而在口头文学中,只有从表现手法角度才能作体裁类型的划分(口头文学中不存在篇章体制的问题),那么,可行的路线是联系艺术表现手法来认识俗文学中的文体。从古代文体的发生过程看,上述两条是能够成立的。一方面,古人本是从传播方式角度来建立文体认识的。例如在命名书面文体的时候,古人使用了"铭"(铸于铜器)、"箴"(书于竹简)、"碑"(凿于方石)、"碣"(刻于圆石)等词语。另一方面,书面文体总是反映口语文体。例如周代铭文和《周易》、《尚书》、《老子》等先秦散文多用偶句和韵语,而偶句、韵语等修辞手法是因口头传述的需要而产生的。又如赋、碑、诔等书面文体一直使用类同讲唱文的韵散相间的结构,从碑、诔等铭刻文体的发展史看,它们原以韵文铭辞为主体,后来随着作家文学的发展，其中无韵的序引由附庸而蔚为大国[①]。这说明其文体源于口语文学。正是从上述认识出发，1994 年，我在《中国社会科学》上撰文提出了依传播方式来区分敦煌文学之文体的意见，认为按照唐代流行的八种讲唱伎艺（俗讲、转变、说话、唱词文、韵诵、论难、曲子、吟诗），可以把敦煌文学分为讲经文、变文、话本、词文、俗赋、论议、曲子辞、诗歌八体。[②]这篇文章的积极意义在于，使文体概念成为可用于揭露事物本质的概念。

但是，上述意见并没有完全解决问题。它留下了两个缺陷：其一，在它的分类系统中，未包括表奏、愿文等纯书面的文体；其二，对敦煌文学或俗文学中普遍存在的杂抄现象和兼类现象（一篇作品兼具几类体裁的特征），它没有作出解释。这两种情况，特别是后一种情况，意味着我们要重新思考“文体”这一概念的定义。

后一种情况是这样的：在敦煌文学或者说俗文学作品中，体裁往往是不确定的。其中一种表现是“兼类”，亦即作品身份容易变化。例如讲经文往往改编为变文，诗歌往往配入曲子演唱，押座文既见于讲经文也见于变文，曲子辞在用于说唱故事之时转变为词文，作为变文特征的配图讲唱亦见于话本[③]。另一种表现是“游移”，亦即文体命名上的不确定。例如赋文《齖䶗书》以“书”为篇题；讲经文《双恩记》名为“记”；《燕子赋》自称“开元歌”，篇名与正文分别认同了一种文体；《高兴歌》又题《酒赋》，《渔父歌》与《沧浪赋》连用为赋文之名，说明它们是介于“歌”（吟唱）与“赋”（朗诵）之间的文体。类似的情况还有：话本《叶净能诗》、《黄仕强传》被称作“诗”和“传”，变文《前汉刘

① 参见朱晓海：《论〈神乌傅〉及其相关问题》。

② 参见本书《敦煌文学与唐代讲唱艺术》。

③ 话本《伍子胥》中有“楚王出敕，遂捉子胥处，若为敕曰”这种配图讲唱的口吻。

家太子变》、词文《季布骂阵》因内容采自野史轶闻而分别题为“传”和“传文”。这些曾被视为偶然的现象，由于越南俗文学文献的旁证，现在可以肯定是俗文学中的普遍和必然了。因此，敦煌文学中的文体，不能简单理解为篇章体制，而应理解为在某种社会功能影响下形成的艺术手法的组合类型；敦煌文学研究中的文体辨认问题，不只是一个简单的定名问题，而是对作品的艺术手法组合方式进行系统考察的问题①。1979 年，潘重规先生曾提出“变文外衣”理论，认为《大唐慈恩寺三藏法师传》中的“报恩经变”实即《报恩经》讲经文，内容与敦煌本《双恩记》相同，因而判断“变文是一时代文体的通俗名称”，“讲经文、因缘、缘起、词文、诗、赋、传、记等等不过是他的外衣”。②尽管这一意见中的“变文”概念过于宽泛，但它提醒我们，在敦煌文学中，文体名称和文体本身只有不完全的对应。造成这种情况的原因是：文体名是按书面文学的习惯建立的，而俗文学文体的存在却是超越文本的存在。

由以上事实，可以引出第三个问题：文体的不同层面——表演层面、转述层面和文字记录层面——的关系问题。这一问题是同雅俗之分的相对性相联系的。前面说到，在越南，有大批文人学士参与了通俗文学的创作。这一事实可以颠覆三种习惯观念：一是按作者身份来区分作家文学与通俗文学的观念（事实上，作家也可以创作俗文学作品）；二是在作品分类时严判雅俗的观念（事实上，雅文可以俗用，俗文可以雅用）；三是把讲唱艺术与其文本直接等同的观念（事实

---

① 有些研究者已进行类似的尝试。例如欧天发在《杂赋与俗赋比议：俗体赋类型之历史探讨》一文中把俗赋分为六种类型——社教格言与哲理韵文型、诵辞与机智问答型、隐语射覆型、故事赋、俳谐赋、准俗赋（童谣等）。此文虽未深入论述分类的原理，但其分类标准已指涉了艺术手法在文体构成上的意义。欧文载《“国立”高雄师范大学国文学系第八届所友学术讨论会论文集》，1999 年 5 月。

② 潘重规：《敦煌变文新论》，《幼狮学刊》第 49 卷第 1 期，1979 年。

上,表演的文体不等于记录的文体)。也就是说,越南文人同通俗文学活动广泛结合的事实,说明作家文学与通俗文学的区分不取决于作者身份,不取决于文体,而取决于文学的功能。换言之,凡服务于市民群体、诉诸其日常语言的文学,尽管来源不同,但它们都属于通俗文学。面对雅俗之分,任何具体作品都没有恒定的位置。相反,雅俗转化倒是常见的情况,例如俗物因时间推移而转变为古雅,古雅进入时尚而成为俗物。[①]在越南,白居易《琵琶行》、李白《将进酒》等作品因民众用喃文演唱而进入歌筹艺术,就是古雅成为俗物的例子。这类例证也大量见于敦煌文学。例如在敦煌民众中流行的文人诗,既然它们和"王梵志"等人所作的白话诗一起传播,那么也应归入俗文学范畴。从这一角度去看俗赋概念,可以知道:正因为它代表了一种功能系统,而非篇章体制,所以它能够成立。从这一角度去看文体,又可以知道:俗文学的文本是对表演状态的记录,两者不能等同;由于记录者身份不同,故表演层面上的同一种文体,在文字记录层面可以演成几种不同的文体。这种"文体多层面"论,对于中国古代文体之形成的问题、作家文体与俗文学文体之两分的问题,都是富于解释力的。历史资料表明,作家文体之形成往往经历了把表演层面的形式因素转化为文字形式的过程,例如先是记录或应用口头文学,然后因记录方式或应用方式的特殊性造成某种独立,最终依据这种特殊方式造就文体。综合各种资料,可以建立这样一个认识:所谓文体,事实上是三样东西的累积:第一是本来的文体(表演者的文体),第二是转述的文体(整理者的文体),第三是记录的文体(模仿者的文

① 参见王小盾:《"雅"和中国文学的雅正理论》,《中国诗学》第3辑,南京大学出版社1995年版。

体)。以下举出两个例证,来说明这个文体三段论。

第一个例子是赋体的形成。《诗六义原始》一文曾经论证:周代大师所教的“六诗”,乃是对官府所采集的民歌进行传述的六种方式。“风”指方言诵,即原样传述;“赋”指雅言诵,即用流通语进行转述;“比”是赓歌,即按同一曲调唱和;“兴”是相和歌,即用不同的曲调唱和;“雅”是弦歌,配乐之歌;“颂”是舞歌,有舞容之歌。这就是说,“赋”是在对民间歌曲进行转述时形成的文体名称,它既代表了本来的文体(表演者的文体),又代表了转述的文体(整理者的文体)。第二种意义上的“赋”曾得到广泛应用,即在周代用于诸侯国之间的聘问歌咏。春秋以后,天下分裂,列国纷争,聘问歌咏不再流行,掌握诗赋之法的士子沦为布衣,“赋”于是成为抒发失志之郁闷的文体。到楚汉之际,一批文人模仿此体,把它变成“假象尽辞,敷陈其志”[①]、“铺采摛文,体物写志”[②]的书面文学,赋体才完成了它的形成史。《汉书·艺文志·诗赋略》说:“春秋之后,周道寖坏,聘问歌咏不行于列国,学诗之士逸在布衣,而贤人失志之赋作矣。”又说:“其后宋玉、唐勒,汉兴枚乘、司马相如,下及扬子云,竞为侈丽闳衍之词,没其风谕之义。”[③]便说明赋体是经由以下路线形成的:

> 民歌或乐歌(表演的文体)→用风、赋、比、兴、雅、颂六种方式传述→采其中的赋诵法(言语的文体)用于聘问→赋诵法独立而成为文体→口诵的文体进而成为自治的文体(文字的文体)[④]

---

① 《艺文类聚》卷五六引挚虞《文章流别论》,上海古籍出版社 1999 年版,第 1018 页。

② 《文心雕龙注》卷二《诠赋》,第 134 页。

③ 《汉书》卷三〇,第 1756 页。

④ 参见王小盾:《诗六义原始》,《中国早期艺术与宗教》,东方出版中心 1998 年版;简宗梧:《从专业赋家的兴衰看汉赋特性与演化》,《汉赋史论》,台北东大图书公司 1993 年版。

第二个例子是词体的形成。《隋唐五代燕乐杂言歌辞研究》、《唐代酒令艺术》二书曾经讨论词体形成的问题，认为词是在新俗乐兴起以后，经长期发展而形成的一种文体。它主要经历了四个阶段，即作为“胡夷里巷之曲”的民间辞阶段、作为教坊曲的乐工辞阶段、作为酒令曲的饮妓辞阶段、作为“律词”的文人辞阶段。《云谣集杂曲子》、《乐府诗集·近代曲辞》、《尊前集》、《花间集》，大致可以看作这四个发展阶段的代表。由于每一阶段的文化因素都在后起阶段得到一定程度的保留，因此，词体事实上反映了一种文化积累，亦即在民间辞阶段获得歌调，在乐工辞阶段获得依调撰词的曲体规范，在饮妓辞阶段增加众多的改令令格，这些令格在五代以后的文人辞阶段转变成由词谱所规定的种种格律。从文体形成的角度看，以上历程也可以概括为：

胡夷里巷之曲和教坊曲(表演的文体)→应令而作的酒筵著辞(言语的文体)→按调谱创作的“律词”(文字的文体)①

这里同样有本原的、转述的、模仿的三种文体。“词”的起源之所以成为争讼不息的一个学术难题，正因为人们是在不同的含义上理解词体的：或从本原的角度把它理解为隋唐燕乐曲子辞，或从转述的角度把它理解为中晚唐文人的“依曲拍为句”，或从模仿的角度把它理解为长短句辞。

从以上几个例证看，“文体”本质上是转述者对对象的把握方式，

① 参见王昆吾：《隋唐五代燕乐杂言歌辞研究》，中华书局1996年版；《唐代酒令艺术：关于敦煌舞谱、早期文人词及其文化背景的研究》，上海知识出版社1995年版。

例如说赋体形成于周代的聘问歌咏、词体形成于依酒令曲调作辞。由此可以知道，古人在文体命名上的游移即缘于这种把握方式的游移。从文学角度看——从作为语言文字之规范的文体角度看——篇章体制是文体的表现形式，它是从作为表现手段的文体当中派生出来的。扬雄所谓“诗人之赋”和“辞人之赋”，乃反映了后两种赋体——口诵之赋和文辞之赋——的分流。《汉志》把赋分为四类，从“杂赋”之书多以艺术手法为书名的情况看，当时的文体分类已兼用了表现手段、篇章体制这两个层面的标准。换言之，汉代人所认识到的“杂赋”和“诗人之赋”、“辞人之赋”的分别，其本质是三种文体的关联和对立。前面说到，无论在中国还是在越南，都有用不同文体来表述同一主题和题材的文学风尚；在越南，它还表现为用汉文、喃文两类文学形式来重述同一主题和题材。这实际上是文体多层面关系的反映，说明从发生学角度看，不同文体间的作品同构现象源于记录与被记录的关联，或者说源于因不同传播方式形成的文体相关。这种文体相关现象大量见于敦煌资料。在经变画（例如《维摩诘经变》）和讲经文之间，在曲子辞（例如孟姜女曲子）和词文之间，在变文（例如《舜子变》[①]）和俗赋之间，都可以见到这种同构现象。前文说到《王陵赋》和《王陵变》之间的文体相关。现在我们知道，这是一种拥有深厚的历史渊源的现象，其实质是不同传播方式的相关——要么是当下的不同传播方式的相关，要么是历史上的不同传播方式的相关。也就是说，相关的文体，往往是对某种共同对象的转述，它们通过这个共同对象暗示了某种本原文体的存在。

结合中国文学的生存状态，我们还可以说：中国文学原是在不同

---

① 《舜子变》基本上由六言韵语组成，通常认为它采用了故事赋体。

的文化圈中存活的，因此，它的文体表现为几个层面上的叠置：在文字层面上展开的是作家文体，在口语层面上展开的是俗文学文体。由于记录手段的缘故，我们可以直接接触历史上的作家文学及其文体，但对于历史上的俗文学及其文体，却只能间接接触。这样就造成了依文字形式来确认文体的习惯。然而在事实上，原始意义上的文体却是因口语方式而形成的。因为上古时代的中国人是用口语来交流的，文字只用于记录保存，而文学在本质上就是一种艺术化的交流手段或交流方式。所以在中国历史上，“文学”概念表现出渐次扩大的过程：先是以艺术化口语（韵文）为文学，后来才出现了书面文学；至于以无韵散句为特征的应用文，则在更晚的时候才进入文学范围。[①]有鉴于此，我们应当依据文体展开的方式来辨认文体。具体来说，依传播方式或讲唱手段来区分生存在民众文化世界、在口语层面展开的文体，依记录方式及其功能来区分生存在经典文化世界、在文字层面展开的文体。

（原载《中国社会科学》2003年第1期）

① 其中一个表现是：古人的文学观中总是有强调韵文或美文的倾向，例如先秦讲究“文”、“语”之分，汉以来讲究“文”、“笔”之分。参见刘师培：《文章源始》、《中国中古文学史讲义·文学辨体》，《刘师培中古文学论集》，中国社会科学出版社1997年版；又参见王小盾：《中国韵文的传播方式及其体制变迁》，《中国社会科学》1996年第1期。

越南本《孔子项橐问答书》谫论

一、缘起

《孔子项橐相问书》是在敦煌流传较广的一件俗文学作品，拥有16个汉文抄本和3个藏文抄本。[①]敦煌文学研究者曾对它作过多方面考察，考察的重点是这件作品的性质与传承。例如张鸿勋、何国栋认为它是一件俗赋作品，很可能用吟诵、说唱相结合的方式演唱；[②]郑阿财认为它使用俗赋体裁，表现形式“采一问一答的论难体”；[③]欧天发认为它在俗赋中属于“机智问答、励志格言”类型，用于仪式上的二人对口表演；[④]王小盾等人则注意到孔子项橐故事之演变与论议伎艺之发展的对应关系，认为它是形成于初唐的论议伎艺的文本，文后所附《项橐诗》是论议活动结束时所用的词文。[⑤] 张鸿勋、郑阿财、

---

① 汉文抄本编号为：伯 3883、3833、3255、3754、3882、3826，斯 5529、5674、5530、1392、2941、395，李木斋藏本（见《敦煌遗书总目》散录 222 号），俄罗斯藏本（列 1481、2861、2862）。藏文抄本编号为：斯 T724、伯 T992、伯 T1284。

② 张鸿勋：《〈唐写本孔子与子羽对语杂抄〉考略》，《敦煌学辑刊》1984 年第 1 期；何国栋：《讲唱文学的尝试与先导》，《敦煌学论集》，甘肃人民出版社 1985 年版。

③ 郑阿财：《敦煌写本〈孔子项橐相问书〉初探》，《敦煌文献与文学》，台北新文丰出版有限公司 1993 年版。

④ 欧天发：《杂赋与俗赋比议——俗体赋类型之历史探讨》，载《“国立”高雄师范大学国文学系第八届所友学术讨论会论文集》，1999 年 5 月。

⑤ 参见本书《敦煌论议考》。

刘长东并详尽地讨论了这篇作品的形成与流传。[①] 根据各方面资料，其大致线索是：秦以前产生“项橐生七岁而为孔子师”的传说；汉以前产生两小儿辩日之远近，孔子不能决的传说；魏晋南北朝流行项橐与孔子俱学于老聃的传说、项橐慧而早夭的传说，以及多种孔子与人论难的传说；初唐流行《孔子与子羽对语》的论议文本，此时孔子、项橐相问的故事定型；故事在唐以后流传于中原、敦煌、吐蕃等地，在明以后又流传于河北、江苏、台湾等地。另外，在敦煌本《孔子项橐相问书》时代，项橐已具有小儿神的身份。

显而易见，《孔子项橐相问书》有特别暧昧的文学身份和特别复杂的流传轨迹。也许正是由于这一点，这篇作品被众多研究者关注，列为研究俗文学性质与传承问题的典型。这意味着，对之加以清理，将有助于阐明俗文学作品形成与发展的规律。1998 年，我曾往越南河内考察汉喃文古籍，在汉喃研究院图书馆发现了流传于越南的孔子项橐故事；2001 年，我为编写《越南汉喃文献目录提要》再次访问越南，通过文献普查，又获得题为《孔子项橐问答书》、《昔仲尼师项橐》的三种抄本。为推进敦煌《孔子项橐相问书》研究，实现上述意义，今将三本《孔子项橐问答书》校录如下。祈望高明指正。

二、异文比较

现存《孔子项橐相问书》的文本资料，较宜作比较研究的有以下四宗：

---

① 张鸿勋：《孔子项橐相问书故事传承研究》，《敦煌学辑刊》1986 年第 1 期；刘长东：《孔子项橐相问事考论》，“廿一世纪敦煌学国际学术研讨会”论文打印稿，2001 年。

（一）敦煌汉文抄本：共有16本。其整理本见于王重民等人所编《敦煌变文集》、项楚所编《敦煌变文选注》、黄征、张涌泉所编《敦煌变文校注》。四本题“孔子项橐相问书”，两本题“孔子共项橐相问书一卷”，一本题“孔子见项橐”；此外一本（P. 3833）题“孔子项橐相诗一首”，前抄王梵志诗；一本（S. 395）题“孔子项橐一卷”，末有题记“天福八年癸卯岁十一月十日净土寺学郎张延保记”云云。今据王重民、项楚、黄征、张涌泉等本校录。各本异文不甚多，为便于比较，今视为一本。

（二）敦煌藏文抄本：今存3本，即伦敦所藏S. T. 724本、巴黎所藏P. T. 992本、P. T. 1284本。冯蒸《敦煌藏文本〈孔丘相橐相问书〉考》一文中有以上三本的汉译，载《青海民族学院学报》1981年第2期。冯氏本虽然是译本，但仍可资比较研究孔子项橐故事要素之演变。今亦视为一本。

（三）越南本：共3本，藏于河内市栋移郡越南国家社会科学中心汉喃研究院图书馆，皆为手抄本。各本内容相近，但文字颇多差异，为便于比较，今录为三本。其一拟名“越甲本”，原题《昔仲尼师项橐》，附载在中国史札记《诸史解疑》（汉喃研究院索书号A. 2409号）之后。据书末题记，《诸史解疑》抄写于1890年。其二拟名“越乙本”，原无题，附载在喃文时歌集《各调喝古越南吧没数排诗》（汉喃研究院索书号VNv. 232）之后。其三拟名“越丙本”，原题《孔子项橐问答书》，附载在人物故事集《异人略志》（汉喃研究院索书号A. 1710）之后。

（四）明本：原题《小儿论》，署明李廷机考正、丘宗孔增释，载万历二十三年周曰校刻本《历朝故事统宗》卷九。此据王重民等《敦煌变文集》转录。

兹将诸本合校如下。为便于作情节和结构比较，今在各段落之前增列了标题，在诸本名下括注了段落号。全文依越南本的段落次序排列。

孔子出游

敦煌本(一)：昔者夫子(一本作“孔子”)东游，行至荆山(一本作“经山”)之下，路逢三个小儿。

藏文本(一)情节略同上。

越甲本(一)：孔子名丘，字仲尼。其先宋人，父叔梁纥，母颜氏。设教于鲁国之郊。一日，率诸弟子御车出游，路逢数儿嬉戏。

越乙本(一)：孔子名丘，字仲尼。设教于鲁国之西。一日，率诸弟子御车出游，路逢数儿嬉戏。

越丙本(一)：孔子名丘，说教于鲁国之西。一日，率诸弟子登车出游，路逢数儿嬉戏。

明本(一)：孔子一日领众徒出游，见诸儿戏。

孔子小儿论作戏

敦煌本(二)：二小儿作戏，一小儿不作戏，夫子怪而问曰：“何不戏乎？”小儿答曰：“大戏相杀，小戏相伤，戏而无功，衣破里空。相随掷(一本作‘籍’)石，不如归舂。上至父母，下及兄弟，只欲不报，恐受无礼。善思此事，是以不戏。何为(谓)怪乎？”

藏文本(二)情节略同上。

越甲本(二)：中有一儿不戏，孔子乃驻车问曰：“独尔不戏，何也？”小儿答曰：“凡戏无益，劳而无功，衣破难缝，上辱父母，下及门中，岂为好争，故乃不戏也。”

越乙本(二)：中有一儿不戏，孔子乃驻车问曰：“独汝不戏，何也？”小儿答曰：“凡戏无益，衣破难缝，上辱父母，下及门中，必有争斗，劳而无功，岂为好事，故乃不戏。”

越丙本(二)：中有一儿，方七岁，坐而不戏，孔子乃驻车问曰：“独汝不戏，何也？”小儿答曰：“凡戏无益，衣破难缝，上辱父母，下及宗门，必有争斗，劳而无功，岂为好事，故乃不戏。”

明本(二)：一儿独不戏，乃驻车而问之。答曰：“凡戏无益，衣破里空，必有斗争，劳而无功，亏体辱亲，诚亦伪事，故乃不戏。”

项橐拥土作城

敦煌本(三)：项橐有(又)相随拥土作城，在内而坐。

藏文本无此情节。

越甲本(三)：乃低头片瓦作城。

越乙本(三)：遂低头以瓦片作城。

越丙本(三)：遂低颜以瓦片行作城。

明本(三)：遂低头以瓦石作城。

孔子小儿论避车

敦煌本(四)：夫子语小儿曰：“何不避车？”小儿答曰：“昔闻圣人有言：上知天文，下知地理，中知人情。从昔至今，只闻车避城，岂闻城避车？”夫子当时无言而对，遂乃(令)车避城下道。

藏文本无此情节。

越甲本(四)：孔子曰：“何不避车乎？”小儿答曰：“自古及今，为当车避于城，不当城避于车。”孔子乃勒车道边。

越乙本(四)：孔子责之曰：“何不避车乎？”小儿答曰：“自古及今，为当车避于城，不当城避于车。”孔子乃勒车论道。

越丙本(四)：孔子责之曰：“何不避车？”小儿答曰：“自古及今，为当车避于城，不当城避于车也。”孔子乃勒车论道。

明本(四)：夫子责其何不避车。答曰：“城当避车乎？车当避城乎?”夫子勒车偏道。

孔子小儿论年幼

敦煌本(六):夫子曰:“汝年虽少,知事甚大。”小儿答曰:“吾闻鱼生三日,游于江海;兔生三日,盘地三亩;马生三日,趁及其母;人生三月,知识父母。天生自然,何言大小!”

藏文本(三)情节略同上,“鱼”作“龙子”,顺序言及龙、马、兔、人。

越甲本(五):下车而问曰:“汝年尚幼,何多诈乎?”小儿答曰:“人生三岁,分别父母;兔生三日,走出畎亩;鱼生三日,游于江湖。天生自然,岂谓诈乎!”

越乙本(五):下车而问焉:“汝年尚幼,何多诈乎?”小儿答曰:“人生三岁,分别父母;兔生三日,走他畎亩;鱼生三日,游于江湖。天生自然,岂谓诈乎!”

越丙本(五):下车而问之曰:“汝年尚幼,何多诈乎?”小儿答曰:“人生三岁,分别父母;兔生三岁,走他畎亩;鱼生三日,游投江湖。天生自然,何谓诈乎!”

明本(五):下而问曰:“小子,汝年尚幼,何多诈乎?”答曰:“人生三日,别于父母;鱼生三日,游于江湖。天生自然,岂为诈乎?”

孔子问姓名

敦煌本(五):遣人往问:“此是谁家小儿?何姓何名?”小儿答曰:“姓项名橐。”

藏文本(四)情节略同上,小儿答曰“我没姓没名”。

越甲本(六):孔子曰:“汝居何里?何姓何名何字?”小儿答曰:“吾居枚乡贱地,姓项名橐,未有字也。”

越乙本(六):孔子曰:“汝居何乡何里?何姓何名何字?”小儿答曰:“吾邻乡贱地,姓项名橐,未有字也。”

越丙本（六）：孔子曰："汝居何乡何里？何姓何名何字？"小儿答曰："吾居敝乡贱也，姓项名橐，未有字也。"

明本（六）：夫子叹曰："善哉！汝居何乡？何里？何名？何字？"小儿答曰："在敝乡贱里，姓项名橐，尚未有字。"

孔子邀小儿共游

敦煌本（八）：夫子曰："善哉！善哉！吾与汝共游天下，可得已否？"小儿答曰："吾不游也。吾有严父，当须侍之；吾有慈母，当须养之；吾有长兄，当须顺之；吾有小弟，当须教之。所（一本作'是'）以不得随君去也。"

藏文本（七）情节略同上，无"吾有长兄，当须顺之"一句。

越甲本（八）：孔子曰："吾欲尔同游，尔意何如？"小儿答曰："家有严父，须当事之；家有慈母，须当养之；家有贤兄，须当顺之；家有弱弟，须当教之；家有明师，须当学之。何暇同游也？"

越乙本（七）：孔子曰："吾欲共汝同游，汝意下何如？"小儿答曰："家有严父，须当事之；家有慈母，须当养之；家有贤兄，须当顺之；家有弱弟，须当教之；家有明师，须当学之。何暇同游也？"

越丙本（七）：孔子曰："吾欲共汝同游，汝意下如何？"小儿答曰："家有严父，须当事之；家有慈母，须当养之；家有慈兄，须当顺之；家有弱弟，须当教之；家有严师，须当学之。何暇同游也？"

明本（七）：子曰："我欲与游戏，汝意若何？"答曰："家有父母当事，兄长当敬，幼弟可教，名师可学，焉可戏也？"

孔子邀小儿结盟

藏文本（八）：孔子说："善哉！善哉！让我们秘密地结成盟兄弟吧。如果有酒喝的时候，我们要互相宴请；如果有打架的事，我们要彼此帮助。我们一起到处游逛，然后分手，如何？"孩子说："喝酒喝长了，便会引起恶劣的名声；作打架的朋友，相随而至的怨恨便愈来愈大了。与其那样，不如远而避之。”

按此段诸本无。

孔子小儿论博戏

敦煌本（九）：夫子曰：“吾车中有双陆（一本作‘六’）局，共汝博戏如何？”小儿答曰：“吾不博戏也。天子好博，风雨无期；诸侯好博，国事不治（一本作‘失之’）；吏人好博，文案稽迟；农人好博，耕种失时；学生好博，忘读书诗（一本作‘诗书’）；小儿好博，笞挞及之。此是无益之事，何用学之！”

藏文本（六）：情节略同上。“天子好博，风雨无期；诸侯好博，国事不治”一句上下颠倒，作“国王沉溺于此，百姓的事情就处理不公平了；公卿大夫沉溺于此，就不能风调雨顺”；“吏人好博，文案稽迟”一句作“商贾沉溺于此，就会失信”。

越甲本（七）：孔子曰：“吾车中有三十二棋子，欲与尔博奕，尔意何如？”小儿答曰：“天子好博，四海不理；诸侯好博，四境不治；士夫好博，学问废弛；庶人好博，堕却家计；奴婢好博，必受鞭笞；农夫好博，耕植失辰[①]。是故不博也。”

越乙本（八）：孔子曰：“吾车中有二十二棋子，与尔博奕，汝意下何如？”小儿答曰：“天子好博，四海不理；诸侯好博，有妨政纪；士儒好博，学问废弛；小人好博，输却家计；奴婢好博，必受鞭扑；农夫好博，耕种失辰。是故不博也。”

越丙本（八）：孔子曰：“吾车中有三十二棋子，与汝博奕，汝意下如何？”小儿答曰：“天子好博，四海不理；诸侯好奕，有妨政纪；儒士好

---

① 越南习惯，“时”字讳改为“辰”。

博，学业废弛；小儿好博，却转家计；奴婢好博，必受鞭朴；农夫好博，耕种失辰。是故不博也。”

明本（八）：子曰：“吾车中有十二棋子，欲与赌博，未知可乎？”答曰：“天子好博，其事不理；诸侯好博，不利于己；君子好博，学问荒废；小人好博，失却家计；奴婢好博，必被鞭笞；农夫好博，耕种失时。是以无博也。”

孔子小儿论平天下

敦煌本（十）：夫子曰：“吾与汝平却天下（一本作‘地’），可得已否？”小儿答曰：“天下不可平也。或有高山，或有江海，或有公卿，或有奴婢，是以不可平也。”夫子曰：“吾与汝平却高山，塞却江海，除却公卿，弃却奴婢，天下荡荡，岂不平乎？”小儿答曰：“平却高山，兽无所依；塞却江海，鱼无所归；除却公卿，人作是非；弃却奴婢，君子使谁？”

藏文本无此内容。

越甲本（九）：孔子曰：“吾欲尔平却天下，尔意何如？”小儿答曰：“天下不可平也。或有高山，或有江湖，或有王侯，或有奴婢。平却高山，鸟兽无依；填塞江湖，鱼鳖无归；除却王侯，民多是非；绝却奴婢，君子使谁？天下何可平也！”

越乙本（九）：孔子曰：“吾欲与汝平却天下，汝意下何如？”小儿答曰：“天下不可平也。或有高山，或有江湖，或有王侯，或有奴婢。平却高山，鸟兽无依；填却江湖，鱼鳖无归；除却王侯，民多是非；绝却奴婢，君子使谁。天下荡荡，岂可平乎？”

越丙本（九）：孔子曰：“吾欲与汝平脚天下，汝意下如何？”小儿答曰：“天下不可平。或有高山，或有江湖，鱼鳖无归。除脚王侯，民多是非，绝脚奴婢，君子是谁。天下荡荡，当可平乎？”

明本（九）：子曰：“欲与平治天下，汝意若何？”答曰：“天下不可平也。或有高山，或有江湖，或有王侯，或有奴婢。平却高山，鸟兽无依；填却江湖，鱼鳖无归；除却王侯，民多是非；舍却奴婢，君子使谁？天下荡荡，岂可平乎？”

孔子问无

敦煌本（七）：夫子问小儿曰：“汝知何山无石？何水无鱼？何门无关？何车无轮？何牛无犊？何马无驹？何刀无环？何火无烟？何人无妇？何女无夫？何日不足？何日有余？何雄无雌？何树无枝？何城无使？何人无字？”小儿答曰：“土山无石，井水无鱼，空门无关，轝车无轮，泥牛无犊，木马无驹，斫刀无环，萤火无烟，仙人无妇，玉女无夫，冬日不足，夏日有余，孤雄无雌，枯树无枝，空城无使，小儿无字。”

藏文本（五）情节略同上，“无环”作“无鞘”，“斫刀”作“剪刀”，“空门”作“坟墓的门”，“孤雄无雌”作“单身的旅客没有妻子”，“空城无使”作“坟地的集市没有钱赚”。

越甲本（十）：孔子曰：“尔知天下，何火无烟？何水无鱼？何山无石？何树无枝？何人无妇？何女无夫？何牛无犊？何马无驹？何雄无雌？何雌无雄？何为君子？何为小人？何为不足？何为有余？何城无市？何人无字？”小儿答曰：“荧火无烟，井水无鱼，土山无石，枯木无枝，仙人无妇，玉女无夫，土牛无犊，木马无驹，孤雄无雌，孤雌无雄，贤为君子，愚为小人，冬日不足，夏日有余，皇城无市，小人无字。”

越乙本（十）：孔子曰：“汝知天下，何火无烟？何水无鱼？何山无石？何树无枝？何人无妇？何女无夫？何牛无犊？何马无驹？何雄无雌？何雌无雄？何为君子？何为小人？何为不足？何为有余？何城无市？何人无字？”小儿答曰：“莹火无烟，井水无鱼，土山无石，枯树无枝，仙人无妇，玉女无夫，土牛无犊，木马无驹，孤雄无雌，孤雌无雄，贤为君子，愚为小人，冬日不足，夏日有余，皇城无市，小人无字。”

越丙本（十）：孔子曰：“汝知天下，何火无烟？何水无鱼？何山无石？何树无枝？何人无妇？何妇无夫？何牛无犊？何马无驹？何雄无雌？何雌无雄？何为君子？何为小人？何为不足？何为有余？何城无市？何人无字？”小儿答曰：“萤火无烟，甘泉无鱼，土山无石，枯树无枝，仙人无妇，玉女无夫，土牛无犊，木马无驹，孤雄无雌，孤雌无雄，贤为君子，愚为小人，冬日不足，夏日有余，皇城无市，小人无字。”

明本（十）：子曰：“汝言天下何火无烟？何水无鱼？何山无石？何树无枝？何人无妇？何女无夫？何牛无犊？何马无驹？何雄无雌？何为君子？何为小人？何为不足？何为有余？何城无使？何人无字？”答曰：“萤火无烟，井水无鱼，土山无石，枯树无枝，仙人无妇，王母无夫，石牛无犊，木马无驹，孤雄无雌，贤为君子，愚为小人，冬日不足，夏日有余，空城无使，小儿无字。”

孔子问天高地厚

敦煌本（十四）：夫子问小儿曰：“汝知天高几许（一本作‘里’）？地厚几丈？天有几梁？地有几柱？风从何来？雨从何起？霜出何边？露出何处？”小儿答曰：“天地相却（一本作‘去’）万万九千九百九十九里，其地厚薄，与（一本作‘以’）天等同（一本二字作‘共同’）。风出苍梧（一本四字作‘风起经山’），雨出高处（一本作‘高山’，一本作‘江海’），霜出于天（一本二字作‘河边’），露出百草。天亦无梁，地亦无柱，与四方云气而乃相扶（一本作‘浮’），故以（一本作‘与’）为柱，有何怪乎？”

藏文本（十）情节与敦煌本颇多不同，而近于越南写本。云：孔子说：“好极了！好极了！我来对你说：这个世界上我和万物是从哪里来的呢？谁是父亲？谁是母亲？谁是男人？谁是女人？什么是左？

什么是右？什么是外？什么是内？风是从哪儿刮起来的？雨是从哪儿下起来的？什么是高级？什么是低级？天和地之间有几千里？”孩子说：“这么比较地问是没有意义的。天是父亲，地是母亲，太阳是丈夫，月亮是妻子，东方是右，西方是左，南方是外，北方是内，风是从昆仑山来的，雨是从东北山来的，富人是高级，穷人是低级，天与地之间相隔一亿零九百九十里，四方等成四角形。朋友啊，既然你是长辈，你前边对我讲的那些话是从何而来呢？”

越甲本（十一）：孔子曰：“尔知天地之纲纪？阴阳之终始？何为左？何为右？何为表？何为里？何为父？何为母？何为夫？何为妇？风从何来？雨从何至？云从何出？雾从何起？天地相去有几万里？”小儿答曰：“九九还归八十一，是天地之纪纲；八九七十二，是阴阳之终始。天为父，地为母，日为夫，月为妇，东为左，西为右，外为表，内为里，风从梧桐，雨从郊市，云从山出，雾从地起。天地相去有千千万万余里，东西南北皆有寄耳。”

越乙本（十一）：孔子曰：“汝知天地之纲纪？阴阳之终始？何为左？何为右？何为表？何为里？何为父？何为母？何为夫？何为妇？风从何来？雨从何至？云从何出？雾从何起？天地相去几千万里？”小儿答曰：“九九还归八十一，是天地之纲纪。八九七十二，是阴阳之终始。天为父，地为母，日为夫，月为妇，东为左，西为右，外为表，内为里，风从苍梧，雨从郊市，云从山出，雾从地起。天地相去有千千万万余里，东西南北皆有寄耳。”

越丙本（十一）：孔子曰：“尔知天地之维纪？阴阳之始终？何为左？何为右？何为表？何为里？何为父？何为母？何为夫？何为妇？风从何来？雾从何处？雨从何至？云从何出？天地相去几千里？”小儿答曰：“九九还归八十一，是天地之维纪；八九七十二，是阴阳之始终。天为父，地为母，日为夫，月为妇，东为左，西为右，外为表，内为里，风从苍梧，雾从地起，雨从郊市，云从山出。天地相去千千万万余里，东西南北皆有寄耳。”

明本(十一)：子曰：“汝知天地之纲纪？阴阳之终始？何左？何右？何表？何里？何父？何母？何夫？何妇？风从何来？雨从何起？云从何出？雾从何至？天地相去几千万里？”小儿曰：“九九八十一是天地之纲纪，八九七十二是天地之终始，天为父，地为母，日为夫，月为妇，东为左，西为右，南为表，北为里，风发苍梧，雨生郊市，云出四方，雾从地起，天地相去万千余里，东西南北皆有等尔。”

孔子问屋上生松等事

敦煌本(十一)：夫子曰：“善哉！善哉(一本无此四字)！汝知屋上生松，户前生苇，床上生蒲，犬吠其主，妇坐使姑，鸡化为雉，狗化为狐，是何也？”小儿答曰：“屋上生松者是其椽，户前生苇者是其箔，床上生蒲者是其席。犬吠其主，为傍有客；妇坐使姑，初来花下也；鸡化为雉，在(一本作‘近’)山泽也；狗化为狐，在(一本作‘近’)丘陵也。”

藏文本、越南本、明本均无此内容。

孔子小儿论夫妇父母

敦煌本(十二)：夫子语小儿曰：“汝知夫妇是亲，父母是亲？”小儿曰：“父母是亲。”夫子曰：“夫妇是亲。生同床枕，死同棺椁，恩爱极重，岂不亲乎？”小儿答曰：“是何言与！是何言与！人之有母(一本作‘父’)，如树有根；人之有妇(一本作‘母’)，如车有轮。车破更造，必得其新；妇死更娶，必得贤家。一树死，百枝枯；一母死，众子孤。将妇比母，岂不逆乎？”

藏文本(九)情节略同上。以下情节敦煌本无，但见于明本和越南抄本：“许多星星聚集在一起，也抵不上一个月亮的光明；从一个门进来的光亮，要超过六个天窗和窗户进来的光。同样，一根针能消耗上千束的线。朋友啊，所谓妻子亲、父母疏的说法，这在愚人傻子的王国才如此吧？讲起父母的恩情是忘不了的。”

越甲本(十二)：孔子问曰：“尔言父母是亲，夫妇是亲？”小儿答曰：“父母至亲，夫妇不亲。”孔子曰：“夫妇生则同居，死则同穴，何得不亲？”小儿答曰：“人生无妇，如车无轮，再造必得其新。妇死更娶，又得其新。贤家之女，必配贤夫；十间之屋，须得栋梁。三窗七牖，不如门户之光；众星朗朗，不如孤月之独明。父母之恩，奚可失也！”

越乙本(十二)：孔子问曰：“汝言父母是亲，夫妇是亲？”小儿答曰：“父母是亲，夫妇不亲。”孔子曰：“夫妇生则同衾，死则同穴，何得不亲？”小儿答曰：“人生无妇，如车无轮；无轮再造，必得其新。妇死更索，又得其新。贤女之家，必配贵夫；千间之室，须得栋梁。三窗六牖，不如一户之光；众星朗朗，不如孤月独明。父母之恩，奚可失也？”

越丙本(十二)：孔子问曰：“汝言父母是亲，夫妇是亲？”小儿答曰：“父母至亲，夫妇无亲。”孔子曰：“夫妇生则同衾，死则同穴，何谓不亲？”小儿答曰：“人生无妇，如车无轮；无轮再造，必得其新。妇死更索，又得其亲。贤家之女，必配贵夫；十间之屋，必得栋梁。三窗六牖，不如一户之光；众星蔼蔼，不如孤月独明。父子之恩，不可失也。”

明本(十二)：子曰：“汝言父母、夫妇，何为至亲？”答曰：“父母亲，夫妇不亲。”子曰：“夫妇生则同衾枕，死则共棺椁，何得不亲？”答曰：“人无父母，如树无根。带〔根〕一死，枝叶便枯千日；才无父母，诸子悉皆孤薄。以妇比母，不亦远乎？人生无妇，如车无轮，所造更得；其新妇死，更索必得其亲。三窗六牖，不如一户之光；众星朗朗，不如孤月独明。父母之恩，奚可悉论也！”

小儿问鹅鸭何以能浮等事

敦煌本(十三):小儿却问夫子曰:"鹅鸭何以能浮?鸿鹤何以能鸣?松柏(一本作'竹')何以冬夏常青?"夫子对曰:"鹅鸭能浮者缘脚足方,鸿鹤能鸣者缘咽项长,松柏冬夏常青者缘心中强。"小儿答曰:"不然也!虾蟆能鸣,岂犹(由)咽项长?龟(一本作'鱼')鳖能浮,岂犹(由)脚足方?胡竹冬夏常青,岂犹(由)心中强?"

藏文本无此情节。

越甲本(十四):小儿问孔子曰:"尼来问橐,橐一一答也。橐今欲求教夫子,明以诲橐,幸请勿弃。"小儿曰:"鹅鸭何以能浮?鸿雉何以能鸣?松柏何以冬青?"孔子答曰:"鹅鸭能浮,皆有足方;鸿雉能鸣,皆因颈长;松柏冬青,皆由心坚。""鱼鳖能浮,岂是足方?虾蟆能鸣,岂是颈长?绿竹冬青,岂是心坚?"

越乙本(十四):小儿问孔子曰:"适来问橐,橐一一答之。今欲求教夫子一言,明以诲橐,幸请勿弃。"小儿曰:"鹅鸭何以能浮?鸿雁何以能鸣?松柏何以冬青?"孔子答曰:"鹅鸭能浮,皆因足方;鸿雁能鸣,皆因颈长;松柏冬青,皆因心坚。"小儿答曰:"不然!鱼鳖能浮,岂皆足方?虾蟆能鸣,岂因颈长?缘竹冬青,岂因心坚?"

越丙本(十四):小儿问孔子曰:"近来问橐,橐一一答之。橐今欲求教于夫子一言,明以诲橐,幸请勿弃。"小儿曰:"鹅鸭何以能浮?鸿鸠何以能鸣?松柏何以冬青?"孔子答曰:"鹅鸭能浮,皆由足方;鸿鸠能鸣,皆由颈长;松柏冬青,皆由心坚。"小儿曰:"不然!鱼鳖能浮,岂皆足方?虾蟆能鸣,岂皆颈长?缘竹冬青,岂皆心坚?"

明本(十四):小儿问曰:"适来问橐,一一答之。橐欲请问数事,幸弗见弃。假如鹅鸭,何以能浮?鸿雁何以能鸣?松柏何以冬夏常青?"夫子答曰:"鹅鸭能浮,为脚足方;鸿雁能鸣,为咽颈长;松柏冬夏常青，为心中刚。"小儿曰："不然，鱼鳖能浮，岂为脚足方？虾蟆能鸣，岂为咽颈长，竹亦冬夏常青，岂为心中刚？"

孔子叹后生可畏/小儿问天地

敦煌本（十五）：夫子叹曰："善哉！善哉！方知后生实可畏也。"

藏文本无此内容。

越甲本（十三）：孔子叹曰："贤哉，贤哉。"

越甲本（十五）：又问曰："天上零零有几星？"孔子曰："尼来问地，何必谈天。"小儿曰："地下碌碌有几屋？"孔子曰："且论眼前之事，何必谈天说地。"小儿曰："若论眼前之事，眉毛中有几树枝？"孔子笑而不答，顾谓弟子曰："后生可畏，焉知来者之不如今也。"于是登车而去。

越乙本（十三）：孔子叹曰："贤哉，贤哉。"

越乙本（十五）：小儿又问曰："天上零零有几星？"孔子曰："适来问地，何必谈天。"小儿曰："地下碌碌有几屋？"孔子曰："且论眼前之事，何必谈天说地。"小儿曰："若论眼前之事，眉毛中有几枝？"孔子笑而不答，顾谓诸弟子曰："后生可畏，焉知来者之不如今也。"于是登车而去。

越丙本（十三）：孔子叹曰："贤哉，贤哉。"

越丙本（十五）：又问孔子曰："天上零零有几星？地下碌碌有几屋？"孔子曰："且论眼前之事，何必谈天说地？"小儿曰："若眼前之事，眉上有几毛？可得知乎？"孔子不答。小儿曰："若论眼前之事，何为而不答？"孔子顾谓诸弟子曰："后生可畏，焉知来者之不如今也。"于是登车而去。

明本（十三）：孔子叹曰："善哉！善哉！"

明本（十五）：小儿曰："天上零零，夫子知有几星？"子曰："适来问地，何得谈天？”小儿曰：“地下碌碌，知有几屋？”子曰：“只论眼前，何得谈天说地？”小儿曰：“若论眼前，眉毛数得其有几茎？”夫子不答而去，故有“后生可畏”之语。

结尾或附载

敦煌本（十六）：夫子共项橐对答，下下（一本作“一一”）不如项橐。夫子有心杀项橐，乃为诗曰：孙景悬头而刺股，匡衡凿壁夜偷光。子路为人情好勇，贪读诗书是子张（一本作“章”）。项橐七岁能言语，报（一本作“对”）答孔丘甚能强。项橐入山游学去，叉手堂前启娘（一本作“耶”，一本作“阿”）娘。（下略）

藏文本（十一）：孔子无言答对，便没有回答，把车子转了个方向。又走了三里路，在路上看见一个小孩儿在追赶打杀水鸟。孔子把车拴起来，说道：“你这个孩子，这个小水鸟并不吃五谷，它犯了什么罪呀，你要把它打死呢？”小孩回答说：“朋友啊，你只知其一不知其二。我听说，男孩到了十五岁，便能替他的父亲服兵役；女孩到了十岁，便能替她的母亲做饭；生下才八天的鸥鸟，便会把它的父母放在窝里喂食，用食物报答它母亲的恩。这个水鸟从它母亲肚子里生出来时，和别的生物完全不一样，在把它母亲的肺和心吃了以后，才把它母亲的背弄破了生出来。它并不理会它母亲的死活，到树上乱叫去了。我并不是喜欢吃肉，只不过是要把这个不孝的子孙杀死。”孔子字字句句听得清清楚楚，身上的汗像水一样流下来了。因为他被这个小孩奚落得不轻。把车子转了过来，又回去了。过了很多年，这才替他父亲办了丧事，孔子也得到了一个大孝的名声。这个化身为小孩儿回答孔子的故事完了。

越丙本（十六）：孔子观周，入后稷之庙。有金人焉，三缄其口，而铭其背曰：古之慎言人也。戒之哉！无多言，多言必败；无多事，多事多患。安乐必戒，无所行悔。勿谓“何伤”，其祸相长；勿谓“何害”，其祸将大；勿谓“不闻”，祸将及人。焰焰不灭，炎炎若何；涓涓不壅，终为江河；绵绵不绝，或成网罗；毫毛不折，将寻斧柯。诚能慎之，福之根也。口是何？伤祸之门也。强梁者不得其死，好胜者必遇其敌。君子知天下之不可上也，故下之；知众人之不可先也，故后之。温恭慎德，使人慕之。江河虽左，长于百川，以其卑也。天道无亲，而能下人，戒之哉。生事事生，省事事省。柔弱护身之本，刚强惹祸之由。

三、讨论

通过以上比较，可知在敦煌本《孔子项橐相问书》与越南所传《孔子项橐问答书》之间，有明显的源流关系。因此，对于敦煌文学作品《孔子项橐相问书》的整理工作，越南本具有参校价值。例如在“孔子小儿论避车”一节，王重民、项楚于末句校作“遂乃车避城下道”；黄征、张涌泉则据一本“遂乃遣人下道”云云，以为“下道”当属下句，校作“遂乃车避城，下道遣人往问”。按越南本或作“勒车论道”，或作“勒车道边”，“道”字皆上属。这证明王重民等所校“遂乃车避城下道”不误。又如在“孔子问无”一节，敦煌本和明本有“空城无使”句，黄征、张涌泉释“使”为“刺使”，项楚释“使”为“州郡长官”。按此句在藏文本中作“坟地的集市没有钱赚”，在越南本中作“皇城无市”——后者义较“空城无使”为长。可以推测，“空城无使”是涉“空门无关”而致误的，《孔子项橐相问书》原作“皇城无市”。同敦煌本和越南本相比，藏文本和越南本之间的传承关系显然更为密切。

上述密切关系事实上存在于藏、越、明三本之间。例如“孔子问屋上生松等事”一节，其内容不为藏、越、明等本所载，而仅见于敦煌本。又如在“孔子小儿论博戏”一节，越南本“天子好博，四海不理，诸侯好博，有妨政纪”云云，明本作“天子好博，其事不理，诸侯好博，不利于己”，藏文本作“国王沉溺于此，百姓的事情就处理不公平了，公卿大夫沉溺于此，就不能风调雨顺”，唯独敦煌本颠倒君臣次序，作“天子好博，风雨无期，诸侯好博，国事不治”。再如在“孔子问天高地厚”、“孔子小儿论夫妇父母”两节，越南本所云“何为左？何为右？何为表？何为里？何为父？何为母？何为夫？何为妇？”“天为父，地为母，日为夫，月为妇，东为左，西为右，外为表，内为里”云云，以及“三窗六牖，不如一户之光；众星朗朗，不如孤月独明；父母之恩，奚可失也”云云，均不见于敦煌本，而见于藏文本和明本：

藏文本：孔子说：“好极了！好极了！我来对你说：这个世界上我和万物是从哪里来的呢？谁是父亲？谁是母亲？谁是男人？谁是女人？什么是左？什么是右？什么是外？什么是内？……”孩子说：“这么比较地问是没有意义的。天是父亲，地是母亲，太阳是丈夫，月亮是妻子，东方是右，西方是左，南方是外，北方是内……”

明本：子曰：“汝知天地之纲纪？阴阳之终始？何左？何右？何表？何里？何父？何母？何夫？何妇？……”小儿曰：“九九八十一是天地之纲纪，八九七十二是天地之终始，天为父，地为母，日为夫，月为妇，东为左，西为右，南为表，北为里……”

藏文本：“许多星星聚集在一起，也抵不上一个月亮的光明；从一个门进来的光亮，要超过六个天窗和窗户进来的光。同样，一根针能消耗上千束的线。……讲起父母的恩情是忘不了的。”

明本:“三窗六牖,不如一户之光;众星朗朗,不如孤月独明。父母之恩,奚可悉论也!”

此外,从下表所列各本的内容顺序看,敦煌本的结构是不同于其他各本的:

表 1

内容	敦煌本段落号	藏文本段落号	越甲本段落号	越乙本段落号	越丙本段落号	明本段落号
孔子出游	1	1	1	1	1	1
孔子小儿论作戏	2	2	2	2	2	2
项橐拥土作城	3		3	3	3	3
孔子小儿论避车	4		4	4	4	4
孔子小儿论年幼	6	3	5	5	5	5
孔子问姓名	5	4	6	6	6	6
孔子邀小儿共游	8	7	8	7	7	7
孔子邀小儿结盟		8				
孔子小儿论博戏	9	6	7	8	8	8
孔子小儿论平天下	10		9	9	9	9
孔子问无	7	5	10	10	10	10
孔子问天高地厚	14	10	11	11	11	11
孔子问屋上生松等事	11					
孔子小儿论夫妇父母	12	9	12	12	12	12
小儿问鹅鸭何以能浮等事	13		14	14	14	14
孔子叹后生可畏	15		13/15	13/15	13/15	13/15

（续表）

内容	敦煌本段落号	藏文本段落号	越甲本段落号	越乙本段落号	越丙本段落号	明本段落号
小儿问天地			15	15	15	15
结尾或附载	附孔子欲杀项橐诗	结尾：小儿杀水鸟			附孔子观金人之铭	

以上异同说明了什么呢？我们认为，说明孔子项橐故事在唐五代已经定型；这时的《孔子项橐相问书》大略有北方、南方两个同源异流的传播系统。敦煌本显然可以视作北方系统的代表，因为其故事一直在中原流传，而作品篇末所附诗却富于敦煌地方特色（其中“百尺树下”云云很可能是指敦煌地名“百尺下”）[①]。与之相对，越南本、藏文本和明代《小儿论》具有更为密切的血缘关系，同属于《孔子项橐相问书》的南方系统。张鸿勋先生曾经提出疑问：明代《小儿论》结尾小儿问天地一段，“既不见于（敦煌本）《孔子项橐相问书》，也不见于古藏文本之中，当是另有来源”。[②]这一问题正好可以用两个传承系统之说来解答，因为同《小儿论》一样，在越南的三种传本中均有以下一段：

小儿曰：“天上零零，夫子知有几星？”子曰：“适来问地，何得谈天？”小儿曰：“地下碌碌，知有几屋？”子曰：“只论眼前，何得谈天说地？”小儿曰：“若论眼前，眉毛数得其有几茎？”夫子不答而

① 参考敦煌赋的情况也可以判断《孔子项橐相问书》的北方身份：《游北山赋》、《天地阴阳交欢大乐赋》、《驾行温汤赋》、《死马赋》的作者王绩、白行简、刘瑕、刘希夷等人是中原文士，《贰师泉赋》则产于敦煌本地。

② 张鸿勋：《孔子项橐相问书故事传承研究》，《敦煌学辑刊》1986 年第 1 期。

去，故有“后生可畏”之语。（明代《小儿论》）

又问曰：“天上零零有几星？”孔子曰：“适来问地，何必谈天。”小儿曰：“地下碌碌有几屋？”孔子曰：“且论眼前之事，何必谈天说地。”小儿曰：“若论眼前之事，眉毛中有几枝？”孔子笑而不答，顾谓弟子曰：“后生可畏，焉知来者之不如今也。”于是登车而去。（越南 A2409、V232 两本）

又问孔子曰：“天上零零有几星？地下碌碌有几屋？”孔子曰：“且论眼前之事，何必谈天说地？”小儿曰：“若眼前之事，眉上有几毛？可得知乎？”孔子不答。小儿曰：“若论眼前之事，何为而不答？”孔子顾谓诸弟子曰：“后生可畏，焉知来者之不如今也。”于是登车而去。（越南 A1710 本）

这进一步证明越南本和明本具有相同的来源。尽管这种情况也可以解释为越南俗文学接受了明代俗文学的深刻影响，换言之，上述相同也可以理解为同一时期中越俗文学的关联；但考虑到越南本同藏文本的上述联系，我们认为，这就不如解释为两个传承系统更为恰当。也就是说，各本《孔子项橐相问书》在内容上的差异，既可以看作不同时期《孔子项橐相问书》的差异，更可以看作传承的地域系统的差异。

值得注意的还有各本之附载的内容差异。它们大抵反映了各本《孔子项橐相问书》的不同功能：敦煌本中至少有七本与讲唱体的孔子欲杀项橐诗合抄，说明敦煌《孔子项橐相问书》具备讲唱功能；越南本则与格言体的孔子观金人之铭合抄，表明它有蒙学功能。按孔子欲杀项橐诗来源不明，孔子观金人之铭见于《孔子家语·观周》，云：

> 孔子观周，遂入太祖后稷之庙。庙堂右阶之前有金人焉，三缄其口，而铭其背曰：古之慎言人也。戒之哉！无多言，多言必败；无多事，多事多患。安乐必戒，无所行悔。勿谓"何伤"，其祸将长；勿谓"何害"，其祸将大；勿谓"不闻"，神将伺人。滔滔不灭，炎炎若何；涓涓不壅，终为江河；绵绵不绝，或成网罗；毫末不札，将寻斧柯。诚能慎之，福之根也；口是何？伤祸之门也。强梁者不得其死，好胜者必遇其敌。……君子知天下之不可上也，故下之；知众人之不可先也，故后之。温恭慎德，使人慕之。……江河虽左，长于百川，以其卑也。天道无亲，而能下人，戒之哉！①

其文字和越南本所载基本相同，亦即在流传中很少发生变异。这一点不同于越南所存三本《孔子项橐问答书》，说明后者是以书面、口头相结合的方式流传的。它因此反映了俗文学作品在传播过程中的相对稳定性，可以解释为什么在受到时间、空间巨大阻隔之后，越南本仍然保持了和敦煌本，尤其是和藏文本的相同内容。它同时反映了文化差异对文本面貌的影响，可以解释何以藏文本与其他各本的差异，主要是名物上的差异——例如在"孔子小儿论年幼"一节中改"鱼"为"龙子"，在"孔子问姓名"一节中改"姓项名橐，未有字也"为"我没姓没名"。在敦煌文献中，讲唱体文学是一个规模甚大的类别；在越南汉喃文献中，具有相近规模的是格言体的蒙学书籍。由此可以想见不同地区的《孔子项橐相问书》的生存环境。事实上，敦煌本在与《和戒文》、《五更转》等合抄之时题作"孔子项橐相问书"

① 王肃注：《孔子家语》卷三，上海古籍出版社1990年影印，第29页、第30页。

(P.3826、S.5529),在与《王梵志诗》合抄之时题作"孔子项橐相诗"(P.3833),已经反映了文本环境对文体意识的影响。从这一角度看,越南本《孔子项橐问答书》最重要的学术价值,是为研究俗文学作品在不同文化区的传播提供了绝好例证。

(同博士生何仟年合作完成。原载《新世纪敦煌学论集》,
巴蜀书社2003年出版)

从朝鲜半岛上梁文看敦煌儿郎伟

儿郎伟是见于敦煌遗书中的一种特殊的韵文，主要用于节日驱傩、新房上梁、婚仪障车等仪式。其文体特点是在作品的开端处或语气转折处，出现由“儿郎伟”三字领起的一段韵文。其体裁和敦煌俗赋等韵诵作品[①]相近，多骈体，主要使用六言或四六言的句式。在敦煌文书中，这样的儿郎伟，大约有二十来个卷子、五十多首作品。

关于儿郎伟，特别是关于用于新房上梁的儿郎伟，前人作过许多讨论，尚存在一些争议意见。例如高国藩先生《敦煌俗文化学》一书谈到以下几个问题[②]：

(一)宋楼钥《攻媿集》说“上梁文必言儿郎伟”。这一说法是否准确？它在何种意义上成立？

(二)“儿郎伟”的性质是什么？是和声、叹词、曲调，还是一种文体？它是用怎样的方式表演的？

(三)北宋文人所作《上梁文》，已有相对稳定的格式，即前后有疏文，采四六言骈体，两段疏文之间夹杂抛梁时唱的东、南、西、北、上、下六首绝句式的诗歌韵文。如何看待这种上梁文的影响？

(四)在敦煌上梁文中，可以看到用馒饼银钱抛梁的风俗，到明代

---

① 参见本书《敦煌文学与唐代讲唱艺术》。

② 高国藩：《敦煌俗文化学》，上海三联书店 1999 年版，第 213—229 页。

它演变为以面抛梁的风俗，近现代则以粽子馒头抛梁。这一风俗同儿郎伟有何关联？

（五）是不是可以说，民间儿郎伟有两体，一是纯粹韵文之体，它发展为民间的上梁歌；二是夹杂骈文之体，它发展为民间的上梁文；而“骈—韵—骈”的体式专属于文人？

（六）怎样看待儿郎伟？《儿郎伟驱傩》一名是否可以成立？

这些问题是很有意思的。我最近从韩国资料中读到一批流传在朝鲜半岛的上梁文，今故拟结合这些新资料，对上述问题再作讨论。

一、朝鲜半岛上梁文的基本体式

从现已刊行的古籍资料看，朝鲜半岛的上梁文有三百数十首[①]。其最早的作品是《东文选》卷一〇八所载，高丽人崔诜的《宣庆殿上梁文》，以及李奎报的《大仓泥库上梁文》[②]。按据《高丽史》卷二一《神宗世家》，崔诜于神宗三年（1200 年）以门下侍郎同中书门下平章事判吏部事，五年卒。这期间应当就是《宣庆殿上梁文》创作的年代。而《大仓泥库上梁文》原有本事，见于《东国李相国文集·年谱》，云：“乙酉，公年五十八。……是年作《王轮寺丈六灵验记》，又受敕作《太仓泥库上梁文》。”这里所谓“乙酉”，即 1225 年。该文云：

儿郎伟！

① 经查，《韩国文集丛刊》中以“上梁文”为名的作品共 314 首。此书由汉城景仁文化社于 1990 年印行。

② 《东文选》卷一〇八，韩国民族文化刊行会 1994 年影印本，第 6 册，第 16—18 页。李奎报之作又载《东国李相国全集》卷一九，《韩国文集丛刊》第 1 册，第 486 页。

有屋曰廪，实惟谷藏之源；在天为星，盖是库楼之象。于国莫大，其制宜宏。我国家宅，万世之都，受四方之贡。知一日食之为重，峙千斯仓以为储。水转而泊岸者舟尾相衔，陆输而亘路者车轮如织。取人也薄，虽公田什一而征；均地所生，尚岁计百千以数。然率多于露积，不奈几于慢藏。无可奈何，姑息而已。恭惟圣上陛下政先富国，高贵便时，谓自昔已来，纵有圆困方庾，作支久之计，莫如崇构高墉。爰命有司，俾成不日。曳一木也，尘蔽百里；隳一石也，雷鸣万山。经之营之，壮矣丽矣。为功若此，虽公输督墨无以加；容谷几何，使隶首持筹莫能算。乃涓谷旦，将举修梁。敢扬七伟之声，辄贡六方之颂。

儿郎伟，抛梁东，直指苍龙角尾中。岁讲春郊亲籍礼，会看腐粟积陈红。

儿郎伟，抛梁西，回首平看华岳低。已慑厨宾馔象翠，更征身毒贡牦犀。

儿郎伟，抛梁南，正对嵩山王气涵。欲识阜民歌咏洽，熏风解愠德遐覃。

儿郎伟，抛梁北，威服雁门编发狄。莫问巍峨高几何，积金至斗何曾极。

儿郎伟，抛梁上，蔽日韬霞高百丈。何患公田未稔丰，已将天库侔宏壮。

儿郎伟，抛梁下，更敞门闳容万马。流衍何须较海陵，方苞已听歌固雅。

伏愿上梁已后，神明幽赞，福禄来成。天生时，地生财，三农稔丰。男余粟，女余布，万姓阜安，府库充盈，邦家巩固云云。

此文的形式特点是:(一)以“儿郎伟”三字领起全篇。(二)称此《儿郎伟》是“七伟之声”、“六方之颂”。“声”和“颂”,说明全篇的表述方式是歌唱和朗诵。(三)“七伟”,指全篇七次呼唤“儿郎伟”;“六方”,指东、南、西、北、上、下。这是当时较流行的结构。(四)采用“骈—韵—骈”的体式,即前后有两段疏文,中部是六首“三三七七七”体“儿郎伟”颂。(五)相对于上梁实况来说,文有省略,于上梁之时可作增改,故云“邦家巩固云云”。崔诜一篇,同样以“儿郎伟”三字领起全篇,同样自称“因万口之欢讴,奏六方之善祝”,同样采用“骈—韵—骈”的体式。由此可见,在公元13世纪初,朝鲜半岛的上梁文已经有了较规范的文体。

事实上,在崔诜、李奎报以后,朝鲜半岛的上梁文大致采用了上述体式。之所以说“大致”,是因为尚有以下两种变化体式:第二式,不用“儿郎伟”三字领起全篇,而成“六伟之声”;第三式,通篇不用“儿郎伟”。前者如纯祖即位年(1800年)举行国葬之时,领府事李秉模所制《健陵丁字阁上梁文》[①],云:

> 伏以帝乡之真游渺邈,吁天无阶;珠丘之瑞气郁葱,不日成阁。虹梁永巩,凤历愈昌。恭惟正宗文成武烈圣仁庄孝大王殿下,自檀、箕来,继尧、舜作。……于乎!神悭鬼秘之佳基,允叶日瞻月觐之孝思。柏楹松桷,映珠砂而玲珑;风驭云旗,想神理之悦豫。回思移滦封之岁,宛若隔晨;爰设奉汉寝之仪,忍忘没世?恭陈善颂,助举修梁。

① 《朝鲜王朝实录》纯祖卷一“庚申年9月辛巳”条,中国科学院、朝鲜科学院1959年合作出版,第47册,第334页。

儿郎伟，抛梁东，光教峰含晓旭红。黄道赫然如立教。容光必照发群蒙。

儿郎伟，抛梁西，岗禽哕哕岗梧低。想象箕畴传道地，一般圣统与之齐。

儿郎伟，抛梁南，万年堤水圣恩涵。翠华何事不重到，徒使吾民乐哺含。

儿郎伟，抛梁北，花山瑞气长蓊艳。终南清汉阿那边？三辅由来拱京国。

儿郎伟，抛梁上，太一居中环众象。陈锡宗支万子孙，于昭一德天心享。

儿郎伟，抛梁下，晓夜祠官勤扫洒。时出山云雨太虚，穰穰嘉谷满原野。

伏愿上梁之后，神道恒宁，灵邱弥固，陟降庭止。备五礼而居歆，保佑命之□□□；绵百世而昌炽，迓景命于万时亿，申宝箓而如冈如陵。

后者如《春亭先生续集》卷二所载卞赫祚《屏岩书院上梁文》[①]，云：

伏以为百世师，文是载道之器。立三贤庙，享兹居陀之乡。天未丧斯，地爰得所。恭惟春堂先生，密城华胄，丽季崇儒。承皇考掌枢之余，确贞履于金石；逮王氏坠服之际，炳苦节于日星。李牧老之秤鉴孔神，擢华名于金榜；郑圃翁之门墙早蹑，识机变于竹桥。璇籍托姻，功不参仙李开国之券；铁关窜迹，世争传海

① 《韩国文集丛刊》，第8册，第199页、第200页。

棠惜春之诗。而文章可师于千秋，尽气节亦尚于当世。……爰将双梁修举之仪，复为三龛妥灵之所。东兮道山之院，西兮浣溪之庙，正大一脉渊源；左设格祖之室，右设侑孙之堂，突兀十架轮奂。鸠材董役，奚但衿绅之殚诚；蠲俸助工，抑多宰牧之景慕。家有塾，州有序，非徒文风之丕兴；春曰烝，秋曰尝，将见祀事之罔坠。已副多士之宿愿，宜颂伟郎之新功。

抛梁东，森松老竹想遗风。天光云影精灵在，夜夜南州贯月虹。

抛梁西，三迭瑶琴响玉溪。宇宙茫茫歌古调，望中山色自高低。

抛梁南，洞里烟霞绕小庵。清夜寥寥灵籁静，一轮秋月映寒潭。

抛梁北，太白南垂光紫极。岩桂涧松入品题，朝朝列宿生新色。

抛梁上，古箧瑶华光万丈。文藻江山挹典刑，满天星斗七分像。

抛梁下，峡流滚滚穷元化。百年邱壑数椽堂，盛世斯文振古雅。

伏愿上梁之后，士多崇德，世知尚贤。幼而学，壮而行，春弦夏诵；道所存，师所在，山高水长。

不过，第三式在高丽、朝鲜两代的上梁文中并不多见，不是上梁文的常式。从文中所记“宜颂伟郎之新功”云云，可知它其实是一种省略式，即省略了“儿郎伟”的声词。

今天所存的高丽、朝鲜上梁文，可以说，都属于以上三式。有没有例外呢？韩国美术史学会于1965年编印的《考古美术》提出了几则例外，这就是其中所载的《海印寺经板库（南阁）上梁文》、《伽耶山海印寺八万大藏经殿上梁文》、《丽水镇南馆上梁文》、《观龙寺大雄殿上梁文》等[①]。《观龙寺大雄殿上梁文》作于万历四十五年，即1617

① 《考古美术》，韩国美术史学会编印，第6卷第10号、第11号，通卷第63号、第64号，1965年，第138—142页。

年;《海印寺经板库(南阁)上梁文》作于天启二年,即 1622 年;《丽水镇南馆上梁文》作年不详。其共同点是通篇详记众施主之名,完全不讲究“七伟之声”、“六方之颂”。这是不是意味着,在朝鲜半岛存在一种不带“儿郎伟”的上梁文呢?其实不是。只要仔细阅读全文,就知道这里有一个命名上的错误——文中明明白白地写了“上梁记”等字样,说明这几篇并不是什么“上梁文”。真正的上梁文只有那篇《伽倻山海印寺八万大藏经殿上梁文》。它是一篇纸本墨书的文件,发现于 1965 年。其文前后各有一段骈体疏文,中段云:

……竞劂劀之加功,效倪郎而唱伟。

倪郎伟,抛梁东,阴壑深深万窍风。坐送红溪流出洞,莫邀舟子入花丛。

倪郎伟,抛梁西,碧岭参云返照低。植杖晚休杉桧影,绿苔迷径咽幽溪。

倪郎伟,抛梁南,屏拥层峦织翠岚。俗客洗缨山思吓,一溪流水碧潭潭。

倪郎伟,抛梁北,伽倻大岳攒天色。斫开山足蔚兰房,呵护神经天地力。

倪郎伟,抛梁上,空翠夜騫星月朗。南极老人渡海来,金楼铜辇天齐享。

倪郎伟,抛梁下,岭外山河皆野马。须弥厚地作邦基,元气苍茫坐可藉。

伏愿上梁之后,山祇供瑞祈,禠禳灾陋,清凉爽垲之太台;海灵效祯恤,胤锡衍笑,涓□蠖蠖之甘泉。

显而易见,这是第二式的上梁文。

总之，朝鲜半岛的上梁文，尽管有用于书院、祠堂、寺庙的分别，但它们的体式却是大同小异的。这意味着，在高丽、朝鲜人看来，上梁文是一种规范文体，它来自中国的上梁文。既然有这样的规范，那么，楼钥所谓“上梁文必言儿郎伟”云云便是具有充分合理性的判断，它在文体学上完全可以成立。

二、朝鲜半岛上梁文同宋代上梁文的关联

上文这句话，可以理解为：朝鲜半岛上梁文的体式特点，乃反映了宋代文人所撰上梁文的特点。正因为这样，在宋代人的上梁文中，同样可以看到上述三种体式。

第一种体式的代表，是欧阳修作于1055年的《醴泉观本观三门上梁文》。文载《文忠集》卷八三，有副题“至和二年七月二十一日”云云，著明了制作年代[①]。其文同样是“七伟”“六方”的结构，云：

> 儿郎伟！
>
> 我国家膺三灵之眷命，革五代之荒屯。多垒削平，包干戈而偃武；四夷面内，解辫索以承风。逮先圣之抚临，跻群生于富寿，乃欲追羲、轩以并轨，款云、亭而勒成。容典交修，遂举旷古难行之礼；瑞应来集，有非人力可致之祥。卿云裔露之光，纷纶而杂委；朱草灵芝之秀，焜耀而丛生。爰有神泉，涌兹福地，甘如饮醴，美可蠲痾。湛灵液以渊渟，敞琳宫而崛起。岁时游豫，顺民俗之乐康；栋宇翼严，表京师之壮丽。近以有司不谨，飞熠延灾。

① 《欧阳文忠公文集》，商务印书馆1929年四部丛刊本，第195册，第623页下。

皇上爱物推仁，因民所利，顾遗基之岿尔，回圣虑以恻然。爰饬良工，载新有作。损其土木之费，所以宽民；适其奢俭之中，俾之可久。用涓吉日，构此修梁。盍效欢讴，形于善祝。

儿郎伟，抛梁东，危构岧嶢彩露中。欲识圣君仁及物，灵源一勺本无穷。

儿郎伟，抛梁西，金碧相辉俯仰迷。万瓦寒光浮瑞露，层檐晚景挂晴蜺。

儿郎伟，抛梁南，善利深功不可谈。但喜斯民无疾疠，谁知灵液有余甘。

儿郎伟，抛梁北，观者如云来九陌。四方万国会京师，有类众星环斗极。

儿郎伟，抛梁上，栋宇规摹标大壮。落成行即庆良辰，望幸何时来彩仗。

儿郎伟，抛梁下，祈福为民崇广厦。四时和气致休祥，万国多欢洽朝野。

伏愿上梁以后，三辰顺轨，百谷丰登。卉服雕题，咸被垂衣之化；行歌戴白，永为击壤之氓。皇帝万岁！皇帝万岁！皇帝万万岁。

第二种体式的代表，是史浩（1106—1194）《鄮峰真隐漫录》卷三九所载的《四明新第上梁文》、《明良庆会阁上梁文》、《竹院上梁文》[1]。其文省略了篇首“儿郎伟”三字，而表现为“六方六伟”的结构。例如《四明新第上梁文》：

① 文渊阁《四库全书》，台北商务印书馆 1983 年影印本，第 1141 册，第 841 页上—843 页上；又文津阁《四库全书》，商务印书馆 2005 年影印本，第 381 册，第 589 页。

伏以四明一湖，适潴郭内；十洲三岛，俱峙水中。风月双清，烟霞互映，波光动而珠璧碎，岸影移而锦绣张。宜有高人，得兹胜地，真隐居士，蚤从龙跃。两到凤池，虽微赫赫之功名，每尽拳拳之忠赤，更怀止足，能避宠荣。望神武以挂冠，未容告老；即长安而赐第，猥荷眷留。瞻彼松楸，恭惟桑梓。葺扬子云一区之宅，备丁令威千年之归。爰举修梁，式陈善颂。

儿郎伟，抛梁东，鄮峰倒影碧江中。好是瓣香同祝处，无边窣堵梵王宫。

儿郎伟，抛梁西，赐居千柱与云齐。香风苒苒吹红雨，却喜仙乡路不迷。

儿郎伟，抛梁南，甬水迢迢色似蓝。雄跨两桥烟柳暗，粉垣深处府潭潭。

儿郎伟，抛梁北，纷郁尧云辉五色。孤衷一点烂如星，夜夜朝朝拱璇极。

儿郎伟，抛梁上，不必晓猿惊蕙帐。山人今已买扁舟，两处何妨任来往。

儿郎伟，抛梁下，自喜平生无问舍。暮途得屋可容安，一在皇都一乡社。

伏愿上梁之后，天清地静，国泰民康，嘉与罢癃，同跻仁寿，及身强健。因得为千岩万壑之游，适意往来，岂复惮七堰三江之远。

第三种体式的代表，是黄庭坚(1045—1105)《山谷集》外集卷一〇所载《靖武门上梁文》[①]。其文省略了篇中七处“儿郎伟”，但保留了

---

① 文渊阁《四库全书》，第1113册，第462页下、第463页上。

“六方六抛”的格式，云：

……请奏诗谣，用休工作。

抛梁东，师垣讲武静边烽。貊弓楛矢年年贡，海岱淮徐岁岁丰。

抛梁西，威行河外息征鼙。降书已望龙堆入，积甲还将熊耳齐。

抛梁南，威弧南指射狼贪。交州蝼蚁方归命，下濑熊罴即解严。

抛梁北，不战威边收上策。保塞单于献马羊，爱民天子捐金帛。

抛梁上，河绕陵云宫阙壮。南面忧民不豫游，北门典钥留台相。

抛梁下，元老归功安庙社。千里金堤水正东，四时玉烛年多稼。

上梁以后，伏愿朝廷日新宪度，岁计明昌。相臣、将臣，两有文武；绥服、要服，八荒梯航。增泰山之封，而百神受职；奉明堂之祀，而万寿无疆。留守已勤于屏翰，国家终倚于赞襄。是以有上公之衮，归来近天子之光。玉节乘轺，方趋周道，芝泥封诏，必下岩廊。

以上三例，在年代上都早于1225年，即早于李奎报作《大仓泥库上梁文》的年代。因此可以说，朝鲜半岛上梁文是在宋代文人上梁文的影响下形成的。

宋代上梁文对朝鲜半岛的影响，其实不仅表现在篇章体制方面；

它同时还表现在对“儿郎伟”性质的认识方面。根据高丽、朝鲜人的描写，“儿郎伟”有如下三个特质：

其一，它是举重用力之声，相当于“邪许”之呼。例如朝鲜宋时烈《宋子大全随箚》卷一一说到：儿郎伟是“举重用力声”。白文宝《淡庵先生逸集》卷三附录《云山书堂重建上梁文》云：“兹陈儿郎伟之短词，庸助呼邪许之大役。”①又权橃《冲斋先生文集》卷九载李集《三溪书院庙宇上梁文》云：“聊抒颂祷之意，用助邪许之呼。”②下文将要说到，这种认识来源于宋代。清人梁玉绳则追溯到北朝，说《北史》卷八二《儒林传》所载宗道晖“被鞭，徐呼‘安伟安伟’，盖犹‘阿瘖’也。则儿郎伟者，‘邪许’之声”③。他的意思是：此“安伟”即“儿郎伟”的祖型。

其二，儿郎伟是祝颂之词，是在举梁上屋之时由工匠按节奏集体歌唱的。例如上文《健陵丁字阁上梁文》云“恭陈善颂，助举修梁”；《宣庆殿上梁文》云“因万口之欢讴，奏六方之善祝”；《大仓泥库上梁文》云“敢扬七伟之声，辄贡六方之颂”。此外，《东文选》卷一百八载李藏用《国子监上梁文》，云：“修梁乃举，嘉颂斯扬。”载李百顺《保定门上梁文》，云：“敢扬七伟之声，聊荐六方之颂。”④又《松隐先生文集》卷三载春秋馆记注官李家淳《德南书院讲堂上梁文》云：“聊陈儿郎之短章，庸相匠氏之善颂。”⑤《退溪先生文集》卷四四载《思政殿上梁文》云：“敢因梁欐之升，式陈儿郎之祝。少停攻斫，同此欢呼。”《敬

① 《韩国文集丛刊》，第3册，第327页。
② 《韩国文集丛刊》，第19册，第474页。
③ 梁玉绳：《瞥记》卷六，《清白士集》卷二三，嘉庆刻本，第17页右。
④ 《东文选》卷一〇八，韩国民族文化刊行会本，第6册，第19—21页。
⑤ 《韩国文集丛刊》，第5册，第246页。

堂先生续集》卷二载申悦道《春坡里社上梁文》云:“请赓呼邪许之歌,一邦之趋向在兹,敢唱儿郎伟之颂。”《一庵先生文集》卷七载李汇浚《上梁文》云:“兹陈儿郎之唱,用赞修梁之升。”所谓“唱”,乃指一唱众和。这种认识也来源于宋代。例如朱熹《同安县学经史阁上梁文》有云:“……聊出词章,用升梁欐。想均童耄,共此欢呼。”①

其三,在全篇上梁文中,中部的六段韵文有特别的意义,其体式的特殊反映了表演上的特殊。其中的“儿郎伟”体现了三种身份:既是呼唤之声,也指举重之人,还代表了一种文体。《瓶窝先生文集》卷一四载《三姓庙上梁文》即表达了这一看法,其中有“六伟歌”之说,云:“是所谓始祖庙创开,孰不曰六伟歌当唱。”《性潭先生集》卷一五《苏堤正寝重建上梁文》亦重复了这一看法,将“儿郎伟”称作“六伟谣”,云:“聊奋三寸之短管,载扬六伟之善谣。”而李德懋《青庄馆全书》卷一六载《雅亭遗稿·族侄复初书》则说:“《返梦庵上梁文》,初意逢着大器。始欲把笔,细思之,既许大器,则它言何可关心。仍构《儿郎伟》以上。”这三段文字,都把“儿郎伟”当成了文体。

由以上种种可见,“上梁文”、“儿郎伟”是彼此有别但相互联系的两个名称。“上梁文”从功能角度命名,指的是全篇文辞;“儿郎伟”从表演角度命名,特指文中富于表演性的部分。这一部分,也就是类似于举重号子歌的部分。

上文说到,朝鲜半岛人对儿郎伟的上述理解,都有中国渊源。方以智《通雅》卷四引明人方子谦语曰:“今人上梁之中称‘儿郎伟’,即‘邪虎’类也。”②这种理解,乃把“儿郎伟”看作同“与谔邪许”等举重

① 朱熹:《晦庵集》卷八五,文渊阁《四库全书》本,第1146册,第23页上。

② 《通雅》,《方以智全书》,上海古籍出版社1988年版,第一册,第203页。

唱呼相同的东西。如果注意一下历史上的举重号子歌，注意其音乐特性（由集体歌唱决定，这种唱呼必有相对固定的节奏和旋律），那么，举重唱呼之声也可以理解为一种曲调。故《通雅》把“儿郎伟”和《古诗纪》中的“邪许歌”、“嘘噢歌”，《乐苑》中的《螃喻曲》、《于遮曲》相类比[①]。楼钥《攻媿集》卷七二《跋姜氏上梁文稿》的理解与此一致。它把上梁文称作“乐语”，而把“儿郎伟”解释为“儿郎懑”，认为是“呼而告之”之词，云：

> 宣奉公庆七十时，丞相寿春魏公见委以乐语，有云：“生长东都，亲见开元之盛际；从游诸老，及闻正始之遗音。”又云：“今日王孙，犹有承平之故态；当年竹马，得见会昌者几人？”丞相颇以为然。……上梁文必言“儿郎伟”，旧不晓其义，或以为“唯诺”之“唯”，或以为“奇伟”之“伟”，皆所未安。在敕局时，见元丰中获盗推赏，刑部例皆节元案，不改俗语。有陈棘云“我部领你懑厮逐去深州”，边吉云“我随你懑去”。懑本音闷，俗音门，犹言辈也。独秦州李德一案云“自家伟不如今夜去”云。余哑然笑曰：“得之矣！”所谓“儿郎伟”者，犹言“儿郎懑”，盖呼而告之。此关中方言也。[②]

在关于“儿郎伟”的解释中，这是一段颇为经典的话。它说明，表演上梁文主要有两种方式：一是“乐语”的方式，即朗诵“生长东都，亲见开元之盛际；从游诸老，及闻正始之遗音”一类骈文，明徐师曾《文

① 《通雅》，《方以智全书》，上海古籍出版社1988年版，第一册，第203页。
② 《攻媿集》卷七二，《四部丛刊》缩印本，第243册，第660页。

体明辨序说》称之为“工师上梁之致语”；二是相和而歌、呼应而歌的方式，即举重号子歌的方式，人称“儿郎伟”。宋代史浩《明良庆会阁上梁文》说：“宜伸善颂，以助群工。”《竹院上梁文》说：“宜有长谣，用扬佳致。”欧阳修《醴泉观本观三门上梁文》说：“盍效欢讴，形于善祝。”熊禾《书坊同文书院上梁文》说：“载陈善颂，同举修梁。”[①]这些说法——关于“善颂”、“长谣”、“欢讴”的说法——正是对“儿郎伟”之艺术特性的表达。

三、上梁文的书写和演出

前文说到，朝鲜半岛上梁文有一文体特点，即在书写中运用了省略的方式。这一特点有多方面表现。

其一是省略疏文中的字句。前文曾举证李奎报《乙酉年大仓泥库上梁文》，其中有“府库充盈，邦家巩固云云”。

其二是省略作为号呼之词的“儿郎伟”三字。例如朝鲜金道和作于明末的《云山书堂重建上梁文》[②]，云：

> ……兹陈“儿郎伟”之短词，庸助呼“邪许”之大役。
>
> 抛梁东，沧溟旭日照心红。先生家学元无贰，直把惺惺唤主翁。
>
> 抛梁西，高台迢递夕阳迷。随时宴息真功枉，更向明朝孳舜鸡。
>
> 抛梁南，青螺秀色与天涵。祥云瑞霭从中出，产得南州几善男。
>
> 抛梁北，质质巨岳参云特。时行霖雨慰三农，万国黎元歌帝力。

① 熊禾：《勿轩集》卷四，文渊阁《四库全书》本，第1188册，第804页下。
② 《淡庵先生逸集》卷三，《韩国文集丛刊》，第3册，第327页、第328页。

> 抛梁上，晴天万里奎星朗。文明初载露精华，五百年今征瑞象。
>
> 抛梁下，山簇川回只旷野。不穑不能三百廛，谁是齐郊祈岁者。
>
> 伏愿上梁之后，山川眷骘，云物护持。周旋户庭，体淡翁廉洁之心法；俛仰堂牖，述惺祖讲磨之真诠。而不佚乎前光，且有俟于来哲。

在东、西、南、北、上、下抛梁之时，此文没有书写“儿郎伟”三字。这是不是属于“不带儿郎伟”的文体呢？其实不是。因为文中明明写了“兹陈‘儿郎伟’之短词，庸助呼邪许之大役”一句话，可见演出之时必须用“儿郎伟”来“呼邪许”。也就是说，演出中的“儿郎伟”，这里在书写时省略了。同样的例子又见《敬堂先生续集》卷二，其中载申悦道《春坡里社上梁文》①云：

> ……请赓呼“邪许”之歌，一邦之趋向在兹。敢唱“儿郎伟”之颂。
>
> 抛梁东，瑞日朝朝上碧空。提掇此心如此日，莫教尘滓留胸中。
>
> 抛梁西，万仞鹤峰天与齐。德业广崇侔峻极，勉旃吾党须攀跻。
>
> 抛梁南，长江直抵西厓潭。波通河洛泝洙泗，性理渊源此可寻。
>
> 抛梁北，一辰不动名为极。吾人之极在于心，至正至中要不测。
>
> 抛梁上，九万玄天常在仰。从来幽默何言哉，至理昭昭无暂妄。
>
> 抛梁下，此道平常知者寡。作圣端由孝弟求，当行日用诚非假。

此文所云“请赓呼‘邪许’之歌”，“敢唱‘儿郎伟’之颂”云云，也表明其

---

① 《韩国文集丛刊》，第69册，第216页。

下对"儿郎伟"作了省略。这种省略是重复出现的,它表明:这已经成了一种书写习惯。

其三,在朝鲜半岛上梁文的书写习惯中,还有一种是对六方抛梁之词的省略。例如《竹阴先生集》卷一一载《神光寺上梁文》[①]云:

> ……阅茧纸而斯墨,帖虹梁之既丹。
>
> 儿郎伟,抛梁东,宝盖高悬塔劫重。清磬一声红日转,紫云千朵拥仙宫。
>
> 西,万里天连若木低。阴壑风冷寒籁发,玉轮交贯映摩尼。
>
> 南,云篆玲珑湿翠岚。肩上栖乌殊未觉,一天花雨下毵毵。
>
> 北,兰若去天三百尺。俯看大海侧鲸鳞,半掩竹房斜挂锡。
>
> 上,晓光暗结流苏帐。起来一读坐忘篇,草卧白牛飛在象。
>
> 下,袖里灵珠光照夜。礼罢禅床宝鸭熏,雨声滴滴鸳鸯瓦。
>
> 伏愿上梁之后,四恩拥护,十方维持。宇内疮痍,举被医王之救;世间疲瘵,遍承慈父之怜。……

又如《息山先生别集》卷一载《天云堂上梁文》[②]。此文由朝鲜名儒李衡祥(瓶窝)作于1714年。云:

> 儿郎伟!
>
> ……天根月窟,足蹑三十六春宫;鸟岑屹峰,手阅千万亿层嶂。苟体验仁智之有得,即亲承圣贤之何殊。肆当梁丽之架三,

---

① 《韩国文集丛刊》,第83册,第252页。

② 《韩国文集丛刊》,第179册,第12页、第13页。

敢集退律而伟六。

梁之东，扶桑晓日隐曈昽。屏山燕坐看飞雨，谁识先生意不穷。

梁之南，雨过山堂滴翠岚。功到及泉无弃井，祝嵩心切几呼三。

梁之西，紫殿清宫绕复低。迹埽免同遗士逸，晚风无数草生蹊。

梁之北，太阴凝闭天悠默。迩来梦想仙游地，华岳嶙峋镇化国。

梁之上，昊穹势与觚棱当。不须更向玄玄觅，日月光华万民仰。

梁之下，泱哕高明新大厦。满壁图书常独乐，尊贤尚德诚非假。

上梁之后，伏愿琴心自静，笾腹不空。邵霆鞭兮鬼怪常遁，杨雷立兮贤路愈辟。……

这是第一式的上梁文；但它也有省略，亦即用“梁之东”、“梁之南”等等代替了“儿郎伟，抛梁东”、“儿郎伟，抛梁南”等号呼之词。它说明上梁文有书写格式和演出格式之区别。书写中之所以有省略，乃因为它并非用于阅读，而是用于上梁仪式；省略之处可以由工匠来补充。

值得注意的是：这种省略号呼之词的上梁文写作习惯，同样是来自中国的。其最早的实例是唐代末年的《长芦崇福禅寺僧堂上梁文》。此文载在《全唐文》卷八四七。作者李琪，敦煌人，唐末以文章知名，后事梁太祖朱温为翰林学士。“梁兵征伐四方，所下诏书，皆琪所为，下笔辄得太祖意”[①]。有人推测，这篇上梁文就作于李琪随朱温军队驻扎长芦之时，即天佑三年（906 年）[②]。其文属于第三种省略，云：

祖令西来，尺苇尽包于沙界；圣图南渡，巨楹两创于觉筵。

---

① 《新五代史》卷五四《李琪传》，中华书局 1974 年版，第 617 页。

② 杨挺：《不存在儿郎伟文体和儿郎伟曲调》，《敦煌研究》2003 年第 1 期。

自迦叶正法眼之单传，有壁观婆罗门之故址。翩翩只履，去少林未有千年；翼翼精庐，徙滁口才逾二纪。圮于兵烬，莽为砾区。旃檀化聚棘之林，鲸象失栖禅之地。旋更七稔，未办三椽。潜庵老师，五叶派下中兴，百尺竿头进步。得皮得髓，面壁正是前身；利物利人，当机勇施毒手。非有辽天之作略，岂能扫地以更新。再续天圣之遗规，喜遇登师之同里。众缘自合，纷舻筏之川流；群役并兴，环斧斤之雷动。要使宗风之峻立，首图云衲之安居。练吉日以鸠工，峙闳模而复古。于兹大作炉鞴，皆令直造根源。展钵铺单，不离日用；锻佛炼祖，总在堂中。摩尼峰前，突见飞翚之在目；菩提桥畔，会逢立雪之齐腰。既新高广明旷之基，当知净智妙圆之体。不立文字，痛着铃槌。连床上跳出栗棘蓬，柱杖下敲得麒麟子。味永安之记，常思纽草之高风；造雪峰之门，必契流香之妙趣。聊陈六咏，助举双梁。

东，衮衮长江一苇通。再续千灯融佛日，依然五叶振宗风。

南，十方禅隽总包含。认得老胡真鼻祖，各寻彗可结同参。

西，飞檐危栋接云霓。重成鹫席挝禅鼓，永洗狼烟罢战鼙。

北，回龙山绕烟林碧。双手翦除荆棘场，空拳擎出瞿昙宅。

上，参天乔木元无恙。非台镜照大千机，无绕墙高三百丈。

下，葱岭路头连绿野。室里俱承刮膜方，板头谁觅安心者。

伏愿上梁之后，丛林万指之安栖，兰若千年之不坏。人人自心见性，个个与佛齐肩。芦叶飞花，认的的祖师之旨；淮流成带，祝绵绵宗祏之休。

参照朝鲜上梁文的省略习惯，也根据此文所云“聊陈六咏，助举双梁”

云云，可以推断：文中之东、南、西、北、上、下，分别是“儿郎伟，抛梁东”、“儿郎伟，抛梁南”、“儿郎伟，抛梁西”、“儿郎伟，抛梁北”等等的省略。

上述三种省略例，在宋代上梁文中也都有表现，而尤以第二种省略最多见。例如《后山集》卷二〇载陈师道《披云楼上梁文》、《演山集》卷三五所载黄裳《三清殿上梁文》，即省略了作为号呼之词的“儿郎伟”三字。前者云：

> ……爰历灵辰，用兴危架，听于舆颂，落此成功。
>
> 抛梁东，日上云开四顾中。今代功名归二老，当年富贵有三公。
>
> 抛梁南，舳舻衔尾系江潭。朝隮已作丰年雨，暑饮行听抵掌谈。
>
> 抛梁西，阴阴桃李下成蹊。举头更觉长安近，送目长随落日低。
>
> 抛梁北，瑞塔亭亭入云直，百年战斗及明时，千里河山余故国。
>
> 抛梁上，危架岧嶤建千丈。房心璀璨近檐楹，海岱摧藏但空旷。
>
> 抛梁下，割肉有堆酒如泻。燕雀投人也自忙，鼠蝠旋墙不容罅。
>
> 伏愿上梁以后，人神同力，旸雨以时。……[①]

由此可知，上梁文的书写和演出，从中国的唐代到东国的朝鲜时代，一直是有所分别的。

不过，在朝鲜半岛上梁文中，关于以金钱面米抛梁之风俗的描写却很少见[②]。现有的描写，主要是关于“陈儿郎伟之短词，庸助呼邪许之大役”、“陈儿郎之短章，相匠氏之善颂”、“少停攻斲，同此欢呼”、“兹

---

① 《后山居士文集》，上海古籍出版社 1984 年影宋本，第 852 页、第 853 页。

② 据延世大学许敬震教授见告：在韩国的上梁仪式中，有抛撒年糕的项目。

陈儿郎之唱，用赞修梁之升”一类。由此看来，儿郎伟的东传，主要是作为一种表演艺术、一种文体的东传，亦即作为典雅风尚的东传。

四、对敦煌儿郎伟的新理解

要说明一个事物，最好的办法是厘清它的源流，因为事物的本质是贯穿在发展过程之中的。按照这一道理，一旦了解了朝鲜半岛的上梁文，我们也就有了进一步讨论敦煌儿郎伟的条件。

前文说到，敦煌儿郎伟有三个品种。从题材或功能角度看，其主体是驱傩儿郎伟，数量达到十多个卷子约三十首。这种驱傩儿郎伟包括两个类型：一是六言型，见于伯 2058（背面）、伯 3555（背面）、伯 4055、伯 4976、斯 2055（背面）等写卷。其书写格式颇类前述第一式上梁文，即把“儿郎伟”三字冠在全篇之前，仿佛一篇的“首题”[①]。二是四六言型，见于伯 2569（背面）、伯 3552、伯 4011、斯 329（背面）、斯 6181、伯 2612（背面）、伯 3270、DX1049、伯 3856、Or8210（背面）等写卷。这一类型在主体上仍然用六言，但它往往以“儿郎伟”领起“驱傩之法，出自轩辕”、“驱傩之法，送故迎新”等四言套语，仿佛是篇名。值得注意的是，在驱傩类型的后三个写卷中，篇末有“音声”二字；在四六言类型的后四个写卷中，五首韵文之末有“音声”二字。如果按伯 3350《祝愿新郎文》所云“每日音声，娱乐更如北方”云云，把“音声”理解为奏乐，那么，这些驱傩仪式便是有乐工参与的。因此，作为首题的“儿郎伟”（不包括斯 2055 一首，因其无“儿郎伟”字样），是可以当作六言辞的调名来看待的；作为驱傩篇名的“儿郎伟”，则也联系

① 《敦煌遗书总目索引新编》P. 4976，中华书局 2000 年版，第 330 页。

于一定的歌调。

第二个品种，作为婚仪之词的敦煌障车文，见于伯 3909、斯 6207 两个写卷。其特点有二：一是在句式上采用四言体，二是在结构上采用问答体。例如在伯 3909 写卷中，“儿郎伟”和“障车之法”成组出现，即其前有一首障车词，其后则有一首“儿郎伟”，分别用于障方（男方）、行方（女方）的对答；在斯 6207 写卷中，两首“儿郎伟”分别是行方口吻、障方口吻。显而易见，这里的“儿郎伟”是有标示意义的。从司空图的《障车文》[①]看，“儿郎伟”之用于障车，已是唐代的风俗。按此文的格式是：

“自古事冠人伦”等四六言骈文十句，讲述家世。

“儿郎伟”领起四六言骈文约二十句，讲“两家好合”云云。

“儿郎伟”领起四六言骈文约十七句，讲“荣连九族”云云。

“儿郎伟”领起四六言骈文约十四句，讲“金银器撒来雨点，绮罗堆高并坊墙”等排场。

“儿郎伟”领起四六言骈文八句，祈福语，讲“神佛拥护，门户吉昌”。

这里未用对答体，不是齐言韵文，可见“儿郎伟”未必是特定的书面文体的代表；在这种情况下，它所标示的便应该是某种歌调。

第三个品种，作为上梁文的敦煌“儿郎伟”，一般认为今存以下三首[②]：

---

① 《全唐文》卷八〇八，上海古籍出版社 1990 年影印本，第 4 册，第 3765 页上。

② 参考黄征、吴伟：《敦煌愿文集》，岳麓书社 1995 年版，第 965—973 页。

第一首见于伯3302背面，原题《维大唐长兴元年癸巳岁二十四日河西都僧统和尚依宕泉灵迹之地建龛一所上梁文》，以六言韵文为主体，兼用四六言骈体之文。每至语气转折之处，用“儿郎伟”领起下一段。据篇题，这是作于公元930年的上梁文。

第二首见于斯3905，原题《唐天复元年辛酉岁一月十八日金光明寺造□窟上梁文》，乃六言韵文。文中提到回纥人对佛寺的破坏和再造佛寺的过程。残缺甚多，现存本中无“儿郎伟”三字；但据篇题可知，这是作于公元943年的上梁文。

第三首见于伯4995背面，原卷首尾皆破损，失题。王重民《敦煌遗书总目索引》称此卷“背面儿郎伟，存卅一行”。乃六言韵文体，讲述邓军使、李乐荣等人修造佛窟的功德。因残缺，故未知其原文是否有“儿郎伟”等字样。

除此之外，在伯3757载有一篇失题的上梁文。此文为六言韵文体，首标“儿郎伟”三字，次写修造原委和修造经过，末以“今日上梁以后，天光自然覆盖”等语结束。因文中述及护军修造的功德，杨挺拟其题为《护军修造上梁文》[①]。

有人认为，这些作品反映了敦煌上梁文在源流方面的多重性：既有使用“儿郎伟”之词句的上梁文，也有不使用“儿郎伟”之词句的上梁文；既有四六骈文体的上梁文，也有六言韵文体的上梁文。[②]这一说法是有道理的；不过，对于这一现象，应该从历史形态的角度来作观察。也就是说，从上梁文文体形成的角度看，唐五代是一个过渡时

① 杨挺：《不存在儿郎伟文体和儿郎伟曲调》，《敦煌研究》2003年第1期。
② 高国藩：《敦煌民俗学》，上海文艺出版社1989年版，第433—442页。

期，其时出现了“儿郎伟”同上梁文的结合。因此之故，也出现了多种文体的并存：既有六言韵文独立之体，也有六言韵文与四六言骈文联合之体，还有“三三七七七”体与四六言骈文联合之体。后两体便代表了儿郎伟与上梁文的结合。正是从这种结合当中，宋代形成了上梁文的正体，即“骈文＋《儿郎伟》三七言韵文＋骈文”之体。高丽朝鲜上梁文，乃是这一文体东传的产物。相比之下，伯 3302 所载《维大唐长兴元年癸巳岁二十四日河西都僧统和尚依宕泉灵迹之地建龛一所上梁文》，乃代表了上梁文文体的早期形态：

儿郎伟！

若夫敦煌胜境，地杰人奇。自古崇善，难可谈之。古者三危圣迹，萨诃仗锡因资。鸿基始运，察道乘时。自后先贤圣德，建立宝殿巍城。莫不远觅净土，即此便是阿弥。厥今大施功者，我都僧统和尚之为欤！伏维我都僧统和尚：业登初地，德托前英。神资天遐，五郡白眉。……若说和尚功业，难可谈量者矣！

儿郎伟！

凤楼更多巧妙，李都尉绳墨难过。……施功才经半月，楼成上接天河。奉我和尚旨教，今朝赏设绫罗。具述难可说尽，且成后韵之科。

儿郎伟！

和尚众人之杰，多□不与时同。忽然发有大惠，委令凿窟兴功。宕泉虽为千窟，北窟难可擅论。……董家忧婆姨福中第一，亦能竭力输忠。

儿郎伟！

今因良时吉日，上梁雅合周旋。五郡英豪并在，一州士女骈阗。蒸饼千盘万担，一时云集宕泉。尽向空中乱撒，次有金钹银钱。愿我十方诸佛，亲来端坐金莲。……自此上梁之后，高贵千年万年。

这篇上梁文是由四段儿郎伟组成的，第一段是四六言骈文，后三段是六言韵文。它说明，在"骈文+《儿郎伟》韵文+骈文"之体形成以前，上梁文曾经经历过以《儿郎伟》韵文为主体的阶段。这一阶段，也可以说是六言体的阶段。

在唐代，六言韵文是一种具有文化意义的体式。一般来说，它总是联系于某种特别的音乐。例如唐代的酒令曲，通常为六言体。其典型有《调笑令》、《三台令》、《宴桃源》、《倾杯乐》、《回波乐》等曲。这些乐曲多用于催酒，似因特殊节拍——艳曲的"急三拍"——造成[①]。故初唐许敬宗有云："近代有《三台》、《倾杯乐》等艳曲之例，始用六言。"[②]此外，杂言送酒辞，虽然句式长短不一，但其中的六言句仍然占据相当比例。如尹鹗《清平乐》："酒倾琥珀杯时，更堪能唱新词。赚得王孙狂处，断肠一搦腰肢。"孙光宪《应天长》："醉瑶台，携玉手，共燕此宵相偶，魂断晚窗分首。"冯延巳《薄命妾》："春日宴，绿酒一杯歌一遍。再拜陈三愿。一愿郎君千岁，二愿妾身长健。"[③]这种六言句，既然用于"唱新词"、"绿酒一杯歌一遍"的场合，那么，它应当也是某种音乐形式的反映。由此可以推断，敦煌儿郎伟，其以六言韵文为

① 参见王昆吾：《隋唐五代燕乐杂言歌辞研究》第五章《著辞》，中华书局1996年版。
② 许敬宗：《上恩光曲歌词启》，《文苑英华》卷六五六，中华书局1966年版，第3372页。
③ 《全唐诗》卷八九五，第10112页；卷八九七，第10144页；卷八九八，第10159页。

主体，原因便在于它代表了一种特别的歌调。自李琪以来，文人上梁文中的儿郎伟韵文一般是“三三七七七”体，这意味着，其音乐的旋律和节奏都改变了，不同于敦煌儿郎伟了；但是，从音乐方式角度看，它却是对敦煌儿郎伟的继续。因为“三三七七七”体同样是类似于“邪许歌”、“嘘噢歌”、“螃喻曲”、“于遮曲”的歌谣之体。[①]敦煌驱傩儿郎伟标注有“音声”二字。我们知道，在敦煌写卷中，“音声”往往是“音声人”的简称[②]；敦煌写卷伯 2641 号宴设司文书中且有“音声作语”的说法：

设打窟人细供拾伍分，贰胡并。金银匠阴苟子等贰人，胡并肆枚。东园音声设看后座，细供染分，贰胡并。廿二日大厅设于阗使用，细供贰拾捌分，内叁分，贰胡并。音声作语上次料两分，又胡并贰拾捌枚。

这说明，对儿郎伟可以有两种理解：或者把它理解为有音声人参预的表演，或者把它理解为和“音声作语”相接近、相对应的事物。但不管哪种理解，都意味着，作为首题、用于提示的“儿郎伟”，其实代表了歌唱儿郎伟的通常声调。

从各种情况看，儿郎伟的歌调是在驱傩仪式上形成的。正因为这样，敦煌儿郎伟的主体是驱傩儿郎伟。而驱傩儿郎伟也表现了一定的成熟性——应用了具有一定仪式意义的“音声”，也应用了较规

① 参见王昆吾：《隋唐五代燕乐杂言歌辞研究》第七章《谣歌》论“三三七七七”体，第 349—352 页。

② 姜伯勤：《敦煌音声人略论》，《敦煌研究》1988 年第 4 期。

范的六言体。另外，在上梁文中可以看到它脱胎于驱傩仪式的痕迹。其表现主要有二：其一是全篇结末的内容——它以“伏愿上梁之后”云云，表达了驱邪求吉的愿望。可以说，“伏愿上梁之后”的格式，其实是驱傩仪式的化石。其二则是“儿郎伟”的抛梁形式——它之所以要向东南西北上下六方抛梁，是因为它要向六方驱邪求吉。关于这一点，伯2569号驱傩儿郎伟可以为证：

> 圣人福禄重，万古难俦疋。剪孽贼不残，驱傩鬼无一。
> 东方有一鬼，不许春时出；南方有一鬼，两眼赤如日；
> 西方有一鬼，便使秋天卒；北方有一鬼，浑身黑如漆。
> 四门皆有鬼，擒之不遗一。今有定中央，责罚功已毕。
> 自从人定亥，直到黄昏戌。何用打桃符，不须求药术。
> 弓刀左右趁，把火纵横烛。从头使厥傩，个个交屈律。

这段岁暮驱傩歌辞明明白白地指出：驱傩仪式是分别在东南西北四方进行的。

五、结语

综上所述，今存于朝鲜半岛的三百数十篇上梁文，有比较相近的形式特点，亦即以“七伟之声”、“六方之颂”为中心，结构成“骈—韵—骈”的体式。明代徐师曾《文体明辨序说》说：“按上梁文者，工师上梁之致语也。……匠人之长，以面抛梁而诵此文以祝之。其文首尾皆用俪语，而中陈六诗。诗各三句，以按四方上下，盖俗礼也。”[1]其说与朝鲜半岛上梁文的实况基本符合。这意味着，高丽、朝鲜

① 《文章辨体序说·文体明辨序说》，人民文学出版社1962年版，第169页。

人的创作实践,可以作为上梁文文体特征的证明,亦即证明:宋楼钥等人所谓"上梁文必言儿郎伟"云云,是符合事实的判断,在文体学上可以成立。

朝鲜半岛上梁文的体制是从中国传入的。其年代可以推至崔诜和李奎报的时代,即13世纪初、高丽神宗之时。它在三个方面接受了宋代上梁文的影响:其一,和宋代文人所作上梁文一样,它采用了"骈—韵—骈"的体式。其二,它习惯在文中进行省略,特别是省略"儿郎伟"三字。其三,它认为"儿郎伟"有三重特性:从语言来源看,是举重用力之声,相当于"邪许"之呼;从功能看,是祝颂之词,在举梁上屋之时由工匠按节奏集体歌唱;从文学表现看,在全篇上梁文中,以"儿郎伟"为标志的六段韵文具有独立的文体学意义,可以称作"六伟歌"或"六伟谣"。

以上情况提醒我们,应该从两个角度来理解上梁文:一是书写的上梁文,二是表演的上梁歌。上梁文之所以往往省略"儿郎伟"等号呼之词,正因为它并非用于阅读,而是用于上梁仪式;也就是说,它以省略的方式向表演者——工匠——提供了发挥和补充的空间。同样,应该把"上梁文"、"儿郎伟"看作彼此有别但相联系的两个名称。"上梁文"从功能角度命名,指的是全篇文辞;"儿郎伟"从表演角度命名,特指文中富于表演性的、类似于举重号子歌的部分。

在对敦煌俗赋、宋代教坊乐进行研究的时候,我们曾经讨论过"韵诵"、"致语"等流行的表演方式。[①] 中国古代骈文的发展,是同这两种方式相关联的。同样,从上梁文中可以分析出两种表演方式:一

---

① 参见本书《敦煌文学与唐代讲唱艺术》。又参见王小盾:《〈高丽史·乐志〉"唐乐"的文化性格及其唐代渊源》,《域外汉籍研究》创刊号,中华书局2005年版。

是楼钥《跋姜氏上梁文稿》所说的“乐语”的方式，即朗诵骈文；二是相和而歌、呼应而歌的方式，亦即用举重号子歌的方式来歌唱韵文。徐师曾所说的“工师上梁之致语”，指的是前者；“儿郎伟”则是关于后一方式的名称。

不过，“儿郎伟”一名在上梁文中的出现，却表明古代上梁时的相和而歌、呼应而歌，已经有较稳定的歌调了。这种歌调的形成路线，可以类比于同样来源于号呼之声的“邪许歌”、“嘘噢歌”、“螃喻曲”、“于遮曲”。早在敦煌写卷中，“儿郎伟”的音乐品格便有多方面表现。在驱傩儿郎伟中，它被注写为“音声”，因此可以看作六言歌辞的调名。在障车儿郎伟中，它和“障车之法”成组出现，二者分别代表障方、行方用于对答的特殊歌调。而且，参考唐代六言韵文的一般情况——用为酒令曲的情况——可以推测它采用了特殊的节拍。总之，“儿郎伟”最重要的身份，是作为歌调之名的身份。[①]到宋代以后，上梁文中的“儿郎伟”一般是“三三七七七”体，这意味着，其音乐的旋律和节奏都改变了，不同于敦煌“儿郎伟”了；但是，上述身份及其音乐性质却没有改变。

关于“儿郎伟”的音乐性质，人们的看法并不一致。有一种意见是说：“儿郎伟”意为“儿郎辈”，称呼“儿郎伟”相当于我们今天大会开始时称呼“同志们”，并不唱入曲调。这种意见论据很好，但论点却不正确。为什么呢？因为历史资料表明，“儿郎伟”这样的称呼词，恰好是形成民歌曲调的重要元素。比如六朝民歌中的许多

① 在古人的看法中，“歌”和“曲”是含义不同的两个名词。“歌”泛指歌唱，尤其是不配乐器的徒歌；“曲”则往往代表伴奏音乐。其差别在文字上也有表现，即徒歌不用腔谱，只有大致的体制，而无固定格式。《乐府诗集》所载“相和歌”、“近代曲”，可以反映“歌”和“曲”的差别。儿郎伟属前者，故此处采用“歌调”一名。

歌曲,便是因它的称呼词或起调之声——“莫愁”、“碧玉”、“桃叶”、“杨婆儿”、“丁督护”、“白团扇”等——而形成的。[1] 这种情况也见于现代民歌,例如,江西《采茶歌》以称呼词起调:“同志哥,请喝一杯茶……”正因为这样,白居易有“首章标其目”之说,即强调“首章”在民歌中的重要地位。由此可见,“儿郎伟”作为对丁壮们的称呼词,作为对“赓呼‘邪许’”者的首唱之调,作为特定歌调的标志,这三种身份是统一的。不妨说,“儿郎伟”代表了一种依起调和声而形成的歌调。

从各种情况看,儿郎伟的歌调是在驱傩仪式上形成的。正因为这样,敦煌儿郎伟以驱傩儿郎伟为主体;而且,朝鲜半岛的上梁文仍然保留了驱傩仪式的影响。上梁文往往以“伏愿上梁之后……”的格式结束,这一格式其实是由驱傩仪式凝结而成的;“儿郎伟”向东南西北上下六方抛梁,也来源于向天地四方驱邪求吉的驱傩仪式。

有鉴于此,通过关于上梁文的三批资料——敦煌资料、中国古籍资料、高丽朝鲜资料,我们可以描写出从儿郎伟到上梁文的历史发展。其过程可以说是从民间到书斋的过程,大致包含以下四个阶段:

(一)“儿郎伟”作为号呼之声的阶段。根据梁玉绳的意见,其事可以追溯到北朝。从北魏温子升《阊阖门上梁祝文》[2]看,这时已经

---

① 参见王昆吾:《隋唐五代燕乐杂言歌辞研究》,第310—312页。

② 《初学记》卷二四载温子升阊阖门上梁祝文云:“惟王建国,配彼太微。大君有命,高门启扉。良辰是简,枚卜无违。雕梁乃架,绮翼斯飞。八龙杳杳,九重巍巍。居宸纳祜,就日垂衣。一人有庆,四海爰归。”中华书局1962年版,第584页。又《艺文类聚》卷六三,上海古籍出版社1965年版,第1129页、第1130页。

有上梁告祝的仪式；但祝文以四言为主体，未必采用了“儿郎伟”的号呼之声。

（二）“儿郎伟”用为驱傩之歌的阶段。敦煌资料和《长芦崇福禅寺僧堂上梁文》表明，其事可推至唐代，拥有两种体式：一是六言为主的韵文体式，二是三七言为主的韵文体式。

（三）从用于驱傩仪式发展为用于障车、上梁仪式的阶段（参见本文附图）。由于综合了仪式上的其他因素，故在六言韵文、三七言韵文之外，兼用四六言骈文。此体流行于敦煌。

（四）形成上梁文之正体的阶段，其现存最早的作品是唐末李琪的《长芦崇福禅寺僧堂上梁文》。到宋代，其体式固定为骈文、《儿郎伟》韵文、骈文的结合。从表演方式角度看，这也可以说是乐语（韵诵）、歌唱、乐语（韵诵）的结合。

以上这个四阶段说，从文体学的角度看，大致是可以成立的。但从文化学的角度看却不然，因为在以上发展线索的后面，却似乎潜藏了另一支源流。有一个值得注意的情况是：唐五代的“儿郎伟”是同播撒金银面米的风俗联系在一起的。例如司空图障车儿郎伟描写了“金银器撒来雨点，绮罗堆高并坊墙”的场面，敦煌伯2058号驱傩儿郎伟亦云“造食鬼多费面米，饭食同炊上天”。另外，伯2569号驱傩“儿郎伟”说：“西州上拱宝马，焉祁送纳金钱。”伯4011号驱傩“儿郎伟”说：“一齐披发归伏，献纳金钱城川。”这些语句也显示了儿郎伟同面米银钱的关联。但朝鲜半岛的上梁文，至少其中一部分，是脱离了这类风俗的。这说明，“儿郎伟”是作为一种“雅文化”传至朝鲜半岛的。我们知道，在文化流传中有一种特殊现象，即官方传播有时会先于民间传播，而且往往在规模上大于民间传播，例如在北朝，胡乐东传的最重要的途径是作为战利品、进贡物的东传(正因为如此,人们常把隋唐宫廷中的“七部伎”、“九部伎”看作当时新音乐的代表)。可见作为公共知识、公共习惯的风俗,其实有两种:一是贵族的时尚,二是民间的风习。如果说上梁文是以前者的身份传入高丽的,那么,我们就应当正视后者——民间上梁风俗——的存在。关于这一点,高国藩先生已经在《敦煌俗文化学》一书第七章中说过。

另外值得注意的是,上梁文是在其文体形成之后不久传入朝鲜半岛的。这是因为,它恰巧遇上了宋丽文化交流的潮流。从李奎报文集可以看到,模仿宋代作品是当时的创作风气。宋代上梁文也说到:此时是“三韩百济归封内”、“三韩鼓舞乐华风”的时期。胡宿(996—1067)《文恭集》卷二八载《醴泉观涵清殿上梁文》的说法是:“儿郎伟,抛梁东,石桥观日任施功。三韩百济归封内,方丈蓬莱在日中。”《集禧观大殿上梁文》的说法是:“儿郎伟,抛梁东,三韩鼓舞乐华风。扶桑海树朝暾上,方丈仙山瑞雾通。”[①]而熊禾(1247—1312)《勿轩集》卷四载《书坊同文书院上梁文》则云:“儿郎伟,抛梁东,书籍高丽日本通。一滴龙湖山下水,千源万派定朝宗。”[②]这些关于“三韩”、“百济”、“高丽”的记录提示我们,从敦煌儿郎伟到朝鲜半岛上梁文,这是汉文学史上一个富于意义的现象。通过这一现象,我们不仅可以观察到特定文学体裁的产生过程,亦即由民间表演转变为文人摛藻之体的过程;而且,我们可以观察到汉文学的跨文化传播的过程。正是这种传播,显示出文学的特殊功能和特殊质量。

---

① 文渊阁《四库全书》,第1088册,第865页下—867页上。

② 文渊阁《四库全书》,第1188册,第804页。

图 1:东干人村庄(上、下)

二图均由本文作者摄影——1997 年 3 月上旬摄于吉尔吉斯斯坦米粮川。米粮川是一个东干人聚居的集体农庄,其庄民大都是 19 世纪自中国甘肃、陕西等地迁来的回族人的后裔。在这里仍然保留了中国西北地区的婚俗。上图表现婚俗中的赶邪节目,是古老的驱傩仪式的遗留;下图为障车仪式之后,婚车驶入男方家的情景。此车在障车仪式中撒去许多糖果礼品。由此可见,驱傩、障车、抛撒果品,是几个关系密切的风俗活动。

(原载《古典文献研究》第 11 辑,凤凰出版社 2008 年出版)

东干文学和越南古代文学的启示

——关于新资料对文学研究的未来影响

一

20 世纪中国学术史的经验证明，方法的更新、材料的更新、视野的更新都是学科发展的重要途径。人们熟知的情况是：在引入地层学、器物类型学、年代学等方法之后，金石学转变为科学的考古学；在引入国际音标、语言形态分析等方法之后，传统的小学转变为科学的语言学。这说明，通过新技术的引进可以造成学科的科学化。但与此同时，有更多的学术实践昭示了另一个事实：新学科的建立和学科的系统化，是通过视野和材料的更新实现的。殷商史、甲骨学、简牍学、敦煌学以及藏学、满学、突厥学、西夏学等学科便是典型例证。因此，王国维有所谓“古来新学问起，大都由于新发见”一说[①]。从研究过程的角度看，材料是学术的直接对象，各种新的方法和技术只有在更新资料内涵的情况下才能实现其意义。因此，陈寅恪又有“取地下之实物与纸上之遗文互相释证”、“取异族之故书与吾国之旧籍互相

---

① 王国维：《最近二、三十年中中国新发见之学问》，《王国维遗书》，上海古籍书店 1983 年版，第 5 册《静庵文集续编》，第 65 页。

补正”、“取外来之观念与固有之材料互相参证”，“以转移一时之风气，而示来者以轨则”一说。[①] 总之，当我们讨论文学研究在新世纪的学术生长点问题之时，应当建立这样一个认识：新资料（包括具有新内涵的资料）是造就新学术的最重要的资源。

二

近几年来，我曾接触两批新资料：关于东干文学的资料和关于越南古代文学的资料。在我看来，它们都有激活未来的文学研究，孕育新的学科范式和学科分支的意义。

“东干”是一个拥有独立的语言和文字的民族。目前有十万多人，分布在中亚地区，主要居住在吉尔吉斯斯坦和哈萨克斯坦。他们的祖先从19世纪中叶起经甘肃、新疆等地迁居中亚。因此，他们的母语文学本质上是汉文学；但这种文学的载体却是以陕甘宁方言为基础语音而用斯拉夫字母拼写的文字，不同于中国境内的汉文学。东干人的文学可分两支：其口语文学源于中国西北地区的民间文学，拥有“曲子”（民歌）、“口歌”（谚语）、“口溜儿”（顺口溜）、“倒口话”（绕口令）、“古今儿”（故事与传说）等体裁；其书面文学则始于20世纪30年代，以1932年创办的《东火星报》为标志，现有诗、文、小说等文体。除报纸外，东干人建立了自己的电台和电视台专栏，作为保存和传播其文学的基地。又在十年制学校中增设了相关课程，传授东干语文。1997年，我和博士生赵塔里木在东干人聚居地作了三个多月的调查，对以上诸种文学资料作了全面搜集。其中新采集的民歌有

① 《王静安先生遗书序》，《王国维遗书》，第1册。

123首、民间器乐牌子曲4首、口歌口溜儿达五千多首，此外收集了三十多种作家作品出版物以及相当数量的报纸和电台录音。

越南是同中国关系最密切的邻邦，两国共有1150公里陆地边界，也拥有相互关联的政治传统和文化传统。在赵佗称王南越（前207年）至吴权奠都古螺（939年）的一千多年里，北部越南曾作为中国的一个行政区而存在；而以推行汉文化为实质的科举制度，则在越南持续实行到1919年。尽管越南拉丁文字出现在17世纪中叶，但一直到1945年，这种拉丁文才成为法定文字，最终代替了汉字。这意味着，越南的古代史和古代文学，都以汉字为主要载体。1998年以来，我曾三次前往越南考察汉文古籍资源，在越南学者帮助下，已编成百万字的《越南汉喃古文献目录提要》一书。此书共著录图书5023种，其中以汉文为主体的图书4229种，以喃文为主体的图书794种。文学书籍则有两千种左右，分见于以下诸类目：

经部诗类：其中包含7种喃文书，即《诗经》的喃译作品；

史部传记类：共254种，皆用故事体，其中总传目55种、别传目64种、神迹目（各地所祀神祇的传记）106种、日记目29种；

史部地理类名胜目：记述、歌咏各地名胜之书，共44种；

集部总集类：诗、文、赋作品的汇编，共212种，其中中国诗文集的重抄重印本15种、越南人所撰汉文作品集153种、喃文作品集44种；

集部别集类：个人诗文作品集，共455种，其中中国诗文集的重抄重印本7种、越南人所撰汉文诗文集422种、喃文诗文集26种；

集部诗文评类：共10种，其中中国诗话的重抄重印本3种、越南人所撰汉文诗文评书7种；

集部北使诗文类：越南使节文学，或曰中越邦交文学，共80种；

集部酬应文类：以文辞形式对具体酬应活动的记录，亦即为仪礼而制作的文学作品，共63种；

集部应用文体类：为发展应用文而写印的范文，共119种；

集部举业文类：直接服务于科举的文学作品，往往产生在学场和试场，共314种；

集部赋类：富于应用性的文体，包括同举业相联系的汉文赋、同讲唱相联系的喃文赋，共54种；

集部六八体诗歌类：富于叙事功能的越南本土韵文体裁，以六言八言相间为特征，共34种；

集部歌谣类：民歌、谣谚作品的汇编，共35种，其中歌曲目26种，多为喃文作品；谣谚目9种，多为汉文作品；

集部陶娘歌类：陶娘歌又名"歌筹"，乃是一种精致的清唱，由艺妓表演，使用工尺谱，往往以汉文诗赋为内容，书共29种；

集部戏曲类：戏剧作品，以㕵戏为主，共33种，其中喃文作品30种；

集部小说类诗传目：富于越南本土特色的叙事文体，以人物（而非事件）为中心，以喃文六八体为主要体裁，兼用散文文体，共62种；

集部小说类传奇目：渊源于中国志怪与传奇小说的叙事文体，以事件（而非人物）为中心，共52种；

集部小说类章回目：渊源于中国章回小说的叙事文体，主要描写重大历史事件，共15种；

集部小说类笔记目：渊源于中国笔记小说的叙事文体，共11种；

集部杂抄类：所抄主要是文学作品，但无次序，也无体裁限制，共88种；

集部金云翘类：对明清之际作家青心才人《金云翘传》一书的翻译、仿作与移植，书共18种。

总之，在越南汉喃文古籍中，文学书籍占了五分之二的比重。

三

上述资料对未来文学研究的影响是可以预见的。今试从其中引出以下10个问题加以讨论。按其主题词，这些问题略可分为“文化”、“文学史”、“文字”、“诗”四个类别：

（一）文化

1. 关于结合文献资料和田野资料进行文学传播研究。

东干民族起源于一次农民起义。起义从陕西发动，失败后经甘肃、宁夏、新疆进入中亚。为保存“血脉”，按父子分散、兄弟分散的原则撤退，于是在自陕西至中亚沿途留下许多内容相近的习俗和艺术作品；而撤退过程又是不断吸纳沿途文化的过程，于是使东干民间文学成为中国西北民间文学的杂汇。目前，赵塔里木已采用文化人类学的方法，对东干民歌与其策源地（陕西和甘肃）、流散地（天山南麓）的民歌作了初步的比较研究。若把这项工作深化和系统化，那么，将可有效地探讨汉文学的民族特性和它在传播中的变异问题。换言之，在未来的中国文学研究中，可以增加这样一个内容——对特定文学品种、文学现象在人群中的传播、演变过程进行比较研究的内容。

2. 关于文体观念、文学分类观念的历史性和区域性。

东干人在传承中国西北民间音乐文学的同时，也传承了包含于其中的传统分类方法。这种分类法隐含在东干人有关曲子的传统观念和行为当中。例如，东干人认为“曲子”是包括民歌、戏曲、说唱等所有可以演唱的音乐文学作品的体裁，是“唱”这一动词的唯一宾语。

“老曲子”指的是传统的民歌、戏曲、说唱，“新曲子”则指非传统的民歌、戏曲、说唱；新、老之间，以入俄之时为分界。民间器乐曲称“响器牌子”，而不再称“曲子”；其动词是“耍”（“耍牌子”），而不是“唱”。“歌”则代表韵语，例如，顺口溜称“口歌”，队列行进中的口号称“脚歌”。此外，构成曲子的曲调和唱词分别称作“音”与“话”。这些分类法尽管与现代分类法不同，但它们却是吻合于中国历史上的一些传统观念的。中国古代音乐历来强调器乐、歌乐之分，以及歌曲、歌谣之分；“曲”和“歌”的区别即相当于唱、诵之别。此外，古代民间又有说唱艺术“说话”和“词话”，乃以“话”指文词——说的文词或唱的文词。东干文学的存在状况反映了文学分类观念的历史性和区域性，东干人的文学分类观念具有作为中国文学艺术史的活化石的意义。它提示我们，注意文体观念、文学分类观念这种历史的区域的存在，有助于理解特定人群中的文学艺术及其理论术语。

3.关于文化交流及其对新文体的影响。

从1932年开始产生的东干作家文学，以新诗为最重要的文体。尽管这种新诗以民歌传统为其背景，但从体裁上说，它是一种新的创造。创造者是有过留学经历的东干知识分子。其实不光诗歌，东干文学的其他新文体，也是在外来文化的影响下产生的。因此可以说，文学新文体是文化交流的产物。这一规律同样可以在越南文学的历史中得到证明。越南古代文学只有两类文体：一类是中国传来的文体，例如诗、赋、散文、对联、传奇小说、章回小说；另一类是喃文文学文体，例如六八体歌、诗传。后一类文体始于《诗经》的翻译。在翻译过程中，越南书面文学的本土文体——喃文文学文体便形成了。

越南文学的高峰是一部名为《断肠新声》或《金云翘新传》的诗体小说，也属于翻译文学。1812年，越南诗人阮攸出使中国，读到明末青心才人的《金云翘传》,遂在回国后将其译写为长达三千两百多行的六八体喃诗。此书完全保存了原作的人物和故事,且有 30 处直译中国古诗,27 处借用中国古诗的语汇、句意,46 处借取《诗经》用语,50 处采用中国典故,但另一方面也大量吸收了越南民间的俗谚口语。这个例子,具体地说明了文化交流对于长篇叙事六八体这种新文体的意义。

在越南,"翻译"有个近义词,叫作"演"。"演音"意为把汉文译为越语,"演义"指的是译述和疏解,"演歌"则是改写——把散文改为诗歌、把书本改为说唱、把小说改为戏剧。阮攸《金云翘传》在越南引起巨大反响,以各种名义反复刊印,因此产生了大量注释、仿作、演诗、演歌作品。例如,仿作和演歌的作品有《金云翘折》,为喃文嘲剧剧本,共三回;有《酬世新声》,为嘲剧的散曲歌调,共六回;有《金云翘歌》,为用于男女对唱的鼓调歌章;有《金翘演歌》,为 12 篇用于陶娘歌的喝呐调歌辞。这些作品一方面反映了以"演"为标志的越南文学的特色发展方式——重视同一题材的多种艺术形式的表现,重视不同体裁之间的文学要素的渗透;另一方面说明,在模仿的名义下进行创造,是建设新文体的主要途径。

特别耐人寻味的是:当青心才人几乎被中国人遗忘的时候,《金云翘传》却在通过不同方式,向着中国或汉语世界回归。其中一个重要现象是在广西京族渔民中流传了关于金仲与阿翘的京语叙事歌;当这一从越南迁徙而来的人群学会汉语后,关于金仲与阿翘的叙事歌又被译为汉语粤方言,以民间故事的形式流传。另一个现象是,在河内的汉喃研究院,还保存了多种由喃文译为汉文的《翘传》"演音"书籍。其中既有七言诗体的《越南音金云翘歌曲译成汉字古诗》、《翠翘国音译出汉字》,又有六八体的《金云翘汉字演音歌》、《王金传演字》。这些现象代表了又一种“演”的方式(由喃文演为汉文的方式),同时证明文化交流总是双向的,对于交流的双方都是孕育新文体的温床。

(二)文学史

1. 关于“飞地”文学及其作为文学史研究参照系的意义。

东干文学传入中亚之后,由于国家政治关系等方面的原因,长期同中国——亦即同汉语——相隔离,环绕其周围的是作为游牧文化的吉尔吉斯、哈萨克等民族的文化。东干于是成了汉语文学的一块飞地,其口语文学的发展基本上停滞下来了。在另一方面,中国各地的口语文学却一直通过人群的接触和流动而急速演变。这样一来,对东干口语文学的描述和研究便获得一个新的意义:为中国民歌史研究或口语文学发展史研究提供一个活的参照系。利用这个参照系,反观中国西北乃至更多地区一百多年来口语文学的发展轨迹,可以得出相当深刻的规律性认识。事实上,中国文学有许多大小不等的飞地,只是尚未被研究者注意。如果能把各种飞地汉文学的资料整理出来,那么,中国文学研究便可能被大大推进一步,甚至在某种程度上实现科学化,就像一般汉语研究因汉语方言研究而产生了巨大进步一样。

2. 关于文学史的发展线索。

认识中国文学史的必要前提,是同时也了解一些相关文学的历史。从东干人进入中亚的 1877 年算起,东干文学迄今(2001 年)有 124 年历史。从 1932 年算起,其书面文学则有 69 年历史。记录尚在,这段历史是明明白白的,完全可以作为中国文学史的比较对象。大致说来,东干人的书面文学经过了四个阶段:第一阶段是继承民歌传统进行诗歌创作的阶段,代表人物是一位爱国主义抒情诗人(雅舍·十娃子);第二阶段是多种文体共同发展的阶段,影响最大的作品是反映集体农庄时期人物命运的散文和小说;第三阶段是由尔利·阿布都所代表的艺术小说(区别于早期的政治化小说)的阶段,对情节的重视开始让位于人物形象的塑造、语言的提炼和细节描写;第四阶段是战后作家的阶段,重视用超越日常语言的诗歌表达独特的个人感受,甚至表达抽象的哲理。这一过程,同几千年中国作家文学的演进过程——诗、散文、小说的次第兴盛,以及由反映集体情感的文学转向注重个人感受的文学——大致相合,表明文学史的阶段性变化有其必然趋向。这意味着,东干作家文学提供了认识汉文学史发展的必然线索的可能性,同时也提示了通过比较来揭示文学史的一般规律的方法。

3.关于文学的基本功能。

文学是一种语言艺术,在现代人的眼中,提供审美价值是其基本功能。但文学史所表明的事实却并非如此:文学的审美功能往往附属于其实用功能而存在,至实用功能发展到相当成熟的程度之后才分化出来。东干文学和越南文学的存在状况相当有说服力地证明了这一点。例如,这两种文学都特别明显地表现了保护语言的功能和宣传的功能。

推广和保存语言,是东干作家文学最初、最直接的动机。1932年,东干拉丁字母创制成功。为推广这一文字,东干知识分子办起了《东火星报》,开始尝试用本民族的语言文字来进行文学创作。在这里,文学是保护语言的手段。类似的情况也见于越南。王力在《汉越语研究》一文中说:传入越南的汉语有两种,一是零星传入的"古汉越语",二是"成套"传入的"汉越语",其时代分野乃在中唐。[①]中唐以迄五代,正是中国文学大规模输入越南的时期。这反映了文学与语言

① 王力:《汉越语研究》,《龙虫并雕斋文集》,中华书局1980年版,第2册,第770页。

相互依存的关系:汉语依靠诗文传入越南,而诗文则用作汉语传播的载体。另外,在越南古代文学中有"使节文学"这一大支,数量约占全部诗文的五分之一。其作品是在出使中国的旅途中创制出来的,一部分用于应酬,更多的则用作语言训练。由此理解文学的本质,可以说文学就是语言的驯化。总之,在东干文学、越南文学的本质中都有为语言服务的成分:东干文学具有保存语言的功能,越南文学则具有学习语言的功能。

文学还有一个大功能是宣传。在东干,人们是自觉地把文学用为道德教育的手段的,大部分作品具有鲜明的政治或社会伦理的主题。这种情况也见于越南。越南的古代文学作品按用途可分为三大类:一类用于举业,一类用于应酬,而最大的一类则用于劝善。越南有一种文体叫"真经",所存作品不下七十种,从外表看是一种宗教文体(例如有《弥勒真经演音》、《香山观世音真经新译》以及讲轮回和善恶报应的《超神真经》),但实际上,它们大多是以劝善为内容的说唱文本。至于专门用于童蒙思想教育的著作,在我们所编的《越南汉喃古籍目录提要》中则有"儒学"、"蒙学"、"家训"、"降笔文"等好几类。

总之,从功能角度看,文学可以理解为一种手段,它服务于传播和应用的需要。所谓"文以载道",说的是文学的实用本质及其宣传功能;所谓"美则传",说明文学的审美追求,原是服务于传播载道之文这一目的的。

(三)文字

1. 关于文字在口头文学发展过程中的作用。

第一代东干人全部是文盲,没有任何迹象表明他们在迁往中亚的过程中带去了汉字。他们的口头文学根本没有文字支撑,随着时间推移，很多文学语词因无书证变成了死词。这样也就造成了文学意象的改变（例如“茉莉花”变成了“毛栗子花”）。脱离汉字以后，东干人的语言进一步排除了书面语词，更加口语化，词汇更加贫乏。这样也就造成了一批特殊的文学惯用语。另外，离开汉字以后，押韵成了东干人记忆和传承其口头文学的重要手段，无论是曲子，还是口歌、口溜儿，都在传承中增加了韵律。东干文学的以上特征，表明有两种口语汉文学的存在：一是在汉字影响下运行的口语汉文学，二是完全脱离汉字影响的口语汉文学。显而易见，比较东干口语文学和中国西北地区的口语文学，可以阐明文字在民间文学发展中的作用。

2.关于文字对书面文学的支持和制约。

东干作家文学有一个特点：它是依据本民族的口语传统发展起来的，是同汉字毫无关系的一种文学。若与中国作家的文学创作相比较，那么，可以明显看出文字对文学创作的制约作用。例如，因为无汉字，故东干无典雅语言，文学语言不成独立的系统；因为所用文字是拼音文字，缺少造新词的功能，故对新事物的称谓多用借词，文学创作所能利用的语汇遂相当狭窄，尤其是难以表达抽象的概念；因为无法利用文字来区分同音词，文学作品中的意象要依靠上下文才能成立，这样就造成了意象语汇的萎缩，同时也造就了若干种意象语汇的固定搭配（例如“春天”、“姑娘”、“花园”的搭配）。而且，为了减少文句的歧义，东干诗歌从传统的七言句式中发展出了“七四七四”句式，把四言句用作对七言句词义的补充。对于中国的文学研究者来说，这些情况是富于启发意义的。例如，反观中国古代文学，我们可以明白汉代文学的特殊意义：书面文学正式登上舞台，于是出现了诗（作为歌唱文学）与赋（作为诵读文学）的分立。诵读和阅读文学的流行，为大量新字进入文学创造了条件，书面语独立，铺张华丽的风格遂得以产生。我们也可以了解中国诗史中句式发展的基本原理：当书面文学把一种句式固定下来的时候，口语文学必定会以此为基础造就另一种更长的句式；这一长句式，又往往为新的书面文学所取资，遂造成了另一轮的句式演变。也就是说，从东干文学所反映的文字对文学创作的制约作用，可以了解事情的另一面——汉字对汉文学发展的强大支持作用。说句题外的话：幸好中国境内的汉字没有走上拼音化的道路，否则，汉民族文学将蒙受莫大的灾难。

（四）诗

1. 关于民歌与作家诗歌的关系。

文学产生之初，韵文是其最早的体裁。因为：一、最早的文学必定是通过口头传播的，而口头传播需要韵律；二、只有通过传播和传承，才可能形成文体；三、文学意味着一种语言艺术，以美言为特征，而美言的最早的因素亦是韵律。从这一角度看，民歌乃是孕育各种较成熟的文学样式的母体。由于上述原因，东干作家文学中最早的文体，是依据民歌传统而形成的诗歌；作家诗歌的辞式、主题、意象、语汇往往来自民歌。无独有偶，中国古代文人诗的发展，亦经过乐府诗拟作阶段。这说明可以把民歌看作作家诗歌发展的起点。因此，我们曾参照民歌来比较研究东干作家诗歌的发展，以揭示民歌与作家诗歌的相互作用对于文学史的意义。这一方法，亦可移用于中国文学史的研究。

但与上述关系相反，越南文献表明了另一种关系：作家诗歌影响民歌的关系，例如，民间文学的诗体形式是在作家诗歌的影响下形成的。其原因在于越南文学发展有另一个传统，即来自中国的汉文学传统。这一传统使以汉文为载体的作家文学在越南长期占据主流地位。到13世纪以后，喃文文学作品才大批产生出来。喃文是一种以越南语为语音基础的俗文字,富于口语化倾向,往往用于非官方的场合。喃字进入典籍,从一方面看,表现了口语向典籍的渗透;从另一方面看,则表现了典籍向口语世界的渗透。因此,喃文文学最常用的文体,是在汉语诗歌影响下形成的六八体和双七六八体。这种影响主要表现在喃诗格律方面:它模仿汉语近体诗,将韵脚的平、玄、问、跌、锐、重六声分为平仄两类;又以二字为一音节,作平仄声转换(例如"平平仄仄平平,平平仄仄平平仄平")。1891年,乔莹懋在《琵琶国音新传序》中说:"我国国音诗始于陈朝韩诠,继乃变七七为六八,而传体兴焉。"可见在古代越南人看来,六八体是同七言体相关联的诗体。事实上,在中国本土文学中,这种主流文学影响弱势文学的情况也是存在的(文人诗在敦煌的流传即是显例)。如果将其纳入研究视野,那么,必可说明中国诗史中许多事物的原理。

2.关于诗的本质和诗的风格。

前面说到东干作家文学的四个阶段,其中首尾两段都是以诗歌的繁荣为特征的。其间有一本质区别,即前一阶段依据民歌传统,或曰口语传统;而后一阶段更多地出发于西方的诗歌理念,具有背离传统的内在倾向。这样一来,在东干诗歌中便出现了内容与形式的尖锐冲突。其中最富现代精神的是一位名叫十四儿(1954—)的诗人,当他企图用东干诗歌表达死亡、永恒、历史、孤独等主题的时候,作为创作基本条件的东干语文,便成了他的镣铐。他不得不对旧意象加工,通过意象联结、延长、散文化等方式来创造新意象。目睹他的努力,我感到了一种深切的痛苦,因为东干诗人只有口语作为创作的材料,书面文学只有六十多年历史,根本谈不上独立。中国诗人轻而易举就能做到的事情——使用书面语,把日常感受提炼为诗——在东干诗人那里成了天方夜谭。

十四儿使我认识到，诗在本质上就是一种非日常的语言。民歌不一定要超越口语，但诗却要超越。中国诗歌的早期状况也能证明这一点。中国最早的诗是祭祀诗，因为在远古之时，诗是被当作神的语言来使用的。尽管那时在日常生活（包括劳动）中也有歌唱，有韵语，但韵文文体的产生，却必定有祭祀需要和祭祀场合作为前提；因为离开传播和传播的场所，就谈不上文体。也就是说，从发生的角度看，诗体就是神的语体，是非日常的语体。汉魏六朝人讲究"文""笔"之分，以有韵为"文"，以无韵为"笔"，所讲究的也是文章的虚（用）实（用）之分："文"是非常之文，"笔"则是日常应用之文。总之，诗是非日常的语言艺术，这是一个富于解释力的定义。

为了观察汉文、东干文在诗歌写作上的不同特点，我曾向十四儿介绍过一首用词较简单的汉文诗，请他用东干语翻译出来。为了保存原诗的韵律，十四儿尽量采用了直译的方式，但结果还是出现了两首不同的汉文学作品：

> 《星空》：风的漩流/ 摩擦着星星/ 我们摩擦着镜子/ 柏油路摩擦着/ 我们鞋子上的/ 鞋钉。　枞树们向上飞跃/ 这些翅膀/ 如云/ 摇晃着/ 却没有行进。　星光的水丝/ 沐着/ 女人和男人们的谐和。
>
> 《星宿》：旋起的风/ 擦明/ 摩擦擦星宿/ 我们摩擦擦镜子/ 像路/ 摩擦擦鞋子上的钉子。　树往上去/ 这个翅膀/ 像云/ 摇摇摆摆的/ 没往前走。　星光的水线/ 带下的/ 混淆女人和男人呢。

两者之间，既有词语的区别，也有节奏的区别。前一首中有下划线之词是书面语词或新生词,故在东干文学中要改用口语词。改用之后,直接的变化是减缓了节奏。也就是说,为了不因同音字发生歧义,后者不得不牺牲紧凑。这种区别实际上是以象形文字为载体的和以拼音文字为载体的两种诗歌的区别,应当也发生在汉文诗歌同其他使用拼音文字的诗歌之间。由此可以想见,汉文古诗的紧凑的风格,是在同汉字相互适应的过程中形成的。

四

以上展示的资料和问题,说明新世纪的文学研究是不缺乏学术生长点的。因为类似的资料和问题在中国及其周边地区的人群中都能找到。这些东西之所以会被我们忽略,缘故很多,但主要原因是受了学术中心话语权的限制。"全球化"的时代是信息膨胀的时代,理所当然要导致视野的开阔;但它同时又是容易发生中心霸权的时代,对中心范式的迷恋和迷信都可能导致视野的萎缩。如何避免这些弊端呢?可行的途径有两条:其一,加强对新资料,特别是弱势文化资料的重视;其二,提倡通过历史研究、个案研究来解决一般的理论问题。

(原载《文学遗产》2001年第6期)

后　记

敦煌学是产生在20世纪之初的新学问，域外汉籍研究则兴起于20世纪末。因此，“从敦煌学到域外汉文献研究”这句话，乃概括了一个跨越百年的学术进步过程。这一过程的主要意义是：通过开拓资料的新疆域，扩大中国学术的视野，使之树立起同国际学术对话的姿态。它代表了时代趋势，所以陈寅恪先生有“预流”之说。就此而言，编辑本书，或可以为一代学术潮流做个见证。

从个人的角度看，“从敦煌学到域外汉文献研究”这句话，也大致反映了我的学术人生的过程。因为在求学之初，我就接触到敦煌写本和域外汉文献了。那是1983年春天，在扬州师范学院攻读博士学位的第一个学期，我有幸参加了《敦煌歌辞总编》的定稿工作，协助任师半塘先生处理了一批歌辞写卷，在识别俗字、校正异文、确认作品文体、判断作者和年代等方面作了训练。1984年年初，我开始撰写学位论文《隋唐五代燕乐杂言歌辞研究》。为了理解唐五代讲唱艺术，探明敦煌文学的分类体系，我通读了当时所能看到的各种敦煌俗文学作品。这年秋末，我又前往上海、南京等地访书，读到刚刚进口的一套《日本古典全集》，遂从中抄录了大批关于日本所传唐代音乐的记录，据此对唐大曲、唐著辞、唐曲子作了重新论述。正是这些经历，唤起我此后对敦煌、西域以及周边地区汉文化的持续关注。本书的四个主题——关于敦煌文学的分类及其本质，关于讲经文和变文的关系及其图像表现，关于在日本、越南、朝鲜半岛保存的汉文古文献，关于汉文化在周边地区的流传——都是同早年的这些关注相联系的。

现在，无论敦煌学还是域外汉文献研究，都在顺利推进，方兴未艾。就我个人而言也是这样。在域外汉文献研究方面，我正在着手《高丽史乐志校释与研究》、《越南汉喃古文献总目》、《大陆音乐在日本的流传：汉文史料叙录》等项工作；在敦煌学方面，则拟建设一个比较完备的文体学理论。后者意味着，本书关于敦煌文学的那些意见，将得到进一步完善。举个例子：在国家图书馆所收藏的敦煌写卷北1321v(旧编号为昃050)中，有一篇拟名为《维摩经解》的残文，其内容是对《维摩诘所说经》之《方便品第二》、《弟子品第三》的疏解。据学弟何剑平研究[①]这份经疏完成于中唐时期，其释经素材有三个来源：一是僧人的维摩经疏，例如后秦僧肇等《注维摩诘经》、隋慧远《维摩义记》、唐道液《净名经集解关中疏》；二是诗歌和民间传说，例如傅大士《浮沤歌》、梁锽《窟磊子人》；三是佛教因缘故事，例如索无脂肉之缘、瑠璃王诛释种之缘、桑柘之间鱼灯绝照之缘、王在厕之缘、伏龙比丘之缘、飡沙入钵事等。值得注意的是：在这份写卷当中，维摩经疏是和佛教因缘故事杂糅在一起的。这说明，讲大经和讲因缘不可截然分为二事，本书《论变文、讲经文的联系与区别》的观点有待补充。另外，《维摩经解》中颇有一些历史故事，其细节不同于正史；而在经解所载佛经故事中，也颇多不知来历的语句。例如《维摩经解》在讲说迦叶因缘故事时，曾述及迦叶父母为其娶妻一事，云：

---

① 何剑平：《北1321V(昃050)〈维摩诘经解(拟)〉考：兼论其俗信仰特色》，《敦煌学辑刊》2011年第4期。

> 其父母巨富，疑（拟）与取妻，都不招纳。父母苦逼已，云："还得如我相似金色女，少欲知足者取之。"其父莫知所以，即问诸婆罗门，有一婆罗门云："既有金色男，必有金色女。"即设计造一金人，将以循国觅之。婆罗门告国人："向前必有疫疾起，若不来见礼者，定着其病。"诸人尽来礼敬金人。

这一故事采自隋僧阇那崛多所译《佛本行集经·大迦叶因缘品》，但增加了婆罗门告国人"向前必有疫疾起，若不来见礼者，定着其病"等语。这说明什么呢？说明讲经人对佛经故事作了加工改造，说明《维摩经解》在素材上接受了民间故事说唱的影响。因此，《维摩经解》的文体可以看作常规经疏体向民间通俗讲唱体的过渡。而讲经人为使宣讲形象生动，采用各种手段改造佛经故事，造成文体交叉的情况——比如讲经文同因缘故事相交叉的情况——便也是一件很容易理解的事情。这意味着：本书所提出的敦煌文学分类理论尚有遗漏；作为弥补，我们应该对各种中间状态的敦煌文体作进一步研究。

最后需要说明的是，2003年，我曾在商务印书馆出版《从敦煌学到域外汉文学》一书。这是一部论文集，所选内容稍嫌芜杂，有小半篇章与书名不甚相符；不过，承读者不弃，它却已售罄了。这是让人高兴也惶恐的。为此，今征得商务印书馆许可，采用另一形式完善此书——对旧本作大规模修订，增删篇幅约65%，编成一本新书。新书由三组论文组成：第一组关于敦煌学，第二组关于域外汉籍研究，第三组关于敦煌文献和域外汉文献的比较研究——已是一部名副其实的《从敦煌学到域外汉文献研究》了。但愿这本小书，能够再次获得读者的欢迎。

王小盾

2011年夏至